LIBRAIRIE
DE
LA RENAISSANCE

3, rue de la Vieille-Estrapade, 3

DERRIÈRE LE PANTHÉON

Depuis quelques années, la France a secoué la torpeur qui avait succédé aux évènements du 2 Décembre, et partout, à Paris comme en province, nous assistons à une véritable *Renaissance* de l'esprit public.

Non-seulement une génération jeune, intelligente, active, éclairée, arrive de tous côtés aux affaires et exige impérieusement de nouveaux hommes, de nouvelles idées et de nouveaux livres; mais encore, grave sujet de réflexions, c'est une classe sociale tout entière, celle des travailleurs, qui, pour la première fois, naît à la vie politique et qui, maîtresse absolue des destinées de la France par le suffrage universel, cherche avidement à s'instruire et veut se rendre digne d'exercer le droit de souveraineté placé entre ses mains.

Le fondateur de la LIBRAIRIE DE LA RENAISSANCE a compris l'importance de ce mouvement ascensionnel de la classe laborieuse; il a senti que cette classe avait autant de jugement et de raison que la bourgeoisie et qu'il lui manquait une seule chose pour faire son éducation politique et sociale : *de bons livres à bon marché.*

C'est pour donner satisfaction à ces nouvelles aspirations du peuple et concourir dans la mesure de nos forces à la renaissance de la vie publique, que nous entreprîmes naguère notre Bibliothèque démocratique. Nos capitaux étaient bien médiocres; mais, par contre, notre désir d'être utile était grand, et notre œuvre a réussi au delà de nos espérances, à ce point qu'après quelques mois seulement de fondation, nous pouvons déjà offrir au public une collection de sept volumes, qui tous se recommandent au lecteur par leur esprit démocratique et leur sincère amour de la liberté et du progrès.

CATALOGUE RAISONNÉ

DES OUVRAGES PUBLIÉS PAR LA

LIBRAIRIE DE LA RENAISSANCE

HISTOIRE DES MONTAGNARDS
Par Alphonse ESQUIROS

Dans cet ouvrage, splendidement illustré, l'éminent écrivain initie le lecteur aux faits les plus saillants de notre immortelle Révolution, il donne les détails biographiques les plus curieux sur les hommes qui ont pris part aux événements politiques de cette glorieuse époque. Cette nouvelle édition du livre d'Esquiros est une *Histoire complète de la Révolution Française*, écrite au point de vue des saines idées et avec le style attrayant qui caractérise l'illustre auteur des *Martyrs de la Liberté*; aussi cette publication obtient-elle un immense succès.

Un fort volume grand in-8°...... **7 fr.**

VICTOR HUGO HOMME POLITIQUE

L'auteur, M. B. Pifteau, qui s'est fait le biographe de l'homme le plus considérable de notre époque, du plus illustre des poètes modernes, fait assister le lecteur aux évènements les plus importants de notre histoire politique contemporaine. Écrit dans un esprit excellent, ce livre contient de nombreux portraits d'amis ou contemporains de Victor Hugo, entre autres ceux de Chateaubriand, Lamennais, Barbès, Sainte-Beuve, Lamartine, Alexandre Dumas, Émile de Girardin, Louis Blanc, George Sand, Alphonse Esquiros, Eugène Sue, Charras, Cavaignac, Garibaldi, Mazzini, Ledru-Rollin, Raspail, Edgar Quinet, Michelet, Charles Hugo, François-Victor Hugo, etc.

Un volume grand in-8°......... **2 fr. 50 c.**

NOTA. — Ces deux ouvrages, quoique entièrement publiés, peuvent toujours être achetés par livraisons à **10** centimes ou par séries à **50** centimes.

LES PLAIES SOCIALES
L'IGNORANCE
Par le Dr LUX

Dans cet ouvrage sont exposées, avec tous les développements nécessaires, les vraies raisons qui démontrent la nécessité et la légitimité de l'enseignement gratuit, obligatoire et laïque au degré primaire, et gratuit à tous les degrés. — Après l'exposé de la question se trouve un projet de loi conforme aux doctrines de l'ouvrage.

Un volume in-8°......... **4 fr.**

LES CONSPIRATIONS SOUS LE SECOND EMPIRE

Complots de l'Hippodrome et de l'Opéra-Comique

Par ALBERT FERMÉ

De tout temps, le récit des conspirations a eu le privilége d'intéresser le public. Le mystère dont s'entourent les conspirateurs, les dangers qu'ils courent, les passions politiques qui les agitent, les péripéties qui traversent leurs plans émeuvent vivement le lecteur et donnent à la réalité de l'histoire l'attrait du roman le plus dramatique. Mais l'intérêt redouble lorsqu'il s'agit de complots tout récents ayant menacé l'existence d'un gouvernement sous lequel on a été opprimé.

M. Albert Fermé a donc eu une inspiration des plus heureuses et a rendu un véritable service à l'histoire contemporaine en entreprenant sa publication sur les conspirations contre le second Empire.

Son volume donne l'histoire dramatique et complète de l'affaire de l'*Opéra-Comique*, affaire plus sérieuse qu'on ne croit, qui mit l'empereur à deux doigts de la mort et où furent impliqués plusieurs personnages occupant aujourd'hui une place distinguée dans le Barreau, la Presse, la Politique; l'un d'eux est même devenu ministre dans un pays étranger.

Cet ouvrage contient, en outre, les proclamations insurrectionnelles, très-curieuses et presque introuvables, des Républicains en 1852, ainsi que des documents inédits sur plusieurs complots peu ou point connus : *la société secrète de la Reine-Blanche*, — *la machine infernale de Marseille*, — *le complot de Vincennes, dit de la ligue fédérale*, — et *l'attentat de Bellemare*.

Un volume in-12 . . . . **1 fr. 50 c.**

STATISTIQUE

Pour servir à l'Histoire du 2 Décembre 1851

(Paris et les Départements)

Par Adolphe ROBERT

Sous ce titre modeste de *statistique*, l'auteur nous donne un précis historique de tous les évènements qui se sont passés à Paris et en Province au moment du Coup d'État. De plus, son livre contient des documents inestimables qu'on ne trouve ni dans l'histoire de M. Ténot, ni dans celle de M. Décembre-Alonnier. Ce sont les listes nominatives de toutes les victimes du 2 Décembre, avec indication détaillée de leur profession et des motifs de leur condamnation. Grâce à cette liste douloureuse de 8 091 victimes, on peut apprécier impartialement la portée politique et sociale du Coup d'État, et décider, pièces en main, s'il fut fait en faveur du peuple ou contre lui.

Un volume in-12 . . . . **1 fr. 50 c.**

Il ne reste que quelques exemplaires de cet ouvrage.

DÉMOCRATISATION DE LA NOBLESSE

Cinq cents millions de rentes aux travailleurs infirmes ou âgés

Par le Dr L. LELOUET

Ce livre est le développement d'une idée originale soutenue avec un talent plein de verve. Tout en critiquant vertement la manie des *distinctions nobiliaires*, le docteur Lelouet dit qu'il faut l'encourager et la faire tourner au profit du peuple. En conséquence, il propose de mettre les *titres de noblesse* à l'encan et il espère obtenir ainsi une rente annuelle de 500 millions qu'on consacrera aux besoins des travailleurs infirmes ou âgés.

On peut contester la valeur pratique de cette *démocratisation de la noblesse*, mais, ce qui est hors de doute, c'est l'esprit et l'érudition que l'auteur a dépensés pour exposer son idée. Son livre abonde en traits ingénieux et vivement lancés ; l'anecdote y court, alerte et pimpante, à travers les citations historiques et les observations morales, et, si le lecteur n'est pas toujours convaincu, il est toujours vivement intéressé.

Un volume in-12 . . . . **1 fr. 50 c.**

HISTOIRE DE LA DÉMOCRATIE ANGEVINE
(1848 à 1851)
Par Armand RIVIÈRE

Cet ouvrage est une véritable histoire de la République de 1848. En effet, on sait que la réaction contre les institutions républicaines, qui se produisit après l'impôt des 45 centimes, eut son siége principal dans la Province. Les événements qui se passèrent à cette époque dans l'Anjou, la persécution acharnée des Républicains et le triomphe des Conservateurs donnent l'idée exacte de ce qui s'accomplissait alors dans toutes les autres villes de la France. De plus, par une destinée singulière, la *députation angevine* comptait dans son sein les plus grands Réactionnaires de l'époque : MM. de Falloux, Bineau, Freslon, qui devinrent ministres, et le général Oudinot, qui fit l'expédition de Rome.

En racontant les faits et gestes de ces députés, l'auteur fait donc l'histoire de la République elle-même et suit pas à pas toutes les péripéties qui devaient amener sa chute.

En lisant ces pages convaincues, on sent que M. A Rivière n'est point un historien ordinaire, mais qu'il fut témoin et acteur dans les événements qu'il décrit. Et, en effet, quoique bien jeune encore, il était déjà, à cette époque, mêlé à la vie politique et rédigeait le journal radical d'Angers.

Un volume in-12 . . . . 1 fr. 50 c.

J. VERNOUILLET, fondateur de la *Librairie de la Renaissance*.

Les personnes qui voudraient recevoir ces ouvrages directement, à leur domicile, peuvent en adresser le montant, soit en *timbres-poste*, soit en un *mandat*, à M. J. VERNOUILLET, directeur de la LIBRAIRIE DE LA RENAISSANCE, 3, rue de la Vieille-Estrapade, à Paris, qui s'empressera de les faire parvenir *francs de port et sans augmentation de prix*. On peut aussi se les procurer chez tous les Libraires de Paris et des départements.

Sceaux. — Typ. et stér. M. et P.-E. Charaire.

PUBLICATIONS ILLUSTRÉES
DE LA
LIBRAIRIE DE LA RENAISSANCE

LA LIVRAISON
10 cent.

DEUX LIVRAISONS PAR SEMAINE

LA SÉRIE
80 cent.

ŒUVRES D'ALPHONSE ESQUIROS
DÉPUTÉ DES BOUCHES-DU-RHÔNE

HISTOIRE
DES
MONTAGNARDS

PARIS
A LA LIBRAIRIE DE LA RENAISSANCE
3, RUE DE LA VIEILLE-ESTRAPADE, 3
ET CHEZ TOUS LES LIBRAIRES

LIBRAIRIE DE LA RENAISSANCE

3, RUE DE LA VIEILLE-ESTRAPADE, 3

Paris, Novembre 1873.

M

Nous avons l'honneur de vous informer que notre maison s'est chargée de la publication des œuvres d'ALPHONSE ESQUIROS, député des Bouches-du-Rhône.

Cette publication a été commencée, le 24 septembre dernier, par l'**Histoire des Montagnards**, épopée sublime embrassant, dans un cadre restreint, les actes grandioses, les luttes titaniques des héros de notre grande époque révolutionnaire.

C'est dans le style énergique et concis qui le caractérise qu'Esquiros trace les portraits et décrit les actes des géants conventionnels, de ces hommes extraordinaires qui avaient fait abnégation de leurs personnes pour se sacrifier au bien public.

Quels hommes! quelle époque!

Il est consolant, au moment où toutes les convictions semblent faiblir, où le découragement semble s'être emparé de l'esprit public, de pouvoir retremper son patriotisme dans la lecture de ce livre écrit d'une main puissante, par le vaillant, l'infatigable député de Marseille, ce martyr de la cause du peuple, ce proscrit de *Décembre*.

L'histoire des Montagnards fut écrite en 1846-47; depuis cette époque, les idées ont fait leur chemin et l'auteur s'est recueilli dans le silence et dans l'étude. Aussi a-t-il senti la nécessité de remanier complètement l'œuvre que nous offrons aujourd'hui au public, et qui n'a plus que quelques traits de ressemblance avec l'édition originale.

Ce livre magistral, auquel l'auteur a donné l'humble titre d'*Histoire des Montagnards*, n'est rien moins qu'une histoire complète de la RÉVOLUTION FRANÇAISE. Renfermée dans un cadre restreint, elle présente des avantages matériels qui la mettent à la portée de toutes les bourses, et en permettent la lecture à celui même qui peut le moins disposer de son temps.

L'*Histoire des Montagnards* se composera de 50 livraisons environ, et sera complète au mois de mars prochain. Immédiatement après, nous publierons **Charlotte Corday**, qui sera suivie des **Martyrs de la Liberté**.

Les œuvres d'Alphonse Esquiros sont publiées dans le format grand in-8°, sur papier de luxe à grandes marges, glacé et satiné, et chaque livraison est illustrée d'une magnifique gravure. Elles sont vendues par livraisons au prix de 10 cent., et par séries de 5 livraisons au prix de 50 centimes.

On souscrit par lettres affranchies à l'adresse du *Directeur de la Librairie de la Renaissance, rue de la Vieille-Estrapade, n° 3, à Paris*, en envoyant le montant du nombre de livraisons ou de séries qu'on désire recevoir, soit en mandats, soit en timbres-poste.

En attendant vos ordres, nous vous prions d'agréer nos civilités bien empressées.

V.-F.

Nous traitons avec MM. les libraires, commissionnaires, courtiers et marchands de journaux, à des conditions exceptionnelles.—Il est répondu, par le retour du courrier, à toute lettre affranchie.

HISTOIRE
DES
MONTAGNARDS

SCEAUX. — IMPRIMERIE M. ET P.-E. CHARAIRE.

LIBRAIRIE DE LA RENAISSANCE

ŒUVRES D'ALPHONSE ESQUIROS

HISTOIRE
DES
MONTAGNARDS

PARIS
A LA LIBRAIRIE DE LA RENAISSANCE
3, RUE DE LA VIEILLE-ESTRAPADE, 3
ET CHEZ TOUS LES LIBRAIRES

HISTOIRE
DES
MONTAGNARDS

Rouget de l'Isle.

INTRODUCTION

I

MES TÉMOINS

Au moment où fut écrite l'*Histoire des Montagnards* (1846-1847), quelques acteurs du grand drame révolutionnaire vivaient encore; d'autres venaient de mourir. J'eus la bonne fortune de connaître Barère, auquel je fus présenté par le sculpteur David, Lakanal, Souberbielle, Rouget de l'Isle. Ce que j'attendais d'eux n'était point des renseignements qui peuvent se retrouver dans les livres, les journaux ou les brochures du temps; c'était l'âme d'une époque qui n'a jamais eu d'égale dans l'histoire.

Il m'arriva souvent de recueillir dans ces entretiens des détails curieux, des souvenirs personnels, des impressions très-profondes sur les événements auxquels ces derniers témoins d'un monde évanoui avaient plus ou moins participé. Si la mémoire leur faisait quelquefois défaut sur les dates et les circonstances accessoires, le sentiment des choses était resté intact, et c'est ce sentiment qu'il m'importait surtout de connaître. En un mot, n'était-ce point la source à laquelle on pouvait retrouver la vie de la Révolution Française?

Il faut pourtant avouer que les hommes de 93 n'aimaient guère à parler de ce qu'ils avaient vu ni de ce qu'ils avaient fait. On avait quelque peine à les attirer sur ce terrain. Il semble que la gravité des scènes terribles auxquelles ils avaient assisté leur eût posé sur les lèvres un sceau de plomb. Il est du moins certain que leurs convictions n'étaient nullement ébranlées et qu'ils soumettaient leurs actes au jugement de l'histoire avec une parfaite tranquillité de conscience.

Les femmes se montraient naturellement plus communicatives que les hommes; deux d'entre elles m'ont laissé un vif souvenir. La première est madame Lebas, veuve du conventionnel, l'autre est la sœur de Marat.

Madame Lebas devait avoir été jolie dans sa jeunesse. Elle avait l'œil noir, des manières distinguées et une mémoire très-sûre. C'est d'elle que deux ou trois historiens de la Révolution Française ont appris des détails intéressants sur la famille Duplay et sur la vie privée de Robespierre. Ses souvenirs ne dépassaient guère le cercle des relations intimes; mais comme à dater de 93 la maison de Duplay devint le foyer vers lequel convergeait toute la vie politique autour de Robespierre, elle avait passé sa jeunesse au cœur même de la Révolution. Elle avait aimé son mari, comme elle disait elle-même, d'un amour patriotique; mais par une réserve et une délicatesse de cœur que les femmes comprendront, c'était celui dont elle parlait le moins. De Saint-Just, de Couthon, de Robespierre jeune, elle citait de belles et de bonnes actions qui l'avaient touchée. Sa grande admiration était pour Maximilien. L'intérieur de la famille Duplay était une maison à la Jean-Jacques Rousseau, une arche des vertus domestiques risquée sur un déluge de sang. Parlait-elle du 9 thermidor, son front s'assombrissait, ses yeux se remplissaient de larmes. Malheureusement son fils assistait à toutes nos conversations et la surveillait de près, craignant sans doute des indiscrétions qui pussent blesser son amour-propre comme fils d'un conventionnel et comme membre de l'Institut. Je n'oublierai jamais l'expression consternée de sa figure, un jour que cette respectable veuve me confia l'état de détresse et de misère auquel elle avait été réduite après la mort de son mari. Elle s'était faite blanchisseuse et allait battre son linge sur les bateaux de la Seine. Pour le coup c'était trop fort, et l'académicien pâlit. Raconter de pareilles choses, passe encore, mais les écrire (et il savait bien que je les écrirais plus tard), c'était selon lui déroger à la dignité classique de l'histoire.

Entre la veuve de Lebas et la sœur de Marat, quel contraste!

Comme je tenais à recueillir et à contrôler tous les témoignages, je m'acheminai vers la demeure de celle qui portait un nom si terrible, mais qui, dit-on, avait refusé autrefois de se marier pour ne point perdre ce nom dont elle se faisait gloire.

C'était un jour de pluie.

Rue de la Barillerie n° 32 (c'est l'adresse que m'avait indiquée le statuaire David), je rencontrai une allée étroite et sombre, gardée par une petite porte basse. Sur le mur, je lus ces mots écrits en lettres noires : « Le portier est au deuxième. » Je montai.

Au deuxième étage, je demandai mademoiselle Marat. Le portier et sa femme s'entre-regardèrent en silence.

— C'est ici?

— Oui, monsieur, reprirent-ils après s'être consultés du coin de l'œil.

— Elle est chez elle?

— Toujours : cette malheureuse est paralysée des jambes.

— A quel étage?

— Au *cintième*, la porte à droite.

La femme du portier, qui jusque-là m'avait observé sans rien dire, ajouta d'une voix goguenarde :

— Ce n'est pas une jeune et jolie fille, oui-dà !

Je continuai à monter l'escalier qui devenait de plus en plus raide et gras. Les murs sans badigeon étalaient dans le clair-obscur la sale nudité du plâtre. Arrivé tout en haut devant une porte mal close, je frappai. Après quelques instants d'attente, durant lesquels je donnai un dernier coup d'œil au délabrement des lieux, la porte s'ouvrit. Je demeurai frappé de stupeur. L'être que j'avais devant moi et qui me regardait fixement, c'était Marat.

On m'avait prévenu de cette ressemblance extraordinaire entre le frère et la sœur ; mais qui pouvait croire à une telle vision de la tombe présente en chair et en os? Son vêtement douteux — une sorte de robe de chambre — prêtait encore à l'illusion. Elle était coiffée d'une serviette blanche qui laissait passer très-peu de cheveux. Cette serviette me fit souvenir que Marat avait la tête ainsi couverte quand il fut tué dans son bain par Charlotte Corday.

Je fis la question d'usage :

— Mademoiselle Marat?

Elle arrêta sur moi deux yeux noirs et perçants :

— C'est ici : entrez.

Je la suivis et passai par un cabinet très-sombre où l'on distinguait confusément une manière de lit. Ce cabinet donnait dans une chambre unique, située sous les toits, assez propre, mais triste et misérable. Il y avait pour tous meublés trois chaises, une table, une cage où chantaient deux serins et une armoire ouverte qui contenait quelques livres, entre autres une collection complète des numéros de l'*Ami du peuple*, dont on lui avait offert un bon prix, mais qu'elle avait toujours refusé de vendre. L'un des carreaux de la fenêtre ayant été brisé, on l'avait remplacé par une feuille de papier huileuse sur laquelle pleuraient des gouttes de pluie et qui répandait dans la chambre une lumière livide.

Voyant toute cette misère, j'admirai au fond du cœur le désintéressement de ces hommes de 93 qui avaient tenu dans leurs mains toutes les fortunes avec toutes les têtes, et qui étaient morts laissant à leur femme, à leur sœur, cinq francs en assignats.

La sœur de Marat se plaça dans une chaise à bras et m'invita à m'asseoir à côté d'elle. Je lui dis mon nom et l'objet de ma visite, puis je hasardai quelques questions sur son frère. Elle me parla, je l'avoue, beaucoup plus de la Révolution que de Marat. Je fus surpris de trouver sous les vêtements et les dehors d'une pauvre femme des idées viriles, une étonnante mémoire des faits, des connaissances assez étendues, un langage correct, précis et véhément. Sa manière d'apprécier les caractères et les événements était d'ailleurs celle de l'*Ami du peuple*. Aussi me faisait-elle, au jour taciturne qui régnait dans cette chambre, un effet particulier. La terreur qui s'attache aux hommes de 93 me pénétrait peu à peu. J'avais froid. Cette femme ne m'apparaissait plus comme la sœur de Marat, mais comme son ombre. Je l'écoutai en silence.

Les paroles qui tombaient de sa bouche étaient des paroles austères.

— On ne fonde pas, me disait-elle, un état démocratique avec de l'or ni avec des ambitions, mais avec des vertus. Il faut *moraliser* le peuple. Une république veut des hommes purs que l'attrait des richesses et les séductions des femmes trouvent inflexibles. Il n'y a pas d'autre grandeur sur la terre que celle de travailler pour le maintien des droits et l'observation des devoirs. Cicéron est grand parce qu'il a su déjouer les desseins de Catilina et défendre les libertés de Rome. Mon frère lui-même ne m'est quelque chose que parce qu'il a travaillé toute sa vie à détruire les factions et à établir le règne du peuple : autrement je le renierais. Monsieur, retenez bien ceci : ce n'est pas la liberté d'un parti qu'il faut vouloir, c'est la liberté de tous et celle-ci ne s'acquiert dans un État que par des mœurs rigides. Il faut, quand les circonstances l'exigent, sacrifier aux vrais principes sa vie et celle des ennemis du bien public. Mon frère est mort à l'œuvre. On aura beau faire, l'on n'effacera pas sa mémoire.

Elle me parla ensuite de Robespierre avec amertume.

— Il n'y avait rien de commun, ajouta-t-elle, entre lui et **Marat**. Si mon frère eût vécu, les têtes de Danton et de Camille Desmoulins ne seraient pas tombées.

Je lui demandai si son frère avait été vraiment médecin de la maison du comte d'Artois.

— Oui, répondit-elle, c'est la vérité. Sa charge consistait à soigner les gardes du corps et les gens préposés au service des écuries. Aussi fut-il poursuivi plus tard par une foule de marquises et de comtesses qui venaient le trouver chez lui, le flattaient et l'engageaient à déserter la cause du peuple. Le bruit courut même par la ville qu'il s'était vendu pour un château...

— Monsieur, ajouta-t-elle en me désignant d'un geste son misérable réduit, — je suis sa sœur et son unique héritière : regardez, voici mon château !

Et il y avait de l'orgueil dans sa voix.

L'humeur soupçonneuse de certains révolutionnaires ne s'était point endormie chez elle avec les années. Plusieurs fois je la surpris à fixer sur mon humble personne des regards méfiants et inquisiteurs. Elle m'avoua même éprouver le besoin de prendre des renseignements sur mon *civisme* auprès d'un ami dans lequel elle avait confiance. Je la vis aussi s'emporter à chaque fois que je lui fis quelques objections : c'était bien le sang de Marat.

Mes questions sur les habitudes de son frère, sur sa manière de vivre, n'obtinrent guère plus de succès. Les détails de la vie intime rentraient d'après elle dans les conditions de l'homme, être calamiteux et passager que la mort efface sous un peu de terre. L'histoire ne devait point descendre jusqu'à ces futilités.

Elle me parla incidemment de Charlotte Corday, comme d'une aventurière et d'une fille de mauvaise vie.

Ce qui me frappa fut son opinion sur l'assassinat politique. Louis-Philippe venait d'échapper à l'un des nombreux attentats qui signalèrent son règne ; on pense bien qu'elle détestait en lui l'homme et le roi.

— N'importe ! s'écria-t-elle ; c'est toujours un mauvais moyen de se défaire des tyrans.

Je me levai pour sortir.

— Monsieur, me dit-elle, revenez dans quinze jours, je vous communiquerai des renseignements biographiques sur mon frère, si je vis encore ; car dans l'état de maladie où vous me voyez je m'éteindrai subitement. Un jour, demain peut-être, en ouvrant la porte, on me trouvera morte dans mon lit ; mais je ne m'en afflige aucunement. La mort n'est un mal que pour ceux qui ont la conscience troublée. Moi, qui suis sur le bord de la fosse et qui vous parle, je sais qu'on quitte la vie sans regrets quand on n'a rien à se reprocher. Mon frère est mort pauvre et victime de son dévouement à la patrie ; c'est là toute sa gloire.

Je redescendis l'escalier avec un poids sur le cœur.

— Voilà des gens, me disais-je, qui voulaient le bien de l'humanité, qui poursuivirent ce rêve jusqu'à la mort avec un désintéressement héroïque, et qui ne sont guère arrivés qu'à une renommée sanglante, à une dictature éphémère. On en est même à se demander s'ils n'ont point compromis la grande cause qu'ils croyaient servir. Ce n'est point assez que de vouloir le bien : il faut l'atteindre par des voies que ne désavouent ni la raison ni la justice.

Marat se définissait lui-même le bouc émissaire qui se charge en passant de tous les maux de l'humanité. Il y avait dix siècles d'oppression, de misères, de tortures entassés sur cet enfant du peuple, laid et mal venu, qui, à bout de patience, se retourne contre ses anciens maîtres, furieux, écumant. Ce petit homme sur les pieds duquel toute une société a marché ; ce médecin qui porte dans son corps malade la pâleur et la fièvre des hôpitaux ; ce journaliste inquiet, ombrageux, méfiant, lâché sur la place publique comme un dogue vigilant dans une ville ouverte et peu sûre, pour y faire le guet ; cet œil du peuple qui va rôdant çà et là pour découvrir les traîtres ; cet homme-anathème, qui assume sur sa tête maudite tout l'odieux des mesures de sang, constitue bien un caractère à part, une des maladies de la Révolution.

Il a été trop légèrement traité de charlatan et d'aventurier par les écrivains royalistes. Avant d'entrer dans la carrière politique, Marat était un savant. Voltaire lui fit l'honneur de critiquer un de ses premiers livres [1] où il plaçait le siége de l'âme dans les méninges [2]. On voit du moins que l'auteur était spiritualiste. Il publia ensuite différents travaux sur le feu, l'électricité, la lumière, l'optique.

Isidore Geoffroy Saint-Hilaire me racontait que vers 1830 (si ma mémoire est fidèle) l'administration du Jardin des Plantes fit l'emplette d'une boîte contenant des instruments de physique : par un hasard singulier, une partie de ces instruments avait servi à Marat pour faire ses expériences ; l'autre avait appartenu au comte de Provence, depuis Louis XVIII.

Un autre caractère excentrique avec lequel me mit en relation cette histoire des Montagnards était l'avocat Deschiens. Celui-là n'avait jamais demandé de têtes ; c'était l'indifférence politique, l'ordre et l'urbanité en personne. Il habitait Versailles où il possédait plusieurs chambrées de brochures et de papiers publics, comme on disait au temps de la Révolution. Tous ces documents étaient classés, étiquetés. A chaque grande époque historique il se rencontre un homme (un, c'est assez) qui s'isole du mouvement général des esprits pour se livrer à des goûts personnels et en apparence bizarres : mais, sans lui, où trouverait-on les matériaux de l'histoire? C'est ce qu'on appelle le collectionneur.

La question que s'adressait à lui-même l'avocat Deschiens, en s'éveillant dès l'aube (de 89 à 94) n'était pas du tout celle qui préoccupait alors tout le monde : « La cour triomphera-t-elle de l'Assemblée nationale ou est-ce au contraire l'Assemblée nationale qui aura raison du roi et de la reine? Qui l'emportera aujourd'hui de la Montagne ou de la Gironde? Où s'arrêtera la terreur? Les Dantonistes délivreront-ils la France des Hébertistes? Que pense et que fait le Comité de salut public? Où nous conduit la Commune de Paris? » Non, rien de tout cela ne l'intéressait très-vivement. Sa question à lui était celle-ci :

---

1. De l'Homme ou des principes et des lois de l'influence de l'âme sur le corps et du corps sur l'âme. 1775.

2. Nom collectif des trois membranes qui enveloppent le cerveau.

« Combien paraîtra-t-il aujourd'hui de feuilles nouvelles et de pamphlets? » Alerte et cette pensée dans la tête, il parcourait aussitôt les rues de Paris, écoutant les crieurs, s'arrêtant aux boutiques des libraires, interrogeant les affiches, achetant tout, classant tout avec un soin minutieux. Hé bien! cet homme particulier a rendu un grand service. S'il se fût laissé entraîner comme tant d'autres par l'ambition de la tribune, nous compterions un pâle orateur de plus dans un temps qui regorgeait déjà de parleurs et d'hommes d'État; tandis que la collection Deschiens à laquelle j'ai beaucoup puisé pour écrire cette histoire était à peu près unique dans le monde. Malheureusement, si je ne me trompe, cette collection a été dispersée, après la mort de celui qui l'avait formée avec tant de zèle et de persévérance.

Le second Empire ne tenait point du tout à enrichir notre Bibliothèque nationale des archives de la Révolution Française.

II

LES GIRONDINS

L'*Histoire des Montagnards* parut en même temps que le premier volume de l'*Histoire de la Révolution Française* par Louis Blanc, l'*Histoire des Girondins* par Lamartine et l'*Histoire de la Révolution Française* par Michelet.

Pourquoi ce titre : *Histoire des Montagnards*?

Est-ce à dire que les Girondins ne comptent point dans le mouvement révolutionnaire? Aurions-nous par hasard été insensible aux charmes de leur éloquence? N'aurions-nous rien compris au caractère et aux sublimes discours de Vergniaud, à l'esprit philosophique de Condorcet, le révélateur de la loi du progrès, à la fougue patriotique d'Isnard, à l'énergie de Barbaroux, à la science politique de Brissot, à l'honnêteté de Pétion, à la grande âme de madame Roland? Étions-nous tellement aveuglé que nous eussions le parti pris de dénigrer les hommes de la Gironde au profit des hommes de la Montagne? Non, rien de tout cela.

Les Girondins représentent un côté de la Révolution Française, les Montagnards en représentent un autre; c'est cet autre côté que nous avons voulu mettre en lumière. Voilà tout.

Autre considération : les Girondins n'ont joué, dans le grand drame révolutionnaire, qu'un rôle de courte durée. Non-seulement la Montagne leur a survécu, mais encore c'est de cette cime formidable, au milieu des éclairs et des tonnerres, que se sont révélés les oracles de l'esprit moderne. De ces hauteurs sont parties la force et la lumière. A peine si les Girondins ont résisté; ils ont pâli devant les événements; ils se sont effacés dans un rayon d'éloquence. Les Montagnards au contraire ont renouvelé entre eux, avec le pays et avec le monde entier, la lutte des Titans. Foudroyés, ils ont enseveli la Révolution dans les plis de leur drapeau, et après eux la République n'a plus été qu'un fantôme.

Lamartine lui-même comprit très-bien que les Girondins n'avaient point tranché le nœud gordien de la Révolution : aussi, en dépit du titre, continua-t-il son histoire jusqu'au 9 thermidor.

On est convenu de regarder les Girondins comme des modérés et les Montagnards comme des buveurs de sang. Fort bien; mais on oublie peut-être que ce sont les Girondins qui ont déclaré la guerre à toute l'Europe et voté la mort du roi. La vérité est qu'il faut être logique : si la Révolution Française était, comme le croient encore certains esprits faibles, une abominable levée de boucliers contre les dieux et les lois éternelles du genre humain, il faudrait condamner tous les hommes qui y ont participé, à quelque parti qu'ils appartiennent et sous quelque bannière qu'ils se soient ralliés à l'esprit du mal.

Le crime des Girondins fut d'avoir allumé la guerre civile dans les départements où ils s'étaient réfugiés après leur chute. Qu'on ait été injuste envers eux, je le veux bien; que les accusations portées contre leur système politique fussent ou fausses ou exagérées, je l'admets encore; que leur expulsion de l'Assemblée fût un acte illégal, je n'y contredis point; mais si persécuté que soit un parti, il n'a jamais le droit d'armer les citoyens les uns contre les autres, surtout quand les bataillons étrangers foulent sous leurs pieds le sol sacré de la patrie.

Quoi qu'il en soit, ce livre n'a point été dicté par un esprit d'exclusion. Ne bâtissons point de petites églises dans la grande unité de la Révolution Française. L'histoire de ces jours de luttes, d'antagonismes terribles et de haines violentes demande à être écrite avec amour. Ce n'est point ici un paradoxe. Oui, il y avait une sympathie immense, un élan passionné vers l'idéal, dans cette fureur du bien public qui immolait tout à un principe. Il faut donc embrasser d'un point de vue élevé cette époque sinistre et glorieuse qui réunit tous les contrastes. Le moment est venu d'amnistier les uns pour leur ardent amour de la patrie, les autres pour leur dévouement à l'humanité. Ayons enfin le courage d'admirer ce qui fut grand dans tous les partis et sous toutes les nuances. Parmi ceux que la Montagne éleva, dans un jour de tempête, jusqu'au gouvernement du pays, je dirais presque jusqu'à la dictature, il y en a qui ont sauvé le territoire de l'invasion étrangère, renouvelé les institutions sociales, ébauché une constitution, écrasé les factions abjectes dont le triomphe aurait amené la perte de la France, assuré le respect de la souveraineté nationale, rétabli sur de larges bases les services publics; après avoir tout détruit, ils essayèrent de tout reconstruire. La vie de pareils hommes mérite bien d'être racontée et, quelles que soient leurs fautes, la postérité les jugera en s'inclinant devant leur mémoire.

Nous ne promettons pas toutefois une réhabilitation systématique de la

Louis XIV.

Terreur ni des Terroristes. Il y a tels de leurs actes que rien ne peut justifier. A chacun d'eux sa responsabilité devant l'histoire. Loin de nous cette froide théorie de la souveraineté du but qui absout tous les crimes au nom de la raison d'État. Nous n'admettrons jamais non plus qu'on puisse rejeter sur les circonstances, sur la nécessité des temps, le fardeau des œuvres sanglantes. Pas de fatalité : ce serait une injure à la conscience humaine.

Ce que nous aimons chez les Montagnards, ce que nous défendrons, la tête haute, ce sont les vrais principes de la Révolution Française. Ils ont secouru le pauvre, relevé le faible, protégé l'enfant, délivré l'opprimé en frappant l'oppresseur ; ils ont voulu régénérer les mœurs.

Agités dans l'opinion publique, comme ils l'avaient été eux-mêmes dans la vie, les hommes de la Montagne n'ont pu jusqu'ici dégager leur mémoire de la tourmente qui les avait engloutis. Des voix retentissantes insultent, depuis plus d'un siècle, leurs ombres proscrites, tandis que d'autres les acclament avec enthousiasme. Il n'y a peut-être eu de mesure ni dans le blâme ni dans l'éloge. Pour moi, je me réjouis d'écrire ces pages dans un moment calme (1847), où l'opinion se recueille et où se prépare le jugement définitif de l'histoire. Libre envers le pouvoir, libre même envers les partis, sans autre passion qu'un ardent amour du peuple, je me crois à même de promettre une chose grave et difficile à tenir, la vérité.

CHAPITRE PREMIER

PRÉLUDES DE LA RÉVOLUTION FRANÇAISE

I

Du sentiment religieux. — Principaux événements de notre histoire. — Comment les faits s'enchaînaient les uns aux autres pour amener un changement dans l'ordre politique et social. — Affranchissement des communes. — Luther et Calvin. — La Saint-Barthélemy. — Richelieu. — Louis XIV. — Louis XV.

L'histoire de la Montagne se lie étroitement à l'histoire de la Révolution, laquelle se rattache à toute notre histoire de France.

Il nous faut donc renouer le fil des événements.

Le point de vue religieux, presque absent au xviiie siècle des spéculations de l'esprit, a exercé, dans ces derniers temps, une grande influence sur la direction des études historiques et sociales. Doit-on s'en applaudir? doit-on s'en plaindre? Il faut du moins se tenir sur ses gardes et se défendre contre les utopies. De nombreuses erreurs se sont glissées dans les ouvrages qui ont trait à l'origine de la démocratie en France, et comme ces erreurs tendent à obscurcir une des questions dominantes de la philosophie politique, il est utile de signaler le mal. Quelques historiens envisagent la démocratie moderne comme le développement nécessaire des idées chrétiennes; pour eux, la Révolution Française est sortie tout armée de l'Évangile [1].

Les sociétés antiques rapportaient presque toutes leur fondation à un dieu ou au fils d'un dieu. Peu s'en faut que les théodémocrates n'arrivent, par un effort d'imagination, à la même conséquence. S'il faut les en croire, c'est un dogme, une vérité de foi qui a présidé au berceau des nations modernes. Jésus-Christ a été le premier citoyen français, le précurseur de la *Déclaration des droits*.

D'où vient cette manière de voir? Il existe assurément une certaine

---

[1]. Nous avions en vue l'école de Buchez, dont l'importance était alors considérable.

conformité entre les doctrines de l'Évangile et celles de la Révolution Française.

Dix-sept cents ans avant Voltaire, le fils d'un charpentier, dans un temps où plus de la moitié du genre humain était esclave, où la société s'appuyait sur une hiérarchie de naissance, avait prononcé ces paroles mémorables : « Vous êtes tous frères, et vous n'avez qu'un père qui est là-haut. » Cette relation entre les principes du christianisme et ceux de la démocratie n'avait point échappé aux hommes de 93. L'abbé Maury et l'abbé Fouchet en firent le texte de touchantes homélies. On connaît le mot de Camille Desmoulins devant le tribunal révolutionnaire : « J'ai l'âge du sans-culotte Jésus, trente-deux ans. » L'un des hommes qu'on s'attend le moins à rencontrer sur ce terrain, Marat, qui n'était point dévot, rend lui-même justice sur ce point aux croyances chrétiennes. « Si la religion, dit-il, influait sur le prince comme sur ses sujets, cet esprit de charité que prêche le christianisme adoucirait sans doute l'exercice de la puissance. Elle embrasse également tous les hommes dans l'amour du prochain ; elle lève la barrière qui sépare les nations et réunit tous les chrétiens en un peuple de frères. Tel est le véritable esprit de l'Évangile. » Oui, mais cet esprit a-t-il été souvent appliqué au gouvernement des affaires humaines ?

L'alliance du sentiment religieux et des aspirations révolutionnaires peut être séduisante ; elle flatte les entraînements de l'esprit et du cœur, elle convient à la jeunesse ; mais nous trouvons cette théorie à la fois excessive et incomplète. Le christianisme a été une grande chose ; la démocratie en est une autre ; gardons-nous bien de mêler ces deux courants, si nous tenons à ne point tomber dans une confusion d'idées.

Toute la question est de savoir si le christianisme seul, abandonné à ses propres forces, eût pu faire la Révolution Française ; nous ne le croyons pas. Il fallait la protestation de la dignité humaine, violée depuis des siècles par l'insolente domination des classes privilégiées. Il fallait le travail lent et souterrain de la raison humaine. Il fallait la liberté d'examen. N'ayant à son service que des armes spirituelles, le christianisme n'aurait jamais pu réaliser un mouvement national qui tenait à l'ordre philosophique par les principes, à l'ordre moral par le droit et à l'ordre matériel par la force.

C'est donc dans un autre ordre de faits et d'idées qu'il nous faut chercher les racines de la Révolution Française.

Tout le monde sait que, issu de la conquête, le gouvernement de la France fut à la fois militaire et théocratique. Le pouvoir était divisé entre une foule de petits tyrans locaux. C'est ce qu'on appelle la féodalité. La guerre était l'occupation des hommes libres : guerre entre les États, guerre entre les provinces, guerre de château à château, de seigneur à seigneur. Au milieu de ces troubles et de ces chocs perpétuels, que devenait le pauvre vassal ? Son champ était ravagé, sa famille sans cesse sur le qui-vive, le fruit de son dur travail pillé par des bandes armées. Je glisse très-rapidement sur ces origines bien connues.

Le grand événement du moyen âge, c'est l'affranchissement des communes. A l'ombre des châteaux forts s'étaient formés dans les villes et les bourgs populeux des groupes d'artisans qui avaient besoin d'une certaine sécurité pour exercer leur industrie. Avec le temps, et par suite du mouvement naturel qui pousse les races asservies vers la lumière et la liberté, ces confédérations réclamèrent quelques garanties. Elles offrirent même d'acheter leurs franchises, soit du roi, soit du haut et puissant seigneur dont elles dépendaient. Aimant mieux se priver d'un morceau de pain que de vivre sans droits, les ouvriers, les petits débitants des villes s'imposèrent les plus durs sacrifices, et même, dans quelques localités, se soulevèrent pour conquérir la dignité d'hommes. D'un autre côté, les nobles tenaient à remplir leurs coffres-forts, et Louis le Gros avait intérêt à favoriser le développement des communes pour s'en faire un rempart contre les entreprises de certains seigneurs féodaux. Il importe surtout de constater que le sentiment religieux fut tout à fait étranger à ces transactions; la politique seule y joua un rôle. A partir de ce jour, les communes, ces associations libres et régulières, jouirent d'une juridiction à elles et tinrent de la sanction royale le droit d'avoir un échevin, un tribunal, un sceau, un beffroi, une cloche, une garde mobile. En temps de guerre, elles ne devaient prêter qu'au roi de France leurs soldats, qui, bannière en tête, rejoignaient les corps d'armée.

Qui ne voit d'ici l'importance de cette révolution accomplie sans bruit, sans éclat, sans une goutte de sang versé, par une sorte d'élan spontané, mais dont les conséquences devaient s'étendre de siècle en siècle! Avec le temps, en effet, l'industrie et le commerce, délivrés de leurs entraves, purent se redresser; le pauvre s'enrichissait par son ardeur à l'ouvrage, son adresse, son économie; les familles que le hasard de la naissance avait d'abord placées au bas de l'échelle sociale s'élevaient peu à peu et contractaient quelquefois des alliances avantageuses; c'est alors qu'entre la noblesse et la masse obscure des plébéiens se forma une classe intermédiaire qui prit plus tard le nom de tiers état ou de bourgeoisie.

L'affranchissement des communes peut se définir d'un mot : ce fut la victoire du travail sur la guerre.

La tradition chrétienne, fort obscurcie au milieu de ces luttes, s'éloignait de plus en plus de la démocratie évangélique. Il se rencontra, de siècle en siècle, des hommes qui protestèrent contre la direction du clergé; mais comme ils étaient en petit nombre, on les déclara hérétiques. « L'an 1320, dit Belleforest, on a vu des novateurs qui sous le nom de *Frérots* estoient venus en telles resveries qu'ils disoient et prêchoient publiquement que les gens d'église ne devoient rien tenir qui leur fust propre; que l'Église estoit fondée en pauvreté telle que Jésus-Christ avoit et approuvé et institué, veu qu'il n'avoit jamais possédé... Par là ils inféroient que c'estoit abusivement procéder au pape, cardinaux, évesques et autres prélats, d'être riches et puissants. » Cette secte avait pour chef Jehan de La Rochetaillade, « lequel, ajoute Froissard, proposoit des choses si profondes... que par aventure il eust fait le monde errer... A tant que moult, souvent les cardinaux en estoient esbahis et volontiers l'eussent à mort condamné. » A la lumière de cette tradition démocratique s'alluma le flambeau de Wiclef, de Jean

Huss et de Jérôme de Prague, qui voulaient ramener l'Eglise à sa constitution primitive. La tentative était généreuse, mais elle était téméraire. L'Église et l'État avaient désormais si bien confondu leurs intérêts, qu'il devenait impossible de toucher à l'une sans ébranler l'autre : le pape était roi, le roi de France était « clerc et homme d'église ». Aussi les nouveaux prédicateurs furent-ils traités comme séditieux et punis de mort. On les frappa au nom de l'Eglise avec un glaive aiguisé sur l'Évangile de celui qui avait dit : « Remettez le glaive dans le fourreau. »

L'affranchissement des communes fut suivi plus tard de l'affranchissement des serfs sur plusieurs points du royaume. Ce qu'il y a encore de très-remarquable, c'est que le clergé n'intervint nullement dans cet acte d'humanité. Les édits mêmes d'affranchissement ne font aucune allusion au sentiment religieux ni à l'esprit chrétien. Que conclure de leur silence, sinon que le développement du droit naturel et le respect de la dignité humaine amenèrent, en dehors de toute autre influence, l'abolition de la servitude corporelle? Elle existait pourtant encore, cette servitude, dans certaines localités, jusqu'à la veille de la Révolution.

Un grand coup porté à l'édifice des anciennes croyances religieuses fut le mouvement de la Réformation. L'esprit de libre examen, foudroyé dans la personne de Jean Huss par la puissance de l'orthodoxie érigée en concile, trouva dans Martin Luther un vigoureux lutteur qui déchira l'unité de l'Église. La liberté de penser avait apparu dans le monde. Quoique Luther eut voulu limiter sa révolte à l'ordre de foi, bien autres devaient en être les conséquences. Tous les esprits sérieux savent quelle étroite affinité relie la pensée à l'action, l'hérésie à la guerre contre les pouvoirs absolus. Ces deux courants se côtoyaient l'un l'autre et partaient du même principe. L'hérésie en voulait à la tête de l'Église, de même que la Révolution au chef de l'État. Les peuples qui avaient vu un ancien moine jeter au feu la bulle du pape ne reculèrent plus devant la majesté d'un roi ; la lutte contre Léon X amena la résistance du Parlement anglais contre Charles Ier. Luther appela Cromwell.

C'est une loi douloureuse, mais qu'y faire ? Le progrès s'écrit d'un côté de la page avec la plume et de l'autre avec le glaive.

Le peuple anglais s'était rallié à la noblesse contre la monarchie pour conquérir certains droits octroyés dans ce qu'on appelle la grande charte, *magna charta*. Chez nous, au contraire, le populaire se rattacha fortement à la royauté en haine de l'aristocratie. C'est la différence des deux histoires. La France aspirait à l'unité. C'est à cet esprit d'unité qu'il faut rapporter l'érection des parlements en cours permanentes et sédentaires de justice. Cette institution rendit des services, « en nous sauvant, dit Loyseau, d'être cantonnés et démembrés comme en Italie et en Allemagne ».

Les doctrines de Luther et de Calvin avaient mis le feu aux poudres. La France n'échappa point à cet embrasement général. La guerre civile était imminente. Les Huguenots tenaient dans leurs mains une partie des services publics. On les trouvait partout, même à la cour. La noblesse était aussi bien atteinte que la classe moyenne par l'esprit de liberté en matière de religion. La France allait-elle devenir protestante? Il serait oiseux de rechercher quelle influence bonne ou mauvaise ce changement de croyances aurait pu exercer sur ses destinées.

Une femme, Catherine de Médicis, superstitieuse faute de religion, hautaine, vindicative, se chargea d'abattre l'hydre de l'hérésie. Ce fut une œuvre de ténèbres. La nuit de la Saint-Barthélemy ne saurait être trop sévèrement reprochée à cette reine et à son fils Charles IX. Les entrailles frémissent d'horreur quand on songe à cet infâme massacre qui fut pourtant approuvé par la cour de Rome. Quelques historiens néocatholiques ont cherché à justifier cette œuvre de sang par les avantages qu'en aurait retirés le pays. Ne jouons pas avec la conscience et n'admettons jamais de pareilles excuses! Que me parlez-vous de la raison d'État, du droit de légitime défense, de certains progrès couvés dans la boue du crime? L'historien juge les faits et ne saurait absoudre que ce qui est juste.

Cependant la royauté gagnait chaque jour du terrain. Richelieu reprit l'œuvre et la politique de Louis XI, qui consistait à se débarrasser des grands seigneurs pour ramener toute l'autorité à la couronne. La féodalité s'était implantée sur le sol avec l'épée, le cardinal-duc la détruisit par la hache. Non content de supprimer les grands vassaux, les principaux de la noblesse de France, il effaça en quelque sorte le souverain lui-même. L'homme rouge se posa comme une goutte de sang sur la lignée bleue des rois de France. De Henri IV à Louis XIV, il y eut une sorte d'interrègne. Louis XIII avait disparu derrière son ministre. C'était l'ombre d'un roi; il ne mourut point, il s'évanouit.

La concentration de tous les pouvoirs entre les mains de la royauté était d'ailleurs une œuvre nécessaire. Décomposant à l'infini l'autorité, l'émiettant, si l'on ose ainsi dire, le régime féodal aurait inévitablement conduit la France soit à l'anarchie, soit à la domination d'une foule de maîtres avides et d'autant plus ombrageux qu'ils étaient plus faibles. Comment eût-on pu extirper ces tyrannies locales? Or voilà que la royauté vint en aide au peuple; elle mit environ quatre siècles à fonder l'unité, à réprimer toutes les révoltes, à briser toutes les résistances, et au moment où elle croyait avoir atteint son but éclatèrent les troubles de la Fronde.

Louis XIV sortit victorieux de la Journée des Barricades. La fraction de l'aristocratie qui lui disputait les rênes du gouvernement était écrasée. Ceci fait, il profita de l'humiliation de la noblesse pour la fixer à la cour et lui enlever ainsi les moyens de nuire. Que pouvaient contre le roi les grands seigneurs éloignés de leur province? Il les chargea de rubans et de chaînes d'or, les fit asseoir autour de lui sur des fauteuils ou des banquettes de velours, en un mot les enguirlanda de servitude. Versailles devint un foyer de grandeur et de magnificence. Ce n'étaient que fêtes, carrousels, spectacles, chasses, galas.

Le roi-soleil attirait à lui tous les jeunes moucherons de l'aristocratie, trop heureux de venir se brûler les ailes à sa lumière. Le pouvoir absolu étant remonté tout entier à la couronne, on entoura le chef de l'État d'une sorte de culte bien fait pour dégrader les caractères. Louis XIV assista vivant à son apothéose : il avait ainsi trouvé un moyen qui valait mieux que d'exterminer les grands, c'était de les avilir. Autour de cette idole s'organisa tout un système de fétichisme, ayant le palais de Versailles pour temple, les courtisans pour sacrificateurs et le peuple pour victime.

S'aperçut-on alors du gouffre qui se creusait autour du trône? En tout cas, il était trop tard. La royauté avait abaissé toutes les barrières qui gênaient l'exercice du pouvoir arbitraire ; elle avait domestiqué ces farouches barons qui étaient quelquefois les rivaux, mais le plus souvent les soutiens de l'édifice monarchique ; elle s'isolait ainsi dans des hauteurs où la foudre devait tôt ou tard l'atteindre.

Louis XIV mort, la France, un instant courbée sous son fouet et ses bottes à éperons, redressa superbement la tête. Les parlements moins soumis, et fortifiés des armes de l'opinion, essayèrent çà et là quelque résistance. Vint la Régence, qui engourdit dans la débauche ce qui restait de vigueur à l'aristocratie. Sous Louis XV, le pays s'accoutuma à ne plus avoir de maîtres ; il était gouverné par des maîtresses qu'il méprisait. Quand Louis XVI monta sur le trône, les esprits, éclairés désormais sur les abus, étaient dans une horrible agitation, et il ne fit rien pour les calmer. Alors le peuple vint se présenter, la pique d'une main et la constitution de l'autre, sur les marches du Louvre. — Ce visiteur-là n'attend pas longtemps à la porte des rois.

Telle est la série des faits qui ont amené la Révolution Française. Un mot maintenant sur les doctrines.

Quoique le véritable esprit chrétien ne fut nullement en contradiction avec les principes de 89, il est très-difficile de lui attribuer une influence dans la Déclaration des droits de l'homme et du citoyen. La liberté dont on retrouve ténébreusement les traces dans les écrits des Pères de l'Église n'avait rien de commun avec la liberté civile et politique fondée par la Révolution Française. Nous voyons au contraire les doctrines de l'Église aboutir partout à l'obéissance passive. Lisez dans Bossuet le chapitre intitulé : *Les sujets n'ont à opposer à la violence des princes que des remontrances, sans mutinerie et sans murmure, et des prières pour leur conversion.* Voilà quel était en politique le sentiment du clergé orthodoxe ; les armes de la prière étaient les seules que la liberté chrétienne pût forger dans son arsenal. Nous doutons qu'avec ces armes-là on eût jamais pris la Bastille, et nous trouvons que le peuple de 89 fit sagement d'y ajouter un fer de lance.

Parmi les éléments qui préparèrent la Révolution Française, on n'a pas assez tenu compte du vieil esprit gaulois dont on retrouve la trace dans les fabliaux et dans quelques romans du moyen âge, esprit frondeur, satirique, riant sous cape de la noblesse et du clergé. A côté des écrivains orthodoxes se forma d'ailleurs, du XVe au XVIe siècle, une école de philosophes calmes, stoïques, dégagés des luttes religieuses, relevant plutôt de la tradition païenne que de l'Évangile, et dénonçant avec une rare hardiesse tous les abus de leur temps :

ce furent Michel Montaigne, Étienne de La Boëtie, Charron, Rabelais. Dans leurs ouvrages, si différents de verve et de style, s'épanouit la véritable liberté d'examen. Après eux vint Descartes, qui commença par faire table rase de toutes les connaissances acquises, et déplaçant dès le premier coup la base de la certitude, mit dans le *moi* le critérium de l'erreur ou de la vérité. Pascal démasqua

Louis XVI.

les jésuites dans ses *Lettres provinciales*. Les voies étaient ouvertes : le xviiie siècle s'y précipita. Montesquieu, Voltaire, Jean-Jacques Rousseau, Buffon, Condorcet, d'Alembert, quelle pléiade de génies! La théologie chrétienne s'était placée elle-même en dehors du monde et de la nature, la philosophie intervient et fournit à l'humanité ce qui lui manquait, la notion de ses droits. Est-ce à dire que la Révolution Française soit l'œuvre d'une école de philosophes? Non. Les grands esprits du xviiie siècle exercèrent sans doute une vaste influence sur le mouvement des idées; sans eux, le triomphe des libertés publiques eût été ajourné indéfiniment. Mais les penseurs excitent et dirigent les forces vives de leur époque, ils ne les créent jamais. La source de toutes les forces et de toutes les initiatives était dans le peuple.

Résumons-nous : La Révolution Française n'émane point du sentiment religieux ; elle est fille du droit et de la justice.

Que répondre d'un autre côté à ceux qui lui reprochent de n'avoir point fait surgir de l'autel de la patrie un Dieu nouveau? Elle n'était point faite pour cela : essentiellement pratique et réaliste, elle s'est attachée aux faits, à la loi, à la réforme des institutions. Son œuvre fut de déplacer l'axe des sociétés modernes en substituant au règne de la foi l'autorité de la raison.

II

La Révolution en germe dans la cabale. — La franc-maçonnerie. — Les mystiques. — Les inventeurs.

On n'a pas assez tenu compte d'une autre source d'opposition à l'ancien régime théocratique et monarchique : cette source, c'est la science.

Il est bien vrai que la science n'existait guère au moyen âge et même à l'époque de la renaissance des lettres et des arts. On ne découvre, à cette époque, que des systèmes incohérents, vagues, entachés de merveilleux. N'oublions pas toutefois que de l'alchimie s'est dégagée la chimie et que l'astrologie a été l'embryon de l'astronomie.

L'Église n'avait point en elle-même le principe de la science. L'homme, d'après elle, a été déchu pour avoir voulu savoir; il ne se relève que par l'ignorance volontaire, c'est-à-dire par la soumission de l'esprit à des dogmes révélés et à l'autorité visible des conciles. Une telle doctrine devait logiquement proscrire la libre pensée et frapper d'une réprobation terrible la recherche des lois de la nature. Les œuvres d'Aristote furent brûlées par la main du bourreau. Condamnée, poursuivie par la justice ecclésiastique et séculière, la science se cacha, rentra sous terre. Enveloppée de formes obscures, bizarres, impénétrables, elle eut ses initiations, ses mystères. Elle se fit société secrète et prit le nom de *cabale*.

La cabale était une contre-Église.

Pour peu qu'on fouille dans les ouvrages des cabalistes (astrologues, alchimistes, magiciens), on découvre les opinions les plus étranges sur l'éternité de la matière, la transmutation des minéraux, l'engendrement des plantes et des animaux par une série de transformations naturelles, la chaîne magnétique des êtres, le tout brouillé dans des rêveries et des mythes dont le secret n'était accessible qu'aux initiés. Pourquoi ces voiles? C'est qu'alors la libre pensée ne se sentait point en sûreté sous les formes vulgaires du langage. Le livre écrit à style découvert courait grand risque d'être condamné aux flammes s'il contenait des opinions équivoques[1]. C'est pour éviter cette menace perpétuelle de destruction que les cabalistes couvrirent opiniâtrement leurs idées d'une obscurité prudente. Ces précautions ne désarmèrent pas la surveillance de l'Église. Elle ne tarda point à découvrir la retraite dans laquelle l'esprit humain s'était réfugié. L'antagonisme de la science et de la foi éclata. Les cabalistes, sans fronder ouvertement l'autorité du dogme ni du mystère, ouvraient aux esprits curieux une voie d'investigations hasardeuses. De là conflit. Et pourtant beaucoup d'ecclésiastiques mordirent, durant le moyen âge, à la pomme des sciences occultes, comme quelques-uns d'entre eux goûtèrent plus tard aux doctrines philosophiques du xviiie siècle.

Entendons-nous bien : je ne veux pas dire que ces savants livrés, d'après un auteur du temps, à la pratique des arts séditieux, *artibus quibusdam seditiosis*, eussent sur la réforme religieuse et politique les mêmes idées que nos pères de 89. Non; mais ces hommes étaient des dissidents. Leur opposition, relative au temps où ils vivaient, inquiéta les maîtres de la société. L'Église et l'État condamnèrent la cabale comme la racine amère de toutes les hérésies et de toutes les nouveautés. La vérité est que l'orthodoxie sentait par cette voie ténébreuse les meilleures intelligences du temps lui échapper. Quoique l'esprit des sciences occultes fût très-indéterminé, le clergé jugea nettement que cet esprit n'était pas le sien. Qu'était-il donc ? une tendance à se rapprocher de la nature, cette grande excommuniée que les docteurs déclaraient être la fille de Satan.

Moins la science est avancée, plus elle se nourrit de chimères et de folles illusions, plus elle croit déjà tenir sous sa main tous les secrets de la nature. L'ambition des alchimistes et des astrologues n'avait d'égale que leur inexpérience. Ils affichaient la prétention de faire de l'or, de prolonger indéfiniment la vie au moyen d'un élixir dont ils disaient avoir la formule, de créer un homme « en dehors et sans le secours du moule naturel », de dérober aux astres qui roulent au-dessus de nos têtes les arcanes de la destinée et de prédire ainsi à chacun les événements futurs, la grandeur ou la décadence des royaumes. Que ne promettaient-ils point à leurs adeptes ? En agissant ainsi, étaient-ils de bonne foi ? Il faut croire qu'ils se trompaient eux-mêmes. La base de la méthode expérimentale leur manquant, ils n'échappaient au mysticisme chrétien que pour se jeter dans les rêveries. Toujours est-il que l'attrait de ces sciences occultes devait séduire les imaginations et que le nombre des affiliés était considérable. Or la plupart d'entre eux (nous le savons par leurs ouvrages) se montraient très-préoccupés de palingénésie sociale. Ils s'attendaient à de grands événements, à des guerres durant lesquelles le sang coulerait à flot, « à des mutations de royaume et à des révolutions, » après lesquelles la paix et le repos retourneraient sur la terre. Songes creux, dira-t-on; soit, mais songes d'esprits inquiets, aspirant à un ordre de choses meilleur que celui sous lequel ils vivaient.

---

[1] Témoin celui de Jean Scott qu'Honorius fit brûler.

Non contents de voiler leurs idées sous les pages symboliques du grimoire, les alchimistes les avaient fixées dans la pierre. Il y avait à Paris un monument qui passait surtout pour contenir les secrets de la science hermétique; mais il fallait être initié pour déchiffrer le sens des figures. C'était le cimetière des Innocents. Sur l'un des murs on voyait un lion accroupi et enroulé d'une banderole avec ces mots : *Requiescens accubuit ut leo; quis suscitabit eum?* « Mon fils est couché comme un lion; qui le fera lever? »

Le lion s'est levé le 14 juillet 1789 ; il a aiguisé ses ongles sur les pierres de la Bastille, et ses rugissements ont fait trembler toute la terre.

Mal vus, mais redoutés à cause de la puissance infernale dont le vulgaire les croyait investis, les initiés aux sciences occultes exercèrent une assez grande influence sur l'opinion publique. La foule ignorante crut s'égaler à eux en se donnant au diable. Il y eut des confréries de sorciers. Dans ces âges d'ignorance et de superstition, une idée tourne tout de suite en épidémie morale. Le nombre de tels insensés devint considérable ; Henri Boguet, grand juge en la terre de Saint-Claude, propose qu'on coupe la tête à trois cent mille, et demande « que chacun prête la main à un si bon office ». Les moins coupables étaient conduits « à la fosse » pour y faire pénitence au pain et à l'eau[1]. La société d'alors, pour exercer ses violences contre les sorciers, s'autorisa du pacte qu'ils avaient, disait-on, juré entre eux de détruire les chefs de l'Église et de la monarchie.

« S'il advient, dit Juvénal des Ursins, que... iceux *innovateurs* de diables idolâtres soient mis en prison, ils doivent être punys comme *trahistes* du roy et criminels de *lèze-majesté*. » Les magistrats, aux xv° et xvi° siècle, firent arrêter un si grand nombre de ces malheureux, qu'on ne pouvait plus, dit un auteur du temps, les juger ni les exécuter, quoiqu'on y allât très-vite. De la mauvaise physionomie d'un homme on pouvait tirer contre lui un indice suffisant pour l'appliquer à la question. Le fils était appelé à porter témoignage de ce crime contre le père, le père contre le fils. Le châtiment des sorciers était la peine du feu. Le seul doute qui tourmentait, en France, plus d'un légiste, était de savoir s'ils devaient être brûlés tout vifs ou s'il convenait premièrement de les étrangler. Ces deux opinions réunissaient des partisans. — Je recommande de tels faits aux historiens sensibles qui versent tant de larmes sur les victimes du tribunal révolutionnaire ; les excès provoquent toujours, dans l'avenir, d'autres excès ; l'abîme appelle l'abîme ; le bûcher appelle l'échafaud.

Les aveugles étaient, jusqu'en 1450, protégés par la loi : la peine de mort passait muette et désarmée devant cette grande infortune. Le bourreau n'avait rien à faire là où la justice divine s'était arrêtée si rigoureuse et si implacable. Le parlement de Paris n'en condamna pas moins au feu, pour crime de magie,

---

[1]. J'ai trouvé une ancienne gravure sur bois qui représente bien les idées du temps sur la Justice : une femme assise sur un siége de fer, la tête couverte d'un voile noir, les pieds enveloppés d'un suaire la place du cœur vide et une balance à la main. C'est cette Justice qui expédiait les sorciers et les hérétiques.

un aveugle des Quinze-Vingts. Ce parlement célèbre fit exécuter en moins de trois mois (c'est lui qui s'en vante) un nombre presque innombrable, *numerum pene innumerum*, de sorciers. Celui de Toulouse, voulant prouver son orthodoxie et son attachement au roi, en jeta d'un seul coup plus de quatre cents dans les flammes du bûcher. Ces faits ne sont pas seulement atroces, ils sont féconds en enseignements.

Si la magie n'eût pas été, dans la pensée des juges, une insurrection contre l'ordre religieux et politique, elle n'eût pas été soumise à de semblables atrocités. Les délits relatifs aux institutions établies étaient en effet les seuls que l'État, menacé dans sa forme, dans sa durée, dans son repos, frappait à coups redoublés et à travers toutes les lois humaines, *per fas et nefas*.

Les anciens cabalistes rêvaient l'exécution du *grand œuvre*; ils demandaient pour cela du feu, du métal et du sang. Précurseurs de la science, vous serez satisfaits! Le grand œuvre s'accomplira; j'aperçois un inconnu qui, le visage masqué, les bras nus, la poitrine haletante et penchée sur la fournaise, remue les éléments d'une transmutation future : cet alchimiste, c'est le Progrès.

L'astrologie était une chimère; mais elle n'en servit pas moins à élargir pour l'homme la notion de l'univers. Mélange de fatalisme et de chaldéisme, elle reliait du moins notre globe à l'ensemble de la mécanique céleste : son erreur était d'y attacher aussi nos destinées. Les rois et les reines s'étaient fait longtemps tirer leur horoscope ; en 92, ce fut le tour de la République Française.

« Heureuse France ! s'écriait l'enthousiaste Loustalot, le soleil au signe de la Balance entrait dans le point équinoxial d'automne, quand tu jurais l'égalité et fondais la République ; une concordance parfaite régnait, en ce moment, entre le ciel et la terre; c'est sous ces beaux auspices que tu disais anathème à la royauté et donnais à la liberté cette égalité sainte, que le soleil, à pareille époque, établit entre les jours et les nuits. République des Francs, tes hautes destinées sont écrites sur le livre même de la nature. Nation puissante et fortunée par-dessus toutes les autres, tous les ans à pareil jour tu trouveras le soleil au signe de la Balance, symbole de l'égalité. »

Hélas! cet oracle ne fut guère plus vrai que ceux de Nostradamus ; mais si la République meurt quelquefois étouffée dans le sang de ses héros, elle renaît toujours.

Aux sciences occultes, à la société secrète des cabalistes succéda plus tard la franc-maçonnerie, poursuivant à peu près le même but, mais par des moyens beaucoup plus pratiques. Réduite durant des siècles à dissimuler sa marche, la libre pensée prit successivement différents masques. Elle se cacha sous le boisseau, sachant bien que le moment viendrait où elle pourrait poser dessus la lumière. Un des chefs de la franc-maçonnerie, Thomas Crammer, se faisait appeler lui-même le fouet des princes, *flagellum principum*. Les deux colonnes de cette grande institution étaient l'égalité et la fraternité. Les signes, les symboles, les initiations étaient autant de formes protectrices sous lesquelles s'exerçaient sa propagande et son action bienfaisante. Dans le temple s'effaçaient toutes les distinctions de naissance, de couleur, de rang, de patrie. La maçonnerie encourut à plusieurs reprises les disgrâces de l'Église et de plusieurs gouvernements. Laissons parler un inquisiteur romain : « Parmi ces assemblées, formées sous l'apparence de s'occuper des devoirs de la société ou d'études sublimes, les unes professent une irréligion effrontée ou une licence abominable, les autres cherchent à secouer le joug de la subordination et à détruire les monarchies. Peut-être, en dernière analyse, est-ce là l'objet de toutes : mais ce secret ne se communique pas en même temps ni à toutes les loges[1]. » Cette accusation ne manque pas d'un fond de vérité; la Révolution serpenta durant des siècles par des chemins obscurs, jusqu'au jour où, transmise de la cabale aux loges maçonniques et des loges maçonniques aux clubs, elle apparut enfin la face découverte.

Tous les historiens royalistes qui ont écrit vers la fin du dernier siècle signalent d'ailleurs le rôle important que joua la maçonnerie dans le mouvement de 89. Presque tous les chefs révolutionnaires appartenaient à différentes loges. De même que les francs-maçons, les *illuminés*, les *martinistes*, préparaient le monde aux fêtes de l'égalité, à cette célèbre confédération du Champ-de-Mars où tous les Français se réunirent sous le soleil en un peuple de frères. Quels transports de joie! Une même nation, un même cœur. L'élément mystique est inséparable du travail de l'esprit humain et, cette fois du moins, malgré quelques écarts, il seconda l'élan général vers la vérité.

D'un autre côté, ne perdons point de vue qu'avec le temps la science réelle, positive, exacte, avait fait son chemin dans le monde. Elle s'était délivrée des langes du merveilleux et de l'utopie. Après bien des tâtonnements et des essais malheureux, elle s'était enfin trouvée sur son terrain : la méthode expérimentale. A chaque découverte qu'elle faisait se dissipait une erreur, s'évanouissait une superstition.

Galilée, Képler, Newton avaient trouvé la loi qui préside au mouvement des corps célestes. Ce n'est point le soleil qui tourne, c'est la terre. Que devenait alors la légende de Josué? Harvey avait pénétré dans le mystère de la circulation du sang. Descartes, Pascal, Leibniz avaient de beaucoup reculé les bornes des connaissances humaines. Chaque conquête sur la matière est une victoire pour l'esprit. L'industrie, le commerce, la navigation avaient largement profité des progrès de la chimie et de l'astronomie. Grâce aux recherches d'un protestant français, Denis Papin, et d'un Anglais, Watt, la puissance de la vapeur était presque conquise.

L'associé de Watt assistait un jour au lever du roi d'Angleterre ; Georges III le reconnut.

— Ah! Boulton, s'écria-t-il, voici longtemps qu'on ne vous a vu à la cour;

---

1. Extrait de la procédure instruite à Rome en 1790 contre Cagliostro. Les noms de Mesmer et de Cagliostro se trouvent mêlés, sur la fin du dix-huitième siècle, aux préludes de la Révolution française. Ce n'est pas que ces deux hommes aient jamais exercé sur ce grand événement une influence directe ; mais la tournure cabalistique de leurs idées les fit ranger à tort ou à raison du côté des novateurs.

que faites-vous donc? — Sire, je m'occupe de produire une chose qui est le grand désir des rois. — Et laquelle? — La force.

Les peuples en ont autant besoin que les souverains.

Il existe d'ailleurs un lien étroit entre la science et l'affranchissement de l'esprit humain. Quand les intelligences s'accoutument à chercher des lois dans la nature, elles en demandent bientôt à la société. L'arbitraire ne peut se soutenir qu'en face de l'ignorance. Aussi la Révolution fut-elle généralement saluée avec enthousiasme par les savants. Tous ceux qui avaient cherché dans l'univers un ordre appuyé sur les rapports naturels des choses ne pouvaient logiquement souffrir, dans les institutions civiles et politiques, un ordre imposé par la volonté d'un seul.

III

Les prisons d'État. — Le Prévôt de Beaumont. — Décadence de l'ancien régime.

On peut caractériser l'état des institutions monarchiques dès le milieu du XVIIIe siècle : une grande impuissance d'être.

Tous les rouages du gouvernement personnel s'usent; la royauté est salie; le peuple se désaffectionne; la noblesse elle-même tourne aux philosophes; le numéraire manque. Il n'y a que les prisons qui tiennent encore; mais leur secret est découvert. Le voile s'est déchiré sur l'abîme des iniquités de la justice humaine. Les geôliers ont beau faire, leurs victimes sont connues et pleurées. La bouche comprimée se tait, les pierres crient.

Chaque règne a son prisonnier célèbre : — sous Louis XIV, le masque de fer; — sous Louis XV ou plutôt sous madame de Pompadour, Latude; — sous Louis XVI, Le Prévôt de Beaumont.

Le crime de ce dernier était d'avoir découvert par hasard l'existence du pacte en vertu duquel on affamait la France. M. de Sartines le fit incarcérer. Transporté de la Bastille au donjon de Vincennes, de Vincennes à Charenton, de Charenton à Bicêtre, il défia successivement, dans une captivité de vingt-deux ans et deux mois, l'horreur de quatre prisons d'État. Couché nu, les chaînes aux pieds et aux mains, sur un grabat en forme d'échafaud, couvert d'un peu de paille réduite en fumier puant, la barbe longue de plus d'un demi-pied, condamné à la faim pour avoir dénoncé les auteurs de la famine qui ravageait la France, ne recevant que trois onces de pain par jour et un verre d'eau pour tout aliment, il vécut. La Providence, comme on dit, veillait sur cet homme, car il devait un jour révéler au monde un mystère d'iniquité.

Vainement de Sartines, son successeur Lenoir, le directeur du donjon de Vincennes, Rouge-Montagne, — quel nom de geôlier! — s'épuisent à étouffer cette bouche incorruptible. Possesseur d'un secret qui opprime sa conscience, Le Prévôt de Beaumont écrit dans la nuit du cachot, écrit toujours. On saisit les papiers; on les détruit; il recommence. Les persécutions des geôliers redoublent; cet homme est une tête de fer incorrigible, on n'aura *plus de bontés* pour lui. On le change de cachot; plus d'air, plus de jour. « De Sartines, raconte-t-il lui-même, avait essayé de me faire périr, en ne me délivrant tous les huit jours que trois demi-livres de pain et un petit pot d'eau pour ce temps. Je ne savais où placer cette petite provision. Les rats la sentaient, et je ne voulais point m'en plaindre, parce que d'ailleurs, plus officieux que mon geôlier, ils m'avaient, par leur travail, dessous les portes de mon cachot, procuré un filon d'air qui m'empêchait d'étouffer dans un lieu hermétiquement fermé; car le défaut d'air fait aussi promptement périr que la faim. » Dieu et les rats aidant, ce prisonnier réussit encore à vivre. Louis XV, sous le règne duquel il avait été arrêté, meurt; Louis XVI monte sur le trône; les ministres se succèdent. De temps en temps l'un d'eux venait faire, par manière de cérémonial, une visite au donjon de Vincennes. Malesherbes y vint. Le prisonnier fit retentir la prison de ses cris et de ses révélations foudroyantes.

— Ce pacte existe, criait-il, je l'ai vu!

Malesherbes jugea un tel homme dangereux et s'éloigna. Sa famille réclamait au dehors, on lui répondait avec la brutalité du laconisme administratif:
— *Rien à faire.*

Il espérait, il attendait, il écrivait toujours du fond de sa fosse; il accusait sans relâche les affameurs de la France et les siens. Une toile d'araignée en fer obscurcissait la fenêtre de son cachot; l'encre lui manquait; n'importe, il trouvait encore le moyen de tracer des caractères sur du linge avec du jus de réglisse ou du sang. La soif ni la faim n'ayant pu amortir cet indiscret témoin des horreurs d'un tel règne, on compta sur le scorbut: le voilà transporté à Bicêtre. Cet homme était indomptable et immortel comme la conscience; rien n'y fit: il avait vu, il devait révéler. La vérité, celle surtout qui est destinée à faire révolution dans le monde, a besoin de s'épurer au creuset d'une adversité persévérante. Cependant les idées marchaient; un souffle de liberté avait pénétré jusqu'aux pierres de la Bastille et du donjon de Vincennes. Les geôliers, Lenoir en tête, sentaient le sol chanceler sous eux. Comme les mauvais traitements n'épuisaient ni la vie ni le courage de Le Prévôt, on capitula. Le nouveau lieutenant de police, de Crosne, adoucit le sort du prisonnier et le fit transférer à Bercy, dans une maison de force. Il espérait que le prisonnier, dont le sort allait être amélioré, finirait par s'oublier lui-même dans cette nouvelle détention. C'était le moyen de dérober son secret à la connaissance du monde. Heureusement les prévisions et les intrigues des hommes de police furent déjouées. Il comptait les jours après les jours dans une fiévreuse angoisse, trompant les heures de sa longue captivité (vingt-deux ans!) par le travail et par la foi inébranlable en la justice de sa cause. N'était-il point appelé à rendre un grand service aux malheureux qui mouraient de faim? Enfin il respire. — Le 14 juillet 1789, Le Prévôt aperçut de Bercy, à l'aide d'une lunette, une fumée noire sur le faubourg Saint-Antoine; il vit le peuple foudroyer une masse hideuse et sombre: c'était la Bastille qu'on prenait.

Pendant trois jours, le prisonnier regarda tomber cette forteresse où il avait passé treize mois sans air et presque sans nourriture. Quelle joie! La Bastille était une ennemie personnelle dont on le délivrait; chaque pierre qui tombait, c'était un douloureux souvenir dont sa mémoire était allégée.

La liberté de cet homme suivit de près la ruine de son ennemie; les verrous

Necker.

ne tenaient plus. Le Prévôt était un revenant qui accusait l'ancien régime en face de la Révolution. Le terrible secret qu'on avait voulu engloutir avec lui dans les cachots remontait à la lumière. Qu'était donc ce secret qui, découvert par mégarde, avait coûté à un malheureux vingt-deux ans de martyre? Le voici: il existait un projet arrêté, signé entre quelques hommes, ministres et directeurs généraux, « 1° de vendre Louis XV dans le temps présent, avec son autorité, et Louis XVI pour l'avenir; 2° de donner la France, à bail de douze années, à quatre millionnaires désignés par noms, qualités et domiciles, lesquels masquaient toute la ligne; 3° d'établir méthodiquement les disettes, la cherté en tout temps, et, dans les années de médiocre récolte, les famines générales dans toutes les provinces du royaume, par l'exercice des accaparements et du plus grand monopole des blés et des farines. » Ce pacte avait été conclu; les auteurs en avaient reçu le prix, — le prix du sang.

Idée infernale! organiser la disette, faire la faim! La terre, de son côté, semble épuisée comme la monarchie; elle ne donne qu'à regret. Une mauvaise année succède à une année mauvaise; il paraît qu'on touche à la fin du monde; l'abomination de la désolation est dans les affaires de l'État. Les abus débordent; l'argent passe aux lieutenants de police, aux favorites et aux geôliers. Un Lenoir se fait, par ses machinations, 900,000 livres de revenu. A Vincennes, comme à la Bastille, une compagnie de cent quatre hommes coûte, depuis soixante-dix ans, trois millions et demi chaque année, pour ne garder dans ces deux prisons que les murailles et les fossés.

Le commerce des lettres de cachet produit des bénéfices énormes; les arrestations, les translations d'une prison dans une autre, les espionnages, les délations mangent la fortune publique et le bien des familles; d'incroyables attentats se commettent chaque jour contre la liberté des individus. On assure que Lenoir a vendu plusieurs fois des Français, arrêtés par lettres de cachet, à des marchands hollandais, qui les emmenaient pour être revendus comme esclaves à Batavia. Ces hommes de police se livraient à des monstruosités sous le voile de la sûreté de l'État; et quand plus tard le peuple indigné voulut mettre la main sur ces accapareurs et ces traîtres, — rien: ils s'étaient enfuis à l'étranger avec le fruit de leurs rapines.

Cependant les signes du temps et les présages annonçaient une catastrophe. Une maladie hideuse avait frappé Louis XV, et ce galant monarque n'était plus que la figure de la lèpre avec l'odeur du sépulcre. Les premiers-nés des maisons royales mouraient. La moisson était dévorée en herbe par la sécheresse du sol et les grains par les accapareurs qui se jetaient sur cette proie comme une nuée de sauterelles. Une main invisible renouvelait sur la France les plaies d'Égypte, mais le cœur des grands était endurci. Il ne restait plus qu'à changer en sang l'eau des puits. La catastrophe était inévitable. Les prophètes ne manquaient pas: la Révolution était prédite, annoncée dans les termes les plus clairs. Rousseau écrivait en 1770 [1]: « Nous approchons de l'état de crise et du siècle de révolution. Je tiens pour impossible que les grandes monarchies de l'Europe aient encore longtemps à durer; toutes ont brillé, et tout État qui brille est sur son déclin. J'ai de mon opinion des raisons plus particulières que cette maxime; mais il n'est pas à propos de les dire, et chacun ne les voit que trop. » Voltaire écrivait en 1762: « Tout ce que je vois jette les semences d'une révolution qui arrivera immanquablement et dont je n'aurai pas le plaisir d'être témoin. La

---

1. *Émile*, livre III.

lumière s'est tellement répandue de proche en proche qu'on éclatera à la première occasion, et alors ce sera un beau tapage. Les jeunes gens sont bien heureux, ils verront bien des choses [1]. » Ainsi le voile qui couvrait l'avenir était transparent ; seuls les privilégiés s'obstinaient à ne pas voir.

La cognée était à la racine de la monarchie, que les classes nobles s'enivraient encore follement, à l'ombre de cet arbre rongé par mille abus. Les gentilshommes de la cour plaisantaient des cerveaux alarmés. Les oisifs reprochaient gaiement aux penseurs et aux écrivains de détourner le peuple de son travail et de ses devoirs.

Cependant tout déclinait. La beauté elle-même était vieillotte : du fard et de la poudre. L'état des mœurs rappelait la corruption des Romains sous les Empereurs. On s'amusait aux petits vers et aux petits soupers. La coquetterie remplaçait la pudeur, le libertinage tuait l'amour. Les abbés effeuillaient des roses aux divinités de l'Opéra : le bréviaire était devenu dans leurs mains l'almanach des Grâces. Voilà de quelle manière passait son temps cette société frivole, à la veille du jour où le châtiment allait éclater, où la Justice allait revendiquer ses droits.

Ce ne fut pourtant pas sur les plus coupables que tomba la foudre de l'irritation populaire. Cette parole de Moïse fut une fois de plus vérifiée : « Les pères seront punis dans leurs enfants. » La noblesse transmit à ses descendants la responsabilité de ses actes, et Louis XV fut guillotiné dans Louis XVI qui valait beaucoup mieux que l'amant de la Pompadour, le digne élève de l'infâme Dubois.

La foi n'existait plus que dans le clergé inférieur, et çà et là dans quelques campagnes. Sorti d'une étable, le christianisme était retourné aux toits recouverts de chaume. Dans les villes, l'esprit philosophique remettait en question tous les dogmes religieux. A côté des orgies d'une société mourante, une âpre école de libres penseurs, avocats, écrivains, rhéteurs, médecins, tabellions, travaillaient dans le silence à reconstituer les titres perdus de l'humanité. La conscience troublée révélait ses inquiétudes par des tressaillements infinis. On sentait vaguement que quelque chose d'inconnu allait venir.

IV

La Révolution pouvait-elle être évitée? — Louis XVI et Marie-Antoinette. — Affaire du collier. — Personne ne voit de salut que dans la convocation des États généraux.

Il y en a qui se demandent encore si la Révolution de 89 pouvait être éludée par des réformes. Turgot et Malesherbes l'ont essayé ; l'un et l'autre ont échoué devant les obstacles. Le bras d'un homme n'était pas assez fort pour s'opposer aux excès d'une caste puissante et nombreuse ; il fallait le rempart vivant de toute une nation. Peut-être même était-il inévitable que cette réformation du

---

1. Lettre à M. de Chauvelin.

vieux monde fût produite par des moyens extraordinaires et violents. Les crimes contre la société entraînent des châtiments exemplaires qui épouvantent la Justice elle-même. On ne déracine pas les chênes sans remuer le sol autour d'eux.

Au moment où s'ouvre l'histoire de la Révolution, les deux derniers règnes ont détrompé la France royaliste. Les prisons d'État, les lettres de cachet, la censure, les impôts, livrés au caprice d'une courtisane ou d'un favori, ont créé dans les populations des villes l'esprit de résistance. Les iniquités des droits féodaux et des justices féodales, la corvée, les aides, la dîme, la milice, avaient soulevé les classes agricoles. Sans doute les abus étaient grands; mais, il faut en convenir, la Révolution Française fut surtout provoquée par les nouveaux instincts du peuple.

La première moitié de la vie des nations appartient au pouvoir et la seconde moitié à la liberté. A côté du sommeil de la cour et de la molle ignorance des grands seigneurs, les sciences et les lettres, ces filles du peuple, avaient marché : la parole mise au bout des doigts du sourd-muet; la foudre dérobée aux nuages; l'aérostat, ce vaisseau qui semble fait pour dompter un jour l'océan de l'air; tout cela avait donné aux hommes, jusque-là timides et soumis, une grande opinion de leurs forces. La nation étouffait de pensées; le moment de les écrire était venu, et quand les idées sont semées il faut qu'elles lèvent. Les philosophes sortaient en général de la classe inférieure ou moyenne. De toutes parts les larges têtes du peuple et de la bourgeoisie chassaient devant elles les fronts bas et renversés des petits-maîtres de la cour.

On touchait à l'année mémorable qui devait décider la lutte. L'horizon politique devenait de plus en plus sombre. Louis XVI, depuis son avénement, avait essayé successivement à la France plusieurs ministères que des obstacles nouveaux et imprévus venaient toujours renverser. Les circonstances étaient insurmontables; elles usaient les hommes. Calonne, bel-esprit, vain et prodigue, venait de disperser les restes du trésor public, dans lequel les maîtresses de Louis XV avaient puisé à pleines mains [1].

Comme l'or est, dans les États monarchiques, le soleil de la corruption et l'instrument du pouvoir sur les consciences, *instrumentum regni*, Calonne, en agitant les finances, avait réveillé pour un instant autour du trône un éclat factice qui ne tarda pas à s'éteindre. On avait dépensé beaucoup trop d'argent; il crut que le remède était d'en dépenser davantage. Illusions! — Bientôt le numéraire manqua dans les caisses. Le cardinal de Brienne, élevé au rang de premier ministre par la retraite de Calonne, n'avait rien pu contre les progrès d'une banqueroute. Il venait de sortir des affaires, emportant le sentiment d'une calamité prochaine. Le mauvais état des finances creusait de plus en plus, sous les marches du trône, un gouffre dévorant, dans lequel devait s'engloutir l'ancien régime.

Dans le mauvais état où étaient les affaires, un grand roi eût-il sauvé la

---

[1]. La Dubarry reçut, en quinze mois, du trésor public 2,400,000 fr.

monarchie en se mettant à la tête des réformes? J'en doute. Les abus avaient dépassé la mesure; la coupe débordait; la réaction contre l'ancien régime devait donc malheureusement être entachée d'excès. En pareil cas, on n'arrive à la modération qu'après un temps de violence. Louis XVI, d'un autre côté, n'était pas du tout l'homme qu'il fallait pour dominer les événements. Il ne savait pas vouloir. Élevé dans les traditions de la cour, il ne comprenait absolument rien à l'état des esprits ni aux tempétueuses exigences de l'opinion publique. Contracter une alliance sérieuse avec le tiers-état eût peut-être été le moyen de tout sauver; il n'y songea même point. Engagé comme roi par des liens séculaires envers la noblesse de France et le clergé, il s'obstinait à compter sur leur concours pour défendre la majesté du trône. Ne sachant trop de quel côté attaquer les abus, il se contenta d'abolir la torture et d'adoucir l'exercice du pouvoir arbitraire. Effrayé du rôle que lui imposaient les événements, il se réfugia dans les devoirs de la vie privée qui sont après tout les derniers devoirs d'un roi. On raconte que le Régent, homme d'esprit, libéral, mais sceptique, et avec lequel Louis XVI n'avait aucun autre trait de ressemblance, cherchait l'heure à une table chargée de montres, quand il eût dû la demander au cadran de son siècle. Au milieu du réveil des esprits, Louis XVI, lui, se livrait plus volontiers à des travaux manuels qu'à des plans de régénération politique. Il forgeait volontiers des clefs, des serrures; il entreprit et exécuta plusieurs grands ouvrages de serrurerie, entre autres une grille pour le palais de Versailles. Quelle dérision! Quelle amère critique des institutions monarchiques! Le culte du trône était en France une véritable idolâtrie. Le roi se montrait à distance comme une sorte d'être surnaturel. Que dut penser la noblesse, le jour où se tournant vers ce fétiche pour lui demander aide et protection, à la place d'un dieu elle ne trouva plus sur l'autel qu'un forgeron?

Cependant la nation, mal servie par ses ministres, mécontente du roi qui demeurait irrésolu, entendait bien ne plus prendre conseil que d'elle-même. Le vœu unanime réclamait la convocation des États généraux. Ces grandes assemblées étaient depuis longtemps suspendues : la dernière avait eu lieu en 1614. Formés à la vie politique par les écrits de Montesquieu, de Diderot, de Jean-Jacques, de Voltaire, beaucoup d'orateurs et d'hommes d'État, qui n'avaient point encore fait leurs preuves, brûlaient du désir d'attaquer en face les privilèges et les abus. N'était-on pas à bout d'expédients? N'avait-on pas eu recours vainement à lA'ssemblée des notables (1787)? Quel autre moyen que la convocation des États généraux pour remédier aux embarras dans lesquels les profusions des deux derniers règnes avaient jeté les finances?

On avait réduit les Français à l'état de servitude et de silence en les isolant; il leur suffisait maintenant, pour redevenir libres, de se réunir. C'est un spectacle curieux sur lequel on ne saurait trop réfléchir : le plus grand événement que le monde ait encore vu, entrant sur la scène par la porte basse et étroite d'une question d'argent. Sans le déficit légué par Louis XIV à Louis XV et par Louis XV à son successeur, il ne se fût pas rencontré de motif assez impérieux aux yeux de la cour pour convoquer la nation et l'ériger en conseil. La Révolution, ne voyant pas alors d'ouverture favorable, aurait bien pu s'éloigner et attendre encore un demi-siècle. La royauté, en somme, n'y aurait pas beaucoup gagné ; mais Louis XVI aurait conservé sa tête.

Tout le monde tournait les yeux vers l'assemblée future comme vers une arche de salut. Le peuple affamé lui demandait du pain ; la cour, embarrassée du poids des affaires, espérait y trouver des lumières pour sortir d'une situation difficile ; le tiers état y voyait un moyen de ressaisir son existence politique.

A peine la déclaration du roi relative à l'assemblée des États généraux (23 décembre 1788) fut-elle connue, qu'une joie universelle éclata. Cette déclaration était arrachée à Louis XVI par la nécessité des circonstances. Il avait plusieurs fois écarté le fantôme d'une assemblée nationale comme une ombre importune qui en voulait à son autorité. Pour ce que le pauvre roi faisait de cette autorité, ce n'était guère la peine de tant marchander, mais enfin il la tenait et il ne voulait pas s'en défaire. Le projet d'une convocation des États généraux, envisagé d'abord avec effroi, quitté, puis repris, avait fini par s'imposer. La Révolution, en germe dans ce projet, devait courber bien d'autres obstacles que la résistance du faible monarque. Au fond, ses craintes personnelles n'étaient pas chimériques. Du jour où l'existence des États généraux fut décidée, le peuple français comprit qu'il venait de se donner un souverain. Louis XVI n'avait jamais beaucoup compté ; il ne comptait plus du tout. Ni aimé ni haï, il passait cependant pour bonhomme. Le roi est excellent, disait la cour ; le roi est bon, répétait la bourgeoisie ; le roi est très-bon, s'avisa de demander un jour le peuple : *mais à quoi ?*

Il y avait quelqu'un de plus étranger en France que le roi. Si Louis XVI n'était pas l'homme qui convenait à la gravité des circonstances, la reine Marie-Antoinette s'accordait encore moins avec les idées et les tendances nouvelles. Quoique jolie, elle manquait de charmes. Se montrait-elle en public, son air hautain soulevait dans la foule un sentiment qui ressemblait à de l'aversion. Une aventure acheva de la perdre : je parle de la vilaine affaire du collier. Coupable ? Je n'assure pas qu'elle le fût ; mais de tels scandales n'éclatent jamais autour des femmes sur le compte desquelles il n'y a rien à dire. Le cardinal de Rohan, esprit faible et ambitieux, grand dépensier, était tombé en disgrâce à la cour. La comtesse de La Motte lui persuada qu'elle avait le moyen de le remettre à flot. Elle alla jusqu'à lui promettre une entrevue de nuit avec Marie-Antoinette, dans le parc de Versailles. Le cardinal donna dans le piége. Une fille, dit-on, qui ressemblait beaucoup à la reine, couverte d'un mantelet blanc et la tête enveloppée d'une *thérèse*, joua le rôle que madame de La Motte lui avait appris, et de Rohan se crut au comble de la faveur.

L'intrigante insinua alors au cardinal que la reine avait grande envie d'un collier de diamants et qu'elle le chargeait de l'acheter en secret. De Rohan alla chez les joailliers de la couronne et en rapporta ce précieux talisman qui valait 1,600,000 livres. Le collier passa par les mains de la comtesse qui devait le remettre à la reine, mais qui se hâta de le vendre à son profit. De jour en jour les joailliers attendaient leur argent qui ne venait pas; c'est alors que se découvrit le pot aux roses. Le cardinal fut envoyé à la Bastille revêtu de ses habits pontificaux, et le parlement fut saisi de l'affaire. Cagliostro, impliqué dans cette intrigue et confronté avec madame de La Motte, nia intrépidement toute participation à ces coupables manœuvres. Ne pouvant ébranler la force des arguments qu'il fit valoir pour sa défense, cette femme irritée lui jeta un chandelier à la tête en présence des juges. Cagliostro fut acquitté comme innocent et le cardinal de Rohan comme dupe. La comtesse, condamnée au fouet, à la marque et à la réclusion perpétuelle, fut enfermée à l'hospice de Bicêtre, dans un quartier qui servait alors de prison d'État. Vers 1840, feuilletant dans cet hospice l'ancien registre des écrous, je tombai sur la note suivante : *21 juin 1786, Jeanne de Valois, de Saint-Rémy de Luz, épouse de Marc-Antoine-Nicolas de La Motte, âgée de 29 ans, native de Fontette, en Champagne. Arrêt de la Cour : (à perpétuité), flétrie d'un V sur les deux épaules.* Et plus bas, écrit par une autre main : *Évadée de la maison de force le 5 juin 1787.*

Nous avons raconté cette scandaleuse histoire du collier, d'après les témoignages des écrivains les plus favorables à la reine; mais l'affaire ne reste-t-elle point chargée de ténèbres? Quoi! des lettres fausses dans lesquelles l'écriture de la reine était imitée à s'y méprendre, une entrevue derrière une charmille, dans laquelle une soubrette est prise pour la reine par un cardinal habitué du château, un grand seigneur ayant tous les moyens de vérifier s'il a été dupe et qui persiste dans son mutisme, une rose donnée et reçue sans que le courtisan honoré d'une telle faveur ait cherché à lever le masque qui couvrait toute l'intrigue, tout cela peut être utile pour bien mener l'action d'un roman ou d'une comédie; mais, quand il s'agit d'un épisode de la vie réelle, l'histoire exige plus de vraisemblance. Aussi l'opinion publique resta-t-elle partagée en deux camps. A tort ou à raison, Marie-Antoinette était déjà fort décriée; elle avait marché d'un pied léger sur toutes les règles de l'étiquette et se livrait à mille caprices. Le Petit-Trianon était son séjour favori. « Une robe de percale blanche, un fichu de gaze, un chapeau de paille étaient la seule parure des princesses. Le plaisir de voir traire les vaches, de pêcher dans le lac enchantait la reine. On y jouait la comédie : *le Devin du village* de Rousseau, *le Barbier de Séville* de Beaumarchais y furent représentés. La reine remplissait le rôle de Rosine [1]. »

Tout cela était sans doute fort innocent; mais cette idylle convenait-elle bien à la tragique solennité des événements qui déjà obscurcissaient l'horizon politique? Les excentricités de la reine trouvaient du moins une excuse dans la froideur du roi à son égard. Ce gros homme était très-peu voluptueux : il fallut cinq ans de mariage, les murmures de la cour et une conversation secrète entre lui et le frère de Marie-Antoinette, avant qu'il sût donner un dauphin au royaume de France.

---

1. *Mémoires de madame Campan.*

Dans la même année où s'ébruita l'affaire du collier (1786), une autre aventure sentimentale se passait en haut lieu, qui ne fut point connue du public et du moins ne déshonora personne.

La lecture de *la Nouvelle Héloïse* avait grisé jusqu'aux princesses du sang; la tête disputait encore contre les idées philosophiques, mais le cœur était pris; quelques femmes de la cour furent, à leur insu, les anges précurseurs de la Révolution. Elles allumaient dans leur propre sein la flamme qui allait régénérer la France. Au moment où le peuple devait abattre l'édifice monstrueux de la noblesse, l'amour effaçait de son côté les inégalités sociales.

Louise de Bourbon, petite-fille du grand Condé, belle et pieuse, avait toujours mené une vie irréprochable. Elle avait été élevée au couvent (le couvent de Beaumont-lez-Tours) avec toutes les princesses de ce temps-là : mais, différente de beaucoup d'entre elles, madame Louise avait conservé une réputation sans tache et toute blanche comme sa robe de pensionnaire. Quelle surprise et quel scandale, si l'on était venu dire alors : Cette vertu, cette sainte, cette grande fille de trente-deux ans a une affection dans le cœur que vous ne connaissez pas; Son Altesse Sérénissime la princesse de Condé aime un homme que son rang et sa naissance lui défendent d'épouser. — Cet homme obscur était le marquis de La Gervaisais. Leur liaison donna lieu à un commerce de lettres très-tendres qui demeurèrent secrètes jusqu'après 1830. Le marquis, simple officier de carabiniers, était grand admirateur de *Werther*, de *la Nouvelle Héloïse* et de *Clarisse Harlowe*. Impérieux, tracassier, original, grand discuteur, il s'éloignait presque en tout des routes battues. Madame Louise l'adora malgré ou peut-être pour ses singularités. Le cœur de cette princesse était excellent. « Comme il m'aime! s'écriait-elle dans ses lettres ; vraiment, si quelque chose pouvait me rendre orgueilleuse, ce serait cela! » Fuir et s'unir à l'étranger par les liens du mariage, on y pensait quelquefois. Oh! combien dans ces moments-là une petite maison au bord d'une rivière, un bateau, une vigne et quelques pigeons flattaient leur imagination troublée! Vains songes! Il fallait qu'elle refoulât son cœur, emprisonnée dans la grandeur comme dans une cage d'or, inquiète et consolée, heureuse et malheureuse à la fois du seul sentiment naturel qui fût entré jusque-là dans son âme : elle n'avait pas connu sa mère. Des scrupules de conscience interrompirent après un an cette correspondance si douce et si contraire aux règles de l'étiquette. Je vis le marquis de La Gervaisais en 1836 : c'était un grand vieillard, obsédé par une idée fixe. Dans son enthousiasme nébuleux il parlait sans cesse d'*Elle*, de l'*Être*, de l'*Ame*; on comprenait bientôt à qui s'appliquaient ces désignations mystiques.

Après la Restauration, la princesse se retira dans le couvent du Temple! Tout enfant, je fus conduit dans cette chapelle par ma grand'mère. Au moment de l'élévation, un grand rideau qui voilait tout le chœur s'ouvrait; on distinguait alors dans un clair-obscur des têtes de religieuses et de novices étagées dans des stalles de bois, puis tout au fond, à genoux sur un prie-dieu, une figure immobile et enveloppée : c'était madame Louise. Triste temps que celui où les princesses du sang royal n'avaient à choisir qu'entre une cour frivole ou le cloître !

Au début d'un événement qui finit par inscrire sur son drapeau la Terreur, je dois me demander une dernière fois s'il n'y avait pas un moyen de sauver la

Serment du Jeu-de-Paume.

France sans traverser une mer de sang. J'ai beau chercher, je ne vois que le clergé dont la main aurait pu intervenir d'une manière efficace. Si, renonçant aux biens temporels, l'Église avait courageusement séparé sa cause de celle des privilégiés et des riches; si, prévenant le tumulte des esprits, elle eût elle-même ramené dans l'État l'égalité qui est dans l'Évangile; si, abandonnant au siècle les parties usées de son vêtement, elle eût reconnu la nécessité de régénérer le christianisme, de renouveler l'idée de Dieu, j'estime que son action sur la société aurait encore pu être féconde. Au lieu de cela, les prêtres, s'embarrassant dans toutes sortes d'intrigues et de complots, resserrant le lien qui les rattachait au temple vermoulu des vieilles institutions, s'obstinèrent à mourir sous des débris. C'est pour avoir manqué à leur mission que la justice humaine les châtia si cruellement et que la main du peuple s'appesantit sur eux.

Ministres de la paix, ils laissèrent s'engager la guerre : la guerre les tua. Et cependant ils n'avaient qu'à ouvrir les yeux. Déjà plusieurs fois, du haut de la chaire chrétienne, des avertissements leur avaient été donnés. J'entends gronder les murmures du peuple derrière ces paroles du P. Bridaine : « C'est ici où mes regards ne tombent que sur des grands, sur des riches, sur des oppresseurs de l'humanité souffrante, ou des pécheurs audacieux et endurcis ; c'est ici seulement qu'il fallait faire retentir la parole sainte dans toute la force de son tonnerre, et placer avec moi, dans cette chaire, d'un côté la mort, de l'autre mon grand Dieu qui vient vous juger. » Si cette voix eût été alors celle de tout le clergé de France, l'édifice des priviléges et des abus qui s'écroula, quelques années plus tard, sous la main du peuple, serait tombé sans le secours de la hache. L'égoïsme du haut clergé s'opposait à cet heureux dénouement.

On se demande comment une Révolution née de la justice a pu, dans l'ivresse de la colère et du succès, reculer quelquefois jusqu'à l'injustice même. Autant demander pourquoi le reflux succède au flux. Les hommes de la Terreur avaient commencé par vouloir presque tous l'abolition de la peine de mort ; les circonstances seules leur avaient mis le glaive dans la main. Leurs entrailles saignaient sans doute des blessures que la Révolution portait de temps en temps à l'humanité ; mais comme ils croyaient sincèrement cette Révolution nécessaire au bonheur du monde entier et qu'ils s'y dévouaient eux-mêmes corps et âme, ils se firent une volonté de fer.

La situation des affaires était d'ailleurs tellement extrême que, d'une part comme d'une autre, on poussait également aux violences. Le langage des défenseurs de la cour ne différait guère, en 1789, de celui de Marat. Que disaient-ils au roi ? *Un peu de sang impur versé à propos fait souvent le salut d'un empire.* — Si le sang des révolutionnaires était impur aux yeux des royalistes, celui des royalistes ne devait pas être plus sacré pour les révolutionnaires. De tous les côtés, je vois les partis entraînés à l'agression et les épées à demi tirées du fourreau. Il faut donc nous résoudre à un cataclysme. Les fléaux régénérateurs qui agitent, à un moment donné, la vie des nations, rentrent-ils dans les lois qui président aux destinées du genre humain ? — Demandez aux crises géologiques qui ont préparé l'économie actuelle du globe ! De près, ce ne sont que convulsions et ravages ; il semble que les éléments saisis de terreur se précipitent vers une grande ruine, et que la création touche à son dernier jour. Attendons. A peine la face agitée des choses s'est-elle reposée, que les agents de destruction se changent visiblement en des agents de formation et de progrès. Le dépouillement douloureux du vieux monde laisse entrevoir, après les jours de déchirement et d'angoisses, la figure d'un monde nouveau qui lui succède. La mort, la féconde mort, n'a fait que renouveler encore une fois le spectacle de la vie ; rien n'a fini que ce qui devait finir. Par malheur, ces salutaires changements ne sont pas tout de suite appréciés ; longtemps une grande voix sort du sépulcre, et l'on entend retentir dans l'âge suivant comme un bruit d'ossements qui s'agitent.

Que répondre aux élégies sentimentales des adversaires de la Révolution? Ils ressemblent à Laban qui poursuivait Jacob et lui reprochait de lui avoir volé ses dieux : *Cur furatus es deos meos ?* — Hé ! bonnes âmes, le grand mal, si ces dieux étaient des idoles ! Depuis plus d'un siècle, le ver du doute commençait à ronger vos croyances monarchiques ; vous aviez mis la Divinité dans des images de chair ; la religion même du Christ expirait sous les chaînes d'or d'une politique athée. Le dix-huitième siècle, sensuel et corrompu, avait amené le paganisme dans nos mœurs ; l'esprit allait de nouveau châtier la chair. Des hommes parurent qui, traitant la matière pour ce qu'elle est, exagérèrent envers les autres, comme envers eux-mêmes, le mépris du corps et de la vie. Entraînés par la tourmente à immoler les ennemis de la Révolution et à s'immoler après eux, ils se couvrirent stoïquement de l'immortalité de l'âme. Écoutez Saint-Just : « Je méprise la poussière qui me compose et qui vous parle ; on pourra la persécuter et faire mourir cette poussière, mais je défie qu'on m'arrache cette vie indépendante que je me suis donnée dans les siècles et dans les cieux ! » Quel langage ! Fort de ces convictions, il mourut sur l'échafaud, bravant la calomnie et l'injure.

Parmi les adversaires systématiques de la Révolution Française, il en est sans doute de considérables par le talent ; leur jugement ne saurait toutefois prévaloir contre le sentiment national. A l'avénement du christianisme, ceux qui ont voulu contrarier la marche de la nouvelle doctrine ont été brisés. Le plus grand de tous, Julien, qui était pourtant un sage et un penseur, n'a réussi qu'à flétrir son nom d'une épithète odieuse. La postérité traitera de même les hommes qui résistent aux principes de la Révolution ; lutter contre elle, c'est lutter contre l'esprit moderne. Le jour viendra où, blessés à leurs propres armes, ces ennemis de la lumière jetteront eux-mêmes leur sang vers le ciel en s'écriant : « Révolution, tu as vaincu ! »

V

Le clergé, la noblesse et le tiers état. — La mission de la France, et pourquoi elle devait tomber aux mains des Montagnards.

Un mot sur les trois ordres qui vont représenter la nation aux États généraux.

Au moyen âge, le clergé, étant seul en possession des lumières, jouissait d'une autorité incomparable. Il perdit cette autorité à mesure que l'éducation se répandit dans le royaume. « C'est la clergie qui a fait le clergé, écrivait Camille Desmoulins. Aujourd'hui que nous savons tous lire, il ne peut plus y avoir que deux ordres, et chacun doit rentrer dans le sien. Nous sommes tous clergé. » Le titre d'ecclésiastique avait disparu dans le sens de lettré ; il ne subsistait plus que pour désigner un ministre de la religion. Or, comme l'Église était alors menacée, d'un côté par l'esprit sceptique du siècle, de l'autre par la corruption intérieure des ordres religieux, il en résulta que la puissance du clergé n'avait plus de grandes racines dans le pays. Il en est de même de toutes les institutions; elles se détruisent avec le temps et s'évanouissent en inoculant leur supériorité morale à la nation tout entière.

On a beaucoup écrit sur l'origine militaire de la féodalité. A vrai dire, ce n'est pas la noblesse qui est sortie du droit des armes, c'est la conquête; mais la conquête fut suivie du partage des terres entre les envahisseurs, et c'est sur la propriété foncière que l'aristocratie féodale s'est établie. Le cadre de notre travail nous interdit toute excursion sur le terrain des premiers siècles de la monarchie. Il suffira donc de savoir que l'importance de chaque seigneur était alors déterminée par le rang qu'occupaient ses ancêtres dans la hiérarchie sociale, et par l'étendue des domaines qu'ils lui avaient transmis. Se regardant comme d'une race supérieure à celle des autres mortels, les nobles adoptèrent pour eux-mêmes le titre de *gentilshommes*, par opposition aux roturiers qui furent appelés *vilains*. La division des classes s'appuyait donc, à l'origine, sur des caractères physiologiques. C'était du moins quelque chose de tracé dans la nature. Avec le temps, les races se croisèrent, le sang des conquérants fut mêlé à celui de la population conquise. Les priviléges de la noblesse n'eurent plus alors d'autres raisons d'être que la force, l'usage et la tradition. Tout cet édifice s'appuyait sur l'ignorance et la dépendance des vassaux comme sur une base inébranlable.

Ce qu'il nous importe surtout de connaître est l'histoire du tiers état.

Grâce à une infatigable économie, la classe bourgeoise était arrivée à sortir de la situation humiliante que l'aristocratie lui avait faite. Éclairée, avide, envahissante, elle se remuait pour saisir la part d'influence qui lui revenait, en toute justice, dans les affaires de l'État. Son seul tort fut de vouloir limiter les résultats de la Révolution; elle voulait bien améliorer le sort du peuple, mais non l'admettre à la participation des droits qu'elle réclamait pour elle-même. Cet égoïsme de caste devait être puni. La borne qu'elle avait marquée fut emportée par le courant. L'isolement et la résistance du tiers firent de plus avorter une partie des résultats moraux que la Révolution Française devait produire.

Le peuple était cette masse obscure, laborieuse, féconde, qui alimentait depuis des siècles l'agriculture, le commerce, l'industrie, l'armée. Son origine remontait à la vieille couche celtique. Recouverte par des invasions successives qui s'étaient superposées à la population des Gaules, cette race forte se remontrait toujours et donnait ses traits au caractère national. Incomparablement plus nombreux que les trois autres ordres, le peuple était la nation même. « C'est le peuple, écrivait en 1760 Jean-Jacques Rousseau, qui compose le genre humain; ce qui n'est pas peuple est si peu de chose, que ce n'est pas la peine de le compter. » Ce *si peu de chose* néanmoins était tout dans l'État, tandis que le reste n'était rien. Voilà l'injustice que le mouvement de 89 allait sans doute réparer.

Le peuple servait d'assise à la Montagne; c'est par lui qu'elle domina toute la Révolution ; qu'elle a fait la loi, soutenu la guerre, dompté les factions. La France était à la veille de sa perte : les Montagnards la sauvèrent ; les ennemis du dedans furent comprimés et les ennemis du dehors furent repoussés la baïonnette dans les reins. Il y avait, comme toujours, un troupeau d'hommes qui rapportent tout à eux-mêmes et à des jouissances sensibles, indifférents pour la vertu et pour l'honneur national, lâches, égoïstes, avides ; mais alors, du moins, ils se cachaient. Des législateurs moins convaincus auraient pris le genre humain en pitié ; ceux de la Montagne s'indignèrent. Comme Moïse, ils voulurent faire un peuple.

Des institutions monarchiques, fondées sur la corruption et la bassesse, aux institutions républicaines, assises sur le devoir et la dignité humaine, il y avait la distance d'un désert à traverser ; aucun obstacle ne les arrêta. Le sol de la Révolution était brûlant ; il s'entr'ouvrait de lui-même sous les pieds des mécontents et des traînards pour les engloutir. De regrettables excès ternirent cette grande époque ; mais au-dessus et par delà les mauvais jours, les chefs du mouvement révolutionnaire entrevoyaient la terre du repos. Ils marchaient à la fraternité à travers la discorde et le châtiment, mais ils y marchaient ; la peine de mort elle-même allait disparaître, quand, arrêtés dans leur rêve sublime par la trahison et l'intrigue, condamnés, non jugés, les Montagnards tombèrent.

La Révolution Française ne ressemble à aucune des révolutions qui ont agité le monde : les autres étaient des déplacements de la force ; celle-ci fut un avénement d'idées. Ce qu'il importe surtout de dégager dans cette grande tentative de régénération morale, c'est la pureté des motifs. Que parle-t-on de représailles ? Le sang de toute la noblesse de France n'aurait point suffi à laver les plaies que l'ancien régime avait faites au peuple et à la liberté. Non, l'ivresse de la colère ni de la vengeance n'a point dirigé, quoi qu'on en dise, les mesures énergiques (trop énergiques souvent) dont la Révolution a frappé ses ennemis ; la raison des coups terribles qu'elle leur porta est dans la résistance qu'ils opposaient à ses principes et à ses droits.

Est-il plus vrai que la Convention ait maîtrisé par le glaive la volonté du pays ? Jamais gouvernement n'a démontré, au contraire, d'une façon plus éclatante, l'impuissance de la force matérielle. Où était-elle en effet, cette force ? Dans la Vendée, dans les départements révoltés, surtout dans la coalition étrangère. Sans doute l'Assemblée nationale a répondu au canon par le canon ; à défaut d'armée dans l'intérieur, l'échafaud consterna les rebelles : qu'est-ce que cela auprès du système compliqué d'armes offensives et défensives dont les gouvernements dits réguliers se servent pour assurer leur existence ? La puissance de la Convention, avant tout, appartenait à l'ordre moral ; elle envoya des armées sur les frontières, — pauvres armées de volontaires, sans fusils et sans pain ! — elle décréta la terreur dans le pays soulevé par d'odieuses manœuvres ; mais ce fut bien plutôt l'artillerie des idées nouvelles qui foudroya au dehors l'étranger, et le poids de l'opinion qui accabla au dedans les conspirateurs et les traîtres.

Je repousse le système historique de la force et de la nécessité. La force ne donne pas le droit; la nécessité n'excuse que les consciences douteuses. Il faut s'élever vers un autre ordre d'idées. Le peuple français accomplit dans la Révolution Française une grande mission : désigné par son caractère au rôle d'initiateur du genre humain, il a conquis, pour lui et pour les autres nations, à force de sacrifices et de larmes, une vérité, une existence nouvelle. A sa tête se sont trouvés, quand les circonstances l'exigeaient, des hommes extraordinaires, des hommes prévus, qui, faisant taire dans leur cœur les sentiments de la nature, étouffant jusqu'à la pitié, ont mis les principes au-dessus de la vie. Ce sont ces principes, en effet, qui devaient régénérer les institutions. Il en est des peuples comme des hommes : les uns sont nés pour l'égoïsme, les autres pour le dévouement. La France est douée d'une force d'expansion merveilleuse; elle travaille, meurt et renaît sans cesse pour le salut du monde. Voilà sa destinée, son devoir. Si les hommes de 93 ont défendu la patrie avec un héroïsme qui tient du prodige, soit à la tribune, soit sur le champ de bataille, c'est que la France était à leurs yeux le sol d'une idée; ôtez cette idée, et le territoire, malgré les intérêts qui s'y attachent, malgré le sang martial de ses enfants, le territoire eût été envahi. Dira-t-on qu'ils combattaient *pro aris et focis*, ces conscrits sans veste et sans souliers, qui opposaient leur poitrine nue à la mitraille? Des autels? ils étaient renversés. Des foyers? ces hommes-là n'en avaient pas encore. — Pour qui donc combattaient-ils? Oh! nous le savons tous, ils combattaient pour la Révolution. C'est l'esprit de la liberté qui a gardé nos frontières.

La Montagne était le Sinaï de la loi nouvelle; terrible et foudroyante, avec des éclairs aux flancs, un peuple prosterné à ses pieds et Dieu au sommet.

Au peuple français se rattachaient les destinées des autres peuples, à la Révolution, était lié le renouvellement de l'esprit humain. Qui pouvait résister à cela? Trop près des hommes et des choses pour voir la main qui poussait les événements, d'insensés agitateurs demandèrent au passé et aux ténèbres de les couvrir. Ils se plongèrent d'eux-mêmes dans la mort. Quant aux chefs de la Révolution, ils luttèrent jusqu'au bout l'épée haute. Dépositaires de la puissance, ils voulurent hâter le terme des douleurs, enfanter l'avenir. Ils périrent aussi dans l'action; mais leur œuvre ne périra pas. La Révolution désormais n'a plus de violences à exercer; elle forcera l'entrée des esprits par la lumière et ouvrira les cœurs par l'amour. Déjà ses ennemis se sentent fléchir. Le moment viendra, je l'espère, où nous nous réconcilierons tous au pied de l'arbre de la liberté dont elle a enfoncé les racines dans un sol nouveau et parmi des débris tachés de sang.

Mais n'anticipons point sur la marche des événements : nous n'en sommes encore qu'aux débuts de la Révolution Française. Louis XVI règne à Versailles entouré du respect de son peuple; tout le monde le félicite d'avoir enfin convoqué les États généraux; Necker, son premier ministre, est l'idole de la classe moyenne. Le ciel, naguère chargé de nuages, s'est éclairci; tout le monde espère en l'avenir.

CHAPITRE DEUXIÈME

L'ASSEMBLÉE CONSTITUANTE

I

Les élections. — Convocation des États généraux. — Serment du Jeu-de-Paume.

L'élection des députés aux États généraux fut la préface de la Révolution Française; qui ne la trouve digne de l'œuvre? Le pays, las de l'arbitraire, réclamait, par la voie des cahiers, une *manière fixe d'être gouverné*, une constitution. Les communes entendaient qu'on les délivrât de ces formes surannées qui classaient la nation en deux espèces d'hommes : les oppresseurs et les opprimés. Dans ces cahiers, dits de *condoléance*, on se plaignait des abus du système féodal, de l'absence d'une juridiction fixe et uniforme, des priviléges qui pesaient sur l'industrie, de l'inégalité des impôts et contributions territoriales. Tout était incertain, abandonné au hasard, c'est-à-dire au caprice des puissants. Le moyen qu'on indiquait pour remédier à ce mal dans la société, c'était de substituer la loi à l'arbitraire et d'armer les volontés générales d'une force réelle, supérieure à l'action de toute autre volonté. Déjà l'esprit de la Révolution était mûr; sa marche était tracée. L'autorité se déplaçait naturellement et sans bruit. De toutes parts, on sentait le besoin de limiter les anciens pouvoirs et d'en créer de nouveaux dans la nation même. Jusqu'ici le roi avait dit : « Nous voulons »; maintenant le pays voulait [1].

Les obstacles à cette heureuse rénovation étaient grands, mais ils ne semblaient point insurmontables. Les intérêts privés, en contradiction ouverte avec l'intérêt général, étaient de plus divisés entre eux. La guerre éclatait au sein même des priviléges et des privilégiés. La noblesse comptait sur les États généraux pour lier les mains du roi et pour appauvrir le clergé, qui, de son côté, songeait à humilier l'aristocratie. Il y avait alors le haut et le bas clergé : quel

---

[1]. Voyez les *Cahiers de la Révolution*, par Chassin, et le *Bonhomme Jadis*, par l'auteur des *Montagnards* (éditeur Dent).

contre-sens parmi les ministres de Celui qui n'admettait pas qu'on fît acception des personnes! Le haut clergé voulait conserver tous les abus; le clergé inférieur consentait à certaines réformes. Le tiers état seul s'entendait pour détruire les inégalités dans l'Église et dans l'aristocratie. Les cahiers du clergé et de la noblesse contiennent d'ailleurs quelques vœux significatifs; on se reconnaissait mutuellement des torts. La conversion de l'ancien régime devait commencer par un examen de conscience et par une confession publique.

Ces importantes élections se firent dans les circonstances les plus critiques. L'année 1788 avait affligé la France d'une nouvelle disette. La terre se resserrait comme le cœur des riches dans cette société égoïste. L'été avait été sec, l'hiver fut froid : ni pain, ni feu. L'inactivité des travaux entraînait la baisse des salaires, qui, combinée avec la cherté des subsistances, répandait la tristesse et la misère dans les familles. Il faut sans doute que toutes les grandes choses germent dans le besoin et la pauvreté : la Révolution eut pour langes le déficit et la disette.

Le peuple supportait héroïquement tous ces maux. En présence de la démoralisation effroyable de la noblesse et du clergé, il avait les vertus qu'engendre le travail. Quelques troubles insignifiants, presque tous suscités par l'aristocratie ou par la cour, traversèrent, dans les provinces, les opérations des électeurs. A Paris, Réveillon, ancien ouvrier, fabricant de papiers peints, avait tenu des propos atroces. Il se proposait de réduire la paie des ouvriers à quinze sous par jour, disant tout haut que le pain était trop bon pour ces gens-là, qu'il fallait les nourrir de pommes de terre. Sa maison fut saccagée. Après un simulacre de jugement, il fut pendu lui-même en effigie sur la place de Grève [1].

Depuis quelques années, en France, les esprits étaient malades, comme il arrive presque toujours à la veille des transformations sociales. L'annonce de la convocation des États généraux fut pour tous un grand soulagement, une détente. Le 4 mai eut lieu à Versailles la messe du Saint-Esprit. Les députés du tiers état, en modestes habits noirs, mais acclamés par la faveur publique; la noblesse en grande pompe, avec ses chapeaux à plumes, ses dentelles et ses parements d'or, accueillie par un morne silence; le clergé divisé en deux classes : les prélats en rochet et robe violette, puis les simples curés dans leur robe noire, défilèrent devant une foule immense. Le roi fut applaudi; c'était pour le remercier d'avoir convoqué les États. Au passage de la reine s'élevèrent quelques murmures; des femmes crièrent : « Vive le duc d'Orléans! » Marie-Antoinette pâlit et chancela; la princesse de Lamballe fut obligée de la soutenir.

Ce jour-là, Versailles était Paris, la nation semblait étonnée d'avoir recouvré la parole après un silence forcé de soixante-quinze années. L'enthousiasme ne

---

[1]. L'impartialité veut que je recueille tous les avis; voici celui de Barère : « Des intrigants excitèrent et ameutèrent les ouvriers pour avoir le prétexte de se plaindre officiellement des troubles de Paris et provoquer le déploiement violent de la force armée contre cette *émeute de fabrique*. On accusait alors un grand personnage d'avoir voulu effrayer les députés, produire une commotion populaire pour amener des troubles et par suite l'impossibilité de convoquer les États généraux. »

peut se décrire. Les vieillards pleuraient de joie, les femmes agitaient leurs mouchoirs aux fenêtres et jetaient des fleurs sur les députés des communes. Tous les cœurs s'ouvraient à une vie nouvelle. Les Français n'avaient été jusqu'ici que des sujets, le moment était venu pour eux de se montrer citoyens. L'évêque de Nancy, M. de La Fare, fit un sermon politique. Il parla contre le luxe et le despotisme des cours, sur les devoirs des souverains, sur les droits du peuple. Les idées de liberté, enveloppées dans les formes chrétiennes, avaient

Camille Desmoulins.

je ne sais quoi d'attendrissant et de solennel qui pénétrait toutes les âmes. On appellerait volontiers ce 4 mai le jour de la naissance morale d'une grande nation.

Le 5, les douze cents députés se réunirent dans la salle des Menus, convertie en salle des séances.

Le clergé fut assis à la droite du trône, la noblesse à gauche et le tiers en face. Le roi ouvrait d'une tremblante main l'antre des discussions politiques; il craignait d'en déchaîner les vents et les tempêtes. La frayeur perçait dans son langage embarrassé, diffus, ombrageux, et dans celui de son ministre, le garde des sceaux M. de Necker. On avait convoqué la nation, et on lui exprimait indirectement le vœu d'être délivré de son concours. La France prétendait hâter, par l'assemblée des États, les innovations nécessaires; la couronne comptait, au contraire, sur cette mesure pour les modérer. A des hommes rassemblés pour réformer et gouverner le pays, on ne parla que de finances, on ne demanda que des subsides. La cour ne voulant pas que la discussion s'élevât jusqu'aux idées, elle lui traçait d'avance un programme. Les représentants de la nation étaient encore attachés à la personne du roi, mais ils se retranchèrent derrière leur mandat pour lui résister. Louis XVI avait une belle occasion de retremper ses droits dans la souveraineté populaire : c'était d'abdiquer son pouvoir en entrant dans la salle des séances, pour le recevoir ensuite du libre consentement de l'Assemblée. Il n'en fit rien.

Une question préoccupait surtout les esprits : quelle serait enfin la situation du tiers relativement aux deux autres ordres? Le vœu des communes était formel : les Français devaient cesser d'appartenir à différentes classes; à l'avenir, l'ensemble des citoyens et du territoire constituerait l'État. Il ne doit y avoir qu'un peuple, qu'une Assemblée nationale. Les États se trouvèrent réduits, dès le début, à l'inaction. La noblesse et le clergé voulaient qu'on votât par ordres, et les communes par têtes. La noblesse montrait pour ses priviléges un attachement intraitable; le clergé ne voulait pas abandonner ses prétentions; la vieille France hésitait à se fondre dans la France nouvelle. Composée d'éléments hétérogènes, l'Assemblée ne pouvait vivre qu'en les ramenant à l'unité. Le tiers état se trouvait être le lien de cette unité nécessaire, le médiateur des pouvoirs particuliers qui allaient se réunir dans un grand pouvoir national.

Je passe sur bien des lenteurs et des retards; je ne puis pourtant omettre les résistances qui amenèrent la ruine de ce qu'on espérait sauver. Ces fluctuations (on perdit tout un grand mois à négocier pour la réunion des trois ordres) réjouissaient la cour. Les défiances du pouvoir souverain croissaient avec l'énergie des communes. En même temps, on serrait Paris de troupes. Le mauvais vouloir des conseillers du roi éclatait par des actes significatifs : le *Journal des États généraux*, dont Mirabeau avait publié la première feuille, venait d'être supprimé. Quel moment choisissait-on pour mettre le scellé sur les idées? Celui où la nation, impatiente, s'était réunie pour rompre le silence violent qu'on lui imposait depuis des siècles! La liberté de la presse, mère de toutes les autres libertés, venait d'être frappée : c'est toujours la première à laquelle s'attaquent les réactions.

La cour espérait rencontrer peu de résistance à l'exécution de ses projets. Quels étaient ces projets? Louis XVI avait-il l'intention de frapper un grand coup? Voulait-il attaquer ou se défendre? Mais se défendre contre qui? Le peuple et l'Assemblée tenaient encore pour le roi. Cette conduite louche et ténébreuse entretenait une inquiétude profonde. « Que la tyrannie se montre avec franchise, s'écriait Mirabeau, et nous verrons alors si nous devons nous roidir ou nous envelopper la tête! » Mirabeau! qu'était cet homme? — Un monstre d'éloquence. — Que venait-il faire? — Détruire. Il reprochait à la société les meurtrissures qu'elle lui avait faites, et les vices dont il était gangrené. Ses aventures scandaleuses avaient fait du bruit, mais, comme les rugissements du lion imposent silence, dans la forêt, aux cris lugubres du chacal et aux hurlements de la hyène, cet homme allait écraser la médisance sous la puissance de son organe.

Le jour où il parut aux États généraux fut pour lui, de même que pour le pays, un jour de rénovation. Mirabeau avait eu à souffrir de la tyrannie de la famille et de celle du pouvoir; il allait envelopper son ressentiment dans la colère d'un grand peuple.

La situation devenait périlleuse. La cour, livrée à une agitation extrême, n'osait ni frapper ni céder. Dans des conjonctures si difficiles, l'Assemblée sentait le besoin de lier son sort à celui du peuple. « Que nos concitoyens nous entourent de toutes parts, s'écriait Volney, que leur présence nous anime et nous inspire! » D'un autre côté, les royalistes répétaient à outrance que la société allait périr sous le débordement de la démocratie. Au milieu de tant d'ennemis, l'Assemblée ne disposait que d'une force morale; à la vérité, cette force commençait à être immense. La voix des députés du tiers était grossie par tous les échos de l'opinion publique. Les têtes bouillonnaient, et le volcan dont on entendait déjà les grondements sourds et profonds ouvrait son cratère à quatre lieues de Versailles. La cour avait pour elle l'armée; l'Assemblée avait Paris. Là, l'exaspération était au comble : les aristocrates indignaient le peuple par le retard qu'ils apportaient à l'organisation de l'Assemblée. Au milieu du jardin du Palais-Royal s'élevait une sorte de tente en planches où l'on discutait sur les affaires publiques. Chaque café était un club; chaque club avait ses orateurs. Les plus hardis déclaraient que si la cour persistait dans sa résistance, la noblesse dans son refus de se joindre aux deux autres ordres et l'Assemblée des États dans son immobilité, le peuple ferait bien d'agir par lui-même. La disette contribuait à entretenir cette fermentation. Des nouvelles inquiétantes circulaient de bouche en bouche. Les troupes se massaient entre Paris et Versailles. Pourquoi ce déploiement de forces? Pourquoi dans l'état de détresse où étaient les finances de la nation, faisait-on venir des frontières, à grands frais, des trains formidables d'artillerie? Il fallait du pain, on apportait des boulets!

A Versailles, le sentiment national était plus calme; mais il était aussi ferme. On s'attendait à un acte d'autorité royale, à un coup d'État. La situation était telle qu'elle ne pouvait se prolonger. L'entêtement et la violence des conservateurs devait, d'un jour à l'autre, provoquer la lutte. Le bien allait-il sortir de l'excès du mal? Les Communes, entravées dans leur marche par la résistance passive des deux autres ordres, le haut clergé et la noblesse, enveloppées par les intrigues de la cour, à bout de patience, mettaient une lenteur désespérante dans la vérification des pouvoirs.

Les députés du tiers, comme étant les plus nombreux, avaient pris possession de la grande salle. C'est là qu'ils sommaient les deux autres ordres de se réunir à eux; mais toutes les tentatives de rapprochement avaient échoué. L'Assemblée existait depuis un mois, et elle n'avait pas encore de nom. On en proposa plusieurs qui furent écartés. Enfin l'abbé Sieyès obtint qu'elle s'intitulât ASSEMBLÉE NATIONALE. Près de cinq cents voix consacrèrent cet acte de hardiesse. — Qu'était l'abbé Sieyès? Un esprit profond, marchant droit à son but par des voies souterraines, l'homme de la révolution bourgeoise, un grand logicien qui avait posé le fameux axiome du tiers état, entre *tout* et *rien*. Contrarié par la volonté de ses parents, dans le choix d'une carrière, il se soumit à épouser tristement l'Église. Ce fut un mariage de raison. Comme chez lui la passion était dans la tête, le jeune homme se livra tout entier aux charmes austères de l'étude. Il contracta dans ce commerce une mélancolie sauvage et une morne insensibilité. Au sortir du séminaire de Saint-Sulpice où l'étude stérile de la théologie n'avait point absorbé toutes ses forces, il se livra à de profondes recherches sur la *marche égarée de l'esprit humain*. Ses méditations se tournèrent vers la politique. Quand les vieilles institutions sociales furent attaquées, il se montra tout à coup sur la brèche. Son caractère était timide, effet inévitable de la solitude dans laquelle il avait vécu; mais il possédait la hardiesse de l'esprit. Taciturne, il gardait en lui-même ses pensées, et quand le moment de les dire était venu, il les acérait comme des flèches.

L'Assemblée, réduite au tiers état par l'absence volontaire de la noblesse et du clergé, poursuivait ses travaux. Cette marche inquiéta sérieusement la cour, qui résolut de suspendre les séances. Une mesure aussi arbitraire était bien faite pour jeter la consternation dans Versailles et la guerre civile dans Paris. On annonça une séance royale pour le 23 juin. Puis, sous prétexte de travaux à faire pour la décoration du trône, un détachement de soldats s'empare de la salle des États, et en défend l'entrée : la nation est mise à la porte de chez elle.

Où aller?

Les députés ahuris ouvrirent entre eux des avis différents. Déjà plusieurs brochures avaient émis le vœu que l'Assemblée nationale eût son siège à Paris. S'y transporterait-on? Les sages reculèrent devant cette résolution extrême. Les uns voulaient s'assembler sur la place d'Armes et délibérer à ciel ouvert; invoquant en faveur de leur opinion les souvenirs de notre histoire, ils proposaient de tenir un *champ de mai*. D'autres criaient : « A la terrasse de Marly! » On flottait entre ces avis contradictoires, quand on apprit que Bailly, d'après le conseil du député Guillotin, avait choisi pour lieu de la séance la salle du Jeu-de-Paume. — Bailly avait la figure longue, grave et froide, un peu le profil calviniste. Son opposition à l'ancien régime était aussi calme qu'inflexible. Il avait obtenu très-longtemps le *prix de sagesse* : on désignait ainsi une pension accordée aux écrivains sérieux et tranquilles. Astronome, il avait étudié la marche de la Révolution tout en suivant le mouvement des corps célestes. De même que les mondes observés dans l'espace, l'esprit humain est soumis à des lois ; c'est un équivalent de ces lois que Bailly, homme d'ordre, aurait voulu introduire dans la société de son temps.

Revenons aux députés errants dans les rues de Versailles par une journée pluvieuse et triste.

Le peuple escorte avec respect et en silence ces représentants de la nation blessés dans leurs droits et dans leur dignité. La salle du Jeu-de-Paume, triste et nue, convenait à la circonstance. Tous les membres influents des communes étaient réunis. On remarquait surtout parmi eux un ministre protestant, Rabaud Saint-Étienne; un chartreux, dom Gerle; un curé, l'abbé Grégoire[1].

Ce fut un modéré, Mounier, de Grenoble, qui proposa le serment du Jeu-de-Paume : « Les membres de l'Assemblée nationale jurent de ne se séparer jamais jusqu'à ce que la constitution du royaume et la régénération de l'ordre public soient établies et affermies sur des bases solides. » Bailly, d'une voix distincte et haute, lit la formule du serment, et en sa qualité de président jure le premier. Alors tous les bras se lèvent. L'ivresse du patriotisme éclate de toutes parts; on s'embrasse; les mains cherchent les mains; tous les cœurs palpitent, l'enthousiasme déborde. Cependant le ciel fait fureur; de larges gouttes de pluie tombent sur le toit de l'édifice; à l'une des fenêtres défoncées un rideau est tordu par l'orage; le jour est si sombre qu'on y voit à peine dans la salle. Un éclair déchire cette obscurité sinistre; le tonnerre gronde. Quel moment et quelle grandeur! Un orage au dehors, une révolution dans l'assemblée.

A peine les députés du tiers eurent-ils accompli cet acte de sagesse virile et d'autorité, qu'effrayés eux-mêmes de leur audace ils poussèrent le cri de *Vive le roi!* L'illusion de la monarchie constitutionnelle n'était point alors évanouie. Quoi qu'il en soit, l'effet de cette séance fut électrique; les curieux firent entendre au dehors leurs applaudissements prolongés qui allèrent se perdre dans les derniers éclats de la foudre.

Les représentants s'étaient montrés dignes de la nation : tout était sauvé.

II

La séance royale. — Paroles de Mirabeau. — Necker. — Troubles à Paris. — Conduite des députés. — Prise de la Bastille.

Le lendemain (21 juin 1789) était un dimanche; on respecta le jour du repos. Le lundi, l'Assemblée n'avait point encore trouvé où s'abriter; la salle du Jeu-

---

1. Un jour le statuaire David accompagnait à Versailles l'abbé Grégoire. L'ancien membre de l'Assemblée nationale voulait revoir cette salle du Jeu-de-Paume, muet témoin d'un si grand acte de courage. Il la retrouve. Ici ses souvenirs l'oppressent, il garde un religieux silence que son compagnon a la délicatesse de respecter. Quand David leva les yeux, il vit de grandes larmes rouler noblement sur les joues du vieillard. « Si jamais mon amour de la liberté pouvait s'affaiblir, s'écria l'abbé Grégoire, pour le rallumer, je tournerais les regards vers cette salle! »

de-Paume ne convenait nullement comme lieu de réunion : ni siéges, ni banquettes. Le comte d'Artois l'avait d'ailleurs fait retenir pour son agrément. Le tiers tint séance dans l'église Saint-Louis.

L'Assemblée des communes ne cessait de sommer le clergé, au nom du Dieu de paix, de se réunir à elle. La noblesse était surtout attachée à ses titres, le clergé à ses intérêts; mais il y a tels moments où la force des doctrines désarme l'amour-propre des plus obstinés. L'abbé Grégoire, ce généreux transfuge, qui avait assisté la veille à la fameuse séance du Jeu-de-Paume, rejoignit son ordre dans l'intention de la ramener. Vers une heure, la majorité du clergé, l'archevêque de Bordeaux en tête, fut introduite dans le chœur. La joie et les applaudissements éclatèrent; lorsque l'on prononça le nom de l'abbé Grégoire, l'air retentit d'acclamations universelles. L'Assemblée fit entendre, par la bouche de son président, des paroles d'union. Bailly exprima en ces termes le regret de ne pas voir la noblesse siéger avec les communes et avec le clergé : « Des frères d'un autre ordre manquent à cette auguste famille. » Comment pouvait-on supposer des passions haineuses et subversives chez des hommes qui tenaient un langage si conforme à l'esprit évangélique? L'Assemblée augmentait ses forces par la lutte et les délais; la cour épuisait les siennes. C'est la seule fois peut-être que l'inaction fut mise au service du progrès. Quelques semaines auparavant, le clergé avait voulu forcer cette inaction salutaire, en proposant à l'Assemblée de s'occuper de la misère publique et de la cherté des grains. Cette démarche n'était qu'un piège; l'Assemblée ne s'y trompa pas, et elle eut le courage d'y résister. Le clergé croyait le peuple disposé à vendre son droit d'hommes libres pour un morceau de pain; il se trompait. Les grandes conquêtes morales ne s'achètent que par le sacrifice; la France de la Révolution préférait encore à la nourriture matérielle le pain de la parole qui fait les justes, et le pain de la liberté qui fait les forts. — Le 9, l'Assemblée avait d'ailleurs institué un Comité de subsistances.

La séance royale eut enfin lieu le 23 juin. On commença par humilier les communes. Quelle est cette procession d'hommes noirs qui attendent dehors, sous une pluie battante, l'ouverture de la salle? — Annoncez la nation!

Le despotisme, banni depuis quelques mois des affaires du pays, reparut tout à coup sous des formes si odieuses, que les plus modérés furent contraints d'ouvrir les yeux. Le roi tint un langage sévère, inconvenant : il menaça les députés, et leur fit entendre qu'il se passerait de leur concours, s'il rencontrait chez eux une résistance inébranlable. Il cassa les arrêtés de l'Assemblée, qu'il ne reconnut que comme l'ordre du tiers; les libertés que la représentation nationale s'était données depuis un mois se trouvaient violemment reprises, confisquées. « Le roi veut, était-il dit, que l'ancienne distinction des trois ordres de l'État soit conservée en entier, comme essentiellement liée à la constitution du royaume. » Ces déclarations furent accueillies comme elles devaient l'être, par le silence. Dans les temps de révolution, l'ombre du passé marche à côté du présent; elle le dépasse même quelquefois, mais c'est pour s'évanouir. « Je vous ordonne, messieurs, avait dit le roi en finissant, de vous séparer tout de suite. » Presque tous les évêques, quelques curés et une grande partie de la noblesse obéirent; les députés du peuple, mornes, déconcertés, frémissant d'indignation, restèrent à leur place. Ils se regardaient, cherchant, dans ce moment-là, non une résolution, mais une bouche pour la dire. Mirabeau se lève : « Messieurs, s'écrie-t-il, j'avoue que ce que vous venez d'entendre pourrait être le salut de la patrie, si les présents du despotisme n'étaient pas toujours dangereux. Quelle est cette insultante dictature? l'appareil des armes, la violation du temple national, pour vous commander d'être heureux! Qui vous fait ce commandement? votre mandataire! Qui vous donne des lois impérieuses? votre mandataire, qui doit les recevoir de nous, messieurs, qui sommes revêtus d'un caractère politique et inviolable; de nous, enfin, de qui vingt-cinq millions d'hommes attendent un bonheur certain, parce qu'il doit être consenti, donné et reçu par tous. Mais la liberté des voix délibératives est enchaînée : une force militaire environne les États! Où sont les ennemis de la nation? Catilina est-il à nos portes? Je demande qu'en vous couvrant de votre dignité, de votre puissance législative, vous vous renfermiez dans la religion de votre serment; il ne nous permet de nous séparer qu'après avoir fait la constitution. » Alors le grand-maître des cérémonies, petit manteau, frisure à l'*oiseau royal*, surmonté d'un chapeau absurde, s'avançant vers le bureau, prononce quelques mots d'une voix basse et mal assurée : *Plus haut!* lui crie-t-on. « Messieurs, dit alors M. de Brézé, vous avez entendu les ordres du roi. » Bailly allait discuter; mais Mirabeau : « Allez dire à votre maître que nous sommes ici par la volonté du peuple, et que nous n'en sortirons que par la force des baïonnettes! » Il accompagna ces paroles d'un geste de majesté terrible. Brézé voulut répliquer; il balbutia, perdit contenance et sortit. « Vous êtes aujourd'hui, ajouta Sieyès avec calme, ce que vous étiez hier; délibérons... » Mirabeau, pour couronner la séance, propose aux députés de déclarer infâme et traître envers la nation quiconque prêterait les mains à des attentats ordonnés contre eux. Par cet arrêté, l'Assemblée élevait une barrière morale entre l'arbitraire des ministres et sa sûreté personnelle. L'inviolabilité, ce caractère essentiel du souverain, passait aux élus de la nation.

Necker n'assistait point à la séance royale. Cette absence le rendit populaire. La nouvelle d'une disgrâce, encourue par ce ministre, augmenta le trouble des esprits. Il y eut émeute à Versailles. L'apparition de bandes armées jetait la terreur dans les provinces. Des hommes qui semblaient sortir de terre et y rentrer, tant leurs traces se perdaient dans les ténèbres, saccageaient les blés verts. La cour se montrait toujours prête à agir; mais la difficulté de déterminer le roi était extrême. La noblesse, abandonnée du clergé, résistait seule et refusait encore de se réunir au tiers. Son attachement à ce qu'elle appelait ses droits était fortifié chez elle par le sentiment de l'hérédité qui n'existait pas dans l'Église. Le 25, une minorité de la noblesse vint prendre siège dans l'Assemblée. Le 27, le roi écrivit lui-même aux Ordres, les invitant à ne point se séparer du noyau qui s'était formé dans la grande salle des séances. On assure que la veille Louis XVI avait fait appeler le duc de Luxembourg, président des députés de la noblesse. Celui-ci déroula aux yeux du roi un plan de défense. Le roi, frappé de l'incertitude du succès, aurait répondu : « Non, je ne souffrirai pas qu'un seul homme périsse pour ma querelle. » Ce mot, s'il est vrai, montre l'état d'isolement où la couronne s'était placée. Les intrigues de la reine et de sa cour n'avaient réussi qu'à mettre le souverain à la tête d'un parti. La noblesse ne se soumit à l'invitation du roi qu'avec une répugnance extrême. Quelques gentilshommes affectaient de dire tout haut qu'il fallait préférer la monarchie au monarque. La réunion s'opéra néanmoins ; à chaque membre de l'aristocratie qui allait se confondre, sur les banquettes, avec le reste de l'Assemblée, l'ancien régime s'évanouissait comme un fantôme.

Les craintes, les soupçons, les alarmes n'en continuaient pas moins d'augmenter à la vue des préparatifs de guerre civile qui frappaient les plus confiants dans la loyauté de Louis XVI. La royauté songeait-elle à se défendre? Tout l'indique et pourtant elle n'était pas encore attaquée ; ce fut là son erreur et l'une des causes de sa perte. L'Assemblée en masse était alors royaliste. L'historien distingue bien çà et là, dans les profondeurs de la salle, des acteurs qui joueront tout à l'heure un autre rôle : pour les contemporains, cet avenir était voilé. La Montagne était en formation dans l'Assemblée nationale, mais c'était une formation latente. Que font là-bas ces trente voix muettes qui parleront si haut dans la suite? Leur heure n'est pas encore venue. Pour les partis comme pour les hommes prophétiques, il faut la préparation du silence. Alors les membres des communes se croyaient d'accord, parce qu'ils attaquaient ensemble les abus de l'ancienne société. Les dissentiments devaient sortir de la victoire. En attendant, contentons-nous de résumer la situation présente. A peine les États généraux furent-ils constitués, qu'il se déclara tout de suite trois pouvoirs en France : la cour, qui voulait empêcher la Révolution de s'organiser ; — l'Assemblée, qui marchait dans la voie des réformes avec cette lenteur prudente qu'exige la dignité représentative ; — l'opinion, qui, maîtresse d'elle-même, était toujours contre la cour et en avant de l'Assemblée. Ces trois pouvoirs avaient chacun leur siège : la cour tenait son quartier général au palais de Versailles ; l'Assemblée rayonnait en dehors des murs du château ; l'opinion trônait à Paris.

Necker, enivré des suites de cette séance royale, où son absence avait obtenu tant de succès, faisait courir la nouvelle de sa retraite. La cour s'était en effet tournée contre lui ; chassé, puis rappelé, il montrait une hésitation factice à reprendre les rênes embarrassées du gouvernement.

— Nous vous aiderons, s'écria Target se donnant le droit de parler au nom de tous, et pour cela même il n'est point d'efforts, de sacrifices que nous ne soyons prêts à faire.

— Monsieur, lui dit Mirabeau avec le masque de la franchise, je ne vous aime point, mais je me prosterne devant la vertu.

— Restez, monsieur Necker, s'écria la foule, restez, nous vous en conjurons !

— Parlez pour moi, monsieur Target, dit le ministre sensiblement ému, car je ne puis parler moi-même.

— Hé bien, messieurs, je reste! s'écria alors Target; c'est la réponse de M. Necker.

Il resta.

Le peuple de Versailles était très-loin d'aimer l'ancien régime monarchique,

Camille Desmoulins au Palais-Royal.

il l'avait vu de trop près pour cela. Malgré quelques témoignages de reconnaissance donnés au roi, à la reine même, pour le maintien du ministre, tout rentra dans une opposition taciturne. Chaque jour les frayeurs augmentaient avec l'arrivée continuelle des troupes. Une armée pesait sur l'Assemblée naissante. Celle-ci, de son côté, était réduite à l'impuissance. Elle ne pouvait sortir de cet état critique sans l'intervention de la force. — Paris se leva.

Les mouvements commencèrent le 30. Le peuple est femme. *plebs*. — Accessible aux émotions, son premier acte est presque toujours dirigé par le cœur. Cette révolution, qu'on accuse d'avoir peuplé les cachots, commença par en ouvrir les portes. Onze soldats du régiment des gardes-françaises étaient détenus à la prison de l'Abbaye, comme faisant partie d'une société secrète dont les membres

avaient juré d'épargner le sang de leurs concitoyens. Ils devaient être transférés, la nuit même, à Bicêtre, *ainsi que de vils scélérats*. On court à l'Abbaye, on les délivre. Quelques autres prisonniers militaires sont mis en liberté. On distinguait parmi eux un vieux soldat qui, depuis plusieurs années, était renfermé à l'Abbaye. Ce malheureux avait les jambes extrêmement enflées et ne pouvait que se traîner. On le mit sur un brancard et des bourgeois le portèrent. Accoutumé depuis un grand nombre d'années à n'éprouver que les rigueurs des hommes :
— Ah! messieurs, s'écria le vieillard, je mourrai de tant de bontés!

Il y eut, dès ce moment, les *soldats de la patrie* (les gardes-françaises) et les soldats du roi, — qui étaient pour la plupart étrangers.

Le lendemain, une députation de jeunes gens se rendit à Versailles pour réclamer l'intercession de l'Assemblée nationale en faveur des braves qu'on venait de soustraire à la brutalité de leurs chefs. Cette démarche était alors contraire à tous les usages de la monarchie. C'était la première fois que des citoyens, dépourvus de tout caractère public, prenaient sur eux-mêmes l'initiative et la responsabilité d'une pareille démarche. Il y eut des murmures. On promit néanmoins d'invoquer la clémence du roi[1]. La situation de l'Assemblée était difficile, placée qu'elle était entre une cour factieuse et un peuple à la veille de se révolter.

La contagion des idées nouvelles avait gagné l'armée. La cour ne pouvait plus compter que sur les régiments suisses, allemands; triste et singulier spectacle que celui du Champ-de-Mars occupé par une milice étrangère! Paris était remué d'un souffle inconnu. Les royalistes consternés, stupéfaits, ne comprenant rien à ce soulèvement des grandes eaux populaires, se livraient à mille terreurs chimériques; les uns accusaient le duc d'Orléans, les autres Mirabeau; leurs imaginations malades voyaient partout des complots ourdis contre leurs priviléges. En fait de complots, il n'y en avait qu'un seul : la nation tout entière conspirait au grand jour contre un régime décrépit et abhorré.

A Paris, la disette croissait toujours. La présence des troupes augmentait encore la rareté des subsistances. On s'arrachait avec une sorte de rage, à la porte des boulangers, un morceau de pain noir, amer, terreux. Des rixes fréquentes éclataient entre les marchands et la population affamée. Les ateliers étaient déserts.

Le 6 juillet, l'assemblée des électeurs de Paris se réunit à l'Hôtel de Ville. La situation devenait de plus en plus menaçante. Trente-cinq mille hommes étaient échelonnés entre Paris et Versailles. On en attendait, disait-on, vingt autres mille. Des trains d'artillerie les suivaient. Le maréchal de Broglie venait d'être nommé commandant de l'armée réunie sous les murs de la ville. Les ordres secrets, des contre-ordres précipités, jetaient l'alarme dans tous les cœurs.

---

1. Les gardes-françaises obtinrent en effet leur grâce du roi, après s'être reconstitués d'eux-mêmes prisonniers.

Il se préparait visiblement une attaque à main armée contre les citoyens. La stérilité avait déjà désolé la terre des campagnes; maintenant c'était la guerre qui allait promener la faux sur nos villes. La main qui semait tous ces maux était connue. « Je demande, disait l'abbé Grégoire, qu'on dévoile, dès que la prudence le permettra, les auteurs de ces détestables manœuvres, qu'on les dénonce à la nation comme coupables de lèse-majesté nationale, afin que l'exécration contemporaine devance l'exécration de la postérité. » On nommait ouvertement la reine, le comte d'Artois, le prince de Condé, le baron de Bezenval, le prince de Lambesc. A l'exemple de cet insensé despote qui faisait fouetter la mer, la cour voulait châtier la Révolution.

Paris était dans la plus grande fermentation; un écrit avait paru qui cherchait à calmer les esprits et à les armer de patience. « Citoyens, s'écriait l'auteur, les ministres, les aristocrates soufflent la sédition; vous déconcerterez leurs perfides manœuvres. Soyez paisibles, tranquilles, soumis au bon ordre, et vous vous jouerez de leur horrible fureur. Si vous ne troublez pas cette précieuse harmonie qui règne à l'Assemblée nationale, la Révolution la plus salutaire, la plus importante se consomme irrévocablement, sans qu'il en coûte ni sang à la nation, ni larmes à l'humanité. » Cet écrit, plein de modération, sortait des mains d'un homme qui n'avait encore soulevé de bruit que par ses livres de science, Marat.

La Révolution, faite sans une goutte de sang, était le rêve de toutes les âmes généreuses; mais au point où en étaient arrivées les animosités de la cour et celles de la ville, un conflit devenait inévitable. Du 11 au 12, le bruit court que les *brigands* (lisez le peuple) viennent de mettre le feu aux barrières de la Chaussée-d'Antin. Des ouvriers, que la cherté des vivres réduisait au désespoir, croyaient abolir ainsi les droits d'entrée. Des gardes-françaises, envoyés pour repousser les assaillants, restèrent tranquilles spectateurs du désordre. Le moyen de tirer sur des hommes qui, réduits à lutter depuis longtemps contre les horreurs de la faim, n'étaient plus que des cadavres vivants!

La cour n'abandonnait pas ses projets sinistres. Des régiments suisses et des détachements du Royal-Dragon campaient au Champ-de-Mars avec de l'artillerie! Provence et Vintimille occupaient Meudon; Royal-Cravate tenait Sèvres. Ainsi serré, Paris ne bougerait pas. On espérait alors profiter de son inaction pour casser les États généraux. Les membres de l'Assemblée, enlevés pendant la nuit, devaient être dispersés dans le royaume. Les plus mutins paieraient pour les autres. Une liste de proscription était arrêtée dans le comité de la reine. Soixante-neuf députés, à la tête desquels figuraient Mirabeau, Siéyès, Bailly, Camus, Barnave, Target et Chapellier, devaient être renfermés dans la citadelle de Metz, puis exécutés comme coupables de rébellion [1].

---

[1]. On trouva plus tard dans le cabinet du stathouder le texte d'une espèce de jugement contre les députés récalcitrants que la cour avait décidé de *pendre*, de *rouer* et d'*écarteler*; ce sont les termes mêmes de la sentence.

Le signal convenu pour cette Saint-Barthélemy des représentants de la nation était le changement de ministère. Un événement ne tarda point à justifier ces bruits et à prouver qu'ils n'étaient pas dépourvus de fondement. Necker allait se mettre à table, quand il reçut l'ordre de quitter le royaume; il lut la lettre du roi et dîna comme à l'ordinaire; après dîner, sans même avertir sa famille, il monta dans sa voiture et gagna la route de Flandre. L'Assemblée se trouvait tout à fait découverte par la retraite du ministre constitutionnel. Assise au milieu d'un camp, elle délibérait sous les baïonnettes. Un mouvement de plus, et la représentation allait périr. La nouvelle du renvoi de Necker arriva le 12 à Paris.

Le Palais-Royal était rempli d'une foule agitée. D'abord un triste et long murmure, bientôt une rumeur plus redoutable s'y fit entendre.

— Qu'y a-t-il donc?
— Et que voulez-vous qu'il y ait de plus? M. Necker est exilé.

Le peuple est comme les femmes, il faut toujours qu'il aime quelqu'un; Necker, le favori du moment, avait aux yeux de tous le mérite très-réel de sa disgrâce. L'opinion depuis quelques jours grondait; la fatale nouvelle mit le feu au volcan.

En ce moment, il était midi, le canon du palais vint à tonner. La foule était tellement préparée aux événements extraordinaires que ce bruit pénétra toutes les âmes d'un sombre sentiment de terreur. Un jeune homme, Camille Desmoulins, monte sur une table. L'héroïsme de la liberté est peint sur son visage. Les cheveux au vent, la tête à demi renversée, les yeux pleins d'une sainte indignation : « Citoyens, s'écrie-t-il, nous allons tous être égorgés, si nous ne courons aux armes! » A ces mots, il agite une épée nue et montre un pistolet. « Aux armes! » répète avec transport toute cette multitude entraînée. Il fallait un signe de ralliement. L'orateur attache une feuille verte à son chapeau. Tout le monde l'imite. En un moment, les marronniers du jardin sont dépouillés. Voilà le peuple debout!

On envoie des ordres pour fermer les spectacles, les salles de danse. En même temps, un groupe de citoyens se rend chez Curtius qui tenait un cabinet de figures en cire. On enlève les bustes de Necker et du duc d'Orléans, qu'on disait également frappé d'un ordre d'exil. On les couvre d'un crêpe noir en signe d'affliction publique, et on les porte dans les rues au milieu d'un nombreux cortège d'hommes armés de bâtons, d'épées, de pistolets ou de haches. Cette sorte de procession tumultueuse traverse les rues Saint-Martin, Grenétat, Saint-Denis, la Ferronnerie, Saint-Honoré, en désordre, mais avec une certaine solennité. On enjoint à tous les citoyens qu'on rencontre de mettre chapeau bas. Cette marche, tout à la fois funèbre, déguenillée et menaçante, était précédée de tambours voilés en signe de deuil. On arrive sur la place Vendôme. En ce moment, un détachement de dragons, qui stationnait devant les hôtels des fermiers généraux, fond sur cette foule. Le buste de Necker est brisé. Tout le monde se disperse : un garde-française sans armes demeure ferme et se fait tuer.

Une autre foule ayant été chargée, au milieu du jardin des Tuileries, par le prince de Lambesc, alla porter l'effroi dans les rues et les faubourgs. La ville n'eut plus qu'un cri : « Aux armes! » Dans la soirée, les gardes-françaises se réunirent au peuple. Sous la blouse, sous l'uniforme, n'était-ce pas le même cœur? L'incendie des barrières continua. Terrible spectacle que la capitale si violemment agitée, et entourée d'une ceinture de feu! Quelle vision! Le Palais-Royal, cet œil vigilant des opérations publiques, resta ouvert toute la nuit. On défonça quelques boutiques d'armuriers. Telle était, du reste, la grandeur du sentiment national, que dans Paris, cette ville bloquée, sans tribunaux, sans police, à la merci de cent mille hommes errant au milieu de la nuit et la plupart manquant de pain, il ne se commit pas un seul vol, un seul dégât. L'ordre venait de sortir du désordre; un pouvoir nouveau naissait de l'insurrection : quelques patrouilles bourgeoi se montraient dans les rues, et à six heures du soir les électeurs de Pa s'étaient rendus à l'Hôtel de Ville, où ils tinrent conseil. Un homme du peuple en chemise, sans bas, sans souliers, le fusil sur l'épaule, montait bravement la garde à la porte de la grande salle.

Le même soir, six ou sept cents députés se réunirent, à Versailles, dans la salle des séances. En l'absence du président, l'abbé Grégoire, l'un des secrétaires, occupa le fauteuil. Les vastes galeries étaient remplies de spectateurs; la nouvelle des troubles qui agitaient Paris causait une inquiétude indescriptible; la plupart des physionomies étaient sombres. Grégoire crut qu'il fallait rassurer tout ce monde par une sortie vigoureuse contre les ennemis de la paix. « Le ciel, s'écria-t-il, marquera le terme de leurs scélératesses; ils pourront éloigner la Révolution, mais, certainement, ils ne l'empêcheront pas. Des obstacles nouveaux ne feront qu'irriter notre résistance; à leurs fureurs, nous opposerons la maturité des conseils et le courage le plus intrépide. Apprenons à ce peuple qui nous entoure que la terreur n'est pas faite pour nous... Oui, messieurs, nous sauverons la liberté naissante qu'on voudrait étouffer dans son berceau, fallût-il pour cela nous ensevelir sous les débris fumants de cette salle! *Impavidum ferient ruinæ!* » Un applaudissement général couvrit ce discours. Il fut aussitôt décidé que la séance serait permanente; elle dura soixante-douze heures. Des vieillards passèrent la nuit sur leurs sièges. A chaque instant, la salle pouvait être militairement envahie; tous les membres de l'Assemblée étaient décidés à mourir plutôt que de quitter leur poste. Il est bon de se reporter à ces nuits d'alarmes : voilà pourtant ce que l'enfantement de la liberté coûta d'angoisses, de veilles et de dévouement aux conscrits de 89!

La journée du 13, à son lever, éclaire une ville menaçante. Le tocsin sonne, Paris demande toujours des armes ; les serruriers forgent des piques ; les plombiers coulent des balles : mais où sont les fusils? On va en demander à l'Hôtel de Ville, aux Chartreux : rien! on ne trouve rien. Quelques-uns courent au garde-meuble et enlèvent les armes qu'on y conservait : ces armes étaient en général fort belles, mais en petit nombre. L'épée de Turenne, l'arquebuse de Charles IX, les pistolets de Louis XIV, passent aux mains obscures du peuple. Les engins du despotisme se retournent contre les oppresseurs [1]. Les prisons de la Force sont ouvertes et les prisonniers délivrés, excepté les criminels. Du fer et du pain, c'est tout le vœu de ces hommes qui courent les rues en chemise et la manche retroussée. Un amas de blé ayant été trouvé au couvent des Lazaristes, on le fait conduire à la halle dans des voitures.

L'événement de la journée est l'organisation d'une garde bourgeoise pour rétablir la sûreté dans la ville. « C'est le peuple, avait dit un député, qui doit garder le peuple. » Le curé de Saint-Étienne-du-Mont marche au milieu de ses paroissiens capables de porter les armes. « Mes enfants, leur dit-il, cela nous regarde tous ; car nous sommes tous frères. » Un bateau chargé de poudre à canon ayant été découvert, un autre abbé se charge d'en faire la distribution au peuple. Les cloches mêmes des églises servent à donner au mouvement un caractère solennel : ces grandes voix d'airain qui convoquaient les hommes à la prière les appellent maintenant à la conquête de leurs droits et de leurs libertés.

La nuit descend sur Paris inquiet, éveillé. Des divisions de soldats du guet, des gardes-françaises, des patrouilles bourgeoises parcourent les rues ; quelques bandes continuent à errer, demandant du pain et des armes. La sombre attitude de ces hommes dont les desseins sont inconnus, le bruit des crosses de fusil sur le pavé, les feux allumés sur les places publiques, tout redouble l'effroi des vieux royalistes. Les mots d'ordre échangés çà et là entre les patrouilles donnent quelquefois lieu à des méprises et à des fausses alertes qui se transmettent d'un quartier de la capitale à l'autre. Tout s'émeut, puis tout rentre dans le silence. Ce calme n'est plus interrompu que par le sinistre hoquet du tocsin. Un rang de lampions posés sur les croisées du premier étage borde toutes les maisons de chaque rue et aide à surveiller les manœuvres des traîtres. De moment en moment, on entend retentir ce cri : « Soignez vos lampions ; l'ennemi est dans les faubourgs. » Des signaux convenus indiquent quand il faut les éteindre et quand il faut rallumer. Des hommes armés de leviers, de sabres, de bâtons, de fourches, montés jusque sur le toit des maisons, guettent l'ombre même d'un danger possible. Des femmes, des jeunes filles presques nues, un jupon serré autour de la taille, arrachent péniblement tous les pavés de leur cour et, pliant sous le fardeau, les transportent dans leur chambre. Gare aux soldats qui passeront sous leurs fenêtres !

Que l'ennemi vienne maintenant, il trouvera une ville fermement résolue à se défendre !

L'Assemblée, depuis deux jours, accusait hautement la cour et l'invitait à éloigner cet appareil de guerre qui tenait la ville en agitation ; mais elle n'en obtenait que des réponses vagues ou menaçantes.

---

[1]. Ces armes, ainsi que celles qui avaient été prises dans la boutique des armuriers, furent fidèlement remises après le combat.

« On nous fit attendre dans une salle, raconte Barère : le roi passa dans son cabinet, dont les rideaux cramoisis, mal joints ou mal fermés, nous laissèrent voir le jeu des physionomies des ministres et les mouvements des princes, qui semblaient portés à des actes de sévérité. Tous les membres de la députation voyaient cette pantomime politique à travers les grands verres de Bohême qui sont à ces croisées. » L'irrésolution du roi tenait à son caractère ; l'obstination de la reine à un orgueil de femme : l'ignorance où ils étaient tous les deux des forces réelles de l'opinion publique acheva de les perdre. Louis XVI ne comprenait rien à ce qui se passait, depuis deux mois, autour de lui : son insouciance ne fut pas un instant ébranlée. Il écrivait un journal dont voici quelques feuillets :

« Le 1ᵉʳ juillet 1789. — Mercredi. Rien. Députation des États.

« Jeudi 2. — Monté à cheval à la porte du Maine, pour la chasse du cerf à Port-Royal. Pris un !

« Vendredi 3. — Rien.

« Samedi 4. — Chasse du chevreuil au Butard. Pris un et tué vingt-neuf pièces.

« Dimanche 5. — Vêpres et salut.

« Lundi 6. — Rien.

« Mardi 7. — Chasse du cerf à Port-Royal. Pris deux.

« Mercredi 8. — Rien.

« Jeudi 9. — Rien. Députation des États.

« Vendredi 10. — Rien. Réponse à la députation des États.

« Samedi 11. — Rien. Départ de M. Necker.

« Dimanche 12. — Vêpres et salut. Départ de MM. de Montmorin, Saint-Priest et de la Luzerne.

« Lundi 13. — Rien. » Il avait pris médecine.

Il est probable que le roi ne savait rien ou presque rien de ce qui se passait dans la capitale. Averti par les députés du tiers, il croyait que ces hommes avaient intérêt à le tromper, à grossir le caractère des événements. De perfides conseillers profitaient de cette faiblesse d'esprit pour obscurcir son jugement et lui déguiser la vérité. Il se trouva même un certain baron de Breteuil, qui, s'érigeant en messie royaliste, promit de raffermir, en trois jours, le temple de l'autorité ébranlé par les factieux. Or, le troisième jour, le peuple était maître de Paris et du roi.

Le 14 juillet 1789, la grande ville poussa deux cris : « Aux Invalides! — A la Bastille! » On alla d'abord à l'Hôtel des Invalides où l'on savait qu'il y avait des armes. Les *volontaires* du Palais-Royal, des Tuileries, de la Basoche, de l'Arquebuse, marchaient en rangs serrés et le fusil sur l'épaule. La veille c'était une cohue, aujourd'hui c'est une armée. Cette armée, assemblée à la hâte, connaissait mal sans doute les règles de la discipline; mais la puissance invisible de l'esprit public la soulevait. Personne ne commandait ; tout le monde sut obéir. Ce n'était pas une expédition sans danger : on savait que trois régiments étaient campés au Champ-de-Mars; le gouverneur des Invalides avait des armes, des munitions, et un fort détachement du régiment d'artillerie de Toul avec ses pièces. Qui prit tout cela? L'opinion. Le soldat se sentait circonvenu, caressé, supplié par ces hommes du peuple qui étaient ses frères, par ces jeunes filles qui étaient ses sœurs. L'ennemi n'était déjà plus l'ennemi : il riait, il buvait, il était charmé; les déserteurs sont désormais ceux qui restent sous le drapeau de la cour au lieu de se rallier aux couleurs de la patrie. On enleva de l'Hôtel 28 000 fusils et 20 pièces de canon : tout ce qui n'était pas arme de guerre fut respecté. On distribua sur-le-champ des fusils et de la poudre ; voilà le peuple armé.

Vers onze heures, le ciel, jusque-là voilé, se découvrit. Un soleil révolutionnaire chauffait toutes les têtes. Alors sortit de la foule une grande voix qui disait : « A la Bastille ! A la Bastille ! »

Cette forteresse était détestée. Le peuple se montra désintéressé dans la haine qu'il lui portait; car, après tout, elle ne lui avait rien fait à lui. Cette sombre prison d'État n'avait point été construite pour des manants. Il fallait être à peu près gentilhomme pour avoir l'honneur d'y être renfermé, ou comme Voltaire, Mirabeau et tant d'autres, avoir écrit pour la cause du peuple et de la liberté. C'était un des motifs de la haine du peuple. Cette forteresse inquiétait d'ailleurs les Parisiens à d'autres titres. Du haut de ses huit grosses tours ne pouvait-elle écraser la foule sous la mitraille de ses bouches à feu, foudroyer certains quartiers de la ville? Le faubourg Saint-Antoine avait cette citadelle-là sur le cœur. L'importance de la Bastille était grande au point de vue stratégique, mais bien plus grande encore était la signification qui s'y rattachait. Elle représentait la prérogative royale et l'ancien régime. C'était la contre-révolution énorme, massive et scellée dans la pierre. La destruction de tout autre édifice public n'eut été qu'un acte de vandalisme ; la Bastille renversée, tout ce qui restait en France du pouvoir absolu s'écroulait. Cette vérité fut aussitôt comprise de tous : le peuple a des éclairs de génie; il ne raisonne point, il devine.

Parmi les assaillants, quelques hommes déterminés avaient réussi à rompre les chaînes du pont-levis qui gardait l'entrée de la première avant-cour de la Bastille ; c'est alors que le feu commença. Tout le monde se lança dans un tourbillon de fumée. Devant ces remparts hérissés de canons, les citoyens se confondirent dans un même élan, dans la même détermination de vaincre ou de mourir. Des enfants (le gamin de Paris existait déjà), même après les décharges du fort, couraient çà et là pour ramasser les balles ou la mitraille. Furtifs et pleins de joie, ils revenaient s'abriter et présenter ces munitions de guerre aux gardes-françaises qui les renvoyaient, par la bouche du canon, aux assiégés. Les femmes, de leur côté, secondaient les opérations avec une ardeur incroyable. On distinguait parmi elles, en agile amazone, robe de drap bleu, chapeau à la Henri IV sur l'oreille, large sabre au côté, deux pistolets à la ceinture, une jolie Liégeoise. La fumée de la poudre l'enivre; elle pousse, elle exalte les assaillants. Son histoire était celle de toutes les femmes galantes : aimée, puis trahie. Dans ses emportements et ses fureurs de chatte, elle jette mille imprécations contre la Bastille. On voit à côté d'elle, dans la foule, d'autres grandes pécheresses, qu'un sentiment nouveau, extraordinaire, immense, venait aussi de convertir. Aujourd'hui, elles n'ont plus qu'un amant : le peuple. Leur cœur est tout à la Révolution ; et comme les anciennes Gauloises, elles inspirent les combattants. Parmi ces

Robespierre.

derniers, il y a des gens sans aveu et à figure livide : le feu purifie tout. La plupart se montrent héroïques. Frappés, ils tombent en criant : « Nos cadavres serviront du moins à combler les fossés! »

Au milieu de ce dévouement général et de cette ardeur, un trait particulier de courage sur mille mérite d'être signalé par l'histoire. Les assaillants avaient cessé le feu ; à un signal donné, une planche est jetée sur l'un des fossés qui entouraient la Bastille : un citoyen s'élance et tombe ; un autre, le fils d'un huissier, Maillard, s'avance sans broncher sur ce pont étroit et dangereux. Tout à coup un cri s'élève : « La Bastille se rend! » Elle, cette forteresse que

Louis XI, Louis XIV et Turenne jugeaient imprenable, — oui, la Bastille demande à capituler.

Pendant ce temps-là, les électeurs délibéraient à l'Hôtel de Ville; hommes de peu de foi, ils regardaient le siége de cette forteresse, comme une entreprise téméraire. Soudain un autre grand cri s'élève dans les airs : « La Bastille est prise! »

Hommes, femmes et enfants se précipitent alors comme un torrent vers la place de Grève. Des citoyens bizarrement armés, noirs de poudre, portent en triomphe dans leurs bras un jeune officier des gardes-françaises, Élie, dont la conduite avait été magnanime. Les vainqueurs affectèrent de défiler devant le buste de Louis XIV qui était alors sur la place, en face de l'Hôtel de Ville. Lui absent, la fête n'eût point été complète : il fallait à la monarchie, pour témoin de sa défaite, le plus absolu des rois.

Bientôt toute cette tempétueuse foule pénètre dans la salle où un comité d'électeurs appartenant à la classe moyenne s'étaient réunis : les murs tremblent, les boiseries craquent. Un homme porte les clefs et le drapeau de la Bastille; un autre, le règlement de la prison pendu à la baïonnette de son fusil. A la prière de l'intrépide Hullin, d'Élie et des gardes-françaises, qui s'étaient signalés pendant le siége, on couvre les prisonniers d'un généreux pardon.

Quelques représailles avaient eu lieu dans l'intérieur de la forteresse : le misérable de Launay, gouverneur de la Bastille, qui avait fait tirer sur le peuple, fut mis à mort; un traître, Flesselle, prévôt de Paris, qui avait amusé depuis deux jours les Parisiens, pour se donner le temps de les surprendre, fut abattu dans la foule par une main restée inconnue. L'horreur de ces exécutions disparut dans l'ivresse de la victoire.

Un architecte, le citoyen Palloy, qui était au siége de la terrible forteresse, fut chargé de détruire *le repaire de la tyrannie*. Cet homme, qui n'est guère connu, fit une grande chose dans sa vie, une seule : il démolit la Bastille.

La chute de cette célèbre prison d'État eut dans le monde un retentissement prodigieux. En France, on crut entendre tomber, d'une extrémité du territoire à l'autre, le pouvoir monstrueux de la force. Dès que la nouvelle s'en répandit à Versailles [1], la cour, qui tenait encore ferme dans ses projets d'attaque, fut anéantie. La terreur passa en un instant du peuple aux agresseurs. Les régiments, campés au Champ-de-Mars, déguerpirent pendant la nuit et prirent la fuite, comme si l'épée de la colère divine s'était étendue sur eux. On ramena, de ces lieux occupés naguère par une armée, plusieurs voitures chargées de tentes, de pistolets, de manteaux. Le succès au contraire fit de tous les citoyens un peuple de frères. On s'embrassait, on était heureux. Les religieux de divers couvents avaient pris la cocarde aux couleurs de la nation, blanc, bleu et rouge ; ils formèrent des déta-

---

[1]. Dans la nuit du 14 juillet, une députation s'était rendue chez le roi sans rien obtenir. Louis XVI fixa les yeux constamment sur M. de Mirabeau. Le roi du passé regardait tout étonné le roi de la Révolution.

chements; le temps de la Ligue et de la Fronde était revenu. Le curé de Saint-Étienne-du-Mont avait marché tout le temps à la tête de ses paroissiens. Ces guerriers, en soutane, en froc et en capuchon, attestaient l'unanimité de sentiments qui faisait agir toute la ville. Il se trouvait là des nobles, des bourgeois, des abbés, des hommes du peuple : ils n'avaient tous qu'une volonté, qu'une âme. Comme on n'était pas encore rassuré sur les intentions de la cour, on dépava les rues, on éleva des barricades ; précautions très-sages sans doute : mais que pouvait désormais la faction royaliste en face d'une Assemblée souveraine, d'un peuple en insurrection, d'une armée évanouie ?

Pendant que l'on se battait encore à la Bastille, un nombreux détachement de dragons et de cavalerie allemande, reçu dans Paris aux acclamations de la multitude, venait de reconnaître le quartier Saint-Honoré et traversait le Pont-Neuf. Un chef d'escadron commande alors à ses soldats de faire halte, pour haranguer les citoyens : il annonce comme une bonne nouvelle la prochaine arrivée du corps de dragons, de hussards, et de Royal-Allemand, toute cavalerie qui vient, dit-il, se réunir au peuple. Un applaudissement, mêlé de cris de joie, accueille son discours. Un seul assistant remue la lèvre en signe de doute. Il s'élance du trottoir, fend la foule jusqu'à la tête des chevaux, saisit par la bride celui de l'officier et somme celui-ci de mettre pied à terre. L'officier interdit descend de cheval. L'inconnu, quoique petit et grêle, exige que le chef remette ses armes et celles de ses soldats dans les mains du peuple. L'officier garde un silence qui donne à penser. Ce refus tacite confirme dans ses soupçons le citoyen ombrageux, qui se met alors à semer l'alarme parmi les assistants. Ses gestes et ses paroles répandent la méfiance. La foule enjoint sur-le-champ aux cavaliers de faire volte-face, et les conduit à l'Hôtel de Ville d'où le comité les renvoie tous à leur camp sous bonne garde.

Cet homme, dont le coup d'œil vigilant avait peut-être éventé une ruse et déjoué une entreprise perfide des royalistes, était Jean-Paul Marat.

Le 14, Louis XVI avait écrit sur ses tablettes : « Rien. »

La nouvelle de la prise de la Bastille jeta dans le camp de l'aristocratie un tel découragement que les choses à Versailles changèrent de face : le roi n'eut d'autre moyen de salut que de venir lui-même au milieu de l'Assemblée nationale. La Bastille prise, il se rendait : l'insurrection de Paris consacra définitivement la victoire des droits sur les priviléges ; sans elle, tout ce qui avait été fait jusque-là manquait d'une sanction décisive. Le serment du Jeu-de-Paume, l'opposition à la fameuse séance royale étaient des actes courageux ; mais ces germes auraient pu être stériles : il fallait le concours de Paris pour les féconder et pour leur donner les caractères d'une révolution. L'Assemblée avait mis dans sa résistance la force du raisonnement ; le peuple y mit celle du sentiment et de l'action : alors tout fut dit. Les révolutions se font encore plutôt par le cœur que par la tête.

Le roi vint à Paris. Il traversa une foule immense : deux cent mille citoyens formaient sur son passage une haie hérissée de baïonnettes, de piques, de faux, de bâtons ferrés : gardes-françaises, milice bourgeoise, religieux, tous étaient confondus sous les armes, tous étaient amis. On se traitait de frères : les riches accueillaient les pauvres avec bonté ; les rangs n'existaient plus, tous étaient égaux. Quel beau jour ! les femmes du haut des balcons, des croisées, jetaient à pleines mains des cocardes patriotiques, des touffes de rubans. La fraternité respirait sur tous les visages. Le roi venait chercher la paix dans cette ville, où, quelques jours auparavant, il avait fait entrer la guerre. Le peuple avait le droit de se montrer sévère ; il fut clément. On reçut d'abord Louis XVI dans un silence morne et solennel, les armes hautes ; mais quand il eut pris des mains de Bailly la cocarde nationale, quand surtout il sortit de l'Hôtel de Ville où il était entré sans gardes et avec confiance, la sérénité revint sur tous les visages, et les armes s'abaissèrent. Il fut reconduit avec tous les honneurs militaires par les vainqueurs de la Bastille. Les femmes de la halle crièrent le long du chemin : Vive le roi !

Cependant il devenait clair que cet homme indécis, épousant tour à tour la cause de la noblesse par inclination, celle du peuple par raison et par nécessité, était un grand obstacle à la marche des événements. Or les révolutions n'ont qu'une manière d'agir avec les obstacles ; elles les suppriment.

Deux pouvoirs démocratiques étaient sortis de l'insurrection, la municipalité de Paris et la garde nationale; deux hommes avaient dû leur élection aux circonstances, Bailly et La Fayette.

La vieille France, rajeunie par le sentiment du droit, aimait à tourner ses regards vers le Nouveau-Monde. Le marquis de La Fayette, qui avait concouru à l'affranchissement des États-Unis, fut le héros du jour. Triste rayon de popularité qui pâlit bientôt sur son front !

L'élan de Paris se communiqua comme l'étincelle électrique aux provinces ; de toutes parts, les citoyens se réunirent et s'associèrent. — Je m'arrête : la France, depuis l'ouverture des États généraux, a fait une belle étape dans la voie qui conduit à la liberté. La Révolution est demeurée pure d'excès. Sa première victoire n'a point coûté une larme ; en sera-t-il ainsi dans la suite ?

Vain espoir ! Ses ennemis ne négligent rien pour la provoquer et lui mettre le glaive à la main.

III

État des esprits. — Première émigration. — La disette. — Mort de Foulon et de Bertier. — Conduite du clergé français dans les premiers temps de la Révolution.

Paris livré à lui-même, Paris lâché dans l'ivresse de sa victoire, inspirait de graves inquiétudes à certains membres de l'Assemblée nationale. Le sentimental et larmoyant Lally fit une motion qui tendait à calmer l'effervescence des habitants de la grande ville. Réprimer trop tôt l'esprit public, dans les temps de révolution, c'est quelquefois l'amollir. Robespierre se leva. On trouve, dans les premiers mots qu'il fit entendre, les principaux traits de son caractère politique : respect et amour de la nation, horreur de l'intrigue. Il la poursuit, cette intrigue, sous le masque du parti de la cour, comme il la poursuivra dans la suite sous le masque des Girondins. Cet homme arrivait à la Révolution, armé de toutes pièces par l'intégrité de ses principes. Jusqu'ici du reste rien ne le désigne à l'attention; il se confond, il s'efface dans la pâle multitude des orateurs. Le dénouement de la Révolution était dans cet homme à part; mais il se montrait encore trop couvert d'ombre pour qu'on pût distinguer toute sa valeur.

Un autre député, alors inconnu, tour à tour ami et ennemi de Robespierre, siégeait sur les mêmes bancs; son nom était Barère. Voici le portrait qu'en trace madame de Genlis : « Il était jeune, jouissait d'une très-bonne réputation, joignait à beaucoup d'esprit un caractère insinuant, un extérieur agréable, et des manières à la fois nobles, douces et réservées. C'est le seul homme que j'aie vu arriver de sa province avec un ton et des manières qui n'auraient jamais été déplacés dans le grand monde et à la cour. Il avait très-peu d'instruction, mais sa conversation était toujours aimable et toujours attachante : il montrait une extrême sensibilité, un goût passionné pour les arts, les talents et la vie champêtre. Ses inclinations douces et tendres, réunies à un genre d'esprit très-piquant, donnaient à son caractère et à sa personne quelque chose d'intéressant et de véritablement original. » Enfant des Pyrénées, il aimait la *constitution de ces montagnes, décrétée il y a des siècles par la nature,* ces vallées embellies par des mœurs candides et pastorales; il aimait jusqu'aux torrents et aux ours, car tout cela c'était le pays. Son enfance avait été rêveuse; sa jeunesse fut mélancolique. « On ne fait pas, écrit-il lui-même, assez attention aux préliminaires des grands accidents de la vie. Ce sont pourtant des avertissements que la Providence nous donne, mais dont nous profitons rarement, soit qu'ils passent inaperçus, soit qu'ils arrivent trop tard. Lors de mon mariage, en 1785, qui fut une grande fête de famille à Vic et à Tarbes, j'allais à l'autel avec ma jeune fiancée ; c'était au milieu de la nuit; l'église était resplendissante de lumières; une société nombreuse de parents et d'amis nous entourait. Une profonde tristesse me serrait le cœur, et, lorsque je prononçai le *oui* solennel, des larmes coulèrent involontairement sur mes joues décolorées. Il n'y eut que ma mère qui s'en aperçut, et qui, après la messe des épousailles, me prit la main et la serra contre sa poitrine. » Ce mariage fut malheureux : attachée à la cause de l'aristocratie par goût et par tradition de famille, la jeune femme ne pardonna pas à son mari d'avoir embrassé la cause de la nation. Barère exerçait la profession d'avocat quand le mouvement de la France l'envoya aux États généraux. Il était alors pour la monarchie tempérée. Doué d'une imagination vive, mobile, chauffée au soleil du Midi, il avait essayé sa plume dans quelques ouvrages peu connus, couronnés par l'Académie de Toulouse. A Paris, il rédigeait, depuis l'ouverture des États, une feuille intitulée *le Point du Jour.* Nature vive, sémillante, la variété des impressions s'opposait chez lui à la durée. Barère avait dans l'esprit la grande qualité des femmes, la pénétration. Le mouvement rapide de ses idées et de ses sentiments ne lui permit point de se fixer à un principe. Fin, rusé, grand comédien, voulant à tout prix sauver sa tête, cet homme d'État fut, selon le cours des événements, le caméléon des diverses nuances révolutionnaires.

Dans son journal, *le Point du Jour*, il attaquait avec ardeur le parti de la cour, dénonçait à l'indignation publique les menées et les conduites occultes d'un parti qui préférait renoncer à la France que d'abandonner ses prétentions et ses priviléges. Déjà, en effet, le mouvement de l'émigration avait commencé. Le frère de Louis XVI, le comte d'Artois, les Condé et les Conti, les Polignac, les Vaudreuil, les de Broglie, les Lambesc et d'autres étaient passés à l'étranger. Une lourde responsabilité pèse sur la tête de ces hommes. Déserter son pays parce que la cause à laquelle on avait rattaché ses intérêts est en péril, se faire étranger par le cœur, se fermer volontairement la France, quel triste exemple donnait alors la haute aristocratie! Ce *sauve qui peut* avait d'ailleurs une autre signification : ces princes, ces nobles, passaient avec toute vraisemblance pour bien connaître la pensée de Louis XVI.

Le roi trompait-il donc le peuple de Paris quand il lui disait : « Vous pouvez avoir confiance en moi? »

Revenons à Paris. La ville était calme à la surface, mais, sous le repos même, on distinguait les dernières agitations de l'orage. Une circonstance souleva de nouveau toute cette masse d'hommes. Parmi les accapareurs de blés, qu'on accusait d'être les auteurs de la misère et de la disette, la clameur publique dénonçait surtout un nommé Foulon. Abhorré dès le dernier règne, il n'avait vécu jusqu'à soixante ans que pour entasser sur sa tête les accusations les plus graves. Ses monopoles odieux le couvraient de l'indignation publique : c'était son vêtement, sa chemise de soufre. Il fallait que cet homme se jugeât lui-même bien coupable envers le peuple, puisqu'il avait fait répandre partout le bruit de sa mort et enterrer, à sa place, le cadavre d'un de ses domestiques. Bien vivant, il avait quitté Paris le 19 juillet et s'était caché dans une terre de M. de Sartines, à Viry, petit village situé sur la route de Fontainebleau. C'est là qu'il fut aperçu et saisi par des paysans qui lui attachèrent sur le dos, par dérision, une botte de foin avec un bouquet de chardons. C'était une allusion à un propos atroce qu'avait tenu le misérable : « Ces gens-là, avait-il dit en parlant de ses vassaux, peuvent bien manger de l'herbe, puisque mes chevaux en mangent. » Il avait ajouté « qu'il ferait faucher la France ».

Conduit en cet état à l'Hôtel de Ville de Paris, il fut confronté, interrogé. On trouva sur lui les morceaux d'une lettre qu'il avait déchirées avec ses dents. Pas une voix ne s'éleva pour le justifier. Bailly, La Fayette, les membres du Comité de l'Hôtel de Ville, tout le monde le jugeait très-coupable ; et d'un autre côté ces honorables citoyens voulaient éviter l'effusion du sang. Il avait été décidé qu'au tomber de la nuit il serait transféré secrètement dans les prisons de l'Abbaye-Saint-Germain.

— Foulon! nous voulons Foulon! N'a-t-il pas lui-même signé sa sentence en passant pour mort?

Voilà ce que la foule, accrue d'instant en instant, ne cessait de crier sur la Grève. Au milieu de cette multitude hâve, affamée, il y avait des hommes qui avaient vu mourir une sœur, un enfant, une femme, d'épuisement et de misère : la nature les rendait féroces. Le malheureux entendait gronder à ses oreilles ce mugissement terrible d'un peuple justement irrité.

Le Comité de l'Hôtel de Ville insistait toujours, et avec raison, pour qu'il fût jugé. « Oui, oui, crie-t-on de toutes parts, jugé sur-le-champ et pendu! » Un simulacre de tribunal s'improvisa ; il était composé de sept membres ; mais quelle impartialité devait-on attendre de juges délibérant sous la pression de telles circonstances? La Fayette intervint : il était encore dans tout l'éclat de sa popularité.

— Je ne puis blâmer, dit-il, votre indignation contre cet homme. Je ne l'ai jamais aimé. Je l'ai toujours regardé comme un grand scélérat, et il n'est aucun supplice trop rigoureux pour lui... Mais il a des complices ; il faut que nous les connaissions. Je vais le faire conduire à l'Abbaye. Là nous instruirons son procès et il sera condamné à la mort infâme qu'il n'a que trop méritée.

Vains efforts! La foule grossissait toujours; l'impatience croissait; bientôt des murmures, ensuite les fureurs. C'est sans résultat que des citoyens, émus de pitié et voulant qu'on respectât les formes de la justice, traversent les groupes et représentent qu'il ne faut pas verser le sang.

— Le travail du peuple est du sang aussi, reprend cette multitude indignée, et le traître l'a bu; il s'est nourri, engraissé de la faim publique!

Des groupes nouveaux débordent du dehors; cette marée vivante pousse devant elle la foule qui emplissait la salle. Tous s'ébranlent, tous se portent avec l'impétuosité de l'océan vers le bureau et vers la chaise où Foulon était assis. La chaise est renversée.

— Qu'on le conduise en prison! commande La Fayette d'une voix qui cherchait encore à dominer la tempête.

Des mains implacables ont déjà saisi le malheureux qui demandait grâce ; on lui fait traverser la place de l'Hôtel de Ville. Arrivé sous le réverbère qui se trouvait en face de l'édifice, il est attaché à une corde. La corde casse : « Qu'on en cherche une autre! » On recommence jusqu'à trois fois pour le hisser à ce gibet improvisé. Une bande de furieux met à prolonger les horreurs du supplice cette sorte d'obstination et d'acharnement qu'on déploie contre un fléau public. Ce qu'ils s'imaginaient pendre dans cet homme, c'était la famine.

Le même jour, Bertier, gendre de Foulon, intendant de Paris, arrivait de Compiègne par la porte Saint-Martin. Le peuple avait divers motifs de haine contre lui. Bertier passait pour avoir donné à Louis XVI le conseil de faire avancer les troupes sur Paris. C'était en outre un administrateur dur et hautain, un cœur de bronze. Il parut tout à coup entouré d'un rassemblement formidable, assis dans un cabriolet dont on avait brisé la capote, afin qu'il demeurât exposé à la vue de tous. Un électeur, Étienne de La Rivière, le protégeait au péril de sa vie contre l'indignation populaire. Des morceaux de pain noir tombaient dans la voiture.

— Tiens, criaient des voix étouffées par la colère, tiens, brigand! voilà le pain que tu nous as fait manger!

Il fut conduit à l'Hôtel de Ville, où Bailly l'interrogea. Sur l'avis du bureau, le maire dit :

— A l'Abbaye!

Il était plus facile de donner un pareil ordre que de le faire exécuter. Traîné sous la lanterne où l'on avait pendu Foulon, Bertier résiste, saisit un fusil et tombe percé de cent coups de baïonnette.

Quoiqu'un affreux souvenir s'attache à ces deux exécutions sommaires, il faut pourtant reconnaître que les auteurs de ces actes à jamais regrettables se montrèrent désintéressés. « Les meurtriers, dit Bailly, respectèrent la propriété et les effets de ceux à qui ils s'étaient permis d'ôter la vie. Tous ces effets, même les plus précieux, et l'argent, ont été rapportés[1]. »

L'ancien régime n'a-t-il point d'ailleurs, dans ces massacres, sa part de responsabilité ? N'est-ce point lui qui avait entretenu le peuple dans l'ignorance, mère de toutes les barbaries ? La vue des supplices ordonnés par les juges du roi n'était-elle point bien faite pour endurcir le cœur des masses ? Se souvient-on de Ravaillac et de tant d'autres, tenaillés en place de Grève, aux mamelles et aux gras des jambes, la main droite brûlée, les plaies injectées de plomb fondu, d'huile bouillante, de poix résine et de soufre, puis reconduits en prison, pansés et médicamentés, jusqu'au jour où leurs membres étant renouvelés de manière à endurer de nouvelles tortures, on les ramenait en Grève pour y être roués vifs ou tirés à quatre chevaux ? Les douces mœurs que devaient inspirer au peuple de tels spectacles !

Détournons nos regards de ces scènes sanglantes et reportons-les sur la France.

Il est un fait qu'il importe de bien établir, c'est que le bas clergé ne se montra point hostile à la Révolution naissante ; des services furent célébrés dans les églises pour les citoyens morts au siége de la Bastille. L'abbé Fauchet leur prodigua les trésors de son éloquence. Il avait choisi pour texte de son sermon ces paroles de saint Paul : *Vocati estis ad libertatem, fratres ;* « Frères, vous êtes tous appelés à la liberté. »

L'orateur faisant allusion à l'état général des esprits s'écriait du haut de la chaire : « C'est la philosophie qui a ressuscité la nation... L'humanité était morte par la servitude ; elle s'est ranimée par la pensée ; elle a cherché en elle-même et elle y a trouvé la liberté. Elle a jeté le cri de la vérité dans

---

1. Ce qui étonne est la froideur des écrivains du temps vis-à-vis de ces exécutions sommaires. Voici tout ce qu'elles inspirent à l'un d'entre eux : « En voyant ces restes dégoûtants, je me disais : Qui croirait que ces corps (ceux de Foulon et de Bertier), maintenant horribles, ont été tant de fois baignés, étuvés, embaumés, et que ce qui révolte la nature a si souvent prononcé des actes d'autorité, tant humilié d'honnêtes gens, et fait souffrir un si grand nombre de malheureux ! »

l'univers ; les tyrans ont tremblé ; ils ont voulu resserrer les fers des peuples... Ils auraient égorgé la moitié du genre humain, pour continuer d'écraser l'autre... Les faux interprètes des divins oracles ont voulu, au nom du Ciel, faire ramper les peuples sous les volontés arbitraires des chefs. Ils ont consacré le despotisme ; ils ont rendu Dieu complice des tyrans ! Ces faux doc-

Prise de la Bastille.

teurs triomphaient, parce qu'il est écrit : *Rendez à César ce qui appartient à César*. Mais ce qui n'appartient pas à César, faut-il aussi le lui rendre? Or la liberté n'est point à César, elle est à la nature humaine. » Ce fier langage fut diversement apprécié ; les princes des prêtres et les pharisiens modernes crièrent au scandale ; mais un tel discours transporta d'enthousiasme tous ceux qui tenaient encore pour l'alliance du christianisme et de la Révolution. Une compagnie de garde nationale reconduisit l'abbé Fauchet jusqu'à sa sortie de l'église. On portait devant lui une couronne civique.

Prêtre janséniste et mystique, il avait embrassé de bonne foi et avec tout l'élan d'une imagination ardente le nouveau dogme de la liberté, de l'égalité et de la fraternité. Son tort, et il l'expia cruellement, fut de croire qu'on pût allier deux ordres d'idées inconciliables.

L'influence de cette erreur propagée par quelques autres ecclésiastiques, tels que le curé de Saint-Étienne-du-Mont, fit reculer l'esprit public jusqu'aux formes les plus superstitieuses et les plus naïves. On mit la Révolution naissante sous la protection de sainte Geneviève ; on la voua au blanc. Chaque jour, c'étaient des processions solennelles : le bataillon du quartier, avec de la musique, les femmes du marché, les jeunes filles, allaient porter des actions de grâces et un bouquet à la patronne de Paris. Au retour, elles se rendaient chez le maire.

« Tous les jours, raconte Bailly, j'avais des compliments et des brioches ; j'étais bien fêté et bien baisé par toutes ces demoiselles. »

Les citoyens du district du faubourg Saint-Antoine se réunirent quand leur tour fut venu : à leur tête marchaient les jeunes vierges vêtues de blanc ; tout le cortége allait faire bénir un modèle de la Bastille. Les vainqueurs entouraient fièrement ce simulacre d'une forteresse détruite par la main du peuple ; quelques-uns portaient en trophée les drapeaux et les armes des vaincus. On ne doutait pas que ces dépouilles ne fussent agréables au dieu de la liberté.

Il est aujourd'hui permis de se demander si ces gages de sympathie donnés par le clergé de 89, au réveil d'un grand peuple, étaient bien sincères. Nous avons mille motifs pour en douter. Un contemporain, Rabaut-Saint-Étienne, ministre protestant, est d'ailleurs plus à même que tout autre de nous renseigner à cet égard. « Le clergé, dit-il, cherche encore, dans une religion de paix, des prétextes et des moyens de discorde et de guerre ; il brouille les familles dans l'espoir de diviser l'État : tant il est difficile à ce genre d'hommes de savoir se passer de richesses et de pouvoir ! »

Nous verrons d'ailleurs plus tard jusqu'où le bas clergé suivit la Révolution Française et à quelle borne il s'arrêta.

IV

Troubles et soulèvements dans les campagnes. — Henri de Belzunce. — Un épisode de la Révolution à Caen.

Une grande nouvelle se répandit, le 19 juillet, dans les rues de Paris : les campagnes s'agitent ; des bandes armées viennent de se montrer jusque dans les districts ruraux qui avoisinent la capitale. « Les paysans sont ici ! ils sont là ! » On y courait; on battait les champs : que découvrait-on ? Rien. Pas même la trace des pieds nus ou des sabots. C'était une armée invisible qui sortait de terre et qui rentrait sous terre.

Ces bruits étaient-ils appuyés sur des faits ? Ces terreurs étaient-elles chimériques ? Ces fausses alertes faisaient-elles partie d'un plan qui consistait à tenir en haleine les forces de la répression dans toute l'étendue du royaume ? Il est assez difficile de le dire. Constatons seulement que l'esprit public était malade, par suite du système d'accaparement et de monopole qui avait trop longtemps pesé sur les subsistances ; chacun croyait découvrir partout une main qui brûlait et ravageait les moissons : un tourbillon de poussière devenait tout à coup, pour les imaginations hallucinées, une bande de malfaiteurs. A la moindre alarme, on sonne le tocsin dans les campagnes ; les villes y répondent par le cri de guerre, une garde nationale s'élance tout organisée à la poursuite des brigands. En quelques jours, la France se montre, d'une extrémité à l'autre, sous les armes.

Le système féodal avait trop longtemps lassé la France pour que l'explosion révolutionnaire ne fût pas terrible envers quelques privilégiés insolents. Comme un arbre courbé par la force qui, en se relevant, se jette d'une secousse vigoureuse dans la direction opposée, l'esprit public allait violemment du respect servile à une révolte impitoyable contre l'aristocratie. Dans quelques provinces, le peuple tout entier formait une ligue pour détruire les châteaux, briser les armoiries, et surtout pour s'emparer des chartriers, où les titres des propriétés féodales étaient en dépôt. Ici, c'est une princesse de Bauffremont qui a été obligée, par ses paysans, de déclarer qu'elle *renonçait aujourd'hui et pour toujours* à tous ses droits seigneuriaux. Là, c'est un homme dur envers ses vassaux qui est poursuivi par eux à coups de fourches. « Il est difficile, s'écriait Loustalot dans ses *Révolutions de Paris*, de ne pas croire que les ravages dont plusieurs châteaux viennent d'être les théâtres ne soient pas les effets des vexations passées des seigneurs et de l'animosité de leurs tenanciers... Que l'on nous cite un seul seigneur humain, charitable, qui ait été exposé à ces excès ! » Le peuple montra en effet un sens très-sûr ; il sut parfaitement distinguer entre les abus des vieilles institutions et le caractère des gentilshommes qui, nés dans les rangs de la noblesse, atténuaient, par leur manière de vivre et leur générosité, l'injustice de leurs priviléges.

Au plus fort de cette fièvre de destruction, quelques seigneurs recommandables, ayant visité leurs terres, furent accueillis par leurs paysans avec des marques de respect et d'estime personnelle. Les autres nobles, maltraités, pillés, injuriés, furent généralement ceux qui avaient témoigné du mépris pour la Révolution naissante. On cite le mot d'une femme de qualité qui, se trouvant à Paris, pendant que le peuple faisait le siége de la Bastille, disait à ses domestiques :

— Conduisez-moi à mon donjon, que je voie s'égorger cette canaille.

La caste privilégiée regardait les gens de la classe inférieure comme appartenant à une autre espèce humaine.

L'aristocratie, depuis des siècles, avait tenu les populations rurales dans l'ignorance et la misère; elle avait semé la haine dans leur cœur, elle récoltait la dévastation, le meurtre. Ces hommes, endurcis aux travaux ingrats de la terre, ne connaissaient qu'une loi, la loi du talion; c'est celle de toutes les races barbares. Ils rendaient aux châteaux œil pour œil, dent pour dent. Les pierres étaient ici complices des abus qui s'y réfugiaient. On se disait que, le nid détruit, le vautour ne reviendrait plus. Ce n'est pas que j'approuve ces ravages; la destruction est un supplice trop doux pour les monuments de la tyrannie; il faut les condamner à vivre.

Au milieu de ce soulèvement général contre un ordre de choses maudit, fixons nos yeux sur un point de la France qui servira plus tard de quartier général aux entreprises de la Gironde.

En ce temps-là, deux régiments stationnaient à Caen, dans la caserne dite de Vaucelles; c'étaient le régiment d'Artois et le régiment de Bourbon. L'un portait une médaille qu'il avait reçue quelques jours auparavant comme signe de récompense pour son dévouement à la cause commune : il tenait pour le peuple, dont il était aimé; l'autre, composé de jeunes officiers attachés au parti royaliste et de soldats gagnés, inspirait dans la ville une grande défiance[1]. La haine et les soupçons des bourgeois portaient principalement sur Henri de Belzunce, major en second du régiment de Bourbon.

Les troubles qui avaient agité Paris, dans les journées du 13 et du 14 juillet, avaient produit dans toute la France un ébranlement général. La disette des blés tenait surtout la Normandie en rumeur. Le peuple de Caen, persuadé que les accapareurs étaient cause de la famine, vint en armes et avec menaces demander qu'on les lui livrât. Les autorités de la ville lui permirent de brûler, s'il en trouvait, les magasins où de riches propriétaires entassaient les grains. Une bande de turbulents se répandit alors dans tous les quartiers de la ville et incendia deux maisons. Cela fait, la colère du peuple se calma, et le conseil ayant pourvu à l'approvisionnement des marchés, tout rentra dans l'ordre. Le comte Henri de Belzunce, avec la témérité d'un jeune homme de dix-huit ans, se montra, dans cette journée, pour les mesures violentes. La conduite sage des autorités lui fit pitié; il eût voulu que l'on comprimât de tels mouvements par la force des armes.

Une pyramide ayant été élevée à Caen, devant l'église Saint-Pierre, en l'honneur du rappel de Necker, le ministre à la mode, toute la ville vint assister à l'inauguration. Ce jour-là, M. le comte de Belzunce passa à cheval sur la place, et regarda la statue avec un sourire insultant. Nargué dans ses affections, le peuple poursuivit le comte d'un long et sourd murmure; mais l'officier donna de

---

[1]. On assure que des soldats du régiment de Bourbon auraient arraché la médaille nationale à des soldats d'Artois qui étaient sans armes.

l'éperon à son cheval, et tint ferme, ce jour-là, contre l'orage. Cette conduite ne manqua pas cependant d'attacher au major du régiment de Bourbon cette terrible note qui s'écrivait dès lors en lettres rouges : *Aristocrate!*

Quelques amis d'Henri de Belzunce engagèrent le comte d'Harcourt à mettre cet imprudent aux arrêts dans le château. C'était un moyen de calmer le peuple. Le comte n'en fit rien. Il y a dans certains événements une force qui entraîne fatalement les hommes vers une catastrophe et que les plus sages conseils ne sauraient paralyser. Les rivalités entre le régiment de Bourbon et les bourgeois de la ville en étaient venues à un point extrême qui rendait le choc inévitable.

Voici maintenant de quelle manière la lutte s'engagea : le 10 août, à dix heures et demie du soir, un habitant de la ville, commandant le poste bourgeois, était de faction au pont de Vaucelles; un officier du régiment de Bourbon se présente dans l'ombre. La sentinelle crie trois fois : « Qui vive! »

Nuit et silence!

L'officier avait dans ses mains un fusil de chasse; il veut tirer, mais le coup manque; il arme de nouveau. Avant qu'il ait eu le temps de faire feu, une balle de la sentinelle bourgeoise l'abat la face contre terre. A la vue de l'agresseur justement puni, le poste de la garde nationale pousse un cri d'alarme; on sonne le tocsin; le tambour bat dans toutes les directions; le canon tonne. Surprise au milieu de son sommeil, la paisible population de Caen est bientôt sur pied. Les lumières étoilent à toutes les fenêtres; une foule compacte encombre déjà toutes les issues.

Le bruit court que la garnison va faire un mouvement sur la ville et qu'il faut la prévenir. Le cri : « Aux armes! » se fait entendre de toutes parts; on court au château dont les portes sont forcées, et tout ce qui s'y trouve, en poudre, fusils, sabres, pistolets, canons, passe dans les mains du peuple. Le régiment d'Artois se joint à la milice bourgeoise; des torches servent à éclairer la marche. Cette foule armée se dirige vers la caserne et arrive devant les grilles qu'elle trouve soigneusement fermées. Le régiment de Bourbon était rassemblé dans la cour et déjà sous les armes.

— Vive la nation! crie le peuple.

— Vive Bourbon! répond le régiment.

Un silence de mort succéda à ces deux cris; qu'allait-il se passer? La caserne était dominée sur ses derrières par les hauteurs de la ville, sur lesquelles on avait déjà traîné des canons. Henri de Belzunce jugea d'un coup d'œil que la résistance était impossible; quelques-uns de ses militaires commençaient à se détacher; le comte se rendit.

Deux bourgeois furent laissés en otage au régiment pour lui répondre de son chef.

Il était une heure du matin. On conduit le comte à l'hôtel de ville; un gros de garde bourgeoise le serrait étroitement : le peuple suivait.

Le comité voulant mettre la tête de Henri de Belzunce à l'abri des fureurs de la multitude, et jugeant l'hôtel de ville trop peu fortifié, donna ordre de le conduire au château. Le château de Caen, bâti par Guillaume le Conquérant dans la seconde moitié du xi° siècle, était une citadelle entourée de gros murs, avec un pont-levis, un donjon et une église.

Les têtes s'échauffaient de moment en moment. On parlait de dénonciations venues de Paris. Quelques soldats avaient déposé contre leur chef; il s'en trouva même qui déclarèrent avoir reçu du comte l'ordre d'arracher la médaille aux militaires du régiment d'Artois qui en étaient décorés. Tous ces bruits étaient encore envenimés par des propos de femmes : une fille du quartier Saint-Sauveur déclara tenir de son amant, sergent au régiment de Bourbon, que l'intention de leur chef était depuis longtemps de faire un mouvement sur la ville. Les familiarités du comte avec ses soldats étaient l'objet d'accusations graves. Tous avouèrent qu'il couchait à côté d'eux, au corps de garde, sur des bottes de paille, qu'il buvait même quelquefois à leur santé, et qu'il leur tenait des discours contre la Révolution.

Pendant ce temps, la sentinelle du pont de Vaucelles, qui avait tiré sur l'officier, était portée en triomphe comme un sauveur.

Le peuple serrait de plus en plus les abords du château : les flots pressés et turbulents de cette marée humaine battaient à grand bruit les portes solidement fermées. Il commençait à faire jour. Deux soldats du régiment de Bourbon, qui avaient sans doute pris le parti de leur chef, furent amenés sur ces entrefaites, et par ordre du comité, dans la prison du château. Il fallut leur entr'ouvrir les portes. Le peuple, amassé à l'entrée, profita de cette occasion pour faire irruption dans la cour. Le cri : « A la prison! à la prison! » se détache alors de ce râle lugubre et confus qui est le bruit naturel de l'émeute. Toute cette foule se précipite dans le donjon du château.

Le comte Henri de Belzunce, pâle et défait par les horreurs d'une pareille nuit, reçoit au fond de son cachot le choc impétueux de ce courant qui a brisé ses écluses. Il demande d'une voix ferme à être conduit à l'hôtel de ville, devant le comité. Le cri : « A l'hôtel de ville! » ayant aussitôt gagné toute la multitude, on y conduisit le prisonnier. Arrivé sur la place Saint-Pierre, devant l'hôtel de ville, le cortége s'arrêta à cause de la foule qui grossissait toujours et encombrait les voies. L'église, les maisons, la place étaient noires de têtes. L'hôtel de ville regardait avec ses fenêtres entr'ouvertes. Il était dix heures du matin. Alors un coup de feu partit, l'on ne sait d'où; le comte Henri de Belzunce tomba. Au même instant, on dépouille le mort; on l'insulte, on lui crache à la face; sa tête est coupée et mise au bout d'une pique; ses membres, divisés et attachés à des bâtons, sont promenés par ces furieux dans toutes les rues de la ville. Une femme (c'était la haine d'un amour trahi) lui ouvre la poitrine avec des ciseaux, en tire le cœur entre ses mains ensanglantées et l'emporte.

Si j'ai décrit la mort d'Henri de Belzunce avec quelques détails, c'est que de Caen partira plus tard le bras qui doit enfoncer le poignard dans le sein d'un des chefs de la Montagne, et que de graves historiens du temps ont prétendu avoir été armé par le souvenir de cette sanglante tragédie, et par l'horreur des citoyens de cette ville pour les excès de la Révolution.

Passant, il y a quelques années, à Caen, j'avisai dans la cour de l'hôtel de ville une colossale statue de Judith. — Je songeai malgré moi, dans le moment, à une autre vengeance de femme.

V

Suite de l'émotion populaire. — La détente. — Nuit du 4 août. — Quelle est sa portée. — Abolition des dîmes. — Conduite du roi et de la cour.

L'ancien régime avait semé la servitude ; il récoltait la révolte.

Seule l'Assemblée constituante était à même de ramener le calme et la paix : unique pouvoir dans lequel on eût confiance, elle surnageait au milieu du naufrage de toutes les vieilles institutions. Malheureusement, les membres de l'Assemblée n'étaient guère d'accord entre eux. Malgré l'apparente fusion des ordres, il restait toujours dans l'Assemblée le parti des intérêts et le parti des idées, l'aristocratie et la nation. De toutes parts, cependant, le régime féodal s'écroulait. Les droits prélevés par la noblesse et le clergé sur le travail de la classe agricole avaient été dénoncés comme injustes, dans les *cahiers de doléances*, et les députés du Tiers avaient reçu le mandat impératif d'en poursuivre l'abolition. L'esprit public avait, comme toujours, devancé l'Assemblée : il finit par l'entraîner.

Nous sommes à la nuit du 4 août. Quelques voix éloquentes et désintéressées sonnent le tocsin d'une Saint-Barthélemy des abus. Bientôt l'enthousiasme et l'émulation du renoncement gagnent tous les cœurs. C'est à qui fera son offrande ; celui-ci propose d'abolir les justices seigneuriales ; celui-là, les corvées, les droits de chasse, de pêche et de colombier, le droit de retrait féodal, les banalités, les cens, les lods, etc., etc. L'affranchissement des servitudes personnelles est décrété : qui croirait que le nombre des serfs montait encore à quinze cent mille ? Un curé, Thibault, apporte à la patrie le denier de la veuve : il propose le sacrifice du casuel. On le refuse. Il ne s'agit encore que des privilèges de la noblesse.

Les titres féodaux étant abolis, viennent les titres des provinces ; plusieurs d'entre elles jouissaient de certaines immunités, de certains avantages dont l'origine se perdait dans la nuit des temps ; nouvelle immolation. Elles déclarent se résigner à rentrer dans le droit commun. Puis ce fut le tour des villes ; par la voix de leurs députés, elles vinrent, l'une après l'autre, offrir le sacrifice de leurs antiques *chartres*. Ainsi l'arbre féodal tombait feuille par feuille, branche par branche ; ainsi s'abaissaient les barrières qui s'étaient opposées trop longtemps à l'unité nationale. Il n'y avait plus de classes ni de provinces; il y avait une seule famille, une seule et même patrie.

La séance avait commencé à huit heures du soir; elle se prolongea jusqu'à deux heures du matin, au milieu des transports d'enthousiasme; se démunir, se dévouer, tel était le véritable esprit de la Révolution Française, et cet esprit souffla, cette nuit-là, sur toutes les têtes de l'Assemblée. C'était beau, c'était grand. La conscience des nobles semblait soulagée d'un poids énorme : ne venait-elle point de rejeter le fardeau des anciennes iniquités sociales?

Tous les cœurs étaient attendris. L'archevêque de Paris demande qu'on chante, dans quelques jours, un *Te Deum* pour remercier Dieu d'avoir inspiré aux élus du peuple un tel acte de désintéressement et de justice.

Au moment où tombait pierre à pierre l'édifice de la féodalité, un vieillard murmurait tout bas dans un des coins de la salle : « Ils ne laisseront rien debout ! » Ce vieillard se trompait : ils ont laissé après eux la France une et régénérée.

Quand les débats de la séance du 4 août furent connus, la France entière tressaillit. « L'ivresse de la joie, raconte l'auteur des *Révolutions de Paris*, s'est aussitôt répandue dans tous les cœurs; on se félicitait réciproquement; on nommait avec enthousiasme nos députés les *Pères de la Patrie*. Il semblait qu'un nouveau jour allait luire sur la France... Il s'est formé des groupes dans presque toutes les grandes rues. Près de tous les ponts, on attendait les passants pour leur apprendre ce qu'ils auraient peut-être ignoré jusqu'au lendemain. On était aise de partager sa joie, de la répandre. La fraternité, la douce fraternité régnait partout. C'était surtout lorsqu'on rencontrait quelques gardes-françaises que les démonstrations de joie étaient plus vives. On en a vu embrasser des bourgeois qui les serraient dans leurs bras. Oui, il est des moments dans la vie des peuples, comme dans celle des hommes, qui font oublier des années de douleur et de calamité. » On voit à quel degré le sentiment national était ému. La Révolution Française fut par-dessus tout un épanouissement du cœur.

La nuit du 4 août n'avait qu'un tort : elle venait trop tard. Les seigneurs ont trop attendu. Que n'ont-ils abdiqué leurs privilèges avant la révolte des paysans, avant le pillage des châteaux, avant les attaques à main armée contre les armoires de fer dans lesquelles ils conservaient leurs anciens titres ! Fallait-il donc qu'éclatât l'incendie pour qu'ils se décidassent à faire la part du feu? Ne peut-on leur reprocher d'avoir lâché une proie qui leur échappait ?

D'un autre côté, tenons bien compte d'un fait important, c'est que le gouvernement du roi ne fut pour rien dans ce grand acte de réparation et d'humanité. Lors de l'ouverture des États généraux, Louis XVI, faisant allusion au cri général des communes et au vœu des cahiers, disait, le 23 juin 1789 : « Toutes les propriétés sans exception seront constamment respectées, et, sous le nom de propriété, nous comprenons expressément les dîmes, cens, rentes, droits et devoirs féodaux et seigneuriaux, et généralement tous les droits et prérogatives utiles ou honorifiques attachés aux terres ou aux fiefs, ou appartenant aux personnes. »

Le roi, instruit par les événements, avait-il depuis ce temps-là changé d'avis?

Danton.

Il est permis d'en douter. La nouvelle de la fameuse séance du 4 août porta le deuil et la consternation à la cour de Versailles. Quelques nobles incorrigibles, qui poursuivaient la guerre des privilèges contre le bien public, crurent tout perdu, et ils appelèrent le monarque au secours des institutions de l'ancien régime.

« J'invite l'Assemblée nationale, déclarait Louis XVI le 18 septembre 1789, à réfléchir si l'extinction des cens et des droits de lods et ventes convient véritablement au bien de l'État. »

Ces paroles, bien claires, furent interprétées comme un désaveu des résolutions prises par l'Assemblée nationale. Les intentions personnelles du roi, ses sympathies secrètes, se dévoilent encore mieux dans une lettre écrite à l'archevêque d'Arles :

« Je ne consentirai jamais, lui disait-il, à dépouiller mon clergé, ma noblesse. Je ne donnerai point une sanction à des décrets qui les dépossèdent. »

Durant plus d'un mois, en effet, la cour usa de toute son influence pour jeter, comme on dit, des bâtons dans les roues. Elle voulait que l'Assemblée revînt sur ses déclarations du 4 août, ou tout au moins qu'elle les modifiât. Parmi les représentants de la noblesse, plusieurs avaient peut-être été dupes de leur générosité ; on espérait les ramener au bon sens, à l'intelligence de leurs véritables intérêts. Les résolutions adoptées dans un élan d'enthousiasme devaient maintenant passer par la longue filière des travaux législatifs. Le système féodal était bien mort ; il restait toutefois à chercher les moyens de liquider sa succession. Un comité fut constitué : il se composait des juristes les plus versés dans le droit des fiefs. Après bien des lenteurs sortit enfin de leurs débats cette conclusion :

« Le régime féodal est aboli en tant que constitutif des droits seigneuriaux ; mais ses effets sont maintenus en tant qu'ils dérivent du droit de propriété. »

Un décret des 3 et 4 mai 1790 déterminait en conséquence le mode et le taux des rachats, pour certains droits qu'on devait croire abolis. C'était une dérision. Comment des paysans écrasés, ruinés, sucés jusqu'à la moelle des os par l'ancien régime, auraient-ils jamais pu se racheter ?

De tous les impôts, le plus lourd et le plus impopulaire dans les campagnes était la dîme ecclésiastique. Ce fut pourtant celui que les membres du clergé défendirent à l'Assemblée constituante avec le plus d'opiniâtreté. La discussion se rouvrit le 6 août 1789. Sieyès parla contre l'abolition de la dîme sans rachat. Un autre prêtre, qu'on s'étonna de voir prendre en main les intérêts de l'Église, fut l'abbé Grégoire.

Curé d'Embermémil, petite commune rurale située sur le ruisseau des Amis (Meurthe), il avait appris à aimer les humbles, les paysans, étant né lui-même de parents pauvres. Janséniste, il avait souvent pleuré sur les ruines de Port-Royal. Ses principes étaient ceux de Pascal et de Fénelon. Il cherchait en quelque sorte des ennemis pour les envelopper dans le pardon et dans la tolérance. Tous les réprouvés de l'Église étaient ses enfants de prédilection. La solitude avait fortifié les méditations de cet esprit austère et droit. Il admirait, en désirant l'imiter, la bonté du Créateur, qui étend sa prévoyance aux oiseaux du ciel et aux lis des champs. N'ayant d'autre richesse que celle de l'esprit, il cherchait à communiquer ses lumières aux ignorants. Les jours de fête, sa simple et fraîche éloquence jetait plus de fleurs que les pruniers sauvages, dont les rameaux entraient par les vitres cassées jusque dans l'église. Il avait formé une bibliothèque pour ses paroissiens ; aux enfants, il distribuait des ouvrages de morale ; il leur expliquait surtout le grand livre de la nature. L'alliance du christianisme et de la démocratie lui semblait si naturelle qu'il ne comprenait pas l'Évangile sans le renoncement aux priviléges. Tout le travail de son esprit était de mettre le sentiment religieux en harmonie avec les institutions républicaines. Aimé, il l'était de tous ses paroissiens, qu'il chérissait lui-même comme des frères. Quand le moment de nommer des représentants aux États généraux fut venu, il partit chargé de leurs recommandations et de leurs doléances. L'abbé Grégoire avait, dans sa démarche et dans toutes ses manières, cette rare distinction qui vient de la noblesse de l'âme. Assis sur les bancs de l'Assemblée, il s'efforça d'améliorer le sort des nègres, des enfants trouvés, des domestiques. Allant avec un zèle héroïque au-devant de tous les proscrits, il osa même défendre la cause des Juifs : Jésus-Christ, par la bouche de son ministre, venait de pardonner une seconde fois à ses bourreaux.

Comment donc se fait-il que la dîme n'inspirât point à cet honnête homme la même horreur qu'aux autres citoyens ? Grégoire était prêtre ; il avait épousé l'Église ; le moyen d'échapper aux nœuds des serpents qui étouffèrent Laocoon !

Malgré la résistance du clergé, après trois jours d'aigres discussions, la dîme fut abolie sans rachat, pour l'avenir.

L'acte qui consacrait l'abolition des droits féodaux et des dîmes fut porté au roi par l'Assemblée tout entière. Louis XVI l'accepta et invita les députés à venir avec lui *rendre grâces à Dieu, dans son temple, des sentiments généreux qui régnaient dans l'Assemblée.*

Était-il de bonne foi en parlant ainsi ? peu nous importe. Les priviléges étaient abolis ; la justice, exilée depuis des siècles, venait de redescendre sur la terre.

VI

Adoucissement des mœurs. — Le journalisme. — Marat et Camille Desmoulins. — Déclaration des droits de l'homme et du citoyen. — La prérogative royale et le veto. — Système des deux Chambres. — Obstacles que rencontrait le travail de la Constitution. — Brissot et Danton.

O Révolution ! comment ont-ils pu te couvrir du masque de la haine, toi dont le premier battement de cœur fut pour l'humanité tout entière ? Non, tes ennemis ont beau dire, tu n'as point la première tiré le glaive du fourrreau. Tu as commencé par éclairer le monde, par lui donner le baiser de paix ; mais le monde ne t'a point connue. Les maîtres du passé se sont cachés dans leur ombre, pour ne point voir la lumière de tes bienfaits ; ils ont voulu te mettre à mort, parce que ta clarté importune révélait leurs actions mauvaises. Qu'ils soient éclairés à leur tour, et toi, Révolution, sois saluée par la reconnaissance de toutes les nations de la terre.

La Révolution avait en quelques mois renouvelé le caractère français, adouci les mœurs. Un criminel devait être exécuté à Versailles : déjà la roue était disposée; pâle, consterné, défait, le misérable était déjà étendu sur l'échafaud, lorsque des cris de : *Grâce! Grâce!* s'élèvent de toutes parts : voilà l'homme sauvé. On chercherait à tort une contradiction entre cette démence du peuple et les actes de cruauté qui venaient de répandre l'effroi dans Paris. On appelait alors de telles voies de fait des exemples, des justices armées qui passent, comme la foudre, sans même laisser après elles la trace du sang.

De l'agitation prodigieuse des esprits, tournés vers les affaires publiques, un nouveau pouvoir venait de sortir, le journalisme. Deux hommes s'y faisaient surtout remarquer, l'un par l'excentricité de son talent, l'autre de son caractère, c'étaient Camille Desmoulins et Marat.

Camille, nature flottante, mais qui s'appartient dans sa mobilité même, un peu femme, mais surtout homme du peuple. Écrivain, il manie comme admirablement l'arme à deux tranchants du sarcasme! Je vois errer sur ses lèvres ondoyantes le rire d'une nation qui a souffert; son arbre nerveux frissonne à tous les vents, vibre à toutes les émotions. Trop d'esprit, pas assez de tête.

« Mon cher Camille, lui écrivait l'Ami du peuple, vous êtes encore bien neuf en politique. Peut-être cette aimable gaieté, qui fait le fond de votre caractère, et qui perce sous votre plume dans les sujets les plus graves, s'oppose-t-elle au sérieux de la réflexion. Je le dis à regret, combien vous serviriez mieux la patrie si votre marche était ferme et soutenue; mais vous vacillez dans vos jugements; vous blâmez aujourd'hui ce que vous approuverez demain; vous paraissez n'avoir ni plan ni but. »

Cette légèreté faisait à la fois le charme et le principal défaut de Camille, l'enfant gâté de la Révolution : — elle le perdit.

Né de parents obscurs, Marat avait apporté en venant au monde, dans ses membres faibles et maladifs, des souffrances invétérées. Voyageur, il n'avait rencontré, le long de son chemin, qu'esclaves fouettés de verges, que pauvres servant à essuyer les pieds des riches, que nations pressurées selon le bon plaisir d'un seul, comme la grappe sous la vis du pressoir. Plongé au fond de l'Océan amer, sa nature molle et absorbante s'emplit des misères du peuple comme l'éponge de la bourbe de l'eau. Son premier discours aux hommes fut un cri de douleur. Plus tard, il secoua de ses mains crispées et rebelles les haillons de l'indigent, pour en chasser la poussière sur le front des privilégiés; médecin, il revêtit la chemise mouillée de sueur froide et tâchée de sang. Le journal et

---

1. On retrouva, en fouillant dans les papiers du comte d'Artois, une lettre écrite en 1763, et adressée à un Anglais : « Si la nation française, y disait-on, est avilie, c'est par le défaut d'autrui; souvenez vous, mylord, qu'elle ne sera pas vile dans vingt ans. » — Qui avait écrit cette lettre? Jean-Jacques Rousseau.

l'homme ne faisaient qu'un : dans l'*Ami du peuple*, l'exagération du sentiment de la justice va quelquefois jusqu'à la fureur. Un homme se portait-il à des violences contre son semblable plus faible que lui, Marat eût tout donné pour punir de mort ce lâche agresseur. Bonne ou mauvaise, sa feuille était nécessaire : sans elle, quelque chose aurait manqué à la Révolution, et si le rédacteur de l'*Ami du peuple* n'avait pas existé, il aurait fallu l'inventer. Il fallait à la crise sociale ce phénomène nerveux. Inégal, emporté, lui seul avait la conscience de sa logique.

« La chaleur de son cœur, écrivait-il en parlant de lui-même, lui donne l'air de l'emportement; l'impossibilité où il est presque toujours de développer ses idées et les motifs de sa démarche l'a fait passer, auprès des hommes qui ne raisonnent pas, pour une tête ardente; il le sait : mais les lecteurs judicieux et pénétrants qui le suivent dans ses bonds savent bien qu'il a une tête très-froide. La crainte extrême qu'il a de laisser échapper un seul piége tendu contre la liberté le réduit toujours à la nécessité d'embrasser une multitude d'objets, et à les indiquer plutôt que de les faire voir. »

Après la prise de la Bastille, après la nuit du 4 août, d'où pouvaient donc venir les alarmes des écrivains populaires? Le voici : le 14 juillet avait été le triomphe de la classe moyenne; la Constituante était son assemblée, la garde nationale sa force armée, la mairie son pouvoir actif; il y avait en un mot une infusion de sang nouveau dans les veines du gouvernement du pays; mais il n'y avait pas de peuple souverain. Les ombrageux voyaient dans les institutions naissantes le germe d'une aristocratie qui voulait se substituer à l'ancienne noblesse. Qu'avait gagné le peuple à la Révolution du 14 juillet? Le travail, déjà languissant, venait de tomber tout à coup; les principaux consommateurs étant passés à l'étranger, le commerce se trouvait frappé de stupeur. On lit continuellement, dans les feuilles du temps, ces paroles navrantes : « Il a été aujourd'hui très-difficile de se procurer du pain. » Au milieu de cette crise universelle, quelques corps d'état s'agitèrent; la garde nationale, d'accord avec la municipalité, dissipa leurs mouvements par la force. Des patrouilles bourgeoises, enflées par un premier succès, voulurent mettre la police dans le jardin du Palais-Royal. Ces mesures d'ordre rencontrèrent des résistances, soulevèrent des murmures. Les feuilles démocratiques rendirent Lafayette et Bailly responsables des voies de fait qui avaient été commises envers les citoyens. On crut voir dans les attaques de la classe moyenne l'exercice d'un nouveau pouvoir qui s'essayait à la domination. Le froid et doux Bailly n'avait à coup sûr rien d'un tyran ; la pauvre tête de Lafayette fléchissait déjà sous son laurier; mais leur autorité n'en éveilla pas moins des défiances parmi les sentinelles avancées de l'opinion publique.

L'Assemblée nationale discutait, pendant ce temps, la Déclaration des droits. C'était le fondement de toute la Constitution. L'abbé Grégoire voulait qu'on plaçât en tête le nom de la Divinité. « L'homme, disait-il, n'a pas été jeté au hasard sur le coin de terre qu'il occupe, et s'il a des droits, il faut parler de celui dont il les tient. » Il demandait aussi une déclaration des devoirs : « On vous propose de mettre en tête de votre Constitution une déclaration des droits de l'homme : un pareil ouvrage est digne de vous ; mais il serait imparfait si cette déclaration des droits n'était pas aussi celle des devoirs. Il faut montrer à l'homme le cercle qu'il peut parcourir et les barrières qui doivent l'arrêter. »

En parlant ainsi, le curé d'Emberménil était sans doute d'accord avec son caractère et avec ses convictions ; mais ne poursuivait-il point une chimère ? Nous avons déjà dit ce qui manquait à l'esprit religieux pour réveiller chez l'homme le sentiment de l'indépendance.

« Le plaisir d'être libre, déclare Bossuet, quand il s'attache à nous-mêmes, étant un fruit de notre amour-propre, le chrétien doit craindre de s'abandonner à cette douceur trop sensible. »

La théologie avait fait de l'homme un être dépendant ; masquant partout les droits, elle ne lui parlait que de ses devoirs. Il fallait donc reprendre les choses par un autre côté. La philosophie, s'appuyant sur la nature, déclarait, au contraire, l'homme un être doué de forces imprescriptibles : être, c'est pouvoir. De la notion des forces sortit celle des droits. La Révolution Française consacra tout le travail de l'esprit humain au XVIIIe siècle ; elle fut le triomphe de la philosophie sur le mysticisme, des idées sur les croyances, de l'avenir sur le passé [1].

Une autre question divisait l'Assemblée : il s'agissait de limiter les pouvoirs, jusque-là mal définis, de la représentation nationale et ceux de la couronne. Le parti monarchique voulait que le roi pût opposer son *veto* aux décrets de l'Assemblée qui n'auraient point son assentiment : c'était simplement le droit de suspendre l'exercice de la puissance législative. Les deux souverains se trouvaient en présence, je veux dire le roi et la nation. Entre les deux, l'opinion publique n'hésitait pas : elle se disait que la volonté d'un seul ne peut pas balancer celle de vingt-quatre millions d'hommes. C'était la doctrine du *Contrat social* qui s'élevait fière, menaçante, contre les envahissements du trône constitutionnel : Jean-Jacques, du fond de sa tombe, présidait aux débats.

Le veto était évidemment l'arme du despotisme. Aussi une lutte violente éclata dans l'Assemblée. D'un côté étaient ceux qui espéraient regagner par le roi ce qu'ils avaient perdu par la victoire du peuple. De l'autre se rangeaient les ennemis déclarés de l'arbitraire. La Constituante se déchira en deux camps, et cette scission passa dans tout le royaume.

Une autre question divisait les esprits : l'Assemblée nationale resterait-elle une et indivisible, ou aurait-on deux Chambres ? Le haut clergé et une partie de la noblesse tenaient pour ce dernier système. Les uns réclamaient un Sénat à vie, les autres un Sénat à temps, tiré de la Constituante elle-même. Enfin

---

[1]. Le vœu de l'abbé Grégoire fut néanmoins réalisé en partie. « L'Assemblée nationale, dit le préambule de la Déclaration, reconnaît et déclare, en présence de l'Être Suprême, les droits suivants de l'homme et du citoyen. »

l'Assemblée décréta, à la majorité de neuf cents voix contre quatre vingt-dix-neuf, qu'il n'y aurait qu'une seule Chambre. Elle statua, en outre, que le Corps législatif se renouvellerait tous les deux ans par de nouvelles élections.

De pareilles discussions n'étaient point de nature à calmer l'opinion publique. L'inquiétude et la défiance persistaient malgré les assurances pacifiques du roi. A Paris, la fermentation augmentait chaque jour en raison même des moyens employés pour rétablir l'ordre. La garde nationale montrait trop de zèle. Ce déploiement de forces irritait les citoyens désarmés ; ces patrouilles de nuit, ces mesures inutiles prises contre l'émeute absente, blessaient les susceptibilités des esprits ombrageux. « Quand je rentre à onze heures du soir, écrivait Camille Desmoulins, on me crie : *Qui vive ?* — Monsieur, dis-je à la sentinelle, laissez passer un patriote picard. Mais il me demande si je suis Français, en appuyant la pointe de sa baïonnette. Malheur aux muets ! Prenez le pavé à gauche ! me crie une sentinelle ; plus loin, une autre crie : Prenez le pavé à droite ! Et, dans la rue Sainte-Marguerite, deux sentinelles crient : Le pavé à droite ! le pavé à gauche ! J'ai été obligé, de par le district, de prendre le ruisseau. » Les noms de Lafayette et de Bailly se trouvaient mêlés aux soupçons du mécontentement public. Les écrivains du parti démocratique demandaient à la nation si elle avait détruit les priviléges de la noblesse pour leur substituer les priviléges de la bourgeoisie. « Le droit d'avoir un fusil et une baïonnette, ajoutait le sémillant Camille, appartient à tout le monde. »

D'un autre côté, la famine sévissait toujours : la porte des boulangers était assiégée du matin au soir. Dans plusieurs quartiers de Paris, on faisait des distributions de riz pour suppléer au pain qui manquait. L'Assemblée nationale, sur laquelle la multitude s'était reposée, n'avait point amélioré l'état des subsistances. « Le Corps législatif, écrivait Marat dans sa feuille, ne s'est occupé qu'à *détruire*, sans réfléchir combien il était indispensable de *construire* le nouvel édifice avant de démolir l'ancien. Abolir était chose aisée : mais aujourd'hui que le peuple ne veut payer aucun impôt qu'il ne connaisse son sort, comment les remplacer ? Et comment, dans ces jours d'anarchie, pourvoir aux besoins pressants des vrais ministres de la religion ? Comment soutenir le poids des charges publiques ? Comment faire face aux dépenses de l'État ? Un autre inconvénient est d'avoir négligé le soin des choses les plus urgentes : le manque de pain, l'indiscipline et la désertion des troupes, désordres portés à un tel degré que, sous peu, nous n'aurons plus d'armée, et que le peuple est à la veille de mourir de faim. » Ces réflexions très-sages étaient semées par toute la France. L'Assemblée nationale, au milieu de ses embarras, montrait aux citoyens la mauvaise humeur de l'impuissance irritée. La grande voix de Mirabeau s'était-elle donc endormie ? Le bruit courait déjà que cet homme débauché était à la veille de vendre l'orateur. Des citoyens disaient tout haut dans les groupes : « Il faut un second accès de révolution. » Le corps politique était malade de la division des volontés : il ne pouvait sortir de là que par une crise.

Quelques accapareurs de l'ancien régime, furieux de voir la France leur échapper, ne cessaient de faire sur la misère publique des spéculations honteuses : ils espéraient prendre la Révolution par la famine. Les accaparements, les manœuvres de l'industrie usuraire, désolaient la population aux abois. « Quoi ! s'écriait Desmoulins, en vain le ciel aura versé ses bénédictions sur nos fertiles contrées ! Quoi ! lorsqu'une seule récolte suffit à nourrir la France pendant trois ans, en vain l'abondance de six moissons consécutives aura écarté la faim de la chaumière du pauvre ; il y aura des hommes qui se feront un trafic d'imiter la colère céleste ! Nous retrouverons au milieu de nous, et dans un de nos semblables, une famine, un fléau vivant. »

A côté du mal était le bien. La détresse générale ouvrait les cœurs à des actes continuels de désintéressement. Les citoyens venaient en aide à l'État, cet être de raison auquel la Révolution de 89 a véritablement donné naissance. Les dons patriotiques pleuvaient de tous les coins de la France sur le bureau du président de l'Assemblée nationale. Les femmes détachaient leurs colliers pour en orner le sein de la patrie nue. — La noblesse avait abdiqué ; maintenant, c'était le tour de la coquetterie. Parmi ces présents, y il avait quelquefois le denier de la veuve, plus souvent encore les parures de la courtisane. L'une d'elles envoya ses bijoux avec cette lettre :

« Messeigneurs, j'ai un cœur pour aimer ; j'ai amassé quelque chose en aimant : j'en fais, entre vos mains, l'hommage à la patrie. Puisse mon exemple être imité par mes compagnes de tous les rangs. »

L'esprit de la Révolution avait touché ces nouvelles Madeleines : émues, elles venaient répandre à l'envi les parfums de la charité sur la tête du peuple.

Deux des principaux acteurs de la Révolution, quoique dans des rôles bien différents, commençaient dès lors à se dégager de l'obscurité de la foule : l'un était Brissot, l'autre Danton,

Dans les temps de révolution, toute déclaration imprudente s'attache, si l'on ose ainsi dire, à la chair et aux os de l'homme d'État. C'est pour lui la robe de Nessus. Brissot, rédacteur du *Patriote Français*, venait de communiquer aux commissaires de l'Hôtel de Ville un plan de municipalité, avec un préambule dans lequel on remarquait le passage suivant :

« Les principes sur lesquels doivent être appuyées ces administrations municipales et provinciales, ainsi que leurs règlements, doivent être entièrement conformes aux principes de la constitution nationale. Cette conformité est le lien *fédéral* qui unit toutes les parties d'un vaste empire. »

Pourquoi l'auteur a-t-il souligné lui-même le mot *fédéral?* — Nous nous souviendrons de ce fait, quand Brissot sera devenu le chef du parti de la Gironde.

Danton, lui, naquit à Arcis-sur-Aube le 26 octobre 1759. Son père était procureur au bailliage de la ville. La plupart des révolutionnaires sortaient des mains du clergé : le futur Conventionnel fit ses études chez les Oratoriens. On ne sait presque rien de son enfance, très peu de sa jeunesse, sinon qu'il exerçait la profession d'avocat. En 1787, il se maria et, avec la dot de sa femme, acheta une charge aux conseils du roi.

Barère.

« Avocat sans cause, » dit madame Roland. Pourquoi pas? Son genre d'éloquence n'était guère fait pour plaider en faveur du mur mitoyen. A ce fougueux orateur, il fallait la tribune ou la place publique. Lors des élections aux États généraux de 89, il avait été choisi comme président par l'un des soixante districts de Paris. Ce district était celui des Cordeliers qui faisait trembler les modérés. Danton était déjà, dans son quartier, l'âme des hommes d'action. Tout en lui respirait la force et l'audace : une crinière de lion, une large face ravagée par la petite vérole, des épaules d'Atlas; — il est vrai qu'il portait un monde !

VII

Orgie des gardes-du-corps. — La contre-révolution secondée par les déesses de la cour. — Le peuple meurt de faim. — Il va chercher le roi à Versailles. — Les femmes de Paris. — Le sang coule. — Le roi et la reine au balcon. — Lafayette. — Réconciliation. — Retour à Paris.

L'esprit public était arrivé à ce degré d'effervescence où il suffit de la moindre étincelle pour allumer l'incendie. La provocation ne se fit pas attendre. La cour méditait une seconde tentative de contre-révolution et l'appuyait encore sur l'armée. Depuis quelques jours se montraient, au Palais-Royal, des cocardes noires, des uniformes inconnus. L'aristocratie, invisible après le 14 juillet, relevait insolemment la tête. Que se passait-il à Versailles? Le régiment de Flandre, reçu avec inquiétude par les habitants, est fêté au château, caressé. On admet les soldats au jeu de la reine. Le 1ᵉʳ octobre, un grand repas se prépare dans la magnifique salle de l'Opéra, qui ne s'était point ouverte depuis la visite de l'empereur Joseph II. Au nom des gardes-du-corps, on invite les officiers du régiment de Flandre, ceux des dragons de Montmorency, des gardes-Suisses, des cent-Suisses, de la Prévôté, de la Maréchaussée, l'état-major et quelques officiers de la garde nationale de Versailles. Dans cette belle salle tout étincelante de lumières, d'uniformes, de joie militaire, les visages s'animent, les vins pétillent, la musique joue des airs entraînants. Le moment vient où les pensées qui dormaient au fond des cœurs doivent s'éveiller sous la clarté d'une pareille fête.

Dès le second service, on porte avec enthousiasme les santés de toute la famille royale. Et la santé de la nation? omise, rejetée. Des grenadiers de Flandre, des gardes-Suisses, des dragons entrent successivement dans la salle : ils sont éblouis, charmés. Une familiarité insidieuse règne entre les chefs et leurs subalternes. Tout à coup les portes s'ouvrent : le roi, la reine! Il se fait un silence de quelques instants.

Louis XVI entre avec ses habits de chasse; Marie-Antoinette, vêtue d'une robe bleu et or. Elle s'était ennuyée, tout le jour, au château : on voit encore errer dans ses yeux un léger nuage de mélancolie attendrissante. Le moyen de ne pas s'intéresser à cette femme : reine, elle retient sa couronne qui tombe; mère, elle porte son enfant dans ses bras ! A cette vue, les convives perdent la tête. Une fureur d'acclamations, de trépignements, à demi contenue par la présence de la famille royale, ébranle toute la salle. L'épée nue d'une main, le verre de l'autre, les officiers boivent à la santé du roi, de la reine. Au milieu de tous ces transports, Marie-Antoinette sourit en faisant le tour des tables. Au moment où la famille royale se retire, la musique exécute l'air : *O Richard, ô mon roi, l'univers t'abandonne....*

Cet appel à la vieille fidélité des soldats français ne retentit pas en vain : on y répond par des cris insensés. Les vins coulent; l'ivresse du fanatisme éclate en des actes ridicules, coupables. Les uns prennent la cocarde blanche, d'autres la cocarde noire, par amour de la reine. Les voilà donc passés à l'Autriche.

La cocarde tricolore, c'est-à-dire le serment, la nation, est foulée aux pieds.

Au même instant, l'orchestre se met à jouer la marche des *Uhlans*. Nouveaux transports. On sonne la charge : ici les convives ne se connaissent plus. Ils s'élancent tout chancelants, escaladent les loges. Ces hommes, dans les fumées du vin, rêvent qu'ils font le siége de quelque chose, de Paris, sans doute, et de la Révolution. Bientôt l'orgie ne peut se contenir dans la salle, elle déborde, elle se répand au grand air, dans la cour de Marbre. Tout le château s'agite.

Les jours suivants, des dames de la cour, des jeunes filles, coupent les rubans qui ornent leurs robes, leurs chevelures, et les distribuent aux soldats : « Prenez cette cocarde, disent-elles, c'est la bonne. » Elles exigent de ces nouveaux chevaliers le serment de fidélité : à ce titre, ceux-ci obtiennent la faveur de leur baiser la main. Ces jolies têtes encadrées dans des fleurs et des édifices de plumes troublent tous les sentiments autour d'elles : on boit à longs traits, dans leurs yeux, le poison de la guerre civile. Comme ces nymphes du parc de Versailles qui passent gracieusement la main sur le dos des monstres de bronze, elles flattent et caressent les passions les plus meurtrières, les plus dangereuses, dans l'état actuel des esprits. Innocemment terribles, elles sèment par leurs charmes le germe de la discorde et du carnage. On tremble à les voir si belles, si douces, à côté de la reine : n'est-ce pas là cette étrangère, dont la bouche a des sourires de miel et des paroles séduisantes, mais dont les pieds, dit la Bible, conduisent aux souterrains de la mort?

La nouvelle de l'orgie des gardes-du-corps fit pâlir les citoyens. Il y avait donc réellement un complot ourdi contre la nation. Marat vole à Versailles, revient comme l'éclair, fait à lui seul autant de bruit que les quatre trompettes du jugement dernier, et crie : « O morts, levez-vous! » Danton, de son côté, sonne le tocsin aux Cordeliers; Camille agite la crécelle. La fermentation s'accroît d'heure en heure. Le bateau qui apportait les farines du moulin de Corbeil arrivait matin et soir, dans le commencement de la Révolution; il n'arriva dans la suite qu'une fois par jour, puis il n'arrive plus que toutes les trente-six heures. Ces retards présagent le moment où il ne viendra plus du tout. Ne serait-il pas temps de prévenir les projets sinistres de l'ennemi, et de commencer l'attaque? Dans ces conjonctures difficiles, les femmes, c'est-à-dire l'initiative, se chargèrent du salut de la patrie.

L'Assemblée discutait posamment à Versailles sur le consentement incertain, ambigu, que le roi venait de donner à la déclaration des droits de l'homme. De moment en moment une inquiétude sourde se répandait dans la salle. L'air était chargé de pressentiments et de terreurs confuses. Le sol tremblait sous la tribune. Plusieurs députés sentaient distinctement le souffle de quelqu'un qui allait venir. Les pas assourdis d'une armée invisible agitaient devant elle le silence même.

— Paris marche, disait Mirabeau à l'oreille de Mounier.

Tout à coup les portes s'ouvrent; une bande de femmes se répand dans l'Assemblée comme une nuée de sauterelles.

— Femmes, que venez-vous demander?

— Du pain et voir le roi.

Voici ce qui était arrivé :

Une jeune fille entre, le 5 au matin, dans un corps de garde, s'empare d'un tambour, et parcourt les rues en battant la générale. Quelques femmes des halles s'assemblent. Après de courtes explications, le cortège se dirige vers l'Hôtel de Ville, et grossit en marchant. On ramasse dans les rues toutes les femmes qu'on rencontre, on pénètre même dans les maisons :

« Accourez avec nous : les hommes ne vont pas assez vite; il faut que nous nous en mêlions. »

Il n'était encore que sept heures du matin : la Grève présente un spectacle extraordinaire. Des marchandes, des filles de boutique, des ouvrières, des actrices, couvrent le pavé. Quatre à cinq cents femmes chargent la garde à cheval qui était aux barrières de l'Hôtel de Ville, la poussent jusqu'à la rue du Mouton et reviennent attaquer les portes. Elles entrent. Les plus furieuses allaient commettre quelques dégâts, brûler les papiers, quand un homme saisit le bras d'une d'entre elles et renverse la torche. On veut le mettre à mort.

— Qui es-tu?

— Je suis Stanislas Maillard, un des vainqueurs de la Bastille.

— Il suffit!

Cependant les femmes ont enfoncé le magasin d'armes : elles sont maîtresses de deux pièces de canon et de sept à huits cents fusils.

— Maintenant, s'écrient-elles, marchons à Versailles! Allons demander du pain au roi! Mais qui nous conduira?

— Moi, dit Maillard.

On l'accepte pour guide.

Jamais on n'avait vu une pareille affluence; sept à huit mille femmes sont réunies sur la place. Ces farouches amazones attachent des cordes aux pièces d'artillerie : mais ce sont des pièces de marine, et elles roulent difficilement. Les voyez-vous arrêtant des charrettes, et y chargeant leurs canons qu'elles assujettissent avec des câbles? Elles portent de la poudre et des boulets, en tout peu de munitions. Les unes conduisent les chevaux, les autres, assises sur les affûts, tiennent à la main une mèche allumée. Au milieu de toute cette foule que personne ne dirige, mais qui parait obéir au même mobile, on distingue çà et là de poétiques figures. Voici la jolie bouquetière, Louison Chabry, toute pimpante, toute fraîche de ses dix-sept ans. Là, c'est la fougueuse Rose Lacombe ; actrice, elle a quitté le théâtre pour la Révolution, le drame des tréteaux et des papiers peints pour le grand drame de l'humanité. Mais où donc est Théroigne ? — Son panache rouge au vent, le sein gonflé, la narine ouverte, elle prophétise sur un canon.

« Le peuple a le bras levé, s'écrie-t-elle ; malheur à ceux sur qui tombera sa colère, malheur ! »

A ces mots, nouvelle Velléda, elle agite dans ses mains des faisceaux d'armes qu'elle distribue à ses compagnes.

La colonne s'ébranle, précédée de huit à dix tambours, et suivie d'une compagnie de volontaires de la Bastille, qui forme l'arrière-garde. Cependant le tocsin sonne de toutes parts ; les districts s'assemblent pour délibérer ; les grenadiers et un grand nombre de compagnies de la garde soldée se rendent à la place de l'Hôtel de Ville. On les applaudit.

« Ce ne sont pas, crient-ils aux bourgeois, des claquements de mains que nous demandons : la nation est insultée ; prenez les armes et venez avec nous recevoir les ordres des chefs. »

Au Palais-Royal, des hommes armés de piques formaient des groupes et tenaient conseil : tels les anciens Gaulois délibéraient à ciel ouvert, et les armes à la main, sur les affaires communes. En remuant la population de Paris, la Révolution avait fait remonter à la surface la vieille race celtique avec ses mœurs et sa physionomie inaltérable.

Il était sept heures du soir lorsque Lafayette, entraîné par l'impulsion générale, se laissa conduire, lui en tête, à Versailles. Les murmures avaient fini par vaincre sa résistance. Au moment où il s'avança, monté sur son cheval blanc, des cris de : *Bravo ! Vive Lafayette !* se firent entendre. Le bon général sourit à ces cris de satisfaction ; il semblait dire :

« Ce n'est pas moi qui vais ; c'est vous qui le voulez absolument, j'obéis. »

La joie nationale se soutint tant que l'on entendit battre les tambours et que l'on vit flotter les étendards ; mais quand cette expédition se fut éloignée, l'inquiétude et le silence tombèrent lourdement sur la ville de Paris.

Les femmes qui étaient parties le matin pour Versailles avaient traversé sans obstacle le pont de Sèvres. Maillard était toujours à leur tête ; il avait su préserver Chaillot du pillage et des désordres qu'entraîne d'ordinaire une marche précipitée. Au Cours, le cortége rencontre un homme en habits noirs qui se rendait à Versailles ; les esprits étaient ouverts à tous les soupçons : on le prend pour un espion du faubourg Saint-Germain qui allait rendre compte de ce qui se passait à Paris. Tumulte : on veut le retenir, le faire descendre de voiture. L'inconnu protestait, se défendait.

— Mais enfin, qu'allez-vous faire à Versailles dans un pareil moment ?

— Je suis député de Bretagne.

— Député ! ah ! c'est différent.

— Oui, je suis Chapelier.
— Oh ! attendez.

Un orateur harangue les femmes :

— Ce voyageur est le digne M. Chapelier, qui présidait l'Assemblée nationale pendant la nuit du 4 août.

Alors toutes :

— Vive Chapelier !

Plusieurs hommes armés montent devant et derrière sa voiture pour l'escorter.

Versailles ! voici Versailles ! — Maillard arrête ses femmes, les dispose sur trois rangs.

— Vous allez, leur dit-il, entrer dans une ville où l'on n'est prévenu ni de votre arrivée ni de vos intentions : de la gaieté, du calme, du sang-froid.

Toutes ces femmes lui obéissent. Les canons sont relégués à l'arrière-garde. Les Parisiennes continuent leur marche pacifique, entonnant l'air *Vive Henri IV*, et entremêlant leurs chants des cris de *Vive le roi !* Grand spectacle pour les habitants de Versailles, que cette armée de femmes et cet appareil extraordinaire ! Ils accourent au-devant d'elles en criant : *Vivent les Parisiennes !*

Elles se présentent sans armes, sans bâtons, à la porte de l'Assemblée nationale ; toutes veulent s'introduire : Maillard n'en laisse entrer qu'un certain nombre. Ici s'engage un grand dialogue entre cet intrépide huissier et l'Assemblée. Respectueux, calme, sévère, il somme les députés de pourvoir aux besoins urgents de la ville de Paris. Dans la salle, une seule voix appuya brièvement celle de Maillard, la voix de Robespierre. Ces deux hommes se touchent, se répondent : l'un est le représentant du peuple ; l'autre, c'est le peuple lui-même.

L'Assemblée décide qu'une députation sera envoyée au roi pour lui mettre sous les yeux la position malheureuse de la ville de Paris.

Mais où est le roi ?

Ah ! qui le sait ? A la chasse, sans doute.

Cependant les députés, Mounier en tête, sortent de la salle des séances.

« Aussitôt, raconte-t-il lui-même, les femmes m'environnent en me déclarant qu'elles veulent m'accompagner chez le roi. J'ai beaucoup de peine à obtenir, à force d'instances, qu'elles n'entreront chez le roi qu'au nombre de six, ce qui n'empêcha point un grand nombre d'entre elles de former notre cortège.

« Nous étions à pied dans la boue, avec une forte pluie. Une foule considérable d'habitants de Versailles bordait de chaque côté l'avenue qui conduit au château. Les femmes de Paris formaient divers attroupements entremêlés d'un certain nombre d'hommes, couverts de haillons pour la plupart, le regard féroce, le geste menaçant, poussant des cris sinistres ; ils étaient armés de quelques fusils, de vieilles piques, de haches, de bâtons ferrés, ou de grandes gaules ayant à leur extrémité des lames d'épées ou de couteaux.

« De petits détachements des gardes-du-corps faisaient des patrouilles, et passaient au grand galop, à travers les cris et les huées. Une partie des hommes armés de piques, de haches et de bâtons, s'approchent de nous pour escorter la députation. L'étrange et nombreux cortége dont les députés étaient assaillis est pris pour un attroupement. Des gardes-du-corps courent au travers : nous nous dispersons dans la boue ; et l'on sent bien quel excès de rage durent éprouver nos compagnons, qui pensaient qu'avec nous ils avaient plus de droit de se présenter. Nous nous rallions et nous avançons ainsi vers le château. Nous trouvons, rangés sur la place, les gardes-du-corps, le détachement de dragons, le régiment de Flandre, les gardes-Suisses, les invalides et la milice bourgeoise de Versailles. Nous sommes reconnus, reçus avec honneur ; nous traversons les lignes, et l'on a beaucoup de peine à empêcher la foule qui nous suivait de s'introduire avec nous. Au lieu de six femmes auxquelles j'avais promis l'entrée du château, il fallut en introduire douze. »

Une narration royaliste appelle ces femmes des créatures sans nom ; elles en avaient un : la Faim.

Quelques aristocrates, mêlés au tumulte, profitent de la circonstance pour tenter le peuple.

— Si le roi, lui dit-on, recouvrait toute son autorité, la France ne manquerait jamais de pain.

Les femmes répondent à ces insinuations perfides par des injures.

— Nous voulons du pain, ajoutent-elles, mais non pas au prix de la liberté.

Dégageons, à ce propos, un fait général : ce n'est pas le besoin qui a été le nerf le plus énergique des actes révolutionnaires ; c'est le devoir. La disette ne figure qu'en seconde ligne dans les causes qui déterminèrent l'expédition du 5 octobre. Sans doute le pain manquait ; parmi les femmes qui étaient là, un grand nombre n'avaient pas mangé depuis trente heures : mais si l'instinct seul de la conservation avait parlé, se seraient-elles exposées, sur la place d'Armes, à être étouffées entre les chevaux ? Dans cette cohue, sous la pluie, il y en avait qui étaient grosses ou *incommodées*, elles n'en suivaient pas moins le courant ; d'autres étaient jeunes, jolies, et ne souffraient pas beaucoup de la disette ; des musiciennes avec des tambours de basque, des chanteuses, des artistes, des modèles, quelques-unes un peu follement vêtues, allaient et venaient dans les groupes. C'étaient les plus animées contre la cour et les gardes-du-corps. Qui les lançait ainsi sur le pavé de Versailles, entre les sabres et les mousquetons ? L'instinct du bien public, le dévouement à un ordre d'idées qu'elles ne comprenaient pas très-nettement, mais qu'elles devinaient par le cœur.

Au peuple de Paris, il fallait du pain sans doute ; mais il lui fallait aussi la Constitution, la parole vivante.

Cependant Louis XVI est de retour au château. Suivons les femmes chez le roi : elles entrent. Louison Chabry, piquant orateur en bonnet fin et en fichu de soie, est chargée de présenter au roi les doléances des Parisiens. Pour tout exorde, la voilà qui s'évanouit. Louis XVI se montre fort touché. Il fait secourir la pauvre enfant, promet de veiller à l'état des subsistances,

En se retirant, Louison veut baiser la main du roi ; mais celui-ci avec bonté :

— Venez, mon enfant, vous êtes assez jolie pour qu'on vous embrasse.

Les femmes ont la tête perdue ; elles sortent en criant : *Vive le roi et sa maison !* La foule qui attend sur la place, et qui n'a pas vu le roi, se montre très-éloignée de partager leur enthousiasme. On les accuse de s'être laissé gagner pour de l'argent. Quelques-unes passent déjà leur jarretière au cou de Louison pour l'étrangler. Babet Lairot, une autre jeune fille, ainsi que deux gardes-du-corps, interviennent et la délivrent.

La garnison de Versailles était toujours sous les armes. Les soldats du régiment de Flandre et les dragons inspiraient des inquiétudes. Les femmes se jettent sans frayeur parmi eux, les enlacent.

— Ton nom ?
— Citoyenne.
— Le tien ?
— Français.

On s'entend. Les jolies mains des Parisiennes jouent avec les armes, caressent les chevaux des cavaliers. Le soldat est pris ; il s'excuse d'avoir assisté au fameux banquet.

— Nous avons bu, dit-il, le vin des gardes-du-corps ; mais cela ne nous engage en rien ; nous sommes à la nation pour la vie ; nous avons crié *Vive le roi!* comme vous le criez vous-mêmes tous les jours : rien de plus.

Les femmes approuvent :

— Mais enfin, tirerez-vous sur le peuple, sur vos frères ?

Pour toute réponse, les soldats lancent leurs baguettes dans les fusils, et les font sonner, montrant ainsi que leurs armes ne sont point chargées. Quelques-uns offrent même de leurs cartouches aux plus jolies.

La soirée était noire et pluvieuse. Lafayette arrive avec la milice bourgeoise ; d'Estaing, commandant de la place, donne l'ordre aux troupes de se retirer. Les gardes-du-corps exécutent leur retraite ; mais les ténèbres, la foule compacte, et une vieille rancune aussi les poussant, ils tirent çà et là quelques coups de feu. Sans cette malheureuse provocation, le sang n'eût pas coulé dans Versailles. Les gardes devaient prêter, le lendemain, serment à la nation et prendre la cocarde tricolore. Leur horrible imprudence perdit tout. L'irritation gagna aussitôt de proche en proche ; la nuit était chargée de ténèbres et de mauvais conseils. Au château, la reine voulait entraîner le roi dans une fuite qu'elle lui montrait comme le chemin du triomphe. Dans la ville, la multitude fatiguée, mouillée, campée au hasard, rêvait à l'attaque nocturne des gardes-du-corps. Ce demi-sommeil couvait des colères.

C'est cette nuit-là qu'au dire des royalistes Lafayette dormit contre son roi.

— Le fait est qu'il dormit.

Les idées se matérialisent dans les institutions, les institutions dans les édifices. Le palais de Versailles, c'était l'image grandiose d'une monarchie absolue ; c'était Louis XIV n'ayant plus d'ennemis à craindre ; mais ce château ouvert de tous côtés ne pouvait pas tenir devant la Révolution.

Dès la pointe du jour, le peuple se répand dans les rues. Il aperçoit un

Un homme est tué par les gardes-du-corps.

garde-du-corps à une des fenêtres de l'aile droite du château ; huées, provocations, défis ; un coup de fusil part ; un jeune volontaire tombe dans la cour.

Qui a tiré? c'est le garde-du-corps. Le peuple, bouillant de colère, se précipite : la grille est escaladée, le château envahi. On cherche partout le coupable. Des forcenés — d'autres disent des voleurs — profitent de la circonstance pour s'introduire plus avant dans les riches appartements. La reine avertie fuit toute tremblante et à demi vêtue chez le roi. Les gardes-françaises arrivent, et poussent devant leurs baïonnettes toute cette foule, qui se retire en tumulte : le château est évacué ; deux gardes-du-corps ont été massacrés pendant l'attaque. Tout à coup le cri de *Grâce ! Grâce !* succède à cet accès de fureur. Silence ! voici le roi au balcon.

A cette vue, un cri immense, un seul, s'élève, comme par inspiration, de toute cette masse d'hommes : *Le roi à Paris ! Le roi à Paris !* Louis XVI hésite ; une oppression violente arrête sa voix. « Mes enfants, dit-il enfin, vous me demandez à Paris ; j'irai, mais à condition que ce sera avec ma femme et mes enfants. » On applaudit : le cri de *Vive le roi* frappe mille fois les airs. La reine paraît, à son tour, au balcon : Lafayette la conduit et lui baise respectueusement la main. Alors le peuple, pour la première fois : *Vive la reine !* La paix était faite ; non pas encore : Lafayette paraît une seconde fois avec un garde-du-corps, au chapeau duquel il attache sa cocarde. Le peuple s'écrie : *Vivent les gardes-du-corps* ! Tout est pardonné.

On a voulu rattacher aux événements des 5 et 6 octobre certaines manœuvres odieuses : quelques historiens attribuent les violences commises dans le château à la faction du duc d'Orléans, cet ambitieux vulgaire qui n'osa jamais ni le crime ni la vertu. Il est possible qu'une autre main travaillât dans l'ombre. Quoi qu'il en soit, cette manifestation populaire fut féconde en résultats. Les deux journées détruisirent les anciens usages, autour desquels se ralliaient les intrigues de l'aristocratie. Malgré la Révolution, l'étiquette du règne de Louis XIV s'était toujours maintenue à Versailles. Les journées des 5 et 6 octobre dispersèrent la cour ; le 10 août détrônera la royauté.

La famille royale partit pour Paris, escortée de toute cette cohue naguère menaçante, à présent joyeuse. Les femmes criaient en chemin : « Nous amenons le boulanger, la boulangère et le petit mitron. » Dans leur naïveté, elles croyaient que tenir le roi, c'était avoir trouvé les moyens de se procurer du pain. La marche fut lente. Louis XVI alla coucher le soir même au château des Tuileries. En le plaçant au milieu de son peuple, on s'imaginait avoir soustrait le roi aux intrigues et aux mauvaises influences de son entourage.

Les 5 et 6 octobre furent les journées des femmes de Paris. Le sentiment venait en aide à la raison. Ce qui rendit la Révolution irrésistible, c'est que, dans les plis de son drapeau, elle enveloppait toutes les souffrances, toutes les faiblesses, toutes les misères, allégées par l'espoir d'un avenir meilleur.

---

1. Au même moment, le peuple embrasse les gardes-du-corps qu'il tient prisonniers dans la cour de Marbre. « En les arrêtant, raconte Loustalot, plusieurs gardes nationaux avaient reçu leurs épées, et leur avaient par égard présenté la leur. Les gardes-du-corps, rassemblés sur la place d'Armes, prêtent le serment national ; alors on veut leur rendre leurs épées dont la poignée est d'un plus grand prix que celle de la garde nationale ; plusieurs de ces messieurs la refusent et demandent comme une grâce de marcher indistinctement dans les rangs, tandis que le roi se rendrait à Paris. »

VIII

L'Assemblée nationale à Paris. — Ses travaux. — Régénération des mœurs. — Un assassinat. — Le marc d'argent. — Le docteur Guillotin. — Opinion de Marat sur la peine de mort. — Robespierre grandit.

Les événements qui venaient de s'accomplir à Versailles, cette émeute de femmes, la majesté royale forcée dans ses derniers retranchements, le roi gardé à vue, tout cela jeta la stupeur dans les rangs de l'aristocratie. Les courtisans prirent aussitôt le parti des lâches, la fuite. Les demandes de passeports affluaient. La portion de l'Assemblée nationale qui se rattachait aux intrigues du château partagea les mêmes alarmes. Lally-Tollendal et Mounier s'exilèrent ; la ville était, au contraire, livrée à la joie : l'abondance parut renaître ; la cour avait laissé tomber son faste ; la curiosité des habitants se portait en masse au jardin des Tuileries, devant ce beau palais si longtemps inhabité, où maintenant errait l'ombre d'une monarchie expirante. Louis XVI et Marie-Antoinette témoignaient une extrême répugnance à fixer leur séjour dans la capitale. Il fallut pourtant s'y résoudre. L'Assemblée suivit aussitôt le roi à Paris. Les députés se réunirent les premiers jours dans la chapelle de l'archevêché.

« On les eût pris, raconte Barère, pour un concile ou un synode plutôt que pour une assemblée politique, en jetant les yeux sur les banquettes et les ornements de la salle des séances. »

C'était, en effet, le concile de la raison humaine au xviiie siècle.

L'Assemblée siégea ensuite dans la salle de l'ancien manége des Tuileries. Cette nouvelle résidence favorisait les communications avec le château ; l'Assemblée et le roi formaient alors, dans les idées constitutionnelles, les deux moitiés du souverain.

La classe moyenne avait intérêt à croire la Révolution terminée : elle venait de prendre dans l'État toute la place que la défaite de l'aristocratie avait laissée vide. Ici se dressa, entre le vainqueur et le vaincu, un nouveau réclamant qu'on n'attendait pas, le peuple.

La bourgeoisie avait bien voulu du peuple pour prendre la Bastille et pour porter un coup mortel à la domination de la cour ; mais, à présent que le succès était obtenu, elle refusait de partager les fruits de la victoire. On se sert, en pareil cas, d'un mot qui couvre tous les envahissements : l'ordre. La bourgeoisie voulait modérer la Révolution pour l'organiser à son profit. L'Assemblée nationale, où le Tiers était en majorité, commença par diviser la nation en deux classes de citoyens, les uns *actifs*, les autres qui ne l'étaient point. Les citoyens actifs faisaient partie de la garde nationale, étaient pourvus de droits et de fonctions politiques ; les autres non. Le pays *actif* — nous dirions maintenant le pays légal

— ne songea plus dès lors qu'à se constituer. La réaction bourgeoise s'annonça en outre par une loi contre les rassemblements, connue sous le nom de loi martiale. Comme toujours, on se servit d'un prétexte pour justifier les mesures contre-révolutionnaires.

Le boulanger François venait d'être injustement massacré par des furieux [1]; une vengeance particulière, plus encore que la faim, l'impitoyable faim, nous semble avoir déterminé les circonstances atroces d'un tel meurtre.

La vérité est qu'une bande très-peu nombreuse de malfaiteurs trempa les mains dans ce sang. La presse démocratique n'eut qu'une voix pour flétrir un si lâche assassinat.

« Des Français! des Français!... s'écriait Loustalot; non, non, de tels monstres n'appartiennent à aucun pays; le crime est leur élément, le gibet leur patrie. »

On ne saurait évidemment rattacher un acte semblable ni au peuple, ni à aucun des partis qui agitaient alors la Révolution : c'est le fait d'une poignée de misérables.

Est-il vrai, d'ailleurs, que, depuis la chute du régime absolu, Paris fût livré au brigandage et à l'assassinat?

Au contraire; les propriétés se défendaient elles-mêmes par la sainteté du droit. Il existait une véritable conspiration générale contre les vices, les principes de la Révolution avaient moralisé toutes les classes de la société. Quoiqu'il y eût très-peu de police, les désordres avaient diminué. Écoutons le plus lu des journaux de cette époque :

« Les cabriolets, dit-il, n'écrasent plus personne; messieurs les aristocrates ne rossent plus leurs créanciers; on entend très-peu parler de vols, et les inspecteurs des filles publiques n'enlèvent plus des filles de treize ans des bras de leurs mères pour les conduire dans le lit d'un lieutenant de police. »

Cette réforme morale contrastait singulièrement avec les iniquités de l'ancien régime que la presse révélait de jour en jour. Au moment où le soleil de la monarchie vint à décliner, les abus des hautes fonctions qui l'entouraient projetèrent une ombre plus grande, *altis de montibus umbræ*. Le *Livre rouge* dévoila le scandale des pensions.

« L'incomparable Pierre Lenoir, raconte Camille Desmoulins, s'était créé des pensions sur les huiles et sur les suifs, sur les boues et sur les latrines : toutes les compagnies d'escrocs, tous les vices et toutes les ordures étaient tributaires de notre lieutenant de police, qui, par sa place, aurait dû être *magister*

---

[1]. Ici des détails d'une férocité révoltante. On force un autre boulanger qui passait dans la rue à donner son bonnet; on en couvre la tête coupée du malheureux François, qui est ensuite portée de boutique en boutique, pesée dans des balances. Sa jeune femme, enceinte de trois mois, accourt : des monstres lui présentent cette tête à baiser. La malheureuse tombe évanouie, le visage baigné de sang. Son enfant meurt dans son sein. — François avait sa boulangerie près de l'Archevêché où l'Assemblée nationale tenait encore ses séances. Un assez grand nombre de pains saisis chez lui firent croire à un système d'accaparement.

morum, le gardien des mœurs ; enfin il avait su mettre la lune à contribution et assigner à une de ses femmes une pension connue sous le nom de *pension de la lune*. Je sais un ministre qui a signé à sa maîtresse une pension de 12 000 livres, dont elle jouit encore, sur l'entreprise du pain des galériens. »

A ces énormités, la démocratie naissante opposait la régénération des mœurs, la diminution des délits. En vérité, le moment était mal choisi pour jeter le blâme et l'injure à la face d'une population si raisonnable.

Robespierre s'éleva énergiquement contre le projet de loi qui séparait la nation en deux groupes : l'un exerçant tous ses droits politiques, l'autre exclu de toute participation aux affaires de l'État. Il parla aussi contre la loi martiale.

« Les députés de la Commune, dit-il, vous demandent du pain et des soldats, pourquoi? pour repousser le peuple, dans ce moment où les passions, les menées de tout genre cherchent à faire avorter la Révolution actuelle. »

Cet homme avait la sagesse de ramener toujours la discussion aux principes. Il échoua, quoique la raison et la justice fussent de son côté. La thèse qu'il soutenait plut peut-être à Caton, mais elle déplut aux dieux de l'Assemblée nationale. La promulgation de la loi martiale se fit avec un grand appareil et au son des trompettes. Cette cérémonie avait quelque chose d'imposant, mais aussi de triste et de lugubre : elle dura depuis huit heures du matin jusqu'à deux heures après midi. Des hommes revêtus d'un costume antique et étrange, en manteau, à cheval, suivis et précédés de soldats, de tambours, s'arrêtèrent sur toutes les places, et firent la lecture du décret, à haute voix. Loin de calmer les habitants, une telle lecture, ce cortége théâtral, laissèrent dans les quartiers de la ville un profond sentiment de colère et d'impatience. Quant à la force armée, sans discipline, il est vrai, mais toujours victorieuse, qu'on avait lancée deux fois, depuis l'ouverture des États généraux, sur la prérogative royale, il n'était plus question maintenant que de l'anéantir. On venait, solennellement et brusquement, de licencier le peuple. L'irritation de la masse des citoyens fit craindre un mouvement insurrectionnel. La cour et la municipalité s'apprêtèrent à se servir de la loi martiale avant que les vingt-quatre heures fussent écoulées. Il suffisait de trois sommations, après lesquelles le canon d'alarme devait être tiré, le drapeau rouge arboré sur l'Hôtel de Ville. Le maire marchait alors en tête de la force armée, et adressait aux groupes d'une voix haute et solennelle cet avertissement :

— *On va faire feu! que les bons citoyens se retirent!*

Le parti démocratique voyait avec horreur cette violation de la souveraineté du peuple. A ses yeux, il ne pouvait y avoir deux classes de citoyens. La nation étant indivisible, elle devait être admise tout entière à l'exercice de ses droits politiques.

La garde nationale était composée de citoyens appartenant à la classe moyenne. Aussi commençait-elle à devenir suspecte.

« Voici, s'écrie l'un des journaux du temps, tout le système qui convient à la France : la nation ne peut être assurée de sa liberté civile et politique qu'autant que les forces militaires, entre les mains des citoyens, formeront la balance des forces de l'armée... On voit à quoi tient l'existence de cette garde nationale, si brillante dès son aurore, et à laquelle je ne connais qu'un défaut, c'est qu'elle ne comprend pas la totalité des habitants qui sont en état de porter les armes. »

La distinction de citoyens *actifs* et de citoyens *passifs* révoltait les sincères partisans de la doctrine du *Contrat social;* être, c'est agir ; voilà donc plusieurs millions d'hommes rejetés, de par la loi, dans le néant. Toute restriction imposée à la volonté générale des citoyens limitait l'esprit même des institutions nouvelles. Quelques districts de Paris réclamèrent, au nom de ces principes, contre la *loi martiale :* Danton plaida aux Cordeliers la cause de ces *gens de rien*, que la Révolution avait promis de rendre à l'existence civile. La doctrine de la souveraineté nationale, à laquelle se ralliaient les démocrates sincères, n'était autre chose que le sens commun, ou, en d'autres termes, le consentement universel appliqué à la politique.

L'Assemblée nationale continuait à discuter, et le compte rendu de ses séances retentissait d'un bout à l'autre du pays. Après de longs débats, elle fixa les conditions d'éligibilité. La capacité politique fut évaluée à un marc d'argent, c'est-à-dire à huit écus de six livres trois dixièmes. Prieur de la Marne proposa un amendement :

« Substituez, dit-il, la *confiance* au marc d'argent. »

Mirabeau appuya.

« Je demande la priorité pour l'amendement de M. Prieur, parce que, selon moi, il est le seul conforme au principe. »

Rejeté.

Robespierre fit entendre quelques vérités incontestables.

« Rien n'est plus contraire, dit-il, à votre déclaration des droits, devant laquelle tout privilège, toute distinction, toute exception doivent disparaître. La Constitution établit que la souveraineté réside dans le peuple, dans tous les individus du peuple. Chaque individu a donc droit de concourir à la loi par laquelle il est obligé, et à l'administration de la chose publique qui est la sienne. Sinon il n'est pas vrai que tous les hommes soient égaux en droits, que tout homme soit citoyen. »

L'orage du sentiment public éclata surtout dans les journaux.

« Il n'y a qu'une voix dans la capitale, s'écriait l'incendiaire Camille Desmoulins, il n'y en aura qu'une dans les provinces contre le décret du marc d'argent : il vient de constituer en France un gouvernement aristocratique, et c'est la plus grande victoire que les mauvais citoyens aient remportée à l'Assemblée nationale. Pour faire sentir toute l'absurdité de ce décret, il suffit de dire que J.-J. Rousseau, Corneille, Mably, n'auraient pas été éligibles... Pour vous, ô prêtres méprisables, ô bonzes fourbes et stupides, ne voyez-vous pas que votre Dieu n'aurait pas été éligible? Jésus-Christ, dont vous faites un Dieu dans les chaires, dans la tribune, vous venez de le reléguer parmi la canaille ! et vous voulez que je vous respecte, vous, prêtres d'un Dieu *prolétaire* et qui n'était pas même un citoyen *actif!* Respectez donc la pauvreté qu'il a ennoblie. Mais que voulez-vous dire avec ce mot de *citoyen actif* tant répété ? Les citoyens actifs, ce sont ceux qui ont pris la Bastille ; ce sont ceux qui défrichent les champs, tandis que les fainéants du clergé et de la cour, malgré l'immensité de leurs domaines, ne sont que des plantes végétatives, pareils à cet arbre de votre Évangile qui ne porte point de fruits et qu'il faut jeter au feu. »

Marat, Condorcet, Loustalot, attaquaient le marc d'argent avec moins de verve que Camille, mais avec la même âpreté de raisonnements ; ils y voyaient tous le germe d'une féodalité nouvelle, un corps électoral privilégié.

Au milieu de l'agitation de la presse, l'Assemblée nationale poursuivait ses travaux.

Le docteur Guillotin vint lire à l'une des séances un long discours sur la réforme du Code pénal. Cette question préoccupait déjà les esprits ; car l'échafaudage de la vieille Thémis venait de s'écrouler.

L'orateur proposa d'établir un seul genre de supplice pour tous les crimes qui entraînent la peine de mort, et de substituer au bras du bourreau l'action d'une machine. Il vantait fort les avantages de ce nouveau système d'exécution.

« Avec ma machine, dit gravement M. Guillotin, je vous fais sauter la tête en un clin d'œil et vous ne souffrez point. »

L'Assemblée se mit à rire. — Combien parmi ceux qui avaient ri devaient plus tard faire l'épreuve du fatal couperet!

La philanthropie du docteur Guillotin obtint du succès dans le monde : une machine qui vous tue sans vous faire souffrir, sans même vous laisser le temps de dire merci, quel progrès! Mais les hommes destinés à former un jour le parti de la Montagne étaient d'un autre avis ; il ne s'agissait pas tant, d'après eux, de perfectionner l'instrument du supplice que d'abolir la peine de mort. Marat, dans son *Plan de législation*, avait déjà fait entendre sur ce sujet le langage de la raison et de l'humanité.

« C'est une erreur de croire, disait-il, qu'on arrête toujours le méchant par la rigueur des supplices : leur image est sitôt effacée !... L'exemple des peines modérées n'est pas moins réprimant que celui des peines outrées, lorsqu'on n'en connaît pas de plus grandes. En rendant les crimes capitaux, on a prétendu augmenter la crainte du châtiment, et on l'a réellement diminuée. Punir de mort, c'est donner un exemple passager, et il en faudrait de permanents. On a aussi manqué le but d'une autre manière : l'admiration qu'inspire le mépris de la mort que montre un héros expirant, un malfaiteur souffrant avec courage, inspire ce même mépris aux scélérats déterminés... Pourquoi donc continuer, contre les cris de la raison et les leçons de l'expérience, à verser sans besoin le sang d'une foule de criminels. Ce n'est pas assez de satisfaire à la justice, il faut encore corriger les coupables. S'ils sont incorrigibles, il faut tourner leur châtiment au profit de la société. Qu'on les emploie donc aux travaux publics, aux travaux dégoûtants, malsains, dangereux. »

Robespierre et les plus inflexibles parmi les hommes de 93 avaient commencé par réclamer l'abolition de la peine de mort et des peines infamantes. Comment donc se fait-il, dira-t-on, qu'ils aient demandé plus tard la tête des grands coupables envers la nation? C'est qu'à tort ou à raison ils regardaient les crimes politiques comme indignes de toute pitié, et que la Révolution étant pour la France une question de vie ou de mort, ils crurent pouvoir s'affranchir des règles du droit commun. « Le salut du peuple, a dit un ancien, est la loi suprême. » Nous apprécierons cette doctrine dans le cours de l'ouvrage.

La motion du docteur Guillotin eut, en définitive, un grand résultat : elle introduisit dans la loi l'égalité du supplice quels que fussent le rang et l'état du coupable. « Le criminel, ajoutait l'article 2, sera *décapité*; il le sera par l'effet d'un simple mécanisme. » C'est ainsi qu'on désignait alors la guillotine.

Cette invention témoignait du moins d'un certain adoucissement dans les mœurs : la société n'osait plus tuer l'homme officiellement par le ministère de son semblable; elle employait pour cette horrible tâche quelque chose de sans cœur et sans entrailles, une machine insensible, aveugle, brutale comme la destinée. Désormais le bras qui frappe se cache pour donner la mort; le couteau est censé avoir tout fait. Grâce à cet appareil fatal, le bourreau n'est plus une conscience, c'est la force. La Révolution avait réellement remué la nature humaine dans ses profondeurs. La compassion envers le malheur s'était accrue. Les anciens supplices, si cruels, si prolongés, semblaient presque aussi coupables que les crimes mêmes; ils les faisaient naître quelquefois en mettant sous les yeux de la multitude des tableaux hideux et des exemples de férocité légale. « C'est, disait Loustalot, parce que M. le président, M. le prévôt et M. le lieutenant-criminel assassinent dans les formes une douzaine de personnes tous les ans, que le peuple a assassiné Foulon et Bertier. » Les bons citoyens reconnaissaient l'importance d'humaniser le peuple par un Code pénal moins sévère. La vieille Thémis était jugée à son tour; et si l'échafaud lui-même ne s'écroula pas sous la malédiction publique, ce fut plutôt alors la faute des royalistes que celle des révolutionnaires. La réforme politique sonna le réveil de la conscience humaine : les sensibles, les doux, les miséricordieux s'élevaient, au nom de la justice, contre un régime de sang qui avait duré des siècles.

La réaction bourgeoise encourageait, sans le vouloir, les manœuvres de l'aristocratie. Il paraissait chaque jour des brochures sans nom d'auteur, où l'on ne revenait pas de l'audace du parti philosophique, qui avait osé mettre l'Assemblée nationale entre le roi et le pays. Ces écrivains anonymes menaçaient la France d'un retour aux anciennes institutions. « Tu nous cites toujours *la nation, la nation!* Ignores-tu que notre gouvernement est monarchique, que le roi a le droit de dissoudre les États, et que c'est ce qui peut nous arriver de plus heureux? » L'opinion publique, de son côté, ne laissait échapper aucune circonstance pour flétrir les intrigues de la cour et des courtisans. Je ne parlerais pas du *Charles IX* de M.-J. Chénier, si cette pièce n'avait été un véritable événement politique lors de son apparition sur le théâtre. Elle avait rencontré mille obstacles pour arriver à la scène : le succès fut orageux. C'était tout un passé de notre histoire que le public, ce soir-là, écrasait, anéantissait, en quelque sorte, sous les trépignements de l'enthousiasme. « Des allusions fré-

Le club des Cordeliers.

quentes et faciles à saisir, dit un critique du temps, toutes les grandes maximes dont notre esprit se nourrit depuis six mois mises en vers, voilà le secret du succès de cette pièce. Elle fait exécrer le despotisme ministériel, les intrigues féminines des cours; elle prouve la nécessité de mettre un frein aux volontés d'un roi, parce qu'il peut être ou faible ou cruel ; elle apprend que le clergé et l'État ne sont pas la même chose : elle est utile, très-utile dans le moment. » La Révolution venait de trouver son poète. M.-J. Chénier mêlait à la passion du beau l'amour de la patrie régénérée.

L'Assemblée nationale semblait sommeiller : cette imposante réunion de talents, telle que le monde n'en a jamais vu, se troublait dans la confusion même de ses lumières.

Une chose manquait à ces hommes, la foi : ils marchaient au milieu de l'orage sur une mer soulevée par la tempête et de temps en temps ils se sentaient faiblir; le découragement s'emparait de leur âme.

Un seul était fort comme le peuple : il croyait à la justice de la cause dont il avait embrassé la défense. Cet homme était Robespierre.

Né dans la ville d'Arras, le 6 mai 1758 [1], il perdit sa mère lorsqu'il n'avait encore que sept ans. Quelque temps après, son père, avocat au conseil d'Artois, mourut de chagrin. A neuf ans, Maximilien était orphelin avec deux frères et une sœur ; sa famille l'envoya suivre les cours du collége d'Arras. Doué d'une mémoire heureuse et d'un goût très-prononcé pour l'étude, il se trouva bientôt à la tête de sa classe. Ses maîtres le regardaient comme un *bon élève*, seulement un peu concentré en lui-même. Après tout, les succès d'école ne prouvent rien, et les parents sont trop souvent déçus par ces fleurs précoces de l'intelligence. Maximilien eut bientôt appris tout ce qu'on enseignait au collége d'Arras ; pour aller plus loin, il lui fallait changer de milieu, entrer dans l'Université de Paris ; mais où trouver de l'argent pour payer sa pension? Il existait alors dans la capitale de l'Artois une abbaye célèbre, l'abbaye de Saint-Waast, qui disposait de quatre bourses au collége Louis-le-Grand. A la sollicitation des parents et des amis du jeune Robespierre, l'évêque du diocèse, M. de Conzié, obtint l'une de ces bourses pour son protégé. En 1769, Maximilien vint donc à Paris.

L'instruction du collége Louis-le-Grand devait beaucoup élargir la sphère de ses idées. Les souvenirs de l'antiquité grecque et romaine exerçaient alors une grande influence sur l'esprit de la jeunesse. Robespierre redoubla d'ardeur au travail. Deux de ses camarades étaient Camille Desmoulins et Fréron, l'*Orateur du peuple*.

Les études classiques étant terminées, Robespierre se livra tout entier à l'étude du droit; son père lui avait tracé le chemin du barreau ; à vingt-quatre ans, il fut reçu avocat.

De tous les grands écrivains et philosophes du XVIII° siècle, celui que Maxi-

---

[1]. Il paraît que la maison où il naquit est encore debout. On lit dans l'excellente *Histoire de Robespierre*, par Ernest Hamel : « A quelques pas de la place de la Comédie, à Arras, dans la rue des Rapporteurs, qui débouche presque en face du théâtre, on voit encore, gardant fidèlement son ancienne empreinte, une maison bourgeoise de sévère et coquette apparence. Élevée d'un étage carré et d'un second étage en forme de mansarde, elle prend jour par six fenêtres sur la rue, sombre et étroite comme presque toutes les rues des vieilles villes du moyen âge... »

milien admirait le plus était J.-J. Rousseau. Il professait pour l'auteur du *Contrat social* et de l'*Émile* une sorte de culte. Un beau jour il se rendit à Ermenonville et frappa, le cœur serré d'émotion, à la porte de l'ermitage. Que se passa-t-il dans cette entrevue [1]? Rousseau était alors vieux, cassé, mélancolique, ne sachant guère à qui il parlait ni ce que deviendrait plus tard ce jeune homme; il était à coup sûr très-loin de se douter qu'il avait devant les yeux le plus fervent et le plus redoutable de ses disciples, celui qui, armé du glaive de la terreur, devait appliquer un jour ses doctrines et mourir sur l'échafaud.

Robespierre revint dans sa ville natale où il s'établit comme avocat [2]. Une occasion lui permit de sortir de l'obscurité. Franklin avait mis à la mode les paratonnerres; mais cette merveilleuse invention rencontrait plus d'un obstacle dans les préjugés des dévotes et les ténèbres de l'ignorance. Un riche habitant de Saint-Omer avait fait élever sur sa maison une de ces pointes de fer. Une dame voulut le contraindre à renverser « la machine », sous prétexte qu'un tel appareil mettait en danger les maisons du voisinage. De là, procès. L'affaire fit beaucoup de bruit. Une émeute éclata presque dans la ville. Tout l'Artois prit parti dans la querelle, les uns pour, les autres contre le paratonnerre. Robespierre plaida en faveur de celui qui avait inauguré à Saint-Omer la découverte de Franklin, défendit fermement la cause de la science et les vrais intérêts de la sécurité publique. Il gagna son procès. Cet esprit intrépide avait bien quelque chose à démêler avec la foudre.

Robespierre était avocat; mais il était aussi homme de lettres et membre de l'Académie d'Arras. Son *Éloge de Gresset* (1788) montre qu'il aimait alors la poésie légère. La Révolution l'entraîna bientôt vers des sujets plus graves. A la veille des élections, il écrivit une *Adresse aux Artésiens* sur la nécessité de réformer les États d'Artois. Envoyé par le Tiers à l'Assemblée nationale, il monta plusieurs fois à la tribune, parla en faveur de la liberté individuelle et de la liberté de la presse, demanda qu'à la nation seule appartînt le droit d'établir l'impôt, combattit la loi martiale, s'éleva contre le marc d'argent et réclama l'application du suffrage universel; son langage était clair et correct; ses raisons étaient péremptoires; mais à ses discours fort travaillés manquait ce rayon qui illumine la parole des grands orateurs.

Jusqu'ici Robespierre s'était fait surtout connaître de la nation par une persistance inflexible dans sa ligne de conduite, une conviction austère qui résistait à toutes les épreuves, à tous les froissements de l'amour-propre blessé. Seul il plaide la cause de tous, la souveraineté de la raison publique, l'unité de la famille humaine. Inaccessible aux passions de son auditoire, insensible aux

---

[1] « Nul ne le sait, » répond M. Ernest Hamel auquel nous devons le récit de cette anecdote.

[2] « Ce jeune homme, avait écrit Ferrière à l'un de ses amis, n'est pas ce que vous pensez. Ses succès de collége vous ont trompé. Il ne fera jamais plus que ce qu'il a fait; il ne saura jamais plus que ce qu'il sait. Sa tête n'est point bonne; il a peu de sens, nul jugement. Il est dépourvu de toute disposition non-seulement pour le barreau, mais encore pour tout exercice d'esprit. Ne le laissez point à Paris. » Évidemment Ferrière l'avait mal jugé.

murmures de toute une salle, il n'écoute jamais que son idée. Sa parole, son geste se dégagent péniblement; on sent en lui l'effort de l'intelligence qui soulève le couvercle d'une compression énorme. Rien n'échappe à sa pénétration obstinée. Merlin de Thionville racontait que, pendant les séances, Robespierre faisait usage de deux paires de lunettes; les verres de l'une lui servaient à distinguer les objets éloignés, les autres étaient pour les objets rapprochés. C'est aussi à l'aide d'un double point de vue que son esprit fut à même de suivre les faits qui se passaient à courte distance, tout en appréciant, dans le lointain, les causes et les conséquences probables des événements.

Mirabeau disait de lui : « Cet homme ira loin, car il croit tout ce qu'il dit. » Laissons-le donc grandir dans la lutte et dans la tempête.

IX

Apparition des clubs. — Les Jacobins. — Les Cordeliers. — Poursuites exercées contre les journaux démocratiques. — Marat raconté par lui-même. — Favras. — Les biens de l'Église. — Projets des émigrés. — L'Ami du peuple. — Abolition des titres de noblesse. — Opinion de Marat à cet égard. — Division de la France en 83 départements. — Les juifs, les protestants et les comédiens.

Quelques députés bretons avaient formé un club à Versailles, après la séance royale du 23 juin : on y admit Sieyès, les Lameth, le duc d'Aiguillon, Duport et quelques autres députés. Quand la représentation nationale se fut transportée à Paris, le *club Breton* choisit, pour tenir ses séances, le couvent des Jacobins, dans la rue Saint-Honoré. On y préparait la discussion des matières qui devaient être soumises, le lendemain, à la délibération de l'Assemblée. « La liste des membres de ce club, dit l'abbé Grégoire qui en faisait partie, était ornée de noms recommandables, et ses séances étaient un cours de saine politique. »

En avant de la nation et de la plupart des députés, il éclairait la marche des idées révolutionnaires. Quand une proposition était de nature à effaroucher l'Assemblée, on commençait par lui ouvrir l'entrée du club des Jacobins, où elle faisait, pour ainsi dire, antichambre, en attendant que l'heure fût venue de se présenter au congrès de la nation. Ce club n'avait, comme on voit, en 1790, ni l'influence orageuse ni le caractère exclusif qu'il acquit dans la suite.

Une réunion bien autrement bruyante, originale et curieuse était celle qui siégeait au district des Cordeliers. De même que le club des Jacobins, celui des Cordeliers devait son nom à un ancien couvent de moines, dans lequel les réunions populaires avaient succédé aux exercices religieux. Si les murs, comme on dit, ont des oreilles, ils devaient bien s'étonner à chaque fois que les mots de liberté, progrès, souveraineté nationale, Révolution, retentissaient dans la salle.

Nul autre qu'un témoin oculaire et un grand artiste ne pouvait dessiner la physionomie de ce club qui joua un si grand rôle dans l'histoire de la Révolution Française.

« La sonnette du district des Cordeliers, dit Camille Desmoulins, cet enfant perdu de la basoche, est, comme tout le monde sait, aussi fatiguée que celle de l'Assemblée nationale. Il y a quelquefois des séances que prolongent bien avant dans la nuit l'intérêt des matières et l'éloquence des orateurs. Ce district a, comme le congrès, ses Mirabeau, ses Barnave, ses Pétion, ses Robespierre; *solemque suum sua sidera nôrunt*. Il ne lui manque que ses Malouet et J.-F. Maury. Depuis que j'étais venu habiter dans cette terre de liberté, il me tardait de prendre possession de mon titre honorable de membre de l'illustre district. J'allai donc, ces jours derniers, faire mon serment civique, et saluer les pères de la patrie, mes voisins. Avec quel plaisir j'écrivis mon nom, non pas sur ces vieux registres de baptême, qui ne pouvaient nous défendre ni du despotisme prévôtal ni du despotisme féodal, et d'où les ministres et Pierre Lenoir, les robins et les catins, vous effaçaient si aisément et sans laisser trace de votre existence, mais sur les tablettes de ma tribu, sur le registre de Pierre Duplain, sur ce véritable livre de vie, fidèle et incorruptible dépositaire de tous ces noms, et qui en rendrait compte au vigilant district. Je ne pus me défendre d'un sentiment religieux; je croyais renaître une seconde fois; comme chez les Romains mon nom était inscrit sur le tableau des vivants dans le temple de la terre. Il me semblait voir le vieux Saturne dans Pierre Duplain, qui, en me couchant sur son registre, me débitait, avec la gravité d'un oracle, ces vers de Cyrano de Bergerac :

« Ces noms pour le tyran sont écrits sur le cuivre ;
Il ne déchire point les pages de mon livre. »

« J'allais me retirer, continue l'amusant Camille, en remerciant Dieu, sinon comme Panglosse d'être dans le meilleur des mondes, au moins d'être dans le meilleur des districts possibles, quand la sentinelle appelle l'huissier de service, et l'huissier de service annonce au président qu'une jeune dame veut absolument entrer au sénat.

« On croit que c'est une suppliante ; et on pense bien que, chez des Français et des Cordeliers, personne ne propose la question préalable ; mais c'était une opinante. C'était la jeune, la jolie, la célèbre Liégeoise, Théroigne de Méricourt. Tout en elle respire l'énergie, la grâce et la sensibilité. Elle s'avance avec un éclair dans les yeux; comme les pythonisses de l'antiquité qui avaient besoin, pour rendre leurs oracles, d'avoir les pieds sur un sol chargé d'influences volcaniques, elle s'inspire, montée sur une Révolution. A sa vue, l'enthousiasme saisit un membre du district ; il s'écrie : « C'est la reine de Saba qui vient voir le Salomon des districts ! »

« — Oui, reprend Théroigne, avec un petit accent liégeois qui donnait encore plus de charme et d'originalité à son discours, c'est la renommée de votre sagesse qui m'amène au milieu de vous. Prouvez que vous êtes Salomon ; que c'est à vous qu'il était réservé de bâtir le temple, et hâtez-vous d'en construire un à l'Assemblée nationale : c'est l'objet de ma motion. Les bons patriotes peuvent-ils souffrir plus longtemps de voir le pouvoir exécutif logé dans le plus beau palais de l'univers, tandis que le pouvoir législatif habite sous des tentes, et tantôt aux Menus-Plaisirs, tantôt dans un Jeu-de-Paume, tantôt au Manége, comme la colombe de Noé qui n'a point où reposer le pied. La dernière pierre des derniers cachots de la Bastille a été apportée au pied du sénat, et M. Camus la contemple tous les jours avec ravissement, déposée dans ses archives. Le terrain de la Bastille est vacant ; cent mille ouvriers manquent d'occupation : que tardons-nous ? Hâtez-vous d'ouvrir une souscription pour élever le palais de l'Assemblée nationale sur l'emplacement de la Bastille. La France entière s'empressera de vous seconder ; elle n'attend que le signal, donnez-le-lui ; invitez tous les meilleurs ouvriers, tous les plus célèbres artistes ; ouvrez un concours pour les architectes ; coupez les cèdres du Liban, les sapins du mont Ida. Ah ! si jamais les pierres ont dû se mouvoir d'elles-mêmes, ce n'est pas pour bâtir les murs de Thèbes, mais pour construire le temple de la Liberté. C'est pour enrichir, pour embellir cet édifice qu'il faut nous défaire de notre or, de nos pierreries : j'en donnerai l'exemple la première. On vous l'a dit, le vulgaire se prend par les sens ; il lui faut des signes extérieurs auxquels s'attache son culte. Détournez ses regards du pavillon de Flore, des colonnades du Louvre, pour les porter sur une basilique plus belle que Saint-Pierre de Rome et que Saint-Paul de Londres. Le véritable temple de l'Éternel, le seul digne de lui, c'est le temple où a été prononcée la Déclaration des droits de l'homme. Les Français, dans l'Assemblée nationale, revendiquant les droits de l'homme et du citoyen, voilà sans doute le spectacle sur lequel l'Être Suprême abaisse ses regards avec complaisance. »

Camille était ébloui.

« On conçoit, ajoute-t-il, l'effet que dut faire un discours si animé, et ce mélange d'images empruntées du récit de Pindare et de ceux de l'Esprit saint. Quand la fureur des applaudissements fut un peu calmée, plusieurs honorables membres discutèrent la motion, l'examinèrent sous toutes ses faces, et conclurent comme la préopinante, après lui avoir donné de justes éloges, qu'on nommât des commissaires pour rédiger l'arrêté et une adresse aux 59 districts et aux 83 départements. Sur la demande de mademoiselle Théroigne d'être admise au district avec voix consultative, l'Assemblée a suivi les conclusions du président, qu'il serait voté des remercîments à cette excellente citoyenne pour sa motion ; qu'un canon du concile de Mâcon ayant formellement reconnu que les femmes ont une âme et la raison comme les hommes, on ne pouvait leur interdire d'en faire un si bon usage que la préopinante ; qu'il sera toujours libre à mademoiselle Théroigne, et à toutes celles de son sexe, de proposer ce qu'elles croiraient avantageux à la patrie ; mais que sur la question d'État, si mademoiselle Théroigne sera admise au district avec voix consultative seulement, l'Assemblée est incompétente pour prendre un parti, et qu'il n'y a pas lieu à délibérer. »

Le district des Cordeliers avait pour président Danton, qui fut renommé quatre fois, malgré les efforts des royalistes. Cette présidence continuée donna l'éveil à la calomnie : le bruit se répandit qu'une telle élection était entachée de brigue. La susceptibilité des électeurs s'émut des accusations qu'on faisait courir. L'Assemblée tout entière répondit par une délibération qui fut communiquée aux 59 autres districts. On y déclare « que la continuité et l'unanimité des suffrages ne sont que le juste prix du courage, des talents et du civisme dont M. d'Anton (je conserve l'orthographe du registre des Cordeliers) a donné les preuves les plus fortes et les plus éclatantes, comme militaire et comme citoyen. La reconnaissance des membres de l'Assemblée pour ce chéri président (textuel), la haute estime qu'ils ont pour ses rares qualités, l'effusion de cœur qui accompagne le concert honorable des suffrages à chaque réélection, rejettent bien loin toute idée de séduction et de brigue. L'Assemblée se félicite de posséder dans son sein un aussi ferme défenseur de la liberté, et s'estime heureuse de pouvoir souvent lui renouveler sa confiance. »

Il y a des natures qui attirent et d'autres qui se laissent entraîner : Danton, lui, possédait une force d'attraction considérable. Le magnétisme de son regard, l'entraînement de sa parole et de son geste, était irrésistible. Camille Desmoulins, Fabre d'Églantine, l'aimaient comme un dieu, comme une maîtresse. Un tempérament sanguin et bouillant, une voix tonnante, une âme accessible à toutes les passions fortes, une énergie quelquefois brutale, voilà l'homme. Des scrupules, aucun : il allait droit devant lui comme le taureau furieux, abattant tout sous ses pieds. Sa large figure remontait aux races primitives. Dans cette grande campagne de l'esprit humain qu'on nomme la Révolution Française, il représentait l'animation robuste du peuple, Hercule avec son éloquence pour massue. La Régence avait mis la corruption dans la noblesse, qui la transmit un instant aux classes inférieures et moyennes : les vices de Danton avaient le caractère des circonstances troublées au milieu desquelles il vécut ; fougueux, emporté par ses instincts artistes, il aimait la vie gaie et facile. Il fut non-seulement un grand homme : il fut son époque.

Le parti des modérés ne tarda point à s'engager dans une voie de poursuites contre les journaux : le district des Cordeliers devint alors la terre d'asile des écrivains, le rempart de la liberté de la presse. Marat avait lancé de terribles attaques contre le Châtelet, — un tribunal de sang qui écrasait le moucheron et ménageait l'éléphant. — Le Châtelet venait, en conséquence, de décerner un mandat d'amener contre l'Ami du peuple.

Laissons-le raconter lui-même ses tribulations : « Un bon citoyen vint m'avertir qu'on allait m'enlever. Je passai chez un voisin, et, vingt minutes après, je vis d'une croisée toute l'expédition. — A onze heures et demie s'avancèrent au petit pas dans la rue de l'Ancienne-Comédie, par celle Saint-André, plusieurs détachements de huit hommes très-peu éloignés les uns des autres. Après le mot d'ordre donné à l'officier qui commandait le corps de garde qui est à ma porte, ses détachements s'y rassemblèrent, et, lorsque le dernier fut arrivé, ils en sortirent, se firent ouvrir la porte cochère, se répandirent dans la cour, silencieusement et sur la pointe du pied, et se présentèrent à la porte de mon appartement qu'ils trouvèrent fermée, puis ils descendirent à mon imprimerie, demandèrent à mes ouvriers où j'étais, prirent des renseignements sur ma personne, sur les endroits où je pouvais me trouver, et enlevèrent plusieurs exemplaires de mon journal et d'une *Dénonciation en règle contre le ministère des finances*, prête à paraître. Ils avaient certainement à leur tête quelque espion bien au fait des personnes qui sont à mon service et des chambres qu'elles habitent. En montant l'escalier jusqu'au grenier, ils arrivèrent à la porte de ma retraite, et je les aperçus par le trou de la serrure. Ensuite ils entrèrent dans plusieurs pièces, firent d'exactes, mais d'inutiles recherches, et redescendirent dans la cour. Une demoiselle qui se trouvait chez le portier leur dit que j'étais sans doute dans mon ancien appartement, rue du Vieux-Colombier. Ils s'y rendirent tous à la fois, sans laisser un seul homme en arrière. Dès qu'ils furent éloignés, je descendis dans la cour et j'appris qu'ils avaient présenté au corps de garde un décret du Châtelet, portant ordre de m'enlever partout où je serais. Cet ordre était écrit sur un chiffon de papier non timbré. Je quittai la maison et j'allai chercher un asile chez un ami de cœur. Le lendemain matin, plusieurs témoins dignes de foi vinrent m'avertir de ce qui s'était passé rue du Vieux-Colombier. Ils avaient forcé la portière de leur ouvrir mon appartement. Fâchés de ne rien trouver, on les a entendus dire : « *Ce b....., nous l'aurons mort ou vif.* »

Marat aurait sans doute succombé dans sa lutte avec le Châtelet, si le district des Cordeliers ne fût venu à son secours et n'eût fait suspendre les poursuites en interposant un arrêté ainsi conçu : « Considérant que dans ces temps d'orage, que produisent nécessairement les efforts du patriotisme luttant contre les ennemis de la Constitution naissante, il est du devoir des bons citoyens, et, par conséquent, de tous les districts de Paris, qui se sont déjà signalés si glorieusement dans la Révolution, de veiller à ce qu'aucun individu de la capitale ne soit privé de sa liberté sans que le décret ou l'ordre en vertu duquel on voudrait se saisir de sa personne n'ait acquis un caractère de vérité capable d'écarter tout soupçon de vexation ou d'autorité arbitraire. »

L'affaire alla au Châtelet, du Châtelet à la Commune, de la Commune à l'Assemblée générale des représentants. La résistance du district fut jugée illégale, le pouvoir qu'il s'arrogeait exorbitant. Les Cordeliers tinrent ferme, et, dans la prévision d'une nouvelle tentative contre la sûreté d'un citoyen, ils posèrent deux sentinelles à la porte de Marat. Cependant une petite armée, infanterie et hommes à cheval, précédée d'un huissier, s'avance sur le terrain du district des Cordeliers. Tout le quartier s'agite. L'huissier somme le comité civil du district de remettre entre ses mains le citoyen décrété de prise de corps; refus. Le comité déclare haut et ferme qu'il prend M. Marat sous sa protection, et députe quatre de ses membres à l'Assemblée nationale. L'Assemblée improuve la conduite du district, déclare ses prétentions téméraires. Pendant ce temps, la cavalerie, divisée en plusieurs corps, se range sur la place du Théâtre-Français (aujourd'hui le café Procope) et dans les rues adjacentes ; l'infanterie occupe le carrefour de Bucy et toute la rue des Fossés-Saint-Germain-des-Prés ; une réserve de cavalerie stationne sur le quai de la Monnaie. Voilà bien du monde sur pied pour enlever un citoyen : de nombreux rassemblements se forment pour le défendre. Le district refuse de se rendre à l'arrêté de l'Assemblée natio-

Marat.

nale et envoie une députation à Lafayette. Les têtes s'échauffent ; des figures menaçantes s'amassent autour de la force armée, immobile dans les rues. Les habitants du quartier, les femmes surtout, élèvent fortement la voix. « Si mon mari, qui est grenadier, dit l'une d'elles, était assez lâche pour vouloir arrêter l'Ami du peuple, je lui brûlerais la cervelle moi-même. » Le bataillon du district était tout entier sous les armes, prêt à repousser les attaques des troupes nationales. Le sang allait couler. Alors les huissiers, écoutant les conseils de la prudence, se retirèrent. Le lendemain, nouvelles poursuites ; cette fois, le district laissa faire : Marat s'était échappé.

Le journal *l'Ami du peuple* fut interrompu durant quatre mois. Profitons de cette lacune et de ce silence pour étudier le caractère d'un des hommes les plus étranges, les plus calomniés, les plus influents de la Révolution. La conscience de Marat! qui osera regarder dans cet abîme? Rassurons-nous et voyons froidement. — Je le laisse raconter lui-même son enfance : « Né avec une âme sensible, j'ai encore reçu de ma mère une éducation parfaite; cette femme, tant aimée et tant regrettée, m'inspira, quand j'étais encore enfant, l'amour de la justice et des hommes. C'est par mes mains qu'elle faisait passer des secours aux malheureux. Elle me forma elle-même aux bonnes mœurs, et écarta de moi toutes les habitudes vicieuses. J'étais vierge à vingt ans. La seule passion qui dévorât alors mon âme était celle de la gloire. A cinq ans, j'aurais voulu être maître d'école, à quinze ans professeur, auteur à dix-huit ans, génie créateur avant ma vingtième année. Pendant ma première enfance, mon organisation était très-débile; aussi n'ai-je connu ni la pétulance, ni l'étourderie, ni l'amour du jeu. Mes maîtres obtenaient tout de moi par la douceur; je me révoltais au contraire devant un châtiment injuste. Je ne fus puni qu'une fois, et le ressentiment que j'en conçus fut ineffaçable. Vous allez juger de la fermeté de mon caractère : j'avais alors onze ans; on voulut me faire rentrer à l'école, je résistai. On essaya de me dompter par la faim; je jeûnai deux jours entiers sans me rendre à la volonté de mes parents. Ceux-ci, n'ayant pu me faire fléchir par la faim, essayèrent de la prison; ils m'enfermèrent dans une chambre où il y avait une fenêtre. Je ne pus alors résister à l'indignation qui me suffoquait, j'ouvris la croisée et me précipitai dans la rue, où je tombai le front sur un caillou. J'en porte encore la cicatrice. J'ai pris, tout jeune, le goût de l'étude ; à part le petit nombre d'années que j'ai consacrées à l'exercice de la médecine, j'ai passé ma vie dans la retraite, à m'écouter en silence, à chercher les destinées de l'homme au delà du tombeau, et à porter une inquiète curiosité sur l'histoire de la nature. »

Ainsi c'est lui qui nous le dit : sa grande passion était l'amour de la gloire. Cette gloire, il ne pouvait l'attendre de ses premiers ouvrages. Son livre sur l'homme est écrit dans un style décoloré, fade, déclamatoire, qui se réchauffe de temps en temps au soleil de J.-J. Rousseau. Son esprit mobile s'essayait à tout. Marat se livra pêle-mêle à divers travaux de physique, notamment sur le feu et sur la lumière ; ses ambitieuses expériences n'allaient à rien de moins qu'à détrôner les idées de Newton. Les Académies dédaignèrent ses travaux : il se récria; un des savants de cette époque, M. Charles, le traita avec une ironie méprisante; un duel s'ensuivit que Marat soutint vaillamment. Engagé dans une fausse voie, il y marcha droit et ferme. Si l'angle de son esprit n'était pas assez ouvert pour embrasser tous les éléments de la question, du moins les connaissances ne lui manquaient pas. Sa vie n'était pas celle d'un aventurier ni d'un charlatan, mais d'un inventeur malheureux. Le démon des découvertes le tourmentait. Ses mœurs étaient réglées; il vivait de peu : la nourriture des bonzes, du riz et quelques tasses de café à l'eau lui suffisaient. Sa manière de vivre était bizarre, son tempérament volcanique. Il écrivait continuellement, et gardait durant son travail une serviette mouillée sur le front. Il y a un dernier livre de science que je signale à cause de la concordance du titre avec le caractère de l'homme : *Recherches sur l'électricité médicale.* — Marat fut dans la suite l'étincelle électrique de la Révolution.

Avant l'ouverture des États généraux, Marat n'était point demeuré étranger à la politique. Né en Suisse, il se vit entraîné tout jeune, par les circonstances et par l'agitation de son esprit, dans le mouvement qui se préparait. Il avait plusieurs fois voyagé ; l'étude qu'il fit de diverses constitutions, et qui ne lui montra que des peuples courbés sous le poids de la misère et soumis à des lois iniques, fortifia son horreur innée du despotisme. Il s'intéressa dès lors à l'affranchissement de toutes les nations du globe.

En 1774, il avait couru en Angleterre. « J'avais été, dit-il, pour influencer, au moyen d'un écrit, les élections du Parlement ; j'y travaillai pendant trois mois, vingt-une heures par jour ; à peine si j'en prenais deux de sommeil ; et, pour me tenir éveillé, je fis un usage si excessif de café à l'eau, que je faillis y laisser ma vie. Je tombai dans une sorte d'anéantissement ; toutes les facultés de mon âme étaient étonnées ; je restai treize jours en ce triste état dont je ne sortis que par le secours de la musique. » Cet ouvrage était intitulé *les Chaînes de l'esclavage;* mal écrit et d'une érudition commune, il était cependant plein d'aperçus.

Le champ de la discussion sur les réformes sociales était ouvert : en 1778, Marat, toujours remuant, adressait à une société helvétique le plan d'une législation criminelle. « A mesure, écrivait-il, que les lumières se répandent, elles font changer l'opinion publique ; peu à peu les hommes viennent à connaître leurs droits ; enfin ils veulent en jouir ; alors, alors seulement ils cherchent à devenir libres. » Marat se montre surtout frappé, dans cet ouvrage, de l'inconvénient des inégalités sociales qui s'opposent à l'exercice de la loi. La justice humaine est comme la toile d'araignée : elle retient le moucheron et laisse passer le chameau ; c'est-à-dire que les délits du pauvre sont punis outre mesure, tandis que les crimes des riches échappent à la répression. Cet écrit est d'ailleurs un modèle de raison et d'humanité ; s'agit-il de *rendre le supplice exemplaire, l'auteur entend la voix de la nature gémissante, son cœur se serre, la plume lui tombe des mains.* Marat était donc préparé à une rénovation politique et sociale : il l'attendait depuis des années.

« J'arrivai, dit-il, à la Révolution avec des connaissances très-variées et un ardent amour des hommes. De tout temps, je n'ai pu soutenir le spectacle d'une injustice sans me révolter ; la vue des mauvais traitements exercés par les nobles, dans les nombreux pays que j'ai parcourus, avait fait bondir mon cœur comme le sentiment d'un outrage personnel. A Genève, où je suis né ; à Londres, où j'ai demeuré longtemps ; à Bordeaux, où j'ai vécu dix années ; à Dublin, à Edimbourg, à la Haye, à Utrecht, à Amsterdam, où j'ai voyagé ; à Paris, où je mourrai sans doute, j'ai toujours appelé de mes vœux une révolution qui remettrait le peuple en puissance de ses droits. »Elle vint, cette Révolution tant désirée.

« Le jour de l'ouverture des États généraux, s'écrie-t-il, fut pour moi un jour de délivrance ; j'entrevis que les hommes allaient redevenir frères et mon cœur s'ouvrit à toutes les joies de l'espérance. J'écrivis alors que la Révolution pouvait se faire sans verser une goutte de sang. » L'organisation physique de Marat l'appelait bien plutôt à la douceur et à la compassion qu'à la cruauté bestiale. Il avait la fibre délicate, les joues tendues, les lèvres épaisses et molles, les narines enflées, quelque chose d'un peu égaré dans les yeux, mais sans colère.

« Marat, dit Fabre d'Églantine qui l'a connu, était fortement sensible, et Marat était très-faible. »

Comme toutes les natures chétives, il avait un caractère crédule, inquiet et soupçonneux ; disposé à l'amour du genre humain, il gémissait sur les noirceurs, les bassesses et les trahisons dont les hommes se rendent coupables. Il serait sans doute plus court de déclarer ici, avec la plupart des écrivains, que Marat était un *tigre altéré de sang ;* mais il faut que l'histoire se montre sans passion comme sans faiblesse : elle est le tribunal de la conscience humaine.

Dans les premiers temps de la Révolution, Marat avait fondé une tribune pour y défendre les droits du peuple et la cause des citoyens opprimés. Il plaida d'abord cette cause avec une énergie modérée par l'espérance du succès : mais bientôt il crut voir le mouvement dévier ; des obstacles, qu'il n'avait point prévus, surgirent l'un après l'autre ; les nobles dépossédés cherchèrent à entraver la marche de la Révolution naissante : à cette vue, Marat, impatient et déconcerté, frémit. Il fit alors des motions violentes, incendiaires. La sensibilité convulsive de cet être frêle donnait, par instants, aux articles de l'*Ami du peuple* la couleur d'une feuille imprimée avec du sang. On voudrait détruire ces pages que regrettait peut-être, le lendemain, l'auteur revenu au calme et à la conscience de ses devoirs.

Aucun sacrifice ne lui coûta pour assurer l'existence de son journal : on en jugera. « Vous accusez le destin, écrivait-il au ministre Necker, de la singularité des événements de votre vie. Que serait-ce si, comme l'Ami du peuple, vous étiez le jouet des hommes et la victime de votre patriotisme ! Si, en proie à une maladie mortelle, vous aviez, comme lui, renoncé à la conservation de vos jours pour éclairer le peuple sur ses droits et sur les moyens de les recouvrer ! Si, dès l'instant de votre guérison, vous lui aviez consacré votre repos, vos veilles, votre liberté ! Si vous vous étiez réduit au pain et à l'eau pour consacrer à la chose publique tout ce que vous possédiez ! Si, pour défendre le peuple, vous aviez fait la guerre à tous ses ennemis ! Si, pour sauver la classe des infortunés, vous étiez brouillé avec tout l'univers sans même vous ménager un seul asile sous le soleil ! Si, accusé tour à tour d'être vendu aux ministres que vous démasquiez, au despote que vous combattiez, aux grands que vous accabliez, aux sangsues de l'État auxquelles vous vouliez faire rendre gorge ; si, décrété tour à tour par les jugeurs iniques dont vous auriez dénoncé les prévarications, par le législateur dont vous démasqueriez les erreurs, les iniquités, les desseins désastreux, les complots, la trahison ; si, poursuivi par une foule d'assassins armés contre vos jours, si, courant d'asile en asile, vous vous étiez déterminé à vivre dans un souterrain pour sauver un peuple insensible, aveugle, ingrat ! Sans cesse menacé d'être tôt ou tard la victime des hommes puissants auxquels j'ai fait la guerre, des ambitieux que j'ai traversés, des fripons que j'ai démasqués ; ignorant le sort qui m'attend, et destiné peut-être à périr de misère dans un hôpital, m'est-il arrivé comme à vous de me plaindre ? Il faudrait être bien peu philosophe, monsieur, pour ne pas sentir que c'est le cours ordinaire des choses de la vie ; il faudrait avoir bien peu d'élévation dans l'âme, pour ne pas se consoler par l'espoir d'arracher, à ce prix, vingt-cinq millions d'hommes à la tyrannie, à l'oppression, aux vexations, à la misère, et de les faire enfin arriver au moment d'être heureux. »

Cette feuille était nécessaire pour surveiller et démasquer les principaux acteurs de la contre-révolution. Sans cesse sur la brèche, Marat empêchait de relever les pierres de l'ancien régime ; ombrageux, il se piquait de connaître les hommes ; *d'un coup d'œil, il lisait au fond des cœurs.* La vérité est qu'il ne se méprit guère sur les intentions douteuses de Mirabeau, ni sur les traités secrets de ce tribun avec le château. Marat, c'était l'âme de la défiance populaire.

A côté du fanatisme révolutionnaire, le fanatisme royaliste : trois mois plus tard, le Châtelet avait à juger le marquis de Favras, qui avait formé le projet d'enlever le roi et la famille royale, pour les conduire à Péronne. Voici le plan du complot : rassembler les mécontents des différentes provinces, donner entrée dans le royaume à des troupes étrangères, et se mettre ainsi à la tête d'une contre-révolution [1].

Favras avait vécu en aventurier, il mourut en héros. Lorsqu'il sortit du Châtelet, après s'être confessé, la foule qui encombrait les rues battit des mains. Arrivé à la principale porte de Notre-Dame, il prit avec beaucoup de sang-froid la torche ardente d'une main et de l'autre son arrêt de mort qu'il lut lui-même d'un ton de voix assuré, nu-pieds, nu-tête, en chemise et ayant la corde au cou. La joie du peuple accouru sur son passage ne parut ni l'irriter ni l'affliger. En revenant de Notre-Dame, le condamné avait pâli, mais sa contenance était toujours ferme. De la Grève, Favras monta à l'Hôtel de Ville : il écrivit cinq à six lettres et dicta lui-même son testament avec la tranquillité d'un homme qui ne toucherait pas à ses derniers moments. La nuit était survenue. Cependant la foule qui occupait les dehors de l'Hôtel de Ville ne cessait de crier : *Favras ! Favras !* On distribua des lampions sur la place ; on en mit jusque sur la potence. Enfin le condamné descendit de l'Hôtel de Ville, marchant d'un pas assuré. Au pied du gibet, il éleva la voix, en disant : *Citoyens, je meurs innocent, priez Dieu pour moi.* Arrivé à la moitié de l'échelle, il dit d'un ton aussi élevé :

1. Monsieur, depuis Louis XVIII, s'était mêlé sourdement et timidement à cette conspiration contre l'État. Favras fit preuve de courage et de fidélité en ne dénonçant pas son *auguste* complice. Les papiers relatifs à cette affaire furent remis plus tard à Louis XVIII par madame du Cayla, et brûlés dans le tête-à-tête

Citoyens, je vous demande le secours de vos prières, je meurs innocent. Au dernier échelon, Favras répéta une troisième fois : *Citoyens, je suis innocent, priez Dieu pour moi ;* alors, se tournant vers le bourreau : *Et toi, fais ton devoir.*

Une question commençait à jeter le trouble dans le sein de l'Assemblée nationale, c'était celle des biens ecclésiastiques. Déjà plusieurs membres avaient demandé qu'une partie des richesses du clergé fût employée à l'amélioration des finances de l'État : rien de plus conforme que ce projet à l'esprit de désintéressement et de sacrifice qui est l'esprit même de l'Évangile. Tous les prêtres de bonne foi le reconnurent. « L'Église, écrivait l'un d'eux, nous est représentée comme arrachant son sein pour ses enfants ; c'est là notre modèle. Allons faire notre prière et disons : Grand Dieu, vous aviez donné beaucoup de biens à nos frères, mais nous n'en sommes qu'usufruitiers ; en bons citoyens, nous les remettons à la nation de qui nous les tenons. » La masse des ecclésiastiques se montrait fort éloignée de partager ces généreux sentiments ; la résistance venait surtout de la part des évêques, entre les mains desquels étaient les richesses de l'Église de France. Jusque-là le clergé n'avait point trop ouvertement opposé son influence aux décisions de la majorité du pays : la concordance des principes chrétiens et des idées révolutionnaires était assez manifeste pour qu'on n'osât pas se couvrir de Dieu contre les nouveaux progrès de l'esprit humain. Mais quand la Révolution eut tenu aux ministres du culte le langage que Jésus lui-même tenait à un riche ; quand elle leur eut dit : « Laissez à l'État ce que vous possédez, puis venez et suivez-moi, » oh ! alors les visages se rembrunirent, et le haut clergé s'en alla triste, courroucé.

La discussion sur les biens ecclésiastiques s'ouvrit le 31 octobre 1789.

Il y avait alors dans l'Église une noblesse, une classe moyenne, un peuple ; des riches, des aisés et des pauvres ; tout cela contraire à l'esprit de l'institution. Comment des prélats entourés d'un faste insultant, des abbés coureurs de boudoirs, des moines oisifs et endormis dans la mollesse, se seraient-ils soumis de bon cœur à un nouvel ordre de choses qui leur retranchait de vastes domaines, de riches abbayes, la possession de terres léguées par les âges d'ignorance et de superstition ? L'ambition des dépositaires infidèles de l'Évangile ne savait pas même se renfermer dans le cadre des dignités ecclésiastiques : ils avaient brigué partout les premières places. « La religion veut, au contraire, déclarait Camille Desmoulins, qu'ils aient le dernier rang. Le cahier de la ville d'Étain, après avoir cité une foule de textes : *Que leur règne n'est pas de ce monde ; que s'ils veulent être les premiers dans l'autre, il faut qu'ils soient les derniers dans celui-ci, etc.,* leur fait ce dilemme admirable : Si vous croyez à votre Évangile, mettez-vous à la dernière place qu'il vous assigne ; soyez du moins nos égaux ; ou, si vous ne croyez pas un mot de ce que vous dites, vous êtes donc des hypocrites et des fripons, et nous vous donnons, très-révérendissime père en Dieu, monseigneur l'archevêque de Paris, six cent mille livres de rentes pour vous moquer de nous : *Quidquid dixeris argumentabor.* »

Le haut clergé aima mieux se retirer de la Révolution que de rompre ces fatales attaches aux biens temporels, qui avaient amené dans l'Église le déclin des croyances et la corruption des mœurs.

Des hommes de loi, profondément versés dans la science des décrétales et des conciles ; des abbés jansénistes, des ecclésiastiques connus par la rectitude de leur jugement, démontrèrent que le clergé n'était pas propriétaire, mais simple administrateur de ses biens, qui avaient été donnés au culte et non aux prêtres ; l'État pouvait donc en exiger la restitution : mais quand même l'Église eût été réellement dépouillée, ne devait-elle pas se tenir pour heureuse d'être allégée du fardeau de ces richesses qui lui aliénaient le cœur des populations ? Ne devait-elle pas tout au moins se soumettre ? N'est-il pas écrit dans l'Évangile : « Si l'on veut enlever votre tunique, donnez aussi votre manteau ? »

Le haut clergé ne voulait rien céder : il réclama, protesta ; au langage irrité des évêques, on eût dit que rendre les biens, pour eux, c'était rendre l'âme. Jésus se relevait à demi du tombeau tout chargé de liens, et criait à ces indignes ministres : « Vous me déshonorez ! Je vous ai dit que mon royaume n'était pas de ce monde, et vous avez établi un État dans l'État. Je vous ai dit : N'amassez point de trésors, *nolite thesaurisare*, et vous avez mis tellement votre cœur dans les biens de ce monde, que vous refusez de rendre aux hommes ce qu'ils vous ont confié. Je vous renie devant mon père comme vous m'avez renié devant la nation. »

Ce langage, quelques bons prêtres le firent entendre à la tribune : « Qui oserait me dire, s'écriait le curé de Cuiseaux, que le tiers des biens de l'Église a été donné aux pauvres ; que l'autre tiers a été consacré à l'entretien des églises ; que les prêtres du second ordre ont été équitablement salariés ? Ainsi, depuis plus de cent trente ans, le clergé a joui de soixante-dix millions de biens dont il n'était pas propriétaire. »

L'abbé Gouttes s'écriait au milieu des murmures : « Vous n'y gagnerez rien ; je dirai la vérité. Je dirai qu'on aurait moins calomnié le clergé et qu'on aurait béni la religion, si les ecclésiastiques se fussent respectés davantage. Je dirai avec Fleury que, pendant les persécutions, les prêtres, n'ayant pas l'administration de leur église, étaient vraiment vertueux ; mais les persécutions cessèrent. Alors ils devinrent des pasteurs mercenaires, s'engraissèrent de la substance de leur troupeau, et l'abandonnèrent aux loups... Quand les législateurs réprimeront les abus, quand ils supprimeront les bénéfices simples, quand ils réduiront les ecclésiastiques à un traitement particulier... les législateurs ne feront rien de mauvais ; ils agiront, non comme des hommes, mais comme des anges envoyés sur la terre pour rétablir dans l'Église les vertus que la mauvaise distribution des biens en avait exilées. »

La droite de l'Assemblée interrompait, trépignait, murmurait... « Ô hommes de peu de foi ! s'écria-t-il en se tournant de ce côté de l'Assemblée, prenez-vous donc Jésus-Christ pour un avare ou pour un voleur, que vous liiez si fort sa cause à celle des intérêts matériels ? Je vous dis, moi, que votre cupidité le dégoûte ; vous faites rougir Dieu ! »

Les membres du haut clergé s'indignaient qu'on comparât leur richesse à l'indigence des apôtres : les temps, selon eux, étaient changés ; autres mœurs ; il fallait suivre le courant des sociétés humaines. — Et pourquoi donc alors nous opposez-vous toujours l'immuabilité des institutions de l'Église, quand on vous presse de marcher avec le siècle ?

A bout de raisons, le haut clergé insinuait qu'on en voulait à la racine même du christianisme. Ici Charles Lameth rapproche très-heureusement la Révolution et l'Évangile : il montre que l'une et l'autre se rencontrent sur certains points : « Lorsque l'Assemblée s'occupe d'assurer le culte public, est-ce le moment de présenter une motion (la motion de dom Gerle)[1] qui peut faire douter de ses sentiments religieux ? Ne les a-t-elle pas manifestés, quand elle a pris pour base de ses décrets la morale et la religion ? Qu'a fait l'Assemblée nationale ? Elle a fondé la constitution sur la fraternité et sur l'amour des hommes ; elle a, pour me servir des termes de l'Écriture, « humilié les superbes » ; elle a mis sous sa protection les faibles et le peuple, dont les droits étaient méconnus, elle a enfin réalisé, pour le bonheur des hommes, ces paroles de Jésus-Christ lui-même, quand il a dit : « Les premiers deviendront les derniers, les derniers deviendront les premiers. » Elle les a réalisées ; car, certainement, les personnes qui occupaient le premier rang dans la société, qui possédaient les premiers emplois, ne les posséderont plus. »

L'abolition des ordres monastiques, la vente des biens de l'Église et la suppression des vœux furent décrétés ; la nation se chargea des frais de l'autel et de l'entretien des ministres. Il restait encore un pas à faire ; il fallait reconstituer l'Église sur ses antiques bases. Une refonte générale de la discipline ecclésiastique était devenue nécessaire. Les idées avaient pris, depuis deux siècles, une direction nouvelle ; les peuples avaient besoin d'une notion plus démocratique de la Divinité ; la formidable hiérarchie du clergé catholique avait fini par masquer le ciel comme l'échelle de Jacob. Quel beau moment pour l'Église, si, au lieu d'associer la foi à ses ambitions, à ses intérêts, et de mêler Dieu dans sa querelle, elle eût renouvelé de fond en comble l'édifice religieux ! Se renouveler par les institutions, c'est vivre.

Une singulière recrue vint au secours de la philosophie et du bon sens. Je parle de Suzette Labrousse, une pauvre fille du Périgord ; elle ne venait pas, comme Jeanne d'Arc, sauver la France, mais l'Église. Visionnaire, un peu folle, elle avait passé son enfance dans la retraite et dans l'exaltation des pratiques religieuses : son cœur se fondait au son des cloches, à un chant d'église ou à la vue d'un crucifix. Elle entendait des voix qui l'avertissaient de sa mission. La voilà qui abandonne tout, famille, pays ; elle renonce à l'amour ; elle foule aux pieds les coquetteries et les délicatesses de son sexe : plus de moelleuses

---

[1]. Dom Gerle, chartreux, membre du club des Jacobins, bon cœur, mais tête faible, avait demandé que, pour fermer la bouche à ceux qui calomniaient les sentiments religieux de l'Assemblée, on déclarât la religion catholique, apostolique et romaine, religion de la nation.

étoffes, de la bure; plus de parures, de la cendre. Elle éteint sa beauté, sa fraîcheur, pour ne pas tenter les regards profanes qui s'arrêteraient sur une enveloppe trop séduisante.

Les Cordeliers avaient posé deux sentinelles à la porte de Marat.

Cependant, que lui disait l'esprit? « L'Église doit rentrer dans sa vérité primitive : toutes les cours romaines et épiscopales, ouvrages de la rapidité des hommes, vont s'écrouler au premier jour. Dieu ne veut plus tolérer ce colosse qui a effrayé les nations. » Les grands événements qui commençaient à étonner l'Europe remuaient depuis longtemps son cerveau halluciné. Elle arrive un jour à Paris, pieds nus : « Le temps, dit-elle, où il faut que toute justice se fasse est arrivé. Il ne résultera d'autre destruction que celle des préjugés et de la cause des maux qui inondent toute la terre... Si on met du retard à seconder mes vues, une saignée cruelle s'ensuivra. »

Le prodige fit du bruit : les évêques de l'Assemblée nationale, et plusieurs membres du clergé de France, consultèrent Suzette Labrousse. « Pour savoir la marche à tenir, leur disait-elle, il ne faut point être savant : il ne faut qu'être bon. Le moment est venu de renoncer aux bénéfices, aux dîmes, aux richesses, qui sont à l'Église ce que l'ivraie est au bon grain. Réchauffons tous nos cœurs sans délai pour réédifier à l'Être Suprême un nouveau corps resplendissant de lumière. » La foi naïve de cette paysanne confondit l'orgueil et la sagesse des docteurs.

Il s'agit bien de mysticisme! Pour juger sainement les faits, il faut nous placer à un tout autre point de vue. La vente des propriétés ecclésiastiques fut une question de droit. Les biens dont l'Église n'était que dépositaire devaient retourner à la nation qui avait fait le dépôt. De quel droit l'État s'emparait-il de ces biens? Les juristes répondaient : *Du droit de déshérence*. Le clergé cessant d'être une corporation avait perdu la qualité de propriétaire ; l'État lui succédait. Le gouvernement fut donc autorisé, par un décret de la Constituante, à vendre les domaines de l'Église jusqu'à concurrence de quatre cents millions. L'État s'engageait, de son côté, à pourvoir aux besoins des ministres du culte et au soulagement des pauvres.

La France courait-elle à l'abîme? La Révolution était entourée d'ennemis : les membres de l'aristocratie, détruite et dispersée, cherchaient à se reformer au delà du Rhin en un corps d'armée. Trop faibles pour agir seuls, les émigrés prétendaient soulever en leur faveur les puissances voisines et rentrer avec elles, en France, les armes à la main. Leur plan était de délivrer Louis XVI, qu'ils affectaient de croire prisonnier de la Révolution : le pays insurgé devait alors être sévèrement puni et le gouvernement rendu à sa forme primitive. Les mauvaises dispositions des princes et des souverains étrangers envers les révolutionnaires favorisaient beaucoup les entreprises de la noblesse française. L'horizon diplomatique était chargé de nuages. Un cordon *sanitaire* se formait de tous côtés, sur les frontières, pour empêcher le développement du mal français ; on appelait ainsi cet enthousiasme de la liberté qui, pour des spectateurs froids, avait les caractères d'une véritable fièvre. La France cependant ne pouvait reculer. Un homme peut bien, quand la paix générale du monde l'exige, retenir la vérité en lui-même ; un peuple, non. L'existence de la Révolution importait à l'univers ; il fallait que la France se sacrifiât, au besoin, pour propager ses idées. Les peuples, en l'attaquant, s'attaqueraient eux-mêmes : mais il était à craindre qu'une longue pratique de la servitude n'étouffât dans leur cœur la voix des intérêts les plus sacrés.

Ces réflexions roulaient dans la tête des révolutionnaires, quand l'Assemblée nationale ouvrit sa discussion sur le droit de déclarer la paix ou la guerre

A qui ce droit doit-il appartenir? Les courtisans répondaient : Au roi; les démocrates disaient : A l'Assemblée législative.

A la tête de ceux qui professaient cette dernière opinion était Robespierre.

« Pouvez-vous ne pas croire, s'écria-t-il, que la guerre est un moyen de défendre le pouvoir arbitraire contre les nations? Il peut se présenter différents partis à prendre. Je suppose qu'au lieu de vous engager dans une guerre dont vous ne connaissez pas les motifs, vous vouliez maintenir la paix; qu'au lieu d'accorder des subsides, d'autoriser des armements, vous croyiez devoir faire une grande démarche et montrer une grande loyauté. Par exemple, si vous manifestiez aux nations que, suivant les principes bien différents de ceux qui ont fait le malheur des peuples, la nation française, contente d'être libre, ne veut s'engager dans aucune guerre et veut vivre, avec toutes les nations, dans cette fraternité qu'avait commandée la nature. Il est de l'intérêt des nations de protéger la nation française, parce que c'est de la France que doivent partir la liberté et le bonheur du monde. »

Paix avec tous les peuples de la terre, tant que la France ne serait point attaquée, tel était, comme on le verra plus tard, l'idée fixe de toute sa vie. La guerre offensive était contraire à tous les principes de la démocratie. La France d'alors n'avait nulle intention d'étendre son territoire, nulle ambition de race; elle voulait se donner pour forteresses la paix et la fraternité.

La Révolution naissante voulait étendre les principes de la justice aux relations internationales. Les peuples doivent se traiter en frères; l'un d'eux ne doit pas faire aux autres ce qu'il ne voudrait pas qu'on lui fît.

Dans cette discussion solennelle, certains hommes mirent au jour leurs pensées secrètes, et la discussion du droit de paix et de guerre eut pour résultat de démasquer Mirabeau. Ce grand homme indigne de ce nom passa timidement à la cour et à la contre-révolution. Les feuilles publiques le dénoncèrent; tout Paris fermenta. Camille Desmoulins, qui l'avait le plus aimé, se déchaîna contre lui : « Tu as beau me dire que tu n'as pas été corrompu, que tu n'as pas reçu d'or, j'ai entendu ta motion. Si tu en as reçu, je te méprise; si tu n'en as pas reçu, c'est bien pis, je t'ai en horreur. » Pendant ce temps-là, Mirabeau louait un hôtel, achetait de l'argenterie et tenait table ouverte.

L'Assemblée nationale avait eu la délicatesse d'inviter Louis XVI à fixer lui-même sa liste civile : il lui demanda 25 millions ; *le pauvre homme!* Quatre députés seulement osèrent, dans le vote par assis et levé, refuser une somme si exorbitante; l'un de ces quatre était l'abbé Grégoire.

La nuit du 4 août avait mis la cognée à l'arbre du régime féodal; mais la noblesse se soutenait encore par le prestige de ses titres nobiliaires, *stat magni nominis umbra.* Cette ombre même devait disparaître devant la Constitution. L'aristocratie de l'ancien régime légua, cette fois, un grand exemple à toutes les aristocraties futures : elle s'exécuta elle-même simplement, gravement, et avec ce je ne sais quoi d'exquis dans les formes que donne la pratique du monde. On vit un de Noailles, un Montmorency, combattre les pâles arguments d'un petit abbé Maury, avec toute la supériorité que donne la dignité du sacrifice et du désintéressement.

« Anéantissons, s'écriait M. de Noailles, ces vains titres, enfants de l'orgueil et de la vanité. Ne reconnaissons de distinction que celle des vertus. Dit-on le marquis de Franklin, le comte Washington, le baron Fox? On dit Benjamin Franklin, Fox, Washington. Ces noms n'ont pas besoin de qualification pour qu'on les retienne; on ne les prononce jamais sans admiration. J'appuie donc de toutes mes forces les diverses propositions qui ont été faites. Je demande en outre que désormais l'encens soit réservé à la Divinité[1]. Je supplierai aussi l'Assemblée d'arrêter ses regards sur une classe de citoyens jusqu'à présent avilie, et je demanderai qu'à l'avenir on ne porte plus de livrée. »

Parmi les plus ardents révolutionnaires, il y en avait d'engagés personnellement au maintien de ces titres. Ils ne daignèrent pas même parler contre ces distinctions antisociales, qui étaient mortes depuis longtemps dans leur cœur; ils laissèrent faire. Le décret passa au milieu des applaudissements. Il me semble entendre, parmi ces claquements de mains, une voix qui retentit du bout du monde à l'autre. « Elle est tombée, elle est tombée, la grande Babylone des nations, cette féodalité qui buvait le vin et le sang du peuple, ce colosse aux pieds d'argile, qui s'affaisse lui-même sous le poids de son injustice! »

Un homme blâma pourtant la décision de l'Assemblée, relative aux titres nobiliaires, et, qui le croirait? cet homme était Marat.

Voici ses raisons : « C'était bien fait, sans doute, écrivait-il dans l'*Ami du peuple*, d'anéantir les ordres privilégiés; rien de mieux que de les avoir dépouillés de leurs prérogatives oppressives; mais il fallait leur laisser leurs hochets, leurs titres, et les charger seulement de fortes redevances. Qui doute que leur abolition n'ait été décrétée pour entretenir dans l'État un foyer de discordes? C'est à la prochaine législature de l'éteindre en rétablissant ces hochets. La plupart des noms que portent aujourd'hui les jadis nobles sont des noms de terres titrées : ces noms sont à leurs yeux la plus chère portion de l'héritage de leurs pères; ils font leur gloire et leur consolation dans l'adversité; plutôt que de se soumettre à les quitter, ils braveront mille morts. Ce que je dis de leur nom, je le dis de leurs décorations et de leurs titres. Quelle démence de vouloir les contraindre à les abandonner! Quoi! l'Assemblée nationale, avant que les lumières de la philosophie aient pénétré tous les esprits de la vraie grandeur de l'homme, sape barbarement un édifice pompeux qu'a élevé la gloire et qu'a respecté le temps! Elle veut que, sans frémir de honte et de fureur, un Montmorency reprenne le nom de B....., et cesse de se qualifier du titre de premier baron chrétien; elle veut que, sans mourir de douleur, les descendants de ce Villars, qui sauva la France du joug autrichien, se contentent d'un nom tout net, qui les confond avec le vendeur de chandelles ou le crocheteur du coin! Non, non! quoi qu'ils aient pu faire, ils ne détruiront jamais ni

---

[1]. L'usage d'encenser le seigneur du lieu était établi dans les paroisses.

es rapports de la nature ni les rapports de la société. Un duc sera toujours un duc pour ses valets. Sans doute la doctrine de l'égalité parfaite devait être reçue avec enthousiasme de l'aveugle multitude, toujours menée par des mots ; qu'on juge de l'ivresse d'un porteur d'eau, qui se croit l'égal d'un duc ou d'un maréchal de France... Mais ce que je ne puis concevoir, c'est qu'il ne se soit trouvé personne dans le sénat de la nation, qui ait senti les inconvénients de cette doctrine, et qui en ait prévu les funestes effets sur la sûreté et la tranquillité publiques. Qu'y a gagné, d'ailleurs, le pauvre peuple? Il n'a cessé de ramper devant l'héritier d'un grand nom que pour ramper devant un nouveau parvenu cent fois plus indigne... Ah! puisqu'il est né pour l'humiliation, mieux valait l'abaisser devant un maréchal de France qui avait reçu de l'éducation que devant un grippe-sous paré de son écharpe tricolore. Tout ce que la Constitution fait avec tyrannie, elle pouvait le faire avec douceur et prudence. Au lieu d'anéantir les ordres du roi et la noblesse, elle pouvait les laisser s'éteindre... Voici ma profession de foi : La Révolution a rendu ennemis du peuple tous les ordres privilégiés... Je dis qu'il faut les ramener par la justice, qu'il faut empêcher les jadis nobles de se regarder comme des étrangers dans l'État, en cessant de les dépouiller de leurs titres. Je sais qu'en proposant ce conseil je m'expose à la défaveur du peuple ; mais je serais indigne du glorieux titre de son défenseur, si un lâche retour sur moi-même me fermait la bouche en présence de la justice et de la vérité. » Ce langage extraordinaire fit alors accuser Marat de *royalisme ;* ses ennemis répandirent même le bruit qu'il s'était vendu à la cour. La vérité est que l'Ami du peuple, comme tous les écrivains démocrates, voyait avec peine se former, sur les ruines du régime féodal, une aristocratie d'argent. Il réclamait une fusion réelle de tous les citoyens en un corps de nation, non un simple déplacement des anciens priviléges.

L'Assemblée nationale, nous devons le reconnaître, ne perdait point son temps en discussions frivoles : quelques mois lui avaient suffi pour réorganiser la France ; elle l'avait divisée (15 janvier 1789) en 83 départements, qui tiraient leurs noms de la configuration même du sol, des montagnes et des rivières ; elle avait couvert le pays de municipalités et d'assemblées électorales, où devaient être admis tous ceux qui payaient, en contribution, la valeur de trois journées de travail, créé un papier-monnaie pour faciliter la vente des biens ecclésiastiques, détruit les parlements, délégué le pouvoir judiciaire à des juges salariés par la nation. Au milieu de ces travaux, elle fut plus d'une fois interrompue par les troubles des provinces ; l'esprit royaliste agitait le Midi ; la lutte des croyances religieuses commençait à remuer l'Ouest ; de tous ces côtés, l'ancienne constitution des provinces, encore mal effacée, servait de ferment aux germes d'une guerre civile. « A Montauban, dit Loustalot, l'aristocratie militaire, ecclésiastique et judiciaire a fait périr, dans un quart d'heure, plus de citoyens que vingt-trois millions d'hommes n'en ont immolé dans une grande révolution où ils avaient à se venger de quatre siècles de malheurs et d'outrages. » Incroyable aveuglement des préjugés : la France se soulevait contre son propre bonheur.

Malgré les maux inséparables de tout enfantement politique, la situation du plus grand nombre des citoyens s'était améliorée : dans l'ordre civil, le paysan n'était plus un être taillable et corvéable à merci ; dans l'Église, si les bénéficiers et les prélats avaient été obligés de retrancher leur luxe, les curés de campagne jouissaient au moins du nécessaire : c'est la Révolution qui a donné du pain au clergé inférieur. De toutes parts, les inégalités sociales, causes de la misère et de l'ignorance, disparaissaient. La France courait à une nouvelle distribution du territoire et de la fortune publique. Les bornes des États ne limitaient même plus cette secousse vers l'unité. Franklin mourut : l'Assemblée nationale porta le deuil pendant trois jours. En s'associant à la douleur de l'Amérique, les révolutionnaires français montrèrent qu'ils étaient citoyens du monde entier : un grand homme n'appartient pas seulement à son pays mais au genre humain qu'il éclaire de ses lumières.

Comment s'expliquer qu'au milieu de cette diffusion de lumières on continuât de faire la guerre aux écrivains ? Fréron était emprisonné, Marat traqué, Loustalot inquiété ; une amende de dix mille livres, nouvelle épée de Damoclès, était suspendue sur la tête de Camille. Ne pouvant les vaincre, on essaya de les séduire. Les ouvriers de corruption en furent pour leur peine ; Camille, cette tête si facile à griser, résista aux narcotiques et aux promesses ; ivresse pour ivresse, il préféra celle de la Révolution. Jamais Desmoulins n'avait montré tant de verve, d'originalité, d'assurance, qu'en face de cette conspiration contre la presse. « Je vois bien, dit-il, que pour faire un journal libre, et ne point craindre les assignations ni les juges corrompus, il faut renoncer à être citoyen actif, suivre le précepte de l'Évangile, *donner ce qu'on a, ne tenir à rien*, et se retirer dans un grenier ou dans un tonneau *insaisissable*, et je suis bien déterminé à prendre ce parti, plutôt que de trahir la vérité et ma conscience. — Oui, je viens de prendre ce parti ; je me suis débarrassé du peu que j'avais acquis par mes veilles, et d'un pécule que je puis bien appeler *quasi castrense*. A présent, viennent les huissiers ! Quand ils viendront, j'échapperai à l'inquisition, comme le moucheron à la toile d'araignée, en passant au travers. Je bénis la tempête qui m'a fait jeter dans la mer les instruments de ma servitude ; maintenant je me sens libre comme *Bias*. Je révèlerai toute la corruption de l'Assemblée nationale. Je déclare, je jure qu'ils m'ont offert une place dans la municipalité, qu'ils m'ont dit avoir la parole de Bailly et de Lafayette. J'ai compris par leurs menaces qu'ils disposaient de *Talon* et de son Châtelet, et, par leurs promesses, qu'ils disposaient des places de la municipalité et des grâces de la cour. Oui, citoyens, je vous dénonce que déjà vous êtes à l'encan ; on marchande le silence ou l'appui de vos défenseurs. A la suite d'un repas où l'on avait affaibli ma raison, en prodiguant les vins, et amolli mon courage, en m'offrant une image du bonheur qui n'est point sur la terre et dont ils ne voient pas que le dédommagement ne peut être que dans la probité, le témoignage de la conscience et l'estime de soi-même ; après m'avoir ainsi préparé à recevoir les impressions qu'on voulait me faire prendre, n'osant pas me proposer de professer d'autres principes, on m'a proposé une place de mille écus, de deux mille écus... Pardon, chers concitoyens, si je ne me suis point levé avec horreur, et si je n'ai point dénoncé ces offres. J'aurais trahi l'hospitalité, la sainteté de la table... Que le peuple soit averti qu'on marchande les journalistes, qu'on dispose à l'avance des places de la municipalité, qu'on engage la parole de Bailly et de Lafayette. » Loustalot fit aussi son manifeste. « Voyons qui de nous, s'écriait-il, sera le meilleur citoyen? » Camille releva le gant : « Je veux lutter avec vous de civisme. Il ne reste plus de sacrifices à faire après ceux que j'ai faits ; mais je sacrifierais, s'il le faut, au bien public jusqu'à ma réputation. Qu'on m'assigne, qu'on me décrète, qu'on m'outrage, qu'on me calomnie indignement, j'immolerai jusqu'à l'estime des hommes, je ne craindrai ni les coups d'autorité ni le coup des lois ; je serai au-dessus des honneurs et de la misère ; je ne cesserai d'abreuver l'esprit public de la vérité et des bons principes ; la lâche désertion de quelques journalistes, la pusillanimité du plus grand nombre, ne m'ébranlera pas, et je vous suivrai jusqu'à la ciguë. » Tel était alors le dévouement de quelques journalistes.

La Révolution avait promis de relever tous les abaissements. Ne devait-elle point alors tendre la main aux juifs, aux protestants? ne devait-elle pas écarter de la tête des comédiens un préjugé funeste? Talma ayant rencontré, à propos de son mariage, de la part de l'Église, une résistance que n'avait pu vaincre le progrès des idées, saisit l'Assemblée nationale de sa plainte. « J'implore, lui écrivait-il dans une lettre, le secours de la loi constitutionnelle et je réclame les droits de citoyen qu'elle ne m'a point ravis, puisqu'elle ne prononce aucun titre d'exclusion contre ceux qui embrassent la carrière du théâtre. J'ai fait choix d'une compagne à laquelle je veux m'unir par les liens du mariage ; mon père m'a donné son consentement ; je me suis présenté devant le curé de Saint-Sulpice pour la publication de mes bans. Après un premier refus, je lui ai fait faire une sommation par acte extra-judiciaire. Il a répondu à l'huissier qu'il avait cru de sa prudence d'en référer à ses supérieurs, qui lui ont rappelé les règles canoniques auxquelles il doit obéir, et qui défendent de donner à un comédien le sacrement de mariage, avant d'avoir obtenu de sa part une renonciation à son état... Je me prosterne devant Dieu ; je professe la religion catholique, apostolique et romaine... Comment cette religion peut-elle autoriser le dérèglement des mœurs?... J'aurais pu, sans doute, faire une renonciation et reprendre le lendemain mon état ; mais je ne veux point me montrer indigne de la religion qu'on invoque contre moi, indigne du bienfait de la Constitution, en accusant vos décrets d'erreur et vos lois d'impuissance. » Robespierre dans un excellent discours défendit la cause des comédiens contre l'intolérance religieuse. « Il était bon, dit-il, qu'un membre de cette Assemblée vînt réclamer en faveur d'une classe trop longtemps opprimée. Les comédiens mériteront davantage l'estime publique, quand un absurde préjugé ne s'opposera plus à ce qu'ils l'obtiennent ; alors les vertus des individus contribueront à épurer les spectacles, et les théâtres deviendront des écoles publiques de principes, de bonnes mœurs et de patriotisme. » Ce langage était celui de la raison et contribua sans doute à adoucir les préjugés qui régnaient autrefois contre les acteurs. Molière, du fond de sa tombe, dut remercier l'orateur et cette grande Révolution qui venait rappeler tous les Français, tous les habitants de la terre à la dignité d'hommes et de citoyens.

Une question encore plus grave que la vente des biens ecclésiastiques était la constitution civile du clergé.

XI

Constitution civile du clergé. — Fêtes de la Fédération.

Une assemblée laïque avait-elle le droit de modifier les institutions religieuses, et de les mettre en harmonie avec les nouvelles institutions du pays? Les uns disaient oui; les autres, non. Les partisans de cette réforme s'appuyaient sur un argument très-fort : l'État pouvait-il tolérer, à côté de lui, une puissance rivale qui échappait à son contrôle? On crut tourner la difficulté en décidant que la constitution civile du clergé serait l'œuvre du clergé lui-même. Le comité chargé de rédiger le projet de loi se composait presque tout entier d'ecclésiastiques, dont quelques-uns étaient jansénistes. Ce comité, je dirais presque ce concile de la foi nouvelle, délibérait presque tous les jours. Les vivants et les morts illustres, Fénelon, Pascal, Mably, assistaient en quelque sorte aux débats. De ce travail préparatoire sortit un plan de constitution ecclésiastique, calqué sur la constitution politique du pays. Enfin la discussion s'ouvrit au mois de juin 1790. Plusieurs membres du haut clergé cherchèrent à déplacer la question, en défendant des dogmes qui n'étaient point attaqués. Ces casuistes s'enveloppèrent dans une discussion obscure : les fantômes ne soulèvent que des ténèbres. Robespierre alors se leva : cet orateur avait autant de rectitude dans l'esprit que de droiture dans le cœur. Lui qu'on a souvent accusé d'avoir conservé un faible pour le clergé se montra, dans cette circonstance, un véritable homme d'État, parfaitement libre et dégagé de tout esprit de secte. « Les prêtres, dit-il, sont, dans l'ordre social, de véritables magistrats destinés au maintien et au service du culte. De ces notions simples dérivent tous les principes; j'en présenterai trois qui se rapportent aux trois chapitres du plan du comité. Premier principe : toutes les fonctions publiques sont d'institution sociale; elles ont pour but l'ordre et le bonheur de la société; il s'ensuit qu'il ne peut exister, dans la société, aucune fonction qui ne soit utile. Devant cette maxime disparaissent les bénéfices et les établissements sans objet. On ne doit conserver en France que des évêques et des curés. Second principe : les officiers ecclésiastiques étant institués pour le bonheur des hommes et pour le bien du peuple, il s'ensuit que le peuple doit les nommer. Troisième principe : les officiers ecclésiastiques étant établis pour le bien de la société, il s'ensuit que la mesure de leur traitement doit être subordonnée à l'intérêt et à l'utilité générale, et non au désir de gratifier et d'enrichir ceux qui doivent exercer ces fonctions. Ces trois principes renferment la justification complète du projet du comité. J'ajouterai une observation d'une grande

Fête de la Fédération au Champ-de-Mars.

importance, et que j'aurais peut-être dû présenter d'abord : quand il s'agit de fixer la constitution ecclésiastique, c'est-à-dire les rapports des ministres du culte public avec la société, il faut donner à ces magistrats, à ces officiers publics, des motifs qui unissent plus particulièrement leur intérêt à l'intérêt public. Il est donc nécessaire d'attacher les prêtres à la société par tous les liens, en... »

Ici l'orateur est interrompu par un mélange de murmures et d'applaudissements ; il allait parler du mariage des prêtres.

Robespierre prit part deux autres fois à la discussion des matières ecclésiastiques : « Ni les assemblées administratives ni le clergé ne peuvent concourir à l'élection des évêques : la seule élection constitutionnelle, c'est celle qui vous a été proposée par le comité. Quand on dit que cet article contrevient à l'esprit de piété, qu'il est contraire aux principes du bon sens, que le peuple est trop corrompu pour faire de bonnes élections, ne s'aperçoit-on pas que cet inconvénient est relatif à toutes les élections possibles, que le clergé n'est pas plus pur que le peuple lui-même? Je vote pour le peuple. »

Il faudrait citer tout au long ces deux discours, pour donner une juste idée de la manière dont le disciple de J.-J. Rousseau envisageait cette délicate question. Contentons-nous cependant de quelques extraits.

« L'auteur pauvre et bienfaisant de la religion, dit-il, a recommandé au riche de partager ses richesses avec les indigents ; il a voulu que ses ministres fussent pauvres ; il savait qu'ils seraient corrompus par les richesses ; il savait que les plus riches ne sont pas les plus généreux, que ceux qui sont séparés des misères de l'humanité ne compatissent guère à ces misères, et que par leur luxe et par les besoins attachés à leur richesse ils sont souvent pauvres au sein même de l'abondance. »

Robespierre, à la fin, fut simple et touchant ; il s'agissait d'une question d'humanité. « J'invoque, s'écria-t-il, la justice de l'Assemblée en faveur des ecclésiastiques qui ont vieilli dans le ministère et qui, à la suite d'une longue carrière, n'ont recueilli de leurs travaux que des infirmités. Ils ont aussi pour eux le titre d'ecclésiastiques et quelque chose de plus, l'indigence. Je demande que l'Assemblée déclare qu'elle pourvoira à la subsistance des ecclésiastiques de soixante-dix-ans, qui n'ont ni pensions ni bénéfices. » La Révolution était tenue d'établir la justice et la miséricorde dans l'Église, comme dans la société.

La discussion fut orageuse : les évêques n'attendaient que ce moment pour éclater. Ils crièrent à l'hérésie, au scandale ; mais l'abbé Gouttes, au nom des membres du comité ecclésiastique : « Je fais profession d'aimer, d'honorer la religion, et de verser, s'il le faut, tout mon sang pour elle. » Les curés de l'Assemblée font la même déclaration de foi. Au même instant, l'évêque de Clermont, furieux, sort de la salle à la tête des autres évêques et de tous les membres dissidents. « Je vote, dit alors l'abbé Grégoire, sous l'œil de Dieu. » Le décret passa. « Nulle considération, s'écrie aussitôt ce prêtre vertueux, ne peut suspendre l'émission de notre serment. Nous formons des vœux sincères pour que, dans toute l'étendue de l'empire, nos confrères, calmant leurs inquiétudes, s'empressent de remplir un devoir de patriotisme, si propre à porter la paix dans le royaume, et à cimenter l'union entre les pasteurs et les ouailles ! » Resté à la tribune, il y prononce alors le premier, aux applaudissements de l'Assemblée, le fameux serment constitutionnel : « Je jure d'être fidèle à la nation, à la loi et au roi. »

L'Assemblée nationale venait de rappeler l'Église à la simplicité des premiers temps, à l'élection des évêques et des curés par les fidèles. Elle n'avait touché ni aux dogmes ni aux croyances, et pourtant une grande agitation cléricale se répandit dans toute la France. Les ministres d'une religion de paix ainsi, qu'ils s'intitulent eux-mêmes, fomentèrent dans l'Église un schisme qui devait déchirer l'unité de l'État. Un abîme de dissentiments séparait les prêtres assermentés des prêtres inassermentés. Les évêques sonnèrent l'alarme dans leurs diocèses. Un assez grand nombre de prélats émigrèrent à l'étranger. Des curés abandonnèrent leurs fonctions, aimant mieux vivre d'aumônes que de recevoir la rétribution accordée par le gouvernement constitutionnel. La pitié des femmes les accompagna dans leur retraite ; elles suivaient avec attendrissement ces vieillards réduits à dire la messe dans le creux des rochers, dans les maisons particulières, au coin des bois. On en est même à se demander si la constitution civile du clergé ne fut pas une des fautes de la Révolution Française. Sans doute l'État avait le droit de courber sous sa main toutes les résistances ; mais il s'attaquait, cette fois, à des hommes qui regardaient leurs croyances comme antérieures et supérieures à tous les droits politiques. Réconcilier le clergé avec les principes de 89 était un rêve ; intervenir dans ses affaires était un danger. Y avait-il une autre solution ? personne alors ne la proposa.

Au moment où cette querelle du clergé semait la discorde dans les villes et dans les campagnes, tous les esprits vraiment philosophiques tendaient, au contraire, vers l'unité. Une scène étrange et curieuse se passa au sein même de l'Assemblée constituante. Au moment où l'on s'y attendait le moins, les portes de la salle s'ouvrent : c'est une députation d'Anglais, de Prussiens, de Siciliens, de Hollandais, de Russes, de Polonais, d'Allemands, de Suédois, d'Italiens, d'Espagnols, de Brabançons, de Liégeois, d'Avignonnais, de Suisses, de Genevois, d'Indiens, d'Arabes, qui tous viennent, conduits par l'étoile de la liberté, adorer la Révolution au berceau. — Ces étrangers, à la tête desquels marche l'orateur Clootz, demandent la faveur d'être admis à la fête qui se prépare dans le Champ-de-Mars, pour l'anniversaire du 14 juillet : « La trompette, dit Clootz, qui sonne la résurrection d'un grand peuple, a retenti aux quatre coins du monde, et les chants de vingt millions d'hommes libres ont réveillé les peuples ensevelis dans un long esclavage. » Ainsi s'accomplissait le mot de Volney, dans la discussion du droit de paix et de guerre : « Jusqu'à ce moment vous avez délibéré dans la France et pour la France ; aujourd'hui vous allez délibérer pour l'univers et dans l'univers. »

Ce cosmopolitisme n'était peut-être pas de très-bon aloi. Avant de constituer l'unité du genre humain, ne fallait-il point fonder l'unité nationale ? Aussi la députation fut-elle accueillie froidement.

Quel était pourtant le caractère de la grande solennité qui se préparait au Champ-de-Mars ?

Depuis quelque temps, on avait conçu l'idée d'une confédération générale, qui devait réunir les drapeaux de toutes les gardes nationales du royaume.

Ce mouvement était parti des provinces : l'égoïsme de localité cédait dans toute la France à l'entraînement de l'esprit public : les citoyens régénérés avaient besoin de se voir, de se connaître : ils se cherchaient ; plus de divisions ; une grande famille liée par les mêmes sentiments. On avait choisi le Champ-de-Mars pour le théâtre de la fête ; mais ce théâtre était lui-même à construire. Quinze mille ouvriers travaillaient depuis quelques jours à relever les terres, de chaque côté du Champ, en vastes talus qui devaient supporter la masse des spectateurs. Cependant le bruit circule que l'ouvrage n'avance pas ; l'inquiétude se répand dans tous les quartiers de la ville. On se transporte aussitôt sur les lieux. Il n'y a qu'un cri : « Mettons-nous-y tous. »

A l'instant même, une armée de cent cinquante mille travailleurs accourt ; le Champ est transformé en un immense atelier national. Les bataillons de la garde nationale, les citoyens de tout rang, de tout âge, arrivent armés de pelles et de pioches. Les invalides, auxquels il reste un bras, une jambe, remuent vaillamment la terre ; ceux d'entre eux qui sont aveugles aident à tirer les tombereaux. Les femmes, que l'oisiveté du dimanche avait amenées sur le théâtre de ces joyeux travaux, oublient tout à coup leur sexe, leurs atours ; elles disputent aux hommes les instruments pénibles ; de blanches et fines mains enfoncent la bêche, poussent la brouette. La nuit sépare cette laborieuse famille, mais l'aurore qui suit la trouve déjà rassemblée. Les femmes reviennent ; déjà leur teint est légèrement bruni au service de la patrie ; elles mettent de la grâce dans leur ardeur à l'ouvrage ; leur simple vue repose des fatigues, leur exemple encourage. Des prêtres, des moines se mêlent dans les bandes : les chartreux transportent la terre en silence et avec un pieux recueillement ; les enfants font, à travers tout cela, l'école buissonnière ; leurs bras tremblants ou débiles aident à charger les fardeaux ; leur gaieté trompe la longueur des heures de travail.

Le nombre de travailleurs augmente d'heure en heure : les outils manquent ; tout à coup les chapeaux, les tabliers suppléent aux brouettes ; l'émulation du dévouement invente des instruments nouveaux. Au milieu de cette population ouvrière, on distingue les bras rompus depuis longtemps à la fatigue, les mains de fer créées par l'industrie.

Les imprimeurs avaient inscrit sur leur drapeau : *Imprimerie, premier flambeau de la liberté !* Ceux de Prudhomme s'étaient fait, pour se reconnaître, des bonnets de papier avec les couvertures des *Révolutions de Paris ;* ils sont accueillis à leur arrivée par des applaudissements. Les riches apportent le sacrifice de leur mollesse et de leur oisiveté, les femmes de leur beauté craintive et douillette : le pauvre, chose plus grave, chose sainte ! apporte son temps.

« Je n'oublierai pas les colporteurs, dit Camille Desmoulins. Voulant surpasser les autres corps, et voués plus particulièrement à la chose publique, ils avaient arrêté de consacrer toute une journée à l'amélioration des travaux. Paris s'étonna de ne point entendre, dès le matin, les cris familiers de ces douze cents réveille-matin, et ce silence avertit la ville et les faubourgs que ces patriotes piochaient dans la plaine de Grenelle. »

Un ordre admirable, suprême, règne dans toute cette foule : trois cent mille bras, une seule âme ! Les outils remuent, bouleversent le Champ-de-Mars ; le gazon du milieu est soulevé, les tertres latéraux se dessinent en amphithéâtre. Nulle police ; à quoi bon ? Un jeune homme arrive, ôte son habit, jette dessus ses deux montres, prend une pioche et va travailler au loin. — Mais vos deux montres ? — Oh ! l'on ne se défie pas de ses frères ! — Et ce dépôt, laissé au sable et aux cailloux, est gardé par la moralité publique. Les jeux se mêlent de temps en temps au travail : le tombereau qui part plein de terre revient orné de branchages, et chargé de groupes de jeunes gens et de jolies femmes qui auparavant aidaient à le traîner. Il pleut : l'eau du ciel, tout abondante qu'elle soit, ne refroidit pas l'enthousiasme. Le soir, on se rassemble avant de se retirer ; une branche d'arbre sert d'étendard, un tambour, un fifre ouvre la marche. Les fêtes de Saturne et de Rhée étaient revenues : à la veille de jurer le pacte fédéral, les citoyens français contractent une alliance utile et sacrée, l'alliance avec la terre.

La presse, toujours ouverte aux alarmes, ne partageait qu'à demi la joie et la confiance des travailleurs. « Surtout, leur disait-elle, n'adorez pas ! » Cette recommandation s'adressait au caractère idolâtre des Français, qui, soit par enthousiasme, soit par facile entraînement du cœur, se montrent trop souvent enclins à se prosterner devant quelqu'un ou quelque chose. L'idole, ici, c'était la cour, le roi, la reine. Il était à craindre que ces fédérés, venus du fond de leur province, ne se laissassent tout à coup séduire.

La reine était belle ; elle avait des yeux et des sourires de sirène. Un mot, et l'épée de la France, l'épée de la Révolution allait peut-être tomber entre les mains de cette Autrichienne. La vérité est que déjà les têtes s'enflammaient pour elle ; la garder dans son château, l'escorter à la promenade, veiller la nuit près de son sommeil, il y avait là plus qu'il n'en faut pour mettre aux champs des imaginations neuves et romanesques. D'un autre côté, des rancunes farouches paraissaient survivre, chez quelques citoyens, à l'abolition de la noblesse : ces sentiments, la presse démocratique eut la générosité de les calmer. « Une chose, s'écriait Loustalot en rendant compte des travaux du Champ-de-Mars, une seule chose pourrait affliger un observateur patriote dans ces beaux jours. Les pelles de beaucoup de citoyens étaient ornées de devises menaçantes contre les aristocrates. Frères et amis, le caractère d'un peuple libre est de *dompter les superbes et de pardonner aux vaincus* ! Les aristocrates ne sont pas dignes de votre courroux. Que ce beau jour ne soit troublé par aucune haine, par aucun excès, par aucune vengeance publique ni privée : vous goûterez le bonheur et vos ennemis seront assez punis. »

Enfin parut l'aube du 14 juillet. Le ciel ne répondait pas à la sérénité du sentiment public : c'était une matinée sombre et chargée de nuages. Dès le point du jour, tous les fédérés répandus dans la ville se réunirent ; ils avaient reçu la plus cordiale hospitalité dans les couvents, les casernes, les maisons bourgeoises : depuis quelques jours, les citoyens n'avaient plus qu'un toit et qu'une table. Le monde n'avait jamais rien vu de semblable. A dix heures, une salve d'artillerie annonça l'arrivée du cortége, qui traversait la Seine sur un pont de bateaux. Et quel cortége! La France entière, la France avec ses anciennes provinces qui, tout à coup, immolant leurs droits, leurs priviléges, leur amour-propre local, venaient se rallier au même symbole.

La foule était imposante : quatre cent mille spectateurs, hommes et femmes, tous décorés de rubans aux couleurs de la nation, s'étageaient sur des gradins qui, partant d'un triple arc de triomphe, décrivaient un cintre incliné dont le haut se mariait avec les branches des allées d'arbres, et dont les pieds s'appuyaient sur une immense plate-forme au milieu de laquelle s'élevait un autel à la manière antique. Quatre cents prélats revêtus d'aubes flottantes, avec des ceintures tricolores, couvraient les marches de l'*autel de la patrie*, et attendaient la fin du cortége, la face tournée vers la rivière.

De temps en temps, la pluie tombait par rafales. Une immense galerie couverte, ornée de draperies bleu et or, occupait le côté du Champ-de-Mars où se trouve l'École militaire; au milieu de la galerie s'élevait le pavillon du roi. Les vainqueurs de la Bastille étaient à la fête : il y était, ce brave et généreux Hulin, qui, par esprit de renoncement à toutes les distinctions honorifiques, avait détaché de sa boutonnière le ruban et la médaille accordée par la Commune [1].

A trois heures et demie, le cortége acheva d'entrer dans le Champ-de-Mars; une seconde salve d'artillerie se fit entendre... on commença la messe. L'évêque d'Autun, Talleyrand, monta sur l'autel en habits pontificaux, au milieu de son clergé : la messe se célébra au bruit des instruments militaires; l'officiant bénit ensuite les bannières des quatre-vingt-trois départements. Le roi assistait à cette cérémonie sans sceptre, sans couronne, sans manteau; en homme qui se respecte, non en comédien.

Le moment solennel était venu : M. de Lafayette, nommé ce jour-là commandant général de toutes les gardes nationales du royaume, traverse les rangs au milieu des acclamations, appuie son épée nue sur l'autel, et dit d'une voix élevée, en son nom, au nom des troupes et des fédérés : « Nous jurons d'être fidèles à la nation, à la loi et au roi; de maintenir de tout notre pouvoir la Constitution décrétée par l'Assemblée nationale et acceptée par le roi, et de demeurer unis à tous les Français par les liens de la fraternité. » Au même instant, les trompettes sonnent, les tambours battent, l'obus éclate; le ciel, jusque-là voilé, se découvre; et le soleil, ce Verbe de la nature, paraît pour recevoir le serment de quatre cent mille hommes.

L'Assemblée, le roi, le peuple, s'unissent dans le même élan national. Quel moment! Au bruit de la bombe et du tambour, les habitants restés dans Paris, hommes, femmes, enfants, lèvent la main du côté du Champ-de-Mars, et s'écrient aussi : « Oui, je le jure! » La France répète ce serment avec transport. Qui dira

---

1. Je rencontrai Hulin en 1831, ce même 14 juillet; il se promenait au Champ-de-Mars par un beau soleil; mais ce soleil qui *brûle les bastilles*, Hulin ne le voyait plus; il était aveugle.

la joie et les embrassements de tout un peuple venant de naître à la liberté? Ah! ce fut un grand spectacle! Comment décrire l'effet produit par ces drapeaux qui flottent dans les airs, comme pour se confondre désormais en un seul, le drapeau de la France, les armes qui brillent comme une moisson de fer dans cette plaine nue, les cris qui courent avec des frissons d'enthousiasme sur toutes les têtes, la terre qui s'ébranle, le ciel qui semble lui répondre par une clarté subite, les formidables accents d'une joie orageuse, la voix tonnante du peuple, et le génie de la Liberté qui plane dans les airs?

« O siècle! ô mémoire! s'écriait alors Carra, nous avons entendu ce serment, qui sera bientôt, nous l'espérons, le serment de tous les peuples de la terre; vingt-cinq millions d'élus l'ont répété à la même heure dans toutes les parties de cet empire; les échos des Alpes, des Pyrénées, des vastes cavernes du Rhin et de la Meuse en ont retenti au loin; ils le transmettent sans doute aux bornes les plus reculées de l'Europe et de l'Asie. Divine Providence! je me prosterne devant toi, en regardant avec dédain tous les rois qui se croient des dieux et demandent l'amour des mortels; je leur dis : Qu'êtes-vous? Qu'avez-vous fait pour le bonheur des hommes? C'est aux nations assemblées à faire leurs propres lois et leur propre bonheur. Peuples de l'Europe, en écoutant ce récit, tombez à genoux devant la divine Providence, et puis, vous relevant avec la fierté de l'homme et l'enthousiasme du républicain, renversez le trône de vos tyrans; soyez libres et heureux comme nous. »

Pour se faire une idée des sentiments qui dictaient à la nation entière de telles paroles, il faut se reporter en esprit à ces jours de foi et d'espérance, où tous les hommes n'eurent qu'un nom, celui de frères. La liberté était une mer dont on ne connaissait pas encore les orages. Avec quelle joie on voyait le vaisseau de la France manœuvrer sur cet océan tranquille! Pendant une semaine, ce ne furent que chants et illuminations jusque sur les ruines de la Bastille; à la porte, on avait mis cette inscription heureuse par les contrastes qu'elle faisait naître : *Ici l'on danse.* Tout en transformant ce lieu d'horreur en une salle de plaisirs, on avait pris le soin de ne point enlever le caractère de la primitive forteresse. Dans les anciens fossés, où la danse était fort animée, des restes de cachots, éclairés d'une sombre lumière, projetaient sur la fête des souvenirs bien faits pour entretenir le peuple dans l'horreur du despotisme dont cette forteresse avait été le rempart.

Les craintes qu'avaient conçues les écrivains démocrates furent en partie confirmées : l'enthousiasme des fédérés les emporta bien au delà des bornes de la réserve et de la convenance. Malgré ses querelles avec le roi et avec le clergé, la France était encore royaliste et catholique. Lafayette avait été enlevé dans les bras, étouffé; on avait baisé ses mains, ses bottes, son cheval blanc. Pendant huit jours, le peuple ne se livra plus qu'aux danses et aux divertissements; il s'abandonna, avec une facilité imprudente, à l'ivresse d'une joie sans mesure; la tribune était oubliée; il fallait que l'idolâtrie populaire fût bien prononcée pour que Mirabeau lui-même s'en indignât. « Que voulez-vous faire, dit-il, d'une nation qu i ne sait que crier : Vive le roi? » Dans une revue des gardes nationales, la reine avait donné sa main à baiser aux fédérés, sa belle main. Il paraît, au reste, que nos provinciaux laissèrent déchirer leur civisme et leur morale à des flèches moins délicates : on les vit rechercher publiquement les attraits des héroïnes du Palais-Royal.

Le puritanisme démocratique ne cessait de gémir sur ces désordres, sur les prodigalités scandaleuses de la fête, et sur cette fureur de spectacles et de nouveautés, si contraire à la dignité d'un peuple libre. Les écrivains se plaignaient surtout des offenses faites à l'égalité : le peuple figurait bien au Champ-de-Mars, mais comme spectateur; les citoyens *actifs* avaient seuls l'uniforme, portaient les armes ; on aurait désiré voir les formidables piques des faubourgs mêlées aux baïonnettes. Cette fête n'en laissa pas moins, dans la mémoire nationale, une trace que le temps n'a point effacée. Le vieux sang de nos pères se réchauffe quand on leur parle, à cette heure, de la Fédération et du 14 juillet.

Si incomplète que parût alors aux révolutionnaires cette fête philosophique, elle n'en fut pas moins le signe de la reconstitution de l'unité nationale. La poésie est presque toujours impuissante à traduire ces grandes émotions. M.-J. Chénier et Fontanes essayèrent pourtant : Chénier seul trouva quelques accents heureux :

> Dieu du peuple et des rois, des cités, des campagnes,
> De Luther, de Calvin, des enfants d'Israël,
> Dieu que le Guèbre honore au pied de ses montagnes,
>   En invoquant l'astre du ciel;
>
> Ici sont rassemblés sous ton regard immense,
> De l'empire français les fils et les soutiens,
> Célébrant devant toi leur bonheur qui commence,
>   Égaux à leurs yeux comme aux tiens!

Ces deux strophes obtinrent un succès inouï, d'abord parce qu'elles sont réellement belles, ensuite parce qu'elles sont l'expression de la philosophie de la Révolution.

Les fêtes et les réjouissances se prolongèrent durant quelques jours; les théâtres furent fréquentés par les cent mille fédérés venus de leurs provinces. Le Théâtre-Français donna une pièce en deux actes de Collot-d'Herbois, la *Famille patriote ou la Fédération*. Cette comédie de circonstance n'eut qu'un succès d'allusion et de patriotisme. La Révolution avait commencé par la littérature ; Voltaire, Diderot, Beaumarchais étaient reconnus au théâtre pour les précurseurs de la régénération morale et politique, mais au moment où la secousse se déclara les grands écrivains avaient disparu. Au milieu de cette disette de beaux-esprits, la Révolution regarda en arrière : elle retrouva toute une chaîne de grands hommes qui l'avaient annoncée et préparée. Il y en a surtout un parmi eux qu'elle reconnut pour sien. Molière n'était guère connu jusqu'alors que de l'aristocratie et des hommes lettrés ; 89 le révéla au peuple.

Lisez les journaux du temps : l'acteur que Louis XIV avait fait enterrer la nuit dans un coin de cimetière se trouve, sur-le-champ, porté aux nues. La vengeance que l'auteur a voulu exercer devient palpable pour tout le monde ; ses pièces sont des satires qui attaquent tous les ridicules des grands seigneurs déchus. Le peuple, à la fin du XVIII° siècle, aime à mesurer la distance qui le sépare

Fabre d'Eglantine.

de Sganarelle, fin, intelligent, plein de mépris envers la noblesse, mais gagé, pusillanime, cauteleux, servile, n'osant pas regarder son maître en face, ni lui dire tout haut ce qu'il pense tout bas. La catastrophe du cinquième acte de *Don Juan* est comprise de tous, et appliquée aux événements. Cette statue du commandeur qui, à la fin du souper, saisit avec une majesté sombre et terrible le bras du seigneur libertin qu'elle entraîne, figure bien la Révolution après la Régence. Entendez-vous retentir les pas lourds de ce fantôme de marbre? C'est le peuple qui s'avance !

La nouvelle division de la France en départements n'avait point été étrangère à la fête de la Fédération. Les anciennes provinces s'étaient effacées et avec elles avaient disparu les priviléges du clergé et de la noblesse, abolis de droit, mais non de fait, dans la nuit du 4 août.

On s'arrêterait volontiers à ce beau jour d'enthousiasme, de confiance et d'élan patriotique; beau jour sans lendemain! Mais la marche des événements nous entraîne. Qu'il vive cependant à jamais dans l'histoire, le souvenir de ce moment trop court où le cœur de tout un peuple battit d'amour pour la Justice et pour la Liberté!

XII

Le parti des indifférents. — Marat éclate. — Camille Desmoulins dénoncé par Malouet. — Apparition de Saint-Just. — Désorganisation de l'armée. — Mort de Loustalot. — Une séance du club des Jacobins. — Mariage de Camille Desmoulins. — Mort de Mirabeau.

Sous tous les gouvernements et à toutes les époques, quelle que soit la gravité des circonstances, quels que soient les troubles qui agitent le pays, il se rencontre des hommes qui se font une règle de conduite de demeurer étrangers aux événements, de rester insensibles aux plus nobles enthousiasmes; ils ne s'arrêtent jamais à une détermination qu'après avoir pris conseil de leur amour-propre ou de leurs intérêts personnels : à qui les comparerons-nous, sinon à ces anges neutres, dont parle Dante, « qui n'ont voulu prendre parti ni pour Dieu ni pour Satan, êtres sans infamie comme sans gloire, mais dont la vie est si basse, que la justice et la miséricorde les dédaignent également »? Ces hommes-là se nommèrent alors, eux-mêmes, les *impartiaux*. Toute leur impartialité n'était qu'un masque, sous lequel se couvrit le royalisme. Nuls principes! ces hommes ramenaient tous les devoirs à l'égoïsme; c'est assez dire qu'ils n'en reconnaissaient aucun. « L'égoïste vertueux, lit-on dans une de leurs brochures, n'est d'aucun parti, d'aucune faction, d'aucun complot. Ses supérieurs le considèrent, ses égaux l'aiment, ses inférieurs le respectent : il est heureux. »

Toute cette morale épicurienne contraste singulièrement avec l'esprit et le langage des révolutionnaires. Je lis, dans un discours prononcé à l'assemblée fédérative de Valence, les paroles suivantes :

« Quelque assurée que paraisse la conquête de notre liberté, gardons-nous de penser qu'il ne nous reste que des jouissances à satisfaire; c'est, au contraire, par des privations qu'il nous faudra la consolider. »

Qu'on compare ces deux manières de voir, et qu'on juge!

Toute passion, si noble qu'elle soit, a pourtant ses excès : l'amour de la liberté se montre jaloux, ombrageux, alarmé comme tous les autres amours. Marat était ainsi fait, que le moindre bruit d'infidélité à la patrie le jetait dans des fureurs. Toujours traqué, il avait pris le parti de s'évanouir comme l'air. Il faut lire le journal de Camille Desmoulins, pour se faire une idée de l'existence fabuleuse de cet être bizarre, qui semblait avoir dérobé l'anneau de Gygès. Pour se soustraire à la nuit des cachots, il s'était réduit à vivre au fond d'une cave ; là du moins il pouvait écrire, continuer la rédaction de l'*Ami du peuple*. Ce qui l'effrayait le plus était l'idée du repos.

Marat luttait contre le Châtelet, contre la Municipalité, contre l'Assemblée nationale. Aux poursuites, il répondait par des défis. Tout dernièrement, nouvel esclandre ; grande perquisition chez l'invisible Marat ; à défaut du coupable, on saisit ses papiers, les numéros de son journal, et une pauvre vieille femme qui pliait les feuilles. A minuit, on emmène le tout chez Bailly. Qu'y a-t-il donc? Marat avait, dit-on, lancé un nouveau pamphlet anonyme : *C'en est fait de nous*. Rien de plus irrité que l'auteur de cet écrit ; il dépasse toutes les bornes ; mais, il faut bien le dire, les journaux étaient presque tous montés, depuis quelque temps, au diapason de la violence la plus extraordinaire. Marat, dont on a voulu faire la personnification de la démence, se montrait souvent plus modéré que Fréron et autres. Peut-être cette exagération était-elle nécessaire pour réveiller l'esprit public ; on ne sonne pas le tocsin d'alarme avec un grelot. Or nous verrons plus loin que la Révolution courait alors des dangers réels. Il est toujours mal, sans doute, de provoquer au désordre ; la vie de l'homme est inviolable et sacrée dans tous temps : mais l'Ami du peuple voulait-il réellement qu'on prît ses provocations à la lettre? On peut en douter. Dans son adresse aux citoyens, je découvre moins de conseils réfléchis que de véhémentes hyperboles.

« Citoyens de tout âge et de tout rang, s'écrie-t-il, les mesures prises par l'Assemblée nationale ne sauraient vous empêcher de périr ; c'en est fait de vous pour toujours, si vous ne courez aux armes, si vous ne retrouvez cette valeur héroïque, qui, le 14 juillet et le 5 octobre, sauvèrent deux fois la France. Volez à Saint-Cloud [1], s'il en est encore temps ; ramenez le roi et le dauphin dans vos murs ; tenez-les sous bonne garde, et qu'ils vous répondent des événements ; renfermez l'Autrichienne et son beau-frère : qu'ils ne puissent plus conspirer ; saisissez-vous de tous les ministres et de leurs commis ; mettez-les aux fers ; assurez-vous du chef de la municipalité et des lieutenants de mairie ; gardez à vue le général ; arrêtez l'état-major ; enlevez le parc d'artillerie de la rue Verte ; emparez-vous de tous les magasins et moulins à poudre ; que les canons soient répartis entre tous les districts, que tous les districts se rétablissent et restent à jamais permanents ; qu'ils fassent révoquer les funestes décrets. Courez, courez, s'il en est encore temps, ou bientôt de nombreuses légions ennemies fondront sur vous : bientôt vous verrez les ordres privilégiés se relever, le despotisme, l'affreux despotisme, reparaîtra plus formidable que jamais. Cinq à six cents têtes abattues vous auraient assuré repos, liberté et bonheur ; une fausse humanité a retenu vos bras et suspendu vos coups : elle va coûter la vie à des millions de vos frères ; que vos ennemis triomphent un instant, et le sang coulera à grands flots ; ils vous égorgeront sans pitié, ils éventreront vos femmes ; et, pour éteindre à jamais parmi vous l'amour de la liberté, leurs mains sanguinaires chercheront

---

[1]. Il paraît que Louis XVI habitait alors, pour quelques jours, le château de Saint-Cloud.

le cœur dans les entrailles de vos enfants. » Ce style est atroce; ces soupçons et ces conseils font horreur, à nous surtout qui lisons de pareilles lignes avec sang-froid et à distance des événements. Mais alors les esprits étaient enflammés par la lutte ; le langage se chargeait de teintes sinistres ; la défiance colorait tout en noir ; et l'esprit public était assiégé de fantômes. Marat était le type de l'hypocondrie sociale. Son esprit se nourrissait d'alarmes, son imagination effarée donnait aux événements la figure glaciale de la trahison et de la perfidie ; il représentait réellement l'inquiétude de tous les nouveaux affranchis, qui croient partout revoir le bout de la chaîne. La lecture du *C'en est fait de nous* souleva l'Assemblée nationale. Dénoncé par Malouet, Marat rendit guerre pour guerre. Voici le curieux manifeste qu'il lança au plus fort de l'orage :

« J'ai un si souverain mépris pour ceux qui ont rendu le décret qui me déclare criminel de lèse-nation, et plus encore pour ceux qui ont été chargés de l'exécuter, j'ai tant de confiance dans le bon sens du peuple, qu'on s'est efforcé d'égarer, et tant de certitude de l'attachement qu'il a pour son *ami*, dont il connaît le zèle, que je suis sans la plus légère inquiétude sur les suites de ce décret honteux, et que je ne balancerais pas à aller me remettre entre les mains des jugeurs du Châtelet, si je pouvais le reconnaître pour tribunal d'État, si j'avais l'assurance de ne pas être emprisonné, et d'être interrogé à la face des cieux, certain qu'ils seraient plus embarrassés que moi. S'ils n'étaient pas mis en pièces, avant que l'Ami du Peuple eût achevé de plaider sa cause, ils apprendraient de lui ce que c'est que d'avoir affaire à un homme de tête, qui ne s'en laisse point imposer, qui ne prête point le flanc à la marche de la chicane, qui sait relever des juges prévaricateurs, les ramener au fond de l'affaire, et les montrer dans toute leur turpitude ; ce que c'est que d'avoir affaire à un homme de cœur, fier de sa vertu, brûlant de patriotisme [1], exalté par le sentiment de la grandeur des intérêts qu'il défend, connaissant les grands mouvements des passions et l'art d'amener les scènes tragiques. »

L'un des moindres défauts de Marat était de faire, sans cesse, l'éloge de lui-même.

Camille Desmoulins avait, lui aussi, été dénoncé par Malouet, comme le *digne émule* de Marat. Il réclama par voie de pétition. « S'il y a quelque reproche à me faire, disait Camille, ce serait plutôt d'être idolâtre de la nation

---

[1] Une circonstance risible vint croiser cette boutade : « Le président, raconte Camille Desmoulins, annonça que Marat, le criminel de lèse-nation, faisait hommage à l'Assemblée de son plan de législation criminelle. On crut d'abord que c'était un tour de Marat, qui envoyait ses élucubrations patriotiques, enrichies de son portrait, pour persiffler les noirs (les membres du côté droit) et le Châtelet, qui ne pouvaient pas mettre la main sur l'original. Mais il faut entendre l'*Ami du Peuple* dans son numéro suivant se défendre de cet envoi. « Il y a dix ou douze jours, dit-il, que ce plan fut remis à une dame pour le faire passer au président de l'Assemblée. Je regrette beaucoup qu'il ait été présenté dans une conjoncture pareille. Je ne sais point faire de platitudes ; loin de rendre dorénavant à l'Assemblée aucun hommage, je n'aurai pour elle que justice sévère ; je ne lui donnerai aucun éloge. » Marat concluait en déclarant, à son tour, l'Assemblée *criminelle de haute trahison*, le tout au grand amusement de Camille, qui s'égayait de son ami Marat comme d'un *phénomène politique*.

et non d'être criminel envers elle. » Alors Malouet : « Camille Desmoulins est-il innocent? il se justifiera. Est-il coupable? je serai son accusateur et celui de tous ceux qui prendront sa défense. Qu'il se justifie, s'il l'ose. » A ces mots, une voix s'élève des tribunes : « Oui, je l'ose. » Tumulte : une partie de l'Assemblée surprise se lève. Le président donne l'ordre d'arrêter l'interrupteur, qui n'était autre que Camille. Robespierre prend une grave initiative : « Je crois que l'ordre provisoire donné par M. le président était indispensable : mais devez-vous confondre l'imprudence et l'inconsidération avec le crime? Il s'est entendu accuser d'un crime de lèse-nation; il est alors difficile à un homme sensible de se taire. On ne peut supposer qu'il ait eu l'intention de manquer de respect au corps législatif. L'humanité, d'accord avec la justice, réclame en sa faveur. Je demande son élargissement et qu'on passe à l'ordre du jour. » Pendant ce temps, Camille avait filé d'une tribune à l'autre, et les inspecteurs de la salle annoncent qu'il s'est échappé.

On oublie l'incident pour continuer la délibération sur l'adresse. Robespierre revient plusieurs fois à la charge. Pétion présente fort adroitement un projet de décret qui annule celui de la veille : Camille est excepté de la dénonciation qui se trouve maintenue seulement contre Marat. Il faut entendre Camille raconter lui-même, dans son style charivarique, l'issue de cette affaire : « Victor Malouet avait assez bien arrangé son plan de procédure, mais il n'a pas joui longtemps de sa victoire. Il avait saisi habilement l'avantage

« D'une nuit qui laissait peu de place au courage.

M. Dubois de Crancé a rallié les patriotes, et j'ai eu la gloire immortelle de voir Pétion, Lameth, Barnave, Cottin, Lucas, Decroix, Biauzat, etc., confondre les périls d'un journaliste famélique avec la liberté, et livrer pendant quatre heures un combat des plus opiniâtres, pour m'arracher aux noirs qui m'emmenaient captif; maints beaux faits surtout ont signalé mon cher *Robespierre*. Cependant la victoire restait indécise, lorsque *Camus*, qu'on était allé chercher au poste des archives, accourant sans perruque et le poil hérissé, se fit jour au travers de la mêlée, et parvint enfin à me dégager des aristocrates, qui, malgré l'inégalité des forces et les embuscades inattendues de *Dubois* et de *Biauzat*, se battaient en désespérés. Il était onze heures et demie; *Mirabeau-Tonneau* était tourmenté du besoin d'aller rafraîchir son gosier desséché, et je fus redevable du silence qu'obtint *Camus*, moins à la sonnette du président, qui appelait à l'ordre, qu'à la sonnette de l'office, qui appelait les ci-devant et les ministériels à souper, et qui, depuis plus d'une heure, sonnait la retraite. Ils abandonnèrent enfin le champ de bataille, je fus ramené en triomphe; et à peine ai-je goûté quelque repos, que déjà un chorus de colporteurs patriotes vient m'éveiller du bruit de mon nom, et crie sous mes fenêtres : *Grande confusion de Malouet; grande victoire de Camille Desmoulins;* comme si c'était la victoire de celui qui, les mains chargées de chaînes, ne pouvait combattre, et non pas la victoire de cette cohorte sacrée des amis de la Constitution, de cette foule de preux Jacobins, qui ont culbuté *les Malouet, les Desmeuniers, les Murinais, les Foucault*, et cette multitude de noirs et de gris, d'aristocrates vétérans et de transfuges du parti populaire. »

Camille, tiré d'un mauvais pas, n'en devint guère plus sage : cet écolier de génie écoutait plutôt son immense mémoire, son amour de la plaisanterie et du trait que sa sûreté personnelle, et même que la dignité de la Révolution.

Un nouveau caractère allait entrer sur la scène, et prendre une part active aux événements.

Le 19 août 1790, Robespierre reçut de Blérancourt, près de Noyon, une lettre ; l'écriture en était nette et hardie, il lut :

« Vous qui soutenez la patrie chancelante contre le torrent du despotisme et de l'intrigue, vous que je ne connais que comme Dieu, par des merveilles, je m'adresse à vous, monsieur, pour vous prier de vous réunir à moi pour sauver mon triste pays. La ville de Couci s'est fait transférer (ce bruit court ici) les marchés francs du bourg de Blérancourt. Pourquoi les villes engloutiraient-elles les priviléges des campagnes ? Il ne restera donc plus à ces dernières que la taille et les impôts ! Appuyez, s'il vous plaît, de tout votre talent, une adresse que je fais par le même courrier, dans laquelle je demande la réunion de mon héritage aux domaines nationaux du canton, pour que l'on conserve à mon pays un privilége sans lequel il faut qu'il meure de faim. Je ne vous connais pas, mais vous êtes un grand homme. Vous n'êtes pas seulement le député d'une province, vous êtes celui de l'humanité et de la république. Faites que ma demande ne soit pas méprisée.

« *Signé* : Saint-Just.
« Électeur au département de l'Aisne. »

Robespierre demeura longtemps absorbé ; l'émotion s'empara de tout son être, il lui sembla que son âme se séparait de la matière et se trouvait en contact avec une âme sœur : ces deux hommes s'étaient compris à distance.

Au moment où venait de se former, entre Robespierre et ce jeune inconnu, un lien que le fer seul de leurs ennemis devait trancher plus tard, Marat rompait avec un des hommes qui devaient l'entraîner dans une lutte à mort. « Monsieur Brissot, écrivait-il, m'avait toujours paru vrai ami de la liberté : l'air infect de l'Hôtel de Ville, et plus encore le souffle impur du général (Lafayette), influèrent bientôt sur ses principes ; son plan d'aristocratie municipale, qui a servi de canevas à celui de Desmeuniers, ne me laissa plus voir en lui qu'un petit ambitieux, un souple *intrigant*, et la voix du patriotisme étouffa dans mon cœur la voix de l'amitié. » Intrigue et intrigants, c'est le fer rouge dont la Montagne marquera, plus tard, tout le parti de la Gironde.

Il existait dans l'armée un principe de dissolution : Mirabeau proposa de la licencier pour la réorganiser sur de nouvelles bases. On n'osa prendre cette mesure. Dans l'ancien système, l'armée était une simple machine de guerre ; elle n'agissait pas, elle fonctionnait. Composée, comme le clergé, d'une noblesse et d'un peuple, elle consacrait, sous l'uniforme, la plus entière séparation des castes : d'un côté, les officiers; de l'autre, les sous-officiers et les soldats. Quand les bases de l'ancienne société s'ébranlèrent, toutes les institutions avaient été obligées de s'ouvrir à l'élément démocratique : il n'en fut pas de même de l'armée. Abattue partout ailleurs, l'aristocrati levait encore la tête sous les drapeaux. Appuyée sur l'obéissance passive qu'imposent les lois militaires, elle bravait, en quelque sorte, le torrent des idées nouvelles. Les opinions étaient déterminées par la place que chacun occupait dans cette formidable hiérarchie : les officiers, tous d'origine noble, se montraient généralement opposés à la Révolution; les sous-officiers et les soldats se déclaraient, au contraire, très-favorables au mouvement : de là deux partis dans l'armée comme dans la nation. Les soldats, quoique gardés à vue par leurs chefs, lisaient et commentaient entre eux les écrits publics; l'esprit de liberté pénétrait à travers l'uniforme.

Telle était la situation, lorsqu'une étincelle mit le feu aux poudres. A Nancy éclata un soulèvement général qui faillit dégénérer en une guerre civile. Trois régiments s'insurgèrent; Bouillé marcha sur eux, à la tête de la garnison et des gardes nationales de Metz; il les soumit. Le sang avait coulé : cette victoire fit horreur à ceux mêmes que la loi de la subordination mettait dans la nécessité de vaincre. Quand cette nouvelle arriva sur Paris, elle causa une exaspération terrible. Quarante mille hommes entourent la salle du Manége, et poussent des cris d'imprécations contre Bouillé, jusque dans les Tuileries; ils veulent arrêter le ministre de la guerre. L'Assemblée nationale n'en décerne pas moins des remerciements à M. de Bouillé et à l'armée victorieuse, et des honneurs funèbres aux citoyens morts pour le maintien de la discipline.

Un conseil de guerre, composé d'officiers appartenant aux divisions de Vigier et de Castella, avait condamné vingt-trois soldats de Château-Vieux à la peine de mort, quarante et un aux galères; soixante et onze furent renvoyés à la justice de leur régiment. Robespierre fit un appel à la clémence de l'Assemblée. Remontant des effets aux causes, il accusa les mauvais traitements dont l'armée était victime de la part de ses chefs. « Il ne faut pas seulement, ajouta-t-il, fixer votre attention sur la garnison de Nancy; il faut, d'un seul coup d'œil, envisager la totalité de l'armée. On ne saurait se le dissimuler, les ennemis de l'État ont voulu la dissoudre : c'est là leur but. On a cherché à dégoûter les bons; on a distribué des cartouches jaunes [1]; on a voulu aigrir les troupes pour les forcer à l'insurrection, faire rendre un décret, et en abuser en leur persuadant qu'il est l'ouvrage de leurs ennemis. Il n'est pas nécessaire de plus longs développements pour vous prouver que les ministres et les chefs de l'armée ne méritent pas votre confiance. »

Signalons un trait de dévouement et d'humanité : la femme Humberg, concierge de la porte de Stanislas, à Nancy, voulant éteindre le feu de la guerre civile,

---

[1]. C'était une punition et une marque d'infamie.

prit un seau d'eau et le renversa sur la lumière d'un canon, malgré l'opposition des canonniers.

La nouvelle des massacres de Metz et de Nancy eut un retentissement sinistre dans les feuilles publiques. Marat ne se connaît plus ; il s'emporte, il délire.

« Juste ciel ! s'écrie-t-il. Tous mes sens se révoltent, et l'indignation serre mon cœur. Lâches citoyens ! verrez-vous donc, en silence, accabler vos frères ? Resterez-vous donc immobiles, quand des légions d'assassins vont les égorger ? Oui, les soldats de la garnison de Nancy sont innocents ; ils sont opprimés, ils résistent à la tyrannie ; ils en ont le droit, leurs chefs sont seuls coupables, c'est sur eux que doivent tomber vos coups : l'Assemblée nationale elle-même, par le vice de sa composition, par la dépravation de la plus grande partie de ses membres, par les décrets injustes, vexatoires et tyranniques qu'on lui arrache journellement, ne mérite plus votre confiance. »

Ces accès de colère qui faisaient affluer tout son sang vers le cœur, à la vue de l'injustice, avaient, plus d'une fois, valu à Marat une réputation de folie ; il ne s'en laissa pas ébranler. Toute la vengeance qu'il exerça fut de renvoyer la même accusation à ses ennemis.

« Rien n'égale, poursuit-il, l'horreur que j'ai pour les noirs projets des ennemis de la Révolution, si ce n'est le mépris que m'inspire leur démence ! Qu'un prince ou des ministres accablés de regrets d'avoir, par leurs concussions et leur tyrannie, amené les choses au point où elles en sont, et furieux de ne pouvoir les rétablir, perdent la tête, et se conduisent en insensés, il n'y a rien là d'étrange. Mais qu'un sénat nombreux imite leurs folies, c'est ce qu'on refuserait de croire, si l'on ignorait que ses membres sont presque tous agités des mêmes passions. Comment, toutefois, ne s'est-il pas trouvé, parmi eux, un seul homme qui les ait rappelés à la raison, à la prudence ? Quel aveuglement impardonnable de vouloir suivre aujourd'hui, avec les troupes réglées, les maximes de l'ancien régime ! Sont-ce des hommes, dont les écrits patriotiques ont ouvert les yeux, dont le sentiment de la liberté a élevé l'âme, et qui craignent moins la mort que le déshonneur, que l'on peut encore traiter en serfs ? Est-ce en cherchant à couvrir les anciennes vexations par de nouvelles, en employant la violence à l'appui de l'injustice, en ajoutant outrage à outrage, que l'on peut espérer de les rendre dociles à la voix de leurs oppresseurs ? Est-ce par des traitements iniques et honteux qu'on peut se flatter de les plier au devoir ? Non, jamais ! »

Quelques jours après, le journalisme fit une perte cruelle. Loustalot, le rédacteur des *Révolutions de Paris*, venait de mourir à l'âge de vingt-huit ans. C'était un grand cœur et un écrivain de talent, dévoré par le feu sacré du patriotisme. Sa feuille se tirait à un nombre considérable d'exemplaires, et, toute palpitante de l'émotion de la semaine, elle exerçait une énorme influence dans les faubourgs. Il tomba au champ d'honneur, ferme, vaillant, la plume à la main : certes, cette plume valait bien une épée. Il se rencontre des hommes chez lesquels se résume l'instinct et le bon sens des masses : Loustalot était de ceux-là. Au moment où le journalisme, ce nouveau pouvoir, succédait à la royauté, l'auteur des *Révolutions de Paris* fit mieux encore que de gouverner le peuple : il l'éclaira. La presse devint, alors, un véritable sacerdoce.

Le 4 septembre 1790, Necker se retira du ministère. Sa retraite eut tous les

Une séance du club des Jacobins.

caractères d'une fuite; la popularité l'avait séduit; elle le trompa. On lisait sur la porte de son hôtel : *Au ministre adoré*; l'inscription est enlevée; une défaveur générale succède à l'ancienne idolâtrie. Ces retours de l'opinion ne doivent pas nous étonner; dans les temps de révolution, les idées sont tout, les hommes rien.

Necker n'avait jamais été que le masque de la volonté nationale, à un moment donné; il s'évanouit avec la circonstance. Seuls les Montagnards se fortifiaient et grandissaient à chaque pas; c'est qu'ils avaient derrière eux le peuple.

La lutte des croyances continuait, quoique la Révolution ne cessât d'appeler à elle les membres désintéressés du clergé. — La résistance des ecclésiastiques était en raison inverse du rang qu'ils occupaient dans la hiérarchie; les évêques se montrèrent plus opposés à la réforme que les curés, les curés que les simples vicaires. Il y eut çà et là, dans le bas clergé, des exemples remarquables d'adhésion au nouvel ordre de choses; un prêtre de Saint-Sulpice, M. Jacques Roux, fit entendre du haut de la chaire les paroles suivantes : « Interdit des fonctions sacrées du ministère, par les vicaires généraux de Saintes, pour m'être déclaré l'apôtre de la Révolution; forcé de quitter mon diocèse et mes foyers, pour échapper à la fureur des méchants qui avaient mis ma tête à prix, la joie que je ressens de prêter le serment décrété le 27 novembre dernier, par la loi sur la constitution civile du clergé, cette consolation inappréciable me fait oublier que, depuis seize ans, je n'ai vécu que de mes infortunes et de mes larmes. Je jure donc, messieurs, en présence du ciel et de la terre, que je serai fidèle *à la nation, à la loi et au roi*, qui sont indivisibles. J'ajouterai même que je suis prêt à verser jusqu'à la dernière goutte de mon sang, pour le soutien d'une révolution qui a changé déjà, sur la face du globe, le sort de l'espèce humaine, en rendant les hommes égaux entre eux, comme ils le sont de toute éternité devant Dieu. »

Pour la plèbe du clergé, le serment exigé par la loi était un rempart contre la tyrannie des grands-vicaires et des évêques, ils pleuraient d'attendrissement et de joie en le prononçant en face de l'autel. Les citoyens les entouraient de leur affection. Cependant, en beaucoup d'endroits, les églises étaient désertées par les ministres du culte : à Paris, des curés, pour intéresser le peuple à leur cause, avaient fait vendre leurs meubles à la porte de l'église; d'autres s'étaient coalisés pour faire manquer les offices. A la paroisse de Saint-Jean-en-Grève, il ne s'était pas trouvé un seul prêtre pour commencer les vêpres. On fait venir un religieux, et les gardes nationaux, de service à la maison commune, accourent en grand nombre pour chanter les vêpres. Les paroissiens affluent : depuis longtemps on n'avait prié d'aussi bon cœur.

On n'a point assez appuyé sur un fait singulier : c'est que la Révolution naissante, bien loin d'éteindre le sentiment religieux chez les laïques, l'avait au contraire ravivé.

Le même jour, à Saint-Gervais, à Saint-Roch, à Saint-Sulpice, des citoyens sans armes entouraient le lutrin, et chantaient à voix déployée les louanges du Créateur.

D'un autre côté se développait un mouvement en dehors des anciens cultes. A la tête d'une des loges maçonniques de Paris figuraient quelques philosophes : la loge se changea en club, sous le nom de *Cercle social*. Les membres de cette association se distinguaient par des sentiments de bienveillance réciproque et par la pratique de la charité universelle.

Les hommes frères, les hommes rattachés à toutes les créatures, qui forment elles-mêmes le lien de la vie, les hommes unis d'esprit et de sentiment au souverain ordonnateur des êtres, à l'Architecte de l'Univers, tel était leur idéal, leur rêve philosophique. La conséquence de cette doctrine, qui avait le tort de flotter un peu dans les nuages, était le changement de toutes les existences, de toutes les relations sociales. Le devoir de l'homme, comme celui du citoyen, était, d'après eux, de joindre sa volonté à celle de l'Être Suprême, pour créer, de concert avec lui, un monde nouveau, un monde conforme au dessein primitif, un monde où régneraient la justice et la vérité.

Toute grande réforme politique ou sociale traîne à sa suite une nuée de métaphysiciens, de rêveurs, de mystiques. Le peuple, en 90, eut le bon esprit de ne pas les suivre, de s'attacher fermement, comme à un roc, aux faits positifs, à la loi, aux principes. Il avait un amour passionné pour la discussion; mais il la voulait nette, précise. Ses héros étaient les hommes pratiques, ceux qui cherchaient à incarner le vrai et l'utile dans les institutions nouvelles. Ce n'est pas lui qui aurait lâché la proie pour l'ombre.

De jour en jour, les opinions se dégagent : les clubs se multiplient; celui des Jacobins s'était démembré. Sieyès, Lafayette, Bailly, Chapelier, Larochefoucauld, en se retirant, avaient fondé à l'extrémité du Palais-Royal, près le passage Radziwil, une société connue sous le nom de *Club de 89*. Les députés s'y réunissaient pour lire les journaux et pour faire d'excellents dîners, au sortir des séances de l'Assemblée. Dans la soirée, on préparait, par une discussion régulière et paisible, les travaux législatifs. L'ancien club des Jacobins avait gagné, à la retraite des modérés, de s'accroître en force et en influence; il devint plus nombreux et plus tumultueux; les Lameth et Barnave le dirigeaient, mais leur autorité tendait à décroître. Mirabeau, quoique haï, était également recherché des deux clubs, où sa parole remuait des passions bien différentes.

Derrière ces notabilités commençait à poindre l'opiniâtre génie de Robespierre. Appuyé au dehors sur la presse, il n'attendait qu'une occasion pour s'imposer lui-même à la faveur populaire. Cette occasion se présenta : l'Assemblée nationale venait de rendre un décret, portant que les citoyens actifs seraient seuls inscrits sur le rôle des gardes nationales. L'indignation ouvrit la veine oratoire de Robespierre; il fit, au club, un discours trouvé admirable par Camille. Les applaudissements éclatèrent. Mirabeau, président des Jacobins, rappela l'orateur à l'ordre. Cette interruption excita un soulèvement orageux. Vainement l'athlète aux poumons d'airain usait les forces de sa voix contre le tumulte; le bruit même de la sonnette était étouffé.

« Mirabeau, raconte Desmoulins, voyant qu'il ne pouvait parler aux oreilles, et pour les frapper par un mouvement nouveau, au lieu de mettre son chapeau, comme le président de l'Assemblée nationale, monta sur son fauteuil. « Que tous mes confrères m'entourent! » s'écria-t-il, comme s'il eût été question de protéger le décret en personne. Aussitôt une trentaine des honorables membres s'avancent et entourent Mirabeau. Mais, de son côté, Robespierre, toujours si pur, si incorruptible, et à cette séance si éloquent, avait autour de lui tous les vrais Jacobins, toutes les âmes républicaines, toute l'élite du patriotisme. Le silence que n'avait pu obtenir la sonnette et le geste théâtral de Mirabeau, le bras en écharpe de Charles Lameth [1] parvint à le ramener. Il monte à la tribune où, tout en louant Robespierre de son amour pour le peuple, et en l'appelant son ami très-cher, il le colaphisa un peu rudement et prétendit, comme M. le président, qu'on n'avait pas le droit de faire le procès à un décret, sanctionné ou non. Mais M. de Noailles concilia les deux partis, en soutenant que le décret ne comportait point le sens qu'on lui prêtait, qu'il s'était trouvé au Comité de constitution lorsqu'on avait discuté cet article, et qu'il pouvait attester que ni lui ni le comité ne l'avaient entendu dans le sens de M. Charles Lameth et de Mirabeau. La difficulté étant levée, la parole fut rendue à Robespierre, qui acheva son discours au milieu des applaudissements, comme il l'avait commencé.

Ainsi croissait, au milieu des interruptions et des murmures, cette puissance formidable que Robespierre devait bientôt exercer aux Jacobins.

La régénération politique entraîna la régénération des mœurs. Avant la Révolution, la femme était avilie, le lien conjugal fort relâché. La réforme des idées fit de l'amour un sentiment qui s'épure en se réglant, et rendit au mariage la dignité qui lui est propre.

Le mercredi 29 décembre 1790, une cérémonie touchante était célébrée dans l'église Saint-Sulpice : Camille Desmoulins s'unissait à Lucile Duplessis. Il faut reprendre les choses de plus haut. Un étudiant en droit, maître ès arts, rencontre un soir, dans le jardin du Luxembourg, deux femmes, dont l'une, la mère, avait les traits nobles et empreints d'une majesté tragique; l'autre était une jeune fille de douze ans, fort gracieuse et fort bien élevée. Ce jeune homme était très-modestement vêtu, point beau; la parole hésitait sur ses lèvres comme embarrassée d'un léger bégaiement, ses politesses semblaient un peu gauches : tel qu'il était, il plut d'abord à la mère, puis à la jeune fille. Camille se trouvait redevable de son éducation au chapitre de Laon; sa famille était sans fortune, et les chanoines l'avaient fait entrer, comme boursier, au collége Louis-le-Grand, où il avait achevé ses études pour entrer à l'École de droit.

Tous les soirs, Camille allait courtiser ses chers feuillages; ce coin de nature, encadré dans le faubourg Saint-Germain, était le pays de son cœur; les deux femmes y revinrent aussi.... par hasard. La conversation étant tombée sur quelques idées qui commençaient dès lors à fermenter, Camille bégaya des paroles

---

[1]. Lameth s'était battu en duel avec un membre du côté droit, M. de Castries. Barnave s'était auparavant rencontré avec Cazalès. Le peuple, irrité des provocations qu'on adressait depuis quelque temps à ses députés, s'était mis en mouvement pour exercer une vengeance. Ayant couru en force à l'hôtel de Castries, il brisa les meubles, mit le linge en pièces et jeta tout par les fenêtres. Ces luttes personnelles alarmèrent la conscience des révolutionnaires; ils engagèrent fortement les bons citoyens à réserver toutes leurs forces pour la grande lutte nationale. Camille Desmoulins donna lui-même l'exemple en refusant un duel : les écrivains de son parti le félicitèrent d'avoir le cœur de paraître lâche. Ainsi le sentiment puritain de la démocratie condamnait ce préjugé barbare de l'assassinat par les armes et devant témoins.

éloquentes; on lui trouva l'esprit orné; l'accès de la maison lui fut donné. Le cœur a ses troubles comme la vue : Camille avait d'abord cru aimer la mère; mais, de jour en jour, ses sentiments se détournaient d'elle pour se porter sur la fille, sur la petite Lucile, dont les perfections croissantes jetaient déjà, parmi ses jeux, un parfum de tendresse et de sensibilité délicate. C'était une âme charmante; toute troublée, elle ignorait la cause et l'objet de ces soupirs séditieux, qui soulevaient, par instants, sa poitrine émue. Elle accusait alors la chaleur du ciel des subites rougeurs qui lui montaient au visage. Le secret de Lucile ne fut pas trop bien gardé; rien de bavard comme des yeux de seize ans; sa mère lut dans ces yeux-là. Il y avait des obstacles de fortune. Le jeune bachelier en droit avait été reçu avocat au parlement de Paris, mais, jusqu'ici, quel espoir fonder sur son avenir? D'un autre côté, Lucile avait quelque fortune. Cependant la Révolution avait fait son chemin dans le monde, et Camille s'était poussé avec elle; il était alors une des voix les plus écoutées du pays. Aimé de la France, pour le tour incisif de son esprit original et pétulant, les qualités de son esprit et de son cœur en firent l'idole de la femme qu'il recherchait.

« Aujourd'hui décembre, écrivait-il à son père, je me vois enfin au comble de mes vœux. Le bonheur, pour moi, s'est fait longtemps attendre; mais enfin il est arrivé, et je suis heureux autant qu'on peut l'être sur la terre. Cette charmante Lucile, dont je vous ai tant parlé, et que j'aime depuis huit ans, enfin ses parents me la donnent, et elle ne me refuse pas. Tout à l'heure, sa mère vient de m'annoncer cette nouvelle en pleurant de joie... Quant à Lucile, vous allez la connaître par ce seul trait. Quand sa mère me l'a donnée, il n'y a qu'un moment, elle m'a conduit dans sa chambre; je me jette aux genoux de Lucile; surpris de l'entendre rire, je lève les yeux; les siens n'étaient pas en meilleur état que les miens; elle était tout en larmes, elle pleurait même abondamment, et cependant elle riait encore. Jamais je n'ai vu de spectacle aussi ravissant, et je n'aurais pas imaginé que la nature et la sensibilité pussent réunir à ce point ces deux contrastes! » O pressentiment! rire à travers les larmes, n'est-ce pas toute la vie? — Ce fut celle de Lucile.

Rien ne manquait à leur bonheur que la cérémonie du mariage. L'abbé Denis Bérardier, grand-maître du collège de Louis-le-Grand, fit la célébration à Saint-Sulpice. Les témoins furent Pétion, Robespierre, Sillery, Brissot et Mercier. Bérardier, qui était membre de l'Assemblée constituante, prononça un discours dans lequel il recommandait à Camille de respecter la religion dans ses écrits. « Si l'on peut, lui dit-il, être assez présomptueux pour se flatter de pouvoir se passer d'elle, dans toutes les infortunes inséparables de cette vie, ce serait un meurtre que d'enlever ce secours à tant de malheureux, qui n'ont d'autre ressource, dans leurs peines, que la consolation qu'elle leur procure, et d'autre espoir que les récompenses qu'elle promet. Si ce n'est pas pour vous, ce sera au moins pour les autres que vous respecterez la religion dans vos écrits; j'en serais volontiers le garant; j'en contracte même ici, pour vous, l'engagement au pied des autels, et devant Dieu qui y réside. Monsieur, vous ne me rendrez pas parjure... Votre patriotisme n'en sera pas moins actif ; il n'en sera que plus épuré, plus ferme, plus vrai ; car si la loi peut forcer à paraître citoyen, la religion oblige à l'être. »

La voix du bon abbé s'était attendrie, en s'adressant à son ancien élève ; les larmes coulèrent. Lucile, cependant, attirait tous les regards ; il n'y avait qu'une voix dans l'église : « Qu'elle est belle ! » — « Je vous assure, écrivait Camille quelques jours plus tard, que cette beauté est son moindre mérite. Il y a peu de femmes qui, après avoir été idolâtrées, soutiennent l'épreuve du mariage ; mais plus je connais Lucile, et plus il faut me prosterner devant elle. » Le charme et la mollesse enfantine des sentiments n'excluaient pas chez elle l'énergie. Lucile appartenait bien à la race des femmes de la Révolution, douce et terrible, la grâce du cygne avec des réveils de lionne.

Soulèverons-nous ici les voiles du sanctuaire domestique ? Oh ! le charmant nid risqué au milieu de l'orage ! On jouait avec la politique, comme les enfants des pêcheurs d'Étretat avec la mer. Camille avait d'ailleurs abrité sa vie des tempêtes du forum. Lucile, quand son mari avait terminé son numéro de journal, voulait qu'on le lui lût ; aux endroits plaisants, c'étaient des éclats de rire et des folies qui animaient encore la verve satirique de Camille. Quelquefois elle le mettait en colère : les femmes n'aiment point sans cela. Au beau milieu du travail, qui prenait à Camille les plus longues heures du jour, Lucile, ennuyée du silence, lui jouait quelquefois un charivari, en faisant aller sur le piano les pattes de sa chatte, laquelle finissait, tout en jurant, par l'égratigner en *ut, ré, mi, fa*.

Comme ces gracieux enfantillages se détachent en lumière, sur le fond sérieux d'une Révolution ! Quelle douce et charmante insouciance ! Hélas ! la fureur des événements allait emporter bien loin ces jours de bonheur. Quand il raconte de tels enfantillages, Camille ressemble à un poëte qui, menacé lui-même par les dangers de l'éruption, s'amuserait à jeter des fleurs dans la bouche du Vésuve.

Il avait de la poésie dans l'âme, mais il avait surtout la verve de la critique, l'esprit satirique de Voltaire. Il ne tarda point à plaisanter sur le serment qu'avait exigé de lui l'abbé Bérardier, de *ne point toucher au spirituel*. « C'était, dit-il, gêner un peu la liberté des opinions religieuses, et porter atteinte à la déclaration des droits ; mais qu'y faire ? Je n'étais point venu là pour dire non. C'est ainsi que je me trouvai pris et obligé, par serment, à ne me mêler, dans mes numéros, que de la partie politique et démocratique, et à en retrancher l'article théologie. Sans avoir approfondi la question, je me doute bien que ce serment, accessoire au principal, n'est pas d'obligation étroite comme l'autre. » Voilà l'homme ; chez lui, le premier mouvement venait du cœur et le second de l'esprit.

Ce tour d'esprit railleur l'a fait accuser de scepticisme ; il est vrai que Camille lança plus d'une fois ses flèches contre les ordonnances de l'Église, et contre les abus du clergé : mais les vrais sceptiques sont ceux qui acceptent tout sans s'attacher à rien, couvrant ainsi du manteau des formes, et du respect extérieur, le néant de leurs convictions.

« Mirabeau est mort ! » Telle fut la grande nouvelle qui, le 2 avril 1791, courut d'un bout à l'autre de Paris. Ses relations avec la cour, ses intrigues, ses manœuvres honteuses, ne sont plus, aujourd'hui, un secret pour personne. L'armoire de fer a parlé ; des confidences, des écrits authentiques, ont trahi le mystère de sa conduite, dans les derniers temps de sa vie. Il avait proposé à la cour un plan de conspiration d'où devait sortir la guerre civile, et à l'aide de la guerre civile il espérait que le roi recouvrerait son autorité. Les contemporains n'avaient guère sur son compte que des soupçons. Marat l'avait bien dénoncé comme traître ; mais qui Marat n'avait-il point accusé? On oublia, un instant, ses faiblesses, ses vices, pour ne se souvenir que du grand orateur. Quel malheur que son caractère ne fût point à la hauteur de son génie !

La mort refit Mirabeau. Le linceul couvrit les taches trop réelles de son existence dépravée. Le directoire du département proposa de lui donner pour tombe la nouvelle église de Sainte-Geneviève ; l'Assemblée nationale délibéra sur-le-champ ; Robespierre alors, qui avait plusieurs fois essuyé les démentis et les colères oratoires de Mirabeau, Robespierre se leva : « Ce n'est pas, dit-il, au moment où l'on entend, de toutes parts, les regrets qu'excite la perte de cet homme illustre qui, dans les époques les plus critiques, a déployé tant de courage contre le despotisme, que l'on pourrait s'opposer à ce qu'il lui fût décerné des marques d'honneur. J'appuie cette proposition de tout mon pouvoir ou plutôt de toute ma sensibilité. » De ces deux hommes, Mirabeau et Robespierre, l'un était le premier, l'autre le dernier mot de la Révolution.

L'édifice de Sainte-Geneviève, transformé en Panthéon, devait réunir les dépouilles de tous les grands hommes. Pensée sublime, qui fut répudiée plus tard comme tant d'autres, quand la France s'affaissa sur elle-même : — « Convoquer les ombres, faire un concile de morts, leur demander, en mettant sous leurs yeux la Constitution de 89 : Êtes-vous contents de notre œuvre? » — Place à Voltaire, à J.-J. Rousseau, aux grands hommes du xviii° siècle, dans ce temple élevé à la philosophie, mère de la Révolution ! Mirabeau ouvrit la marche et leur montra le chemin.

Le peuple, qui aime les grands hommes malgré leurs faiblesses, suivit les funérailles de l'orateur en pleurant. On se figure difficilement que ces hommes-là doivent périr ; tant l'idée de l'âme et du génie s'allie intimement à celle de l'immortalité !

La rumeur publique fit circuler mille contes invraisemblables. On parla vaguement de poison ; il n'y en avait d'autre que celui de la débauche à laquelle se livrait cette orageuse nature. Le travail et la tribune firent le reste. Mirabeau commençait à avoir peur de la Révolution ; sa tonnante voix criait aux flots de reculer ; les flots se brisent, mais ne reculent pas. Emporté dans cette lutte avec un élément sourd et inexorable, il se roidit contre les débris du trône ; il se fit de la royauté une ancre à laquelle, d'une main désespérée, il cherchait à rattacher sa fortune et celle de la France. Vains efforts !

Comme ses besoins étaient énormes et que la cour était riche, il vendit sa parole. — L'éloquence de Mirabeau? Une grande prostituée! — Longtemps son audace le couvrit; sa défection, entourée d'abord des obscurités de l'incertitude, ne se dévoila que quand il n'était plus là pour se défendre. Le voici donc couché dans les ténèbres du sépulcre, cet homme, digne des gémonies par sa conduite, digne du Panthéon par ses vastes talents! La poésie, qui s'amuse aux contrastes, a voulu rehausser chez lui l'éclat des lumières par l'opposition des ombres : pas de ces jeux-là, s'il vous plaît! ayons le courage de dire que la probité est le seul piédestal du vrai génie.

Le jour de sa mort, tous les spectacles furent fermés. L'accablement, la consternation, la stupeur étaient sur presque tous les visages. La voix des journaux exprima des sentiments divers, mais, en général, les regrets et l'admiration pour les talents de l'orateur firent oublier l'immoralité de l'homme. Marat seul tint ferme dans ses diatribes : « Peuple, s'écriait-il, rends grâces au ciel! ton plus redoutable ennemi, Riquetti, n'est plus. »

La nouvelle destination donnée à l'église Sainte-Geneviève fut encore, pour Marat, l'objet de vives critiques; il ne vit dans cet édifice, consacré à honorer les lumières sans les vertus, qu'un monument de pure ostentation nationale. Ce qu'il y a de plus remarquable, et j'oserais dire de prophétique, c'est la déclaration suivante : « Si jamais la liberté s'établissait en France, et si jamais quelque législature, se souvenant de ce que j'ai fait pour la patrie, était tentée de me décerner une place dans Sainte-Geneviève, je proteste ici hautement contre ce sanglant affront. » (Marat entendait dire par là qu'il y serait en trop mauvaise compagnie.) « Oui, j'aimerais mieux cent fois ne jamais mourir que d'avoir à redouter un si cruel outrage. » Ce dernier trait est assez beau : « J'aimerais mieux cent fois ne jamais mourir! » — Marat, quoi qu'il en ait dit, alla plus tard au Panthéon; il est vrai que ce fut pour en chasser Mirabeau.

Les plus acharnés contre Mirabeau étaient alors les royalistes, soit qu'ils ignorassent ses engagements avec la cour, soit qu'ils ne voulussent point lui pardonner d'avoir, dès le principe, mis son éloquence au service de la tempête révolutionnaire. Au milieu du deuil général, quand sa cendre était encore tiède, ils l'attaquèrent avec fureur dans leurs journaux. Après l'avoir traité d'*escroc*, de *coureur de filles*, de *gredin*, l'un de ces pamphlétaires mêle à ses injures des anecdotes assez piquantes :

« Logé en chambre garnie, rue et hôtel Coq-Héron, en proie à la plus affreuse misère, Mirabeau est réduit à la triste ressource de voler son garçon perruquier; pendant que celui-ci lui arrangeait son toupet, il prend sa montre et la lui emprunte sous le prétexte d'en acheter une pareille le même jour; et, quand le coiffeur a voulu la réclamer, Riquetti nie l'avoir vue, s'emporte, et roue de coups le pauvre garçon. Voici comment il se défaisait de ses domestiques, après qu'il leur avait mangé le fruit de leurs épargnes et de vingt années de servitude. La veille de son départ pour Bruxelles, il affecte une transe cruelle sur un oubli de papiers qu'il a laissés à Bignon. Il caresse son domestique, à qui il devait déjà quatorze cents livres, le conjure, le presse tendrement de vouloir bien monter sur un cheval qu'il fait louer par lui-même, et, dès que le domestique est parti, Riquetti dévalise la malle de ce crédule serviteur, et décampe. — Une autre fois, il s'appropria une bague de cent louis, de la même façon qu'il avait

Brissot.

escamoté la montre... — Sa valeur est parfaitement connue dans le régiment de Royal-Comtois, et c'est cette valeur qui lui inspira le dessein de déguerpir, tandis que l'armée était aux prises avec les Corses. »

Ce manifeste de la haine se termine par un curieux mouvement oratoire :

« Ombres immortelles des Ravaillac, des Cartouche, des Mandrin, des Desrues; reprenez vos dépouilles humaines, et accourez siéger aux États-généraux; accourez, vous tous dont le front est couvert d'un triple airain, vous que souillèrent tous les forfaits, venez vous asseoir au milieu de cette assemblée d'élite où doit présider le comte de Mirabeau. Ah! sans doute, vous avez tous autant de droits que lui; vous n'avez pas plus démérité que lui d'être à votre poste de citoyens; vous ne fûtes que des scélérats, Riquetti fut quelque chose de pis. »

Vendez-vous donc au parti des *honnêtes gens*, pour en être traité de la sorte après votre mort !

On assure que Mirabeau aurait dit : « J'emporte avec moi la monarchie. » Notre ferme conviction est que, vivant, il ne l'eût point sauvée. Il ne faut ni amoindrir ni exagérer la part d'influence de certains hommes, dans le grand drame de la Révolution Française. Ceux qui parlent de mener les événements s'abusent ou veulent en imposer ; les événements ont leurs phases, leur époque de maturité. Ils sont réglés d'avance par la logique et par la force des choses. Toutes les résistances sont impuissantes contre les lois de la nature, la marche des idées, et les impulsions de la volonté nationale.

XIII

Les fédérations. — La bulle du pape. — Le clergé réfractaire. — Marat et Robespierre royalistes. — Doctrines sociales de la Révolution. — Les chevaliers du poignard. — Ce qui se passait au château des Tuileries. — Théroigne de Méricourt.

Au moment où Mirabeau disparut de la scène, tout était à réorganiser, le clergé, la magistrature, l'armée. Pour entreprendre cette œuvre gigantesque, il fallait des forces immenses; ces forces, on les trouvera dans le patriotisme de l'Assemblée nationale et dans l'union de tous les citoyens français.

En quelques mois, la France tout entière se couvrit d'un réseau de fraternité. Les villes se relièrent aux villes pour assurer la circulation des grains, défendre leurs droits, réprimer les excès. Ce fut la ligue du bien public. L'union fait la force : désormais, cette nation trop longtemps morcelée, divisée, n'avait plus qu'une âme et qu'un cœur.

Le grand écueil auquel venait sans cesse se heurter la Révolution était le clergé. Les historiens qui ont négligé ce point de vue ont trop souvent cherché les obstacles là où ces obstacles n'étaient point.

Les 10 mars et 13 avril 1791, le pape Pie VI lança une bulle, dans laquelle il déclarait nulles et illicites les nouvelles élections de curés et d'évêques faites par des laïques. Ces luttes de croyances reportèrent l'esprit français aux farces du moyen âge et aux mœurs de la Réforme. Luther, condamné par Rome, avait brûlé la bulle du pape sur un bûcher. La Révolution accueillit le bref de Sa Sain-

Jeté avec le même sans-façon ; elle y mit seulement moins de colère et plus d'ironie. En 89, les rôles étaient changés ; le pape n'était plus qu'un faible vieillard, tandis qu'une jeunesse vaillante pénétrait à la fois dans l'Église et dans la société. On fit un mannequin qui représentait Pie VI, et qui fut transporté au Palais-Royal ; là un membre de quelque société patriotique lit, à haute voix, un réquisitoire dans lequel, après avoir notifié les intentions criminelles de Joseph-Ange Braschi, Pie VI, il conclut à ce que son effigie soit brûlée, après qu'on lui aura arraché la croix et l'anneau, et à ce que ses cendres soient jetées au vent. A peine dit, l'effigie du pape, son bref dans une main, un poignard dans l'autre, un écriteau sur la poitrine avec ce mot : *Fanatisme*, est livrée aux flammes. — Cette scène burlesque se passait au milieu des acclamations de nombreux spectateurs.

La bulle du pape donna encore lieu à une caricature qui obtint du succès : le saint-père, en grand costume, était représenté assis sur sa chaire pontificale, à l'un des balcons de son palais. Devant lui s'élevait un large bénitier rempli d'eau de savon que l'abbé Royou, un des chefs de la résistance ecclésiastique, faisait mousser avec un goupillon. Le pape, un chalumeau à la bouche, soufflait vers la France des bulles auxquelles il donnait sa bénédiction. Près de là étaient Mesdames, tantes du roi[1], et plusieurs cardinaux. Ceux-ci, avec leurs chapeaux rouges, et Mesdames, avec leur éventail, agitaient l'air et dirigeaient les saintes bulles. Dans le lointain se montrait la France, assise sur un nuage, entourée de son nouveau clergé. Appuyée sur le livre de sa Constitution, elle recevait les bulles, et d'une chiquenaude elle les faisait disparaître.

Ne devait-on point s'attendre à cette résistance de la cour de Rome? La constitution civile du clergé rompait les vieux liens de l'unité hiérarchique, décrétait l'indépendance du clergé vis-à-vis du saint-siège, sinon en matière de dogme, du moins en matière de discipline, créait, en un mot, une véritable Église gallicane dont le chef ne serait plus le roi, mais qui fonctionnerait sous la main du peuple.

Ce n'est point ici le lieu ni le moment pour écrire une histoire de la papauté ; il est néanmoins permis de se demander si elle n'a point contribué, elle-même, au déclin des croyances. En protégeant le mouvement de la Renaissance, Léon X favorisa, sans le savoir, l'avénement de l'esprit nouveau. L'antiquité reparut et devant son soleil se dispersèrent les nuages du mysticisme. La recherche du beau était un premier pas vers la recherche du vrai. Dans la marche du genre humain, les progrès s'enchaînent avec une logique admirable. Aussi la renaissance des lettres et des arts ne fut-elle étrangère ni à la philosophie ni à la Révolution Française.

Quoi qu'il en soit, le bref du pape ne fit qu'envenimer les divisions entre le clergé réfractaire et le clergé assermenté. Les laïques prirent naturellement parti pour l'un ou pour l'autre. Des courtisans athées, de grandes dames sans mœurs, d'anciens esprits forts qui se vantaient naguère d'avoir, dans un coin de

---

1. Les tantes du roi s'étaient enfuies à Rome, malgré les justes plaintes du peuple de Paris qui avait cherché à les retenir.

leur bibliothèque, *la Pucelle* et l'*Encyclopédie*, tinrent à honneur de fréquenter immodérément les églises clandestines, entraînant après eux de bonnes femmes et des hommes simples fermement attachés à la tradition. Les intérêts de l'aristocratie, les passions les plus étrangères au sentiment religieux, se couvrirent du masque de l'orthodoxie.

D'un autre côté, à Paris, dans les grandes villes et même dans quelques campagnes, la majorité des habitants se déclara en faveur des prêtres qui avaient prêté serment à la nation; les insermentés, autour desquels se rangeaient, par esprit d'opposition et de contraste, les ennemis de la chose publique, furent, au contraire, l'objet de sarcasmes, d'insultes, et bientôt de voies de fait. Le peuple voyait avec tristesse la solitude des églises réputées schismatiques, tandis que la foule dorée s'empressait autour des autels que la loi ne reconnaissait plus comme légitimes. A Paris, il y eut des désordres regrettables : on força l'entrée de cloîtres et de communautés religieuses; la virginité de quelques saintes filles fut livrée aux verges, et à d'autres outrages plus abominables encore. Très-peu de personnes prirent part à ces excès, qui d'ailleurs ont déshonoré, dans tous les temps, les guerres de religion.

Il importe de bien établir que Marat et les autres révolutionnaires extrêmes, qui servaient alors presque tous dans la presse militante, demeurèrent étrangers à toute provocation d'actes semblables. Le sage Robespierre alla plus loin : à propos de troubles très-graves qui venaient d'éclater à Douai, et dans lesquels des prêtres insermentés avaient, disait-on, joué un rôle, il fit entendre ces dignes paroles : « Il est honteux de vouloir porter contre les ecclésiastiques une loi qu'on n'a pas encore osé porter contre tous les citoyens; des considérations particulières ne doivent jamais prévaloir sur les principes de la justice et de la liberté. Un ecclésiastique est un citoyen, et aucun citoyen ne peut être soumis à des peines pour ses discours; il est absurde de faire une loi uniquement dirigée contre les discours des ministres de l'Église... J'entends des murmures, et je ne fais qu'exposer l'opinion des membres qui sont les plus zélés partisans de la liberté; ils appuieraient eux-mêmes mes observations, s'il n'était pas question des affaires religieuses. » Ces sentiments, je n'hésite pas à le dire, étaient ceux de la majorité des vrais révolutionnaires : s'il leur arriva jamais de frapper sur la religion, c'est que derrière cette figure auguste se cachaient alors l'hypocrisie et l'athéisme aristocratique.

Une autre considération qu'il ne faut point perdre de vue, sous peine de ne rien comprendre à la suite des événements, c'est qu'à cette époque (avril et mai 1791) la plupart des démocrates étaient encore royalistes. Marat, malgré ses boutades contre Louis XVI, engageait fort à le conserver sur le trône. « J'ignore, disait-il, si les contre-révolutionnaires nous forceront à changer la forme du gouvernement; mais je sais bien que la monarchie très-limitée est celle qui nous convient le mieux aujourd'hui, vu la dépravation et la bassesse des suppôts de l'ancien régime, tous si portés à abuser des pouvoirs qui leur sont confiés. Avec de tels hommes, une république fédérée dégénérerait bientôt en oligarchie. On m'a souvent représenté comme un mortel ennemi de la royauté, et je prétends que le roi n'a pas de meilleur ami que moi. Ses mortels ennemis sont ses parents, ses ministres, les prêtres factieux et autres suppôts du despotisme; car ils l'exposent continuellement à perdre la confiance du peuple, et ils le poussent par leurs conseils à jouer la couronne, que j'affermis sur sa tête en dévoilant leurs complots, et en le pressant de les livrer au glaive des lois. Quant à la personne de Louis XVI, je crois bien qu'il n'a que les défauts de son éducation, et que la nature en a fait une excellente pâte d'homme, qu'on aurait cité comme un digne citoyen, s'il n'avait pas eu le malheur de naître sur le trône. Tel qu'il est, c'est, à tout prendre, le roi qu'il nous faut. Nous devons bénir le ciel de nous l'avoir donné; nous devons le prier de nous le conserver : avec quelle sollicitude ne devons-nous pas le retenir parmi nous! Je vais lui donner une marque d'intérêt, qui vaudra mieux que le serment de fidélité prescrit par l'Assemblée traîtresse, et dont on ne suspectera pas la sincérité, car je ne suis pas flagorneur. On sait que les courtisans contre-révolutionnaires maudissent tout haut la bonhomie de Louis XVI, qu'ils regardent comme un obstacle à la réussite de leurs projets désastreux : eh bien! cette bonhomie, devenue la qualité la plus précieuse du monarque, est à mes yeux d'un si grand prix, qu'une fois que la justice aura son cours, je ferai des vœux pour que Louis XVI soit immortel. »

Le 23 avril, à propos d'une lettre écrite par le ministre des affaires étrangères à toutes les cours de l'Europe, et dans laquelle il déclarait que Sa Majesté avait librement accepté la nouvelle forme du gouvernement Français, des cris de *Vive le roi* retentirent dans la salle des séances de l'Assemblée.

Alexandre Lameth proposa l'envoi d'une députation chargée d'offrir des remerciements à Louis XVI. Biauzat voulait que l'Assemblée se rendît, en corps, auprès du souverain. Robespierre crut bon de rappeler les représentants de la nation au sentiment des convenances; mais il n'en affirma pas moins, dans ce discours, son respect pour la royauté constitutionnelle. « Il faut, dit-il, rendre au roi un hommage noble et digne de la circonstance. Il reconnaît la souveraineté de la nation et la dignité de ses représentants, et sans doute il verrait avec peine que l'Assemblée nationale, oubliant cette dignité, se déplaçât tout entière. Je ne m'éloigne pas de la proposition de M. Lameth, je me borne à une légère modification. Il vous a proposé de remercier le roi; mais ce n'est pas de ce moment que l'Assemblée doit croire à son patriotisme, elle doit penser que depuis le commencement de la Révolution il y est resté constamment attaché. Il ne faut donc pas le remercier, mais le féliciter du parfait accord de ses sentiments avec les nôtres. »

Il était même arrivé à quelques écrivains du parti démocratique d'en appeler à Louis XVI contre l'Assemblée nationale. Loustalot engageait le roi à faire usage du *veto* suspensif que lui accordait la Constitution, pour paralyser l'effet des lois dictées par l'aristocratie bourgeoise : c'aurait été le moyen de rendre quelque popularité à un pouvoir affaibli. La vérité est que ces écrivains attachaient alors peu d'importance à la forme du gouvernement. Le roi était en outre, à leurs yeux, l'otage de la Révolution. De là les efforts du peuple pour le retenir à Paris ; et quand Louis XVI voulut, par des motifs qu'il est difficile d'éclaircir, se rendre à Saint-Cloud, un commencement d'émeute lui fit comprendre qu'il devait renoncer à tout projet de départ. — Ainsi les révolutionnaires tenaient à garder le roi.

Et c'était le moment où, d'accord avec Marie-Antoinette, Louis XVI (nous le savons aujourd'hui) recherchait l'alliance de tous les rois de l'Europe, pour attirer en France les armées étrangères.

Un mot sur les doctrines économiques de la Révolution. Il y avait deux écoles : la première résumait ainsi ses tendances : « Honorables indigents! malgré les injustices et les dédains de la classe opulente, contentez-vous de lui avoir inspiré un moment la terreur. Persévérez dans vos travaux ; ne vous lassez point de porter le poids de la Révolution ; elle est votre ouvrage ; son succès dépend de vous ; votre réhabilitation dépend d'elle. N'en doutez pas, vous rentrerez un jour, et peut-être bientôt, dans le domaine de la nature, dont vous êtes les enfants bien-aimés. Vous y avez tous votre part. Oui, vous devez tous devenir propriétaires, un jour, mais pour l'être il vous faut acquérir des lumières que vous n'avez pas. C'est au flambeau de l'instruction à vous guider dans ce droit sentier, qui tient le juste milieu entre vos droits et vos devoirs. » Honorables indigents ! qui ne reconnaîtrait à ce langage une magnifique réparation des inégalités sociales? Messeigneurs les pauvres ! cette école voulait l'augmentation du bien-être individuel par le travail, par des lois justes, par la transformation régulière du travailleur économe en propriétaire éclairé.

L'autre école, à la tête de laquelle se plaça l'ancienne loge maçonnique des *Amis de la Vérité*, contenait en germe la doctrine du communisme socialiste, moins les mots, qui n'étaient pas encore trouvés : elle réclamait, comme une conséquence de la Révolution, la *propriété pour tous*. Cette proposition, quoique confuse, déplut aux Jacobins, qui accusèrent les *Amis de la Vérité* de vouloir la loi agraire : on n'avait pas alors d'autre terme pour désigner une répartition égale de la richesse publique. Le sort de la classe ouvrière était, aux deux points de vue, l'objet d'une active sollicitude. Dans la presse, un homme s'occupait ardemment du rapport des questions politiques à la question du travail et des salaires ; c'était Marat. L'*Ami du Peuple* devait sans doute à ces articles, où il osait se parer fièrement des guenilles de la misère, une influence que d'autres feuilles beaucoup mieux rédigées n'acquéraient pas alors. Il revêtit le sac et le cilice de la classe déshéritée pour laquelle il réclamait des droits, des soulagements et une justice. Le dédain avec lequel les écrivains royalistes parlaient de la classe inférieure l'entraînait quelquefois à se faire leur avocat officieux. Voici l'un de ces plaidoyers :

« Toute la canaille anti-révolutionnaire s'est accordée à traiter de *brigands* les citoyens de la capitale armés de piques, de lances, de haches, de bâtons ; c'est une infamie : ils faisaient partie de l'armée parisienne. Aux yeux des hommes libres, ils n'étaient pas moins soldats de la patrie que les citoyens en uniforme ; et, aux yeux du philosophe, ils étaient la fleur de l'armée. Je le répète, la classe des infortunés, que la richesse insolente défigure sous le nom de *canaille*, est la partie la plus saine de la société ; la seule qui, dans ce siècle de boue, aime encore la vérité, la justice, la liberté ; la seule qui, consultant toujours le simple bon sens, et s'abandonnant aux élans du cœur, ne se laisse ni aveugler par les sophismes, ni séduire par les cajoleries, ni corrompre par la vanité ; la seule qui soit inviolablement attachée à la patrie, et dont maître Motier (Lafayette) n'eût jamais fait des cohortes prétoriennes. Lecteurs irréfléchis, qui voudriez savoir pourquoi la classe des infortunés serait la moins corrompue de la société, apprenez que, forcée de travailler continuellement pour vivre, et n'ayant ni les moyens ni le temps de se dépraver, elle est restée plus près que vous de la nature. »

C'était, dira-t-on, provoquer à la guerre des pau... contre les riches. Je n'en disconviens pas ; mais dans les écrits de Marat lui-même on ne découvre rien qui ressemble à la théorie du communisme.

Mirabeau mort, plusieurs membres de l'Assemblée nationale se disputèrent son influence. Robespierre, qu'on avait surnommé la *chandelle d'Arras*, par allusion au flambeau qui venait de s'éteindre, n'avait, dans son éloquence, ni l'éclat ni la chaleur de Mirabeau : mais la conscience de l'homme d'État concourt souvent plus que le génie au salut des nations. Cette parole qu'on affectait de rabaisser était d'ailleurs forte, solide, carrément taillée dans le marbre. A propos du droit de pétition, l'orateur s'éleva à la véritable éloquence. « Plus un homme est faible et malheureux, s'écria-t-il, plus il a besoin du droit de pétition ; et c'est parce qu'il est faible et malheureux que vous le lui ôteriez ! Dieu accueille les demandes, non-seulement des plus malheureux des hommes, mais des plus coupables. » Robespierre fut soutenu par l'abbé Grégoire : « Le mot pétition signifie *demande*. Or, dans un État populaire, que peut demander un citoyen quelconque qui rende le droit de pétition dangereux ? Ne serait-il pas étrange qu'on défendît à un citoyen non actif de provoquer des lois utiles, qu'on voulût se priver de ses lumières ? Qu'on ne dise pas qu'il n'y a de citoyens non actifs que les vagabonds. Je connais, à Paris, des citoyens qui ne sont pas actifs, qui logent à un sixième, et qui sont cependant en état de donner des lumières, des avis utiles. »

L'Assemblée murmure ; les tribunes applaudissent. Le parti des courtisans voulait refuser au malheureux la faculté de faire entendre ses plaintes ; il niait à la brebis qu'on égorge le droit de geindre sous le couteau. Robespierre reparut trois fois à la tribune, au milieu de la rage des modérés : « Je demande, s'écria-t-il, je demande à monsieur le président que l'on ne m'insulte pas continuellement autour de moi, lorsque je défends les droits les plus sacrés des citoyens. » La sonnette était impuissante à rétablir l'ordre. Au milieu de ces violences, qui partaient du milieu de la salle, Robespierre était appuyé par les tribunes ; sa parole allait plus loin que l'enceinte législative ; ce qui faisait surtout la force de ce député, c'est qu'il s'adressait toujours à la nation.

Il n'y avait plus guère de discussion à laquelle Maximilien ne mêlât sa parôle obstinée. Il s'était formé, à Paris, une société d'*Amis des noirs*, qui travaillait à l'abolition de l'esclavage et de la traite des nègres. Quand la question des colonies s'agita devant l'Assemblée nationale, Grégoire, qui était membre de cette société philanthropique, éleva la voix en faveur des hommes de couleur. Malouet déclara que si l'Assemblée persistait à vouloir élever un trophée à la philosophie, elle devait s'attendre à le composer des débris de vaisseaux, et du pain d'un million d'ouvriers.

Le tour de Robespierre était venu : jamais il ne se montra ni plus libre de préjugés, ni mieux inspiré par un sentiment de justice. « S'il fallait, s'écria-t-il, s'il fallait sacrifier l'intérêt ou la justice, il vaudrait mieux sacrifier les colonies qu'un principe... Dès le moment où, dans un de vos décrets, vous aurez prononcé le mot *esclave*, vous aurez prononcé votre déshonneur. (Nombreux murmures; l'orateur continue impassible.) L'intérêt suprême de la nation et des colonies est que vous ne renversiez pas, de vos propres mains, les bases de la liberté! Périssent les colonies (nouvel orage dans la salle), s'il doit vous en coûter votre bonheur, votre gloire, votre indépendance! Je le répète, périssent les colonies, si les colonies veulent, par des menaces, nous forcer à décréter ce qui convient le plus à leurs intérêts! Je déclare que nous ne leur sacrifierons ni la nation ni l'humanité entière. »

Ces mots : « Périssent les colonies plutôt qu'un principe, » ont été souvent reprochés à Robespierre. Il faut pourtant se dire que nul ne prévoyait alors les massacres de Saint-Domingue. Les horreurs de l'esclavage n'ont-elles point, d'ailleurs, amené ces épouvantables représailles? Il existe deux sortes d'hommes d'État : ceux qui s'accommodent aux circonstances, et ceux qui poursuivent un système. Maximilien était de ces derniers. Les ruines d'un monde peuvent frapper le citoyen armé d'une conviction; elles ne l'ébranlent point.

La nation, malgré la vente des biens du clergé, qui ne pouvait se faire que successivement, se trouvait alors sans argent et sans armée! Les caisses vides, les frontières ouvertes, où allions-nous? Cet état de choses désastreux se trouvait étroitement lié au travail de destruction et de recomposition qui s'opérait alors dans la société. La discipline militaire était à reconstruire sur de nouvelles bases. Les partisans de l'immobilité voulaient, au contraire, qu'on conservât les abus de l'ancien système. Ce fut encore Robespierre qui domina toute la discussion : « Législateurs, dit-il, gardez-vous de vouloir avec obstination des choses contradictoires, de vouloir établir l'ordre sans justice. Ne vous croyez pas plus sages que la raison, ni plus puissants que la nature. » On avait parlé de lier les soldats à l'ancien régime militaire par un serment sur l'honneur. « Quel est, s'écria-t-il, cet honneur au-dessus de la vertu et de l'amour de son pays? Je me fais gloire de ne pas connaître un pareil honneur. » L'orateur proposait le licenciement de l'armée. Un membre du côté droit, Cazalès, lui succède à la tribune et injurie brutalement le discours de Robespierre, qu'il traite de diatribe calomnieuse. Ici des cris *à l'ordre! à l'Abbaye!* un vacarme horrible du côté gauche. — Le souffle des hommes forts se reconnaît à cela, qu'il soulève des orages.

Cependant la contre-révolution faisait chaque jour des progrès, à la cour et

Collot-d'Herbois.

dans certaines classes de la société. Le ciel se montrait chargé de nuages. A l'intérieur du pays, le clergé réfractaire, ce ver rongeur de la Constitution, annonçait avec triomphe le retour de l'ancien régime ; les émigrés adressaient, de l'étranger, des sommations menaçantes. La reine cherchait un appui dans l'intervention de l'Autriche. L'épidémie de la liberté commençait à gagner les nations voisines; les monarques le savaient et, autour de la France, se nouait, à petit bruit, le *cordon sanitaire* qui devait l'étrangler.

Dans le château même des Tuileries, la garde nationale s'était trouvée, plusieurs fois, aux prises avec une garde secrète, dont les membres furent plus tard surnommés les *Chevaliers du Poignard*. Ces don Quichotte de la monarchie guettaient l'heure et l'occasion de faire quelque coup de tête. Une circonstance se présenta qui favorisait leurs desseins. Le 28 février, le faubourg Saint-Antoine se porte au château de Vincennes et veut détruire le donjon de ce frère de la Bastille. Lafayette accourt, dissipe le rassemblement et fait une soixantaine de prisonniers qu'il ramène à l'Hôtel de Ville.

Au retour de son expédition, le général apprend que les appartements du roi sont remplis de gens armés de cannes à épée, de pistolets et de poignards. C'étaient des hobereaux et des châtelains qu'on avait appelés de la Bretagne et des provinces méridionales, au secours de la monarchie. Déjà M. de Gouvion, major de la garde nationale, avait prévenu le roi. Louis XVI ayant demandé pourquoi plus de quatre cents personnes se trouvaient ainsi rassemblées dans son château, avec des armes secrètes, on lui répondit que la noblesse, effrayée de l'évènement de Vincennes, s'était ralliée autour de Sa Majesté pour la défendre. Il désapprouva, mais faiblement, *le zèle indiscret de ces messieurs*. La garde les fouillait, les désarmait, les huait, les chassait, quand Lafayette arrive, qui termine cette comédie de dévouement provincial par une complète déroute. Le général tança fort rudement les ducs de Villequier et de Duras, que le lendemain, dans un ordre du jour, il qualifia de « chefs de la domesticité du château. »

Que signifiait pourtant la conduite ambiguë de Louis XVI? Où voulait-on en venir? Quel ténébreux dessein, quelle intrigue se cachait sous le manteau des conspirateurs royalistes? Le temps va dévoiler ce secret.

Les mains pleines de vérités, la France les avait courageusement ouvertes; elle inondait le monde de ses lumières. A la diffusion des principes de 89, elle avait même sacrifié, pour un temps, cette ardeur belliqueuse qui était un des apanages de notre vieille race celtique. « La nation française, disait la Constitution, renonce à entreprendre aucune guerre, dans la vue de faire des conquêtes, et n'emploiera jamais ses forces contre la liberté d'aucun peuple. » D'où vient donc que, non contentes de se tenir sur leurs gardes, les monarchies étrangères avaient formé entre elles une ligue offensive et défensive? Pourquoi appuyaient-elles ouvertement les desseins et les manœuvres des émigrés? — Elles craignaient encore plus les idées de la Révolution que ses armées.

Déjà plusieurs étrangers, nous l'avons vu, étaient accourus en France et se ralliaient, de toute leur âme, à un mouvement qui, tôt ou tard, devait affranchir leur patrie. Parmi ces étrangers se distinguait au premier rang une jeune fille, une Liégeoise.

Théroigne de Méricourt voyait, avec frémissement, le pays où elle était née, sa bonne ville de Liége, sous le joug des préjugés et de l'arbitraire; elle résolut, un peu follement, de courir les chances d'une lutte en faveur des principes révolutionnaires. Ce rôle lui souriait; hirondelle du printemps de la liberté, elle irait annoncer, aux peuples du Nord, que le moment de soulever les glaces du despotisme était venu. Peut-être s'exagérait-elle (Théroigne était toujours femme) ses moyens d'influence; elle comptait secrètement sur ses yeux noirs, sur sa taille de fée, sur sa main petite et d'une perfection incroyable, pour gagner le cœur du peuple. Elle avait une éloquence naturelle et toute débordante; son babil amusait, charmait, tournait les têtes; c'est ainsi qu'elle avait désarmé le régiment de Flandre. Théroigne était partie avec Bonne-Carrère, secrétaire au club des Jacobins; ils arrivèrent à Bruxelles et dans le pays de Liége. Jusqu'ici tout allait bien : mais nos zélés émissaires étaient suivis à la piste par deux Français, dont les projets masqués éventèrent le complot. Carrère fut assez heureux pour s'évader; Théroigne tomba au pouvoir de l'Autriche et fut conduite à Vienne, dans la forteresse de Kulstein, sous la double accusation de propagande et de régicide; on entendait ainsi flétrir la conduite qu'avait tenue Théroigne à Versailles, dans les journées des 5 et 6 octobre.

Cette héroïne des faubourgs, si horriblement décriée pour ses mœurs, s'était renouvelée dans l'amour de la Révolution. Avant son départ de Paris, elle n'avait plus que de chastes rapports avec les principaux meneurs; Théroigne faisait sa société intime du rigide abbé Sieyès et du républicain Gilbert Romme, une espèce de quaker affectant la plus austère modestie, la malpropreté même, et d'une figure à faire peur. Ce Romme était un métaphysicien obscur, un alchimiste politique, dont les dissertations bizarres s'échappaient comme les fumées d'un cerveau en ébullition. Rien n'était plus amusant que de voir la petite Théroigne l'écouter d'un air grave, et renchérir encore sur la mysticité de son maître, dans son aimable jargon moitié flamand moitié français : ils travaillaient ainsi, l'un et l'autre, à la découverte de la nouvelle pierre philosophale. L'amour de la Révolution lui refit une virginité : elle vendit ses parures, ses meubles et ses bijoux, et jeta tout dans le trône de la patrie. A Kulstein, au milieu du silence et de l'obscurité, les idées, les destins, les mouvements de la France, pesaient sur son âme opprimée. Elle subit plusieurs mois d'une captivité très-dure.

Cependant Louis XVI ne pouvait se consoler des pertes que faisait, chaque jour, son autorité souveraine. La reine lui soufflait secrètement la haine et le mépris de la Constitution; elle ne cessait de mettre sous ses yeux l'inutilité des sacrifices consentis depuis le 14 juillet, les exigences toujours plus impérieuses de l'opinion dominante, les conseils qu'avait donnés Mirabeau lui-même, épouvanté des dangers que courait la monarchie, et payé d'ailleurs pour lui prêter son appui. Mère, elle parlait surtout de l'amour qu'elle portait à son fils, de ses perpétuelles alarmes. Toutes ces raisons étaient de nature à faire impression sur l'esprit du roi. Louis XVI n'avait cessé d'entretenir, depuis quelques mois, une correspondance secrète avec les cours étrangères. Il intriguait, intriguait, intriguait. Depuis longtemps, il cherchait un endroit du royaume d'où lui et sa famille pussent communiquer en sûreté avec les puissances du Nord et dicter des lois à l'Assemblée nationale. Il lui fallait un homme dévoué, qui entrât dans le complot, et une armée qui servit de point d'appui pour réagir sur la Révolution. Cet homme était trouvé : M. de Bouillé, l'impitoyable héros de Nancy, avait été chargé de réunir des troupes, sous son commandement, autour de la forteresse de Montmédy. C'est là que, toutes réflexions faites, le roi et la famille royale avaient décidé de se rendre. On touchait, par ce point, aux mouvements militaires de l'Autriche. De cette manière, tout était sauvé : la cour n'était plus éloignée de l'accomplissement de son rêve que par la distance qui sépare Paris de la frontière. Des préparatifs de départ furent concertés dans le plus grand mystère ; ce n'était pas une légère entreprise que d'enlever, sans bruit, le trousseau de la reine, ses parures, ses bijoux favoris et tout ce monde de coquetterie féminine, *mundus muliebris*, dont le poids et le volume compliquaient la difficulté de l'évasion. Il y eut bien du temps consumé dans ces apprêts de fuite ; la famille royale crut enfin n'avoir rien oublié, rien négligé pour s'ouvrir clandestinement le chemin de l'exil ou du triomphe. Vaine espérance ! Elle n'avait pas tenu compte de l'imprévu, qui déjoue les calculs de la prudence humaine, au moment même où les projets les mieux conçus touchent à leur exécution, et où paraissent s'abaisser tous les obstacles.

XIV

Alarmes et soupçons. — Marat prophète. — Fuite du roi. — Lafayette risque d'être massacré sur la place de Grève. — Les armes et les insignes de la royauté sont arrachées et détruites. — Le peuple entre au château des Tuileries. — Robespierre aux Jacobins.

Quelques jours avant le 21 juin 1791, des bruits étranges circulaient dans Paris. Des mouvements inusités, dans le château des Tuileries, avaient fait soupçonner des projets d'évasion.

Lafayette et Bailly furent prévenus par lettres, et invités à redoubler de surveillance ; mais la parole de Louis XVI, dans laquelle on avait encore foi, leur fit écarter tous les soupçons.

Un homme qui s'était donné le rôle de la prophétesse Cassandre, Marat seul, veillait dans l'ombre. « C'est un fait constant, écrivait-il, que, le 17 de ce mois, une personne anciennement attachée au service du roi l'a surpris fondant en larmes, dans son cabinet, et s'efforçant de cacher ses pleurs à tous les regards. D'où venait cette affliction ? De ce que, la veille, on avait tenté de le faire fuir ; car on veut, à toute force, l'entraîner dans les Pays-Bas, sous prétexte que sa cause est celle de tous les rois de l'Europe, et dans l'espoir qu'une contre-révolution soudaine sera aussi facile, en France, que dans les provinces Belges. Avant quinze jours, dit hier Bergasse, l'Assemblée nationale sera dissoute. Ce qui afflige Louis XVI, ce sont les assauts multipliés que lui livre sa famille, et surtout l'Autrichienne, pour le déterminer à une démarche dont il prévoit les suites funestes. Obsédé sans relâche, il ne peut se résoudre à étouffer la voix du sang et de la nature ; il frémit à l'aspect de tous les malheurs prêts à fondre sur sa maison, s'il était assez faible pour se déshonorer par une fuite criminelle, au mépris de tant de serments. Il s'efforce de résister aux instances d'une femme perfide, qui sera, toute sa vie, l'ennemie mortelle des Français. Pour triompher de sa résistance, on change l'attaque ; on s'efforce de l'intimider par l'idée de la perte de sa couronne et de sa vie ! On affecte de lui rappeler les derniers moments de Charles Ier. Que doit-il résulter de cette pénible lutte entre le monarque et d'infâmes courtisans ? La guerre civile ; et un instant suffit pour la décider ! vous êtes assez imbéciles pour ne pas prévenir la fuite de la famille royale. Je suis las de vous le répéter, insensés Parisiens ; ramenez le roi et le dauphin dans vos murs ; gardez-les avec soin ; renfermez l'Autrichienne, son beau-frère et le reste de sa famille. La perte d'un seul jour peut être fatale à la nation, et creuser le tombeau à trois millions de Français. »

De son côté, M. de Bouillé échelonnait des détachements sur la route qui conduit de Montmédy à la frontière. Comme il fallait un motif à ces dispositions, il prétexta la nécessité de protéger la caisse contenant l'argent destiné au paiement de ses troupes.

— Nous attendons un trésor, répondaient les cavaliers aux bourgeois que la présence des uniformes intriguait.

Ce trésor, comme on le devine bien, c'était le roi et la famille royale.

Louis XVI ne négligeait aucun subterfuge pour dissimuler ses desseins : il avait promis d'assister, le jeudi suivant, avec la reine et une députation de l'Assemblée nationale, à la procession de la Fête-Dieu ; pressé de donner aux puissances étrangères une déclaration de ses sentiments sur la Révolution, il chargea Montmorin, comme on l'a vu, de leur écrire que le roi des Français était heureux et libre ; à Lafayette, il réitéra des assurances positives, solennelles, qu'il ne partirait pas.

Dans la nuit du 20 au 21 juin, Paris dormait tranquille ; la confiance de Bailly et du général chargé de veiller sur les Tuileries était parfaite. La cour aurait-elle renoncé à ses ténébreux projets ? Le remords, la honte, la crainte, auraient-ils arrêté ce roi fugitif sur le bord de l'abîme ?

Le 21, un bruit courut avec le jour de quartier en quartier :

— Il est parti !

Consternation et stupeur. La royauté, qui inspirait si peu de crainte sur le trône, se montra redoutable par son absence. Le mystère, l'inconnu qui avait présidé à ce départ, redoublaient les alarmes. On assurait que les portes avaient été fidèlement gardées toute la nuit : le roi était pourtant de grosseur à ne point passer invisible. Tout était obscur dans cette fuite, les intentions, les moyens. Qu'y avait-il à craindre ? Où était le danger ? Existait-il une mine sous ce départ inquiétant ? et par quel côté éclaterait-elle ? Cependant les citoyens s'abordent, se rassemblent :

« Eh bien ! vous savez la nouvelle ? — Voilà donc comme il nous trompait !

— L'honnête homme! — C'est infâme! — Mais ses serments? — Trahison et mensonge! — Fiez-vous donc aux rois! — C'est ainsi qu'ils sont tous. — Il a sans doute, en partant, organisé la guerre civile? — Je le crains. »

D'autres visages plus sombres se montraient avec l'apparence du calme et du sang-froid :

— Qu'avez-vous donc à vous troubler ainsi? Un roi de moins, peu de chose! Cela ne vaut pas la peine de faire tant de bruit. Des rois, nous le sommes tous. Depuis notre Révolution, la monarchie n'était plus qu'un fantôme; le fantôme s'est évanoui. Ce n'est pas le moment d'avoir peur; signifions, au contraire, nos volontés par la force des piques.

Tous les partis se disputaient la situation; mais les modérés tenaient un tout autre langage.

— Qu'allons-nous devenir? Pourquoi, au lieu de faire le bonheur de la France par des réformes sages et graduelles, s'est-on jeté aussi inconsidérément dans tous ces systèmes nouveaux, qui ont mis la division entre la nation et le roi, entre tous les ordres de la société?

— Tant mieux! nous aurons la république, répondaient çà et là quelques sombres figures.

Au milieu de ces conversations agitées, la ville conservait un calme imposant et fier. Tout le monde s'accordait à regarder la fuite du roi comme une abdication furtive et honteuse. « Le roi parti, disaient les groupes, c'est le peuple qui succède. Vive le roi! Montrons de la dignité, de la grandeur : écrasons nos ennemis sous la sagesse de notre conduite. »

Toutefois les soupçons erraient vaguement sur les nobles de cour, sur les prêtres, sur les ministres, sur Lafayette et sur Bailly.

— Cette fuite n'est pas naturelle, disait-on; il faut que le général ait mis les mains dans le complot.

— Imprudent ou traître, cet homme est coupable.

— *Je réponds sur ma tête de la personne du roi!* disait, à qui voulait l'entendre, M. de Lafayette, le jour du départ pour Saint-Cloud.

— Général, vous avez prononcé votre arrêt.

Tous les citoyens ne s'arrêtaient point à délibérer sur les places, devant les portes des maisons, au coin des rues; les gardes nationaux s'arment et courent au lieu de rassemblement de leur bataillon; les autres gagnent leurs clubs ou leurs districts; la masse des habitants se porte devant la maison commune et devant les Tuileries. Ici une idée subite calme toutes les inquiétudes : cette foule tourmentée tourne d'un seul mouvement ses yeux vers la salle de l'Assemblée nationale.

— Le souverain est là-dedans, se dit-elle; Louis XVI peut aller où il voudra.

A dix heures, la nouvelle de l'événement du jour fut confirmée par trois coups de canon : ces trois coups retentirent dans les cœurs, comme l'annonce de la déchéance de la royauté. On aurait cru que la monarchie devait avoir jeté de profondes racines dans la nation : il n'en était rien. La foule se montra curieuse de visiter les appartements évacués; on y trouve des sentinelles; on les questionne : « Mais par où et comment a-t-il pu fuir? comment ce gros individu royal, qui se plaint de la mesquinerie de son logement, est-il venu à bout de se rendre invisible aux factionnaires, lui dont la corpulence devait obstruer tous les passages?

— Nous ne savons que répondre, disent les soldats de garde.

Les visiteurs insistent.

— Vos chefs étaient du complot... Et tandis que vous étiez à vos postes, Louis XVI quittait le sien à votre insu et tout près de vous.

— Nous ne savons.

Au même instant, Lafayette s'avançait, à cheval, sans escorte, au milieu d'une foule prodigieuse, vers l'Hôtel de Ville. La tranquillité semblait peinte sur son visage. A la place de Grève, l'accueil fut terrible : Lafayette pâlit. Une seule chose le sauva dans ces conjonctures difficiles : il était honnête. Complice, non; dupe, oui. On n'a qu'à regarder sur ses bustes le front bas et découronné de ce *héros des deux mondes* pour se convaincre (phrénologie à part) de la faiblesse de ses moyens de défense morale. Un tel homme était incapable de réagir contre les complots de la cour : chevaleresque, il n'en appelait qu'à ses serments et à son épée. Entouré de tout ce monde, il débuta par une plaisanterie.

— Chaque citoyen, dit-il, gagne vingt sous de rente par la suppression de la liste civile.

Les fronts chargés de soupçons et de colères ne se déridaient point. Des hommes, des femmes se lamentaient sur le malheur qui venait d'arriver et tenaient des propos menaçants contre le général.

— Si vous appelez cela un malheur, reprit Lafayette, je voudrais bien savoir quel nom vous donneriez à une contre-révolution qui vous priverait de votre liberté.

Son sang-froid et sa présence d'esprit le mirent hors de danger; la famille royale, en prenant la fuite, avait prévu, dit-on, que M. de Lafayette serait massacré par le peuple.

Grâce à la sagesse des citoyens, cette supposition charitable ne se trouva pas confirmée.

Retournons aux Tuileries : la foule s'était emparée du château; tout ce luxe royal, toute cette pompe, qui avaient si longtemps soumis les respects, ne faisaient plus qu'irriter les dédains.

« Le peuple, dit Prudhomme, se montrait soûl du trône... » Le portrait du roi fut décroché de la place d'honneur et suspendu à la porte; une fruitière prit possession du lit d'Antoinette, pour y vendre des cerises, en disant :

— C'est aujourd'hui le tour de la nation de se mettre à son aise.

Une jeune fille ne voulut jamais souffrir qu'on la coiffât d'un bonnet de la reine; elle le foula aux pieds avec indignation et mépris. On respecta davantage le cabinet d'études du dauphin... Le peuple aime les enfants, lui qui a leur candeur, avec la force de plus.

La ville offrait un autre spectacle. La force nationale armée se déployait en tout lieu d'une manière imposante, comme au 14 juillet. Le peuple, masqué depuis quelque temps par les uniformes, trouait partout la résistance bourgeoise; les bonnets de laine, origine du bonnet rouge, reparurent, éclipsèrent les bonnets d'ours. Un brasseur, le gros Santerre, enrôlait, pour sa part, deux mille piques de son faubourg. Les femmes disputaient aux hommes la garde des portes de la ville, en leur disant :

— C'est nous qui avons amené le roi à Paris ; c'est vous qui l'avez laissé évader.

— Mesdames, ne vous vantez pas tant, vous ne nous aviez pas fait là un grand cadeau.

Ainsi l'ironie populaire ne cessait de ronger les bases du trône vacant.

La vieille royauté montrait encore par toute la ville son effigie et ses armes; on les effaça. A la Grève, on fit tomber en morceaux le buste de Louis XIV, qu'éclairait la célèbre lanterne à laquelle on avait pendu les ennemis de la Révolution.

« Quand donc, s'écrie Prudhomme, quand donc le peuple fera-t-il justice de tous ces rois de bronze, monuments de notre idolâtrie? »

Rue Saint-Honoré, on exécuta, dans la boutique d'un marchand, une tête de plâtre à la ressemblance de Louis XVI dans un autre magasin, on se contenta de lui poser sur les yeux un bandeau de papier, signe d'aveuglement.

Les mots de *roi, reine, royale, Bourbon, Louis, cour, Monsieur, frère du roi* furent arrachés partout, sur les boutiques et les enseignes. Le Palais-Royal devint le palais d'Orléans. Les couronnes peintes furent proscrites.

La gaieté française jetait à pleines mains son gros sel ; comme on effaçait partout ces emblèmes, le peuple remarqua rue de la Harpe une enseigne au *Bœuf couronné*; l'allusion fut tout de suite saisie ; on détruisit l'image. Les promeneurs lisaient, dans les Tuileries, cette affiche triviale : « On prévient les citoyens qu'un gros cochon s'est enfui des Tuileries, on prie ceux qui le rencontreront de le ramener à son gîte; ils auront une récompense modique. » La motion suivante fut faite en plein vent au Palais-Royal :

« Messieurs, il serait très-malheureux, dans l'état actuel des choses, que cet homme perfide nous fût ramené : qu'en ferions-nous? Il viendrait, comme Thersite, nous verser ces larmes grasses dont parle Homère. Si on le ramène, je fais la motion qu'on l'expose pendant trois jours à la risée publique, le mouchoir rouge sur la tête; qu'on le conduise ensuite, par étapes, jusqu'aux frontières, et qu'arrivé là on lui donne du pied au cul. »

Qui n'entend éclater ici le rire de Camille Desmoulins, cet ancien rire gaulois? La royauté, par sa mauvaise foi, s'était tellement déconsidérée et était descendue si bas, que le peuple marchait sur elle avec des huées. Un piquet de cinquante lances fit des patrouilles jusque dans les Tuileries, portant, pour bannière, un écriteau sur lequel on lisait : *Vivre libre ou mourir. Louis XVI s'expatriant n'existe plus pour nous.*

Santerre.

Mais qu'était devenu le roi? Apercevez-vous, roulant dans la direction de la Champagne, un tourbillon de poussière? Le nuage s'entr'ouvre par instants; il en sort une grosse berline et un cabriolet de suite. Cela s'avance assez vite, quoique pesamment; les chevaux soufflent et suent; la route est belle et, jusqu'ici, déserte. Des courriers, en livrée chamois, filent devant et derrière la voiture. Qui voyage, dans des circonstances si critiques, avec ce train inusité? De par le roi, laissez passer madame la baronne de Korf, qui se rend à Francfort avec ses deux enfants, une femme et un valet de chambre, et trois domestiques. — Un gros homme, en habit gris de fer, coiffé d'un chapeau rond qui lui cache presque tout le visage, emplit un des coins de la voiture, et étouffe. La chaleur est extrême. La baronne de Korf, quoique, selon toute probabilité, femme d'un riche banquier de Francfort, ne donne aux relais que des *pourboires* ordinaires. Nul du reste, ne prête trop d'attention à cette épaisse machine roulante qui rappelle un peu, par la forme, l'idée de l'arche de Noé : seulement l'arche devait, dit-on, sauver une famille choisie, tandis que ce grand coche entraîne toute une dynastie royale au fond de l'abîme.

Dès l'instant où le départ du roi fut connu, l'Assemblée nationale sentit que le poids de la couronne retombait tout entier sur elle, et elle se montra digne de la porter, dans ces circonstances difficiles. Louis XVI avait fui, dans la Révolution, une ennemie et une rivale. De par le droit de la nation, cette Assemblée lui succédait et prenait naturellement sa place. Il ne tenait qu'à elle de se déclarer souveraine et de décréter la déchéance de la monarchie. Les députés, néanmoins, s'arrêtèrent à un parti tout contraire, et imaginèrent une fiction pour couvrir l'inviolabilité du chef de l'État. Le roi, dirent-ils, a été enlevé. C'était peut-être conserver le monarque, mais c'était en faire un mannequin, derrière lequel s'exercerait, à l'avenir, la puissance réelle du pays.

Après avoir pris toutes les dispositions pour faire face aux circonstances inattendues où elle se trouvait engagée, avoir donné ses instructions aux hommes dont elle avait besoin pour agir, avoir refusé, par délicatesse, d'ouvrir une lettre adressée à la reine et trouvée dans ses appartements, l'Assemblée passa majestueusement *à l'ordre du jour*. L'effet de cet ordre du jour fut prodigieux : la royauté venait de tomber silencieusement dans l'oubli. Au moment où la cour s'était éloignée du château, elle avait cru laisser derrière elle la guerre civile; il lui semblait qu'un trône ne pouvait pas s'ébranler sans produire un bouleversement général. L'orage aurait été du moins une consolation pour les fugitifs : la reine surtout espérait courroucer son peuple; elle n'eut pas même ce plaisir. On passa.

Lecture fut donnée du manifeste que Louis XVI — comme le Parthe qui lance sa flèche en fuyant — décochait, par-dessus l'épaule, contre la nation. Un passage de cette curieuse diatribe souleva surtout les murmures et les risées. « Le roi, disait-il, cédant au vœu manifesté par l'armée des Parisiens, vint s'établir, avec sa famille, au château des Tuileries. Rien n'était prêt pour le recevoir; et le roi, bien loin de trouver les commodités auxquelles il était accoutumé dans ses autres demeures, n'y a pas même rencontré les agréments que se procurent les personnes aisées. » Cet égoïsme royal, qui consultait si fort ses aises, parut révoltant, dans un moment surtout où la nation s'imposait tous les genres de sacrifices. L'Assemblée nationale se déclara en permanence, pour se donner la force d'une volonté et d'une action continues.

Les clubs s'agitaient : celui des Cordeliers réclamait hautement la République. Marat vomissait des flammes. « Citoyens, s'écriait-il, amis de la patrie, vous touchez au moment de votre ruine ! Un seul moyen vous reste pour vous retirer du précipice où vos dignes chefs vous ont entraînés, c'est de nommer, à l'instant, un chef militaire, un dictateur suprême, pour faire main basse sur les principaux traîtres connus. Vous êtes perdus sans ressource, si vous prêtez l'oreille à vos chefs actuels, qui ne cesseront de vous cajoler et de vous endormir, jusqu'à l'arrivée des ennemis devant vos murs. Que, dans la journée, le tribun soit nommé ; faites tomber votre choix sur le citoyen qui vous a montré jusqu'à ce jour le plus de lumière, de zèle et de fidélité. »

Les autres Cordeliers, Desmoulins, Danton, Fabre d'Églantine, Fréron, parlaient du *ci-devant roi* comme d'un transfuge qui avait signé, lui-même, son ostracisme : « Je voulais, disait Camille, écrire le nom de l'huître royale sur sa coquille : mais elle m'a devancé en prenant la fuite. »

En était-il de même aux Jacobins ? Non : ces derniers avaient pris le nom d'Amis de la Constitution ; on comptait parmi eux des membres voués au maintien de la monarchie. Ce fut pourtant vers ce club que se dirigea l'attention. Au tomber de la nuit, Robespierre occupait la tribune. La salle était mélancoliquement éclairée, les visages étaient sombres ; il régnait un silence imposant. L'orateur enveloppa sa pensée de certains nuages ; si la République était alors dans son cœur, elle y était à l'état latent. Il tint néanmoins à décliner toute responsabilité dans les malheurs qui allaient fondre sur le pays. Il fut vague, sentimental, pathétique.

Pour la première fois, il sépara ouvertement ses opinions et sa conduite de l'Assemblée nationale. « Je sais, ajouta-t-il, qu'en accusant ainsi la presque universalité de mes confrères, les membres de l'Assemblée, d'être contre-révolutionnaires, les uns par ignorance, les autres par terreur, d'autres par ressentiment, par un orgueil blessé, d'autres par une confiance aveugle, beaucoup parce qu'ils sont corrompus, je soulève contre moi tous les amours-propres, j'aiguise mille poignards, et je me dévoue à toutes les haines ; je sais le sort qu'on me garde ; mais si dans les commencements de la Révolution, et lorsque j'étais à peine aperçu dans l'Assemblée nationale, si lorsque je n'étais vu que de ma conscience, j'ai fait le sacrifice de ma vie à la vérité, à la liberté, à la patrie ; aujourd'hui que les suffrages de mes concitoyens, qu'une bienveillance universelle, que trop d'indulgence, de reconnaissance, d'attachement, m'ont bien payé de ce sacrifice, je recevrai, comme un bienfait, une mort qui m'empêchera de voir des maux que je crois inévitables. »

L'orateur est applaudi ; les larmes coulent ; huit cents personnes, religieusement émues, se lèvent : « Robespierre, nous mourrons tous avec toi ! »

Cependant les membres du Club de 89, qui s'étaient séparés, comme nous l'avons vu, des Jacobins, annoncent qu'ils viennent se réunir aux Amis de la Constitution pour conjurer les maux dont la patrie est menacée. Alors Danton : « Si les traîtres se présentent dans cette Assemblée, je prends l'engagement formel de porter ma tête sur l'échafaud ou de prouver que la leur doit tomber aux pieds de la nation qu'ils ont trahie. » Lafayette entre avec d'autres députés ; Danton s'élance à la tribune ; il tonne, il éclate contre le général en paroles accusatrices. Point de réponse ou, qui pis est, une réponse molle, évasive, écourtée. Lafayette pâlit, balbutie quelques mots et redescend de la tribune. Depuis cet échec, il n'osa jamais reparaître à la société des Jacobins.

Comme Paris était beau dans ces jours d'interrègne où il se gouvernait lui-même! La ville ne cessait de se montrer calme et tranquille ; le peuple sentait sa force et se faisait un point d'honneur de la régler ; les spectacles s'étaient rouverts ; les processions de la Fête-Dieu avaient eu lieu, comme à l'ordinaire, dans les églises ; le commerce et le travail commençaient à reprendre leur cours ; depuis quarante-huit heures que la capitale avait perdu son roi de vue, elle l'avait presque oublié. Le départ clandestin du chef de l'État apprit aux citoyens à se passer de la monarchie. La défection de Louis XVI était jugée, par les révolutionnaires, comme un acte d'hypocrisie et de lâcheté. Ainsi, quand cet homme jurait, au Champ-de-Mars, d'être fidèle à la Constitution, il mentait ; quand il assurait l'Assemblée de la pureté de ses sentiments, et de sa confiance envers elle, il mentait ; quand il donnait, à la garde nationale, sa parole d'honneur de ne point déserter la Révolution, il mentait. Cette fuite misérable acheva de détruire les restes d'idolâtrie que le sentiment public attachait, en France, à la royauté. On avait autrefois élevé le trône entre le ciel et la terre : mais le moyen d'adorer maintenant un trône vide! Jamais désertion ne fut si coupable.

Mais quel est cet homme que j'aperçois, à cheval, sur la route de Varennes, et courant à toute bride? Une illumination soudaine l'a saisi, une voix, la voix du patriotisme, lui a dit : « Cours, tu prendras le roi! — Moi, Drouet, le simple fils d'un maître de poste, je prendrai le roi de France! — Va, te dis-je! » Et il va, et la terre fuit sous l'élan de sa monture. Cet homme, ce galop, ce vertige, ce nuage de poussière, tel est le tourbillon dans lequel s'agitent les destinées de la famille royale et du pays.

XV

Arrestation du roi et de la famille royale. — Conduite de Drouet. — Fermeté de Sausse. — Retour à Paris. — La voie douloureuse. — Arrivée au château des Tuileries. — Translation des cendres de Voltaire au Panthéon. — Discussion, à l'Assemblée nationale, sur le sort de la royauté. — Les clubs. — Robespierre et Danton. — Devait-on restaurer Louis XVI sur le trône?

« Il est arrêté! » C'est la nouvelle qui arriva à Paris le 23 juin 1791, et qui se répandit, dans les différents quartiers, avec la rapidité de l'éclair.

Les vicissitudes de ce malencontreux voyage sont longues et compliquées ;

j'abrége. La famille royale était sortie des Tuileries, dans la nuit du 21, après la cérémonie du coucher; elle était sortie par l'appartement de M. de Villequier, séparément et à diverses reprises. Les préparatifs de cette fuite avaient occasionné un retard d'un jour; ce retard fit avorter l'entreprise. Le roi avait dans sa voiture 13 200 livres en or et 56 000 livres en assignats. Monsieur (Louis XVIII) partait, la même nuit, du palais du Luxembourg, en prenant une autre route qui le conduisit hors de France. Le voyage de Louis XVI ne fut pas aussi heureux. De Paris à Châlons, nul accident, à part une roue de la voiture qui se rompit; il fallut la réparer; ce fut un retard d'une heure. Le roi, qui étouffait dans la berline, voulut descendre une ou deux fois; il monta à pied, en tenant son fils par la main, une côte assez rude. Étant très-obèse, il marchait lentement; cependant les heures s'enfuyaient et avec elles les chances d'atteindre la frontière. Le long de la route, tout était calme. M. de Bouillé avait pris des mesures pour assurer le passage; seulement ses dispositions prévinrent d'un jour l'arrivée de la famille royale.

Un détachement de hussards, qui avait ordre d'attendre le roi au delà de Châlons, ne voyant rien paraître au jour et à l'heure marqués, se retira; un second détachement, posté à Sainte-Menehould, n'ayant pas reçu les instructions que le premier devait lui transmettre, resta dans l'inaction. Le roi, que l'inquiétude commençait à gagner, ayant mis imprudemment la tête à la portière de sa voiture, pour demander des chevaux, fut reconnu. Louis XVI était l'homme du royaume le plus difficile à déguiser; son volume et l'empreinte bourbonnienne de son visage le révélaient à ceux-là même qui ne l'avaient jamais vu; son portrait, frappé en relief sur les pièces de monnaie, fournissait d'ailleurs un moyen de contrôle, à la portée de tout le monde. Plusieurs personnes eurent des soupçons, mais elles gardèrent le silence.

Drouet, fils du maître de poste de Sainte-Menehould, ancien dragon au régiment de Condé, crut de son devoir d'en agir tout autrement. Il vit arriver, le 21 juin à sept heures et demie du soir, deux voitures et onze chevaux à la poste de Sainte-Menehould. Pendant qu'on relayait, il crut reconnaître la reine, et apercevant un homme dans le fond de la voiture, à gauche, il fut frappé de sa ressemblance avec l'effigie imprimée sur les assignats de cinquante livres. Ce train de chevaux, une double escorte de dragons et de hussards qui précédaient et suivaient la voiture, tout cela lui donna à penser. Un instant, la crainte d'exciter de fausses alarmes lui conseilla de se taire; que pouvait-il, d'ailleurs, seul contre les deux détachements de cavaliers? Il laissa donc partir les voitures qui, après avoir demandé des chevaux pour Verdun, se mirent en mouvement sur la route de Varennes.

C'est alors que, foulant aux pieds toute prudence humaine, Drouet se décide à faire son devoir. Il selle le meilleur cheval des écuries de son père, et prend, avec son camarade Guillaume, ancien dragon au régiment de la reine, un chemin de traverse qui les conduit à Varennes. Il était onze heures du soir; il faisait nuit profonde; tout le monde était couché. La famille royale, qui s'attendait à trouver un relais à la ville haute, errait de porte en porte, livrée à l'inquiétude et au découragement. Les postillons voulaient qu'on fît au moins reposer et rafraîchir les chevaux. Les voyageurs, qu'alarmaient les retards, le silence, la nuit noire et l'absence du relais, prodiguaient l'or et les instances pour qu'à tout prix on brûlât l'étape.

La ville dort. Drouet veille. S'adressant à son camarade Guillaume : « Es-tu bon patriote? — N'en doute pas. — Hé bien, le roi est à Varennes ; il faut l'arrêter. » Les deux amis descendent de cheval et vont reconnaître les lieux. Entre la ville haute et la ville basse, il y avait un pont, et sur ce pont une voûte surchargée d'une tour ; c'est par là, sous cette voûte, que la berline devait poursuivre son chemin. Drouet et son compagnon décident qu'il faut barrer le passage. Le hasard avait placé, tout près de ces lieux, une voiture chargé de meubles. Ils la traînent à force de bras et la culbutent ; voilà une barricade toute construite. Cela fait, Drouet s'en va chercher quelque renfort dans la ville ; il réveille Paul Leblanc, Joseph Poussin, et d'autres jeunes patriotes, en tout huit hommes de cœur et de bonne volonté. C'est par le ministère de ces bras obscurs, qu'allait s'accomplir un des événements de notre histoire qui eurent les plus graves conséquences.

Cette petite troupe, s'étant réunie, se place en embuscade derrière la charrette renversée. Le bruit de la voiture du roi, lancée au trot, grossit de moment en moment. La berline s'approche, elle a déjà franchi l'entrée de la voûte, lorsqu'une voix crie : « Halte ! » Le cocher fouette ses chevaux qui s'arrêtent et se cabrent. Au même instant, huit hommes armés se présentent. Surpris, les gardes-du-corps qui étaient sur le siège font un mouvement de résistance ; ils sortent et rentrent leurs armes ; la vérité est qu'ils avaient peur ; le roi avait encore plus peur qu'eux ; tous se rendirent.

Louis XVI, la reine, madame Élisabeth voulurent d'abord nier leur qualité; le moment était venu où les rois et les princesses allaient dire aux ténèbres : Couvrez-nous ! On conduit les fugitifs chez le procureur de la commune de Varennes, un épicier nommé Sausse. La reine exhibe son passeport. Quelques personnes ayant entendu la lecture de cette pièce disent que cela devait suffire. Drouet se montra plus difficile. « Le passeport, fit-il observer, n'est signé que du roi ; il devrait l'être aussi par le président de l'Assemblée nationale. Si vous êtes une étrangère (en s'adressant à la reine), comment avez-vous assez d'influence pour faire partir après vous un détachement? »

Mme la baronne de Korf n'opposait, à ces objections, que de grands airs dépités : elle était, disait-elle, pressée de continuer son voyage. Cette impatience la perdit. On décida, après avoir délibéré, que les voyageurs ne se remettraient en route que le lendemain. Ce lendemain fut terrible. La troupe de déterminés qui, le sabre et le pistolet à la main, venait de fondre sur la voiture, se répand dans la ville et jette partout l'alarme. Un chirurgien de Varennes, Mangin, réveillé par ce bruit, entre dans la maison du procureur-syndic et reconnaît dans les cinq personnes arrêtées toute la famille royale qu'il avait vue à Paris durant les fêtes de la Fédération ; il sort et va faire part de sa découverte à ses concitoyens. Alors la cloche de l'église s'ébranle ; au bruit du tocsin répondent, de villages en villages, des tocsins éloignés. Le détachement de hussards qui était à Varennes veut faire un mouvement, les citoyens lui montrent quelques canons qu'on avait trouvés dans la ville et sur lesquels s'étend déjà une mèche allumée ; il rend les armes. Toujours rôdant, Drouet ne cesse de veiller sur sa proie.

Louis XVI n'avait plus qu'un moyen de s'ouvrir le chemin de la frontière, c'était de fléchir, par la douceur, les hommes qui le retenaient prisonnier. Le roi se jette dans les bras de M. Sausse, en l'implorant ; la reine, demi-agenouillée, lui présente le dauphin ; le procureur est inébranlable. Marie-Antoinette tente alors de fléchir le cœur de Mme Sausse : celle-ci se retranche derrière ses devoirs de mère, d'épouse et de citoyenne. — « Sire, je voudrais vous obliger, reprend le marchand de chandelles ; mais la nation passe avant le roi. Si vos infortunes et vos larmes me touchent, je redoute aussi pour le pays les suites de ce voyage ; les calamités publiques et la guerre civile me remuent encore plus le cœur que les désastres d'une famille. Quelle serait cette sensibilité aveugle, cruelle, qui aurait des yeux et des entrailles pour quelques augustes personnes, et qui ne regarderait pas au sort de plusieurs millions d'hommes ? Je suis sujet de la Constitution ; elle m'ordonne de vous arrêter. »

Le jour, si matinal au mois de juin, commençait à éclairer la misérable échoppe qui avait servi de Louvre, cette nuit-là, à un roi fuyard et à une dynastie vagabonde. Les enfants dormaient d'un mauvais sommeil, durant lequel retentissaient, à travers leurs rêves, des pas de chevaux, des cris, des cliquetis d'armes. Toutes les cloches du canton répandaient dans les airs leurs tintements redoublés. La reine, que cette sombre musique impatientait, s'écria : « Quand auront-ils donc fini leurs bruits détestables ? — Madame, répondit Sausse gravement, c'est le bruit de toute la France ! »

Cependant un des affidés de Bouillé, voyant les hussards mêlés à la foule qui couvre la place, tente une dernière fois de faire appel à leur dévouement : « Hussards, leur crie-t-il, tenez-vous pour la nation ou pour le roi ? — Pour la nation ! » répondent d'une seule voix les soldats. La question ainsi posée décidait du sort de la monarchie : le roi de France n'était plus qu'un étranger dans son royaume.

Louis XVI, le coude appuyé sur une table, attendait encore sa délivrance de l'arrivée soudaine des troupes de Bouillé. Les heures tombaient avec le froid de l'acier sur les angoisses mortelles du captif ; rien ne venait. Quelques curieux cherchaient à pénétrer dans la maison de M. Sausse, pour voir la famille royale. Louis était d'une construction massive ; il avait le visage blême et les yeux bleuâtres. Indolent, lymphatique, son tempérament était celui de toutes les races dégradées et abâtardies. Il mangeait fort et aimait le vin. La chasse, surtout la chasse au tir, était le seul exercice où il mît quelque passion. Une rusticité, que l'éducation royale avait mal recouverte, l'éloignait du commerce des femmes. Cette rudesse de mœurs et de caractère l'avait d'abord rendu cher à la Révolution et au peuple, qui voyait en lui un bon ouvrier; mais ses complots avec l'étranger, ses continuelles intrigues, ses rapports secrets avec les émigrés, plus que tout cela, l'autorité qu'il laissait prendre à la reine, lui avaient aliéné les cœurs. Par une singularité de nature, il voyait à peine les objets qui étaient près de lui, et distinguait très-bien ce qui se passait à longue distance. Il en était de même de son jugement : le malheureux Louis XVI, durant toute sa vie, aperçut l'échafaud dans le lointain; mais il ne sut jamais faire usage des moyens simples et faciles qui étaient, pour ainsi dire, sous sa main pour l'éviter. Le costume de domestique, sous lequel il avait imaginé, dans cette circonstance, de cacher un roi de France, faisait encore ressortir la vulgarité de ses manières.

Marie-Antoinette était d'une taille ordinaire; elle avait l'œil un peu dur, les lèvres minces et serrées, les cheveux tirant sur le roux; mais un air naturel de distinction, la finesse et la régularité de ses traits, l'éclat de son teint, donnaient à l'ensemble de sa personne un caractère séduisant. Son tort fut de vouloir faire la reine, quand pour régner sur les cœurs il lui suffisait de rester femme. Un goût effréné des plaisirs, l'attention qu'elle marquait aux jeunes gens doués d'une jolie figure et de talents extérieurs la firent soupçonner de galanterie : elle aimait, en outre, éperdument le jeu et les spectacles. La fierté du sang lui rendit la Révolution odieuse, le peuple désagréable; ses réponses courtes et froides, dans toutes les solennités nationales, annonçaient un cœur sec. Les horreurs, les transes, les assauts de cette nuit affreuse avaient flétri l'éclat de son visage; ses cheveux, assure-t-on, avaient changé de couleur. Marie-Antoinette sentait venir la mort de la monarchie.

Plus de quatre mille gardes nationaux couvraient la campagne. La famille royale cherchait à gagner du temps; il fallut se mettre en marche. Un cortège de baïonnettes cernait la voiture. Le secours qu'attendait Louis XVI arriva, mais trop tard : le roi avait quitté Varennes depuis une heure, quand M. de Bouillé se montra devant la ville à la tête d'un régiment de cavalerie. Les chevaux étaient fatigués, les hommes montraient de l'indécision, et refusaient d'aller plus avant. Le moment prédit était venu : « Le roi mènera deuil; les principaux se vêtiront de désolation et les mains des soldats du pays tomberont de frayeur. »

Il fallait maintenant retourner à Paris, et à travers combien d'humiliations! Tout le long de la route, le peuple des campagnes, accouru au-devant du cortége, ne cessa de proférer les injures dont il abreuve les rois traîtres ou abusés. Marie-Antoinette trouva, dans son cœur, assez de haine et de fierté pour se faire, contre cette tempête d'outrages, un front d'airain.

L'Assemblée avait envoyé trois commissaires pour protéger les jours de la famille royale; ils rejoignirent le cortége à Épernay. Barnave et Pétion montèrent dans la voiture du roi. Ce fut durant ce voyage que Barnave, touché des infortunes de Louis XVI, des prévenances de Marie-Antoinette, et du sort de ces enfants, qui n'avaient pas mérité tant d'humiliations, se rattacha de cœur à la cause de la monarchie. Pétion se montra, au contraire, dogmatique et froid.

Pétion.

Ses discours, aussi libres que ses manières étaient brusques, lui attirèrent les aigreurs de la reine. Pétion tenait, entre ses genoux, le petit dauphin; il se plaisait à rouler dans ses doigts les beaux cheveux blonds de l'enfant, et, parlant avec action, il tirait quelquefois une des boucles assez fort pour le faire crier. « Donnez-moi mon enfant, lui dit sèchement la reine; il est accoutumé à des soins, à des égards, qui le disposent peu à tant de familiarités. »

Louis XVI montrait un sang-froid apathique. On l'accusa, plus tard, d'avoir bu et mangé tout le long de la route ; ce bon roi était doué d'un appétit énorme. Par instants, il témoignait quelque inquiétude au sujet de l'accueil que lui feraient les habitants de Paris. Cet accueil fut sinistre. On avait placardé, au faubourg Saint-Antoine, un ordre du jour ainsi conçu : « Quiconque applaudira le roi sera bâtonné ; quiconque l'insultera sera pendu. » Un long silence improbateur fut, en effet, la leçon qu'il reçut à son entrée dans les Champs-Élysées ; par instants, ce sombre silence se déchirait comme un nuage, et il en sortait un tonnerre de murmures bientôt réprimés.

On avait décidé que les têtes resteraient couvertes : les gardes nationaux eux-mêmes criaient : « Enfoncez vos chapeaux ; il va paraître devant ses juges. » Il parut ; dans quel équipage, grand Dieu ! Une foule de grenadiers l'entourait ; chaque cheval de l'attelage en portait un ; le devant, le derrière, les côtés de la voiture en étaient chargés. Un voile de poussière couvrait, par instants, l'humiliation de cette famille. Les stores de la voiture étaient baissés à demi ; le dauphin, enfant aux cheveux blonds, se montrait quelquefois à la portière, et son âge, sa figure intéressante, semblaient demander grâce pour les coupables, pour ce roi de France, surpris par son peuple, en flagrant délit d'évasion.

O abaissement! qui sondera jamais l'abîme des déchéances royales? Les armes demeurèrent immobiles en présence du monarque ; les drapeaux ne saluèrent pas ; les canons firent mine de ne le point reconnaître. C'était un spectacle imposant et terrible, vu des Champs-Élysées, que ces vingt mille baïonnettes parsemées de lances, escortant avec gravité, à travers une population de quatre cent mille curieux, un roi caché dans le fond de sa voiture, et cherchant à se dérober à l'embarras d'une situation cruelle. Un éclatant soleil le livrait, comme par ironie, à tous les regards. A la plupart de ces baïonnettes et de ces fers de lances, dont les pointes dardaient des éclairs menaçants, était embroché un pain, comme pour faire entendre à Louis XVI que l'absence d'un roi ne cause pas la famine. Ceux qui faisaient le mouvement d'ôter leur chapeau, sous prétexte de chaleur, étaient à l'instant sommés de le remettre. Autrefois, la noblesse avait seule le droit de se couvrir devant le monarque ; le tiers état avait pris, dernièrement, cette liberté, et maintenant c'était tout le peuple.

Au moment où le cortége entrait par la place Louis XV, tous les glaives s'agitèrent dans les mains des gens à cheval, en signe de fraternité. Un sourire, mêlé d'indignation et de mépris, fut le seul accueil que reçurent les membres de la famille royale. Plusieurs jeunes gens groupés sur le piédestal de la statue de Louis XV bandèrent les yeux de la statue en attendant l'arrivée du cortège. Au moment où passa la voiture de Louis XVI, ils arrachèrent le bandeau et essuyèrent les yeux de ce marbre royal, comme s'il devait verser des larmes, à la vue d'un roi de France aussi dégradé. Ce jour, bien plus encore que le 21 janvier, fut un jour d'exécution et de supplice ; l'insurrection et l'échafaud sont moins terribles pour les rois que l'humiliation, le ridicule et le mépris public.

Derrière les voitures qui contenaient la famille royale venait un chariot découvert, entouré de branches de lauriers : Drouet et Guillaume, couronnés de feuilles de chêne et debout, y recevaient, comme héros de la fête, les applaudissements et les hommages du peuple. On criait : « *Vive la nation! vive Drouet et Guillaume! vive la brave garde nationale de Varennes!* » — « L'entrée de Drouet, dit très-bien Ferrières, était le triomphe d'un général victorieux qui amène devant lui un grand captif. » Cet homme avait cru; il avait eu foi en lui-même et en la nation. Son nom, obscur la veille, courait maintenant sur toutes les lèvres.

Aucun outrage ne fut épargné à la famille royale : une femme lança, contre la voiture, un linge trempé de l'eau du ruisseau. La figure de la reine faillit être atteinte. Des filles publiques, mêlées à la foule, la regardaient d'un air insultant. « J'aime encore mieux, disait l'une d'elles, me voir ce que je suis que d'être Antoinette. »

Quand le cortége arriva par le pont tournant, en face des Tuileries, les domestiques, postés aux fenêtres du château, se découvrirent, du plus loin qu'ils aperçurent leur maître : la garde nationale, les couchant en joue, leur ordonna de garder leurs chapeaux sur la tête, aussi bien que les autres citoyens : ils obéirent. Les femmes de chambre et d'honneur de la reine s'étaient mises, de leur côté, à battre des mains pour saluer le retour de leur maîtresse : on réprima ces témoignages de fidélité servile. L'instant où les voitures touchèrent le sol des Tuileries fut même le plus dangereux de tous; une foule indignée se porta autour des roues avec des huées, des sifflets, des cris, des imprécations terribles.

L'Assemblée nationale, dans la crainte de quelque accident funeste, envoya trente commissaires, pour protéger le roi et sa famille, depuis l'entrée du jardin jusqu'au château. La mission était périlleuse, à cause de l'exaltation générale des esprits; mais, dès que les députés se présentèrent, cette foule immense et furieuse se sépara en deux rangs pour les laisser parvenir jusqu'aux voitures. Il leur suffit de se nommer et de présenter leurs médailles : ce fut comme un talisman. On fit défiler les voitures une à une; mais lorsqu'elles montèrent sur la terrasse du château, pour déposer le roi et sa famille à la grande porte de l'Horloge, l'indignation du peuple éclata de nouveau; les invectives et les reproches s'adressaient surtout à la reine, avec une effrayante unanimité.

Les *augustes* voyageurs (cette ancienne formule du respect était, dans la circonstance actuelle, une sanglante ironie) mirent pied à terre, dans un costume aussi ridicule qu'affligeant. La violence des insultes et des menaces redoublait. Barère et Grégoire se chargèrent du dauphin, qu'ils emportèrent entre leurs bras dans les appartements. Le roi sortit ensuite, accompagné par quinze députés : les quinze autres restèrent auprès de la reine, qui les priait avec larmes de l'assister de leur présence : « Surtout, leur criait-elle, ne me laissez pas seule! »

Après avoir déposé Louis XVI dans son château, les représentants qui l'avaient suivi coururent chercher Antoinette. Ce fut alors qu'ils rencontrèrent le plus d'obstacles pour revenir jusqu'à la voiture; il était très-difficile de se frayer un passage au milieu de cette foule compacte et de se reconnaître dans ce tumulte, où l'on n'entendait que des cris confus. Le peuple ne voulait pas que la reine entrât aux Tuileries.

Après une demi-heure passée à rétablir l'ordre, les trente députés se réunirent et formèrent deux haies, depuis la voiture jusqu'à la porte du château; la reine sortit alors tout effrayée, et gagna les appartements au bras d'un député de la droite.

La juste colère du peuple était sur le point d'éclater, contre les trois gardes-du-corps qui avaient servi de courriers durant le voyage, et qui occupaient encore les siéges de la berline. Les malheureux allaient être saisis à la gorge Pétion se montre; il annonce que les coupables seront mis en état d'arrestation la foule s'apaise aussitôt. Les trois gardes sont conduits sans aucun obstacle. Un attroupement très-considérable se formait déjà devant l'une des portes du château; Pétion s'y présente pour arrêter le désordre : un garde national le prend au collet; le député se fait connaître, et la multitude obéissante se retire. « Nous attendîmes, ajoute Barère, que la foule fût diminuée dans les Tuileries, et que les sentiments du peuple fussent plus calmes, afin de n'avoir rien à redouter pour le roi et sa famille, quand nous aurions quitté le château. »

Quelques jours après celui où Louis XVI était forcé de rétrograder honteusement sur Paris, le 11 juillet, les cendres de Voltaire, ce roi de l'opinion, traversaient la capitale, au milieu d'une affluence considérable et avec des honneurs extraordinaires. Traîné par douze chevaux blancs, et se dirigeant vers le Panthéon, le char funèbre s'arrêta devant la maison où le grand homme avait fini ses jours, le 30 mai 1778. *Belle et bonne*, Mme de Villette, la fille adoptive de Voltaire, accompagnée de son enfant, et les deux demoiselles Calas, rendirent hommage aux restes de l'illustre philosophe et payèrent leur tribut à la douleur. La pluie tombait à torrents; le cortége brava le mauvais temps et ne se retira que lorsque le cercueil eut pris sa place, dans le temple que la patrie avait dédié aux grands hommes.

Voltaire avait préparé la Révolution par son esprit, comme Jean-Jacques Rousseau par son cœur. L'ami du roi de Prusse devait être le héros des constitutionnels de 91; le citoyen de Genève fut le dieu des républicains de 93. L'un convenait à la bourgeoisie, l'autre était l'idole du peuple.

M. de Bouillé, après le mauvais succès de son entreprise, s'était enfui vers la frontière. Il écrivit, du Luxembourg, à l'Assemblée nationale, une lettre dans laquelle il menaçait la France de la vengeance des armées étrangères, si elle ne se hâtait de faire amende honorable aux pieds du roi. « Croyez-moi, lui disait-il, tous les princes de l'univers reconnaissent qu'ils sont menacés par le monstre que vous avez enfanté (la Révolution), et bientôt ils fondront sur notre malheureuse patrie. Je connais vos forces : toute espèce d'espoir est chimérique, et bientôt votre châtiment servira d'exemple mémorable à la postérité... Cette lettre n'est que l'avant-coureur du manifeste des souverains de l'Europe. » L'Assemblée fit à cet insolent mémoire l'accueil qu'il méritait; elle se contenta de rire.

Par un décret, M. de Bouillé fut suspendu de ses fonctions militaires; c'éfait tout le châtiment qu'on pût lui infliger. Le roi fut aussi provisoirement suspendu.

Quelle devait être la solution de cet état de crise? Louis XVI devait-il être maintenu sur le trône, malgré sa fuite? La nation pouvait-elle avoir désormais confiance en lui? Serait-il jugé? Où prendrait-on ses juges? Telles étaient les questions qui agitaient l'Assemblée, les clubs, le peuple.

Le parti très-influent des Lameth, de Barnave, de Dupont, de Lafayette, voulait conserver Louis XVI sur le trône. Des commissaires furent nommés pour interroger le roi et la reine; mais ces commissaires furent choisis dans le sein même de l'Assemblée, malgré la réclamation de Robespierre : « Il n'y a, dit-il, aucune raison pour qu'il en soit ainsi. Nous ne mériterions plus la confiance du pays, si nous violions les principes, si nous faisions une exception pour le roi et la reine. Qu'on ne dise pas que l'autorité royale sera dégradée. Un citoyen, une citoyenne, un homme quelconque, à quelque degré qu'il soit élevé, ne peut jamais être dégradé par la loi. La reine est une citoyenne ; le roi, dans ce moment, est un citoyen comptable à la nation ; et, en qualité de premier fonctionnaire public, il doit être soumis à la loi. »

La question de la déchéance était surtout à l'ordre du jour : les royalistes constitutionnels cherchèrent à masquer les torts de Louis XVI derrière la fiction de l'enlèvement et de l'inviolabilité royale ; au lieu d'accuser le chef, ils accusèrent les conseillers et les instruments de la fuite; il n'y avait, selon eux, dans cet acte criminel, que des complices et pas de coupable. On voulait ainsi couvrir les attentats contre la Constitution, de la Constitution elle-même. Robespierre attaqua cette étrange doctrine : « Je ne viens pas, dit-il, provoquer des dispositions sévères contre un individu, mais combattre une proposition à la fois faible et cruelle, pour substituer une mesure douce et favorable à l'intérêt public. Je n'examinerai pas si la fuite de Louis XVI est le crime de quelques individus, s'il s'est enfui volontairement et de lui-même, ou si, de l'extrémité du royaume, un citoyen audacieux l'a enlevé par la force de ses conseils ; si les peuples en sont encore à croire qu'on enlève les rois comme des femmes. Je n'examinerai pas si, comme l'a pensé le rapporteur, le départ du roi n'était qu'un voyage sans objet, si son absence était indifférente. Je n'examinerai pas si elle est le but ou le complément de conspirations toujours impuissantes et renaissant toujours. Je n'examinerai pas même si la déclaration donnée par le roi n'attente point aux serments qu'il a faits, d'un attachement sincère à la Constitution. Je ne veux m'occuper que d'une hypothèse générale. Je parlerai du roi de France comme d'un roi de Chine ; je discuterai uniquement l'inviolabilité dans sa doctrine. »

Il conclut par ces fermes paroles : « Les mesures que l'on vous propose ne peuvent que vous déshonorer ; si vous les adoptez, je demanderai à me déclarer l'avocat de tous les accusés. Je veux être le défenseur des trois gardes-du-corps, de la gouvernante du dauphin, de M. Bouillé lui-même. Dans les principes de vos comités, il n'y a pas de délit ; mais partout où il n'y a pas de délit, il n'y a pas de complices. Messieurs, si épargner un coupable est une faiblesse, immoler le coupable faible, en épargnant le coupable tout-puissant, c'est une lâcheté. Il faut ou prononcer sur tous les coupables, ou prononcer l'absolution entière. » En bonne logique, il n'y avait rien à répondre ; l'Assemblée ne répondit pas : elle vota.

Elle vota quoi? Le rétablissement de Louis XVI sur le trône ! Pouvait-on imaginer un dénouement plus illogique et plus ridicule? Que signifiait cette fiction d'un roi « enlevé par les ennemis du bien public » ?

Les déclarations de Louis XVI pour expliquer les motifs et le but de son voyage étaient si entachées de mauvaise foi, qu'elles faisaient sourire les plus modérés. A quoi bon ce roi? La monarchie ne s'est-elle pas suicidée? Avant l'échauffourée de Varennes, des hommes plus ou moins conseillés par leurs intérêts avaient pu croire qu'il était possible d'élever la nation sans abaisser la royauté ; mais, après l'humiliation dont la famille royale venait d'être abreuvée, un tel rêve ne devenait-il point tout à fait chimérique? Conserver, de force, un roi qui se regardait toujours comme le galérien du trône révolutionnaire, n'était-ce point jeter un mensonge vivant entre la Constitution et le pays?

A côté des hommes pratiques, dont les motifs s'appuyaient sur des raisons d'État, quelques philosophes s'accordaient à regarder la république comme la forme la plus parfaite de gouvernement. Tel était aussi l'idéal de Brissot et de son parti, connu plus tard sous le nom de parti des Girondins. C'était l'avis de Condorcet. Robespierre, lui, croyait utile au succès de la cause démocratique de se couvrir de prudence, et de ne point alarmer les esprits par le fantôme des mots. Marat était malade ; Marat se taisait.

Il importe surtout de bien connaître l'opinion des clubs. Le plus avancé de tous était alors celui des Cordeliers (Société des droits de l'homme). Danton y régnait. Dans une séance mémorable, il traça la ligne de conduite à suivre. « La Société des amis des droits de l'homme, s'écria-t-il, pense qu'une nation doit tout faire, ou par elle-même, ou par des officiers amovibles et de son choix ; elle pense qu'aucun individu, dans l'État, ne doit raisonnablement posséder assez de richesses, assez de prérogatives pour pouvoir corrompre les agents de l'administration politique ; elle pense qu'il ne doit exister dans l'État aucun emploi qui ne soit accessible à tous les membres de l'État ; elle pense enfin que plus un emploi est important, plus sa durée doit être courte et passagère. Pénétrée de la vérité, de la grandeur de ces principes, elle ne peut donc plus se dissimuler que la royauté, la royauté héréditaire surtout, est incompatible avec la liberté. Telle est son opinion ; elle en est comptable à tous les Français. » Pouvait-on désigner plus clairement la République sans la nommer?

Danton ne sortait point de ce dilemme : Ou criminel, ou imbécile ; si criminel, que Louis soit jugé ; si imbécile, qu'il soit interdit !

Aux Jacobins (Société des amis de la Constitution), les débats sur la déchéance du monarque amenèrent le démembrement du club. Les royalistes constitutionnels se séparèrent des vrais démocrates. Une telle épuration centupla les forces de ces derniers. Appuyée sur des milliers de sociétés semblables et affiliées entre elles, répandues d'un bout à l'autre de la France, la société-mère s'érigea plus tard en une sorte de dictature. Ce fut la plus grande puissance de la Révolution, grâce à l'esprit organisateur de Robespierre.

Que devait-on faire du roi? Cette question fut agitée au club des Jacobins. Maximilien n'osa pas ou ne voulut pas conclure. Billaud-Varennes ayant parlé d'en finir avec la monarchie, des murmures étouffèrent sa voix.

Et pourtant avaient-ils tort, ceux qui, à l'exemple de Danton, réclamaient hautement la déchéance de Louis XVI? On se demande si, dans son intérêt et dans l'intérêt même de la nation, il n'eût pas beaucoup mieux valu qu'il gagnât tranquillement la frontière. Drouet, tout en croyant bien faire, n'avait-il point rendu un mauvais service au pays? C'est ce qu'il nous faut examiner.

L'Assemblée nationale comptait, en 91, assez d'hommes capables et honnêtes pour saisir, d'une main ferme, les rênes du gouvernement. N'avait-elle point lancé elle-même, lors du départ de Louis XVI, une proclamation invitant les citoyens de Paris à maintenir l'ordre public et à défendre la patrie? n'avait-elle point sommé les ministres d'assister à ses séances, de se réunir et de mettre ses décrets à exécution? Mais la sanction royale? Bah! on s'en passera; et en effet elle n'ajoutait plus rien à l'autorité des lois... La Constituante était donc à même de gouverner, ou, si elle redoutait la confusion du pouvoir exécutif et du pouvoir législatif, il ne tenait qu'à elle de nommer un président.

D'un autre côté, si Louis XVI, et il est difficile d'en disconvenir, était un obstacle à la marche des réformes, une cause de guerre étrangère, ne se montrait-il point beaucoup plus dangereux à l'intérieur qu'à l'extérieur? Au delà des frontières, ce n'était plus qu'un simple émigré. Et quelle réputation, grand Dieu! emportait-il à l'étranger? Celle d'un roi fourbe, infidèle à ses serments.

Une question d'humanité domine toutes ces considérations. La mort du roi, quoique votée par les Girondins et par les Montagnards, alluma entre eux des inimitiés implacables. Ce sang versé au nom de la raison d'État ne fut point étranger au régime de la Terreur. De tels malheurs pouvaient-ils être évités? Oui, le roi absent, c'était peut-être l'échafaud de moins dans l'histoire de la Révolution.

Après l'événement du 21 juin, la royauté n'était plus à conserver en France; elle était à reconstruire. Les républicains avaient le droit de profiter de la circonstance : à quoi bon relever ce qui s'était écroulé de soi-même? Remettant sous les yeux de la nation les maux, les abus, les actes de mauvaise foi dont le pouvoir monarchique s'était souillé, depuis quatorze siècles, ils lui demandaient d'en finir. Citoyens, voulez-vous donc reprendre dans vos murs la trahison et le despotisme?

On ne saurait donc trop condamner les conservateurs à vue courte, ou dirigés par des intérêts féroces, qui voulurent, à tout prix, rétablir Louis XVI sur le trône. Ne cherchaient-ils point à maintenir un rouage inutile, la monarchie constitutionnelle, pour se ménager, le moment venu, le moyen d'écraser leurs adversaires?

Je ne sais pas si, dans cette journée décisive, les *exaltés* auraient sauvé la Révolution; mais ce que je sais bien, c'est que les *modérés* la perdirent.

XVI

Discussion sur la forme de gouvernement. — Réunion des citoyens au Champ-de-Mars. — Pétition signée sur l'autel de la patrie. — Déploiement de forces militaires. — La loi martiale et le drapeau rouge. — Lafayette et Bailly. — Massacres. — Conséquences de cette journée désastreuse.

Le premier usage que Louis XVI fit de sa liberté fut de renouer des rapports occultes avec les cours étrangères. Comment n'en eût-il point été ainsi? Son amour-propre n'était-il point blessé au vif par les outrages qu'il avait essuyés? N'avait-il point le droit de se considérer désormais comme le prisonnier, l'otage de la Révolution?

La question de monarchie ou de République avait été soulevée; or ces questions-là se montrent sans pitié pour le repos des nations, jusqu'au jour où elles sont résolues.

Au club des Jacobins, La Clos proposa de rédiger une pétition signée par tous les citoyens, et dans laquelle on demanderait que l'Assemblée fût appelée à statuer de nouveau sur la forme du gouvernement. L'Assemblée ayant décidé que le roi était inviolable, cette motion effraya quelques citoyens faibles ou indécis. Danton s'élance alors à la tribune et d'une voix tonnante : « Si nous avons de l'énergie, montrons-la... Que ceux qui ne se sentent pas le courage de lever le front de l'homme libre se dispensent de signer notre pétition. N'avons-nous pas besoin d'un scrutin épuratoire ? Le voilà tout trouvé. » On ne signa rien ; mais quatre mille personnes, hommes et femmes, s'étant tout à coup répandues dans la salle, on convint de se réunir le 17 juillet au Champ-de-Mars, autour de l'autel de la patrie.

Est-il vrai que la municipalité de Paris cherchât, alors, l'occasion d'une lutte à main armée, pour écraser les clubs et les sociétés populaires? Tout semble du moins l'indiquer.

Le 15 juillet était un dimanche. On s'attendait à quelque manifestation. La municipalité se tenait sur ses gardes. Au point du jour, les trompettes sonnèrent, les tambours battirent dans toutes les directions; la garde nationale prit les armes. Un zèle sauvage animait la bourgeoisie contre l'insurrection absente. Depuis le retour du roi, les constitutionnels de l'Assemblée ne cessaient d'exciter sourdement les boutiquiers contre les clubs. On avait effrayé les intérêts. L'industrie, à laquelle le départ de Louis XVI venait de porter un dernier coup, se montrait affamée de calme et de tranquillité publique ; elle avait raison, sans doute ; mais, avant de mettre l'ordre dans la rue, ne fallait-il pas l'introduire dans les organes et les fonctions du gouvernement? La ville était hérissée de baïonnettes ; la résistance se montrait partout, l'agression nulle

La députation des pétitionnaires du Champ-de-Mars quitte l'Hôtel de Ville, terrifiée d'avoir vu arborer le drapeau rouge.

part. Ce déploiement de force armée, autour d'une monarchie replâtrée à la hâte par un décret de l'Assemblée nationale, jetait le mécontentement et l'alarme dans la population qu'on voulait calmer. Où donc était l'ennemi? Les patrouilles se croisaient dans un morne silence.

Les sociétés patriotiques s'étaient donné rendez-vous, pour onze heures du matin, sur la place de la Bastille ; elles devaient se rendre de là, en un seul corps, vers le Champ-de-Mars. La place de la Bastille fut occupée dès le matin par des troupes soldées, afin de s'opposer au rassemblement. A la vue de cet appareil militaire, les groupes se dispersent, chacun se retire. Le Champ-de-Mars, ce théâtre de la joyeuse fête de la Fédération, était encore désert ; c'est là qu'on se rend isolément, la réunion projetée sur la place de la Bastille n'ayant pu avoir lieu ; c'est là, devant l'autel de la patrie, qu'une détermination sera prise.

Ici un incident malheureux : deux invalides, dont l'un avait une jambe de bois, s'étaient cachés sous l'autel construit en planches ; ils sont découverts. Que faisaient-ils ? quel était leur dessein ? Voilà ce qu'on se demande, et l'épouvante succède bientôt à la curiosité. Le bruit court que l'autel est miné ; un tonneau d'eau que ces malheureux avaient roulé dans leur retraite, pour leur provision de la journée, est bientôt transformé, par la rumeur publique, en un tonneau de poudre. Le motif bas et vulgaire qui les a fait agir (ils s'étaient mis là, dirent-ils, *pour voir les jambes des femmes*) se transforme en un complot contre la vie des citoyens. Aussitôt saisis par la multitude, ils sont pendus à un réverbère, et leurs têtes coupées sont portées au bout d'une pique. Un tel acte de brutalité fait frémir ; mais une poignée seulement d'imbéciles ou de monstres, flétris par tous leurs contemporains, trempèrent leurs mains dans ce sang.

Il paraît bien que les royalistes avaient besoin d'un prétexte pour décharger leur colère sur les agitateurs ; car la nouvelle du meurtre des deux invalides fut sur-le-champ dénaturée et portée dans l'enceinte de l'Assemblée nationale. On raconta que deux bons citoyens venaient d'être pendus, au Champ-de-Mars, pour avoir prêché l'exécution de la loi. Ce mensonge fit fortune, et prépara les esprits à des mesures de violence. Sur les lieux, tout fut bien vite effacé, et le Champ-de-Mars, qui n'avait pas même été témoin de cet atroce assassinat, rentra dans sa majestueuse tranquillité.

Vers midi, la foule débouche par toutes les ouvertures ; la garde nationale venait d'entrer dans le Champ-de-Mars avec du canon ; mais, voyant la réunion paisible, elle se retirait. Les citoyens affluent autour de l'autel de la patrie ; on attend avec impatience les commissaires de la Société des Jacobins, pour avoir de nouveau lecture de la pétition et la signer. Un envoyé du club paraît enfin ; on l'entoure.

« La pétition, dit-il, qui a été lue hier ne peut plus servir aujourd'hui, l'Assemblée nationale ayant décrété, dans sa séance du soir, l'innocence ou l'inviolabilité de Louis XVI ; la Société va s'occuper d'une autre rédaction qu'elle vous soumettra. »

Tous ces retards n'étaient pas du goût de la foule, qui aime à faire vite ce qu'elle fait.

Quelqu'un propose de rédiger, à l'instant même, une seconde pétition sur l'autel de la patrie. Adopté. La foule cherche alors des yeux ses chefs et ses meneurs. Où êtes-vous, Danton, Desmoulins, Fréron ? Absents. Ne les trouvant pas, le peuple se décide à agir par lui-même. On nomme quatre commissaires; l'un d'eux prend la plume; les citoyens impatients se rangent autour de lui; il écrit : « *Sur l'autel de la patrie, le 17 juillet an* III... Le désir impérieux d'éviter l'anarchie à laquelle nous exposerait le défaut d'harmonie entre les représentants et les représentés, tout nous fait la loi de vous demander, au nom de la France entière, de revenir sur votre décret, de prendre en considération que le délit de Louis XVI est prouvé, que ce roi a abdiqué; de recevoir son abdication, et de convoquer un nouveau pouvoir constitutionnel pour procéder, d'une manière vraiment nationale, au jugement du coupable, et surtout à son remplacement et à l'organisation d'un nouveau pouvoir exécutif. »

La foule grossissait d'heure en heure. La pétition rédigée, on en fait lecture à haute voix; cette lecture est couverte d'applaudissements. On commence dès lors par signer des feuilles volantes, à huit endroits différents, sur les angles de l'autel de la patrie. Plus de deux mille gardes nationaux de tous les bataillons de Paris et des villages voisins, des hommes, des femmes, des enfants, déposent religieusement leur nom sur ces feuillets sacrés, d'autres une croix ou tout autre signe de leur volonté libre.

« Le nombre des signatures, dit M. Buchez, dépasse certainement six mille. Le plus grand nombre est de gens qui savaient à peine écrire..... Quelquefois la page est divisée en trois colonnes; d'énormes taches d'encre en couvrent plusieurs; les noms sont au crayon sur deux. Des femmes du peuple signèrent en très-grand nombre, même des enfants, dont évidemment on conduisait la main..... La plus jolie écriture de femme est sans contredit celle de *mademoiselle David, marchande de modes, rue Saint-Jacques,* n° 173. Quelques belles signatures apparaissent de loin en loin; on les compte. Un feuillet fut garni par un groupe de cordeliers; ici l'écriture est fort lisible. On voit en haut une signature à lettres longues, légèrement courbées en avant; c'est celle de *Chaumette, étudiant en médecine, rue Mazarine,* n° 9. On lit ensuite celles de E.-J.-B. *Maillard,* de *Meunier, président de la Société fraternelle séante aux Jacobins.* On ne trouve nulle part le nom de *Momoro;* il fut cependant accusé, plus tard, d'avoir fait grand bruit au Champ-de-Mars, le 17; mais on voit celui d'*Hébert, écrivain, rue Mirabeau;* celui d'*Henriot,* et la signature du *Père Duchêne.* »

Trois officiers publics, en écharpe, envoyés par la Commune, s'étaient avancés vers l'autel : on les reçoit avec l'énergie et la tranquillité qui conviennent à des hommes libres. Ce spectacle, la joie grave qui rayonne sur la figure des pétitionnaires, le caractère pacifique de cette foule où l'on voyait des enfants, des femmes, des vieillards, tout paraît les rassurer sur le caractère de la réunion. « Messieurs, disent-ils, nous sommes charmés de connaître vos dispositions; on nous avait dit qu'il y avait ici du tumulte, on nous avait trompés : nous ne manquerons pas de rendre compte de ce que nous avons vu, de la tranquillité qui règne au Champ-de-Mars. Si vous doutez de nos intentions, nous vous offrons de rester en otage parmi vous jusqu'à ce que toutes les signatures soient apposées. » Un citoyen leur donne lecture de la pétition; ils la trouvent conforme aux principes. « Nous la signerions nous-mêmes, ajoutent-ils, si nous n'étions pas maintenant en fonctions. »

De telles assurances de paix augmentent la confiance. On leur demande l'élargissement de deux citoyens arrêtés ; les officiers municipaux engagent à nommer une députation qui les suive à l'Hôtel de Ville. Douze commissaires partent. On continuait à couvrir la pétition de signatures. Le Champ-de-Mars était tranquille et libre ; les troupes s'étaient repliées sur la ville. Toute idée de péril étant écartée, le rassemblement grossissait à vue d'œil. Les jeunes gens qui ont signé se livrent à des danses ; ils forment des rondes en chantant. Survient un orage ; on le brave. La pluie cesse, le ciel redevient calme et bleu ; en moins de deux heures, il se trouve près de cent mille personnes dans le Champ-de-Mars ; c'étaient des mères, d'intéressantes jeunes filles, des habitants de Paris qui, enfermés toute la semaine, se livraient à la promenade du dimanche. Aux yeux des révolutionnaires, pénétrés qu'ils étaient alors des réminiscences de l'antiquité, ce rassemblement de citoyens libres ressemblait à ceux qui se formaient jadis dans le Forum. Il y avait là un grand nombre d'hommes et de femmes qui avaient aidé à construire le champ de la Fédération, d'autres avaient étendu leurs mains vers l'autel de la patrie : imprudents ! vous ne vous doutiez pas alors que cet autel dût être rougi par des sacrifices humains !

Les commissaires députés vers l'Hôtel de Ville reviennent. Leur visage est morne, ils ont vu des choses sinistres.

— Nous sommes trahis ! murmure l'un d'eux d'une voix sombre.

On les presse de s'expliquer.

— Nous sommes parvenus, disent-ils, à la salle d'audience à travers une forêt de baïonnettes ; les trois officiers municipaux qui nous accompagnaient en nous assurant de leurs bonnes intentions nous prient d'attendre ; ils entrent dans une autre salle et nous ne les revoyons plus [1]. Le corps municipal sort.

« — Nous sommes compromis, dit un de ses membres, il faut agir sévèrement. »

« Un d'entre nous, chevalier de Saint-Louis, annonce au maire que l'objet de notre mission était de réclamer en faveur d'honnêtes citoyens qu'on nous avait promis de rendre à la liberté. Le maire (Bailly) répond *qu'il n'entre pas dans ces promesses, et qu'il va marcher au Champ-de-Mars pour y mettre la paix...* Sur ces entrefaites, un capitaine du bataillon de Bonne-Nouvelle vient dire que le Champ-de-Mars n'était rempli que de brigands ; un de nous lui répond qu'il

---

1. Ils firent, à ce qu'il paraît, un rapport faux sur l'attitude de la réunion, disant qu'ils avaient trouvé le champ de la Fédération couvert d'un grand nombre de personnes de l'un et de l'autre sexe, qui se disposaient à rédiger une pétition contre le décret du 27 juin, qu'ils leur avaient démontré que leur démarche et leur réclamation étaient contraires à l'obéissance à la loi, et tendaient évidemment à troubler l'ordre public. « Si la France redevient libre, s'écrie Camille Desmoulins, il faut que les noms de *Jacques, Renaud* et *Hardi* (les trois membres du conseil municipal) soient affichés dans toutes les villes, à toutes les rues, pour être à jamais voués à l'exécration publique. »

en impose. Là-dessus la municipalité ne veut plus nous entendre. Descendus de l'Hôtel de Ville, nous apercevons, à une des fenêtres, le drapeau rouge ; ce signal du massacre, qui devait inspirer un sentiment de douleur à ceux qui allaient marcher à sa suite, a produit un effet tout contraire sur l'âme des gardes nationaux qui couvraient la place (ils portaient à leur chapeau le pompon rouge et bleu). A l'aspect du drapeau couleur de sang, ils ont poussé des cris de joie en élevant en l'air leurs armes qu'ils ont ensuite chargées. Nous avons vu un officier municipal en écharpe aller de rang en rang, et parler à l'oreille des officiers. Glacés d'horreur, nous sommes retournés au champ de la Fédération avertir nos frères de tout ce dont nous avions été les témoins. »

Ce récit est suivi d'un profond silence. L'inquiétude peinte sur le visage des commissaires soulève d'abord quelques nuages ; cependant la réunion se rassure. De quel droit la municipalité interviendrait-elle et disperserait-elle, par la force armée, des citoyens qui signent légalement leur profession de foi sur l'autel de la patrie ? La foule est compacte, mais inoffensive ; la nuit approche. D'instant en instant, des nouvelles alarmantes courent sur la multitude, comme un vent d'orage sur un champ de blé, et la font tressaillir.

Le bruit court que l'Assemblée nationale, pour faire croire qu'il existe un projet de mouvement contre elle, s'est formidablement entourée de baïonnettes et de canons. Elle a, dit-on, transmis à la municipalité des ordres sévères. Depuis longtemps on guettait l'occasion de déclarer la guerre aux adversaires de la monarchie constitutionnelle ; le jour était venu. La loi martiale était comme un arc tendu, il fallait que le trait partît.

Quelques nouveaux citoyens arrivent : ils ont rencontré l'armée de Lafayette sur les quais ; les gardes nationaux marchaient avec un entraînement farouche ; la cavalerie surtout paraissait animée de sentiments de colère et de violence. On avait vu des grenadiers sortir tout le long de la route, un à un, des maisons voisines, charger leurs fusils à balle, devant le peuple, et se joindre à l'armée qui s'avançait vers le Champ-de-Mars.

— Nous allons, disaient-ils brutalement, envoyer des pilules aux Jacobins.

Le jour était tombé ; il faisait assez sombre pour l'exécution des mauvais desseins. A huit heures et demie du soir, on entend le bruit du tambour et le roulement lointain des pièces d'artillerie ; on se regarde ; quelques personnes sont d'avis de se retirer ; d'autres rappellent que, le but de la réunion étant légal, il serait lâche de fuir ; on demeure. Les troupes débouchent dans le Champ-de-Mars par trois entrées à la fois, par l'avenue de l'École militaire, par le passage entre les glacis du côté du Gros-Caillou et par l'ouverture qui fait face à la Seine ; c'est par celle-ci que se montre le drapeau rouge.

On connaît le Champ-de-Mars et on se représente aisément cette vaste plaine avec l'autel de la patrie au milieu. La colonne à la tête de laquelle s'avance Bailly, par l'ouverture du bord du fleuve, soulève une indignation universelle et les cris : « A bas le drapeau rouge ! Honte à Bailly ! Mort à Lafayette ! »

Cependant plus de quinze mille personnes environnaient l'autel ; elles se pressaient là comme autour des anciens lieux d'asile et de refuge. A peine avait-on vu flotter au loin le drapeau rouge, qu'on entend retentir une détonation d'armes à feu :

— Ne bougeons pas ; on tire à blanc ; il faut qu'on vienne ici publier la loi.

On avait en effet tiré en l'air. Tout à coup une seconde décharge éclate, mais réelle et meurtrière. Les colonnes s'ébranlent, la cavalerie charge, les canons ouvrent sur le devant leur bouche chargée à mitraille. Le dernier feu avait tracé un cercle de victimes ; hommes, femmes, enfants, vieillards, étaient tombés pêle-mêle. Aux plaintes et aux cris succède le silence plus terrible encore que les gémissements.

Bailly et Lafayette se donnaient sans doute, à eux-mêmes, les raisons qu'on invoque toujours en pareil cas : l'ordre public, le salut de la société, le besoin de faire un exemple, le devoir d'obéir à la lettre de la loi... Vaines excuses ! La loi au-dessus de toutes les autres lois, c'est l'inviolabilité de la vie humaine.

Au plus fort de la mêlée, des citoyens s'élancent sous le feu, à travers les charges de la cavalerie, pour recueillir les feuilles volantes qui portent écrite la volonté du peuple ; cette pétition est le drapeau d'une idée, elle ne doit pas demeurer aux mains de l'ennemi. On la sauve. « Oui, s'écrie l'auteur des *Révolutions de Paris*, oui, la pétition reste ; elle est accompagnée de six mille signatures ; de généreux patriotes ont exposé leur vie pour la sauver du désordre, et elle repose aujourd'hui dans une arche sainte, placée dans un temple inaccessible à toutes les baïonnettes, et elle en sortira quelque jour ; elle en sortira rayonnante. » L'oracle n'a point menti ; cette pétition conservée existe encore aux Archives de la ville ; la République, qu'elle contenait en germe, est sortie, le 10 août, des plis de cette pièce mémorable. Quand une fois les idées ont été baptisées avec du sang, elles ne meurent plus.

La nuit était tombée sur le Champ-de-Mars comme un linceul. De toutes parts, des citoyens sans armes fuient devant des citoyens armés ; ils se pressent, se poussent, se renversent. Des femmes, des enfants avaient été étouffés entre les chevaux ou sous les pieds de la foule. La garde nationale, Lafayette en tête, rentre dans la ville. La nouvelle de cette sanglante tuerie se propage lugubrement de quartier en quartier. Les rues sont désertes, les visages mornes. Il est facile de voir qu'on revient d'une exécution. Il y avait des vainqueurs et des vaincus, mais pas de victoire.

Cet événement a été jugé diversement, selon les partis. Toute la question se réduit à savoir si le roi n'avait point volontairement abdiqué en prenant la fuite : car, s'il en est ainsi, ceux qui proposaient de remplacer la monarchie par la république étaient dans la logique ; ils avaient prévu la marche fatale des événements. On les tua, je l'avoue, avec toutes les formes légales ; mais que me font vos sommations préalables, votre écharpe, votre drapeau ? Une guenille rouge au bout d'un bâton ne donne point le droit d'attenter à la vie de citoyens désarmés et paisibles.

Combien de morts ? La nuit le taira et demain le sable du Champ-de-Mars l'aura oublié ; mais il y a dans les choses une justice qui n'oublie pas. La classe moyenne sera cruellement châtiée pour avoir la première fait couler le sang des hommes dévoués à la Révolution. On a, dit-on, exagéré le nombre des personnes qui tombèrent frappées par les balles : soit ; mais la responsabilité d'une aussi triste journée ne se mesure point au chiffre des victimes ; elle se mesure aux lois éternelles de la conscience humaine. Cette responsabilité terrible pèse lourdement sur Lafayette et sur Bailly.

XVII

Triomphe de la réaction. — Robespierre introduit dans la famille Duplay. — Sa manière de vivre. — Marat sous terre. — L'abolition de la peine de mort proposée par Robespierre, repoussée par la majorité conservatrice de l'Assemblée. — Fin de la Constituante.

En politique, on n'a jamais vu un parti vainqueur user modérément de sa victoire. Les royalistes constitutionnels profitèrent de la journée du Champ-de-Mars, du trouble et de l'émotion que la nouvelle du massacre avait répandus dans les rangs des citoyens, pour faire un essai de terreur. Les représentants de la classe moyenne en voulaient surtout aux journalistes et aux orateurs des clubs. Des mandats d'amener furent lancés contre les plus connus d'entre eux. Danton, se jugeant fort compromis, et trouvant que les ombrages de Fontenay-sous-Bois ne le couvraient point suffisamment, se sauva dans sa ville natale, Arcis-sur-Aube. Fréron s'éclipsa. Camille Desmoulins, riant et mordant à la fois, envoya au général Lafayette sa démission de journaliste, dans une lettre pétillante de verve. Quant à Marat, il était rentré dans sa cave. Beaucoup d'autres écrivains compromis cherchèrent dans la fuite, selon le langage du temps, « un asile contre les assassins ». C'était une panique générale.

Quelques amis de Robespierre craignirent même pour sa sûreté. Il logeait en garni dans le Marais, rue Saintonge, et venait à pied tous les jours de chez lui jusqu'à l'Assemblée nationale. Aussi simple dans ses goûts que rigide dans ses principes, il dînait pour trente sous chez un traiteur. Le 17 juillet, à l'issue de la séance, aux Jacobins, un des membres du club, Maurice Duplay, menuisier de son état, tremblant pour les jours de Maximilien, qu'il admirait, vint lui offrir un asile chez lui. Il demeurait dans une maison portant alors le numéro 366 et située presque en face de la rue Saint-Florentin. Robespierre accepta la proposition qui lui était faite de si bon cœur.

Duplay était alors un homme d'une cinquantaine d'années. Ouvrier d'abord, puis entrepreneur en menuiserie, il avait acquis, par le travail, une petite fortune. Ses cheveux commençaient à grisonner ; mais dans l'âge mûr il avait conservé tout le feu et toute l'ardeur de la jeunesse. Les patriotes de ce temps-là étaient des natures de fer. Le petit nombre des Conventionnels et des citoyens connus que l'échafaud a épargnés ont prolongé leurs jours au delà des limites ordinaires de la vie humaine.

Quel fut l'étonnement de la famille Duplay, quand, cette nuit-là, le menuisier rentra chez lui, conduisant par la main un inconnu d'une trentaine d'années, vêtu, avec une certaine recherche, d'un gilet à grands revers, d'un habit couleur marron et d'une culotte de soie ! Duplay était père d'un garçon et de quatre filles dont l'une était mariée à un avocat d'Issoire, en Auvergne. S'adressant à sa femme et à ses enfants :

— Je vous amène, dit-il, un grand et brave citoyen que les contre-révolutionnaires veulent faire arrêter. Cette maison lui servira d'asile. Vous le connaissez déjà de nom, c'est Maximilien Robespierre...

La femme, les jeunes filles, le fils âgé d'une douzaine d'années, qui avaient lu ce nom-là dans les papiers publics et qui l'avaient souvent entendu prononcer avec enthousiasme par leur père, entourèrent l'illustre persécuté de soins et d'égards.

Robespierre n'avait accepté cet asile que pour une nuit ; mais le lendemain, quand il voulut prendre congé de ses hôtes et retourner rue Saintonge, toute la famille le pria de rester.

— Vous êtes ici chez vous, lui dit Duplay ; mon fils sera votre frère.

Puis lui montrant le groupe des jeunes filles dans les yeux desquelles on lisait autant de respect que de sympathie pour le grand citoyen :

— Mon ami, voici vos sœurs.

Le moyen de ne pas céder à de telles instances ? Robespierre se rendit ; la maison de Duplay devint la sienne.

De cette maison, il ne reste rien ou presque rien. Le temps a tout détruit et tout reconstruit. En face de l'église de l'Assomption se trouve, il est vrai, sur le même terrain, une autre maison dont l'allée assez étroite conduit dans une petite cour ; mais la configuration actuelle des lieux ne saurait donner aucune idée de ce qu'ils étaient en 1791. La rue elle-même était à peine une rue ; c'était un groupe d'une dizaine d'habitations. Dans le voisinage, alors tranquille et silencieux, s'élevait le couvent des religieuses de la Conception. La maison de Maurice Duplay avait à l'extérieur une bonne apparence bourgeoise. Une porte cochère donnait entrée dans une assez grande cour où étaient des planches et des ateliers de menuiserie. Au fond, dans un petit bâtiment, demeuraient le maître menuisier et sa famille. Il y avait du logement de reste. On pria Maximilien de choisir lui-même sa chambre. Il se décida pour une qui était séparée du corps de logis et située sous les toits, une simple et modeste chambre que l'on tapissa, selon ses goûts, d'une tenture de damas bleu à fleurs blanches.

Les habitudes de Robespierre furent bientôt connues ; il soignait beaucoup sa toilette, était d'une propreté fort délicate, aimait le linge blanc et recherchait l'élégance dans ses habits. Un coiffeur allait tous les matins friser et poudrer ses longs cheveux. Sa toilette terminée, il se réunissait à la famille du menuisier pour le repas du matin. Maximilien était d'une sobriété de Spartiate : il déjeunait avec du pain chaud et du laitage.

Quoique sans luxe, la maison était charmante. Il y avait dans un coin de la

Massacres du Champ-de-Mars.

cour un très-petit jardin, entouré d'un léger treillage et orné de fleurs que la main des jeunes filles s'occupait à cultiver. Un jour de souffrance s'ouvrait sur les vastes ombrages de tilleuls et de marronniers qui masquaient le couvent de la Conception, où les filles de Duplay avaient été élevées. Du matin au soir, un atelier de six à huit ouvriers en menuiserie animait tout l'entourage, par le bruit du rabot, du marteau et des chansons. N'était-ce point l'intérieur qu'aurait rêvé J.-J. Rousseau?

Robespierre sortait régulièrement vers le milieu du jour. Où allait-il? A l'Assemblée Constituante. Duplay disait à sa femme et à ses filles : « Maximilien va travailler au bonheur public. Tant qu'il sera notre défenseur, la nation n'a rien à craindre. Quel honneur de l'avoir chez nous ! »

La paix et le calme le plus inaltérable régnaient dans cette maison retirée, isolée des rumeurs de la grande ville. Le soir, quand s'endormaient le bruit de la scie et du rabot, et le dernier chant des petits oiseaux dans les arbres du couvent, venait l'heure de la réflexion et des épanchements intimes. Au fond de cette solitude, les filles du menuisier avaient contracté une simplicité de mœurs qui s'alliait bien à l'élan du patriotisme.

Maximilien revenait à six heures pour souper. Au sortir de table, il suivait le menuisier et ses filles dans le salon ; c'étaient de charmantes réunions de famille, pleines de grâces et de sévérité ; les jeunes filles, groupées en cercle autour de leur mère, travaillaient, avec elle, à divers ouvrages d'aiguille. On se séparait à neuf heures, en se donnant le bonsoir. Le jeudi seulement, ces soirées prenaient un caractère de cérémonie ; quelques invités, tous amis de la maison, se rassemblaient ce jour-là : c'étaient David, le peintre ; Buonarotti, descendant de Michel-Ange et qui n'était point alors communiste ; Lebas, qui recherchait en mariage une des filles de la maison, et quelques autres intimes. De gros fauteuils d'acajou, recouverts d'un velours couleur cerise, formaient, en se rapprochant, un cercle étroit, mais sympathique. On parlait quelquefois de littérature : Maximilien tenait pour le tendre Racine, son auteur favori. Comme il disait bien les vers, on le priait de réciter quelques tirades de *Bérénice* ou d'*Andromaque*; il s'en acquittait avec tant d'âme, qu'il tirait des larmes de tous les yeux.

Les filles du menuisier, assises en groupe autour de leur mère, écoutaient la lecture sans cesser leur travail ; les yeux modestement baissés et les pieds sur leur tabouret, elles renfermaient en elles-mêmes leur émotion. Ensuite Buonarotti, qui était grand musicien, se mettait au piano ; c'était une âme rêveuse et ardente ; il touchait des airs pathétiques, dont l'effet triste ou gai était inévitable ; il semblait que la vie s'échappât sous ses doigts des notes frémissantes de l'instrument : on s'approchait alors des fenêtres pour regarder le ciel, tant cette musique élevait les cœurs. Cependant le ciel était plein d'étoiles, et les cœurs étaient pleins d'amour. On croyait à la famille, à l'humanité, à l'avenir. Voyant cet intérieur si grave et si uni, cette douce religion du foyer, ce culte des cheveux gris autour des vieillards et de la pudeur autour des jeunes filles, on comprenait que les anciens eussent élevé des autels aux dieux lares. Ces réunions ne se prolongeaient pas très-avant dans la nuit ; Maximilien se retirait à onze heures, dans sa chambre, pour travailler ; souvent, jusqu'à la blancheur du matin, on voyait briller à sa vitre une petite lumière.

C'est là qu'il écrivait ses grands discours, dont quelques-uns sentent un peu trop l'huile de la lampe. Le plus souvent vers huit heures du soir il se rendait au club des Jacobins. Telle était en 1791 sa manière de vivre.

Nous avons perdu de vue, depuis longtemps, l'Ami du peuple. — Dans une cave de l'ancienne rue des Cordeliers (aujourd'hui rue de l'École-de-Médecine), il y avait, au mois de septembre 1791, debout devant un tonneau chargé de papiers, et une plume à la main, un journaliste qui écrivait. Quelquefois il jetait sa plume, quittait sa chaise, et se promenait à grands pas, en proie à une agitation fiévreuse ; si le roulement d'une voiture sur le pavé de la rue prolongeait par hasard son bruit sourd le long des voûtes basses et humides du caveau, il relevait la tête et écoutait avec une attention fixe ; son oreille inquiète semblait chercher dans ce bruit le roulement lointain du canon. Quand la voiture était passée, et que le souterrain rentrait dans le silence, le bonhomme agitait la tête avec désespoir et se remettait à écrire. Or ce souterrain, qui recevait un peu de jour par un soupirail était la cave de l'ancien couvent des Cordeliers. Le journaliste était Marat.

Par quelle échelle fatale ce docteur, passionné pour la lumière et pour les découvertes, comme son aïeul Faust, était-il descendu dans ce réduit obscur ? Ses idées excentriques avaient soulevé contre lui, dans la société, les mêmes orages que ses systèmes avaient déchaînés jadis dans le monde de la science. Ce petit homme, chétif et irritable, souffrait plus que tout autre de la dure captivité à laquelle le condamnaient, depuis quelques mois, les poursuites de ses ennemis. Traqué de repaire en repaire, comme une bête fauve, ne pouvant coucher deux fois dans le même lit, harcelé à toute heure et en tout lieu par les limiers de la police, il ne trouvait un peu de repos que dans la profondeur des ténèbres. La privation de la douce lumière du jour, qui avait été toute sa vie l'objet de son admiration et de ses études, l'affligeait encore plus que tout le reste. Les lieux sombres qu'il habitait, depuis trois ans, faisaient passer dans son âme un monde de ténèbres. Nuit et jour flamboyait, devant ses yeux, l'épée de la contre-révolution, qui menaçait la France. Son esprit plein de pensées lugubres se débattait dans les affres et les hallucinations de la mort. Les passions de la place publique soutenaient seules son enveloppe débile au-dessus de l'anéantissement ou de la folie. Quand cette excitation morale faiblissait, il demandait au café, dont il prenait jusqu'à trente-deux tasses par jour, des forces artificielles pour lutter contre l'abattement et le sommeil. Infatigable, il rédigeait à lui seul, depuis le commencement de la Révolution, une foule de pamphlets et sa feuille l'*Ami du peuple*. Marat travaillait vingt-deux heures de suite : cette prodigieuse tension irritait toutes les cordes de son esprit. Sa manière de vivre, extraordinaire, ouvrait son cœur à tous les soupçons comme à toutes les crédulités. Il s'emportait par bourrasques contre ses meilleurs amis.

« Tu as raison, lui répondait Camille outragé, de prendre sur moi le pas de l'ancienneté et de m'appeler dédaigneusement *jeune homme*, puisqu'il y a vingt-quatre ans que Voltaire s'est moqué de toi ; de m'appeler injuste, puisque j'ai dit que tu étais celui de tous les journalistes qui a le plus servi la Révolution ;

de m'appeler malveillant, puisque je suis le seul écrivain qui ait osé te louer... Tu as beau me dire des injures, Marat, comme tu fais depuis six mois, je te déclare que, tant que je te verrai extravaguer dans le sens de la Révolution, je persisterai à te louer, parce que je pense que nous devons défendre la liberté, comme la ville de Saint-Malo, non-seulement avec des hommes, mais avec des chiens. » Marat avait beau dire et crier, il aimait ce jeune homme.

Après la fatale journée du Champ-de-Mars, le souterrain lui-même ne fut plus tenable ; il fallut partir. Depuis quelque temps, Marat n'avait plus d'imprimerie ; il occupait celle d'une demoiselle Colombe ; on vint saisir les caractères et les presses. Les citoyens ardents, les lecteurs de l'*Ami du Peuple*, regardaient avec une fureur concentrée ce cortége de trois ou quatre voitures, s'acheminant vers la maison commune, environnées de baïonnettes, et chargées de tout l'attirail d'une imprimerie ; des colporteurs garrottés fermaient la marche. « Convient-il, murmurait-on d'une voix sourde, convient-il à des citoyens armés, qui ont tué nos frères, de venir mettre à la raison des écrivains accusés d'avoir conseillé le meurtre? Les âpres diatribes de Marat, les figures de rhétorique de *l'orateur du peuple*, n'ont point fait verser depuis trois années deux gouttes de sang ; un seul ordre de Lafayette en a fait répandre une large tache. » Ainsi l'opinion publique frémissait dans l'ombre ; mais ses chefs étaient dispersés ou captifs, ses orateurs muets, ses espérances ajournées, sinon détruites.

Cependant l'Assemblée constituante touchait au terme de ses travaux. Fatiguée, énervée, soupçonné de trahison et de connivence avec la cour, depuis les massacres du Champ-de-Mars, elle avait cessé d'être le foyer auquel se réchauffait en 89 l'opinion publique. Ses dissensions intérieures, son peu de foi dans la durée de la Constitution qu'elle venait d'ébaucher, ses illusions sur la possibilité d'établir en France le régime de la monarchie constitutionnelle, tout la condamnait à un dernier sacrifice. Elle eut du moins le mérite de se retirer à temps. Il est vrai que, depuis quelques mois et à diverses reprises, quelques-uns de ses orateurs lui avaient conseillé de se dissoudre. Robespierre fit une motion plus courageuse encore : il proposa à l'Assemblée de décréter que ses membres ne pourraient être réélus à la prochaine législature.

L'Assemblée constituante, malgré ses défauts et ses passions, avait du moins une qualité héroïque, dont elle fit preuve dans toutes les occasions : c'était le désintéressement. Robespierre s'adresse uniquement à cette générosité bien connue. « Ceux qui fixent les destinées des nations, s'écrie-t-il, doivent s'isoler de leur propre ouvrage. » Sans rabaisser la mission de l'Assemblée, ni ses lumières, il ose lui rappeler que la source de toute grandeur et de toute inspiration est dans le sentiment général. « Je pense, dit-il, que les principes de la Constitution sont gravés dans le cœur de tous les hommes et dans l'esprit de la majorité des Français ; que ce n'est point de la tête de tel ou tel orateur qu'elle est sortie, mais du sein même de l'opinion publique qui nous a précédés et qui nous a soutenus ; c'est à la volonté de la nation qu'il faut confier sa durée et sa perfection, et non à l'influence de quelques-uns de ceux qui la représentent en ce moment. » Ces belles paroles, quoique proférées par un seul, répondaient à la conscience de tous.

L'Assemblée décrète, à la presque unanimité, la proposition de Robespierre. Quelques historiens ont avancé que si la Constituante ne s'était point décapitée elle-même, et n'avait point exclu ses membres de la prochaine Assemblée, il n'y aurait pas eu de république. Pour celui qui cherche constamment la logique des faits, une telle conclusion n'est pas admissible. Il fallait que la Révolution se fît et qu'elle épuisât toutes ses conséquences : le trône était un obstacle à sa marche, elle le franchit. L'Assemblée constituante aurait eu beau renaître sous un autre nom, qu'elle n'eût point empêché la monarchie de courir à sa perte, ni le peuple français de revendiquer sa souveraineté.

La Constitution qu'elle avait votée était l'œuvre de la classe moyenne, et laissait en dehors de la vie politique, c'est-à-dire de l'élection, un assez grand nombre de citoyens. Sur quel droit pouvait-on établir ces restrictions et tracer des limites au suffrage universel? Il était bien question de droit! La vérité est que la bourgeoisie, effrayée des envahissements de la masse, voulait lui fermer l'accès des urnes. Vainement objecterait-on que les gens exclus du droit de voter étaient des pauvres.

« Ces gens dont vous parlez, répondait avec beaucoup de raison Robespierre, sont apparemment des hommes qui vivent, qui subsistent au sein de la société, sans aucun moyen de vivre et de subsister. Car s'ils sont pourvus de ces moyens-là, ils ont, ce me semble, quelque chose à perdre ou à conserver. Oui, les grossiers habits qui me couvrent ; l'humble réduit où j'achète le droit de me retirer et de vivre en paix ; le modique salaire avec lequel je nourris ma femme, mes enfants ; tout cela, je l'avoue, ce ne sont point des terres, des châteaux, des équipages ; tout cela s'appelle *rien*, peut-être, pour le luxe et pour l'opulence, mais c'est quelque chose pour l'humanité ; c'est une propriété sacrée, aussi sacrée sans doute que les brillants domaines de la richesse [1]. »

L'ensemble de la Constitution (89-91) présente néanmoins un caractère imposant : c'est tout un passé qui se bouleverse, c'est toute une société nouvelle qui s'élève. Il serait trop long de récapituler les importants travaux de cette Assemblée mémorable, ses décrets sur la sûreté des personnes et des propriétés, l'abolition des privilèges, la libre circulation des grains, la liberté des opinions religieuses, l'éligibilité des non-catholiques, la division du royaume en départements, l'interdiction des vœux monastiques, la réorganisation de l'armée et du pouvoir judiciaire, l'aliénation des biens nationaux, l'émission des assignats, le progrès de l'éducation publique, la suppression des maîtrises et des jurandes, la réforme du Code pénal. L'Assemblée adoucit la rigueur des supplices ; mais elle n'osa point abolir la peine de mort, et pourtant Robespierre l'y exhortait

---

[1]. J'ai usé, j'abusé peut-être de la citation, — j'en serai plus sobre à l'avenir. — Mais si les événements ont une voix, comme je le pense, c'est dans les écrits et les discours du temps qu'il faut la chercher.

de toutes ses forces. Le 30 mai 1791, il s'écriait à la tribune : « Effacez du Code des Français les lois de sang qui commandent des meurtres juridiques et que repoussent nos mœurs et notre Constitution nouvelle. » Cet appel à la raison, à la justice, à l'humanité, cette voix de la clémence se perdit dans le désert. A ceux qui lui reprochent aujourd'hui d'avoir fait couler le sang, Maximilien pourrait répondre : « J'ai trouvé dans votre loi le glaive levé ; je vous ai proposé de le briser, vous n'avez pas voulu ; cette arme est tombée plus tard entre mes mains, je m'en suis servi. »

La terreur constitutionnelle durait toujours ; on arrêtait les discoureurs en plein vent ; le drapeau rouge flottait à l'Hôtel de Ville ; un silence morne régnait au Palais-Royal et dans les cafés. L'Assemblée profita de cette stupeur pour *reviser* la Constitution, c'est-à-dire pour la modifier. La République semblait vaincue, et, ce qui est le dernier degré de la défaite, elle était tombée sans combattre.

Commencée le 17 juin 1789, la Constitution fut terminée le 3 septembre 1791. Louis XVI l'accepta. « Convaincu, disait-il, de la nécessité d'établir cette Constitution et d'y être fidèle, » il se rendit solennellement au sein de l'Assemblée nationale. Au milieu des cris d'enthousiasme qu'excitaient parmi les députés la présence et le serment du roi, l'abbé Grégoire fit entendre ces sombres paroles : « Il jurera tout et ne tiendra rien. » Cette Constitution fut proclamée par le maire de Paris, dans le Champ-de-Mars, au bruit du canon. Lafayette fit décréter une amnistie générale pour les délits relatifs aux affaires politiques du 15 juillet ; l'amnistie ne relève pas les morts !

Enfin ils sont partis ! — Ce furent les adieux que reçurent les députés de la Constituante, si bien venus et si bien fêtés à leur arrivée ; les législatures s'usent dès qu'elles ne continuent plus l'esprit de la Révolution. Finissons. Les hommes, les faits, les idées qui ont préparé la Montagne nous sont désormais connus ; nous avons vu construire laborieusement et pièce à pièce le théâtre de la lutte : viennent maintenant les gladiateurs de la liberté !

CHAPITRE TROISIÈME

ASSEMBLÉE LÉGISLATIVE

I

En quoi l'Assemblée législative différait de l'Assemblée constituante. — Le parti des Girondins. — Quels étaient alors les républicains. — Troubles excités dans tout le royaume par les prêtres réfractaires. — Menaces des émigrés. — Conduite ambiguë de Louis XVI.

Il en est des grandes Assemblées comme des grands hommes : on s'aperçoit de leur supériorité alors qu'elles ne sont plus. La Constituante, en disparaissant, avait creusé un abîme. Comment combler ce vide? où trouver, parmi les nouveaux venus, des candidats capables de succéder aux Mirabeau, aux Sieyès, aux Duport, aux Barnave, aux Robespierre? Les révolutions sèment les dents du dragon ; il en naît des hommes, des citoyens.

La Législative fut une Assemblée de transition, une sorte de lien entre la Révolution et la République. Elle ouvrit ses séances le 1er octobre 1791. Cette nouvelle Assemblée nationale n'avait plus l'éclat imposant de la Constituante : ni grands noms, ni grandes distinctions naturelles ou acquises. Soixante des nouveaux députés n'avaient pas encore accompli leur vingt-sixième année. C'était l'Assemblée des jeunes. A part Condorcet, Brissot et quelques autres, ses membres étaient inconnus. Parmi eux, on s'étonnait de ne point trouver Danton; les intrigues et la violence de ses ennemis avaient fait échouer sa candidature.

Le premier acte de la Législative fut un témoignage de déférence et de respect pour les travaux de l'Assemblée qui venait de finir. Le livre de la Constitution fut apporté en triomphe par douze vieillards, comme un livre saint; l'archiviste Camus le présenta solennellement aux nouveaux députés, qui le reçurent debout et la tête découverte. Ainsi l'Assemblée législative parut se tenir dans une humble contenance, devant l'ombre même de la Constituante. Quoique sincère, sans doute, cet hommage rendu à l'un des plus grands monuments de l'esprit humain ne pouvait être, de la part des nouveaux venus, un engagement durable. La Constitution, quoique saluée avec enthousiasme, n'allait déjà plus à la taille de la Révolution, qui grandissait toujours; les premiers mouvements de la Législative devaient la faire éclater comme un vêtement trop court et trop étroit.

Dès le début de la session, la vieille étiquette royale vint se heurter au roc des idées démocratiques. « Nous n'étions pas douze républicains en 89, » dit quelque part Camille Desmoulins. Depuis la fuite du roi et le massacre du Champ-de-Mars, le nombre s'en était beaucoup accru. Le duel entre les deux principes s'engagea à propos d'un incident.

Couthon, dont les paupières molles, le teint blême, les joues creuses, annonçaient une constitution faible et un esprit taciturne, proposa de réformer le cérémonial qui avait été suivi par la Constituante, dans les réceptions du pouvoir exécutif. Plus de trône, — un fauteuil; plus de titre de *sire*, — monsieur; plus de députés debout et découverts devant leurs maîtres, — tous assis. « La Constitution, disait l'orateur, qui nous rend tous égaux et libres, ne veut point qu'il y ait d'autre majesté que la majesté divine et la majesté du peuple. » L'Assemblée vota d'abord ces dispositions; puis, effrayée elle-même de son audace, elle revint le lendemain sur le décret, et anéantit son propre ouvrage. Le coup n'en était pas moins porté. Le roi constitutionnel devenait, aux yeux de la loi, ce qu'il devait être d'après l'esprit même de l'institution, le serviteur de son peuple, et encore un serviteur à gages, c'est-à-dire révocable.

Elle eut lieu pourtant, cette séance royale. Louis XVI lut un discours dans lequel il faisait semblant de croire la Révolution terminée; elle commençait. Des cris de *vive le roi* l'accueillirent à son entrée et l'accompagnèrent à sa sortie.

La Constituante s'était distinguée par l'expérience, la maturité, les lumières de ses hommes d'État; la Législative, elle, apportait un élément nouveau, l'enthousiasme.

Un groupe se faisait remarquer par son accent bordelais, son ardeur, sa verve méridionale : c'était celui des députés de la Gironde, Vergniaud, Guadet, Gensonné, Ducos, Fonfrède et autres. La plupart d'entre eux avaient fait de bonnes études classiques. Ils étaient sortis du collége, fort ignorants, mais l'âme remplie des souvenirs de l'antiquité. Le sentiment païen de la forme et de la beauté extérieure les saisissait : ils avaient voué un culte à la République d'Athènes. Le discours latin développa chez eux la faculté d'imitation, le forum bordelais affermit et enfla leur voix. Il y avait du soleil dans leur éloquence. Ces jeunes gens appartenaient en général à la classe moyenne, à cette envahissante bourgeoisie qui avait depuis si longtemps attaqué les priviléges de la noblesse. La majesté royale, comme on disait alors, n'exerçait sur leur esprit aucun prestige. Ils avaient secoué le joug des préjugés religieux et ne croyaient qu'à la puissance de la raison. D'ailleurs légers, remuants, grands parleurs, ils avaient plus de forme que de fond. Le chef de ce groupe, ou du moins le centre autour duquel ils ne tardèrent point à se réunir, était Brissot *dit* de Warville, esprit sérieux, possédant les connaissances qui manquaient à ses jeunes amis, sachant manier les hommes et les affaires, mais hélas! d'une probité douteuse. Brissot croyait, depuis longtemps, que la nation française était assez avancée pour se gouverner elle-même. Les Girondins adoptèrent sa manière de voir; ils se

Couthon.

rallièrent, par nécessité, au simulacre de la monarchie constitutionnelle; mais leur idéal était la République.

Par une contradiction qui étonne, les démocrates, d'un autre côté, se montraient bien moins préoccupés de changer la forme du gouvernement que de réaliser certaines conquêtes politiques et sociales. Robespierre, on le sait, ne faisait point partie de la Législative; mais il n'avait point cessé pour cela de parler et d'écrire. Quelle était alors son attitude? Il se couvrait de la Constitution comme d'un manteau. Pourvu qu'on traçât autour de la monarchie de sages limites, c'était la forme de gouvernement qu'il acceptait encore au mois de septembre 1791.

« Je n'ai point partagé, écrivait-il dans une adresse aux Français, l'effroi que le titre de roi a inspiré à presque tous les peuples libres. Pourvu que la nation fût mise à sa place, et qu'on laissât un libre essor au patriotisme que la nature de notre Révolution avait fait naître, je ne craignais pas la royauté, et même l'hérédité des fonctions royales dans une famille; j'ai cru seulement qu'il ne fallait point abaisser la majesté du peuple devant son délégué, soit par des adorations serviles, soit par un langage abject. J'ai cru qu'il ne fallait point se hâter de lui procurer ni assez de forces pour tout opprimer, ni assez de trésors pour tout corrompre, si on ne voulait point que la liberté pérît avant même que la Constitution fût achevée. Tels furent les principes de toutes mes opinions sur les parties principales de l'organisation du gouvernement : elles peuvent n'être que des erreurs; mais, à coup sûr, elles ne sont point celles des esclaves ni des tyrans. » Comme il ne se rétracte point, comme il défend au contraire toute sa conduite, on est autorisé à dire qu'il persévérait dans la même manière de voir.

Pour établir la République, il faut des principes, des vertus et des lumières; les Girondins n'avaient qu'un système.

L'Assemblée constituante léguait à la Législative des embarras énormes : la rareté des subsistances, la résistance du clergé, l'émigration, la guerre civile et la guerre extérieure. Devant ces obstacles accumulés, les Constituants avaient quelquefois manqué de prévoyance et d'énergie. Les politiques du fait, hommes à vue courte, n'avaient pas su calculer l'importance de la question religieuse. La Révolution ne s'attendait qu'à la guerre des rois; elle vit se dresser devant elle la guerre des prêtres et des croyances. Contre toute prévision, elle rencontra, dans le clergé, un ennemi dont les armes tenaient encore de l'enchantement. Exercer sur les âmes un empire invisible, couvrir leurs complots d'un voile sacré, troubler la terre au nom du ciel, telle fut la tactique des prêtres factieux. Parmi ces derniers, beaucoup ne songeaient qu'à guérir la plaie faite à leurs intérêts matériels; d'autres s'agitaient par esprit de fanatisme : c'étaient les plus dangereux. Les hommes de la Constituante s'étaient contentés de tonner contre le pharisaïsme de l'ancien clergé, et d'opposer aux artifices des réfractaires un tranquille mépris. Cette conduite était impolitique et légère. Il y avait plus de foi dans le peuple que les prêtres eux-mêmes n'osaient l'espérer. D'un autre côté, des plaisanteries maladroites et indécentes contre les idées religieuses venaient en aide à la fureur du clergé en alarmant les consciences. La philosophie a le droit de succéder aux cultes qui meurent; elle n'a pas le droit de les tourner en ridicule.

La situation des ecclésiastiques assermentés devint intolérable. Leurs faux frères excitaient contre eux les populations ignorantes et aveuglées. Dans les campagnes, on ravageait leurs petites cultures, on tuait leurs pigeons, on dénichait les œufs dans leurs poulaillers [1]. Réduits à la famine, ils avaient encore à souffrir les insultes des enfants qui les pourchassaient à coups de fourche. Plusieurs ecclésiastiques distingués et soumis à la loi occupèrent alors les siéges épiscopaux devenus vides par la retraite des anciens évêques; ils rencontrèrent dans leur diocèse des obstacles énormes. A Caen, l'abbé Fauchet, nommé évêque du Calvados, s'agitait contre la ligue formidable des nobles et des prêtres. Deux ou trois cents femmes d'une paroisse de Caen poursuivirent le curé constitutionnel, lui jetèrent des pierres, le chassèrent jusque dans son église, où elles descendirent le réverbère du chœur pour le pendre devant l'autel. La même ville fut bientôt le théâtre de désordres plus graves encore : dans l'église Saint-Jean, on vit reluire les armes devant l'autel, des coups de feu furent tirés par d'anciens nobles qui avaient fait de la maison de prière un antre de sédition et une caverne de brigands.

Faisant allusion à ces désordres, à ces actes de barbarie et aux prêtres rebelles qui les excitaient, l'abbé Fauchet s'écriait indigné : « En comparaison de tels prêtres, les athées sont des anges... Allez, ont-ils dit aux ci-devant nobles, allez, épuisez l'or et l'argent de la France ; combinez les attaques au dehors, pendant qu'au dedans nous vous disposerons d'innombrables complices : le royaume sera dévasté, tout nagera dans le sang ; mais nous recouvrerons nos priviléges! *Abîmons tout plutôt, c'est l'esprit de l'Église.* — Dieu bon, quelle Église ! ce n'est pas la nôtre ; et si l'enfer peut en avoir une parmi les hommes, c'est de cet esprit qu'elle doit être animée. Et ils osent parler de l'Évangile, de ce code divin des droits de l'homme qui ne prêche que l'égalité, la fraternité, qui dit : Tout ce qui n'est pas contre nous est avec nous ; annonçons la nouvelle de la délivrance à toutes les nations de la terre : malheur aux riches et aux oppresseurs ! N'invoquons pas les fléaux contre les cités qui nous dédaignent ; appelons-les au bonheur de la liberté par le doux éclat de la lumière. »

L'Assemblée législative, instruite de ce qui se passait à Caen et ailleurs, hésitait elle-même entre la tolérance et les mesures de rigueur, contre des hommes qui fomentaient la guerre civile sous le manteau de la religion. Merlin de Douai proposa de charger sur des vaisseaux les prêtres insermentés. On écarta pour l'instant toute persécution. Cependant l'incendie des croyances religieuses se propageait et s'étendait de jour en jour. Quelques provinces du Midi, le Gévaudan, la Bretagne suivirent l'exemple du Calvados. Les pays de montagnes résistent plus longtemps que les autres au déluge des eaux et des idées. Il en est des renouvellements du monde social comme de ces grands cataclysmes qui ont changé plusieurs fois la face du globe terrestre. C'est toujours sur les hauteurs que se retirent les derniers représentants de l'ordre de choses qui va finir ; c'est là qu'ils luttent à outrance contre la destruction générale.

---

1. Extrait d'une note curieuse qui existe aux Archives du royaume.

Les provinces soulevées par la lutte des préjugés religieux étaient, en outre, isolées du reste de la France par des barrières naturelles, des rivières, des fleuves, des routes impraticables, un langage et des mœurs à part. Les habitants de quelques provinces étaient habitués à vivre dans une indépendance farouche, bien différente de celle que la Constitution voulait fonder. La liberté du citoyen n'est pas celle du sauvage : la volonté particulière se trace à elle-même des limites en se rattachant à la volonté générale. La Révolution, qui était en réalité une délivrance, leur parut, en raison des sacrifices qu'elle exigeait, une tyrannie. Les ecclésiastiques, les nobles déchus, profitèrent de ces instincts et de ces germes de mécontentement pour inspirer aux paysans la haine des institutions nouvelles. Les paisibles campagnes se changèrent, sous leur main, en champs de bataille où l'ignorance agitait des ténèbres et des armes. Cette puissance mystérieuse des prêtres tenait moins encore à leur habileté personnelle qu'à l'empire des croyances sur le cœur de l'homme.

La rareté et, par suite, la cherté des subsistances étaient inséparables d'un état de choses aussi troublé et qui n'avait pas encore permis à la fortune publique de se rasseoir. La domination des riches sur les pauvres survivait à l'aristocratie détruite. L'habit des citoyens actifs causait de l'impatience aux hommes en blouse, qu'on avait privés des droits politiques. Les gardes nationaux, depuis l'affaire du Champ-de-Mars, étaient désignés sous le nom de Janissaires de l'ordre. D'un autre côté, les intérêts alarmés se coalisant contre la misère, il se trouva des spéculateurs pour opérer la hausse factice des denrées; des mouvements eurent lieu dans le faubourg Saint-Marceau, à l'occasion de la cherté subite du sucre. Au milieu du dénûment des classes laborieuses, la Révolution jetait çà et là quelques sentences économiques : — Tous les hommes ont droit à la subsistance. — Si l'habit du pauvre a des trous, les habits du riche ont des taches. — La nature donne des vivres, et les hommes font la famine.

Un prêtre conformiste faisait entendre de sages et utiles paroles. « La Révolution n'est pas faite, écrivait-il, si habituellement le pain n'est pas à meilleur marché qu'il n'est aujourd'hui... Le bois, le linge, les maisons diminuant de prix avec le temps, nous n'aurons plus de mendiants, et j'aurai le plaisir de voir s'accomplir à la lettre cette prophétie de David : *Les pauvres mangeront et seront rassasiés.* »

L'État se trouvait lui-même aux abois; il avait bien les mains pleines de papier-monnaie; mais ses caisses étaient vides de numéraire. La confiance manquait, la vente des biens du clergé rencontrait un obstacle dans certains scrupules religieux. Le cultivateur achetait, mais en tremblant. Marchait-on bien sur un terrain solide? L'ancien régime ne pouvait-il pas revenir? Et, dans ce cas, ces terres, quoique légitimement acquises, ne seraient-elles pas violemment arrachées des mains du paysan? Heureux encore s'il ne payait pas de sa tête le crime d'avoir soldé la terre avec le fruit de ses économies et de la féconder chaque jour par son travail! L'État se reposait sur le crédit; le crédit, c'est l'idéal de la fortune. Toutes ces causes réunies produisaient une masse de souffrances incessamment accrues. Si quelque chose étonne, c'est qu'au milieu de circonstances si graves la Révolution ait pu se maintenir.

Les prêtres non-assermentés en appelaient aux foudres du pape, les nobles à l'épée des souverains étrangers; leurs espérances se portaient ainsi de tous côtés, et toujours au delà des frontières. Les classes qui, jusqu'en 1789, étaient à la tête de la société se mirent violemment hors la nation. Ces hommes, pour lesquels le sol français était peu de chose à côté de leurs intérêts personnels, auraient compté pour rien les ravages de leur entreprise et la vie des citoyens, à la condition de rétablir la monarchie. Avec l'émigration, le numéraire s'enfuyait; il se formait de jour en jour, sur la frontière, ce qu'on nommait alors la *France extérieure*. Tandis que les tronçons de l'aristocratie, coupée par le glaive de la Révolution, s'agitaient ainsi pour se rejoindre à Coblentz ou à Bruxelles; les souverains du Nord armaient sur toute la ligne.

Les émigrés trompaient les rois de l'Europe par les rêves dont ils s'abusaient eux-mêmes; ils leur disaient qu'une fois le pied des armées étrangères sur le sol de la France, la nation, comprimée par une poignée de révolutionnaires, se soulèverait elle-même et chercherait son salut du côté de l'étranger. Le but des puissances confédérées était d'ailleurs conforme aux projets et au langage des émigrés français : soutenir la partie saine de la nation contre la partie délirante, éteindre au sein du royaume le volcan du fanatisme révolutionnaire dont les éruptions successives menaçaient les empires circonvoisins.

Chaque jour, des lettres arrivaient du camp de Coblentz ou de Worms; une armée, dont presque tous les soldats étaient gentilshommes, se tenait prête à agir; l'argent abondait. Voici une de ces lettres, retrouvée par nous aux Archives du royaume : « On attaquera sur cinq points;... je ne sais si les esprits changent en France; mais le peuple des frontières adopte nos principes. Vous ne pouvez vous faire une idée du degré de chaleur où les esprits sont montés. Tous les jours des officiers arrivent, surmontant tous les dangers et tous les obstacles; dix-huit se sont jetés à la nage, devant les gardes nationales, pour passer de l'autre côté; d'autres traversent la rivière à cheval... Les princes nous ont assuré qu'ils n'écouteraient aucune proposition ni accommodement. Vaincre ou mourir sera la devise de l'armée. Le mois où nous entrons sera bien intéressant : croyez que nous vous rosserons de main de maître, et que l'on ne punira personne sans un jugement. Les parlements sont tant à Coblentz qu'à Bruxelles. Les princes leur ont donné l'ordre de ne pas s'écarter. M. Séguier aura bien de la besogne. Malheur à ceux qui feront de la résistance[1] ! »

Ce rassemblement convulsif, tout électrisé de contre-révolution et d'aristocratie, inquiétait à juste titre les législateurs. Chaque jour, l'armée se désorganisait par la fuite des officiers. Le plus grand tort que les ennemis de la Révolution pouvaient lui faire, c'était de la pousser aux excès; les nobles et les prêtres n'épargnèrent aucun moyen pour amener ce résultat désastreux; l'absence

---

1. Lettre d'une émigrée trouvée dans les papiers de M. Lemonnier, médecin du roi.

menaçante des uns, la présence occulte et les complots des autres concouraient à souffler le feu de la guerre civile. L'Assemblée législative voyait le mal; elle ne voyait pas le remède. Condorcet avait proposé de lier les nobles à la Constitution par un serment : « Ils le prêteront, lui répondit Isnard, mais ils jureront d'une main, et de l'autre ils aiguiseront leur épée. »

Dans ces conjonctures difficiles, que faisait le roi? Louis XVI n'avait point encore perdu l'espoir de raffermir son trône ébranlé. Quelques pâles rayons de popularité lui revenaient, par intervalles, comme les dernières caresses d'un soleil d'automne. Le soir du jour où il s'était rendu à l'Assemblée nationale, il alla au Théâtre-Italien avec la reine, Madame Élisabeth et ses enfants. La famille royale fut reçue avec des marques d'attendrissement.

— Le bon peuple, s'écria la reine, il ne demande qu'à aimer!

Pourquoi donc, madame, n'avez-vous pas su gagner son cœur?...

Les ci-devant nobles ne manquèrent point d'attribuer ces retours à l'humeur légère des Français, qui s'étaient éloignés du trône par étourderie et par bravade, mais qui seraient bientôt forcés d'y revenir à genoux et dans l'attitude du repentir. La mobilité du caractère français est, au contraire, comme celle de la mer qui repousse continuellement les chaînes dont on voudrait la charger. Cependant Louis XVI, conseillé par Barnave, ne cessait de donner des gages apparents à la Constitution. Rome avait prononcé d'avance l'absolution de cette conscience royale, qui fléchissait sous la force majeure des événements. Tromper la Révolution, c'était un moyen de la soumettre : on comptait sur cette sainte hypocrisie pour lasser ce qu'on nommait la fureur des partis extrêmes ; ses solennels serments n'empêchaient d'ailleurs pas Louis XVI de porter ses regards et ses intrigues au delà du Rhin.

II

Deux décrets : l'un contre les émigrés, l'autre contre les prêtres réfractaires. — D'où est parti le système de la Terreur. — Le roi tient pour le clergé non assermenté et pour la noblesse révoltée contre la nation. — Les désastres de Saint-Domingue. — Camille Desmoulins sans journal. — Les lettres et les arts en 91. — Danton est nommé procureur-adjoint de la Commune de Paris. — Son caractère et sa profession de foi.

Une conduite si ondoyante n'était pas seulement dans la politique du château; elle était surtout dans le caractère faible de ce malheureux prince. La reine avait, disait-on, plus de force d'âme; mais la volonté n'est une puissance que si elle s'appuie sur un grand dessein; or, Marie-Antoinette n'avait dans le cœur que des rancunes d'ambition froissée, et dans l'esprit que des plans décousus. D'un autre côté, les soutiens du trône constitutionnel allaient manquer à la royauté de 89 : Lafayette et Bailly atteignaient le terme de leurs fonctions, tandis que l'Assemblée législative voulait enfin percer à jour les vraies intentions de Louis XVI et lui imposer des hommes nouveaux.

Tel était l'état de trouble des esprits ; tels étaient les embarras et les difficultés de la situation ; l'Assemblée nationale allait-elle trouver le moyen d'en sortir?

L'Assemblée législative crut que le moment était venu de renoncer à un système d'impunité dont on voyait chaque jour se développer les funestes conséquences. La tolérance des hommes d'État envers les prêtres réfractaires et les nobles qui s'étaient sauvés à l'étranger n'avait fait qu'encourager le schisme et l'émigration. Si l'on persévérait dans cette voie, ne courait-on pas à la perte de toutes les conquêtes révolutionnaires? Ce fut Brissot qui, le 30 octobre 1791, suivant une expression vulgaire, attacha le grelot. Dans un discours fort étudié, il demanda que si, passé un certain délai, les princes et les fonctionnaires émigrés ne rentraient pas dans le royaume, ils fussent poursuivis criminellement et leurs biens confisqués. Quant aux autres (le menu fretin) on se contenterait de frapper leurs propriétés d'une triple imposition. Ces moyens d'intimidation parurent trop doux à Vergniaud. « Avec ces misérables pygmées, parodiant l'entreprise des Titans contre le ciel, il n'est point besoin de preuves légales. » Le lendemain, le fougueux Isnard s'élance à la tribune : « Il est souverainement juste, s'écrie-t-il, d'appeler au plus tôt, sur ces têtes coupables, le glaive des lois... Il est temps que ce grand niveau de l'égalité qu'on a placé sur la France libre prenne enfin son aplomb... Ne vous y trompez pas, c'est la longue impunité des grands criminels qui a pu rendre le peuple bourreau... Si nous voulons être libres, il faut que la loi, la loi seule, nous gouverne ; que sa voix foudroyante retentisse dans le palais du grand comme dans la chaumière du pauvre, et qu'aussi inexorable que la mort lorsqu'elle tombe sur sa proie, elle ne distingue ni les rangs ni les personnes. » Ces images funèbres, la voix assombrie de l'orateur, soulevèrent des applaudissements.

Pour le coup, ce fut Marat qui se déclara charmé ; il croyait avoir enfin trouvé son homme.

Qu'invoquaient pourtant Brissot, Vergniaud, Isnard pour justifier ces mesures de rigueur? La raison d'État. N'est-ce point au nom du même sophisme que les Montagnards s'armèrent plus tard de l'échafaud? Les uns et les autres n'ont donc rien à se reprocher. Le système de la Terreur a même été inventé par les Girondins.

Après les émigrés, ce fut le tour des prêtres réfractaires. Le 14 novembre, Isnard, s'adressant aux hommes de la Révolution, dit cette vérité sinistre : « Il faut que vous les vainquiez ou que vous soyez vaincus. » Puis se retournant vers les prêtres réfractaires : « Il faut, poursuivit-il, ramener les coupables par la crainte ou les soumettre par le glaive. Une pareille rigueur ferait peut-être couler le sang ; mais il est nécessaire de couper la partie gangrenée pour sauver le reste du corps. » Toujours la même doctrine : c'était celle de l'Inquisition.

Le 29 novembre, l'Assemblée vota un décret qui prescrivait à tous les ecclésiastiques de prêter le serment civique, dans le délai de huit jours, sous peine d'être privés de tous traitements ou pensions, déclarés suspects de révolte envers la loi et soumis à la surveillance de toutes les autorités constituées.

Les priver de leur traitement était un acte de justice. Mais au nom du salut public, les déclarer suspects, les placer en dehors du droit commun, n'était-ce point faire un grand pas vers le système de 93?

Ces deux décrets, l'un contre les émigrés, l'autre contre les ecclésiastiques réfractaires, furent frappés plus tard de deux vetos consécutifs. Le premier, disent les royalistes (le décret contre les émigrés), offensait le cœur de Louis XVI, sincèrement dévoué à sa bonne noblesse, dont il avait reçu tant de gages de sympathie et de dévouement; le second (celui contre les prêtres) révoltait ses croyances religieuses. Pouvait-il en être autrement? Le roi n'admettait au château que des prêtres non assermentés; Madame Élisabeth, fort dévote et peu éclairée, mais exerçant une assez grande influence sur le roi, contribuait à affermir ses scrupules. Louis XVI se contenta d'inviter les émigrés à rentrer en France; cette mesure était insuffisante; était-elle même bien sincère?

La note suivante, extraite d'une liasse déposée aux Archives du royaume, me permet d'en douter. « Quoique émigré, Lambesc a continué, jusqu'en janvier 1792, à faire les fonctions de grand-écuyer, de l'approbation de Capet; le ministre Latour du Pin correspondait avec lui en cette qualité. On a fait faire à Paris et expédié à Trèves des uniformes de gardes-du-corps (en gravure ou en nature?) de soldats prussiens, et des habits de livrée de valets de pied; les états de dépense des grandes et petites écuries étaient envoyés à Trèves, d'où Lambesc les renvoyait après les avoir signés. »

Les fonctions de grand-écuyer exercées à distance, par un homme qui était hors du royaume; l'assentiment plus ou moins direct que Louis XVI donnait à cette conduite, tout montre bien qu'il existait alors un lien entre le cabinet des Tuileries et l'émigration. Les anciens nobles avaient fui une patrie qu'ils ne pouvaient plus dominer; ce n'est donc pas une simple invitation du roi qui pouvait les rappeler à leurs devoirs. Ils ne manquèrent pas de mettre en doute la liberté de leur souverain, ni d'abriter leur désobéissance soi-disant fidèle derrière une fiction de contrainte et de captivité morale.

Cependant l'Assemblée nationale voyait avec impatience son autorité murée par deux vetos. Le peuple s'indignait; la colère des citoyens se montrait d'autant plus grande que les deux décrets, surtout celui contre les ecclésiastiques insoumis, étaient réellement empreints de sagesse et de modération. L'Assemblée se contentait, selon le mot de Camille, d'exorciser le démon du fanatisme par le jeûne, c'est-à-dire de retirer la pension aux prêtres qui persisteraient à ne point prêter le serment civique. La Législative avait bien prononcé des peines sévères contre les ci-devant nobles, qui intimidaient le pays par une fuite séditieuse, et contre les prêtres convaincus d'avoir provoqué la désobéissance aux lois; mais cette peine, purement comminatoire, devait expirer devant les barrières de l'étranger et devant le refus de la sanction royale.

La conduite du roi, dans ces circonstances extrêmes ne fut approuvée que par les *Feuillants;* on nommait ainsi les successeurs du club de 89. Un jeune écrivain du plus grand talent exposa les doctrines de ces conservateurs dans une longue lettre sur *les dissensions des prêtres.* André Chénier — c'était son nom — s'avouait alors royaliste.

Les démocraties se montrent généralement peu favorables aux poëtes; elles

Vergniaud.

regardent sans cesse à l'intérêt de tous, à la grandeur nationale, bien plus qu'à certains dons de la nature. Qu'arrive-t-il pourtant en pareil cas? Ces esprits frêles et délicats, mais jaloux de notoriété, qui voudraient soulever le monde avec une aile de papillon, s'irritent, accusent les événements de détourner d'eux la renommée, regrettent le bon vieux temps et maudissent le progrès. Avons-nous en vue André Chénier? non vraiment, mais une foule de beaux esprits qui rimaient alors contre la Révolution. Ce n'étaient ni des écrivains ni des poëtes qu'il fallait à la nation en danger, c'étaient des citoyens.

Guerre aux blancs! c'est le cri que poussait alors Saint-Domingue et qui traversa les mers. Comme toujours, l'insurrection avait été précédée par le martyre. Un noir, le brave et malheureux Oger, avait péri sur l'échafaud des esclaves; les idées ressemblent aux herbes des champs, il faut les faucher pour qu'elles croissent. On sait aujourd'hui que les premiers troubles de Saint-Domingue furent provoqués par la résistance des colons et par leur injustice ; ces hommes durs repoussèrent le décret qui accordait les priviléges civiques aux hommes de sang mêlé, c'est-à-dire à leurs propres enfants. Ils furent châtiés; l'incendie et le meurtre couvrirent la colonie. Les nègres inventèrent des supplices qui font frémir d'horreur : les blancs leur avaient si bien appris à être cruels! Tôt ou tard, les armes de la persécution et de la tyrannie se retournent contre la main qui s'en est servie. C'était maintenant le tour des maîtres de manger leur pain dans l'agitation et la terreur. Nulle pitié : être blanc, c'était être coupable ; le crime ne faisait qu'un avec la peau.

Cette nouvelle excita en France des émotions diverses : si la perte de nos colonies affligeait le sentiment national, si la conduite des noirs était révoltante, la conscience saluait, du moins avec tristesse, deux grandes choses, l'émancipation des esclaves et l'unité de l'espèce humaine. Les voilà donc, ces nègres, ces hommes de couleur trop longtemps traités comme des animaux, qui, eux aussi, réclament au nom de la liberté! D'où leur venait cette audace, sinon de la Déclaration des droits de l'homme? D'un bout du monde à l'autre, les esclaves répondaient à la Révolution Française par un tressaillement de cœur. Au milieu de ces désastres, l'attitude de la nation fut sublime. « Il n'y a pas à balancer, s'écria-t-elle ; les lois de la justice avant celles des convenances commerciales, et nos intérêts après ceux de l'espèce humaine. » O enthousiasme de la générosité! Quand avait-on vu un peuple frappé bénir sa blessure? Quand une nation, tout en donnant des larmes aux victimes, s'était-elle consolée de la perte d'une de ses plus belles colonies par amour des principes et de l'humanité?

Camille avait donné sa démission de journaliste, mais non celle de citoyen. Aux Cordeliers, aux Jacobins, il ne cessait de répandre sa verve intarissable ; comme il se défiait de sa voix, il faisait quelquefois lire ses discours. Sans principes bien arrêtés, Camille s'abandonnait toujours à la providence de son esprit; il allait avec le flot, mais ce flot allait lui-même du bon côté. Républicain, il attaquait sans cesse le *Monstre politique* de la Constitution. Les partisans de la royauté l'accusaient d'exagérer les maux de la situation actuelle, sans indiquer de remède ; il se contenta de les tourner, le plus joliment du monde, en ridicule : « Que signifient, leur répondit-il, ces questions captieuses et pharisaïques et toutes ces métaphores de remèdes et de maladies désespérées, en parlant des nations? A un malade, il ne suffit pas pour être guéri d'en avoir la volonté, au lieu que vous reconnaissez tous que, pour qu'un peuple soit libre, il suffit qu'il le veuille ; pour guérir une nation paralysée par le despotisme ou l'aristocratie, il suffit de lui dire comme au paralytique de la porte du temple de Jérusalem : *Levez-vous et marchez ;* car c'est votre Lafayette lui-même qui l'a dit : *Pour qu'un peuple soit libre, soit guéri, il suffit qu'il le veuille.* Ainsi, messieurs, ceux d'entre vous qui sont de bonne foi ne peuvent répondre, à ce discours, rien de raisonnable, si ce n'est de dire comme les goujons des *Mille et une Nuits*, à qui l'auteur de la *Feuille du Jour* vient de comparer si plaisamment les Français, et qui répondaient dans la poêle à frire : *Nous sommes frits, mais nous sommes contents.* »

Camille Desmoulins demeurait alors rue du Théâtre-Français ; mais il passait les derniers beaux jours de l'automne à Bourg-la-Reine, dans une maison de campagne de sa belle-mère. Lucile était toujours resplendissante de jeunesse et de gaieté ; elle aimait la Révolution pour elle-même et pour son Camille : jamais sentiment plus noble ne souleva le sein d'une femme. L'enthousiasme civique ne l'empêchait pas de descendre aux amusements champêtres. Fréron, l'ami de la maison, venait souvent les joindre à Bourg-la-Reine ; on passait gaiement de la politique aux mœurs familières de l'intimité. Fréron aimait à jouer avec les animaux de la garenne, et Lucile l'appelait pour cela Fréron-Lapin. Camille souriait à ces propos innocents : « J'aime Lapin, disait-il, parce qu'il aime Rouleau. » C'est ainsi qu'il appelait sa femme.

Le cœur humain est toujours le même ; comme ces charmants badinages se détachent avec mélancolie sur le fond triste et sévère d'une Révolution qui devait dévorer ses plus beaux enfants !

Camille reprit du service dans le barreau, mais non sans regretter sa tribune de journaliste. « J'exerce de nouveau, écrivait-il à son père, mon ancien métier d'homme de loi, auquel je consacre à peu près tout ce que me laissent de temps mes fonctions municipales ou électorales et les Jacobins, c'est-à-dire assez peu de moments. Il m'en coûte de déroger à plaider des causes bourgeoises après avoir traité de si grands intérêts et la cause publique à la face de l'Europe. J'ai tenu la balance des grandeurs ; j'ai élevé ou abaissé les principaux personnages de la Révolution. Celui que j'ai abaissé ne me pardonne point, et je n'éprouve qu'ingratitude de ceux que j'ai élevés ; mais ils auront beau faire, celui qui tient la balance est toujours plus haut que celui qu'il élève. C'est une grande sottise que j'ai faite d'avoir cessé mon journal. C'était une puissance qui faisait trembler mes ennemis, qui aujourd'hui se jettent lâchement sur moi, me regardant comme le lion à qui Amaryllis a coupé les ongles. » Cette dernière phrase ne nous dit-elle pas que l'adoucissement de la grâce et de la beauté, toujours présentes dans la personne de sa femme, avait désarmé pour un temps la verve satirique de Camille ?

On se souvient de l'affaire de Nancy ; le zèle aristocratique de Bouillé avait laissé des victimes : quarante soldats furent tirés des galères ; on fit de leur retour l'objet d'une fête à laquelle le peuple assista. Le sentiment public s'élevait avec la Révolution. A Libourne, un supplicié pour cause d'assassinat restait depuis quelques jours, privé de sépulture ; les préjugés civils et religieux écartaient de cette dépouille avilie les mains les plus charitables ; six membres du club des Jacobins allèrent lever le corps pour le porter au lieu des inhumations. L'adoucissement des mœurs se poursuivait : à Paris, les combats de taureaux furent défendus, ainsi que les scènes atroces de boucherie qui se passaient dans le quartier des halles ; en réprimant les mauvais traitements envers les animaux, on voulait bannir toute cruauté du cœur des hommes libres. La presse révolutionnaire continuait à regarder la peine de mort comme injuste, en ce que la société n'a pas le droit de priver un citoyen de ce qu'elle ne lui a pas donné.

Les pièces de théâtre dévoilaient une nouvelle tendance philosophique et sociale; on joua successivement *Caïus Gracchus*, de J. Chénier, la *Mort d'Abel*, de Legouvé, et *Robert, chef de brigands*, par Lamartellière. Ce vers de Chénier fut surtout applaudi :

> S'il est des indigents, c'est la faute des lois.

Les arts, quoique masqués sans doute par l'importance de la question politique, n'étaient point délaissés absolument. Il y eut, vers la fin de l'an 1791, une exposition de peinture; on y remarqua les portraits de l'abbé Maury, de Lafayette et de Robespierre; au bas de ce dernier se lisait l'inscription suivante : *l'Incorruptible*. Le buste de Mirabeau figurait à côté du buste de Louis XVI. Il y avait beaucoup de paysages : au milieu des scènes les plus pathétiques de l'histoire, l'œil et le cœur de l'homme cherchent toujours quelques riantes échappées pour retourner à la nature.

« Ce genre touchant, écrivait alors un critique, doit nécessairement gagner à la Révolution. Nos campagnes, devenues plus fortunées, offriront d'aimables sujets aux pinceaux qui s'y consacreront. »

A cette exposition de tableaux, le public se portait surtout vers le *Serment du Jeu de Paume*.

L'esprit humain, soit qu'il cherche le vrai, soit qu'il cherche le beau, suit toujours des voies parallèles. Cette constante relation ne saurait être brisée qu'aussitôt l'unité morale ne se trouble et que la signification des diverses écoles ne s'altère. Il en résulte qu'une histoire de l'art est forcément une histoire des dogmes, des révolutions, des philosophies qui ont, de siècle en siècle, renouvelé la face du monde. Sans foi, il n'y a pas d'art; mais cette foi change de forme et d'objet, selon les courants d'idées qui transforment la société. A la peinture religieuse de Lesueur avait succédé, en France, la peinture philosophique du Poussin. La décadence des mœurs avait ensuite poussé l'art dans les afféteries et les nudités du boudoir. Cependant, au sein de l'ancienne société où toutes les croyances déclinaient, s'éleva tout à coup un de ces souffles de l'esprit qui agitent les ossements arides. La Révolution parut, et avec elle le peintre David.

Ce qu'il faut chercher dans ses toiles magistrales, d'un style beaucoup trop académique, ce sont de grands exemples et de grandes leçons. Les *Horaces*, la *Mort de Socrate*, *Brutus*, *Léonidas aux Thermopyles* sont autant de proclamations adressées au peuple français; le pinceau n'en avait jamais signé de semblables. Chez David, le peintre n'est que la personnification du civisme; inspiré par les événements, il prêche ici le dévouement à la patrie, là le sacrifice de l'homme à une idée, ailleurs la haine de la tyrannie qui force un père à ensanglanter ses mains dans la mort tragique de ses fils. David imprime à toutes ses œuvres la figure de ses convictions politiques. Sous son *Bélisaire demandant l'aumône*, qui n'a deviné la sollicitude du révolutionnaire pour ces vieux soldats de la patrie, dont les haillons contrastent amèrement avec des services glorieux? Ainsi envisagées, les peintures de Louis David ne sont pas seulement des tableaux ; ce sont des actes ; l'artiste est plus qu'un homme, c'est le sentiment national décalqué sur la toile. Le *Serment du Jeu de Paume*, cette grande page de la Révolution Française, allait à l'âme et au talent du peintre ; la foudre qui tombe sur le château royal nous montre dans l'éloignement le tonnerre du 10 août ; où les Constituants n'avaient vu qu'une résistance à la cour, David avait aperçu la chute de la royauté.

Au milieu de ces œuvres d'art et de littérature, l'*Almanach du bonhomme Gérard*, par Collot-d'Herbois, marque l'origine des almanachs politiques.

Danton venait d'être nommé substitut-adjoint du procureur de la Commune. Cet homme, auquel la nature avait donné en partage des formes athlétiques et des poumons d'airain, avait prévu que la Révolution ne s'accomplirait pas dans l'Assemblée des représentants de la nation ; qu'il fallait que le peuple s'agitât, et que la force siégeât surtout dans les faubourgs. Il se fit le tribun des masses, le Jupiter tonnant de la place publique. Son éloquence à coups de canon retentissait surtout dans le club des Cordeliers, où elle donnait le signal de l'attaque. On n'agite pas pour agiter : sous ce tourbillon, il y avait une justice. Danton aimait sincèrement les classes pauvres et malheureuses, il voulait les affranchir ; son cœur était bon, mais ses besoins étaient énormes. A tort ou à raison (nous reviendrons plus tard là-dessus), on l'accusait de marchés et de transactions déshonorantes avec Philippe d'Orléans.

Qu'y avait-il de vrai dans ces vagues rumeurs?

Danton recevait-il d'une main et se vengeait-il de l'autre, en écrasant les fourbes, les traîtres et les ennemis du peuple? Drapé dans son audace, il se couvrait contre toutes ces médisances ou toutes ces calomnies d'une confiance démesurée en lui-même.

Danton avait été nommé substitut-adjoint du procureur de la Commune par 1 162 voix. Le jour de son installation, il adressa au maire et aux autres membres du conseil municipal un discours qui était une profession de foi : « Je dois prendre place au milieu de vous, messieurs, puisque tel est le vœu des amis de la liberté et de la Constitution ; je le dois d'autant plus que ce n'est pas dans le moment où la patrie est menacée de toutes parts qu'il est permis de refuser un poste qui peut avoir ses dangers. » L'orateur parle ensuite des calomnies dont il a été assiégé, de ce qu'il a fait pour la Révolution. « La nature, dit-il, m'a donné en partage les formes athlétiques et la physionomie âpre de la liberté. Exempt du malheur d'être né d'une de ces races privilégiées, suivant nos vieilles institutions, et par cela même presque toujours abâtardies, j'ai conservé, en créant seul mon existence civile, toute ma vigueur native, sans cependant cesser un seul instant, soit dans ma vie privée, soit dans la profession que j'avais embrassée, de prouver que je savais allier le sang-froid de la raison à la chaleur de l'âme et à la fermeté du caractère... Si dès les premiers jours de notre régénération j'ai éprouvé tous les bouillonnements du patriotisme, si j'ai consenti à paraître exagéré, pour n'être jamais faible, si je me suis attiré une première proscription pour avoir dit hautement ce qu'étaient ces hommes qui voulaient faire le procès à la Révolution, pour avoir défendu ceux qu'on nommait les énergumènes de la liberté, c'est que je vis ce qu'on devait attendre des traîtres qui protégeaient ouvertement les serpents de l'aristocratie... Voilà quelle fut ma vie. Voici, messieurs, ce qu'elle sera désormais... »

Danton promettait alors de concourir au maintien de la Constitution, *rien que la Constitution*. Son opinion sur la royauté était à peu près celle de Robespierre. « Après avoir brisé ses fers, continuait-il, la nation française a conservé la royauté sans la craindre et l'a épurée sans la haïr. Que la royauté respecte un peuple dans lequel de longues oppressions n'ont point détruit le penchant à être confiant, et souvent trop confiant; qu'elle livre elle-même à la vengeance des lois tous les conspirateurs, sans exception, et tous ces valets de conspiration, qui se font donner par les rois des à-compte sur des contre-révolutions chimériques, auxquelles ils veulent ensuite recruter, si je puis parler ainsi, des partisans à crédit; que la royauté enfin se montre sincèrement l'amie de la liberté sa souveraine : alors elle s'assurera une durée pareille à celle de la nation elle-même, alors on verra que les citoyens qui ne sont accusés d'être au *delà de la Constitution* que par ceux mêmes qui sont évidemment en *deçà*, on verra, dis-je, que ces citoyens, quelle que soit leur théorie arbitraire sur la liberté, ne cherchent point à rompre le pacte social; qu'ils ne veulaient, pour un mieux idéal, renverser un ordre de choses fondé sur l'égalité, la justice et la liberté. Oui, messieurs, je dois le répéter, quelles qu'aient été mes opinions individuelles, lors de la révision de la Constitution, sur les choses et sur les hommes, maintenant qu'elle est jurée, j'appellerai à grands cris la mort sur le premier qui leverait un bras sacrilège pour l'attaquer, fût-il mon frère, mon ami, fût-il mon propre fils. Tels sont mes sentiments. »

Les idées de Danton s'étaient-elles modifiées au contact de ses nouvelles fonctions? On serait tenté de le croire. Cette riche nature abondait d'ailleurs en contrastes. Révolutionnaire par tempérament, homme d'action, il lui fallait le bruit, le mouvement, le forum, et pourtant il aimait les champs, la nature. S'il faut en croire Fabre d'Églantine, les goûts de Danton l'entraînaient à la campagne, aux bains, à la vie de fermier. Avec le remboursement d'une charge qui n'existait plus, il avait acheté, à Fontenay-sous-Bois, une petite métairie qu'il surveillait lui-même. Sa physionomie, féroce à la tribune, devenait, dans l'intimité, bonne, enjouée, quelquefois souriante. Ses discours, violents jusqu'à la fureur, ne donnent aucune idée de sa conversation, qui était instructive et agréable. Il aimait véritablement le peuple qui l'avait tiré, comme il disait, « de l'abjection du néant ». Malheureusement il était esclave de ses plaisirs et de ses passions. Avec ses amis, il tenait souvent des propos cyniques; mais chez lui il ne se montrait étranger à aucun des sentiments délicats. Ce tribun, dont les colères faisaient pâlir le front des rois, avait près de sa femme des attendrissements de lion amoureux.

Mais est-ce bien le moment de nous occuper des hommes et de leur vie privée? L'éclair brille, le sol tremble ; la Révolution vient d'emboucher la trompette guerrière.

III

La guerre. — Résistance de Robespierre à l'élan général. — L'avis de Danton. — Brissot se déclare ouvertement pour l'attaque. — Lutte entre lui et Robespierre. — Le sentiment martial l'emporte. — Les Marseillais marchent sur Arles. — Le bonnet rouge. — Les piques. — Ministère girondin.

Des bruits de guerre grondaient depuis quelque temps d'un bout de la France à l'autre. Dès le mois de mars 1791, Marseille demandait à marcher vers le Rhin. L'élan patriotique était irrésistible. D'où venait à la nation française ce souffle belliqueux? De la provocation constante des puissances étrangères. Un mur de fer entourait la France, mur mouvant qui se rapprochait chaque jour de nos frontières. Tous les rois de l'Europe se sentaient menacés par la Révolution, dans la personne de Louis XVI, et cette Révolution, ils avaient juré de la vaincre. C'était la lutte entre le vieux droit divin et la souveraineté du peuple. La gravité de la situation n'échappait point au bon sens des masses. On se demandait seulement si la France devait attendre d'être attaquée, ou s'il ne valait pas mieux prévenir l'agression.

Le 29 novembre 1791, l'Assemblée législative avait sommé Louis XVI d'adresser aux cours étrangères une déclaration dont les termes étaient en même temps fermes et modérés : « Dites-leur que partout où l'on souffre des préparatifs contre la France, la France ne peut voir que des ennemis ; que nous garderons religieusement le serment de ne faire aucune conquête ; que nous leur offrons le bon voisinage, l'amitié inviolable d'un peuple libre et puissant ; que nous respectons leurs lois, leurs usages, leurs constitutions, mais que nous voulons que la nôtre soit respectée. Dites-leur enfin que si des princes d'Allemagne continuent de favoriser des préparatifs dirigés contre les Français, les Français porteront chez eux, non pas le fer et la flamme, mais la Liberté! C'est à eux de calculer quelles peuvent être les suites de ce réveil des nations. »

Le roi fit, en apparence, ce qu'on lui demandait; mais les cours étrangères affectaient de ne point le croire libre. N'était-ce point pour lui d'ailleurs qu'elles travaillaient en marchant contre la Révolution? Aussi, quand Louis XVI les invita noblement à retirer leurs troupes des frontières, lui opposèrent-elles « la légitimité de la ligue des souverains, réunis pour la sûreté et l'honneur des couronnes ».

Divisées par d'anciennes rancunes, la Prusse et l'Autriche se rapprochaient dans la haine des idées nouvelles. C'était donc bien une coalition qui se formait contre la France! Comment déjouer les sinistres projets de toutes ces têtes couronnées? Quel moyen de conjurer le danger? Comment dissiper ce point noir qui grossissait de jour en jour à l'horizon?

Les esprits en étaient à ce degré de fermentation, quand Brissot se déclara ouvertement pour la guerre. Après avoir énuméré les dangers que courrait le pays, dévoilé le plan des puissances étrangères, leur système d'étouffement, leur projet bien arrêté d'imposer à la France les institutions anglaises par la force des armes : « Hé bien! si les choses en viennent là, concluait-il, il faut attaquer vous-mêmes. »

Un homme résistait à l'entraînement général, et cet homme était Robespierre. Dans une mémorable séance du club des Jacobins, il répondit au discours de Brissot. Après avoir constaté lui-même que l'élan de la nation était tourné vers la guerre, il se demanda s'il ne fallait point délibérer mûrement avant de prendre une résolution décisive. Le salut de l'État et la destinée de la Constitution dépendaient du parti auquel on allait s'arrêter. N'était-ce point à la précipitation et à l'enthousiasme du moment qu'étaient dues plusieurs des fautes commises depuis l'ouverture des États généraux? Le rôle de ceux qui veulent servir leur patrie est de semer dans un temps pour recueillir dans un autre, et d'attendre de l'expérience le triomphe de la vérité. Si la guerre est nécessaire, on la fera; mais si la paix peut être maintenue, pourquoi se jeter dans une aventure qui, sous prétexte de défendre la liberté, est de nature à l'anéantir?

Il faudrait tout citer pour donner une idée de l'éloquence nouvelle de Robespierre :

« Je décourage la nation, dites-vous : je l'éclaire... et n'eussé-je fait autre chose que de dévoiler tant de pièges, que de réfuter tant de fausses idées et de mauvais principes, que d'arrêter les élans d'un enthousiasme dangereux, j'aurais avancé l'esprit public et servi la patrie. — Vous avez dit encore que j'avais outragé les Français en doutant de leur courage et de leur amour pour la liberté. Non, ce n'est point du courage des Français dont je me défie, c'est la perfidie de leurs ennemis que je crains... Vous avez été étonnés, avez-vous dit, d'entendre un défenseur du peuple calomnier et avilir le peuple. Certes, je ne m'attendais pas à un pareil reproche. D'abord apprenez que je ne suis pas le défenseur du peuple; jamais je n'ai prétendu à ce titre fastueux. Je suis du peuple, je n'ai jamais été que cela, je ne veux être que cela; je méprise quiconque a la prétention d'être quelque chose de plus. S'il faut tout dire, j'avouerai que je n'ai jamais compris pourquoi l'on donnait des noms pompeux à la fidélité constante de ceux qui n'ont point trahi sa cause. Serait-ce un moyen de ménager une excuse à ceux qui l'abandonnent, en présentant la conduite contraire comme un effort d'héroïsme et de vertu? Non, ce n'est rien de tout cela; ce n'est que le résultat naturel de tout homme qui n'est pas dégradé. L'amour de la justice, de l'humanité, de la liberté, est une passion comme une autre. Quand elle est

Dumouriez.

dominante, on lui sacrifie tout; quand on a ouvert son âme à des passions d'une autre espèce, comme la soif de l'or et des honneurs, on leur immole tout, et la gloire, et la justice, et l'humanité, et le peuple, et la patrie. Voilà le secret du cœur humain, voilà toute la différence qui existe entre le crime et la probité, entre les tyrans et les bienfaiteurs de leur pays. — Que dois-je répondre au reproche d'avoir avili et calomnié le peuple? Non, on n'avilit point ce qu'on aime, on ne se calomnie pas soi-même. J'ai avili le peuple! Il est vrai que je ne sais point le flatter pour le perdre et que j'ignore l'art de le conduire au précipice par des routes semées de fleurs; en revanche, c'est moi qui sus déplaire à tous ceux qui ne sont pas du peuple, en défendant presque seul les droits des citoyens les plus pauvres et les plus malheureux contre la majorité des législateurs. C'est moi qui opposai constamment la déclaration des droits à toutes ces distinctions calculées sur la quotité des impositions qui laissaient une distance entre des citoyens et des citoyens. C'est moi qui défendis, non-seulement les droits du peuple, mais son caractère et ses vertus; qui soutins, contre l'orgueil et les préjugés, que les vices ennemis de l'humanité et de l'ordre social allaient toujours décroissant avec les besoins factices de l'égoïsme, depuis le trône jusqu'à la chaumière; c'est moi qui consentis à paraître exagéré, opiniâtre, orgueilleux même, pour être juste. »

Danton, qu'on représente toujours comme ayant poussé à la guerre, faisait aussi ses réserves : « Ce n'est point contre l'énergie que je viens parler, dit-il en faisant allusion au discours de Brissot. Mais, messieurs, quand devons-nous avoir la guerre? N'est-ce pas après avoir bien jugé notre situation, après avoir tout pesé? n'est-ce pas, surtout, après avoir bien scruté les intentions du pouvoir exécutif qui vient vous proposer des mesures belliqueuses?... Quand j'ai dit que je m'opposais à la guerre, j'ai voulu dire que l'Assemblée nationale, avant de s'engager dans cette démarche, doit faire connaître au roi qu'il doit déployer tout le pouvoir que la nation lui a confié contre ces mêmes individus dont il a disculpé les projets et qu'il a dit n'avoir été entraînés hors du royaume que par les divisions d'opinion... »

Ainsi, ceux qu'on appellera plus tard les Montagnards, se défiaient alors de la guerre, parce qu'ils croyaient que le roi et ses ministres la désiraient, que la cour et les émigrés la voyaient d'un œil favorable, qu'ils tenaient à vaincre les ennemis du dedans avant d'attaquer les ennemis du dehors. A la suite des défaites de nos armées, ils voyaient l'invasion et le césarisme.

Le parti de la guerre se composait d'éléments très-divers. Il y avait d'abord la faction des anciens nobles qui, dès le commencement de la Révolution, poussaient aux mesures extrêmes et ne voyaient plus de salut pour eux que dans une conflagration générale. Venait ensuite le groupe des royalistes modérés, qui croyaient encore à la possibilité de faire rétrograder le mouvement, et qui voulaient donner à la France la constitution anglaise, « dans l'espérance, disait joyeusement Danton, de nous donner bientôt celle de Constantinople ». Il leur fallait pour l'exécution d'un tel dessein l'appui de l'étranger. Quant aux Girondins, on les accusait de vouloir la guerre afin de se glisser dans le ministère à la faveur du désarroi de la cour. Le peuple n'entrait évidemment dans aucune de ces combinaisons; mais il est volontiers pour les mesures énergiques. Il se regardait d'ailleurs comme le dépositaire des vrais principes, et la vérité doit être défendue au prix du sang par ceux qui ont l'honneur de la posséder.

Le 30 décembre 1791, second discours de Brissot, en faveur de la guerre; le 2 janvier 1792, nouvelle réfutation de Robespierre. La lutte se poursuivait, s'envenimait. Ce qui enlevait beaucoup d'autorité à la parole de Brissot, c'était le caractère de Brissot lui-même. — Mêlé dans toutes sortes d'intrigues, il avait laissé de son honneur aux broussailles d'une vie nomade et besogneuse.

Maximilien, au contraire, revenait à Paris, d'un voyage à Arras, sa ville natale, avec une réputation d'intégrité à l'abri de tout soupçon. Opiniâtre et convaincu, on le savait prêt à sceller de son sang tout ce qu'il écrivait. Les motifs de guerre tirés de la situation extérieure le touchaient moins que les principes. Il ne voyait pas sans effroi la direction des forces militaires du pays remises entre les mains du pouvoir exécutif. Et à quel chef confier la défense nationale? Les anciens généraux étaient tous compromis. D'un autre côté, l'agression, venant de la part de la France, ne mettrait-elle point du côté des cours étrangères les apparences du droit et de la justice? Où Robespierre se montra vraiment homme d'État, c'est quand il combattit certaines illusions. Quelques braves patriotes se figuraient que les nations allaient accourir au-devant des armées françaises, adopter nos lois et notre Constitution, embrasser nos soldats. « Le gouvernement le plus vicieux, répondait-il avec beaucoup de raison, trouve un puissant appui dans les préjugés, dans les habitudes et dans l'éducation des peuples. » Il eut beau dire : sa voix ne fut point écoutée, le vent était à la guerre.

Dans sa lutte contre les partisans des hostilités immédiates, Robespierre s'était fermement tenu sur le terrain des principes, évitant toute allusion personnelle et blessante. Mais voici que des révélations foudroyantes tombent sur la tête de Brissot. Cet homme d'État, tel est le titre que le groupe de la Gironde affectait de lui donner, s'essayait depuis quelque temps à une certaine austérité de mœurs; mais c'était une vertu tardive et accommodée aux circonstances. Les personnes qui l'avaient connu refusaient de croire à la sincérité de ce changement. Dans une lettre signée du baron de Grimm, on lit : « Vous me dites que Brissot de Warville est un bon républicain; oui, mais il fut l'espion de Lenoir, à 150 francs par mois. *Je le défie de le nier*, et j'ajoute qu'il fut chassé de la police, parce que Lafayette, qui dès lors commençait à intriguer, l'avait corrompu et pris à son service. » Ce qui ajoutait à la vraisemblance de cette accusation, c'est que Brissot avait tantôt attaqué, tantôt défendu la police, qu'il regardait dans un temps comme une *institution admirable*. Camille Desmoulins décocha contre *l'homme d'État* de la Gironde un de ces pamphlets qui pénètrent dans le vif.

« En vous entendant, l'autre jour, à la tribune des Jacobins, écrivit Camille, vous proclamer un Aristide et vous appliquer le vers d'Horace :

Integer vitæ, scelerisque purus,

je me contentai de rire tout bas, avec mes voisins, de votre patriotisme sans tache et de l'immaculé Brissot. Je dédaignai de relever le gant que vous jetiez si témérairement au milieu de la société; car, loin de chercher à *calomnier le patriotisme*, je suis plutôt las de médire de qui il appartient. Mais puisque, non content de vous préconiser à votre aise et sans contradicteur à la tribune des Jacobins, vous me diffamez dans votre journal, je vais remettre chacun de nous deux à sa place. Honnête Brissot, je ne veux pas me servir contre vous de témoins que vous pourriez récuser comme notés d'aristocratie. Ainsi je ne produirai point l'envoyé extraordinaire de Russie, M. le baron de Grimm, dont le témoignage a pourtant quelque gravité, à cause du caractère dont il est revêtu... Je ne vous citerai point non plus Morande, avec qui votre procès criminel reste toujours pendant et indécis, et qui va disant partout assez plaisamment à qui veut l'entendre : « Je conviens que je ne suis pas un honnête homme ; mais ce « qui m'indigne, c'est de voir Brissot se donner pour un saint... »

« Je ne produirai pas même ici le témoignage de Duport-Dutertre, que je trouvai l'autre jour furieusement en colère contre vous, dans un moment où ma profession m'appelait chez lui. Il ne vous traitait pas plus respectueusement que ne fait Morande, et me disait « que vous et C.... étiez deux *coquins* (c'est le mot « dont j'atteste qu'il s'est servi); que s'il n'était pas ministre, il révélerait des « choses... » Il n'acheva pas; mais il me laissa entendre que ces choses n'étaient pas d'un saint, ni surtout d'un Jacobin. Dites que M. Duport est un anti-Jacobin, récusez son témoignage, j'y consens. Cependant, J.-P. Brissot, pour prétendre asservir tout le monde à vos opinions, pour décrier le civisme le plus pur dans la personne de Robespierre, comme vous faites, vous et votre cabale, depuis six semaines ; pour vous flatter de perdre ses amis dans l'opinion publique, de dépit de n'avoir pu seulement l'y ébranler; pour vous ériger en dominateur des Jacobins et de leurs comités, vous m'avouerez que ce n'est pas un titre suffisant que l'honneur d'être traité d'*espion*, de *fripon* et de *coquin* par des ambassadeurs et par le ministre de la justice, et qu'il n'y a pas là de quoi être sifflé de voir votre nom devenu proverbe. »

On avait, en effet, inventé un mot : *brissoter* voulait dire intriguer.

Je laisse de côté ces accusations si graves et je m'adresse aux écrits de l'homme. Un auteur se révèle par ses œuvres comme l'arbre par ses fruits. Qu'est-ce que Brissot écrivain? Un trafiquant d'idées, qui passe d'un camp à l'autre, selon les intérêts de son commerce littéraire. Il avait bassement flatté le *sublime* Necker, *le Sully du siècle*, quand ce ministre était en place ; il le poursuivit d'un vil acharnement quand le Genevois se retira des affaires. Cette versatilité fit tour à tour de Brissot l'ennemi et l'ami de la Révolution, le flagorneur et le critique impitoyable des ministres, l'apologiste et le détracteur de la police, le partisan et l'adversaire de la royauté.

Quoique Brissot eût soin de se couvrir maintenant d'une vertu affectée, la philosophie qu'il avait professée dans ses ouvrages témoignait du plus abject égoïsme ; je cite au hasard : « Deux besoins essentiels résultent de la constitution de l'animal, la nutrition et l'évacuation... — Les hommes peuvent-ils se nourrir de leurs semblables? Un seul mot résout cette question, et ce mot est dicté par la nature même : les êtres ont droit de se nourrir de toute matière propre à satisfaire leurs besoins. Si le mouton a droit d'avaler des milliers d'insectes qui peuplent les herbes des prairies, si le loup peut dévorer le mouton, si l'homme a la faculté de se nourrir d'autres animaux, pourquoi le mouton, le loup et l'homme n'auraient-ils pas également le droit de faire servir leurs semblables à leurs appétits? »

On ne s'attendait guère à trouver, dans le chef des Girondins, un défenseur de l'anthropophagie; mais revenons à la théorie du *besoin d'évacuation*:

« C'est dans l'animal une fois développé que naît ce besoin terrible: l'amour, besoin de l'homme, comme le sommeil et la faim, que la nature lui ordonne impérieusement de satisfaire. Le taureau vieux et usé, qui ne sent plus l'aiguillon de l'amour, combat-il encore pour des génisses qu'il ne saurait satisfaire? Non. La nature a dit à ses animaux comme à l'homme sauvage: Ta propriété finit avec tes besoins; mais l'homme social n'écoute point la nature, il étend sa propriété au delà de ses besoins, il se cantonne, il s'isole, et il a l'audace d'appeler cette propriété sacrée. — Homme de la nature, suis son vœu, écoute ton besoin: c'est ton maître, ton seul guide. Sens-tu s'allumer dans tes veines un feu secret à l'aspect d'un objet charmant? Éprouves-tu ces heureux symptômes qui t'annoncent que tu es homme? La nature a parlé, cet objet est à toi, jouis: tes caresses sont innocentes, tes baisers sont purs. L'amour est le seul titre de la jouissance, comme la faim l'est de la propriété. »

Que penser d'un homme qui ramène tous les droits aux besoins? L'amour n'est pour lui qu'une fonction bestiale, une... — Ma plume se refuse à transcrire le mot.

Ces extraits et quelques autres, cités par les feuilles du temps, donnèrent lieu à une polémique très-vive. André Chénier s'en mêla: « Le sieur Brissot, écrivit-il, a dit que l'on fait de ses écrits des *dissections ministérielles*. Cela veut-il dire qu'elles sont infidèles et fausses? Voilà ce qu'il faudrait prouver. Au nom de Dieu, monsieur Brissot, avez-vous ou n'avez-vous pas écrit les infamies qu'on vous attribue? Oui ou non! Si vous ne les avez pas écrites, alors vous avez raison de vous plaindre, et ceux qui vous attaquent sont en effet des calomniateurs. Si vous les avez écrites, alors vous *mentez* effrontément, quand vous assurez que de tout temps vous écriviez contre les despotes avec la même énergie qu'à présent, et vous seul êtes un calomniateur. De grâce, monsieur Brissot, un mot de réponse à ce dilemme, et ne faites plus bouillonner notre sang; cessez de nous importuner de votre éloge auquel personne ne répond que par le silence du mépris et de l'indignation, et épargnez-vous ce plat pathos qui vous rend aussi ridicule que vous vous êtes déjà rendu odieux. »

Brissot s'emporta; il ne répondit pas. L'écrivain incriminé ne nia ni l'exactitude des citations ni les arguments qu'on en pouvait tirer contre lui; il contesta seulement les dates. « Il ne peut avoir eu pour but en cela, répondait un rédacteur anonyme du *Journal de Paris*, que de faire mettre au nombre des péchés et des ignorances de la jeunesse un ouvrage extravagant et immoral. Mais pour cela l'époque n'est pas assez reculée; car M. Brissot, étant aujourd'hui âgé de quarante-six à quarante-huit ans, en avait trente-quatre ou trente-six en 1778 ou en 1780, et à cet âge on n'est plus un enfant. »

Accablé sous ses propres écrits, Brissot se retrancha derrière les services qu'il avait rendus à la Révolution ; Camille Desmoulins le poursuivit sur le terrain d'une discussion que l'*homme d'État* de la Gironde cherchait, comme on voit, à déplacer. Il lui reprocha ses liaisons avec Lafayette. — « Après la Saint-Barthélmy du Champs-de-Mars, répliqua Brissot, je voyais Lafayette une fois tous les mois, *c'était pour soutenir en lui quelque souffle de liberté*. Il m'a trompé ; depuis, je ne l'ai point revu. Il m'est étranger, il me le sera toujours. »

«—Si tu voyais, reprenait Camille, que la liberté était expirante dans son cœur, pourquoi donc nous disais-tu que sa démission était une *vraie calamité?* Traître, pourquoi trompais-tu la nation ? pourquoi remettais-tu sa destinée entre des mains si incertaines ? Je n'ai besoin que de tes écrits pour te confondre. »

Les Girondins, de leur côté, ne cessaient d'attaquer Robespierre, de lui reprocher son langage, dans lequel revenaient sans cesse les mots de vertu, de principes, de probité. Ils l'accusaient d'être défiant, envieux, malade d'orgueil. Ainsi la grande question de la paix ou de la guerre dégénérait, de part et d'autre, en questions personnelles.

Il y eut pourtant, au club des Jacobins, une sorte de réconciliation entre Robespierre et Brissot. Le vieux Dussaulx, le traducteur de Juvénal, le Nestor de la démocratie, fit l'éloge de l'un et l'autre adversaires, de ces « deux généreux citoyens », et exprima le désir de les voir terminer leur querelle par un embrassement. Ils se donnèrent aussitôt l'accolade fraternelle au grand attendrissement de l'assemblée. Cet oubli des injures était-il bien sincère ? Suffisait-il du baiser de paix pour effacer de pareils dissentiments ?

« Je viens, dit alors Robespierre, de remplir un devoir de fraternité et de satisfaire mon cœur ; il me reste encore une dette plus sacrée à acquitter envers la patrie. Le sentiment profond qui m'attache à elle suppose nécessairement l'amour de mes concitoyens et de ceux avec lesquels j'ai des affections plus étroites ; mais toute affection individuelle doit céder à l'intérêt de la liberté et de l'humanité ; je pourrai facilement le concilier ici avec les égards que j'ai promis à tous ceux qui ont bien servi la patrie et qui continueront à la bien servir. J'ai embrassé M. Brissot avec ce sentiment, et je continuerai de combattre son opinion dans les points qui me paraissent contraires à mes principes, en indiquant ceux où je suis d'accord avec lui. Que notre union repose sur la base sacrée du patriotisme et de la vertu ; combattons-nous, comme des hommes libres, avec franchise, avec énergie même, s'il le faut, mais avec égards, avec amitié. »

Les deux adversaires reprirent en effet leur position, l'un comme partisan, l'autre comme ennemi déclaré de la guerre offensive. Ce n'était point la lutte avec l'Europe armée que redoutait Robespierre, c'étaient les conséquences de ce conflit, et les dangers qu'allait courir la Révolution. Il n'avait ni les grands mouvements oratoires de Danton, ni le langage imagé de Vergniaud, ni l'ardeur méridionale d'Isnard ; mais il était l'homme du sang-froid et de la raison. Dans cette discussion, il se montra supérieur à lui-même. « Le talent de Robespierre, écrivait alors Camille Desmoulins, s'est élevé à une hauteur désespérante pour les ennemis de la liberté; il a été sublime, il a arraché des larmes. »

Barère, à son lit de mort, laissait tomber ces mélancoliques paroles :

« Robespierre avait le tempérament des grands hommes d'État, et la postérité lui accordera ce titre. Il fut grand, quand tout seul, à l'Assemblée constituante, il eut le courage de défendre la souveraineté du peuple; il fut grand, quand plus tard, à l'assemblée des Jacobins, seul contre tous, il balança le décret de déclaration de guerre à l'Allemagne. »

Un tel langage ne saurait être suspect de partialité dans la bouche de celui qui avait trahi Robespierre au 9 thermidor.

Vains efforts! La prédiction de Danton allait s'accomplir : « Nous aurons la guerre; oui, les clairons de la guerre sonneront; oui, l'ange exterminateur fera tomber ces satellites du despotisme. »

Plusieurs amis de Robespierre lui reprochaient même de froisser cet instinct martial qui est au fond du caractère français, de risquer sa popularité dans une lutte inutile, de se séparer, de s'isoler...

« On n'est pas seul, leur répondait-il fièrement, quand on est avec le droit et la raison. »

Cependant le Midi était en feu. Dans quelques localités où ils se sentaient les plus forts, les prêtres et les nobles exercèrent des persécutions odieuses contre les vrais citoyens. Le 3 mars 1792 parut à la tribune du club des Jacobins Barbaroux, de Marseille, celui qu'on comparait alors pour la beauté à la statue d'Antinoüs. Il venait annoncer la marche des Marseillais sur Arles, l'un des repaires de la réaction, et demandait qu'on aidât ses braves concitoyens à refouler l'audace de l'aristocratie.

D'un autre côté, le groupe de la Gironde ne négligeait rien de ce qui peut exciter l'enthousiasme des masses. Ainsi que tous les hommes dont les convictions ne sont pas très-solides, ils comptaient beaucoup sur les signes et les formes extérieures pour se gagner le cœur du peuple.

Fils d'une époque de réaction (1814), nous avons partagé dans notre enfance les préjugés de l'époque contre le bonnet rouge; mais nous étions alors bien loin de nous douter que cette coiffure, devenue le symbole des excès et des fureurs de la plus vile populace, fût une invention des brillants Girondins, ces *hommes de goût*. « Ce sont les prêtres, écrivait Brissot dans son journal, ce sont les prêtres et les despotes qui ont introduit le triste uniforme des chapeaux, ainsi que la ridicule et servile cérémonie d'un salut qui dégrade l'homme, en lui faisant courber, devant son semblable, un front nu et soumis. Remarquez, pour l'air de la tête, la différence entre le bonnet et le chapeau. Celui-ci, triste, morne, monotone, est l'emblème du deuil et de la morosité magistrale; l'autre égaie, dégage la physionomie, la rend plus ouverte, plus assurée, couvre la tête sans la cacher, en rehausse avec grâce la dignité naturelle, et est susceptible de toutes sortes d'embellissements. » Cette diatribe contre les chapeaux ne manquait pas d'un fond de vérité; mais ce qu'on proposait de leur substituer valait-il mieux?

A Paris, une mode nouvelle fait bien vite son chemin; le bonnet rouge courut sur toutes les têtes. Robespierre résista cette fois à l'entraînement populaire; il trouvait dans l'inaltérabilité de sa conscience des armes pour combattre les exagérations, les fausses mesures, les innovations puériles ou frivoles. Ses plus grands ennemis lui rendent cette justice, qu'il n'adopta jamais les livrées excentriques dont les faux patriotes se plaisaient à couvrir un zèle ridicule et dangereux. On ne le vit jamais laisser croître ses ongles, négliger ses cheveux, ni porter des vêtements hideux, par manière de patriotisme. Il avait même horreur de ce qu'on appelait alors le débraillé révolutionnaire. Maximilien croyait qu'on pouvait aimer le peuple et porter du linge blanc. Il témoigna pour le bonnet rouge une sympathie médiocre : « Je respecte, s'écria-t-il aux Jacobins, tout ce qui est l'image de la liberté; mais nous avons un signe qui nous rappelle sans cesse le serment de vivre libres ou de mourir, et ce signe le voici. (Il montre sa cocarde.) En déposant le bonnet rouge, les citoyens, qui l'avaient pris par un patriotisme louable, ne perdront rien. Les amis de la liberté continueront à se reconnaître sans peine au même langage, au signe de la raison et de la vertu, tandis que tous les autres emblèmes peuvent être adoptés par les aristocrates et les traîtres. Il faut, dit-on, employer de nouveaux moyens pour exciter le peuple. Le peuple n'a pas besoin d'être excité; il faut seulement qu'il soit bien défendu. C'est le dégrader que de croire qu'il est sensible à des marques extérieures. Elles ne pourraient que le détourner de l'attention qu'il donne aux principes de liberté et aux actes des mandataires auxquels il a confié sa destinée... Ils voudraient, vos ennemis, vous faire oublier votre dignité, pour vous montrer comme des hommes frivoles et livrés à un esprit de faction. » Ces raisons prévalurent, et le bonnet rouge disparut alors du club des Jacobins.

Le parti de la Gironde ne cessait néanmoins de frapper l'esprit de la multitude par des coups de théâtre. « Des piques! des piques! des piques! » s'écrient les acteurs de la liberté; on forge aussitôt plusieurs milliers de piques pour en armer des citoyens passifs. Dans leur préoccupation du costume, les Girondins glorifient le titre de *sans-culotte* qu'ils opposent fièrement à celui d'aristocrate. Et voilà ces grands politiques, dont quelques historiens ont tant exalté les vues larges et fécondes! Ils voulaient, dit-on, l'alliance de la bourgeoisie avec la multitude : soit; mais cette alliance n'était pas une fusion des intérêts; mais l'accord qu'ils rêvaient d'établir entre la classe moyenne et le peuple était un lien superficiel qui devait se briser après la victoire.

Les Girondins avaient pris l'initiative de la guerre, et cette guerre étant sur le point d'éclater, le roi ne pouvait plus refuser leur concours ni résister au vœu de la nation. C'était une nouvelle couche sociale qui arrivait au pouvoir. Quand Roland vint pour la première fois à la cour, il s'y présenta en chapeau rond avec des cordons aux souliers. A la vue de cette figure de quaker et de ce négligé bourgeois, le maître des cérémonies ne pouvait en croire ses yeux. Ça, un ministre ! Il fallut pourtant lui livrer passage. Se tournant alors vers Dumouriez : « Eh ! monsieur, point de boucles à ses souliers ! — Ah ! monsieur tout est perdu, » répondit Dumouriez avec le plus grand sang-froid.

Tout était effectivement perdu pour l'ancien régime. La Révolution entrait en gros souliers dans les conseils du roi.

Madame Roland.

IV

Influence des femmes sur la Révolution Française. — M⁰ᵉ Roland et Théroigne. — La question religieuse aux Jacobins. — Massacres dans le midi de la France. — Entrevue de Robespierre et de Marat. — Déclaration de guerre.

La nymphe, l'Égérie des nouveaux législateurs, était Mᵐᵉ Roland. Jeune encore, belle d'une beauté à elle, mariée à Roland, un honnête bourgeois, elle avait au cœur une passion qui domina, réduisit toutes les autres, — elle aimait la République. Quand le roi fut arrêté à Varennes, elle devina tout de suite qu'il fallait suspendre Louis XVI, abolir en France la royauté. Cette République, cette idole, Mme Roland la voyait un peu à travers le prisme du sentiment. Elle la voulait pure d'excès, drapée à l'antique, groupant autour de son char les plaisirs et les beaux-arts. Elle avait été l'amie de quelques défenseurs du peuple à la Constituante; mais peu à peu ses préférences s'étaient tournées du côté des Girondins, qui répondaient mieux à son idéal de gouvernement. Comme eux, elle cherchait le beau en politique; dans des temps de trouble, au milieu des circonstances exceptionnelles qu'on traversait, il eût fallu surtout y chercher le vrai... Mais où trouver le courage de lui reprocher ses illusions, quand on pense au sort qui l'attendait?...

Théroigne était de retour à Paris. Que d'anecdotes, que d'aventures ne tenait-elle point en réserve! Curieux de connaître cette femme, sur laquelle on lui racontait les choses les plus romanesques, l'empereur d'Autriche s'avisa de la faire venir dans son cabinet; quand il l'eut vue et entendue, il lui donna sa liberté, mais avec ordre de sortir d'Autriche. Théroigne parut à la tribune des Jacobins; elle s'étendit sur les péripéties de son voyage, sa captivité, les actes de tyrannie que l'empereur avait exercés contre elle, et annonça l'intention d'écrire ses Mémoires. Manuel dit : « Vous venez d'entendre une des premières amazones de la liberté; je demande que, présidente de son sexe, assise aujourd'hui à côté de notre président, elle jouisse des honneurs de la séance. »

Théroigne demeurait alors rue de Tournon; les principaux Cordeliers, Danton, Camille Desmoulins, Fabre d'Églantine, M.-J. Chénier, fréquentaient son salon converti en un véritable club. Elle y déclamait des scènes de *Brutus* ou de toute autre tragédie où l'auteur invectivait les *tyrans;* la flamme de l'enthousiasme qui s'allumait dans ses yeux, sa beauté piquante, ses poses mâles et fières donnaient aux vers récités par elle une puissance d'enivrement irrésistible; ce n'était pas une actrice, c'était la Liberté personnifiée.

On raconte qu'un étranger, un Russe de grande famille, masqué sous le pseudonyme d'Otcher, fut conduit par Romme chez Mlle de Méricourt. Il y revint une fois, deux fois, il y revint toujours; son bonheur était de la voir, de l'entendre, d'effeuiller en silence et à l'écart les fleurs mélancoliques d'un sentiment qu'elle ignorait. — Cette intrigue s'arrêta tout court : un ordre de rappel enleva le jeune Otcher au danger qu'il courait; sa famille trembla longtemps sur les suites qu'auraient pu avoir de telles relations avec une femme séduisante et qui joua un si grand rôle dans les scènes révolutionnaires. Cet Otcher n'était autre que le comte de Strogonoff, qui devint, par la suite, l'ami intime d'Alexandre et son ministre de l'intérieur.

La renommée de Théroigne lui attira des critiques et des sarcasmes. Les écrivains royalistes la déchirèrent dans leurs pamphlets. Ils firent d'indécentes plaisanteries sur le mariage de Théroigne avec Populus; il existait un député de ce nom, âgé de cinquante-sept ans. Une caricature du temps représente

Théroigne dans un boudoir, auprès d'une toilette sur laquelle traînent un pot de rouge végétal, un poignard, quelques boucles de cheveux épars, une paire de pistolets, l'*Almanach du Père Gérard*, une toque, la *Déclaration des droits de l'homme*, un bonnet de laine rouge, un peigne à chignon, une fiole de vinaigre de la composition du sieur Mailhe, un fichu fort chiffonné, la *Chronique de Paris* et le *Courrier de Gorsas*. Dans le fond se découvre un lit de sangle décoré d'une paillasse; à côté de la paillasse, une pique énorme, près de laquelle s'étale un superbe habit d'amazone en velours d'Utrecht; les murs sont ornés de tableaux agréables, tels que la *Prise de la Bastille*, la *Mort de Foulon et Berthier*, la *Journée du 6 octobre* 1789, les meurtres commis à Nîmes, Montauban, la Glacière, et autres jolis massacres constitutionnels. Mlle Théroigne est dans le négligé le plus galant : elle a des pantoufles de maroquin rouge, des bas de laine noire, un jupon de damas bleu, un pierrot de bazin blanc, un fichu tricolore et un bonnet de gaze couleur de feu, surmonté d'un pompon vert. — Toutes ces fadaises, entremêlées de calomnies atroces, faisaient bouillonner le sang de la jolie Théroigne; elle en était, du reste, bien vengée par l'influence qu'elle exerçait; aux clubs, sa présence inspirait les orateurs, et les plus sévères cherchaient quelques-unes de leurs idées dans ses yeux noirs

On se tromperait si l'on croyait qu'il y eût alors une rupture déclarée entre les Girondins et les Jacobins. Les uns et les autres continuaient de se voir, de se serrer la main; ils assistaient aux mêmes réunions publiques; mais de graves dissentiments, des froissements d'amour-propre, des questions personnelles tendaient de plus en plus à les séparer en deux groupes. La division éclata sur le terrain des croyances religieuses.

L'empereur Léopold venait de mourir presque subitement; Robespierre crut voir dans cet événement le doigt de la Providence. « Craignons, disait-il, craignons de lasser la bonté céleste qui s'est obstinée jusqu'ici à nous sauver malgré nous. » Ce langage de la *superstition* indigne le sceptique Guadet qui se lève, et réclame contre une idée « à laquelle il ne voit, dit-il, aucun sens ». Robespierre reprend la parole au milieu du bruit :

« Je ne viens point combattre un législateur distingué (interruption), mais je viens prouver à M. Guadet qu'il m'a mal compris. Je viens combattre pour des principes communs à M. Guadet et à moi; car je soutiens que tous les patriotes ont mes principes... Quand j'aurai terminé ma courte réponse, je suis sûr que M. Guadet se rendra lui-même à mon opinion; j'en atteste *son patriotisme et sa gloire*, choses vaines et sans fondement, si elles ne s'appuyaient sur les *vérités immuables* que je viens de proposer. L'objection qu'il m'a faite tient trop à mon honneur, à mes sentiments et aux principes reconnus par tous les peuples du monde et par les Assemblées de tous les peuples et de tous les temps, pour que je ne croie pas mon honneur engagé à les soutenir de toutes mes forces... La superstition, il est vrai, est un des appuis du despotisme; mais ce n'est pas induire les citoyens dans la superstition que de prononcer le nom de la Divinité. J'abhorre autant que personne toutes ces sectes impies qui se sont répandues dans l'univers pour favoriser l'ambition, le fanatisme et toutes les passions, en se servant du pouvoir sacré de l'Éternel qui a créé la nature et l'humanité; mais je suis bien loin de le confondre avec les imbéciles dont le despotisme s'est armé. Je soutiens, moi, ces éternels principes sur lesquels s'étaie la faiblesse humaine pour s'élancer à la vertu. Ce n'est point un vain langage dans ma bouche, pas plus que dans celle de tous les hommes illustres, qui n'en avaient pas moins de morale pour croire à l'existence de Dieu. (A l'ordre du jour! Brouhaha.)

« Non, messieurs! vous n'étoufferez pas ma voix : il n'y a pas d'ordre du jour qui puisse étouffer cette vérité... Je ne crois pas qu'il puisse jamais déplaire à aucun membre de l'Assemblée nationale d'entendre ces principes, et ceux qui ont défendu la liberté à l'Assemblée constituante ne doivent pas trouver d'opposition au sein des amis de la Constitution. Loin de moi d'entamer ici aucune discussion religieuse qui pourrait jeter la division parmi ceux qui aiment le bien public, mais je dois justifier tout ce qui est attaché sous ce rapport à l'adresse présentée à la Société. Oui, invoquer la Providence et admettre l'idée de l'Être éternel qui influe essentiellement sur les destins des nations, qui me paraît, à moi, veiller d'une manière toute particulière sur la Révolution Française, n'est point une idée trop hasardée, mais un sentiment de mon cœur, un sentiment nécessaire à moi, qui, livré dans l'Assemblée constituante à toutes les passions et à toutes les viles intrigues, et environné de si nombreux ennemis, me suis toujours soutenu. *Seul avec mon âme*, comment aurais-je pu suffire à des luttes qui sont au-dessus de la force humaine, si je n'avais point *élevé mon âme à Dieu?* Sans trop approfondir cette idée encourageante, ce sentiment divin *m'a bien dédommagé* de tous les avantages offerts à ceux qui voulaient trahir le peuple. Qu'y a-t-il dans cette adresse? Une réflexion noble et touchante, adoptée par ceux qui ont écrit avec l'inspiration de ce sentiment sublime. Je nomme Providence ce que d'autres aimeront peut-être mieux appeler hasard; mais ce mot Providence convient mieux à mes sentiments... Oui, j'en demande pardon à tous ceux qui sont plus éclairés que moi, quand j'ai vu tant d'ennemis avancer contre le peuple, tant d'hommes perfides employés pour renverser l'ouvrage du peuple, quand j'ai vu que le peuple lui-même ne pouvait agir, et qu'il était obligé de s'abandonner à des traîtres, alors, plus que jamais, j'ai cru à la Providence... Je conclus, et je dis que c'était pour l'établissement de la morale de la politique que j'avais écrit l'adresse que j'ai lue à la Société. Je demande qu'elle décide si les principes que j'annonce sont les siens. »

Ce qui manque aujourd'hui à un tel discours, c'est l'orateur, la pâleur concentrée de son visage, les accents de sa voix la plus aigre, et l'agitation de l'auditoire. Maximilien se montra bravement, dans cette circonstance, ce qu'il fut toute sa vie, un déiste convaincu, le disciple de Jean-Jacques Rousseau, un chrétien à la manière du *Vicaire Savoyard*. Quoi qu'il en soit, la question religieuse était posée, et c'est ce sol brûlant qui devait dévorer plus tard les Girondins; après les Girondins, les Hébertistes; après les Hébertistes, les Dantonistes;

après les Dantonistes, Robespierre lui-même... Effroyable engendrement de supplices !

Les ennemis de Robespierre voulurent profiter de cette profession de foi pour détruire son influence. Ils comptaient sur l'incrédulité qui commençait à se répandre dans les classes populaires. La lutte avec Guadet avait eu lieu le 26 mars 1792, aux Jacobins : le 2 avril, nouvelle attaque en règle. De sourdes rumeurs désignaient Maximilien comme un hypocrite, qui ne s'était opposé à la guerre que par des vues d'ambition personnelle. On ne prononçait point encore le mot de dictature; personne n'y croyait; mais on jalousait déjà sa popularité.

— Si quelqu'un a des reproches à me faire, dit-il hardiment, je l'attends ici : c'est ici qu'il doit m'accuser et non dans des sociétés particulières. Y a-t-il quelqu'un qui se lève?

— Oui, moi! s'écria Réal.

— Parlez, répondit Robespierre.

Une partie de l'assemblée applaudit Réal; l'autre, appuyée par les tribunes publiques, le couvre de murmures. « Je vous accuse, monsieur Robespierre, non de ministérialisme (une voix : C'est bien heureux!), mais d'opiniâtreté, mais d'acharnement à avoir tenté tous les moyens possibles pour faire changer dans la question de la guerre l'opinion que la Société s'était formée. Je vous accuse d'avoir exercé ici, peut-être sans le savoir, et sûrement sans le vouloir, un despotisme qui pèse sur tous les hommes libres qui composent la société. » Les attaques se succédèrent. « Je dénonce à M. Robespierre, s'écrie Guadet, un homme qui, par amour pour la liberté de sa patrie, devrait peut-être s'imposer à lui-même la peine de l'ostracisme, car c'est servir le peuple que de se dérober à son idolâtrie. Je lui dénonce un autre homme qui, ferme au poste où sa patrie l'aura placé, ne parlera jamais de lui, et y mourra plutôt que de l'abandonner. Ces deux hommes, c'est lui, c'est moi. »

Alors Robespierre :

« Quant à l'ostracisme auquel M. Guadet m'invite à me soumettre, il y aurait un excès de vanité à moi de me l'imposer, car c'est la punition des grands hommes, et il n'appartient qu'à M. Brissot de les classer. — On me reproche d'assiéger sans cesse cette tribune; mais que la liberté soit assurée, que le règne de l'égalité soit affermi, que tous les intrigants disparaissent, alors vous me verrez empressé à fuir cette tribune et même cette Société. Alors, en effet, le plus cher de mes vœux serait rempli : heureux de la félicité de mes concitoyens, je passerais des jours paisibles dans le sein d'une douce et sainte intimité... Ah! ce sont les ambitieux et les tyrans qu'il faudrait bannir. Pour moi, où voulez-vous que je me retire? Quel est le peuple chez lequel je trouverai la liberté établie, et quel despote voudra me donner asile? Ah! on peut abandonner sa patrie heureuse et triomphante; mais menacée, mais déchirée, mais opprimée, on ne la fuit pas, on la sauve, ou l'on meurt pour elle. — Le ciel qui me donna une âme passionnée pour la liberté et qui me fit naître sous la domination des tyrans; le ciel qui prolongea mon existence jusqu'au règne des factions et des crimes, m'appelle peut-être à tracer de mon sang la route qui doit conduire mon pays au bonheur... J'accepte avec transport cette douce et glorieuse destinée. Exigez-vous de moi un autre sacrifice? Oui, il en est un que vous pouvez demander encore, je l'offre à ma patrie : c'est celui de ma réputation. Je vous la livre ; réunissez-vous tous pour la déchirer ; unissez, multipliez vos libelles périodiques. Je ne voulais de réputation que pour le bien de mon pays. Si, pour la conserver, il faut trahir, par un coupable silence, la cause de la vérité et du peuple, je vous l'abandonne ; je l'abandonne à tous les esprits faibles et versatiles que l'imposture peut égarer, à tous les méchants qui la répandent. J'aurai l'orgueil encore de préférer à leurs frivoles applaudissements le suffrage de ma conscience et l'estime de tous les hommes éclairés et vertueux. J'attendrai le secours tardif du temps, qui doit venger l'humanité trahie et les peuples opprimés... Voilà mon apologie : c'est vous dire assez, sans doute, que je n'en avais pas besoin. »

On ne s'est point assez demandé comment Robespierre finit par s'imposer aux événements. D'autres étaient plus éloquents que lui ; écrivain et philosophe, il n'atteignait pas à la hauteur de Condorcet ; mais il avait un plan, une ligne de conduite, une doctrine. Nul ne devient vraiment homme d'État qu'à cette condition. Patient, tenace, il marchait droit vers son but, sans jamais détourner la tête. Ces caractères-là sont rares, et quand ils se trouvent, rien ne leur résiste : pour les arrêter, il faut un événement qui dépasse les forces des prévisions humaines.

Pendant que les Jacobins et les Girondins se disputaient entre eux, il venait chaque jour, du Midi, des nouvelles alarmantes. Avignon nageait dans le sang. Un infortuné, un Français qui avait arraché des murs de la ville les décrets pontificaux, avait été assassiné sur le marchepied de l'autel. Des représailles avaient eu lieu, à la Glacière ; au meurtre, on avait répondu par le meurtre. La porte sanglante des massacres de septembre était ouverte.

Encore un décret d'accusation contre Marat! — Depuis assez longtemps, la voix de l'Ami du peuple manquait aux événements. Nous l'avons laissé, après les massacres du Champ-de-Mars, se débattre contre une persécution furieuse. Marat est le premier en France qui ait élevé le journal à l'état de puissance ; ce chiffon de papier à sucre, mal imprimé, écrit à la hâte, distribué au hasard dans les rues, faisait événement ; cela remuait plus de curiosité qu'une proclamation de la cour ; la plume de cet écrivain atrabilaire exerçait plus d'autorité que le sceptre d'or aux mains languissantes de Louis XVI. Cette feuille, composée dans les caves, avait le prestige d'un maléfice. Quoique influent, Marat était toujours proscrit, misérable, enseveli. Les porteurs de sa feuille engageaient chaque jour, sur la voie publique, des luttes à coups de poing avec les agents de l'autorité ; les royalistes montraient, sur la place de Grève, le réverbère auquel on devait pendre Marat.

Une descente d'alguazils ayant eu lieu dans la cave du couvent des Cordeliers, Marat s'était échappé par une issue secrète et s'était dirigé, de nuit, sur Versailles. Il errait, sans trouver d'asile auquel il osât confier sa tête ; il errait dans les rues ténébreuses, lorsque, vaincu par la marche et par le froid, il se laissa tomber, de découragement, contre une borne. Dans ce moment, un prêtre passa à côté de lui dans l'ombre; il avait pour vêtement une simple soutane de drap noir, de gros souliers à cordons de cuir et des guêtres; il venait de porter le viatique à un mourant. C'était le curé Bassal. Il avait eu beaucoup à souffrir de l'intolérance de l'ancien clergé, à cause de ses opinions avancées.

Ce curé, qui avait été membre de l'Assemblée nationale, reconnut Marat et le recueillit dans son modeste presbytère, une petite maison recouverte en tuiles, au milieu d'une rue déserte, avec une treille qui laissait tomber au vent d'automne les dernières feuilles. Marat, après avoir dormi sous le toit hospitalier d'un ministre de l'Église assermentée, prit le chemin de la Normandie.

Son intention était de gagner les bords de l'Océan; il espérait trouver sur la côte une barque ou un vaisseau qui le jetterait en Angleterre. Son voyage fut une suite d'alertes et de périls. Il logea secrètement dans la ville de Caen, rue du Rempart, chez une femme qui le coucha pour l'amour de Dieu et de la Révolution. Le lendemain, il se rendit à Courcelles, où il rencontra la mer, et fit prix avec un batelier pour la traversée. Il était six heures; les brumes du soir descendaient sur l'étendue immense; Marat, à cette vue, songea peut-être à cet autre Océan, Paris, qu'il allait quitter et sur lequel il soufflait les tempêtes. Déjà il avait un pied dans la barque, quand, se retournant vers la terre, la poitrine pleine de sanglots : « Non, s'écria-t-il, ô Révolution ! je ne t'abandonnerai pas. » Et il revint.

Le reste de son voyage ne fut qu'une suite de tribulations dont il prit assez gaiement son parti, et qu'il raconta lui-même en ces termes. « Ne sachant à qui m'adresser à Amiens, pour avoir un asile, je gagnai la prairie près des bords de la Somme; je m'assis derrière une haie vive sur un monceau de pierres, et là, comme Marius sur les ruines de Carthage, je me mis à rêver tristement. Un berger était à quelques pas; j'allai vers lui pour m'informer des sentiers de détour qui pouvaient me jeter sur la route de Paris. Je lui demandai ensuite de m'indiquer un guide. Il me désigna un ancien grenadier aux gardes-françaises dont il me fit l'éloge. Je l'envoyai chercher. Arrive un grand homme sec et décharné, ayant à peine trente ans et en montrant plus de quarante, tant la misère l'avait vieilli ! Il me conduit dans sa chaumière. Je lui propose de me servir de guide pendant la nuit pour gagner Beauvais par des sentiers détournés. En attendant le coucher du soleil, je me mis à écrire un numéro de ma feuille; puis j'endossai un habit rustique, et me voilà en route. Nous allions à travers champs. Chemin faisant, j'eus le malheur de me blesser au pied. Il fallait trouver une voiture ou rester en place. Je me traînai jusqu'au village le moins éloigné, et montai dans une charrette dont le mauvais cheval, déjà fatigué des travaux de la journée, fut bientôt sur les dents. Il fallut prendre la poste jusqu'à Beauvais, d'où un cabriolet me ramena dans Paris. »

Quand Marat revit la grande ville, ce centre des ébranlements révolutionnaires, il faisait nuit profonde; il traversa avec un de ses amis la place de

Grève. Le poteau du réverbère auquel on devait pendre l'Ami du peuple détachait au clair de lune sa sombre et fantastique silhouette; Marat voulut passer dessous par bravade. « La grandeur de la cause que je défends, dit-il à son compagnon, élève mon cœur au-dessus de la crainte des supplices. »

Vers cette même époque, Marat et Robespierre eurent une entrevue chez un ami commun. Ces deux hommes défendaient à peu près les mêmes doctrines sans se connaître; mais ils les soutenaient par des armes bien différentes. L'un était la logique même, le sang-froid, la puissance de la volonté; l'autre était la fureur révolutionnaire. L'Ami du peuple avait toujours parlé du député d'Arras avec estime. — « M. de Robespierre, le seul député qui paraisse instruit des grands principes, et peut-être le seul patriote qui siége dans le sénat... » Ils s'abordèrent avec une politesse affectée. Robespierre ne dissimula rien. Après avoir donné de justes éloges aux motifs qui faisaient agir Marat, il finit par lui reprocher les excès de sa feuille, excès qui pouvaient obscurcir, aux yeux de certaines gens, les services rendus par lui à la Révolution.

— Il vous échappe, çà et là, dit-il en insistant, des *paroles en l'air*, qui viennent, j'aime à le croire, d'une intention droite, mais qui n'en compromettent pas moins notre cause. Je vous engage à calmer ces colères immodérées, qui fournissent des prétextes à nos ennemis pour calomnier votre cœur.

— Apprenez, reprend Marat en se redressant avec fierté, que l'influence de ma feuille tient à ces excès mêmes, à l'audace avec laquelle je foule aux pieds tout respect humain, à l'effusion de mon âme, aux élans de mon cœur, à mes réclamations violentes contre l'oppression, à mes sorties impétueuses, à mes douloureux accents, à mes cris d'indignation, de fureur et de désespoir... Ces cris d'alarmes, ces coups de tocsin que vous prenez pour des paroles en l'air sont les expressions naïves de mes sentiments, les sons naturels que rend mon cœur agité.

— Mais, reprit Robespierre, vous avouerez qu'en servant la cause du peuple vous avez réclamé quelquefois, au nom de la liberté, des mesures contraires à la liberté.

— Que venez-vous parler de liberté? Cinq cents espions me cherchent jour et nuit; s'ils me découvrent et s'ils me tiennent, ils me jetteront dans un four ardent et je mourrai victime de la liberté que vous m'accusez de contrarier. Dieu des armées, si jamais j'ai désiré un instant pouvoir me saisir de ton glaive, ce n'était que pour rétablir, à l'égard des indigents, les saintes lois de la nature! Croyez-moi, nous venons tout simplement essayer aux hommes des destinées nouvelles. Ce que nous faisons, nous sommes fatalement poussés à le faire, et notre Révolution est une suite continuelle de miracles. Chaque âge a son courant d'idées qu'on ne peut ni déterminer ni tarir; quand les obstacles se rencontrent devant ces courants, il y a lutte, et les trônes, et les sociétés, le passé, en un mot, se trouve emporté par une force insurmontable. C'est là toute l'histoire de notre Révolution. Il y a des moments, je le confesse, où, au milieu des difficultés et des périls d'un état de choses agité, je regrette moi-même le régime ancien, mais il nous faut subir la nécessité d'un renouvellement : nous ramènerions plutôt la mer sur les bords laissés à sec que le temps sur les hommes et

Chaumette.

les institutions qu'il a quittés. Puisque les Constituants de 89 ont provoqué et commencé une Révolution, il faut la finir à tout prix ; ils l'ont commencée au milieu des fêtes et des embrassements de joie, nous l'achèverons dans le sang et dans les larmes ; c'est la loi des révolutions. Nous serons probablement brisés à l'œuvre ; mais qu'importe ! nous travaillons, et nos fils recueilleront seuls le fruit de nos travaux et de nos sueurs; la génération actuelle doit disparaître. On ne fait pas des hommes libres avec d'anciens maîtres et de vieux esclaves. De même que l'amant d'une prostituée ne saurait apprécier une honnête femme, de même l'amant d'un régime oppresseur ne saurait aimer ni reconnaître la nature d'un régime libre et raisonnable. »

Robespierre écoutait avec effroi; il pâlit et garda quelque temps le silence.

— Vous êtes donc, reprit-il enfin, pour les mesures de sang! Si vous prétendez frapper tous ceux qui ont infligé le joug et tous ceux qui l'ont subi, la moitié de la France y succombera.

— Vous savez bien, répondit Marat, que notre Révolution est environnée d'obstacles et de résistances; dans un temps calme et quand le système régnant est bien assis, on ramène les dissidents par la modération, par la patience, et on les rattache au maintien de la Constitution par les bienfaits qui en découlent; mais au milieu des factions, des guerres civiles et des principes de ruines qui menacent de toutes parts notre liberté naissante, nous n'avons ni le temps ni le loisir d'en agir ainsi. Il faut écraser tout ce qui résiste et répondre à la guerre par la guerre. Les révolutions commencent par la parole et finissent par le glaive. Je n'avais pas prévu moi-même, en 89, que nous serions amenés forcément à couper des têtes; mais c'était un tort et un aveuglement: vous verrez que nous serons obligés d'en venir là. Tout changement crée, parmi ceux dont il dérange les anciens privilèges, des haines irréconciliables. Une lutte s'engage, lutte à mort, où le nouveau gouvernement doit nécessairement frapper ou être frappé. Vaincus ou dispersés sur un point, nos ennemis se montrent aussitôt sur un autre; pour s'en défaire, il faut les détruire. Vous savez ces choses aussi bien que moi, mais vous n'osez pas les avouer.

Robespierre baissa la tête.

— Aucune révolution, continua Marat, n'aura été plus économe que la nôtre du sang des peuples. Nous ne faisons pas la guerre, nous la subissons. La sainte épidémie de la liberté gagne partout avec diligence; c'est elle qui nous délivrera bientôt de tous nos ennemis en renversant les trônes et en faisant disparaître la servitude.

« Voilà qui vaut mieux que du canon. Nous ne sommes durs qu'envers les ennemis du dedans, parce que, avec eux, il n'y a ni traité ni amnistie à espérer. Il faut qu'ils tombent sous nos coups ou que nous tombions sous les leurs. Si nous les manquons, ils ne nous manqueront pas. Mais, encore une fois, cet état de violence ne peut durer; c'est le passage d'un régime ancien à un régime nouveau. Nos principes feront bientôt de tous les Français les enfants d'une même famille; alors se formera un spectacle nouveau, inconnu jusqu'à ce jour, et le plus beau qu'ait jamais éclairé le soleil. On me représente comme un esprit brouillon et agitateur. L'*Ami du peuple*, au contraire, n'est pas moins ennemi de la licence que passionné pour l'ordre, la paix et la justice. Mais, tant que la Révolution n'est pas faite, je regarde comme un devoir d'exciter le peuple et de le tenir en éveil contre les perfidies de ses anciens maîtres. La monarchie essaie à chaque instant de renaître sous des formes nouvelles et déguisées ; je vois percer une autre aristocratie à travers le masque des Girondins. On m'accuse encore de flatter le bas peuple et de descendre jusqu'à ses caprices, afin de mieux le pousser à mes volontés : mensonge ! Lisez ma feuille et vous verrez comme je traite, au contraire, cette portion aigrie et remuante du peuple qu'on nomme la populace ; si je m'en suis quelquefois servi, c'est qu'on a besoin d'elle dans les révolutions pour exciter la masse à se soulever ; on ne fait pas de pain sans levain. Du reste, ce n'est pas le gouvernement d'une classe de Français que je désire fonder, c'est le gouvernement de tous. Au triomphe de notre liberté me semble attaché celui des autres peuples de la terre, le bonheur du genre humain.

« Ne vous étonnez plus maintenant si je m'emporte contre ceux qui contrarient ce noble dessein et retardent, par leurs complots, le règne de la justice. Il faut que ce règne vienne ou que je meure. De là ces paroles en l'air, ces transports et ces cris d'indignation que vous blâmez, mais que m'arracheront toujours malgré moi la vue des misères du genre humain et le sentiment de son oppression. Je ne suis pas de ces âmes de glace qui regardent souffrir les autres sans s'émouvoir ; un tel spectacle me jette dans des accès de courroux dont je ne suis plus maître. Je m'écrie alors : Vengez-vous, mes amis, vengez-vous ! Tuez et brûlez, et ne vous arrêtez pas que le genre humain tout entier ne soit hors des mains de ses bourreaux. »

Robespierre se retira terrifié.

Cette entrevue eut des suites fâcheuses ; Robespierre, aux Jacobins, répudia toute connivence avec Marat, dont il blâma le zèle dangereux et les extravagances. Marat désavoua, d'un autre côté, Robespierre pour son dictateur. « Je déclare, écrivit-il dans sa feuille, que Robespierre ne dispose pas de ma plume, quoiqu'elle ait souvent servi à lui rendre justice ; une entrevue que je viens d'avoir avec lui me confirme dans mon opinion qu'il réunit aux lumières d'un sage sénateur l'intégrité d'un véritable homme de bien, mais qu'il manque également et des vues et de l'audace d'un homme d'État. »

La voix du canon allait couvrir ces discussions personnelles. Il faut rendre justice à l'Assemblée législative : jamais proposition de guerre ne fut discutée avec plus de talent et de conscience. La nation put savoir exactement à quoi s'en tenir sur les raisons qu'elle avait de prendre l'initiative de l'attaque. Le bouillant Isnard lui-même n'entraîna point une décision prématurée. Quand les députés se déclarèrent prêts à tirer le glaive et à en jeter le fourreau, tout le monde put juger la situation telle qu'elle était. Ni surprise ni déguisement.

Le 20 avril 1792, Louis XVI prononça solennellement devant l'Assemblée la déclaration de guerre contre l'empereur d'Autriche. En entrant dans la salle des séances, il regardait à droite et à gauche avec cette sorte de curiosité vague qui caractérise les personnes à vue très-basse. Sa physionomie n'exprimait point sa pensée. Il proclama la guerre du même ton qu'il eût pris pour promulguer le décret le plus insignifiant du monde.

Mme de Staël assistait à cette séance.

« Lorsque Louis XVI et ses ministres furent sortis, raconte-t-elle, l'Assemblée vota la guerre par acclamation. Quelques membres ne prirent point part à la délibération; mais les tribunes applaudirent avec transport; les députés levèrent leurs chapeaux en l'air, et ce jour, le premier de la lutte sanglante qui a déchiré l'Europe pendant vingt-trois années, ce jour ne fit pas naître dans les esprits la moindre inquiétude. Cependant, parmi les députés qui ont voté cette guerre, un grand nombre a péri d'une mort violente, et ceux qui se réjouissaient le plus venaient à leur insu de signer leur arrêt de mort. »

La guerre était peut-être inévitable; à coup sûr elle était alors populaire; mais elle fit dévier la Révolution, la poussant d'abord vers la Terreur et ensuite vers le despotisme.

V

La guerre débute mal. — Quelles étaient les causes de notre infériorité passagère. — Lettres de la commune de Marseille aux citoyens de Valence. — L'ennemi est à l'intérieur. — Décret contre les prêtres réfractaires. — Déclin des croyances religieuses. — Le véto royal. — Lettre de Roland. — Chute du ministère girondin. — Changements que la nécessité de vaincre amènent dans l'esprit public.

La guerre commença par des revers. Le ministre influent, l'homme de la situation, Dumouriez, comptait enlever aisément les Pays-Bas, mal soumis, mécontents, presque révoltés contre la maison d'Autriche. Des ordres furent donnés pour entraver ce plan de campagne; le 29 avril au matin, le général Théobald Dillon se porta de Lille sur Tournai. Les soldats se sauvent devant l'ennemi, en criant à la trahison, rentrent à Lille furieux, accusent leurs chefs d'avoir voulu les livrer à l'ennemi, et massacrent Dillon dans une grange.

On apprit en même temps qu'un autre général français, Biron, venait d'essuyer un semblable échec devant les murs de Mons, et que ses troupes s'étaient débandées.

Grand effroi à Paris. Où était la cause de nos deux premières défaites? Tout le monde vit très-bien qu'il n'existait aucune confiance entre les soldats et les officiers. Les uns étaient le sang nouveau de la Révolution; les autres sortaient de l'ancien régime et avaient conservé des attaches avec la noblesse.

Qu'attendre d'une guerre entreprise dans de telles conditions? D'un autre côté, le roi pouvait-il désirer le succès de nos armes, sachant que chacun de ces succès devait consolider le nouvel ordre de choses? Qui dirigeait alors les hostilités? La cour. Qui avait intérêt à ce que nos troupes fussent battues? La cour. Où devait-elle trouver les moyens de relever les débris du trône? Dans les victoires de l'étranger.

On agissait sans vigueur, sans ensemble, sans détermination ; les chefs de nos armées, Rochambeau, Luckner et le mou Lafayette, inspiraient aux Jacobins de justes défiances. Il fallait recourir à des mesures énergiques ; la France ne pouvait balancer les forces matérielles de l'Europe qu'en faisant appel à l'enthousiasme, au patriotisme, au devoir des citoyens libres. Le jour du dévouement suprême était venu ; mais d'où partirait l'éclair ? — La reine voyait nos revers avec une satisfaction secrète. La Législative était réduite, comme la Constituante, dans les derniers temps, à une impuissance fatale. Les clubs étaient désunis.

Cette fois, comme dans toutes les situations désespérées, il fallait que le peuple intervînt. Déjà les provinces du Midi avaient donné le signal ; plus anciennement fixées au sol, ces populations étaient aussi les plus avancées du royaume. Elles donnèrent aux événements le caractère d'impétuosité qui est dans leur nature. La commune de Marseille prit l'initiative ; voici la copie d'une lettre conservée aux Archives et adressée aux citoyens de Valence : « Frères et amis, la liberté est en danger ; elle serait anéantie si la nation entière ne se levait pour la défendre. Les Marseillais ont juré de vivre libres ; ils n'aiment, ils ne connaissent plus pour Français et pour frères que ceux qui, ayant juré comme eux, se lèveront comme eux pour vaincre ou mourir. Cinq cents d'entre eux, bien pourvus de patriotisme, de force, de courage, d'armes, bagages et munitions, partiront dimanche ou lundi pour la capitale. Alimentez ce feu, frères et amis, joignez vos armes et votre courage à celui des Phocéens ; que l'aristocratie et le despotisme tremblent, il n'est plus temps d'écouter leur langage ; c'est la patrie qui parle seule, elle vous demande la liberté ou la mort. Nos citoyens passeront dans votre ville, ils vous offriront de partager avec vous l'honneur de la victoire ; ils vous diront que Marseille vous aime, parce qu'elle est sûre que vous suivrez son exemple ; ils vous demandent en son nom l'asile et l'hospitalité. » Avant de partir, les Marseillais avaient mis à la raison la ville d'Arles, qui était infectée d'aristocratie. Ils y étaient entrés le 28 mars, au nombre de cinq mille, par une brèche faite à coups de canon ; ils se seraient facilement décidés à la démolir pour effacer, disaient-ils, la honte de l'avoir fondée.

Excitée par l'élan général de la nation, l'Assemblée législative déclara la patrie en danger et, le 8 juin, vota la formation d'un camp de vingt mille hommes aux portes de la capitale.

L'ennemi s'avançait sur nos frontières ; mais n'était-il point aussi au cœur de la France ? La question religieuse soulevait de plus en plus les populations ; des troubles éclataient au Nord et au Midi, excités par les intrigues des prêtres réfractaires. Avant de tourner toutes ses forces contre l'étranger, ne fallait-il point pacifier le pays, se débarrasser des agitateurs, en les intimidant par la sévérité des lois ?

Dès le 6 avril, l'Assemblée nationale vota un décret qui supprimait tout costume religieux, hors des églises et de l'exercice des fonctions ecclésiastiques.

Le 27 mai fut adopté d'urgence un autre décret en vertu duquel pouvait être condamné à la déportation tout prêtre qui avait refusé de prêter serment, si cette mesure de rigueur était demandée par vingt citoyens actifs (c'est-à-dire payant une contribution), approuvée par le district, prononcée par le département. Le déporté devait recevoir trois livres par jour comme frais de route jusqu'à la frontière.

Le roi refusa de donner sa sanction à ce dernier décret : nouveau véto, nouvelle irritation dans les faubourgs. Le peuple était las de cette résistance inerte qui paralysait toutes les déterminations vigoureuses.

L'acte de la Législative a été fort critiqué. Quoi! s'écrie-t-on, livrer la liberté d'un citoyen à des dénonciations qui reposaient le plus souvent sur ses opinions présumées? Il est bon de faire observer que cette déportation était un simple exil et que le despotisme n'y regarde pas à deux fois avant de lancer un pareil décret. Si la gravité des circonstances ne justifie pas entièrement des mesures aussi arbitraires, elle suffit du moins à les expliquer. Or la France révolutionnaire n'avait alors à choisir qu'entre le suicide ou l'expulsion de ses plus mortels ennemis.

Un fait important à noter, c'est que l'esprit démocratique, favorable en 89 aux idées religieuses, s'était peu à peu détourné des églises, quand on vit la conduite que tenait le clergé. Les prêtres assermentés eux-mêmes reconnaissaient en 92 le besoin de certaines réformes dans les pompes du culte catholique, si l'on tenait à sauver le peu qui restait encore des anciennes croyances.

« Que signifie, disait M. Tolin, membre de la Législative, vicaire épiscopal de Loir-et-Cher, cette mitre d'argent entre les mains d'un clerc assez béat pour la porter gravement et processionnellement devant l'évêque déjà couvert d'une mitre d'or!... Que veut dire cette crosse si ridiculement promenée par un autre clerc fort et vigoureux?... Pourquoi ce lourd bâton qu'il faut faire traîner devant soi?... En vertu de quel canon dépouille-t-on le calice, ce vase précieux où va reposer le sang de l'agneau, pour couvrir les genoux de l'évêque? Quelle indécence!... Pourquoi ces gants pendant la célébration des saints mystères? Cette tête couverte, lors même que le Saint-Sacrement est exposé? Quels impudents privilèges! Un trône, dont la magnificence rivalise avec celui du Très-Haut, forme un second autel, où chacun porte ses vœux de préférence au premier, autour duquel des cierges, constamment allumés, semblent demander les mêmes hommages ; tout cela surprend la foi des fidèles, et lui donne le change!... Ce clergé nombreux, toujours bassement prosterné devant l'homme, le dos tourné au tabernacle, s'embarrasse autour de ce trône... s'agenouille pour baiser un diamant... c'est une sorte d'idolâtrie, ou au moins une bassesse... Peut-on estimer des hommes qui, loin de savoir rougir de ces viles complaisances, ont eu la faiblesse de les rendre? Ils sont plus coupables que ceux qui les reçoivent. Ceux-ci (les évêques) sont séduits par l'amour-propre... par l'espoir de captiver l'attention du peuple, de le contenir, de l'amuser, comme un enfant, de ces hochets. »

Mais l'attention publique se portait alors vers des sujets beaucoup plus graves : la défense nationale et les vrais moyens de l'organiser.

Avant tout, il s'agissait d'établir l'union entre les citoyens et les soldats. La garde du roi inspirait de justes défiances. Ce corps était composé en grande partie de *coupe-jarrets* et de *chevaliers d'industrie*. Ils avaient, disait-on, fait éclater leur joie après l'échec de Mons et de Douai. Leurs illusions planaient au delà des frontières : que l'étranger vienne jusqu'à Paris, et le rétablissement des droits de la couronne était assuré. Le 29 mai, dans la séance du soir, l'Assemblée ordonna le licenciement immédiat de ce corps et la remise des postes des Tuileries à la garde nationale.

Une lettre de Roland, écrite, dit-on, par sa femme et s'adressant plutôt à la France qu'au roi, fut lue tout haut au conseil des ministres, puis envoyée aux quatre-vingt-trois départements. Que disait cette lettre ? Elle prouvait nettement, en termes francs et durs, que tout le mal de la situation était dans les défiances réciproques de Louis XVI et de l'Assemblée. Le roi profita-t-il des sages conseils que lui donnait son ministre ? Il le destitua.

Fidèle à son système, il expédia vers le même temps un agent secret, Mallet du Pan, aux rois coalisés [1].

Les Girondins tombèrent du pouvoir. Leur passage aux affaires ne fut marqué ni par des victoires ni par de grandes mesures politiques. Et pourtant leur avénement ne fut point inutile. Pour la première fois, on avait vu la Révolution monter jusqu'aux marches du trône, des hommes nouveaux manier les rênes du gouvernement, des parvenus faire la loi à un pays qui n'avait obéi depuis des siècles qu'à une certaine classe dirigeante. Maintenant la nation ne pouvait-elle pas tout attendre de l'imprévu ?

La nouvelle de nos désastres, la lenteur des opérations militaires jetèrent un nouvel élément de fermentation dans les masses, déjà si profondément agitées.

En France, la défaite est toujours coupable ; on chercha partout des complots et des trahisons ; les Girondins accusèrent la cour, la cour accusa les Jacobins.

Le besoin de se trouver mutuellement des torts ne fit qu'aigrir les ressentiments. Le peuple sentit tout de suite par où la situation le blessait ; en vain quelques Constitutionnels, à la tête desquels se plaça Lafayette, essayèrent-ils de refouler la Révolution et de pourvoir au salut du roi ; il était évident pour tous que ce roi était un obstacle au libre déploiement de la force populaire. Le trône barrait l'élan de la France ; il fallait ou le briser ou consentir à une soumission honteuse. Les Girondins avaient cru faire plier la royauté et la réduire à son véritable rôle dans un État libre ; mais de tels hommes n'avaient point la main assez forte ni l'esprit assez convaincu pour réagir sur la cour, ce foyer

---

1. On connaît la déclaration de l'entrevue de Pilnitz : « L'empereur d'Allemagne et le roi de Prusse, sur les représentations des frères de Louis XVI, s'engagent à employer les moyens nécessaires pour le roi de France en vue d'affermir les bases du gouvernement monarchique. » 27 août 1792.)

perpétuel de contre-révolution. La Gironde fut repoussée du ministère ; sa disgrâce lui ramena la confiance du pays. Les modérés s'aveuglaient, d'un autre côté, sur les mesures à prendre pour constituer la défense ; l'énergie était désormais à l'ordre du jour ; un ciel si rempli d'électricité que l'était alors le ciel de la Révolution ne pouvait se décharger que par plusieurs orages successifs. La guerre, repoussée au début par les Jacobins, devait dicter désormais des conditions nouvelles ; il fallait voiler les statues de la Liberté et de la Justice, pour découvrir celle du Salut public. Le point de vue moral et politique de la Révolution Française changea tout à coup avec l'apparition de l'ennemi. La tempête battait les flancs du navire ; dans cette situation extrême, on jeta provisoirement à la mer tout le bagage des idées constitutionnelles. Le besoin de se couvrir du patriotisme comme d'un bouclier entraîna la France à des mesures de rigueur : la monarchie entravait la défense nationale ! on lui signifia d'avoir à suivre le mouvement ou à disparaître.

VI

Préludes de la journée du 20 juin. — Proposition de Danton au sujet de la reine. — Lettre de Lafayette à l'Assemblée. — Menaces d'un coup d'État. — Manifestation du peuple de Paris. — Il pénètre dans l'Assemblée. — Envahissement des Tuileries. — Conduite de Louis XVI. — A qui la victoire ? — Fête du Champ-de-Mars.

Louis XVI tenait toujours l'Assemblée nationale bloquée par ses vétos. Les faubourgs s'indignaient, trépignaient.

Peuple, en marche!

Quelques mots sur les incidents qui préparèrent la journée du 20 juin. Les griefs qui s'élevaient déjà contre le château, la démission du ministère girondin, la résistance du roi à un décret de l'Assemblée frappant des prêtres rebelles, tout cela suffisait bien pour exciter les méfiances. Des soupçons, qui ont acquis depuis le caractère de la certitude, planaient sur les manœuvres de la reine. Le *comité autrichien*, formé autour d'elle et par elle, communiquait sans cesse avec l'ennemi.

Danton avait percé à jour ces intrigues de femme. Dès le 4 juin, il proposa deux mesures pour désarmer l'influence de la cour et déjouer ses sinistres projets. La première était d'asseoir l'impôt sur de nouvelles bases, d'exonérer le pauvre et de charger le riche ; par ce moyen, l'Assemblée s'attacherait les sympathies de la classe la plus nombreuse. La seconde loi forcerait Louis XVI « à répudier sa femme et à la renvoyer à Vienne avec tous les égards et tous les ménagements dus à son rang ».

Pendant que la situation extérieure était alarmante, on faisait courir à l'intérieur des bruits de coup d'État. Pour frapper un coup d'État, il faut une armée et un chef. Ce chef existait-il? Le 16 juin, du camp de Maubeuge, Lafayette écrivit à l'Assemblée législative une lettre dure, insolente, contenant

Les pétitionnaires du 20 juin.

les reproches les plus amers. Le nom de Cromwell fut prononcé et courut sur quelques bancs. Lafayette eût fait un pauvre Cromwell; telle n'était d'ailleurs pas son ambition. Il eût plus volontiers joué le rôle d'un Monk honnête homme. Quoique détesté de la cour, son rêve était de relever les débris du trône constitutionnel et de l'asseoir sur l'union de la noblesse avec la classe moyenne.

Cette lettre maladroite souleva d'abord une tempête dans l'Assemblée ; puis, après un moment de réflexion, on décida qu'il n'y avait pas lieu à délibérer. C'était répondre à la menace par le mépris. De quel droit, d'ailleurs, un général s'immisçait-il en maître dans les affaires du pays ?

Les défiances populaires s'accrurent ; on commentait surtout ce passage de la lettre : « Que le règne des clubs, anéantis par vous, fasse place au règne de la loi, leurs usurpations à l'exercice ferme et indépendant des autorités constituées, leurs maximes désorganisatrices aux vrais principes de la liberté, leur fureur délirante au courage calme et constant... » Était-ce clair ? On en voulait au droit de réunion ; mais ce droit avait jeté, en deux années, de trop profondes racines dans les mœurs pour qu'on l'en arrachât sans rencontrer de résistance.

On attribue à Danton une part considérable dans les événements qui vont suivre ; il faut pourtant avouer qu'à cet égard les preuves nous manquent. On a beau fouiller dans les journaux et les Mémoires du temps, on n'y trouve aucune trace de son influence directe. S'il fut l'âme du mouvement, ce fut d'ailleurs le peuple seul qui marcha.

Deux prétextes servirent à masquer les desseins des meneurs : une pétition qu'on irait présenter à l'Assemblée ; un arbre de la liberté qu'on planterait sur la terrasse des Feuillants, en mémoire du serment du Jeu-de-Paume.

Le 20 juin, un rassemblement d'environ vingt mille hommes, dans lequel les faubourgs Saint-Antoine, Saint-Marceau, Saint-Jacques avaient versé leurs habitants, se dirigea vers la salle du Manége. Le mouvement reconnut tout de suite ses meneurs : c'étaient le brasseur Santerre, Legendre, le terrible marquis de Saint-Huruge. Ce dernier avait dissipé sa fortune et sa réputation dans des aventures scandaleuses ; prisonnier sous le règne de Louis XVI, il avait amassé dans son cœur un trésor de vengeance contre l'aristocratie et contre la cour. Sa formidable voix évoquait sans cesse le fantôme de la Bastille, cette prison d'État où il avait été renfermé. D'une force physique extraordinaire, il se fit le chef des *Enragés* et des *Hurleurs*. La foule enflait de moment en moment. Le rendez-vous était fixé sur la place de la Bastille. Les colonnes en désordre s'ébranlent ; des inscriptions, parsemées çà et là dans la longueur du cortége, annoncent l'esprit et les desseins du rassemblement. Hommes, femmes, enfants, s'avancent, précédés de la Déclaration des droits et de quelques canons. Ils suivent processionnellement la rue Saint-Honoré, au milieu des acclamations et du tumulte. Cette multitude hérissée de piques, de faux, de fourches, de croissants, de leviers, de bâtons garnis de couteaux, de scies, de massues dentelées, se meut comme une forêt vivante. Les femmes mêlées au cortége marchent gravement le sabre au poing. Voilà, il faut en convenir, de singuliers pétitionnaires ! Le peuple ayant épuisé les voies de réclamations pacifiques, le peuple dédaigné et foudroyé, le peuple avait fini par mettre un bout de fer sur sa signature.

Il était deux heures quand on arriva sur la place Vendôme. Les terribles visiteurs s'étaient annoncés par leurs cris, par leur marche sonore et par le cliquetis de leurs armes. De violents débats s'élevèrent dans l'Assemblée nationale entre la gauche, qui était d'avis de les recevoir, et la droite qui voulait qu'on leur refusât l'entrée de la salle. Cependant les portes commençaient à être secouées : que faire? Allez donc désarmer vingt mille hommes! Les portes s'ouvrent; les pétitionnaires se rangent dans la salle du Corps législatif; l'orateur désigné par la députation s'avance et dit d'une voix énergique : « Législateurs, le peuple français vient aujourd'hui vous présenter ses craintes et ses inquiétudes. Nous ne sommes d'aucun parti; nous n'en voulons adopter d'autre que celui qui sera d'accord avec la Constitution. Le pouvoir exécutif n'est pas d'accord avec vous; nous n'en voulons d'autres preuves que le renvoi des ministres patriotes. C'est donc ainsi que le bonheur d'un peuple libre dépendra du caprice d'un roi! Mais ce roi ne doit avoir d'autre volonté que celle de la loi. Le peuple veut qu'il en soit ainsi, et sa tête vaut bien celle des despotes couronnés. Cette tête est l'arbre généalogique de la nation, et devant ce chêne robuste le faible roseau doit plier... Nous nous plaignons, messieurs, de l'inaction de nos armées. Pénétrez-en la cause, et si elle dérive du pouvoir exécutif, qu'il soit anéanti!... Nous avons déposé dans votre sein une grande douleur. Le peuple est là; il attend dans le silence une réponse digne de sa souveraineté. »

L'Assemblée répondit, mais faiblement : elle avait peur. Le cortège défila solennellement, les armes hautes et les bannières déployées; on lisait çà et là :

> Résistance à l'oppression!
> Avis à Louis XVI.
> Le peuple las de souffrir
> Veut la liberté tout entière
> Ou la mort!
> A bas le *veto!*

Aux Tuileries! aux Tuileries! On tourne la tête du rassemblement vers le château. Vergniaud lui-même n'avait-il pas dit : « La terreur est souvent sortie de ce palais funeste; qu'elle y rentre au nom de la loi?... » Elle allait y rentrer cette fois au nom du peuple. Les piques, suivies ou précédées du canon, se présentent sur la place du Carrousel. Les abords de la demeure royale étaient gardés par des forces assez considérables et flanqués d'artillerie; mais les armes ne tiennent pas longtemps, quand les cœurs sont atteints : tout ce simulacre de résistance s'évanouit pièce à pièce. Il y eut pourtant deux ou trois fausses alertes; la foule, resserrée çà et là par quelque mouvement des troupes, s'enflait et allait éclabousser les murs des maisons voisines. Tous ces flots dispersés revenaient bien vite dans le courant qui montait, montait toujours. La foule dévora successivement les intervalles et les obstacles qui la séparaient du château. Les grilles, les cours intérieures étaient forcées : la multitude tenta tous les passages. Elle hésitait, toutefois, à violer la demeure royale. « C'est le domicile du roi, lui criait un municipal, vous n'y pouvez entrer en armes. Il veut bien recevoir votre pétition, mais seulement par l'entremise de vingt députés. » Ces paroles firent quelque impression sur la foule; mais bientôt elle pousse des cris de joie à la vue d'un canon que des hommes déterminés montaient sur leurs épaules jusque dans la salle des gardes, au sommet du grand escalier. Une porte résiste encore : on la travaille à coups de hache. Au même instant, une voix crie : « Ouvrez ! »

Louis XVI avait d'abord compté sur la troupe et sur ses fidèles gentilshommes pour garantir l'inviolabilité de la demeure royale; mais, averti de moment en moment par des clameurs et des soubresauts furieux, il avait fini par se présenter lui-même au-devant de l'orage. Silence et respect : le flot populaire recula. Toute cette multitude avait bon cœur; elle voulait avertir la royauté, lui montrer de quel côté était la force; elle ne tenait point à avilir le roi. L'émeute poussant l'émeute, hommes, femmes, enfants, se répandirent bientôt dans les appartements. Quel spectacle! Cette apparition de la misère armée sous le toit pompeux des souverains, au milieu des glaces, des marbres et des dorures, présentait un contraste qui serrait le cœur. Ces brigands, comme on les nommait à la cour, ces sans-culottes, comme ils s'appelaient eux-mêmes fièrement, ces malheureux épuisés par le travail ou exaltés par les privations et les souffrances... Sire, voici votre peuple ! — Cet homme faible, dominé par une femme et par un parti d'incorrigibles, ce pauvre aveugle qui ne sait où appuyer sa main... Peuple, voilà ton roi!

Les tables des droits de l'homme furent placées en face de Louis XVI, qui occupait l'embrasure d'une fenêtre; la loi devant le roi. Les flots de citoyens se portaient, l'un après l'autre, au-devant de lui : « Sanctionnez les décrets, lui criait-on de toutes parts; chassez les prêtres; choisissez entre Coblentz et Paris. » Louis XVI tendait la main aux uns, agitait son chapeau pour satisfaire les autres; mais sa voix ne pouvait dominer le tumulte. De nouvelles clameurs ayant demandé la sanction des décrets, il répondit fermement : « Ce n'est ni la forme ni le moment pour l'obtenir de moi. » Le mot le plus dur de la journée fut dit par Legendre : s'adressant au roi, il l'appela « monsieur », lui reprocha d'avoir toujours trompé le peuple, d'être un perfide, et proféra des menaces inconvenantes. Louis XVI se contenta de répondre : « Je ferai ce que m'ordonnent de faire les lois et la Constitution. »

Cette foule était orageuse, passionnée, mais non malveillante; elle voulait que le roi donnât un gage à la liberté. Un homme du peuple lui tendit un bonnet rouge au bout d'une pique; Louis XVI accepta le bonnet et s'en couvrit. La vue de ce signe démagogique sur la tête du roi produisit un effet immense : la foule sourit, elle était désarmée. Apercevant alors une femme qui portait à son épée une cocarde tricolore, il demanda la cocarde et l'attacha au bonnet rouge. Cet acte de patriotisme enivra la foule qui se mit à crier : « Vive le roi! vive la nation ! » — « Vive la nation ! » répondit le roi en agitant son bonnet.

Louis XVI, debout sur une banquette placée près d'une fenêtre, étouffait de chaleur et de soif; un sans-culotte lui tendit une bouteille, en lui disant : « Si vous aimez le peuple, buvez à sa santé. » Le roi prit la bouteille sans hésiter et but à la nation. Des applaudissements éclatèrent alors de toutes parts.

Il y avait cinq heures que durait cette revue de l'opinion et de la misère parisienne ; le roi était fatigué ; de grosses gouttes de sueur coulaient sous son bonnet rouge. L'Assemblée avait enfin appris ce qui se passait aux Tuileries ; c'est alors qu'arrivèrent deux ou trois députations de l'Assemblée nationale. Elles furent accueillies avec des marques de respect et de confiance ; la foule s'ouvrit pour leur livrer passage. Isnard et Vergniaud parlèrent successivement au peuple, et l'engagèrent à se retirer ; puis trouvant le roi entouré de toute cette multitude armée, furieuse de n'avoir rien obtenu, et dont toute la fougue bruyante venait se briser contre l'impassibilité d'un homme qui répétait sans cesse : » Je ne peux pas... ma conscience me le défend... — Sire, n'ayez pas peur, lui dirent-ils. — Moi, craindre ! répondit le roi ; non, je suis tranquille ; » puis saisissant la main d'un garde national : « Tiens, grenadier, mets ta main sur mon cœur, et dis s'il bat plus vite qu'à l'ordinaire. » Pétion survint vers six heures du soir et balaya d'un signe les traînards. — Ainsi se termina cette journée que les journaux royalistes du temps ne manquèrent pas de représenter comme une journée de deuil et d'abomination. La violation du domicile royal leur parut un attentat ; mais les révolutionnaires leur répondaient : « L'Europe entière saura que Louis XVI n'a couru aucun danger, puisqu'il est encore plein de vie et de santé, qu'il n'a pas même été pressé par ceux qui l'entouraient ; elle saura qu'il n'a point été avili ni contraint, puisqu'il n'a rien signé ni promis. Quoiqu'il ait été pendant cinq heures à la discrétion de vingt mille hommes, venus exprès pour lui demander la sanction de deux décrets salutaires, le roi n'a subi aucune violence. Le peuple venait faire ses représentations à son délégué ; il est maintenant tranquille et satisfait. »

Qui sortait vainqueur de cette journée ? Évidemment le roi. A la force, il avait opposé la patience, les droits que lui donnait la Constitution. On l'avait vu admirable de calme, de sang-froid, de courage. Il avait montré un certain esprit d'à-propos ; mais la difficulté restait toujours pendante entre lui et la nation.

Lorsque le château fut rentré dans le calme, la famille royale ne s'occupa qu'à compter les outrages et les plaies faites à son inviolabilité ; elle visita les boiseries endommagées, les meubles détruits, les glaces brisées par le passage des barbares. Louis XVI mettait ses mains sur sa figure comme pour cacher l'humiliation que venait de subir la royauté. Un voile de rougeur couvrait le visage enflammé de la reine et un souffle de colère gonflait son nez légèrement aquilin. Les familiers du château gardaient un silence abattu. On voyait sur le parquet les traces insolentes de gros souliers ferrés. L'émeute avait laissé çà et là des vestiges de son passage, comme le torrent qui jette son écume sur les bords. Le mouvement du 20 juin ne fut pas une insurrection, ainsi que l'ont dit avec une mauvaise foi évidente les royalistes : il n'y eut de porté à la monarchie qu'une offense morale, et encore cette offense était-elle provoquée par les circonstances en face desquelles se trouvait alors le pays. Il fallait renverser les dernières espérances de la monarchie et détruire ce mur d'inviolabilité derrière lequel se cachait la trahison. Le tort de cette journée fut d'être l'ouvrage d'un parti; elle flatta l'amour-propre des Girondins dont le peuple demandait le retour au pouvoir. Aussi cette entreprise, quoique appuyée sur des griefs sérieux, provoquée par l'indignation qu'excitait dans le pays la longue résistance du roi, fut-elle dépourvue de résultat. Les pétitionnaires n'obtinrent pas la sanction qu'ils demandaient, et le roi souffrit tout, mais n'accorda rien, ne promit rien.

La royauté, déconsidérée, poursuivie par les faubourgs jusque dans son palais des Tuileries, humiliée, non soumise, allait-elle se relever en se montrant à son peuple? Le sentiment, qui joue un si grand rôle dans les affaires humaines, n'était-il pas en sa faveur? La haine qu'on portait à la reine ne céderait-elle point le terrain à la pitié pour la femme? Digne et touchante, n'avait-elle point opposé au flot populaire la meilleure des défenses, son fils, le jeune dauphin, qu'elle serrait dans ses bras? Une occasion se présenta de sonder à cet égard les dispositions de la multitude.

Une fête se préparait au Champ-de-Mars pour célébrer l'anniversaire du 14 juillet, le jour de la prise de la Bastille. En tête du cortége militaire figurait le bataillon des Marseillais, arrivé à Paris le 20 juin. On les reconnaissait à leur teint bruni, à leur mine vaillante. Avant la journée du 20 juin, ils avaient envoyé à l'Assemblée une adresse violente « sur le réveil du peuple, ce lion généreux qui allait enfin sortir de son repos. » Le jour de leur entrée dans Paris, tout le faubourg Saint-Antoine, Santerre en tête, s'était porté à leur rencontre. Le 14 juillet 1792, ils passèrent devant l'estrade sur laquelle était placée la famille royale en criant : « Vive Pétion! Pétion ou la mort! » Le maire de Paris venait d'être destitué de ses fonctions. Ce cri de *vive Pétion!* était donc un reproche adressé au pouvoir exécutif. A peine si quelques voix faisaient entendre, comme un adieu à la monarchie expirante, le cri de *vive le roi!*

L'expression du visage de la reine était navrante. Ses yeux étaient abîmés de pleurs; la splendeur de sa toilette contrastait avec le cortége dont elle était entourée : une haie de gardes nationaux la séparait à peine de la masse compacte des citoyens armés de piques. Le roi se rendit à pied du pavillon sous lequel était la famille royale jusqu'à l'autel élevé à l'extrémité du Champ-de-Mars. C'est là qu'il devait une fois de plus prêter serment à la Constitution. Quelques gamins de Paris suivaient le roi en riant et en applaudissant. Sa tête poudrée se détachait au milieu de la multitude à cheveux noirs ou blonds; son habit brodé tranchait sur les vêtements des hommes du peuple qui se pressaient autour de lui et dont quelques-uns étaient fort dépenaillés. Il redescendit les degrés de l'autel de la Patrie, et, traversant de nouveau les rangs en désordre, il revint s'asseoir auprès de la reine et de ses enfants.

« Depuis ce jour, dit mélancoliquement Mme de Staël, le peuple ne l'a plus revu que sur l'échafaud. »

VII

Lenteur calculée des opérations militaires. — Lafayette à la barre de l'Assemblée. — Manifeste de Brunswick. — Enrôlements volontaires. — Arrivée des fédérés marseillais. — Rôle de Danton. — Angoisses et découragement des chefs populaires. — Le 10 août. — Une page du Journal de Lucile. — Péripéties de la lutte. — Le roi se réfugie dans l'Assemblée législative. — Défaite et massacre des Suisses. — Théroigne et Suleau. — Résolutions votées par les représentants de la nation.

Depuis l'ouverture de la guerre, les opérations traînaient en longueur. L'élan national était comprimé par les craintes qu'inspiraient les sourdes manœuvres des royalistes. Des hommes dont l'avenir flétrira la mémoire appuyaient ouvertement à l'intérieur les mouvements de l'étranger. Louis XVI, de son château, tendait la main aux armées étrangères ; la nation se trouvait de la sorte entre une conspiration et une guerre, entre l'ennemi de l'intérieur et celui de l'extérieur. La cour paralysait tous nos moyens d'attaque ou de défense. Les cadres de nos armées étaient vides ou mal remplis, nos frontières découvertes, nos places fortes dépourvues. Il semblait que Louis XVI eût dit à la France : « Je te défends de vaincre ! » Le pays n'était plus d'humeur à tolérer une pareille situation ; les lenteurs calculées des généraux qui devaient marcher en avant furent attribuées à la trahison et à l'influence du château.

La déchéance du roi était ouvertement réclamée par les départements, les feuilles publiques, les clubs et les sections : quelques citoyens engageaient charitablement Louis XVI à se démettre de la couronne et à rentrer dans la vie obscure pour laquelle il était né. « Ce n'est qu'en France, avait dit Robespierre, que l'on force les gens à être rois malgré eux. » Cette question de la déchéance s'éleva bientôt jusqu'à l'Assemblée nationale, où elle fut soutenue par les Girondins. Vergniaud et Brissot tournèrent leurs batteries contre le château des Tuileries, où siégeait la force de la coalition étrangère. Ils accusèrent hautement Louis XVI de couvrir la ligue des rois contre la France. Les avis étaient d'ailleurs partagés : les uns voulaient annuler la monarchie en la dominant, les autres voulaient la détruire ; ceux-ci craignaient une défaite, et ceux-là tremblaient dans la prévision d'une victoire trop complète.

Le dimanche 22 juillet, on tira le canon dès le matin ; des charges d'artillerie continuèrent d'heure en heure pendant tout le jour. Les officiers municipaux à cheval, divisés en deux bandes, sortirent à 10 heures de la maison commune, faisant porter au milieu d'eux par un garde national une grande bannière tricolore sur laquelle était écrit : *Citoyens, la patrie est en danger!* Devant et derrière le cortège roulaient plusieurs canons. De nombreux détachements de garde nationale et quelques piques les accompagnaient. Une musique appropriée à ces tristes circonstances faisait entendre, de moment en moment, ses lugubres accords. Des amphithéâtres étaient dressés sur les places publiques pour recevoir les enrôlements volontaires. Une tente s'élevait, couverte de guirlandes et de feuilles de chêne, chargée de couronnes civiques et flanquée de deux piques avec le bonnet de la liberté; le drapeau de la section, planté en avant, flottait au-dessus d'une table posée sur deux tambours; le magistrat du peuple, avec son écharpe, enregistrait les noms des volontaires qui se pressaient en foule autour de l'estrade; les balustrades, les deux escaliers, le devant de l'amphithéâtre étaient défendus par deux canons, et toute la place inondée d'une jeunesse ardente qui venait offrir son sang à la patrie. Quelle différence entre le concours enthousiaste de cette multitude et les scènes affligeantes que présentaient sous l'ancienne monarchie les nécessités du recrutement militaire! Il n'y avait ici d'autre racoleur que le dévouement, et tout le monde voulait partir. Quelques vieux royalistes, témoins de cette ardeur héroïque, disaient entre eux : « C'est bien; mais comment ces jeunes soldats feront-ils pour se battre, maintenant qu'ils n'ont plus de nobles à leur tête pour les commander? »

Or, c'était le moment où s'enrôlaient comme volontaires les Hoche, les Championnet, les Marceau, les Kléber et tant d'autres qui ont fait la gloire de nos armées.

Paris ne répondit pas seul au cri d'alarme. L'élan de la province fut admirable. Les quatre-vingt-trois départements tressaillirent. Les fédérés accouraient pour former le camp sous Paris. Tous étaient pleins d'ardeur; tous brûlaient du désir de marcher vers la frontière.

Ainsi, du peuple, rien à craindre; il fera son devoir. Mais en est-il de même de la part des généraux? Lafayette quitta son corps d'armée et vint, le 28, à la barre de l'Assemblée législative, demander justice de la journée du 20 juin. Beaucoup parmi les députés désapprouvaient hautement la violation du palais des Tuileries et les familiarités dont on avait usé envers le roi. Aussi un décret parut le 21 juin, défendant à aucune réunion de citoyens armés de se présenter à la barre de l'Assemblée ni devant aucune autorité constituée.

Lafayette voulait qu'on allât plus loin, qu'on poursuivît les coupables. L'attitude du général fut aussi provocante que son intervention dans les affaires de l'État était insolite et dangereuse. Ce qu'il y avait de plus grave, c'est que cette démarche était un symptôme. Lafayette parlait au nom de ses compagnons d'armes, au nom de l'affection de ses soldats. Où en était-on si les hommes chargés de fermer le passage à l'ennemi ne marchaient point d'accord avec la nation? L'Assemblée sembla pourtant donner raison à Lafayette par une majorité de 339 voix contre 234.

Le pays avait perdu confiance dans ses représentants; tous les pouvoirs publics se désorganisaient; le découragement était profond, quand, le 27 juillet, tomba sur Paris le foudroyant manifeste du duc de Brunswick.

Une coalition formidable s'avançait, précédée de menaces et de bravades. O France, tu es perdue, si tu n'appelles à toi toute ton énergie! Je vois tes ennemis qui t'environnent de toutes parts; je vois les aigles des armées du Nord fondre sur ta tête comme sur une proie certaine; je vois reluire les épées derrière les épées et l'alliance des tyrans réunis s'étendre jusque par delà le Caucase. Écoute plutôt ce que te dit le duc de Brunswick : « La ville de Paris et

Hébert.

tous ses habitants sans distinction seront tenus de se soumettre sur-le-champ et sans délai au roi, de mettre ce prince en pleine et entière liberté, et de lui assurer, ainsi qu'à toutes les personnes royales, l'inviolabilité et le respect auxquels le *droit de la nature et des gens* oblige les sujets envers les souverains ; Leurs Majestés Impériale et Royale rendent personnellement responsables de tous les événements, sur leurs têtes, pour être militairement châtiés, sans espoir de pardon, tous les membres de l'Assemblée nationale, du *district*, de la municipalité et de la garde nationale de Paris, les juges de paix et tous autres qu'il appartiendra ; déclarent, en outre, Leurs dites Majestés, sur leur foi et parole d'empereur et de roi, que si le château est forcé ou insulté, que s'il est fait la moindre violence, le moindre outrage à Leurs Majestés le roi, la reine et la famille royale, s'il n'est pas pourvu immédiatement à leur sûreté, à leur conservation et à leur liberté, elles en tireront une *vengeance exemplaire et à jamais mémorable, en livrant la ville de Paris à une exécution militaire et à une subversion totale, et les révoltés, coupables d'attentats, aux supplices qu'ils auront mérités.* » Le manifeste était daté de Coblentz, le quartier général des émigrés. Plusieurs le crurent émané des Tuileries.

Eh bien ! ce coup de foudre réveilla la nation comme en sursaut. Ces menaces, bien loin de jeter la terreur dans les esprits, firent courir, d'un bout de la France à l'autre, un frémissement de rage.

— Qui ose nous parler ainsi ? Ne sommes-nous pas cinq à six millions d'hommes en état de porter les armes ; renvoyons la terreur à ceux qui veulent nous intimider. Tous debout !

La Révolution étant devenue une question d'existence nationale, la France lia ses armes à la défense des principes. Une idée nouvelle soulevait le sein de la France, et c'est cette idée qui la rendait indomptable.

Les soupçons augmentèrent avec l'approche de l'ennemi ; à chaque pas qu'on marquait en avant sur les frontières pour les défendre, on retournait la tête derrière soi, vers le château. La sûreté intérieure n'inquiétait pas moins que la sûreté extérieure. Les volontaires qui s'enrôlaient sur les places publiques étaient abordés par des citoyens au visage sombre :

— Où courez-vous ? leur disait-on. L'ennemi n'est pas sur la frontière, il est dans nos murs. Les Tuileries correspondent avec Coblentz ; Coblentz a des intelligences avec toutes les cours étrangères. Le centre des opérations de l'ennemi étant aux Tuileries, c'est là qu'il faut porter d'abord vos forces et vos armes.

Ce langage était répété dans les faubourgs.

Robespierre exprimait dans son journal, le *Défenseur de la Constitution*, les mêmes défiances : « Déjà une cour parjure se prépare à voler sous les drapeaux des tyrans de l'Europe. Voilà la situation où nos ennemis nous ont placés ; voilà notre cause : que les peuples de la terre la jugent ! ou, si la terre est le patrimoine de quelques despotes, que le ciel lui-même en décide. Dieu puissant, cette cause est la tienne ! Défends toi-même ces lois éternelles que tu gravas dans les cœurs ; absous ta justice accusée par le triomphe du crime et par les malheurs du genre humain, et que les nations se réveillent du moins au bruit du tonnerre dont tu frapperas les tyrans et les traîtres ! »

L'erreur de Lafayette et de son parti était de croire que l'on pût alors faire la guerre, repousser l'ennemi, déborder sur son territoire par les seules forces de la discipline et de la vieille tactique militaire ; non, il fallait l'enthousiasme, le feu sacré de la Révolution.

« Si le château est forcé, » disait le fameux manifeste : parole maladroite et imprudente ! C'était désigner au peuple de Paris le point sur lequel il devait frapper. Tout le monde voyait distinctement se former l'orage. Le 17 juillet, les fédérés réclamaient dans une audacieuse adresse à l'Assemblée la suspension de Louis XVI et des poursuites contre Lafayette ; quelques jours après, Brissot demandait la déchéance du monarque ; le 3 août, Pétion accusait le roi d'avoir conspiré contre le peuple et proposait l'abolition de la royauté. Ainsi tout le monde était d'accord pour regarder le château comme l'obstacle suprême au succès de nos armes ; mais d'où partirait l'étincelle qui mettrait le feu à cette traînée de poudre ? — De Marseille et des faubourgs de Paris.

Le 30 juillet, Danton propose aux Cordeliers de signer la résolution suivante : « La section du Théâtre-Français déclare que, la patrie étant en danger, tous les hommes français sont de fait appelés à la défendre ; qu'il n'existe plus ce que les aristocrates appelaient des citoyens passifs, que ceux qui portaient cette injuste dénomination sont appelés tant dans le service de la garde nationale que dans les sections et dans les assemblées pour y délibérer. » Notez que c'est aux Cordeliers et non aux Jacobins que Danton s'adresse. Pourquoi ? Parce que, composé d'hommes à lui, d'hommes d'action, le club des Cordeliers était bien son quartier général.

On attendait de Marseille cinq cents nouveaux fédérés, choisis parmi les plus braves, « cinq cents hommes qui sussent mourir [1] ». Ils arrivent sur Paris. Barbaroux et Rébecqui vont les recevoir à Charenton. Les Marseillais sont aussitôt acclamés, choyés. Santerre, Marat, Danton, Camille Desmoulins et bien d'autres les fêtent, se disputent l'honneur de les faire asseoir à leur table. C'est vers ces rudes enfants du soleil et de la liberté que se tourne tout l'espoir de la nation.

Cependant les chefs de l'opinion publique hésitaient. Brissot et Vergniaud, quoique républicains, n'approuvaient point une entreprise à main armée contre le château ; ils craignaient une déroute, les suites toujours effroyables d'une insurrection vaincue, la ruine de l'Assemblée nationale, le rétablissement de la vieille monarchie. De son côté, Robespierre se plongea dans la retraite : son œil fixe n'envisageait pas sans crainte les conséquences de la chute du roi. Tout lui semblait mystère et ténèbres derrière ce trône renversé. A tout prendre, si les événements n'avaient pas exigé ce dernier sacrifice à la Révolution, il eût préféré s'en tenir à la Constitution de 91 ; mais la cour avait perdu la royauté, et alors que faire ? On raconte que Danton lui-même s'était retiré à Arcis-sur-Aube, d'où il ne revint à Paris que le 9 août. Ainsi la Révolution, tout en sachant bien qu'elle n'avait que des obstacles et des résistances à attendre de la part du pouvoir exécutif, tremblait devant l'idée de le renverser.

Un comité insurrectionnel s'était formé ; Barbaroux et Carra préparaient les voies au soulèvement. La cour, de son côté, se tenait en état de défense. Elle

---

1. Lettre de Barbaroux.

comptait avec raison sur une partie de la garde nationale, sur une garnison dévouée, sur les grilles, les murs, le pont-levis du château, dont la configuration extérieure n'était point du tout alors ce qu'elle est aujourd'hui. Une police secrète s'était organisée dans le cabinet des Tuileries ; des rapports faits par des espions instruisaient la famille royale des mouvements et des propos de la ville. Voici l'un de ces rapports, daté du 5 août : « Le nommé Nicolas, batelier sur le pont Saint-Paul, demeurant rue de la Mortellerie, à côté de la rue du Long-Pont, doit assassiner... (le nom est en blanc), à l'instigation de la Société des Amis des droits de l'homme. » Nous ne nous perdrons pas en conjectures sur l'objet du crime ; il y a tout lieu de croire que la personne désignée au poignard de ce fanatique était la reine. L'auteur du *Rapport* désigne ensuite « le sieur Fournier l'Américain, demeurant rue de Mirabeau ; le sieur Rossignol, demeurant rue Dauphine ; le nommé Nicolas la Pipe, fort du port, comme devant seconder les projets contre la famille royale et marcher à la tête des fédérés. » Les principaux traits de l'insurrection prochaine se trouvent esquissés dans ce rapport, quoique d'une manière un peu vague. L'espion assure que « les sieurs Santerre, Rossignol et Dijon distribuent chaque jour 800 francs au faubourg Saint-Marcel..., que le sieur Balzac, demeurant place de la Bastille, et le sieur Clin se sont promenés le 6 au soir, du Louvre à la Grève, par le pont Double et le faubourg Saint-Antoine, en criant qu'ils portaient le sabre pour mettre à bas les têtes du roi et de la reine [1]. »

On voit par là que la famille royale était prévenue : elle avait d'ailleurs pris ses précautions et faisait coucher dans l'intérieur du château des gentilshommes armés jusqu'aux dents. Un instant elle se crut à la veille non-seulement de résister, mais de vaincre et de rétablir ses pouvoirs abolis. Le 8, tout était en grande fermentation ; les Tuileries ressemblaient à une place forte menacée par des assaillants. Les nobles étaient accourus de toutes les provinces et remplissaient le château jusqu'aux combles. Des sabres, des épées, des pistolets, encombraient les corridors. La cour en même temps tramait le complot de transférer le corps législatif à Rouen, où il y avait une réunion de troupes suisses ; mais les députés s'y opposèrent. Pour vaincre leur résistance, on insinua aux membres de l'Assemblée que leur vie n'était pas en sûreté à Paris. Ils refusèrent absolument de déplacer le siége de la représentation nationale.

D'un autre côté, Mme Roland, Barbaroux, Servan, découragés par les lenteurs de l'insurrection ou prévoyant une déroute, avaient formé le projet d'une République du Midi dont Marseille serait le centre. C'est là qu'ils comptaient se retirer en cas d'insuccès.

A Paris, on parlait ouvertement d'en finir avec le parti du roi. « Il s'agit de savoir, disaient les citoyens, s'il y a, oui ou non, une patrie et une Constitution. La France n'a pas le droit d'abdiquer sa nationalité. Il faut couper cette main que la royauté des Tuileries tend aux monarchies européennes. » Les soupçons

---

1. Cette pièce curieuse a été extraite par nous des cartons des Archives.

d'intelligence avec l'étranger, soupçons qui ont été confirmés depuis, éteignaient toute compassion dans le cœur des masses. Le 9 au soir, Danton jeta l'alarme aux Cordeliers : « Qu'attendez-vous ? La Constitution est impuissante, l'Assemblée nationale hésite ; il ne vous reste plus que vous-mêmes pour vous sauver ! Hâtez-vous donc ; car cette nuit même des satellites, cachés dans le château, doivent faire une sortie sur le peuple et l'égorger avant de quitter Paris, pour rejoindre Coblentz. Sauvez-vous donc vous-mêmes ! Aux armes ! aux armes ! » Danton appuya ce discours d'un mouvement de tête colossal et de gestes terribles ; cet homme avait en lui du dogue et du lion ; il aboyait et rugissait à la fois ; sa main levée foudroyait le château. La multitude, appelée à donner son avis, opina par des cris et par un tumulte effrayant. Un frisson d'armes courut de faubourg en faubourg. Quand le moment est venu de porter son intervention dans les destinées de l'État, le peuple dont on veut étouffer la voix, le peuple vote à coups de canon.

De part et d'autre, une déclaration de guerre en règle précéda l'attaque et la défense. Il n'y eut point de surprise. La cour connaissait les préparatifs de l'insurrection ; le peuple n'ignorait point les manœuvres de la cour. Dans la nuit du 4 au 5 août, on avait fait venir de Courbevoie au château des Tuileries les bataillons des Suisses. Ces soldats étrangers étaient ceux sur la fidélité desquels la famille royale pouvait le mieux s'appuyer. De son côté, la mairie venait de faire distribuer des cartouches aux Marseillais. Ainsi une collision était imminente.

Le 10 août, à minuit, le tocsin sonna. Le premier coup de cloche partit du district des Cordeliers où étaient les Marseillais. C'est sur eux qu'on comptait pour former la tête du mouvement. Qui dira les angoisses de cette nuit sinistre ? La plupart des révolutionnaires connus jouaient leur tête sur un coup de dé. Comment, à distance des événements, décrire l'inquiétude, les transes de leurs mères, de leurs enfants, de leurs femmes ? Un document précieux nous vient en aide. Lucile Desmoulins tenait pour elle-même un *Journal* « où elle se racontait les impressions de son âme ». Citons l'une des pages les plus émouvantes et les plus naïves qui soient jamais sorties de la plume d'une femme :

« Qu'allons-nous devenir, s'écrie-t-elle, ô mon pauvre Camille ? Je n'ai plus la force de respirer... Mon Dieu, s'il est vrai que tu existes, sauve donc des hommes qui sont dignes de toi !... Nous voulons être libres : ô Dieu, qu'il en coûte !... Le 8 août, je suis revenue de la campagne ; déjà tous les esprits fermentaient bien fort. Le 9, j'eus des Marseillais à dîner ; nous nous amusâmes assez. Après le dîner, nous fûmes tous chez M. Danton. La mère pleurait ; elle était on ne peut plus triste ; son petit avait l'air hébété ; Danton était résolu ; moi, je riais comme une folle. Ils craignaient que l'affaire n'eût pas lieu : quoique je n'en fusse pas du tout sûre, je leur disais qu'elle aurait lieu. « Mais peut-« on rire ainsi ? » me disait M⁻ᵉ Danton. « Hélas ! lui dis-je, cela me présage que « je verserai bien des larmes ce soir. » Il faisait beau ; nous fîmes quelques tours dans la rue ; il y avait assez de monde. Plusieurs sans-culottes passèrent en criant : Vive la Nation ! Puis des troupes à cheval ; enfin des troupes immenses. La peur me prit : je dis à Mᵐᵉ Danton : « Allons-nous-en. » Elle rit de ma peur ; mais à force de lui en dire, elle eut peur aussi. Je dis à sa mère : « Adieu ; vous ne tarderez pas à entendre le tocsin... »

« Arrivés chez Mᵐᵉ Danton, nous la trouvâmes fort agitée. Je vis que chacun s'armait. Camille, mon cher Camille, arriva avec un fusil. O Dieu ! je m'enfonçai dans l'alcôve, je me cachai avec mes deux mains et me mis à pleurer. Cependant, ne voulant pas montrer tant de faiblesse et dire tout haut à Camille que je ne voulais pas qu'il se mêlât de tout cela, je guettai le moment où je pouvais lui parler sans être entendue, et lui dis toutes mes craintes. Il me rassura en me disant qu'il ne quitterait pas Danton. J'ai su depuis qu'il s'était exposé. Fréron avait l'air d'être déterminé à périr. « Je suis las de la vie, « disait-il, je ne cherche qu'à mourir. » A chaque patrouille qui venait, je croyais les voir pour la dernière fois. J'allai me fourrer dans le salon qui était sans lumière, pour ne point voir tous ces apprêts... Nos patriotes partirent ; je fus m'asseoir près du lit, accablée, anéantie, m'assoupissant parfois; et lorsque je voulais parler, je déraisonnais. Danton vint se coucher ; il n'avait pas l'air fort empressé, il ne sortit presque point. Minuit approchait ; on vint le chercher plusieurs fois ; enfin il partit pour la Commune ; le tocsin des Cordeliers sonna, il sonna longtemps. Seule, baignée de larmes, à genoux sur la fenêtre, cachée dans mon mouchoir, j'écoutais le son de cette fatale cloche...

« Danton revint. On vint plusieurs fois nous donner de bonnes et de mauvaises nouvelles ; je crus m'apercevoir que leur projet était d'aller aux Tuileries ; je le leur dis en sanglotant. Je crus que j'allais m'évanouir. Mᵐᵉ Robert demandait son mari à tout le monde. « S'il périt, me dit-elle, je ne lui survi- « vrai pas. Mais ce Danton, lui, ce point de ralliement ! si mon mari périt, je « suis femme à le poignarder. » Camille revint à 1 heure ; il s'endormit sur mon épaule... Mᵐᵉ Danton semblait se préparer à la mort de son mari. Le matin, on tira le canon. Elle écoute, pâlit, se laisse aller et s'évanouit... Jeannette criait comme une bique. Elle voulait rosser la M. V. Q., qui disait que c'était Camille qui était la cause de tout cela. Nous entendîmes crier et pleurer dans la rue ; nous crûmes que tout Paris allait être en sang... Cependant on vint nous dire que nous étions vainqueurs. Mais les récits étaient cruels. Camille arriva et me dit que la première tête qu'il avait vue tomber était celle de Suleau. Robert avait eu sous les yeux l'affreux spectacle des Suisses qu'on massacrait... Le lendemain, 11, nous vîmes le convoi des Marseillais... Le 12, en rentrant, j'appris que Danton était ministre. »

Ainsi les larmes des femmes se mêlaient à la colère du peuple, comme les gouttes de pluie au grondement du tonnerre.

Aux approches du 10 août, Marat, libre depuis quelque temps, rentra dans son souterrain. Désigné d'avance à tous les coups de la réaction, dans le cas où la cour l'emporterait, il n'avait ni grâce ni merci à espérer. L'issue de la lutte lui semblait douteuse ; les conséquences pouvaient être mortelles pour la liberté : les privilèges, en se renversant, avaient répandu çà et là bien des colères ; les amours-propres offensés, les intérêts déchus allaient-ils se rallier autour du trône dans un dernier espoir de succès et de vengeance? Les fédérés, mal armés, mal disciplinés, étaient-ils de taille à se mesurer avec de vieilles troupes exercées au métier des armes ?

Dans la soirée du 9, Marat était particulièrement triste. Une main, sans doute connue, frappa trois coups contre la porte du caveau ; Marat leva la tête avec défiance ; alors une voix de femme, douce et claire : « Ouvrez, Marat, c'est moi. » Il ouvrit. Une jeune fille blonde, svelte et jolie, entra avec un petit sourire aux lèvres. Elle portait à son bras un panier en jonc gonflé de quelques provisions de bouche, du riz, des fruits secs et une bouteille de café à l'eau : c'était le souper du proscrit. Marat avait eu peu de rapports dans sa vie avec les femmes. Celle-ci était la comédienne Fleury ; l'Ami du peuple l'avait connue à Versailles ; pauvre fille, abandonnée au théâtre dès ses plus jeunes années, elle avait beaucoup ri et beaucoup souffert ; il lui en restait une pitié intarissable pour les malheureux. Mlle Fleury trouvait un charme triste et doux à venir de temps en temps défaire son masque de théâtre, ce masque rose et joyeux, sous lequel il y avait des larmes, auprès du masque de fer de Marat. Opprimée sous le fardeau du mépris qui s'attachait à la profession, cette actrice hâtait de tous ses vœux le dénouement d'une révolution juste, raisonnable et humaine, qui devait bannir du monde tous les préjugés.

Marat lui demanda des nouvelles de la ville. Paris ne remuait pas encore.

— C'est fini, dit-il, notre cause est perdue. Je vais partir pour Marseille avec Barbaroux ; nous irons planter ensemble des oliviers, et nous consoler, au sein de la nature, de l'ingratitude et de la bêtise des hommes. Puisqu'ils tiennent à être esclaves et à baiser la verge qui les fouette, nous les laisserons à leur servitude. »

Et il frappait du pied la terre, et il se promenait de long en large sous les voûtes mornes du souterrain, en proie à une horrible agitation.

Que se passait-il au dehors? Le tocsin sonnait dans tout Paris. Les faubourgs descendirent lentement. Au petit jour, on battit la générale. L'armée de l'insurrection s'ébranla. L'avant-garde se composait de cinq cents fédérés marseillais [1] et de trois cents fédérés bretons. Derrière eux venait une masse armée de piques et de fusils. Des hommes de toutes classes, ouvriers et bourgeois, marchaient à l'assaut des Tuileries. Il est 9 heures du matin, les deux partis, celui de la cour et celui de l'insurrection, sont en présence ; les bouches à feu sont pointées de part et d'autre ; les régiments suisses (1 330 hommes) se ran-

---

1. L'attitude de ces Marseillais, d'après le témoignage de tous les contemporains, était vraiment admirable. La République, formée depuis longtemps dans le cœur des Phocéens par l'exercice des libertés municipales, jaillit, pour ainsi dire, en bloc sous l'influence de la Révolution. « On distinguait, raconte Robespierre dans son journal, l'immortel bataillon de Marseille, célèbre par ses victoires remportées dans le Midi. Cette légion également imposante par le nombre, par la diversité infinie des armes, et surtout par le sentiment sublime de la liberté qui respirait sur leurs visages, présentait un spectacle qu'aucune langue ne peut rendre. »

O Marseille, Marseille, si Paris est la tête de la France, tu en es le cœur!

gent en bataille derrière les grilles du château. Quelques bataillons de la garde nationale, entre autres celui des Filles-Saint-Thomas, se tiennent immobiles avec de l'artillerie. Le combat va commencer. C'est alors qu'on put juger des dangers de l'entreprise et que les assaillants virent combien il serait difficile d'enlever cette forteresse de la royauté. Leur courage n'en fut point ébranlé.

La lutte s'engage. Le château se défend; les boulets trouent le front des colonnes insurgées; la fusillade abat de part et d'autre un assez grand nombre de combattants. Les citoyens, parmi lesquels on comptait beaucoup d'anciens militaires, reculent et reviennent à la charge avec une intrépidité terrible.

On ignorait au dehors ce qui se passait dans l'intérieur des Tuileries. Mal conseillé, le roi s'était montré dans les cours aux gardes nationaux : il avait été accueilli par les cris de *vive la nation!* La défection faisait à chaque instant des progrès. Mandat, auquel avait été confiée la défense du château, venait d'être massacré. Rœderer accourt :

— Sire, dit-il au roi, Votre Majesté n'a pas cinq minutes à perdre; il n'y a de sûreté pour elle que dans l'Assemblée nationale.

Il ajouta que tout Paris s'avançait contre le château et que la résistance était impossible.

La reine hésitait; elle comptait encore sur les forces qui l'entouraient, sur la vieille épée des gentilshommes.

— Marchons! dit le roi.

Il sortit avec toute la famille royale et traversa à pas lents le jardin des Tuileries jonché de feuilles mortes.

Au moment où Louis XVI quitta le château, on était au fort de l'action : arrivé dans le plus grand désordre à la salle du Manége, il se plaça sous la sauvegarde de l'Assemblée nationale. L'infortune de cet homme qui n'avait pas su conserver le pouvoir toucha les cœurs. Chabot fit néanmoins observer que la Constitution défendait de délibérer devant le roi; un décret décide que Louis XVI et sa famille passeront dans la loge du logographe. Lorsqu'il est entré dans cette loge, les officiers généraux suisses demandent à Sa Majesté quels ordres elle veut leur donner :

— *Retournez à votre poste et faites votre devoir*, répond froidement Louis XVI.

En maintenant la résistance du château, du fond de sa retraite, le roi couvrait sa tête et se ménageait en même temps les chances d'une victoire.

— Nous allons revenir, avait dit de son côté la reine à l'une de ses femmes.

Donc on espérait encore; donc, tout en demandant asile au toit sous lequel siégeait la souveraineté nationale, on comptait bien rentrer victorieux dans le château. Ce calcul amena tous les malheurs de la journée.

L'orage qui grondait sur les Tuileries retentissait jusque dans la salle où l'Assemblée nationale tenait ses séances. Les vitres crépitaient sous le sifflement des balles, les pierres craquaient, les portes s'ébranlaient; on eût dit un vaisseau agité par la tempête.

Le bruit courut que les Suisses, profitant d'un semblant de victoire, marchaient vers le Manége. Ils venaient, disait-on, enlever le roi, détruire la représentation nationale. Ce bruit était-il tout à fait dépourvu de fondement? On sait aujourd'hui que telle était l'intention de quelques officiers de ce corps. La fusillade semblait se rapprocher de moment en moment. On crut un instant que le feu était dirigé sur la salle des séances. Les députés se montrèrent ce jour-là dignes du mandat qui leur était confié. En face du danger, la représen-

L'abbé Sicard, instituteur des sourds-muets.

tation nationale tout entière se leva, jura avec des élans d'enthousiasme de mourir à son poste.

On aurait pu croire que la fuite du roi allait suspendre les hostilités. Abandonnés de celui pour lequel ils se battaient, les Suisses ne consentiraient-ils point à déposer les armes? Ceux qui raisonnaient ainsi comptaient sans la toute-puissance qu'exerce sur de vieilles troupes la discipline militaire. Après le départ du roi, la lutte recommença de part et d'autre, furieuse, acharnée. Ces soldats en habit rouge combattaient pour l'honneur du drapeau, pour exécuter l'ordre que leur avait transmis Louis XVI : « Faites votre devoir. » Avec un héroïsme digne d'une meilleure cause, ils tinrent jusqu'au bout et se firent massacrer.

L'Assemblée attendait, en proie à une extrême anxiété, des nouvelles du dehors, quand le procureur général Rœderer annonça que *le château était forcé*. Le dernier espoir de la monarchie s'évanouissait. Alors le roi avertit le président qu'il venait de faire donner l'ordre de cesser le feu. N'était-il pas bien tard ?

Que faisait-il d'ailleurs, au milieu d'événements si graves, celui dont la couronne tombait en poussière ? Il mangeait.

Cette journée fut une des plus sanglantes de la Révolution. Des contemporains évaluent à plus de quatre mille le nombre des morts. Les abords des Tuileries présentaient un spectacle affreux. Les bras manquaient pour emporter les cadavres ; ils furent trouvés, le lendemain, tout couverts de mouches et déjà dans un état de décomposition très-avancé. Quand les bataillons, éclaircis par un feu meurtrier, rentrèrent dans les faubourgs à la nuit, il manquait çà et là un père, un époux, un frère ; le deuil voilait l'éclat et la joie de la victoire, comme un crêpe jeté sur un drapeau.

Ne devait-on point s'attendre à des représailles ? Il y en eut de très-regrettables. Les Suisses et quelques vieux serviteurs de la cour furent cruellement immolés. Mais en revanche on cite de beaux traits d'humanité.

L'un des vainqueurs amène à la barre de l'Assemblée un Suisse qu'il vient d'arracher à la mort, l'embrasse et s'évanouit. Puis revenant à lui-même :

— Il me faut une vengeance. Je prie l'Assemblée de me laisser emmener ce malheureux : je veux le loger et le nourrir.

Un acte tout à fait inexcusable, parce qu'il eut lieu avant la bataille, fut le meurtre de Suleau.

Quelque temps avant l'attaque du château, Théroigne avait annoncé le projet d'enrôler sous ses ordres deux mille piques. Le 10 août, au point du jour, elle se trouva sous son costume d'amazone sur la terrasse des Feuillants, où l'on venait de conduire des prisonniers. Quelques gardes nationaux du parti de la cour, instruits des événements qui se préparaient, avaient aussi pris les armes. Une de ces fausses patrouilles fut arrêtée. Onze prisonniers sur vingt-deux, ayant été placés dans une salle séparée, trouvèrent le moyen de se sauver, en sautant par la fenêtre, dans un jardin dont ils s'ouvrirent les issues. Parmi ceux qui n'avaient pu s'évader, on remarquait un jeune homme d'un extérieur élégant, en bonnet de police et en uniforme de garde national. C'était Suleau : écrivain royaliste, il s'attachait particulièrement à tourner en ridicule les personnages de la Révolution. L'un des plus furieux agents de l'aristocratie, rédacteur d'une feuille intitulée les *Actes des apôtres*, il adressait chaque jour à Théroigne de ces injures écrites qu'une femme n'oublie ni ne pardonne [1]. Le hasard voulut que le nom de ce pamphlétaire fût prononcé devant elle :

— Quoi ! c'est Suleau !

Et courant droit à son ennemi :

---

1. Elle avait contre lui un autre grief. Suleau avait publié à Bruxelles le *Tocsin des rois*, un journal qui combattait la Révolution des Pays-Bas, et dans lequel la ville de Liége était sans cesse insultée.

— Ah! c'est vous, s'écrie Théroigne, qui me calomniez ainsi! Ah! je suis vieille! ah! je suis laide! ah! je suis la maîtresse de Populus!

En disant ces mots, elle lève le sabre nu; son œil étincelle; une sombre et subite vengeance couvre son visage d'un voile de feu. Suleau oppose une résistance intrépide; il arrache une arme des mains de ceux qui veulent l'égorger, mais au même instant Théroigne le prévient; d'un bond furieux, elle se précipite sur son adversaire et lui plonge son sabre en pleine poitrine.

Il tombe. Ceci fait, Théroigne court à l'assaut des Tuileries où elle se distingue par sa bravoure et obtient, malgré son sexe, un grade militaire.

Théroigne s'était d'abord attachée au parti des Jacobins; mais Robespierre ayant dit « que la femme devait demeurer gardienne des vertus domestiques et réserver pour le foyer sa douce influence », Théroigne déclara qu'elle *lui retirait son estime*. Elle appartenait maintenant à la Gironde.

Une autre femme se montra vraiment héroïque. Sous le feu, sous une grêle de balles, la fougueuse Rose Lacombe fut blessée au poignet d'un éclat d'obus; les Marseillais, émerveillés de son courage, lui décernèrent après la victoire une couronne civique.

Retournons à l'Assemblée législative. Ses membres montrèrent plus de résolution qu'on ne pouvait en attendre de leur conduite depuis le 20 juin. La grande majorité était royaliste; mais il y a tel moment dans l'histoire des Assemblées où les événements s'imposent aux majorités elles-mêmes. Au nom d'une commission extraordinaire créée tout exprès pour délibérer sur la gravité des circonstances, Vergniaud proposa la suspension du pouvoir exécutif, un décret pour donner un gouverneur au prince royal, l'installation du roi et de sa famille au Luxembourg, la convocation d'une Assemblée nouvelle qui s'appellerait la Convention. Le peuple voulait la déchéance; mais la Législative décida qu'elle était liée par la Constitution et qu'à la Convention nationale seule appartenait le droit de se prononcer sur la forme du gouvernement.

Les Girondins Roland, Servan et Clavière furent rappelés à leurs anciennes fonctions ministérielles; mais ne fallait-il point au pouvoir un homme qui personnifiât l'insurrection victorieuse? Tous les regards se tournèrent vers Danton.

Le lendemain, Danton couchait à l'hôtel du ministre de la justice, et Louis XVI à la tour du Temple.

Le 10 août a été diversement jugé. Ceux qui représentent la prise du château comme le triomphe de la vile multitude se trompent ou veulent nous tromper. Presque tout Paris marcha, et parmi ceux qui ne prirent point une part directe au mouvement, beaucoup y consentirent. La royauté avait fait son temps; elle était un obstacle à l'essor de la défense nationale. Une seule question : si Louis XVI eût triomphé le 10 août, les étrangers ne seraient-ils point accourus jusqu'à Paris? n'y auraient-ils point rétabli l'ancien régime, un despotisme d'autant plus odieux qu'il eût été imposé par les baïonnettes prussiennes et autrichiennes? Mᵐᵉ de Staël elle-même, une royaliste constitutionnelle, répond :

« Il est possible que les choses fussent arrivées à cette extrémité. »

Le 10 août fut donc un jour de délivrance. Maîtresse de ses destinées, responsable de ses actes, obligée de vaincre ou de mourir, la France, dans cette mémorable journée, brûla le vaisseau de la royauté pour sauver le territoire national.

La stricte discipline militaire, le point d'honneur, un malentendu, d'aveugles vengeances, amenèrent de part et d'autre l'effusion du sang.

La conscience en gémit; mais ne faut-il pas aussi envisager la situation tout entière? Le trône ne fut pas renversé, comme on l'a dit, par une faction; il fut broyé entre les rivalités terribles des classes nouvellement affranchies qui se disputaient le terrain. Sans le 10 août, il n'y eût point eu de Révolution, car il n'y eût point eu de justice ni d'égalité entre les citoyens libres. La guerre confiée aux mains des constitutionnels aurait manqué de détermination et d'énergie : en jetant un sceptre rompu entre Paris et Coblentz, les hommes du mouvement couvrirent la France contre l'étranger frappé de tant d'audace. Toutes ces vues étaient alors confuses et enveloppées; mais elles se dégagèrent après la victoire.

VIII

Direction nouvelle imprimée à la guerre. — La Commune de Paris. — Sa lutte avec l'Assemblée législative. — Marat à l'Hôtel de Ville. — Qui l'emportera de la vengeance ou de la justice? — Création du tribunal révolutionnaire. — Conduite de Danton. — Prise de Longwy. — Acquittement de Montmorin. — Formation d'un camp au Champ-de-Mars. — Provocations au massacre des royalistes.

Elles s'avancent sur Paris, ces hordes du Nord, portant la dévastation et le carnage. Aux armes! Peuple français, lève-toi!

La monarchie, en s'écroulant, léguait à la France une situation lamentable : la fortune publique anéantie; un papier-monnaie qui, de jour en jour, menaçait de s'évanouir; nos frontières dégarnies; nos armées livrées au découragement, conduites par des chefs peu sûrs et battues partout; l'ennemi maître d'une de nos meilleures places fortes; l'administration sans nerf et le gouvernement sans vigueur; toutes les forces du pays inactives ou désorganisées, l'indifférence dans les cœurs, la corruption dans les consciences, telles étaient les conséquences du système de monarchie constitutionnelle qu'on avait voulu essayer à la nation. L'énergie seule, une énergie colossale, pouvait sauver le pays, dans des circonstances si critiques. Le peuple, évoqué par le canon du 10 août, se leva tumultueusement pour défendre la Révolution ou mourir. Cette forte race celtique ne connaît que le devoir farouche; attachée au sol par toutes les mystérieuses sympathies de sa nature, elle verse sur la terre nationale ou sa sueur ou son sang. L'ennemi, je veux dire Louis XVI, étant tombé à l'intérieur, tous les yeux se tournèrent avec tous les bras vers l'ennemi extérieur.

L'une des conséquences immédiates du 10 août fut, en effet, de changer le système de la guerre contre l'étranger.

Danton, l'homme de la tempête, avait été porté au ministère; avec lui, la force plébéienne venait de faire irruption dans le gouvernement. Son premier soin fut de préparer une résistance gigantesque. Danton, ce Cerbère de la Révolution, jura de défendre contre l'ennemi l'entrée de la France : il le fit avec des fureurs et des aboiements sublimes :

« Le pouvoir exécutif provisoire, dit-il le 28 août à la tribune de l'Assemblée nationale, m'a chargé d'entretenir l'Assemblée des mesures qu'il a prises pour le salut de l'empire. Je motiverai ces mesures en ministre du peuple, en ministre révolutionnaire. L'ennemi menace le royaume; mais l'ennemi n'a pris que Longwy. Si les commissaires de l'Assemblée n'avaient pas contrarié, par erreur, les opérations du pouvoir exécutif, déjà l'armée, remise à Kellermann, se serait concertée avec celle de Dumouriez. Vous voyez que nos dangers sont exagérés. Il faut que l'Assemblée se montre digne de la nation. C'est par une convulsion que nous avons renversé le despotisme, ce n'est que par une grande convulsion nationale que nous ferons rétrograder les despotes. Jusqu'ici nous n'avons fait que la guerre simulée de Lafayette; il faut faire une guerre plus terrible. Il est temps de dire au peuple qu'il doit se précipiter en masse sur les ennemis. Telle est notre situation, que tout ce qui peut matériellement servir à notre salut doit y concourir. Comment les peuples qui ont conquis la liberté l'ont-ils conservée? ils ont volé à l'ennemi et ne l'ont point attendu. Que dirait la France si Paris, dans la stupeur, attendait l'arrivée des ennemis? Le peuple français a voulu être libre, il le sera. On mettra à la disposition des municipalités tout ce qui sera nécessaire, en prenant l'engagement d'indemniser les possesseurs. Tout appartient à la patrie quand la patrie est en danger. »

L'Assemblée n'osa point se montrer sourde à ces vigoureux accents du patriotisme.

Elle adopta la plupart des mesures que proposait Danton et que commandait la nécessité. Quels étaient ces moyens de défense nationale? Le pouvoir exécutif nommerait des commissaires chargés d'exercer dans les départements l'influence de l'opinion. L'Assemblée nationale devait de son côté en choisir d'autres dans ses membres, afin que la réunion des représentants des deux pouvoirs produisît un effet plus salutaire et plus prompt. Chaque municipalité serait autorisée à prendre l'élite des hommes bien équipés qu'elle possédait. Le gouvernement de la Révolution aurait le droit de faire des visites domiciliaires pour saisir les armes cachées chez les particuliers. On soupçonnait qu'il y avait à Paris quatre-vingt mille fusils, en bon état, dérobés par la malveillance, au service de la patrie en danger. Ces mesures rigoureuses, arbitraires, n'étaient-elles point justifiées par la gravité tout exceptionnelle des circonstances?

Un nouveau pouvoir était sorti de l'insurrection du 10 août et de la victoire du peuple. La Commune de Paris fut avec le Comité de salut public, qui s'établit plus tard, un des deux principaux organes de la Révolution. A peine était-elle installée qu'elle joua tout de suite un rôle important et caractéristique. C'est elle qui s'opposa d'abord à ce que Louis XVI fût enfermé au Luxembourg, château peu sûr et d'où l'évasion était facile. La Commune lui assigna pour prison la tour du Temple, un vieux donjon, laid, massif, mais facile à garder. C'est là qu'était autrefois le trésor de l'ordre des Templiers, détruits par Philippe le Bel. On y déposa la royauté vaincue, ruine sur ruine.

Cette Commune se composait d'éléments divers, mais en somme le parti des exaltés y dominait.

Tallien, l'orateur atrabilaire; Panis, ami de Robespierre, de Danton et de Marat, beau-frère de Santerre; Chaumette, étudiant en médecine et journaliste; Hébert, *le Père Duchesne* à l'état d'embryon; Léonard Bourdon, un pédagogue qui rêvait l'application des lois de Lycurgue; Collot-d'Herbois, acteur et auteur dramatique sifflé; Billaud-Varennes, nature sombre et violente, tel était avec d'autres hommes peu connus le groupe qui tendait à se faire le centre de l'action révolutionnaire.

Marat lui-même, Marat, le Siméon Stylite de la démocratie, était sorti de sa nuit, avait brisé la chaîne qui l'attachait au pilier de sa cave et s'était un jour réveillé en pleine lumière, couronné de lauriers, assis sur un siége d'honneur à l'Hôtel de Ville. Sans être précisément membre de la Commune, il était admis aux séances comme *rédacteur des événements* et exerçait sur le conseil une influence incontestable.

— Marat, disait le peuple des faubourgs, est la conscience de l'Hôtel de Ville. Tant qu'il veillera, tout ira bien.

Une lutte s'était engagée dès le début entre la Commune de Paris et l'Assemblée législative, sur le terrain juridique.

Le 10 août, on s'en souvient, avait fait de nombreuses victimes.

Des veuves éplorées, des orphelins venaient chaque jour demander la punition des Suisses qui avaient tiré sur le peuple, des traîtres qui avaient attisé le feu de la guerre civile, des gentilshommes qui, par leur présence et leurs discours, avaient fortifié la résistance du château.

Divers incidents ajoutaient à l'animosité des citoyens contre les anciens partisans de la cour. Gohier avait lu son rapport sur les papiers trouvés dans l'armoire de fer au 10 août. En face de preuves écrites, de documents irréfutables, le moyen de nier qu'il n'y eût un complot organisé contre la Révolution et contre les patriotes? L'une des pièces saisies dans cette cachette royale disait : « Nous avons voulu avancer la punition des Jacobins, nous ferons justice : l'exemple sera terrible. »

Le 10 août avait humilié, dispersé les chevaliers errants de la monarchie ; les avait-il réduits à l'impuissance, leur avait-il surtout enlevé les moyens de nuire et de conspirer? Pas le moins du monde. Ils étaient même d'autant plus dangereux qu'ils cachaient leurs armes et leurs sinistres desseins. « Il ne faut pas, disait un placard, il ne faut pas, par un respect superstitieux pour la Constitution, laisser paisiblement le roi et ses perfides conseillers détruire la liberté française. »

Le pouvoir exécutif avait ordonné à la hâte des visites domiciliaires. On avait séparé tant bien que mal l'ivraie du bon grain. Les arrestations avaient frappé sur les deux classes les plus envenimées contre la Révolution : le clergé dissident et la noblesse. La nécessité impérieuse d'organiser à la fois la défense du territoire national et la sûreté intérieure du pays avait fait passer dans plus d'un cas sur les formes ordinaires de la loi. Les prisons étaient gorgées. Qui châtiera les coupables? L'Assemblée législative penchait vers la clémence ; la Commune de Paris réclamait la vengeance. Danton saisit le joint : il fut pour la justice.

Dès le 11 août, il monte à la tribune et s'écrie : « Dans tous les temps où commence l'action de la justice, là doivent cesser les vengeances populaires. Je prends devant l'Assemblée nationale l'engagement de protéger les hommes qui sont dans son enceinte ; je marcherai à leur tête et je réponds d'eux ! »

Cette justice, il la voulait prompte, sévère, impartiale. Mme Roland, dans ses *Mémoires*, accuse Danton d'avoir négligé le ministère de la justice pour celui de la guerre où il allait sans cesse et cherchait à placer ses créatures. La vérité est que ce grand citoyen était alors partagé entre deux devoirs : délivrer la France de l'invasion étrangère et prévenir le massacre des prisonniers par des jugements qui fussent de nature à calmer l'indignation publique.

Il avait pour secrétaires Fréron et Camille Desmoulins. Tous les deux étaient surchargés de travail. Cent quatre-vingt-trois décrets et des adresses aux départements sortirent en quelques jours du ministère de la justice. Danton inspirait, dictait et n'écrivait pas.

Tout fier d'être logé dans le palais des Maupeou et des Lamoignon, en sa qualité de secrétaire général, Camille écrivait alors à son père :

« Malgré toutes vos prophéties, que je ne ferais jamais rien, je me vois monté au premier échelon de l'élévation d'un homme de notre robe, et loin d'en être plus vain, je suis beaucoup moins qu'il y a dix ans, parce que je vaux beaucoup moins qu'alors par l'imagination, le talent et le patriotisme, que je ne distingue pas de la sensibilité, de l'humanité et de l'amour de ses semblables, que les années refroidissent... La vésicule de vos gens de Guise, si pleins d'envie, de haine et de petites passions, va bien se gonfler de fiel contre moi à la nouvelle de ce qu'ils vont appeler ma fortune, et qui n'a fait que me rendre plus mélancolique, plus soucieux, et me faire sentir plus vivement tous les maux de mes concitoyens et toutes les misères humaines. » Le père lui répond qu'il se réjouirait de la nouvelle position de son fils, « si Camille ne la devait pas à une crise qu'il ne voyait pas encore finie, et dont il redoutait toujours les suites; qu'il préférerait peut-être le voir succéder à la place paisible que lui-même occupait à Guise, plutôt qu'à la tête d'un grand empire déjà bien miné, bien déchiré, bien dégradé, et qui, loin d'être régénéré, sera peut-être, d'un moment à l'autre, ou démembré ou détruit. »

Ainsi les pères, nourris dans les traditions de l'ancien régime, ne comprenant rien à ce qui se passait autour d'eux, aigris par l'âge et se défiant des nouveautés, ils cherchaient à jeter de l'eau froide sur l'enthousiasme ou, si l'on veut, sur les illusions de la jeunesse.

La question revenait sans cesse sur le tapis : quel tribunal jugera les Suisses, officiers et soldats, accusés d'avoir tiré sur le peuple? L'Assemblée législative, par l'organe du député Lacroix, proposait une cour martiale qui aurait été composée d'anciens officiers, peut-être même de fédérés connaissant les devoirs et les exigences qu'impose la discipline militaire. La Commune repoussa cet avis et demanda l'installation d'un tribunal formé de commissaires pris dans chaque section, en un mot, des *juges créés pour la circonstance*. Un tel tribunal ne pouvait être qu'un tribunal de sang, et comme l'Assemblée hésitait à adopter cette mesure dont elle prévoyait les conséquences, la Commune résolut d'exercer sur le pouvoir législatif une pression dominatrice. L'un de ses membres les plus violents vient, le 17 août, annoncer à la barre de l'Assemblée nationale que le peuple est las de n'être point vengé, et que si rien n'est organisé pour assurer la punition des traîtres, le tocsin sonnera à minuit, qu'on battra le rappel et que le peuple se fera justice lui-même.

Une autre députation s'avance et dit : « Si avant deux ou trois jours les jurés ne sont pas en état d'agir, de grands malheurs se promèneront dans Paris. »

L'Assemblée obéit et vote la création d'un tribunal extraordinaire. Toutefois elle oppose une digue (bien faible du reste) au torrent qui l'entraînait. Inspirée, dit-on par Marat, la Commune voulait que *le jugement se fît au moyen des commissaires pris dans chaque section* ; l'Assemblée décide au contraire que le peuple nommera un électeur par section et que ces électeurs nommeront les juges.

Cette élection au second degré sur laquelle on comptait pour modérer le caractère du tribunal n'exercera en définitive qu'une très-légère influence sur le choix des hommes. Osselin, d'Aubigny, Dubail, Coffinhal, Pépin-Deyrouette, Lullier, Lohier et Caillet de l'Étang sont élus membres de cette cour improvisée. Robespierre refuse de présider une telle commission dont la justice ressemblait beaucoup trop à une vengeance. Il avait déjà décliné, quelques mois auparavant, les fonctions odieuses d'accusateur public.

Le nouveau tribunal n'était pas seulement redoutable par le caractère des juges qui le composaient; il l'était aussi par les garanties qu'il enlevait à la défense : l'accusé n'avait que pendant douze heures communication de la liste des témoins; le délai de trois jours entre le jugement et l'exécution était supprimé. Toutes ces dispositions terribles proclament assez haut l'état de crise dans lequel se trouvait alors le pays, menacé au dedans par les royalistes et au dehors par les armées étrangères.

L'approche du danger jetait d'ailleurs parmi les chefs la confusion des avis. Les uns voulaient attendre l'ennemi sous les murs de la capitale, les autres se retirer à Saumur. Danton s'exprime ainsi devant le Comité de défense générale :

« Vous n'ignorez pas que la France est dans Paris ; si vous abandonnez la capitale à l'étranger, vous vous livrez et vous lui livrez la France. C'est dans

Intérieur de l'Abbaye aux journées de Septembre.

Paris qu'il faut se maintenir par tous les moyens ; je ne puis adopter le plan qui tend à vous en éloigner. Le second projet ne me paraît pas meilleur. Il est impossible de songer à combattre sous les murs de la capitale : le 10 août a divisé la France en deux partis, dont l'un est attaché à la royauté, et l'autre veut la république. Celui-ci, dont vous ne pouvez vous dissimuler l'extrême minorité dans l'État, est le seul sur lequel vous puissiez compter pour combattre. L'autre se refusera à marcher ; il agitera Paris en faveur de l'étranger, tandis que vos défenseurs, placés entre deux feux, se feront tuer pour le repousser. S'ils succombent, comme cela ne me paraît pas douteux, la perte de la France et la vôtre sont certaines : si, contre toute attente, ils reviennent vainqueurs de la coalition, cette victoire sera encore une défaite pour vous ; car elle vous aura coûté des milliers de braves, tandis que les royalistes, plus nombreux que vous, n'auront rien perdu de leurs forces ni de leur influence. Mon avis est que, pour déconcerter leurs mesures et arrêter l'ennemi, il faut *faire peur* aux royalistes. »

Le Comité, qui comprend le sens caché sous ces lugubres paroles, demeure consterné.

« Oui, vous dis-je, reprend Danton, il faut leur faire peur... »

Il sort.

Faire peur aux royalistes, telle était la pensée fixe de Danton ; mais s'ensuit-il qu'il voulût les frapper avec d'autres armes que celles de la loi ? Toute sa conduite dans ces journées sinistres proteste contre une telle interprétation. « Que la justice des tribunaux commence, la justice du peuple cessera, » s'écrie-t-il encore une fois, le 18 août, dans une admirable adresse à la nation.

Elle commença, cette justice du tribunal exceptionnel. Dès le 19 août, elle condamna ; car juger alors c'était condamner ; le 20, elle condamna ; les jours suivants, elle condamnera. L'idée du docteur Guillotin s'était faite chaîne et fer ; la hideuse machine travaillait avec rage. Et pourtant la sévérité des supplices ne produisit point du tout l'effet qu'on en attendait. Chez les uns, ces exécutions excitaient la pitié pour les victimes ; d'autres accusaient au contraire cette justice, si expédive qu'elle fût, de marcher avec lenteur et de ne point frapper d'assez grands coups. La vérité est que Paris était livré à toutes les transes de l'inquiétude et ne savait à qui s'en prendre d'une situation aussi déplorable.

Cette situation, qui l'avait créée ? « Vous, s'écrie l'historien anglais Carlyle, vous, émigrés et despotes du monde ! » Le moment était venu où seules les mesures révolutionnaires pouvaient sauver la France. L'Assemblée législative le comprit : elle décréta la séquestration des biens des émigrés et l'expulsion dans quinze jours des prêtres non-assermentés. Vergniaud, qui certes n'était point cruel, voulait même qu'on déportât ces derniers à Cayenne.

Entre l'Assemblée et la Commune, la lutte était d'ailleurs inégale. La monarchie constitutionnelle s'étant écroulée, la Législative survivait en quelque sorte à son mandat. Il n'en était point ainsi de la Commune ; issue de la victoire du peuple, elle était dans toute sa jeunesse et dans toute sa force. Appuyée sur les hommes d'action, elle avait la parole tranchante et impérieuse. Tallien s'exprime en ces termes, à la barre de l'Assemblée nationale :

« Les représentants provisoires de la Commune, appelés par le peuple dans la nuit du 9 au 10 août pour sauver la patrie, ont dû faire ce qu'ils ont fait. C'est vous-mêmes, ajoute-t-il, qui nous avez donné le titre honorable de représentants de la Commune. Tout ce que nous avons fait, le peuple l'a sanctionné ; ce n'est pas quelques factieux, comme on voudrait le croire, c'est un million de citoyens. Nous avons séquestré les biens des émigrés, chassé les moines, les religieuses, livré les conspirateurs aux tribunaux, proscrit les journaux incendiaires qui corrompaient l'opinion publique, fait des visites domiciliaires, fait arrêter les prêtres perturbateurs ; ils sont enfermés dans une maison particulière, et *sous peu de jours le sol de la liberté sera purgé de leur présence.* »

L'Assemblée s'étonne de tant d'audace et se tait.

Un incident accrut la force que la Commune puisait dans la gravité des circonstances. Le tribunal extraordinaire, épuré par l'élection à deux degrés, venait d'acquitter Montmorin, l'ex-ministre du roi, convaincu, disait l'acte d'accusation, *d'avoir dressé un plan de conspiration dont l'effet éclata le 10 août*. Les faits étaient prouvés ; mais il fut absous *comme n'ayant pas agi méchamment*. D'autres prévenus furent également acquittés sous prétexte que, s'ils *avaient coopéré à des levées d'hommes* pour allumer la guerre civile, ils ne l'avaient pas fait *à dessein de nuire*. Le peuple vit ces actes de modération ou de faiblesse avec une fureur concentrée. Qu'avait-on à attendre de la répression légale, si ce tribunal farouche, institué en vue des circonstances, venait lui-même à mollir devant les grands coupables? Une sourde rumeur se répand dans Paris : « On élargit les royalistes ; on va faire ouvrir les prisons. Nous sommes trahis. »

Danton comprit le danger : il ordonna comme ministre de la justice la révision du procès. L'acte était sans doute arbitraire et illégal ; mais n'était-ce point alors le seul moyen de désarmer la vengeance populaire, d'écarter le massacre suspendu sur la tête des prisonniers royalistes, d'éviter, en un mot, une plus grande effusion de sang?

Les désastres succédaient aux désastres. Le 18 août, Lafayette avait déserté, abandonnant son corps d'armée et lançant la flèche du Parthe contre « ces factieux payés par l'ennemi, brigands avides de pillage, » qui avaient pris d'assaut les Tuileries. Le 22, la terrible Vendée se soulevait au cri de : « Vive le roi ! » Ces ferments de guerre civile étaient d'autant plus dangereux qu'ils se rattachaient à l'influence du clergé réfractaire sur les campagnes. Le 23, Longwy avait succombé; le général autrichien Clairfait était entré dans la place, livrée, s'il faut en croire la rumeur publique, par les royalistes.

Au milieu de toutes ces calamités, l'Assemblée nationale tenait tête à l'orage. Par son attitude à la fois énergique et calme, elle inspirait aux autres la résolution, qu'elle avait prise elle-même, de vaincre ou de s'ensevelir sous les ruines de la patrie. Des militaires avaient abandonné Longwy ; harassés, couverts de poussière, furieux de leur fuite, ils se précipitent dans l'enceinte de l'Assemblée législative. Où trouver ailleurs un drame plus émouvant?

— Nous étions, dit l'un d'eux, dispersés sur les remparts, ayant à peine un canonnier pour deux pièces ; notre lâche commandant Lavergne ne se présentant nulle part, nos armes ratant, point de poudre dans les bombes, que pouvions-nous faire ?

— Mourir, leur répondent les représentants de la nation.

A la nouvelle de la reddition de Longwy, la Commission extraordinaire avait fait afficher la proclamation suivante :

« Citoyens,

« La place de Longwy vient d'être rendue ou livrée, les ennemis s'avancent. Peut-être se flattent-ils de trouver partout des lâches ou des traîtres. Ils se trompent : nos armées s'indignent de cet échec et leur courage s'en irrite, Citoyens, vous partagez leur indignation ; la Patrie vous appelle : partez ! »

Ils partirent. Un grand cri sortit de toutes les poitrines, le cri de *la Marseillaise :* « Aux armes! marchons! » Des armes, on n'en avait pas. Partez tout de même, héroïques phalanges de la Révolution! Allez dire à toutes les nations étrangères comment un peuple traverse les rangs ennemis sans souliers, sans pain, presque sans munitions ; allez dire comment avec de mauvais canons et de mauvais fusils il culbute à la baïonnette des armées aguerries, disciplinées et brise le cercle de fer dans lequel voulait l'étouffer la coalition des rois ! Allez dire que vous portez la victoire dans les plis de votre drapeau parce que ce drapeau n'est pas celui de la conquête, mais celui de la justice et de l'humanité !

Les événements se précipitent ; chaque jour apporte des nouvelles alarmantes. Vergniaud annonce du haut de la tribune que l'ennemi s'avance et va fondre sur Paris, le ministre Roland déclare qu'une vaste conspiration vient d'être découverte dans le Morbihan, Lebrun dit que la Russie se joint aux autres puissances coalisées et qu'elle couvre de ses navires la mer Noire pour se rendre par les Dardanelles dans la Méditerranée. La fureur, l'épouvante, les résolutions viriles ou sinistres se répandent dans toutes les âmes.

Paris, tenu au secret, est visité, fouillé, interrogé. On cherche partout des armes. Devant l'œil clairvoyant d'une multitude effarée, les maisons n'ont plus de secrets, les caves n'ont plus de ténèbres. Des hérauts à cheval embouchent la trompette d'alarme. Le tocsin sonne, les tambours battent, le canon tonne de moment en moment. Un grand drapeau noir flotte sur l'Hôtel de Ville et porte dans ses plis ces mots funèbres : « La patrie est en danger. »

Danton grondait toujours comme la foudre ; il revint à l'Assemblée, et rendit compte des mesures prises par le gouvernement : « Il est bien satisfaisant, messieurs, pour les ministres d'un peuple libre, d'avoir à lui annoncer que la patrie va être sauvée. Tout s'émeut, tout s'ébranle, tout brûle de combattre. Vous savez que Verdun n'est point encore au pouvoir de nos ennemis. Vous savez que la garnison a juré d'immoler le premier qui proposerait de se rendre. Une partie du peuple va se porter aux frontières, une autre va creuser des retranchements, et la troisième, avec des piques, défendra l'intérieur de nos villes. Paris va seconder ces grands efforts. C'est en ce moment, messieurs, que vous pouvez déclarer que la capitale a bien mérité de la France entière ; c'est en ce moment que l'Assemblée nationale va devenir un véritable comité de guerre. Nous demandons que vous concouriez avec nous à diriger ce mouvement sublime du peuple, en nommant des commissaires qui nous secondent dans ces grandes mesures. Nous demandons que quiconque refusera de servir de sa personne ou de remettre ses armes soit puni de mort. Nous demandons qu'il soit fait une instruction aux citoyens pour diriger leurs mouvements; qu'il soit envoyé des courriers dans tous les départements pour les avertir des décrets que vous aurez rendus. Le tocsin qu'on va sonner n'est point un signal d'alarme, c'est la charge sur les ennemis de la patrie : pour les vaincre, messieurs, il nous faut de l'audace, encore de l'audace, toujours de l'audace, et la patrie est sauvée ! »

En temps de Révolution tout homme se résume dans un mot; Danton avait dit le sien : *l'audace!*

Ame de la défense nationale, génie de la guerre sacrée, celle qui défend le territoire d'un peuple contre l'invasion étrangère, il se montre partout, répand sur les multitudes sa parole brûlante; c'est le patriotisme fait homme.

Qu'on tienne d'ailleurs compte d'un fait : par goût, par tempérament, par sa robuste constitution physique, Danton était de la race des paysans. Il avait avec la terre ces fortes et secrètes attaches qui font les vrais cœurs français. Puisse sa conduite servir d'exemple aux hommes d'État qui se trouveraient un jour placés dans les mêmes circonstances! Il leur a montré comment on sauve un peuple en déchaînant toutes les forces vives de la Révolution.

Cependant l'ennemi avançait toujours. Le 2 septembre, les passants consternés lisaient la proclamation suivante, qui couvrait les murs de la capitale :

« Citoyens,

« L'ennemi est aux portes de Paris : Verdun qui l'arrête ne peut tenir que huit jours. Les citoyens qui la défendent ont juré de mourir plutôt que de se rendre ; c'est vous dire qu'ils vous font un rempart de leur corps. Il est de votre devoir de voler à leur secours. Citoyens, marchez à l'instant sous vos drapeaux : allons nous réunir au Champ-de-Mars : qu'une armée de 60 000 hommes se forme à l'instant. Allons expirer sous les coups de l'ennemi ou l'exterminer sous les nôtres. »

Cette proclamation émanait de la Commune de Paris.

Plus d'espoir que dans la résistance désespérée de la nation. Verdun venait de subir le même sort que Longwy. Cette sinistre nouvelle jette la capitale dans un état d'agitation et de délire. O France! ô Révolution! On croit entendre le pas des armées prussiennes et autrichiennes en marche vers les murs de Paris. Tout est perdu, si une résolution terrible, infernale, ne vient au secours de la patrie en danger. Quelques-uns des plus farouches sans-culottes, les lions de la Montagne, ne sont pourtant pas d'avis d'aller tendre le cou à l'ennemi; ils se retirent sombres et rugissants dans leurs tanières. Leur dessein est arrêté d'amer la nation d'épouvante. Comme ces anciens peuples du Nord qui, avant de partir pour la guerre, immolaient des victimes humaines sur les autels d'Odin, avant de voler au-devant de l'ennemi, ils parlent ouvertement de consommer un grand et lugubre sacrifice.

Ces sentiments n'étaient points partagés par la jeunesse ni par les vaillants défenseurs de la nation. Chez eux, l'ardeur du patriotisme éteignait la soif de la vengeance. A chaque coin de rue éclataient des scènes déchirantes : c'étaient les adieux des enfants, des fiancés, des vieux parents, les larmes des femmes en voyant partir, le fusil au bras, les sauveurs de la France et de la Révolution. Quarante mille hommes sont réunis au Champ-de-Mars. Le moment est venu de partir; ils embrassent une dernière fois tous ceux qui leur sont chers. Ils marchent à l'ennemi au milieu des alarmes et des troubles d'une population exaltée, blême de terreur et de vengeance : « Vous laissez, leur crie-t-on, vous laissez derrière vous le pays livré à des perfidies et à des manœuvres ténébreuses. Ce n'est pas en Champagne que sont nos plus dangereux ennemis; ils sont à Paris, dans les prisons. Si encore ces brigands ne menaçaient que notre existence; mais ils tendent la main aux Prussiens, afin d'éteindre la Révolution dans un égorgement : il ne faut pas que les défenseurs de la patrie s'immolent sans immoler les traîtres. Sang pour sang! » Le terrible cri : *Exterminons les traîtres! Il faut en finir!* vole de bouche en bouche; une espèce de rage s'empare des citoyens qui voient s'éloigner leurs frères.

Danton se multipliait. A la tribune, au Champ-de-Mars, partout où il y a besoin d'un encouragement, d'une parole de flamme, il est là. Il secoue sa chevelure comme une crinière. Ses traits heurtés, sa voix tonnante, son froncement de sourcils menaçant, son geste qui s'adresse à l'ennemi, comme si l'ennemi était présent, tout en lui remue les grandes passions, les nobles sentiments, l'amour sacré de la patrie. Il répète sans cesse sa formule favorite, son cri de guerre : « De l'audace, encore de l'audace et toujours de l'audace! » Quelquefois il s'attendrit; il pleure : ce sont les larmes du lion. Placé entre la victoire et l'échafaud que lui préparent les royalistes, il ne s'occupe que de son pays.

A ces éclats d'éloquence, au bruit haletant du tocsin, aux menaces de l'étranger qui se croit déjà dans nos murs, les faubourgs répondent par un soulèvement d'indignation. On se demande si des ennemis du bien public, qui, depuis quatre ans, ont attiré sur la France la famine, des dissensions intérieures, la guerre, et qui appellent de tous leurs vœux l'invasion, on se demande, dis-je, si ces fléaux vivants méritent que de braves gens aillent exposer leur vie pour les défendre. Est-il même prudent de conserver dans la place des auxiliaires aussi dangereux lorsque l'étranger s'avance pour leur donner la main? La grande ville ne va-t-elle point être prise, comme on dit, entre deux feux, ou plutôt entre deux égorgements?

L'exaspération fut au comble quand on apprit que les royalistes enfermés de par la loi profitaient de l'inviolabilité dont les couvraient les murs de la prison pour afficher hautement leurs espérances, se livrer à des orgies scandaleuses et appeler la fureur de l'ennemi sur leurs juges. Qui ouvrirait leurs verrous? Une main étrangère, et cette main, ils l'imploraient, ils la bénissaient.

On touchait évidemment à une vengeance populaire : de tels actes ne se justifient point; ils s'expliquent. C'est ce que nous avons essayé de faire.

Une des grandes lois du règne animal est la lutte pour l'existence; c'est aussi celle des sociétés. A ce besoin d'être, elles immolent sans pitié tous les obstacles. La France de 92 voulait vivre, c'était son droit; en lui disputant ce droit, on la plaçait dans l'inexorable nécessité de périr ou d'anéantir ses ennemis.

IX

Massacres de Septembre. — Le Comité de surveillance. — La prison de l'Abbaye. — Le président Maillard. — Les jugements. — Journiac de Saint-Méard. — Ce qui se passait dans l'intérieur de la prison et devant le tribunal. — Royalistes acquittés. — Mlle Cazotte et Mlle de Sombreuil. — L'abbé Sicard. — La princesse de Lamballe. — A qui revient la responsabilité des massacres? — Rôle de Danton. — Marat seul ose justifier les Journées de Septembre.

L'aurore du 2 septembre éclaire une ville morne et consternée. L'épée est sur toutes les têtes; un pressentiment orageux trouble les esprits et les consciences. C'est un dimanche. Vers les deux heures après midi, le canon d'alarme du Pont-Neuf fait entendre trois coups, le tocsin sonne, et le tambour bat la générale dans toutes les sections de Paris.

« Qu'est-il donc arrivé? demandent les citoyens sortis de leurs maisons. Les ennemis sont-ils à Épernay? Demain, seront-ils à nos portes? — Pas encore : mais il est un autre ennemi qu'il faut écraser ; c'est sur celui-là que tonne l'heure de la vengeance publique. »

Un *Comité de surveillance* s'était organisé, pouvoir secret, sorte de Conseil des Dix, dictature anonyme et d'autant plus dangereuse qu'elle était irresponsable. Ce comité se composait de quinze citoyens, dont les principaux étaient Sergent, Panis, Duplain et Jourdeuil; le matin du 2 septembre, ils s'adjoignirent six autres membres, parmi lesquels figurait Marat. Est-ce de ce Comité que partit la direction des massacres? Il y a lieu de le croire ; contre lui s'élèvent des indices, des présomptions très-fortes, mais de preuves matérielles, aucune.

Massacre, quel mot terrible! Il faut pourtant reconnaître que toute notre ancienne histoire de France est une série de meurtres, une longue traînée de sang. Il y eut le massacre des Albigeois et des Vaudois, le massacre de la Saint-Barthélemy, le massacre des Cévennes, le massacre de Mérindol et bien d'autres que je passe sous silence. Quels exemples la monarchie de droit divin léguait à la Révolution! Ces exemples atroces, le peuple de 92 eut sans doute tort de les suivre; mais si les rois, pour couvrir l'horreur de pareils actes, invoquaient le besoin de sauver le trône et la religion, des hommes égarés par la fureur *du bien public* n'avaient-ils point aussi pour excuse le besoin de sauver la patrie?

Quoi qu'il en soit, le Comité de surveillance siégeait à l'hôtel de ville, lorsque on y annonça que des prêtres réfractaires venaient d'être arrachés aux mains de la garde et mis à mort. On ajoutait que *le peuple* (lisez quelques individus) menaçait de se porter aux prisons. A cette nouvelle, le Comité envoie aussitôt l'ordre aux différents geôliers de *sauver les petits délinquants, les prisonniers pour rire, les détenus pour dettes, mois de nourrice et autres causes civiles.* Ce triage fait, suivant l'expression de Marat, « afin que le peuple ne fût pas exposé à immoler quelque innocent, » était-il vraiment un acte d'humanité? Cette séparation des détenus en petits délinquants civils et en grands malfaiteurs politiques n'était-elle point tout au contraire de la part du Comité un aveu de complicité plus ou moins directe? N'était-ce point une manière de désigner les traîtres contre la Révolution à la vengeance des meurtriers? N'était-ce point dire : « Épargnez ceux-ci; tuez les autres »?

L'horloge de l'Hôtel de Ville a sonné trois heures de l'après-midi.

Paris est morne, inquiet, consterné. Il y a du sang dans l'air. Où va ce groupe d'hommes à figures sinistres, armés de piques, de bâtons, de sabres et d'assommoirs?

— Nous allons *nettoyer les prisons*, murmurent-ils d'une voix sombre.

On a cru voir dans ce groupe les fédérés du Midi. Rien n'est plus douteux. Les Marseillais, les vainqueurs du 10 août, n'étaient point alors aux prisons; ils étaient aux armées; ils n'assassinaient point, ils se battaient.

Quelques garçons bouchers, des marchands, des gens de toute profession, tel était le personnel de cette bande d'exterminateurs. Habitants du quartier, ils avaient été plusieurs fois insultés, provoqués par les prisonniers royalistes qui leur criaient à travers les grilles de l'Abbaye :

— Les Prussiens arrivent : misérables, vous serez tous pendus!

C'est en effet sur la prison de l'Abbaye que se porta tout d'abord la colère des meurtriers. En peu de temps, vingt-quatre détenus furent immolés. Mais quelle est cette figure austère, impassible? Je reconnais le fameux huissier du faubourg Saint-Antoine, qui, le pont-levis étant rompu, a traversé les fossés de la Bastille sur une méchante planche, celui qui dans la journée du 4 octobre a conduit les femmes à Versailles, nature révolutionnaire, quoique homme d'ordre à sa manière.

— Stanislas Maillard, que viens-tu faire ici?

— Juger, répond-il froidement.

En effet, le voici installé devant une table. Il se fait apporter l'écrou de la prison, vérifie les condamnations, fait relâcher les délinquants civils, tous ceux qu'avait déjà séparés le Comité de surveillance. Ceci réglé, il se compose un jury qu'il choisit parmi les gens bien établis, les marchands du voisinage. Alors commencent les appels funèbres des accusés. Chacun d'eux comparait à son tour devant le sanglant tribunal.

— Votre nom ?

Massacres dans les prisons.

— Journiac de Saint-Méard.

Journiac de Saint-Méard était l'un des rédacteurs des *Actes des apôtres*. Le Comité de surveillance de la Commune l'avait fait arrêter le 22 août. Transporté le lendemain à la prison de l'Abbaye, il fut présenté au concierge qui lui dit la phrase d'usage : *Il faut espérer que ce ne sera pas long.* On le fit placer dans une grande salle qui servait de chapelle aux prisonniers de l'ancien régime, dans laquelle il y avait dix-neuf personnes couchées sur des lits de sangle. On lui donna celui de M. Dangremont qui avait eu la tête tranchée deux jours auparavant.

Que se passait-il le 2 septembre, dans l'intérieur de la prison? Le dîner avait été servi plus tôt que de coutume. A deux heures, le guichetier entra et ramassa tous les couteaux que chaque détenu avait soin de placer dans sa serviette. Ses yeux hagards font présager quelque malheur. On l'entoure; on le presse de questions; mais il garde un silence obstiné.

A deux heures et demie, l'inquiétude s'accroît; on entend les tambours qui battent la générale, les trois coups du canon d'alarme et le tocsin qui sonne de tous côtés; que se prépare-t-il? On apprend bientôt qu'on venait de massacrer les évêques et autres ecclésiastiques *parqués* dans le cloître de l'abbaye.

Vers quatre heures, les cris déchirants d'un homme qu'on hachait à coups de sabre attirent les détenus à la fenêtre de la tourelle. Ils voient alors, vis-à-vis le guichet de leur prison, le corps d'un homme étendu mort sur le pavé. Un instant après, on en massacre un autre, et ainsi de suite.

Un silence d'horreur règne pendant ces exécutions : mais aussitôt que la victime est gisante à terre s'élèvent les cris de : *Vive la nation!*

Il est dix heures du soir : les tourments de la soif se joignent aux affreuses émotions et aux angoisses des prisonniers. Enfin le guichetier Bertrand paraît, et l'on obtient de lui qu'il apporte une cruche d'eau. Un fédéré étant venu faire, avec d'autres personnes, la visite de la prison, on lui parle de cette négligence. Indigné, il demande le nom du susdit guichetier, assurant qu'il allait l'*exterminer*. La grâce de ce malheureux fut aisément obtenue; mais on voit par là à quel point tous les sentiments bons ou mauvais du cœur humain étaient surexcités.

Après une *agonie de trente-sept heures*, Journiac de Saint-Méard voit, le mardi, à une heure du matin, la porte de sa prison s'ouvrir. On l'appelle; il se présente; trois hommes le saisissent et l'entraînent dans l'affreux guichet.

A la lueur de deux torches, il aperçoit le terrible tribunal qui dispensait d'un mot la vie ou la mort. Le président, en habit gris, un sabre au côté, était appuyé contre une table sur laquelle on voyait des papiers, une écritoire, des pipes et quelques bouteilles. Cette table était entourée par dix jurés assis ou debout, dont deux portaient la veste et le tablier de travail; d'autres dormaient étendus sur des bancs. Deux hommes, en chemise teinte de sang, le sabre à la main, gardaient la porte du guichet. Un vieux guichetier avait la main sur les verrous. En présence du tribunal, trois exécuteurs tenaient un prisonnier qui paraissait âgé de soixante ans.

On place Journiac dans un coin du guichet, où des gardiens croisent leur sabre sur sa poitrine, et l'avertissent que, s'il fait le moindre mouvement pour s'évader, ils le perceront de part en part.

Le dossier du vieillard ayant été examiné, Maillard dit : *Conduisez mon-*

sieur... A peine ces mots étaient-ils prononcés, qu'on pousse le malheureux dans la rue où il tombe frappé à mort sur le pavé.

Le président s'asseoit pour écrire, et après avoir enregistré le nom de celui qu'on égorgeait : *A un autre*, dit-il. — Cet autre, c'était Journiac.

Traîné devant le tribunal par les trois hommes qui le gardaient, dont deux lui tenaient chacun une main et dont l'autre avait saisi le collet de son habit, il subit un court interrogatoire. On assure que, pour se donner de la verve et du courage, il avait bu une bouteille d'eau-de-vie.

Le président. — Votre profession?

L'accusé. — Officier du roi, etc., etc.

Un des juges. — Le moindre mensonge vous perd.

Journiac se défend comme il peut avec une chaleur toute provençale et une grande assurance.

Un autre juge, impatienté. — Vous nous dites toujours que vous n'êtes pas ça ni ça : qu'êtes-vous donc?

— J'étais franc royaliste.

Il s'élève un murmure qui est bien vite réprimé par le juge.

— Ce n'est pas, dit-il, pour juger les opinions que nous sommes ici, c'est pour en *juger les résultats*.

— Oui, monsieur, j'ai été franc royaliste; mais je n'ai jamais été payé pour l'être.

Le président, après avoir ôté son chapeau :

— Je ne vois rien qui doive faire suspecter monsieur.

« Je lui accorde la liberté. Est-ce votre avis? »

Tous les juges. — Oui, oui, c'est *juste!*

A peine ces mots étaient-ils prononcés qu'éclatent des applaudissements et des bravos. Tous ceux qui se trouvaient dans le guichet embrassent l'acquitté. Le président charge trois personnes d'aller en *députation* annoncer au peuple le jugement qu'on venait de rendre. Nouvelles acclamations, nouveaux transports de joie.

Les trois députés rentrent et conduisent Journiac hors du guichet. Aussitôt qu'il paraît dans la rue, l'un d'eux s'écrie :

— Chapeau bas!... Citoyens, voici celui pour lequel vos juges demandent aide et secours. — Tous se découvrent.

Placé au milieu de quatre torches, l'*innocent* est entouré, serré dans des bras sanglants. Toute la foule crie : « Vive la nation! » Le voilà désormais sous la sauvegarde du peuple. Avec toute sorte d'honneurs, et au milieu des applaudissements enthousiastes, il passe à travers les rangs de la multitude, suivi des trois députés que le président avait chargés de le conduire à son domicile.

Chemin faisant, l'un des députés lui dit qu'il était maître maçon, établi dans le faubourg Saint-Germain; l'autre qu'il était apprenti perruquier; le troisième, vêtu de l'uniforme de garde national, qu'il était fédéré. Le maçon demanda :

— Avez-vous peur?

— Pas plus que vous.

— Vous auriez tort d'avoir peur; car maintenant vous êtes sacré pour le peuple, et si quelqu'un vous frappait, il périrait sur-le-champ. Je voyais bien que vous n'étiez pas une de ces chenilles de la liste civile; mais j'ai tremblé pour vous, quand vous avez dit que vous étiez officier du roi. Vous souvenez-vous que je vous ai marché sur le pied?

— Oui, mais j'ai cru que c'était un des juges...

— C'était parbleu! bien moi; je croyais que vous alliez vous fourrer dans le harria, et j'aurais été fâché de vous faire mourir; mais vous vous en êtes bien tiré. J'en suis très-aise, parce que j'aime les gens qui ne *boudent* pas.

Bouder, dans le langage du temps, voulait dire dissimuler, *fouiner*.

Arrivés dans la rue Saint-Benoît, les trois députés et Journiac prirent un fiacre qui devait les conduire à domicile. Un hôte, un ami, chez lequel il demeurait, fut charmé et presque étonné de le revoir. Son premier mouvement fut d'ouvrir son portefeuille et d'offrir un assignat aux conducteurs qui le ramenaient sain et sauf. Ceux-ci refusèrent et dirent en propres termes:

— Nous ne faisons pas ce métier pour de l'argent. Voici votre ami: il nous a promis un verre d'eau-de-vie; nous boirons à sa santé, et nous retournerons à notre poste.

Avant de se séparer, ils demandèrent une attestation écrite et qui déclarât qu'ils avaient conduit l'acquitté chez lui sans accident. Journiac les accompagna jusqu'à la rue, où il les embrassa, dit-il, « de bien bon cœur ».

Il résulte de ces faits racontés par un témoin oculaire, ayant joué le rôle de *victime sauvée* dans ce terrible drame, que le tribunal du 2 septembre jugeait les prisonniers; qu'on y tolérait l'aveu d'une opinion contraire à la pensée des juges, pourvu que cette opinion n'eût point éclaté en actes séditieux; que la défense était libre et que la vie de chaque homme était sévèrement pesée dans la balance de Minos.

Il y avait dans la prison de l'abbaye un vieillard, auteur du *Diable amoureux*, d'*Olivier* et d'autres poëmes ou opéras-comiques: c'était Cazotte. Dans un accès de seconde vue, long temps avant la Révolution, à la fin d'un repas, il avait prédit, s'il faut en croire La Harpe, le sort tragique réservé à chacun des convives et à lui-même. Durant le séjour qu'il fit à l'Abbaye, sa gaieté, sa façon de parler orientale, ses paradoxes avaient fort diverti ses compagnons de captivité. Esprit mystique, il cherchait à leur persuader que leur situation et la sienne étaient une *émanation* de l'Apocalypse, qu'ils étaient plus heureux que ceux qui jouissaient de leur liberté... Deux gardes vinrent le chercher pour le conduire au tribunal criminel et interrompirent ses rêveries. Il y avait contre lui des charges très-graves, des preuves écrites. A cinq heures, des voix appelèrent « : Monsieur Cazotte! » Il paraît avec ses cheveux blancs, accompagné de sa fille; les bras jetés autour du cou de son père, elle semblait lui faire un rempart de sa piété filiale, implorait, charmait, conjurait les juges. Le peuple, touché de ce spectacle, demande sa grâce et l'obtient.

Une autre fille héroïque, Mlle de Sombreuil, sauva son père par un acte de dévouement qui fait frémir. Maillard, le président du tribunal, avait dit : « Innocent ou coupable, je crois qu'il serait indigne du peuple de tremper ses mains dans le sang de ce vieillard. » C'était bien un acquittement ; mais de Sombreuil était connu pour un ennemi de la Révolution. Deux de ses fils se battaient alors contre la France. Les forcenés voulaient obtenir de Mlle de Sombreuil un gage d'abjuration : « Si tu n'es point une aristocrate, lui disent-ils, bois à la nation. » En même temps ils lui présentent un verre de vin, souillé par les empreintes de doigts sanglants [1]. Et elle but.

Maillard avait siégé trois jours et trois nuits ; il avait fait absoudre quarante-trois personnes. Un fanatisme calme, froid, réfléchi, l'avait conduit dans ces lieux habités par l'épouvante et par la mort. Appuyant sa conscience sur la nécessité, il traversa cet abîme de sang comme il avait traversé le 14 juillet les fossés de la Bastille, la tête sur un abîme. Accusé plusieurs fois d'indulgence et de faiblesse, menacé personnellement par son *pouvoir exécutif*, environné de piques sanglantes et de lames de sabre ébréchées, il crut atténuer l'horreur des fonctions qu'il exerçait comme président d'un tribunal de meurtre, en limitant la vengeance par quelques-unes des formes de la justice.

Il se trompa. On prétend qu'un condamné s'était écrié : « C'est affreux ! votre jugement est un assassinat. » Maillard aurait répondu : *J'en ai les mains lavées...* Toutes les eaux de l'Océan ne suffiraient point à laver le sang d'un innocent. Lady Macbeth a beau se frotter les mains dans son délire de somnambule ; la tache reste toujours.

Le lendemain du 4 septembre, les abords de la prison de l'Abbaye étaient encombrés de charrettes qui enlevaient les morts. Des flaques de sang s'étendaient sur la place de l'exécution ; c'était un spectacle hideux, une boucherie d'hommes. Les chiens, revenus comme leurs maîtres à la férocité primitive du chacal, traînaient dans le ruisseau des membres tronqués, des lambeaux de chair. Horreur !

Les adversaires de la Révolution lui reprochent sans cesse le 2 septembre. Ces actes de barbarie, nous les déplorons plus qu'eux. Les forcenés qui trempèrent leur main dans le crime croyaient naïvement servir la cause du peuple : ils la perdirent.

Les massacres continuèrent et se prolongèrent jusqu'au 6. Les bêtes féroces qui avaient goûté le sang voulaient en boire de nouveau. Les mêmes bandes armées allaient heurter de prison en prison. Le Châtelet, la Conciergerie, Saint-Firmin, les Bernardins, les Carmes, la Force, la Salpêtrière, Bicêtre, tous les lieux de détention furent successivement envahis, fouillés, *épurés*. Mot terrible ! Partout c'étaient les mêmes scènes de violence et d'atrocité. Les membres tombent sous la hache ; les cœurs sortent des poitrines ouvertes, les bouches se contractent et pâlissent dans un dernier cri de grâce !

---

1. Cette version a été affirmée à l'auteur par un ancien geôlier de l'Abbaye qui l'avait recueillie de son prédécesseur.

— Grâce, s'écriaient les bourreaux ; vous ne nous l'auriez pas faite ; de la miséricorde ! vous n'en auriez pas eu pour nous ; il a fallu prévenir les coups que vous nous prépariez.

Et ces hommes, dont le délire est comme glacé par la vue du sang, frappent encore, frappent toujours.

Partout aussi les mêmes scènes de pitié brutale. L'arbre nerveux de cette bande meurtrière était remué jusque dans les profondeurs. Les sentiments les plus divers, les plus opposés, la vengeance, la générosité, l'attendrissement, le respect de la chose jugée, la joie de découvrir un innocent se succédaient avec la rapidité de l'éclair dans ces âmes ténébreuses. Mille contrastes se détachaient sur ce voile uniforme et taché de sang, où de minute en minute passaient les ombres de la mort.

L'abbé Sicard était le seul parmi les prisonniers de l'Abbaye qui, avant l'arrivée de Maillard, eût trouvé grâce devant les égorgeurs. Il fut repris dans l'une des voitures qui se dirigeaient hors des murs de Paris et qui contenaient d'autres prêtres. On les conduisit tous au comité de la section des Quatre-Nations. Les suspects sont interrogés ; quinze d'entre eux trouvent la mort sur les degrés mêmes de la salle. C'est le tour de l'abbé Sicard ; il pâlit. Un horloger, le citoyen Monnot, découvre sa poitrine pour recevoir les coups qu'on préparait à la victime :

— Que faites-vous ? s'écrie-t-il ; cet homme est l'instituteur des sourds-muets, le successeur de l'abbé de L'Épée ; les sourds-muets sont les enfants du malheur, celui qui leur donne ses soins ne saurait être un ennemi du peuple. Leur enlever leur professeur, leur père, l'homme de talent qui par les ressources de son art est parvenu à leur restituer en quelque sorte le don du langage, ce serait un crime contre Dieu et contre la nature.

Cette défense héroïque, la cause des sourds-muets représentée par leur habile maître, tout parle au cœur des assassins : ils fondent en larmes ; l'abbé Sicard est enlevé dans leurs bras nus et ramené à l'institution de la rue Saint-Jacques, au milieu des effusions de la joie, de l'attendrissement et du patriotisme.

Une jeune fille s'étant évanouie au moment de passer devant ses juges, les hommes féroces qui veillaient à la porte du guichet l'emportent le plus doucement qu'ils peuvent dans un coin de la salle, et n'osant délacer eux-mêmes son corset prient une citoyenne de lui rendre ce service. Le vieux d'Affry était fort compromis par ses relations avec la cour ; ses cheveux blancs, sa figure vénérable, désarment le bras de la justice expéditive : il est reconduit chez lui au milieu des applaudissements, entre une double haie de spectateurs qui se tiennent debout et la tête nue. Le tribunal établi à la Force décharge de toute accusation Chamilly, l'un des valets de chambre de Louis XVI. Le prisonnier est porté sur les bras comme en triomphe ; on l'escorte jusqu'à sa maison, où sa famille alarmée n'espérait plus le revoir. A chaque acquittement, une joie presque folle éclate parmi les exécuteurs : la miséricorde, la pitié, toutes les émotions douces et touchantes remontent du fond de ces âmes englouties dans l'abîme d'une idée fausse. Outre l'abbé Sicard, Cazotte, d'Affry, Sombreuil, Saint-Méard, Chamilly, ce tribunal épargna Duverrier, l'ex-secrétaire du sceau, Journeau, député, le notaire Guillaume, Salomon, conseiller-clerc à l'ancien parlement et plusieurs autres. Le fer du 2 septembre respecta quelques têtes de femmes : mesdames de Tourzelle mère et fille, de Saint-Brice, de Navarre, de Septeuil, la princesse de Tarente, la marquise de Fausse-Landry. Le hasard seul perdit la princesse de Lamballe.

Elle était à la Force. La Commune, dit-on, voulait la sauver. On l'amène devant le tribunal improvisé. Voici son interrogatoire, tel qu'il nous a été conservé par le royaliste Peltier dans son *Histoire de la Révolution* du 10 août et qu'il a recueilli, dit-il, de la bouche d'un témoin oculaire :

LE JUGE. — Qui êtes-vous?

ELLE. — Marie-Louise, princesse de Savoie.

LE JUGE. — Votre qualité?

ELLE. — Surintendante de la maison de la reine.

LE JUGE. — Aviez-vous connaissance des complots de la cour au 10 août?

ELLE. — Je ne sais s'il y avait des complots au 10 août; mais je sais bien que je n'en avais pas connaissance.

LE JUGE. — Jurez la liberté, l'égalité; jurez haine au roi, à la reine et à la royauté.

ELLE. — Je prêterai volontiers le premier serment, mais je ne puis prêter le second : il n'est pas dans mon cœur.

Ici un assistant lui dit tout bas : « Jurez donc ! si vous ne jurez pas, vous êtes morte. » La princesse ne répondit rien et fit un pas vers le guichet.

LE JUGE. — Élargissez madame!

Elle touchait à la liberté. Alors deux hommes la prirent sous les bras et lui recommandèrent de crier en entrant dans la cour : « Vive la nation! » Le guichet s'ouvrit.

A la vue d'une mare de sang, d'un monceau de cadavres, la princesse frémit, oublia ce qu'on lui avait dit et s'écria : « Fi ! horreur ! »

Que se passa-t-il alors? C'est ce qu'il est assez difficile de savoir. Un jeune homme, un garçon perruquier, dit-on, soit par maladresse, soit avec intention, lui fit sauter son bonnet d'un coup de pique et ses longs cheveux se répandirent sur ses épaules. Quelques-uns prétendent qu'elle avait caché dans sa coiffure un billet de la reine et que le bonnet s'envolant, sa riche chevelure se dénouant, le billet tomba entre les mains des meurtriers dont il excita la fureur. D'autres racontent que le fer de la pique lui avait effleuré le front; le sang coulait. Il n'en aurait pas fallu davantage pour mettre ces tigres en appétit. Morte, on la dépouille de ses vêtements, on se livre sur son pauvre corps à des actes de barbarie dégoûtante, on lui tranche la tête, et ce hideux trophée est promené çà et là dans le faubourg Saint-Antoine.

Quelques criminels, absolument étrangers à la politique, mais envers lesquels (à en croire le sentiment public) la justice s'était montrée trop indulgente, furent enveloppés dans la vengeance des septembriseurs. Une de leurs bandes s'était établie au milieu de la cour de la Salpêtrière : une triste héroïne des *Causes célèbres*, la femme de Desrues, tomba la première sous les coups des meurtriers ; d'autres prisonnières, qui avaient acquis la célébrité du crime, subirent le même sort. Madame de La Motte (Valois), la même qui figura dans l'affaire du collier, et qui avait été renfermée après une première évasion, passa au milieu de ces forcenés, portant une canne, un habit d'amazone et une cage avec un serin. Elle s'échappa [1].

Les prêtres furent les plus maltraités dans ces massacres : un citoyen généreux réussit à en sauver quelques-uns. Profitant du désordre semé par le bruit du tocsin, et d'intelligences acquises à prix d'argent, Geoffroy Saint-Hilaire pénètre à deux heures dans la prison de Saint-Firmin ; il s'était procuré la carte et les insignes d'un commissaire. Son intervention échoue devant la délicatesse des prisonniers :

— Non, répond l'un d'eux, l'abbé de Keranran, proviseur de Navarre, non ! nous ne quitterons pas nos frères. Notre délivrance rendrait leur perte plus certaine.

Pendant la nuit, douze ecclésiastiques de Saint-Firmin s'échappèrent néanmoins, à la faveur d'une échelle que le jeune Geoffroy, plus tard le grand naturaliste, avait appuyée contre un angle du mur.

Les massacres furent jugés le lendemain par le conseil de surveillance de la Commune une mesure de sûreté générale.

« Ce terrible événement, écrivait quelqu'un du haut du rocher de Saint-Hélène, était dans la force des choses et dans l'esprit des hommes. Ce n'est point un acte de pure scélératesse. Les Prussiens entraient ; avant de courir à eux, on a voulu faire main basse sur leurs auxiliaires dans Paris. »

Laissons le césarisme soutenir l'opportunité des massacres ; il a besoin de le faire pour justifier ses propres actes. Quant à nous, ayons le courage de désavouer hautement la nécessité du crime. Les nations ne se sauvent point par la vengeance ; elles se sauvent pas la justice. Voilons donc d'un crêpe funèbre le souvenir de ces journées désastreuses. La conséquence de pareils actes est de faire reculer pour longtemps la liberté. Le 2 septembre, comme un noir fantôme, couvre et obscurcit depuis près d'un siècle le soleil du 10 août. Surtout, que de semblables *expéditions* ne recommencent jamais ; les circonstances manqueraient pour les expliquer et l'humanité inconsolable n'aurait plus qu'à se plonger dans l'abîme du scepticisme ou du désespoir. Ni les uns ni les autres nous ne savons quelles destinées l'avenir nous réserve ; un nuage épais nous dérobe les épreuves que peut avoir encore à soutenir la France ; mais quoi qu'il arrive, mais quels que soient les événements qui grondent à l'horizon, jurons tous de proscrire dans nos luttes civiles l'intervention de la mort.

A qui maintenant incombe la responsabilité des massacres du 2 septembre ? C'est une question qu'il importe de résoudre.

---

[1]. Ce fait, conservé dans les *Mémoires* des anciennes religieuses de la Salpêtrière, a été affirmé à l'auteur par un vieil économe de la Salpêtrière.

Plusieurs historiens ont désigné Danton comme l'auteur de ces sanglantes journées.

Aucune de ses paroles, aucun de ses actes, quand on les examine de près et en quelque sorte à la loupe, ne justifient cette accusation. Il était, nous l'a-

Massacre des Carmes.

vons dit, pour une justice qui frappât de grands coups et qui intimidât les royalistes; il ne voulait pas d'une Saint-Barthélemy révolutionnaire.

Il faut d'abord savoir que les événements du 2 septembre étaient prévus. Tout le monde depuis quelques jours craignait un massacre, tout le monde s'y attendait. La chose était pour ainsi dire dans l'air. Avant la descente des meurtriers dans les prisons, l'abbé Haüy avait été délivré sur une simple note de l'Institut qui le réclamait comme indispensable à la science. L'abbé l'Homond, auteur d'une grammaire latine, fut mis en liberté, grâce à la protection d'un de ses anciens élèves, Tallien. L'abbé Bérardier reçut un sauf-conduit d'une main inconnue ; on se souvient que Camille avait étudié sous lui à Louis-le-Grand. Robespierre, Fabre d'Églantine, Fauchet sauvèrent aussi quelques prisonniers. La pitié en était donc venue à se rabattre sur les individus, sur quelque vieille affection de collége, tant la catastrophe semblait inévitable.

Mais pourquoi Danton, en sa qualité de ministre de la justice, ne s'est-il point servi de son autorité, de son influence, des armes que lui donnait la loi, pour arrêter l'effusion du sang? On pourrait en dire autant de bien d'autres qui occupaient des fonctions politiques. Pourquoi de son côté Pétion, maire de Paris, a-t-il pendant deux jours consécutifs laissé *des brigands consommer leurs forfaits*, dans toutes les prisons de Paris? Pourquoi Roland, le ministre girondin, n'a-t-il point agi? Pâle, abattu, la tête appuyée contre un arbre dans le jardin du ministère des affaires étrangères, il se contentait de demander qu'on transférât l'Assemblée nationale à Tours ou à Blois. La vérité est que le pouvoir exécutif était impuissant, l'Assemblée muette et paralysée, la population indécise, affolée de peur, ne sachant à qui obéir.

Il y avait aux alentours des prisons une force armée ; elle ne bougea pas. Des gardes nationaux faisaient l'exercice dans le jardin du Luxembourg, à deux pas des Carmes et de l'Abbaye, on vint les avertir de ce qui se passait ; ils demeurèrent immobiles, firent la sourde oreille. Beaucoup parmi les bons citoyens désapprouvaient les massacres ; ils n'essayèrent rien pour les arrêter. Chacun laissait faire, laissait passer, c'est-à-dire laissait tuer.

Cette complicité passive enhardissait naturellement les meurtriers. Ils se croyaient la justice du peuple — Le peuple! Il ne faut pas donner ce nom aux misérables bandes qui allaient enfoncer la porte des prisons. Quatre ou cinq cents hommes, tout au plus, prirent une part active dans ces exécutions ; mais le plus grand nombre regardait ces événements comme frappés du cachet de la fatalité. Une force inéluctable, la stupeur, la loi suprême du salut public, l'indignation, l'approche de l'ennemi qui avait juré de détruire Paris, la crainte de la royauté qui du fond de la tour du Temple se montrait encore redoutable par les mouvements qu'elle excitait à l'intérieur et par les secours qu'elle attendait du dehors, la haine des nobles et des prêtres réfractaires, qui depuis 89 avaient par leurs complots suspendu les affaires, jeté la discorde dans le pays, paralysé l'élan de la guerre défensive, grossi les rangs de l'armée prussienne, tout concourait à enchaîner la résolution de réagir contre les exécuteurs des œuvres sanglantes.

« Les ci-devant ont bien mérité leur sort : cela ne nous regarde point. » Ainsi raisonnaient les bourgeois, les ouvriers.

Lebas n'avait pris aucune part aux massacres. Voici pourtant la lettre qu'il écrivait à son père : « Pour moi, quand je réfléchis à toutes les circonstances de cette journée, je n'y peux apercevoir qu'une mesure de sûreté nécessaire pour la journée du 10 août. Si l'humanité gémit sur tant de victimes immolées, et surtout sur de cruelles méprises, on trouve quelque soulagement à penser que l'inaction du glaive de la loi a été seule cause de tant de violences. »

Tel était aussi, il est permis de le croire, l'avis de Danton. Il faut lui rendre cette justice que seul, dans ces jours lamentables où tous les esprits étaient troublés, il ne désespéra point du salut de la patrie ; qu'il insista de toutes ses forces pour que l'Assemblée restât dans les murs de la capitale, et que frappant du pied la terre il en fit sortir des armées.

Ceux qui l'accusent d'avoir dirigé les massacres se fondent sur une parole de Danton à une bande de travailleurs [1] qui avait exterminé à Versailles les prisonniers d'Orléans et qui était venue envahir la cour de son hôtel ; il avait répondu :

— Celui qui vous remercie n'est pas le ministre de la Justice, c'est le ministre de la Révolution !

Qu'est-ce que cela prouve ? Danton était l'homme des faits accomplis. Il n'avait pas la conscience assez scrupuleuse et il était trop esclave de la popularité pour braver un danger inutile. Le sang était versé ; un reproche adressé aux meurtriers n'aurait point ressuscité les morts. Il fit contre fortune bon cœur, il remercia, mais en séparant toutefois la Révolution de la Justice. C'était maintenant la justice qui allait reprendre son cours [2].

Un seul homme accepta, revendiqua fièrement la sinistre responsabilité du massacre en le déclarant, dans son journal, *une opération malheureusement trop nécessaire*.

Cet homme est Marat.

Tant que l'Ami du peuple avait été un simple journaliste, tant qu'il s'était contenté de verser sur le papier des flots d'encre rouge, on pouvait à la rigueur mettre ses diatribes, ses conseils sanguinaires, ses provocations à la vengeance, sur le compte d'une imagination effarée. Il n'en fut plus de même quand, après s'être glissé dans le Comité de surveillance, il y exerça des fonctions publiques. Le jugement de l'histoire doit être d'autant plus sévère envers les hommes qu'ils encourent par la nature de leurs pouvoirs une responsabilité plus grande.

---

1. On a prétendu que ce mot avait été inventé par les ouvriers de mort qui avaient fonctionné au 2 septembre. C'est une erreur : au moyen âge, on appelait ainsi les mercenaires qui arrêtaient ou tuaient les hérétiques. Ils étaient même rétribués, sous prétexte que toute peine mérite salaire.

2. Cette manière de voir se trouve confirmée par l'opinion de Garat, un modéré, qui dit dans ses *Mémoires* : « Danton a été accusé de participation à toutes ces horreurs. J'ignore s'il a fermé les yeux et ceux de la justice quand on égorgeait ; on m'a assuré qu'il *avait approuvé comme ministre ce qu'il détestait sûrement comme homme* ; mais je crois que tandis que les hommes de sang auxquels il se trouvait associé exterminaient des hommes presque tous innocents et paisibles, Danton, couvrant sa pitié sous des rugissements, dérobait à droite et à gauche autant de victimes qu'il lui était possible à la hache, et que des actes de son humanité à cette même époque ont été réputés comme des crimes envers la Révolution, dans l'accusation qui l'a conduit à la mort. »

Eh bien! au risque d'être accusé de folie ou de scélératesse, Marat osa prétendre que *tout Paris était à l'expédition; que rejeter ces exécutions populaires sur le Comité de surveillance était une insinuation perfide; que si les conspirateurs sont tombés sous la hache du peuple, c'est parce qu'ils avaient été soustraits au glaive de la Justice.*

Il est vrai que plus tard, en octobre 92, Marat lui-même a défini les massacres du 2 septembre « un événement désastreux ».

C'est le nom qui leur restera dans l'histoire.

X

Effet moral produit par les massacres. — Lutte de Danton et de Marat. — Affaire Duport. — Echec de la Commune. — Les élections. — Fin de l'Assemblée législative.

Il y a peut-être quelque chose de plus affreux que le meurtre lui-même ; c'est le lendemain du meurtre.

Pendant l'exécution, le mouvement, la fureur, le bruit, les clameurs sinistres couvrirent une partie des scènes atroces qui déshonoraient certains quartiers de Paris. Mais après !... Un silence glacial s'étendit sur toute la ville. Le ciel était chargé de miasmes impurs. Souillées, consternées, les imaginations étaient hantées par des spectres. Les murs des prisons vides suaient du sang. Toutes les forces vives de l'action et de la pensée semblaient être tombées dans un grand anéantissement moral.

Qui relèvera les courages abattus ? L'homme qui n'a jamais désespéré de la France ni de la Révolution.

Danton voyait d'un œil ombrageux les envahissements de la Commune. Certes, il ne voulait pas la détruire, il la croyait un organe indispensable au mouvement révolutionnaire ; mais il voulait contenir cette force rivale, la renfermer dans la limite de ses attributions, la subordonner au pouvoir exécutif et à l'Assemblée législative.

Le 3 septembre, quand le sang coulait dans les ruisseaux, le Comité de surveillance avait adressé à tous les départements une circulaire signée de ses membres et qui était une véritable apologie des massacres, une provocation à la vengeance :

« Tous les Français s'écrieront comme les Parisiens : « Marchons à l'ennemi ! » Mais nous ne laisserons pas derrière nous ces brigands pour égorger nos enfants et nos femmes. »

On a dit que cette circulaire avait passé sous le couvert du ministre de la justice ; mais on n'en a jamais fourni la preuve. Quoi qu'il en soit, elle constituait un véritable abus de pouvoir. De quel droit la Commune de Paris s'arrogeaitelle une action directe sur les provinces? De quel droit prêchait-elle le meurtre à tous les Français?

Danton frémit de colère; mais il ne se crut point assez fort dans un pareil moment, ni assez bien armé, pour attaquer de front le Comité de surveillance, sur lequel régnait Marat. Il attendit. Un incident lui fournit quelques jours plus tard l'occasion d'engager la lutte.

Avant le 2 septembre, lors des visites domiciliaires, la municipalité de Paris avait fait rechercher Adrien Duport; on ne l'avait point trouvé. Ses opinions royalistes étaient bien connues. Duport avait été membre de l'Assemblée constituante. La cour l'avait consulté, ainsi que Barnave et Lameth. C'était du reste un caractère honorable, un homme de talent, un constitutionnel sincère. Voyant que la cour ne suivait point ses conseils, il se retira dans ses fonctions de magistrat (président du tribunal criminel) et dans les devoirs de la vie privée. En vue de sa sûreté personnelle, il vivait tantôt à Paris, dans le Marais, tantôt sur ses terres, au château de Buignon. Garde national, grenadier de la section du Marais, il faisait régulièrement son service, avait passé la nuit du 10 août à la caserne, n'avait donc point paru au château. La vérité est qu'il cherchait à se faire oublier.

Les haines politiques n'oublient point. La Commune, craignant que cette proie ne lui échappe, envoie au maire de Bazoches l'ordre d'arrêter partout où il le trouvera le sieur Duport et de le traduire à sa barre. Le 4 septembre, en effet, le maire, flanqué de ses officiers municipaux, du procureur de la Commune et des officiers de la garde nationale, se met en marche vers le château de Buignon. Chemin faisant, ils rencontrent Duport accompagné de sa femme et d'un ami, lui montrent le mandat d'amener et l'arrêtent.

Homme d'État, homme de gouvernement avant tout, Danton, averti à temps, s'indigne. Où s'arrêteront les empiétements de la Commune? Ne courait-on pas tout droit à l'anarchie par la confusion des pouvoirs? N'était-il pas bien temps de s'arrêter dans cette voie? A un moment aussi critique, lorsque l'ennemi marchait sur Paris, la France était perdue si une main vigoureuse ne ressaisissait la direction générale des affaires, si la loi ne triomphait, à l'intérieur, de tous les obstacles.

D'un autre côté, n'avait-on pas déjà versé trop de sang? Ramener Duport dans Paris, c'était rouvrir la porte aux massacres. Il eût été exterminé en route ou à son entrée dans la ville.

Le 7, Danton écrit en toute hâte au commissaire du pouvoir exécutif, district de Nemours.

« Des motifs importants et d'ordre public *exigent*, monsieur, que votre tribunal fasse *retenir* le sieur Duport dans les prisons où il est actuellement détenu, qu'il ne le laisse point *arriver à Paris jusqu'à nouvel ordre*. Je vous prie de veiller à l'exécution de mes *intentions*, ainsi qu'à la sûreté de ce prisonnier. »

Le 8, le ministre de la justice s'adressant à l'Assemblée législative, seule autorité suprême qu'il reconnaisse, lui transmet sa lettre et une protestation de

Duport contre le mandat d'amener lancé par la Commune. L'Assemblée renvoie les pièces au pouvoir exécutif (c'est-à-dire Danton), pour faire statuer sur la légalité de l'arrestation.

Fort de ce premier succès, Danton écrit à MM. les juges du tribunal du district de Melun : « D'après le décret de l'Assemblée nationale du 9 courant, vous voudrez bien, messieurs, statuer promptement sur la *légalité* ou l'*illégalité* de l'arrestation de M. Adrien Duport, afin que ce prisonnier soit mis en liberté s'il n'a pas mérité d'en être privé plus longtemps. »

Voulant ménager tous les pouvoirs (c'était le moyen de s'assurer une victoire plus complète), Danton demande par lettre au Comité de surveillance : « Avez-vous de nouvelles charges contre Duport? Si oui, communiquez-les, et je les transmettrai au tribunal de Melun. »

« Des charges, des pièces nouvelles! En avions-nous besoin, répond fièrement le Comité, pour mettre en arrestation Adrien Duport? Sa conduite à l'Assemblée nationale, ses machinations, ses liaisons avec les conspirateurs, en un mot toute sa vie ne s'élève-t-elle point contre lui? »

Silence de Danton.

Le 17 septembre 1792, la chambre du conseil, district de Melun, déclare illégale l'arrestation de Duport et ordonne qu'il sera à l'instant même élargi.

Danton n'avait pas seulement remporté une victoire : ce qui est bien plus, il avait arraché une victime à la mort.

La Commune de Paris sentit le coup qui lui était porté, bondit, écuma de rage. Le torrent de sang avait rencontré sa digue. Marat écrivit à Danton une lettre dont les termes ne sont point parvenus jusqu'à nous, mais que le fougueux tribun trouva injurieuse, outrageante. Il court à la mairie. C'est Pétion qu'il rencontre. Il lui montre la lettre de Marat, lettre insolente et dans laquelle l'Ami du peuple le menaçait de ses placards. Danton était courroucé.

— Eh bien! lui dit Pétion, descendons au Comité de surveillance ; vous vous expliquerez.

Marat y était ; le début fut très-animé. Danton traita Marat durement; Marat soutint ce qu'il avait avancé, finit par dire que dans les circonstances où l'on se trouvait il fallait tout oublier, puis, pris d'un mouvement de sensibilité, se jeta dans les bras de Danton qui l'embrassa.

Cette scène a été racontée par Pétion, un témoin oculaire. Le récit est-il bien exact? Peu importe : la tyrannie de la Commune était brisée ; l'Assemblée nationale porta plus tard un décret qui défendait *d'obéir aux commissaires d'une municipalité hors de son territoire.*

Danton avait rétabli l'unité dans la diversité des pouvoirs, la vraie doctrine révolutionnaire.

On rentrait peu à peu dans le droit, dans le classement des fonctions publiques. Pourtant le fantôme du 2 septembre obscurcissait toujours l'horizon. Ceux qui avaient directement participé au massacre cherchaient à nier, à se dissimuler, à se couvrir de leur ombre ; les autres, ceux qui avaient laissé faire, cherchaient mille excuses à leur lâcheté, et, comme il arrive toujours en pareil cas, accusaient, dénonçaient avec une fureur extrême. C'est ainsi qu'on démoralise une nation.

Il est d'ailleurs curieux de voir l'extrême réserve avec laquelle les Girondins eux-mêmes parlaient alors de ces journées sanglantes. Écoutez Vergniaud :

« Que le peuple, lassé d'une longue suite de trahisons, se soit enfin levé, qu'il ait tiré de ses ennemis connus une vengeance éclatante, je ne vois là qu'une résistance à l'oppression. Et s'il se livre à quelques excès qui outre-passent les bornes de la justice, je n'y vois que les crimes de ceux qui l'ont provoqué par leurs trahisons... »

C'est-à-dire les crimes des royalistes.

Il est vrai que, dans le même discours Vergniaud signale en termes éloquents la fameuse circulaire du Comité de surveillance, *cet infâme écrit*, et qu'il somme les membres inculpés de *désavouer leur signature* ; sinon *ils doivent être punis...* Ce ne sont donc point encore les massacres de Paris eux-mêmes que l'on flétrit, c'est l'effrayante intention de les étendre à toute la France. Il fallait un bouc émissaire ; on rejeta sur Marat tout l'odieux du crime.

Cependant la Législative touchait à l'expiration de ses pouvoirs.

Déjà les élections pour l'Assemblée prochaine avaient commencé. Elles se firent sous deux impressions, celle du 10 août et celle du 2 septembre. Tout le monde sentait que l'énergie était nécessaire pour substituer un gouvernement à un autre, pour contenir les ennemis du dedans et pour effrayer les puissances étrangères.

« Tout homme qui ne se passionne pas pour la liberté, s'écriait Jullien de la Drôme, est indigne de la servir. C'est une vierge délicate qui préfère être haïe à être aimée faiblement. Oui, messieurs, donnez-nous des aristocrates ardents, plutôt que de tièdes patriotes. Les premiers se feront détester et ne seront pas à craindre : les autres pourraient se faire aimer, et leur mollesse contagieuse affaiblirait le ressort énergique dont nous avons besoin pour sauver la patrie en danger [1]. »

Ces sentiments étaient ceux de la majorité des citoyens. Les corps électoraux de Paris et de Versailles nommèrent députés à la Convention nationale Danton, Marat, les deux Robespierre, Tallien, Osselin, Audoin, Joseph Chénier, Fabre d'Églantine, Legendre, Camille Desmoulins, Lavicomterie, Fréron, Panis, Sergent, Billaud-Varennes, Collot-d'Herbois et Philippe d'Orléans, que la Commune devait autoriser à prendre le nom d'Égalité.

La Législative n'en continuait pas moins ses séances. Entourés de défiance, accusés de mollesse, soupçonnés même de rêver le rétablissement de la monarchie, les députés sentirent le besoin de faire une déclaration. Dès le 4 septembre, au moment où le sang fumait encore, ils s'étaient tous levés et s'étaient écriés dans un élan d'enthousiasme : « Plus de roi ! »

---

[1]. Copié par l'auteur sur une note aux Archives nationales.

C'est par respect envers l'Assemblée prochaine et pour ne point anticiper sur les droits de la Convention que le décret, écrit en quelque sorte dans tous les cœurs, fut remplacé par un serment qui n'engageait que chaque membre en particulier.

Avant de se séparer, les députés eurent un autre beau mouvement : « Périsse l'Assemblée nationale, s'était écrié Vergniaud à la tribune, pourvu que la France soit libre ! »

Tous se levèrent, tous répétèrent d'un même élan : « Oui, oui, périssons s'il le faut... et périsse notre mémoire !... »

Le 21 septembre 1792, l'Assemblée législative avait vécu.

Serrée, étouffée, pour ainsi dire, entre deux colosses, la Constituante et la Convention, elle n'en a pas moins marqué sa place dans l'histoire. Menacée par la coalition de tous les rois de l'Europe, trahie par la cour, trompée par la fortune des armes au début d'une guerre qu'elle avait elle-même déclarée, débordée par les mouvements de la rue, éclaboussée par le sang du 2 septembre, elle n'a jamais fléchi ; elle a eu foi dans la France et dans la Révolution. Tout était mouvant, incertain ; le sol tremblait sous ses pieds ; mais elle ne trembla point. En face de la gravité des circonstances, elle se démit volontairement et noblement de ses pouvoirs. Avait-elle répondu à tout ce qu'on attendait d'elle ? Non vraiment ; elle eut du moins la sagesse de comprendre qu'en face de l'étranger et de la guerre civile la représentation nationale avait besoin de se renouveler aux sources de l'élection populaire. Elle sut mourir à temps.

Place à la Convention ! C'est maintenant vers elle que se porte la grande attente du pays.

Barras.

CHAPITRE QUATRIÈME

LA CONVENTION

I

Physionomie de la Convention nationale. — Nomination du bureau. — Abolition de la royauté. — La situation politique jugée par Danton. — La propriété est déclarée inviolable. — Réforme judiciaire. — Les juges seront choisis indistinctement parmi tous les citoyens. — Vice originel de la Convention. — Les Girondins ennemis de Paris. — Le parti qu'ils tirent des journées de Septembre. — Présages d'une lutte à mort entre la Gironde et la Montagne.

Le 20 septembre 1792, la France avait vaincu à Valmy : l'ennemi était repoussé !

Le lendemain, la Convention se réunit aux Tuileries, d'où, après avoir pris congé des membres de la Législative dont les pouvoirs étaient expirés, elle se rend dans la même salle des Feuillants où l'Assemblée précédente tenait ses séances.

A droite est la Gironde, à gauche s'élève la Montagne ; entre ces deux points culminants, dans le fond, s'étend la Plaine ou le Marais.

Parmi les sept cent quarante-cinq membres de la nouvelle Assemblée, soixante-quinze avaient siégé à la Constituante et soixante-seize à la Législative. Les autres arrivaient généralement des provinces et appartenaient à la bourgeoisie. Plus ou moins inconnus, ils jouaient dans leur silence le rôle de sphinx.

On voit déjà, clair-semées sur les bancs, quelques têtes à caractère : voici Saint-Just, en habit noir boutonné, et grave, beau comme un symbole; Robespierre avec son profil anguleux, son front en hache et son gilet à revers ; Danton avec sa laideur fougueuse ; Camille Desmoulins avec sa physionomie mobile et son sourire mélancolique ; Couthon, paralysé des jambes, mais dont toute la vie était dans la tête ; le peintre David avec une joue enflée ; Marat, cette maladie révolutionnaire, ce mythe : ses yeux paraissent éblouis et comme étonnés de la lumière ; le visage terreux, il a l'air de Lazare sortant du sépulcre.

Les tribunes s'élèvent, placées au-dessus des bancs des députés, comme des loges de théâtre sur un parterre. Elles sont occupées par des figures plébéiennes, qui viennent assister à la première scène du grand drame national ; ces tribunes représentent le chœur antique ; elles approuvent ou elles condamnent ; elles ont les passions, les entraînements, les caprices de la multitude.

La séance est ouverte à deux heures et un quart. L'Assemblée nomme son président et porte son choix sur Pétion. Les secrétaires sont deux constituants, Camus et Rabaud-Saint-Étienne, puis les Girondins Brissot, Vergniaud, Lasource et Condorcet.

Deux représentants, Manuel et Collot-d'Herbois, proposent de voter immédiatement l'abolition de la royauté.

Écoutez ! Un orateur en soutane violette réclame la parole, c'est l'abbé Grégoire [1].

« Personne ne nous proposera jamais, dit-il, de conserver en France la race funeste des rois ; nous savons trop bien que toutes les dynasties n'ont jamais été que des races dévorantes qui se disputent les lambeaux des hommes, mais il faut pleinement rassurer les amis de la liberté. Il faut détruire ce talisman dont la force magique pourrait encore stupéfier bien des esprits légers. »

Le timide Bazire fait observer que la question étant délicate a besoin d'être mûrement discutée.

« Et qu'est-il besoin de discuter, reprend Grégoire avec enthousiasme, quand

---

[1]. L'abbé Grégoire avait été nommé évêque de Blois, mais non, comme le disent les ultramontains, par l'Assemblée constituante : il fut appelé au siège épiscopal par le clergé et le peuple, en vertu d'une élection libre.

tout le monde est d'accord? Les rois sont dans l'ordre moral ce que les monstres sont dans l'ordre physique. Les cours sont l'atelier des crimes et la tanière des tyrans. L'histoire des rois est le martyrologe des peuples. »

— Oui, s'écrie-t-on de toutes parts, la discussion est inutile.

Il se fait un profond silence. Cette proposition mise aux voix est votée par acclamation.

Le président se lève et dit :

« La Convention nationale décrète que la royauté est abolie en France. »

Une explosion de joie, les applaudissements, les cris de *vive la nation*, répétés par les galeries, se prolongent durant plusieurs minutes. — La royauté, cette idole devant laquelle la France s'était tenue agenouillée depuis des siècles, cette image charnelle de la divinité, cette toute-puissance faite homme, cette tradition vivante, voilà ce que la nouvelle Assemblée, du premier coup, sans discussion, venait de briser comme un hochet d'enfant. C'était donner, dès le début, une belle idée de sa force et de son intrépidité. Elle anathématisait tous les trônes dans un seul, et cela sous le canon des rois coalisés! O géants de la Convention, vous qui répandiez la lumière d'une main et le tonnerre de l'autre, on peut bien calomnier vos mémoires; on ne les avilira point : vous, du moins, vous avez osé!

L'abolition de la royauté était dans les nécessités du renouvellement social; comment le vieux monde pouvait-il disparaître et céder la place aux institutions modernes, tant que la tête de l'ancien régime était debout? L'alliance entre les principes qui avaient fait la monarchie et les idées qui venaient de faire la Révolution était impossible : on l'avait bien vu par l'essai du gouvernement constitutionnel.

« On ne met pas du vin nouveau dans les vieilles outres. » La monarchie, qui est la forme du droit divin, ne pouvait contenir les idées philosophiques du dix-huitième siècle, ni les conséquences qui s'en dégagent; elle éclata.

La logique voulait que l'Assemblée votât ensuite l'ouverture d'une ère nouvelle. Les actes publics, au lieu d'être datés de l'an IV de la liberté, furent datés de l'an Ier de la République.

Ce grand pas fait, la Convention s'arrêta. Les tiraillements et les divisions des partis, les rancunes personnelles semblaient la réduire à l'impuissance d'agir. Entre la Gironde et la Montagne grondaient de sourds tonnerres. Nous avons vu que les modérés s'étaient emparés du fauteuil et du bureau. Ce premier succès leur avait donné une grande confiance en eux-mêmes. Notez d'ailleurs que la salle était petite, resserrée : les haines se touchaient dans cette fosse aux lions.

Quant aux nouveaux venus, ils étaient indécis, flottants, inquiets. A quel parti se rattacher? Ils ne voulaient ni de la dictature sanglante, ni d'une République fédérative, qui aurait plongé la France dans l'anarchie, ouvert le territoire national à l'invasion étrangère.

Danton comprit qu'il fallait à tout prix rompre la glace. Il était encore ministre de la justice : il vint déposer ses pouvoirs à la tribune :

« Avant d'exprimer mon opinion, dit-il, sur le premier acte que doit faire l'Assemblée nationale, qu'il me soit permis de résigner dans son sein les fonctions qui m'avaient été déléguées par l'Assemblée législative. Je les ai reçues au bruit du canon dont les citoyens de la capitale foudroyèrent le despotisme. Maintenant que la jonction des armées est faite, que la jonction des représentants du peuple est opérée, je ne dois plus reconnaître mes fonctions premières ; je ne suis plus qu'un mandataire du peuple, et c'est en cette qualité que je vais parler.

« On vous a proposé des serments ; il faut, en effet, qu'en entrant dans la vaste carrière que vous avez à parcourir, vous appreniez au peuple, par une déclaration solennelle, quels sont les sentiments et les principes qui présideront à vos travaux.

« Il ne peut exister de constitution que celle qui sera textuellement, nominativement acceptée par la majorité des assemblées primaires. Voilà ce que vous devez déclarer au peuple. Les vains fantômes de dictature, les idées extravagantes de triumvirat, toutes ces absurdités inventées pour effrayer le peuple, disparaissent alors, puisque rien ne sera constitutionnel que ce qui aura été accepté par le peuple.

« Après cette déclaration, vous devez en faire une autre qui n'est pas moins importante pour la liberté et pour la tranquillité publique. Jusqu'ici on a agité le peuple parce qu'il fallait lui donner l'éveil contre les tyrans. Maintenant *il faut que les lois soient aussi terribles contre ceux qui y porteraient atteinte* que le peuple l'a été en foudroyant la tyrannie ; il faut qu'elles punissent tous les coupables pour que le peuple n'ait plus rien à désirer. (*On applaudit.*)

« On a paru croire, d'excellents citoyens ont pu présumer que des amis ardents de la liberté pouvaient nuire à l'ordre social en exagérant les principes : eh bien ! abjurons ici toute exagération, déclarons que toutes les propriétés territoriales, individuelles et industrielles seront éternellement maintenues. (*Il s'élève des applaudissements unanimes.*)

« Souvenez-vous ensuite que nous avons tout à revoir, tout à recréer ; que la déclaration des droits, elle-même, n'est pas sans tache, et qu'elle doit passer à la révision d'un peuple vraiment libre. »

L'effet de ce discours fut immense. L'orateur y touchait les trois points essentiels dans des circonstances aussi orageuses : le gouvernement du peuple par le peuple, le règne de la loi substitué à l'arbitraire des masses, le respect de la propriété, déclarée par lui inviolable, sacrée. Devant cette parole claire et précise s'évanouissaient la dictature, le triumvirat, la crainte des massacres, l'horreur du pillage, cette tête de Méduse. Du premier bond, Danton s'était posé en homme d'ordre, en législateur qui reconnaît le besoin de tout refaire, de tout recréer, mais avec le consentement de la nation et à l'aide de l'Assemblée tout entière. Les intérêts légitimes étaient rassurés ; le programme de la Révolution se montrait tracé en lettres de feu : A nous, les Titans ! Escaladons le ciel, fondons un monde nouveau !

La Convention décréta les deux propositions de Danton : 1° il ne peut y avoir de constitution que quand elle est acceptée du peuple ; 2° la sûreté des personnes et des propriétés est sous la sauvegarde de la nation.

Le 22 septembre, une députation de la ville d'Orléans vient annoncer à la Convention qu'elle a suspendu ses officiers municipaux, qui étaient des hommes dévoués à la monarchie. Les délégués demandent à l'Assemblée de les appuyer dans la lutte qu'ils soutiennent contre un conseil général qui résiste et ne veut pas se retirer devant la réprobation de ses électeurs.

Danton monte à la tribune.

« Vous venez d'entendre les réclamations de toute une commune contre ses oppresseurs. Il ne s'agit point de traiter cette affaire par des renvois à des comités ; il faut, par une décision prompte, épargner le sang du peuple, *il faut faire justice au peuple pour qu'il ne se la fasse pas lui-même...* Je demande qu'à l'instant trois membres de la Convention soient chargés d'aller à Orléans pour vérifier les faits... Que la loi soit terrible et tout rentrera dans l'ordre. Prouvez que vous voulez le règne des lois ; mais prouvez aussi que vous voulez le salut du peuple, et surtout épargner le sang des Français. »

L'Assemblée applaudit.

Le même jour, on agite la question de la réforme judiciaire.

Danton intervient encore dans la discussion. Il a passé au ministère de la justice. Il a été à même d'apprécier les sentiments de l'ancienne magistrature. Les pièces envoyées à M. Joly, ministre du roi, sont tombées entre les mains du ministre du peuple. Il a vu que tel juge est ennemi du nouvel ordre de choses, que tel autre adressait au gouvernement déchu des pétitions flagorneuses. C'est alors qu'il s'est convaincu de la nécessité d'exclure cette classe d'hommes des tribunaux.

Payne demandait qu'on s'en tînt, pour le présent, à la réélection des individus, sans rien changer aux lois. Danton réplique :

« Ma proposition entre parfaitement dans le sens du citoyen Payne. Je ne crois pas de votre devoir, en ce moment, de changer l'ordre judiciaire ; mais je pense seulement que vous devez étendre la faculté des choix. Remarquez que tous les hommes de loi sont d'une aristocratie révoltante ; si le peuple est forcé de choisir parmi ces hommes, *il ne saura où reposer sa confiance.* Je pense que si l'on pouvait, au contraire, établir dans les élections un principe d'exclusion, ce devrait être contre ces hommes de loi qui ont été une des grandes plaies du genre humain...

« Élevez-vous à la hauteur des grandes considérations. Le peuple ne veut point de ses ennemis dans les emplois publics : laissez-lui donc la faculté de choisir ses amis. Ceux qui se sont fait un état de juger les hommes étaient comme les prêtres : les uns et les autres ont éternellement trompé le peuple. La justice doit se rendre par les simples lois de la raison. Et moi aussi je connais les formes ; et si l'on défend l'ancien régime judiciaire, je prends l'engagement de combattre en détail, pied à pied, ceux qui se montreront les sectateurs de ce régime. »

A diverses objections qui lui sont faites par la droite, l'orateur répond :

« On a mal interprété mes paroles : je n'ai pas proposé d'exclure les hommes de loi des tribunaux, mais seulement de supprimer l'espèce de privilége exclusif qu'ils se sont arrogé jusqu'à présent. Le peuple élira sans doute tous les citoyens de cette classe qui unissent le patriotisme aux connaissances; mais, à défaut d'hommes de loi patriotes, ne doit-il pas pouvoir élire d'autres citoyens?

« Je dois vous dire, moi, que les hommes infiniment versés dans l'étude des lois sont extrêmement rares, que ceux qui se sont glissés dans la composition actuelle des tribunaux sont des subalternes; qu'il y a parmi les juges actuels un grand nombre de procureurs et même d'huissiers. Eh bien! les mêmes hommes, loin d'avoir une connaissance approfondie des lois, n'ont qu'un jargon de chicane; et cette science, loin d'être utile, est infiniment funeste. »

La Convention déclare que les juges pourront être indistinctement choisis parmi tous les citoyens. Cette proposition admise en principe est néanmoins renvoyée à un comité pour en régler les moyens d'exécution.

Danton grandissait chaque jour; mais ce sont les hauteurs qui attirent la foudre.

Le jour même de sa naissance, cette grande Assemblée se montra atteinte d'un vice originel, d'une terrible maladie, dont on vit plus tard se développer les germes. Ses membres avaient en quelque sorte la rage de se déchirer, de se proscrire les uns les autres, de s'entre-tuer. Sans cette fureur de suicide, qui donc aurait jamais pu la vaincre? Personne : la Convention seule avait la force de se décapiter elle même.

Cette maladie existait aussi bien à droite qu'à gauche.

Le signal des hostilités partit même de la Gironde. Le 23, Brissot écrivait dans son journal qu'il y avait un *parti désorganisateur* au sein de l'Assemblée.

Est-il vrai que les Girondins rêvassent dès lors une république fédérative, le démembrement de la France? On peut en douter; mais un fait certain, c'est qu'ils avaient la peur et la haine de Paris.

Sur quoi se fondait cette aversion pour la capitale? D'abord sur des griefs personnels : Paris avait nommé leurs adversaires. Les Girondins donnaient aussi pour prétexte les événements du 2 septembre : certes, ce prétexte était fort grave; toutefois, pouvait-on sans injustice rendre la ville responsable des massacres? Non, mille fois non.

Nous avons vu que si le signal partit d'un pouvoir constitué, ce fut du comité de surveillance de la Commune : mais que dira Saint-Just dans son fameux rapport du 8 juillet 1793, en s'adressant aux Girondins : « Accusateurs du peuple, on ne vous a point vus le 2 septembre entre les assassins et les victimes! »

Le rôle au moins passif des Girondins, au milieu de ces sinistres événements, leur donnait-il le droit de s'élever sans cesse contre les auteurs présumés d'un tel crime? Le tocsin et le canon d'alarme avaient retenti assez haut. Il est impossible que Brissot, le chef de la Gironde, ignorât quelques heures d'avance les malheurs qui se préparaient.

« Il faut, lui écrivait Chabot, que je te démasque tout entier; c'est de ta bouche même que j'ai appris, le 2 septembre au matin, le complot du massacre des prisonniers; je t'ai conjuré d'empêcher ces désastres en engageant l'Assemblée à se mettre à la tête de la Révolution. Je croyais qu'elle seule pouvait mettre un terme à l'anarchie; c'était d'ailleurs un moyen pour elle de se soustraire à la domination de la Commune, dont tu commençais à te plaindre. Toute ta réponse à mes observations fut que la Constitution réprouvait cette mesure. »

Chabot dévoile ensuite le secret de cette indifférence et de cette impassibilité. Morande était dans les prisons. Ce Morande avait été l'ami de Brissot; il était maintenant son ennemi intime. Rien de plus insupportable à un homme d'État que le complice de ses anciennes intrigues et de ses bassesses. S'il faut en croire les mauvais propos, Brissot jouissait déjà de la mort d'un témoin si redoutable. Cette mort ensevelissait dans l'éternel silence le secret de certaines vilenies que la bouche du vivant pouvait divulguer. Aussi Brissot ne montra-t-il, à la fin de cette terrible journée, qu'un souci, qu'une inquiétude : il s'informa si Morande existait encore.

Il y a plus : la Commune, si calomniée depuis, vint réclamer l'intervention de l'Assemblée nationale pour arrêter l'effusion du sang. Le capucin Chabot s'engageait à sauver les victimes; il donnait pour garant de sa promesse le succès de ses exhortations dans la journée du 10 août, journée orageuse où il avait réussi à calmer le peuple. On écarta son influence. L'Assemblée envoya sur le théâtre des massacres une commission impuissante : le vieux Dussault, après avoir obtenu le silence, au milieu des sabres sanglants, par le seul effet d'une médaille de député, ne parla que de ses écrits académiques et de sa traduction de Juvénal : ce fatras d'érudition, si hors de propos, aigrit la multitude au lieu de l'apaiser. Dussault aurait dû se souvenir de l'adage classique : « *Non erat hic locus*, ce n'était pas le moment. »

Pétion, le président de l'Assemblée, le *vertueux* Pétion cher aux Girondins, n'avait-il pas lui-même manqué à tous ses devoirs? Maire de Paris, ses fonctions ne lui commandaient-elles point de se mettre à la tête de la force armée et, dans le cas où la garde nationale aurait refusé de le suivre, ne devait-il point, ceint de l'écharpe municipale, se jeter entre les bourreaux et les victimes? N'avait-il point conseillé plus tard *de couvrir d'un voile* les événements accomplis? Une enquête ayant été ouverte en vue de découvrir les véritables auteurs de ces malheureuses journées, Pétion avait solennellement déclaré : « Les assassinats furent-ils commandés, furent-ils dirigés par quelques hommes? J'ai eu des listes sous les yeux; j'ai reçu des rapports; j'ai recueilli quelques faits : si j'avais à me prononcer comme juge, je ne pourrais pas dire : Voilà le coupable! »

Par quelle raison ces mêmes hommes, si tranquilles à l'heure du crime, venaient-ils maintenant agiter la chemise sanglante de César? Le 2 septembre devait naturellement soulever dans tout le pays un frémissement d'horreur : assassiner des citoyens qui étaient sous la protection de la loi, c'était assassiner la loi elle-même. En lavant leurs mains dans ce sang et rejetant toute la responsabilité de pareils actes sur la Commune de Paris, les Girondins ne croyaient-ils point faire acte d'habileté politique? Soit, mais leur grand tort est qu'ils se servaient de ces massacres tolérés, à dessein, comme d'un moyen pour perdre la capitale dans l'esprit des provinces.

Trois têtes du parti populaire étaient surtout désignées par les journaux girondins à la vengeance des modérés : Danton, Robespierre et Marat.

Nous avons dit que les deux premiers avaient été étrangers aux massacres, et quant à Marat, le moment était mal choisi pour le frapper. Il semblait que son titre de *député à la Convention nationale* l'eût un peu calmé. « Consacrons-nous exclusivement à la constitution : ce qui importe, c'est de poser les bases de l'édifice social, » écrivait-il la veille de l'ouverture des séances. Son journal même avait fait peau neuve. *L'Ami du peuple* avait été remplacé par le *Journal de la République française*.

De leur côté, la Commune de Paris, le Comité de surveillance, désavouaient maintenant toute participation dans les scènes affreuses qui avaient révolté la France. N'eût-il point été plus sage de profiter de cette réaction de la conscience publique pour réconcilier les partis et fonder un gouvernement stable? Malheureusement, comme nous l'avons dit, le souvenir des fatales journées était un prétexte qui voilait de sombres animosités personnelles. Ceux qui transportaient sans cesse la discussion sur ce terrain y cherchaient moins un acte de justice qu'un champ de bataille.

Après le succès qu'elle venait d'obtenir dans l'élection du président et des secrétaires, la Gironde se croyait maîtresse de l'Assemblée; elle comptait sur les nouveaux députés élus par les provinces et se flattait déjà d'une vengeance facile.

Depuis quelques jours, l'orage grondait : il éclata dans la séance du 25.

II

Une proposition malheureuse. — Séance du 25 septembre. — Dénonciation de Lasource. — Discours de Danton. — Attaque contre Robespierre. — Sa défense. — Démenti donné à Barbaroux par Paris. — Accusation contre Marat. — L'ami du peuple à la tribune. — Conclusion de cette journée. — Défaite des Girondins. — Paris vengé. — La République une et indivisible.

Dans toutes les grandes assemblées, il y a certains signes par lesquels s'annonce la bataille. L'atmosphère de la salle est en quelque sorte chargée d'électricité haineuse. De banc en banc règne un silence glacial. Quelquefois au contraire de sourdes rumeurs circulent. Les fronts sont inquiets, sombres, contractés. De part et d'autre, on se regarde comme deux armées en présence.

Telle était la physionomie de la Convention le 24 septembre 1792.

D'où partirait le feu?

Trois Girondins, Kersaint, Buzot, Vergniaud, proposent de donner à la Convention une force armée, une garde prise dans les quatre-vingt-trois départements. C'était une insulte jetée à la face de Paris.

Marat à la tribune de la Convention. Séance orageuse.

Cet acte de défiance envers la capitale était à la fois injuste et impolitique. Entourée de la majesté de la loi, défendue en quelque sorte par la confiance des plus ardents patriotes, la Convention n'avait alors rien à redouter d'un coup de main. Tout le monde espérait en elle; tout le monde comprenait le besoin de remplacer la royauté abolie par la représentation nationale seule et inviolable. Or rien n'est plus maladroit que de défier un danger absent. Le projet d'une garde départementale souleva l'indignation des Parisiens et donna lieu sur-le-champ à des soupçons plus ou moins fondés. Appuyée sur une armée venue de la province et dont les partis se serviraient les uns contre les autres, la Convention ne dégénérerait-elle point en une assemblée de tyrans?

Le 25, la guerre se déclara entre la Gironde et la députation de Paris.

Un mouvement subit se fait dans la salle comme un coup de vent dans les blés; Marat, en houppelande de drap noir avec des revers doublés de fourrures, en pantalon de peau, en veste de satin blanc fané, en bottes molles à la hussarde, entre et va se placer à la crête de la Montagne. Quelques députés affectent sur son passage de détourner la tête et de s'éloigner avec dégoût; les tribunes, au contraire, témoignent le plus vif intérêt. Marat, sans se soucier de ces manifestations diverses, pose sa casquette sur son banc et promène autour de lui dans la salle un regard assuré. L'attention, l'attendrissement redoublent dans les tribunes; les hommes le montrent du doigt aux femmes, en leur disant : « Le voici! C'est lui! »

Les députés de la Montagne ne donnent aucun signe; Camille Desmoulins seul vient lui serrer la main.

— J'aime ce jeune homme, dit Marat presque à haute voix; c'est une tête faible, mais c'est un bon cœur.

Pétion est au fauteuil. Après quelques débats insignifiants, le Girondin Lasource ouvre le feu :

« Je répète, dit-il, à la face de la République, ce que j'ai dit au citoyen Merlin en particulier. Je crois qu'il existe un parti qui veut dépopulariser la Convention nationale, qui veut la dominer et la perdre, qui veut régner sous un autre nom, en réunissant tout le pouvoir national entre les mains de quelques individus. Ma prédiction sera peut-être justifiée par l'événement, mais je suis loin de croire que la France succombe sous les efforts de l'intrigue, et j'annonce aux intrigants que je ne les crains point, qu'à peine démasqués ils seront punis, et que la puissance nationale, qui a foudroyé Louis XVI, foudroiera tous ces hommes avides de domination et de sang... »

L'Assemblée applaudit. Cet acte d'accusation désignait à mots couverts trois grands coupables, Danton, Robespierre et Marat.

Ce fut Danton qui monta d'abord à la tribune. Crispant sa face de lion, calme au milieu de l'orage et se tournant vers la droite avec hauteur :

« Citoyens,

« C'est un beau jour pour la nation, c'est un beau jour pour la République Française que celui qui amène entre nous une explication fraternelle. S'il y a des coupables, s'il existe un homme pervers qui veuille dominer despotiquement les représentants du peuple, sa tête tombera aussitôt qu'il sera démasqué. Cette imputation ne doit pas être une imputation vague et indéterminée; celui qui l'a faite doit la signer; je le ferais moi-même, cette imputation dût-elle faire tomber la tête de mon meilleur ami. Ce n'est pas la députation de Paris prise collectivement qu'il faut inculper ; je ne chercherai pas non plus à justifier chacun de ses membres, je ne suis responsable pour personne ; je ne vous parlerai donc que de moi.

« Je suis prêt à vous retracer le tableau de ma vie publique. Depuis trois ans, j'ai fait tout ce que j'ai cru devoir faire pour la liberté. Pendant la durée de mon ministère, j'ai employé toute la vigueur de mon caractère, j'ai apporté dans le conseil toute l'activité et tout le zèle du citoyen embrasé de l'amour de son pays. S'il y a quelqu'un qui puisse m'accuser à cet égard, qu'il se lève et qu'il parle !

« Il existe, il est vrai, dans la députation de Paris, un homme dont les opinions sont pour le parti républicain ce qu'étaient celles de Royou [1] pour le parti aristocratique ; c'est Marat. Assez et trop longtemps on m'a accusé d'être l'auteur des écrits de cet homme. J'invoque le témoignage du citoyen qui vous préside (Pétion). Il tient, votre président, la lettre menaçante qui m'a été adressée par ce citoyen ; il a été témoin d'une altercation qui a eu lieu entre lui et moi à la mairie. Mais j'attribue ces exagérations aux vexations que ce citoyen a éprouvées. Je crois que les souterrains dans lesquels il a été enfermé ont ulcéré son âme... Il est très-vrai que d'excellents citoyens ont pu être républicains à l'excès, il faut en convenir ; mais n'accusons pas, pour quelques individus exagérés, une députation tout entière.

« Quant à moi, je n'appartiens pas à Paris ; je suis né dans un département vers lequel je tourne toujours mes regards avec un sentiment de plaisir ; *mais aucun de nous n'appartient à tel ou tel département, il appartient à la France entière.* Faisons donc tourner cette discussion au profit de l'intérêt public.

« Il est incontestable qu'il faut une loi vigoureuse contre ceux qui voudraient détruire la liberté publique. Eh bien ! portons-la, cette loi ; portons une loi qui prononce la peine de mort contre quiconque se déclarerait en faveur de la dictature ou du triumvirat ; mais, après avoir posé ces bases qui garantissent le règne de l'égalité, anéantissons cet esprit de parti qui nous perdrait. On prétend qu'il est parmi nous des hommes qui ont l'opinion de vouloir morceler la France ; faisons disparaître ces idées absurdes, en prononçant la peine de mort contre leurs auteurs. *La France doit être un tout indivisible.* Elle doit avoir unité de représentation. Les citoyens de Marseille désirent donner la main aux citoyens de Dunkerque. Je demande donc la peine de mort contre quiconque voudrait détruire l'unité en France, et je propose de décréter que la Convention nationale pose pour base du gouvernement qu'elle va établir l'unité de représentation et d'exécution. Ce ne sera pas sans frémir que les Autrichiens apprendront cette sainte harmonie ; alors, je vous le jure, nos ennemis sont morts ! »

Ce discours, on le voit, était un glaive à deux tranchants ; il frappait d'un côté sur la dictature et de l'autre sur la décentralisation de la France. Ni pou-

---

[1]. Pamphlétaire royaliste qui s'était rendu ridicule par ses extravagances et ses violences.

voir absolu confié à un seul, ni gouvernement fédératif : l'unité par la représentation nationale. Quelques amis communs reprochèrent plus tard à Danton d'avoir sacrifié Marat. Danton était trop jaloux du succès, il avait trop foi dans la souveraineté du but pour ne point jeter à la mer tout ce qui pouvait lui nuire. D'un autre côté, n'était-ce point le seul moyen de sauver l'Ami du peuple que de le représenter comme un extravagant, un esprit troublé par la persécution et par les ténèbres de sa cave? Triste moyen, dira-t-on, que de le recommander à la commisération de ses juges! Soit; mais n'était-il pas là pour se défendre? Marat, d'ailleurs, tenait à marcher seul : c'était flatter son orgueil que de le mettre à part.

Quoi qu'il en soit, par ce mâle discours, Danton avait écarté la foudre qui menaçait sa tête. C'était à présent le tour de Robespierre.

On demandait l'ordre du jour. Merlin alors se lève. « Citoyens, s'écrie-t-il, le véritable ordre du jour, le voici : Lasource m'a dit hier qu'il y avait dans cette salle un parti qui voulait établir la dictature ; je le somme de m'en indiquer le chef ; quel qu'il soit, je déclare être prêt à le poignarder ! »

Cambon, de son banc et en montrant son bras, le poing fermé :

— Misérable, voici l'arrêt de mort des dictateurs.

— Oui, s'écrie Rebecqui, de Marseille, oui, il existe dans cette Assemblée un parti qui aspire à la dictature, et le chef de ce parti, je le nomme, c'est Robespierre ! voilà l'homme que je vous dénonce.

Robespierre monte à la tribune.

De même que Danton, il répudie toute solidarité avec Marat : « On m'a imputé à crime les phrases irréfléchies d'un patriote exagéré et les marques de confiance qu'il me donnait. » L'orateur parle ensuite beaucoup trop longuement de lui-même, des services très-réels qu'il a rendus à la Révolution. « Un homme qui avait longtemps lutté contre tous les partis avec un courage âcre et inflexible, sans ménager personne, devait être en butte à la haine et aux persécutions de tous les ambitieux, de tous les intrigants. » Accusé par la Gironde, il dénonce à son tour un parti qui veut réduire la France « à n'être qu'un amas de républiques fédérées ». Pour arriver à la dictature, il faut aduler le peuple ; il nie avoir jamais eu recours à ce vil expédient : « Il faut savoir si nous sommes des traîtres, si nous avons des desseins contraires à la liberté, contraires aux droits du peuple, que nous n'avons jamais flatté ; car on ne flatte pas le peuple : on flatte bien les tyrans ; mais la collection de vingt-cinq millions d'hommes, on ne la flatte pas plus que la divinité. »

L'Assemblée était froide, hésitante, lorsque Barbaroux s'élance à la tribune.

L'orateur affirme qu'à l'époque du 10 août les volontaires marseillais étant recherchés par les deux partis qui divisaient alors Paris, on le fit venir chez Robespierre, que là on lui dit de se rallier aux citoyens qui avaient acquis de la popularité, — et que Panis lui désigna Robespierre *comme l'homme vertueux qui devait être le dictateur de la France.*

Nous verrons plus tard que le mensonge était assez dans les habitudes politiques de la Gironde.

Panis, interpellé par Barbaroux, réfute ainsi l'accusation portée contre Robespierre :

« Je ne monte à la tribune que pour répondre à l'inculpation du citoyen Barbaroux. Je ne l'ai vu que deux fois et *j'atteste* que, ni l'une ni l'autre, je ne lui ai parlé de dictature. Quels sont ses témoins? »

Rebecqui, de sa place :

— Moi !

« Vous êtes son ami, je vous récuse [1]. »

Brissot, voyant les nuages de l'accusation se dissiper, s'écrie :

— Et le 2 septembre?

Panis. — On ne se reporte point assez aux circonstances terribles dans lesquelles nous nous trouvions. Nous vous avons sauvés, et vous nous abreuvez de calomnies. Voilà donc le sort de ceux qui se sacrifient au triomphe de la liberté! Notre caractère chaud, ferme, énergique, nous a fait, et particulièrement à moi, beaucoup d'ennemis. Qu'on se représente notre situation : nous étions entourés de citoyens irrités des trahisons de la cour... On a accusé le Comité de surveillance d'avoir envoyé des commissaires dans les départements pour enlever des effets ou même arrêter des individus. Voici les faits. Nous étions alors en pleine révolution : les traîtres s'enfuyaient, il fallait les poursuivre; le numéraire s'exportait, il fallait l'arrêter... Nos propres têtes étaient à chaque instant menacées : croyez-vous que nous nous fussions exposés à tous ces dangers, si ce n'eût été pour le bien public? Oui, nous avons illégalement assuré le salut de la patrie.

Le terrain de la discussion se déplaçait. Vergniaud saisit cette occasion pour de nouveau évoquer le spectre des sanglantes journées. Il lit la fameuse circulaire du Comité de surveillance. L'accusation s'était écartée de Robespierre, mais elle retombait foudroyante sur la tête de Marat.

Tout le monde savait qu'il avait depuis longtemps réclamé un dictateur dans son journal, l'*Ami du peuple*, et dans ses placards dont les murs de Paris étaient couverts. Un dernier article qui passe de main en main soulève l'indignation de l'Assemblée. C'est celui qui finit par ces mots : « O peuple babillard, si tu savais agir! »

Un frémissement d'horreur court de banc en banc. Une foule de députés, parmi lesquels Cambon, Goupillau, Rebecqui, environnent Marat avec des gestes menaçants; ils le poussent, le coudoient, lui mettent le poing sous le nez, pour l'éloigner de la tribune. Cet homme étrange y monte ce jour-là pour la première fois. Son apparition excite des mouvements de fureur; sa cravate en désordre, ses cheveux négligés, le rire de mépris qu'il oppose autour de lui aux huées et aux insultes, augmentent encore le tumulte; de tous les coins de la salle partent des cris : « A bas! à bas! »

---

[1]. Panis vivait encore après 1830. Dans sa jeunesse, il avait fait de mauvais vers. Ses manières, affables, polies, élégantes, appartenaient à la bonne société du dix-huitième siècle. Toujours bien mis, tiré à quatre épingles, il ressemblait plutôt à Dorat qu'à un *buveur de sang*. Jamais on ne l'a, que je sache, accusé de mauvaise foi.

C'est au milieu de ce soulèvement épouvantable que Marat fait entendre sa voix :

« J'ai dans cette salle un grand nombre d'ennemis personnels. »

— Tous ; oui, nous le sommes tous !

Alors Marat imperturbable et répétant sa phrase après un silence :

« J'ai beaucoup d'ennemis personnels dans cette salle : je les rappelle à la pudeur.

« Si quelqu'un est coupable d'avoir jeté dans le public ces idées de dictature, c'est moi ! Mes collègues, notamment Danton et Robespierre, l'ont constamment repoussée quand je la mettais en avant. J'appelle sur ma tête seule les vengeances de la nation. Mais, avant de faire ainsi tomber l'opprobre ou le glaive, citoyens, sachez écouter.

« Au demeurant, que me demandez-vous ? Me feriez-vous un crime d'avoir proposé la dictature, si ce moyen était le seul qui pût vous retenir au bord de l'abîme ? Qui osera d'ailleurs blâmer cette mesure quand le peuple l'a approuvée et s'est fait lui-même dictateur pour punir les traîtres ? A la vue de ces vengeances populaires, à la vue des scènes sanglantes du 14 juillet, du 6 octobre, du 10 août, du 2 septembre, j'ai frémi moi-même des mouvements impétueux et désordonnés qui se prolongeaient parmi nous. J'aurais désiré qu'ils fussent dirigés par une main juste et ferme. Redoutant les excès d'une multitude sans frein ; désolé de voir la hache frapper indistinctement et confondre çà et là les petits délinquants avec les grands coupables ; désirant la tourner sur la tête seule des vrais scélérats, j'ai cherché à soumettre ces mouvements terribles et déréglés à la sagesse d'un chef.

« J'ai donc proposé de donner une autorité provisoire à un homme raisonnable et fort, de nommer un dictateur, un tribun, un triumvir, le titre n'y fait rien. Ce que je voulais, c'était un citoyen intègre, éclairé, qui aurait recherché tout de suite les principaux conspirateurs afin de trancher d'un seul coup la racine du mal, d'épargner le sang, de ramener le calme et de fonder la liberté. Suivez mes écrits, vous y trouverez partout ces vues. La preuve, au reste, que je ne voulais point faire de cette espèce de dictateur un tyran, tel que la sottise pourrait l'imaginer, mais une victime dévouée à la patrie, c'est que je voulais en même temps que son autorité ne durât que peu de jours, qu'elle fût bornée au pouvoir de condamner les traîtres et même qu'on lui attachât durant ce temps un boulet aux pieds, afin qu'il fût toujours sous la main du peuple.

« Je rends grâce à mes ennemis de m'avoir amené à vous dire ma pensée tout entière. Si, après la prise de la Bastille, j'avais eu en main l'autorité, cinq cents têtes scélérates seraient tombées à ma voix. Ce coup d'audace, en jetant la terreur dans la ville, aurait contenu tout de suite tous les méchants. Il ne restait plus dès lors qu'à fonder l'ordre, la paix et le bonheur public sur des lois, ce qui eût été facile, cette tâche n'étant plus empêchée à chaque instant par des complots et des menées sourdes ; mais faute d'avoir déployé cette énergie aussi sage que nécessaire, cent mille patriotes ont été égorgés et cent mille sont menacés de l'être. Vous avez eu des massacres nombreux et réitérés, vous avez versé vous-mêmes beaucoup de sang, vous en verserez encore. Vraiment, quand je viens à comparer vos idées aux miennes, je rougis pour vous et je m'indigne de vos fausses maximes d'humanité.

« C'est en vain d'ailleurs que vous avez l'air de rejeter maintenant cette mesure dictatoriale avec horreur. Vous y viendrez un jour malgré vous, seulement il ne sera plus temps : la division et l'anarchie auront gagné toutes les classes de citoyens. Au lieu de cinq cents têtes, vous en abattrez deux cent mille, et vous échouerez.

« Une violence légale et ordonnée par un chef est toujours préférable à celle où une fausse modération jette, dans les temps de désordre, une nation entière. Les penseurs sentiront toute la justesse de ce principe. Citoyens, si sur cet article vous n'êtes point à la hauteur de m'entendre, tant pis pour vous !

« Oui, telle a été mon opinion ; j'y ai mis mon nom et je n'en rougis pas. On a eu l'impudeur de m'accuser d'ambition, de cruauté, de connivence avec les tyrans. — Moi... vendu ! Les tyrans donnent de l'or aux esclaves qu'ils corrompent, et je n'ai pas même le moyen d'acquitter les dettes de ma feuille. Moi, cruel, qui ne puis voir souffrir un insecte sans partager son agonie ! Moi, ambitieux !... Citoyens, voyez-moi et jugez-moi (il montre ses habits sales, ses membres chétifs) : un pauvre diable, sans protection, sans amis, sans intrigue ! Le glaive de vingt mille assassins était suspendu sur moi : j'ai erré de souterrain en souterrain. Toute ma gloire est dans le triomphe de la nation, dont j'ai défendu les droits, depuis trois années, la tête sur le billot.

« Cessons ces discussions et ces débats scandaleux. Hâtez-vous de marcher vers les grandes mesures qui doivent assurer le salut de la nation ; posez les bases sacrées d'un gouvernement juste et libre ; faites respecter les droits, l'origine et la dignité de l'homme. Je ne demande qu'à m'immoler tous les jours de ma vie pour le bonheur du peuple. Que ceux qui ont fait revivre aujourd'hui le fantôme de la dictature se réunissent à moi, qu'ils s'unissent à tous les bons citoyens, pour ensevelir leurs ressentiments dans la grandeur et la prospérité communes. »

La tête de Marat était faite de la boue du peuple ; quand le génie révolutionnaire venait à souffler sur cette boue, il en sortait une sorte d'éloquence monstrueuse. Cette image extraordinaire, infernale, d'un dictateur traînant à travers les cadavres le boulet qui l'enchaîne aux volontés de la multitude est quelque chose de par delà l'humanité. Le style haché de cet orateur, son geste effaré, son rire amer, le mouvement électrique de ses yeux noirs, l'aspect de ce front sur lequel on voyait se former d'avance tous les orages de la Révolution, ses bravades ont confondu l'Assemblée. Un lugubre silence règne sur les bancs des députés ; mais les tribunes applaudissent avec fureur.

Enfin Vergniaud lui succède à la tribune : « S'il est un malheur, dit-il d'une voix qui affectait la tristesse, s'il est un malheur pour un représentant du peuple, c'est de remplacer ici un homme tout chargé de décrets de prises de corps qu'il n'a pas purgés. »

Marat, de son banc. — Je m'en fais gloire!

Vergniaud répéta sa phrase, agita le linceul des victimes du 2 septembre, mais ne réussit point à entraîner une résolution de la part de l'Assemblée.

Le calme semblait depuis quelques instants rétabli. Tout à coup un second orage éclate sur la tête de Marat. Il s'agit d'un numéro de l'*Ami du peuple* dans lequel Boileau dénonce le passage suivant : « Ce qui m'accable, c'est que mes efforts pour le salut de la République n'aboutiront à rien sans une nouvelle insurrection. A voir la trempe de la plupart des députés (Boileau se tournant vers Marat : Pour mon propre compte, Marat, je te dirai qu'il y a plus de vérité dans ce cœur que de folie dans ta tête)... à voir la trempe de la plupart des députés, je désespère du salut public, si dans les huit premières séances toutes les bases de la Constitution ne sont pas posées. N'attendez plus rien de cette Assemblée ; vous êtes anéantis pour toujours : cinquante ans d'anarchie vous attendent, et vous n'en sortirez que par un dictateur, vrai patriote et homme d'État. »

Un mouvement d'indignation s'empare de l'Assemblée. De tous les coins de la salle s'élèvent des cris terribles :

— A l'Abbaye! à l'Abbaye!

Marat se lève avec sang-froid et réclame de nouveau la parole.

« Et moi, s'écrie Boileau, je demande que ce monstre soit décrété d'accusation. »

C'est à qui dès lors appuiera l'éponge trempée de fiel sur la bouche de l'accusé.

Une voix. — Je demande que Marat parle à la barre.

Marat. — Je somme l'Assemblée de ne pas se livrer à ces accès de fureur.

Larivière. — Je demande que cet homme soit interpellé purement et simplement d'avouer ces lignes ou de les désavouer.

Alors Marat, qui a réussi à se frayer un chemin jusqu'à la tribune, à travers les flots tumultueux de ses ennemis : «Je n'ai pas besoin d'interpellation. L'écrit qu'on vient de lire est de moi, je l'avoue. Jamais le mensonge n'a approché de mes lèvres et la dissimulation est étrangère à mon cœur. Seulement cet écrit est déjà ancien ; il date de dix jours. Mais la preuve incontestable que je veux marcher avec vous, avec les amis de la patrie, cette preuve que vous ne révoquerez pas en doute, la voici. » Il tire de sa poche le premier numéro de son nouveau *Journal de la République*.

Un secrétaire de l'Assemblée en lit quelques fragments :

Nouvelle marche de l'auteur.

« Depuis l'instant où je me suis dévoué pour la patrie, je n'ai cessé d'être abreuvé de dégoûts et d'amertume : mon plus cruel chagrin n'était pas d'être en butte aux assassins, c'était de voir une foule de patriotes sincères, mais crédules, se laisser aller aux perfides insinuations, aux calomnies atroces des ennemis de la liberté sur la pureté de mes intentions et s'opposer eux-mêmes au bien que je voulais faire... Les lâches, les aveugles, les fripons et les traîtres se sont réunis pour me peindre comme un *fou atrabilaire*, invective dont les charlatans encyclopédistes gratifièrent l'auteur du *Contrat social*... Quant aux vues ambitieuses qu'on me prête, voici mon unique réponse : Je ne veux ni emplois ni

Séance du 25 septembre.

pensions. Si j'ai accepté la place de député à la Convention nationale, c'est dans l'espoir de servir plus officiellement la patrie, même sans paraître... Je suis prêt à prendre les voies jugées efficaces par les défenseurs du peuple : je dois marcher avec eux. Amour sacré de la patrie, je t'ai consacré mes veilles, mon repos, mes jours, toutes les facultés de mon être ; je t'immole aujourd'hui mes préventions, mon ressentiment, mes haines. A la vue des attentats des ennemis de la liberté, à la vue de leurs outrages contre ses enfants, j'étoufferai, s'il se peut, dans mon sein, les mouvements d'indignation qui s'y élèveront ; j'entendrai, sans me livrer à la fureur, le récit du massacre des vieillards et des enfants égorgés par de lâches assassins ; je serai témoin des menées des traîtres à la patrie, sans appeler sur leurs têtes criminelles le glaive des vengeances populaires. Divinité des âmes pures, prête-moi des forces pour accomplir mon vœu! Jamais l'amour-propre ou l'obstination ne s'opposera chez moi aux mesures que prescrit la sagesse : fais-moi triompher des impulsions du sentiment ; et si les transports de l'indignation doivent un jour me jeter hors des bornes et compromettre le salut public, que j'expire de douleur avant de commettre cette faute. »

La lecture de cette pièce calme l'exaspération générale et déjoue les sinistres projets de la Gironde.

MARAT. — Je me flatte qu'après la lecture de cet écrit il ne vous reste pas le moindre doute sur la pureté de mes intentions ; mais on me demande de rétracter des principes qui sont à moi, c'est me demander que je ne voie pas ce que je vois, que je ne sente pas ce que je sens. Il n'y a aucune puissance sous le soleil qui soit capable de ce renversement d'idées. Il ne dépend pas plus de moi de changer mes pensées qu'il ne dépend de la nature de bouleverser l'ordre du jour et de la nuit.

« On me reprochait tout à l'heure les maux que j'ai soufferts pour la patrie : c'est indécent. Les motifs de réprobation qu'on a invoqués contre moi, je m'en fais gloire, j'en suis fier. Les décrets qui m'ont frappé, je m'en étais rendu digne pour avoir démasqué les traîtres, déjoué les conspirateurs. Oui, dix-huit mois, j'ai vécu sous le glaive de Lafayette. S'il se fût rendu maître de ma personne, il m'eût anéanti. J'ai été accablé de poursuites par le Châtelet et le tribunal de police : mais je m'en vante ! On a osé me donner comme titres de proscription les décrets provoqués contre moi dans l'Assemblée constituante et dans l'Assemblée législative : eh bien ! ces décrets, le peuple les a détruits en m'appelant parmi vous. Sa cause est la mienne.

« Qui sont, après tout, les auteurs de cette accusation atroce ? Des hommes pervers, des membres de la faction Brissot ! Les voilà tous devant moi : ils ricanaient tout à l'heure, ils triomphaient au bruit des cris forcenés de leurs agents ; qu'ils osent me fixer maintenant !

« Souffrez qu'après une séance aussi orageuse, après les clameurs furibondes et les menaces éhontées auxquelles vous venez de vous abandonner contre moi, je vous rappelle à vous-mêmes, à la justice. Quoi ! si par la faute de mon imprimeur la feuille de ce jour n'eût pas paru, vous m'auriez donc livré à l'opprobre et à la mort ? Cette fureur est indigne d'hommes libres. Mais non, je ne crains rien sous le soleil. Je déclare que si le décret eût été lancé contre moi, je me brûlais la cervelle au pied de cette tribune. »

L'orateur appuie la bouche d'un pistolet contre son front. « Voilà donc, reprend Marat d'une voix attendrie par l'émotion, voilà le fruit de trois années de cachots et de tourments... Voilà donc le fruit de mes veilles, de mes labeurs, de ma misère, de mes souffrances, des dangers sans nombre que j'ai essuyés pour la patrie !... Un décret d'accusation contre moi ! C'est un complot monté par mes ennemis, dans cette assemblée, pour m'en faire sortir. Eh bien ! je resterai parmi vous pour braver vos fureurs !... »

L'Assemblée murmure; les tribunes applaudissent à outrance. « A la guillotine ! à la guillotine ! » vocifèrent quelques Girondins forcenés. On demande que Marat soit tenu d'évacuer la tribune.

TALLIEN. — Je demande, moi, que l'ordre du jour fasse trêve à ces scandaleuses discussions. Décrétons le salut de l'empire, et laissons là les individus.

La Convention passe à l'ordre du jour.

Il nous reste à tirer les conclusions de cette orageuse séance.

Constatons d'abord que l'attaque des Girondins manquait absolument de base. Pour fonder une dictature, il faut un dictateur : où était-il ?

Prudhomme dans son journal (*les Révolutions de Paris*) jugeait ainsi les trois hommes contre lesquels avait eu lieu cette levée de boucliers :

« Qui connaît le caractère *revêche*, les manières dures de Robespierre, ne le jugera pas fait pour être un tribun du peuple. Fier de professer les vrais principes sans altérations, il y tient avec roideur. — Marat, malgré ses listes de proscription, n'aime pas plus le sang qu'un autre. Dominé par un amour-propre excessif, il ne veut pas dire ce que les autres ont dit et comme ils l'ont dit : si on a trouvé une vérité, un principe avant lui, pour ne pas rester en deçà, il passe outre et tombe dans l'exagération; souvent il touche à la folie, à l'atrocité, mais il professe des principes que les malintentionnés redoutent et abhorrent. — Danton ne ressemble nullement aux deux premiers; jamais il ne sera dictateur ou tribun, ou le premier des triumvirs, parce que pour l'être il faut de longs calculs, des combinaisons, une étude continuelle, une assiduité tenace, et Danton veut être libre en travaillant à la liberté de son pays. Amis lecteurs, nous vous le demandons, que pouvez-vous redouter de ces trois citoyens? L'un ne veut que passer doucement sa vie, et les deux autres n'ont de prétentions qu'à la renommée et à quelques honneurs populaires. Pourvu qu'on les lise, qu'on les écoute, et surtout qu'on les applaudisse, ils sont contents. »

La seule dictature à laquelle ils visassent alors était celle de la popularité.

Si, pris individuellement, chacun d'eux était incapable de faire un dictateur, eût-il été plus facile de réunir Danton, Marat et Robespierre dans un triumvirat? Évidemment non. Ils étaient trop personnels, trop divers, trop peu d'accord entre eux sur les voies et moyens de fonder le nouvel ordre de choses pour marcher vers le même but. Où donc a-t-on jamais trouvé la trace d'une alliance, d'un pacte, d'une action commune entre ces trois hommes ?

Ainsi l'accusation des Girondins s'appuyait sur une chimère.

Quels étaient maintenant les maîtres du champ de bataille? Sans contredit ceux qui avaient été attaqués. Danton, dans son discours, s'était élevé à la hauteur d'un véritable homme d'État.

Robespierre, quoique faible ce jour-là, avait derrière lui l'intégrité de sa vie, les services rendus à la cause du peuple ; il lui suffisait de souffler sur l'accusation pour en dissiper les nuages. Certes, Marat n'était point un génie ; mais ce n'était pas non plus, comme on affecte de le dire, un homme sans valeur. Abandonné, désavoué des siens, il avait montré à la tribune plus de sang-froid, plus d'ordre dans les idées, plus d'éloquence sauvage qu'on ne pouvait en attendre d'un homme poursuivi comme un loup par une meute de chiens.

L'Ami du peuple était jusque-là, pour plusieurs, un problème, une fiction ; de telles attaques lui donnaient, pour ainsi dire, une existence réelle ; elles en faisaient l'*Ecce homo* de la Révolution. Marat s'exaltait lui-même dans le sentiment de cette lutte gigantesque. La contradiction n'est pour les esprits abusés par une idée fausse qu'un motif de confiance dans la mission qu'ils se sont donnée ; elle assure leur marche ; elle les rehausse à leurs propres yeux et aux yeux de la foule. Marat se soulevait sur la haine qu'il inspirait aux modérés comme sur un piédestal.

En temps de Révolution, dénoncer des chefs de parti, c'est les désigner aux faveurs de la fortune politique. Les Girondins avaient donc fait une fausse manœuvre. Ils croyaient détruire leurs ennemis ; ils les avaient fortifiés. L'importance des hommes d'État se mesure à la violence des attaques dont ils sont l'objet. Les tempêtes n'éclatent point sur des ruisseaux.

Mais laissons de côté les personnes. Le véritable événement historique de cette journée fut la victoire de Paris. Sa représentation tout entière demeurait intacte : Vergniaud lui-même avait été forcé de reconnaître qu'elle contenait des hommes de mérite, le vénérable Dussaulx, le grand peintre David et d'autres encore. Ainsi l'âme de la France et de la Révolution, Paris qui avait pris la Bastille, Paris qui avait fait les journées du 5 octobre et du 10 août, Paris qui porte malheur à tous ceux qui se défient de lui, Paris était sorti triomphant de la lutte.

Autre grand résultat : l'Assemblée décréta la proposition de Danton :

LA RÉPUBLIQUE FRANÇAISE EST UNE ET INDIVISIBLE.

III

Élan de la défense nationale. — La panique. — Détente. — La patrie n'est plus en danger. — Arrivée de Dumouriez à Paris. — Sa présence au club des Jacobins. — Habileté de Danton. — Une soirée chez Talma. — Rabat-Joie.

Paris sortait d'un affreux cauchemar : il avait dormi dans le sang, avec le spectre de l'Invasion sur la poitrine.

On se souvient de la prise de Verdun ; les Parisiens, croyant déjà voir le roi de Prusse à leurs portes, avaient formé un camp qui s'étendait depuis Clichy jusqu'à Montmartre. Tout le monde y travaillait. De jolies citoyennes maniaient bravement la pioche, la bêche ou la brouette. Maîtres de Verdun, les Prussiens marchaient déjà dans les plaines de la Champagne, s'avançaient sur Sainte-Menehould par la trouée de Grandpré. La consternation était au comble.

L'élan révolutionnaire déborda comme un torrent. Hommes, munitions, chevaux, fourrages, tout fut mis en réquisition. Les ustensiles de ménage, pelles, pincettes, chenets, furent transformés en armes de guerre. Dans un moment de frénésie, on alla jusqu'à déterrer les *morts de qualité*, afin de convertir en balles le plomb de leur cercueil. L'Assemblée nationale s'éleva contre ces profanations ; mais les cloches des églises furent fondues pour faire des canons. La nécessité de pourvoir au salut de la patrie augmentant de jour en jour, quelques municipalités avaient requis l'argenterie, les vases sacrés, l'or des sacristies. D'un autre côté, les dons patriotiques affluèrent. Des ouvrières, de pauvres femmes en deuil venaient déposer entre les mains des magistrats, le denier de la veuve. Et ce n'est pas seulement à Paris, c'est d'un bout à l'autre de la France qu'éclataient ces actes de dévouement.

Dans une lettre adressée à la Convention, le citoyen Bonnaire racontait les sacrifices des habitants de sa province : « Les citoyens de ce département (le Cher) ont aussi voulu déposer leurs offrandes sur l'autel de la patrie. Le conseil de notre arrondissement a maintenant à sa disposition 248 paires de souliers, 17 capotes, 6 habits, 2 vestes, 2 culottes, 7 chemises, 2 épaulettes en or et une somme de 4 060 livres pour distribuer des secours aux femmes et aux enfants des volontaires partis pour les armées. La municipalité de Bourges est dépositaire de 114 habits, 40 vestes, 30 culottes, 44 paires de bas, 32 paires de souliers, 16 chemises, d'une somme de 4 360 livres 2 sous 8 deniers, destinés aux pauvres de cette ville, et d'une autre somme de 13 429 livres pour les femmes des citoyens qui sont allés combattre les brigands [1]. »

Après le 10 août, nous l'avons dit, le pouvoir exécutif provisoire avait envoyé des commissaires dans les départements. Voici les instructions qui leur furent

---

[1]. Cette lettre fut communiquée à l'auteur par Félix Bonnaire, directeur de la *Revue de Paris.*

données : « Ils s'attacheront surtout à ne servir la plus belle des causes que par des moyens constamment dignes d'elle ; ils mettront, en conséquence, le plus grand soin à s'annoncer par des manières simples et graves, par une conduite pure, régulière, irréprochable. » Ces instructions furent suivies, et à la voix de ces commissaires toute la France tressaillit d'enthousiasme.

Quand on apprit de meilleures nouvelles de l'étranger, quand on sut que la bataille de Valmy était gagnée sur les Prussiens, les alarmes se dissipèrent. Un mois après, Montesquiou s'emparait de Chambéry, Anselme prenait Nice. Lille était encore assiégée ; mais la ville était défendue par plus de neuf mille hommes qui bravaient les bombes allemandes. Le 3 octobre, une lettre de Custine annonçait que Spire avait été arrachée aux Autrichiens.

France de la Révolution, tu étais digne de vaincre ! Sans toi, que fût devenue l'Europe ? Tu combattais sans doute pour ta propre conservation, mais aussi pour le salut du monde. Tu versais à la fois ton sang et tes idées. Dans tes flancs sacrés, tu portais l'humanité tout entière !

Disons-le une fois pour toutes, c'est surtout au régime des Assemblées nationales que la France dut ses premiers succès. Le retentissement de la tribune courait jusque sur les champs de bataille. Cette parole, ce coup de marteau frappant chaque jour sur le fer rouge du patriotisme, en dispersait les étincelles dans tout le pays. Jamais la dictature d'un homme n'aurait produit une telle effervescence. Grâce à ses représentants, la République était partout, tenait tête à tout et montrait aux armées sa face sévère.

Voyant l'ennemi repoussé, les Prussiens décimés dans les plaines de la Champagne par le fer et par la maladie, Custine tenant Spire et pouvant se réunir au général Biron pour porter la guerre dans tout l'empire d'Autriche, Danton proposa de déclarer que la *patrie n'était plus en danger*. L'Assemblée résista : ce fut une faute. De telles formules, autorisant toute sorte d'actes arbitraires, ne devraient point survivre aux circonstances exceptionnelles qui les ont créées. Le moyen, en outre, pour les législateurs, d'inspirer de la confiance à la nation, c'est d'en avoir eux-mêmes, c'est de ne pas craindre.

Dumouriez vint à Paris pour jouir de son triomphe et sonder les partis qui agitaient alors la République. Il fut partout fêté, acclamé, cajolé. Qui ne connaît l'enthousiasme des Français pour un général vainqueur ? C'était le lion, l'événement du jour. A la ville, au théâtre, on ne parlait que de lui, on ne voyait que lui. Le 14 octobre, accompagné de Santerre, il se rend au club de Jacobins, où il embrasse Robespierre. Tout le monde applaudit. Dumouriez demande la parole :

« Citoyens, frères et amis, dit-il en terminant son discours, d'ici à la fin du mois, j'espère mener soixante mille hommes pour attaquer les rois et sauver les peuples de la tyrannie. »

Alors Danton :

« Lorsque Lafayette, lorsque ce vil eunuque de la Révolution prit la fuite, vous servîtes déjà bien la République en ne désespérant pas de son salut ; vous ralliâtes nos frères : vous avez depuis conservé avec habileté cette station qui a ruiné l'ennemi, et vous avez bien mérité de votre patrie. Une plus belle carrière encore vous est ouverte : que la pique du peuple brise le sceptre des rois, et que les couronnes tombent devant ce bonnet rouge dont la société vous a honoré. Revenez ensuite vivre parmi nous, et votre nom figurera dans les plus belles pages de notre histoire. »

Plus tard on a beaucoup reproché à Danton d'avoir recherché, flatté, adulé Dumouriez? Était-ce bien le général qu'il courtisait? Non, c'était la victoire. Il fallait avant tout que la Révolution s'appuyât sur le succès de nos armes, et, plus que tout autre, Danton avait poursuivi ce rêve glorieux; plus que tout autre, il avait contribué à remuer dans les cœurs le sentiment national, à pousser vers nos frontières les héroïques défenseurs de la patrie. Comptait-il aussi sur l'influence du général pour conclure une alliance avec la Gironde? Il y a tout lieu de le croire.

Il faut d'ailleurs se dire que les projets de Dumouriez étaient alors couverts d'un voile impénétrable. Qui l'eût soupçonné de trahison? Ses discours semblaient inspirés par le génie du patriotisme. Tous les partis s'y méprirent; les citoyens les plus purs rendirent hommage à ce vainqueur.

Un seul homme ne partageait point l'engouement général; mais cet homme était Marat, c'est-à-dire la défiance.

D'où naissaient dès lors ses soupçons?

Dumouriez étant venu à Paris pour recevoir les honneurs du triomphe, c'était à qui s'abriterait derrière l'épée du général. Il traînait à sa suite tout un état-major. Durant quelques jours, on ne vit dans les rues que des uniformes et des épaulettes. La ville passa sur-le-champ des frayeurs et de la tristesse à l'enivrement. Toutes les têtes tournèrent avec tous les cœurs du côté du général victorieux. Les Girondins profitèrent de la circonstance pour régner sur l'opinion et pour introduire le militarisme dans la République. La présence de ces officiers bravaches et fanfarons offusquait au contraire l'austérité des apôtres de la démocratie. Ces prétendus sauveurs venaient à Paris animés d'un beau feu contre les *agitateurs* et provoquaient jusque dans les rues et les promenades publiques les citoyens connus par leurs opinions exaltées. Marat fut personnellement victime de leurs boutades et de quelques voies de fait. Le crime de ce petit homme ombrageux était de ne point avoir fait écho à l'enthousiasme universel pour le héros du jour. Deux bataillons de volontaires parisiens, le Mauconseil et le Républicain, avaient, disait-on, cédé aux cruelles défiances de leur époque, en massacrant quatre malheureux déserteurs prussiens qui venaient se rendre et servir sous nos drapeaux, mais qu'ils prirent pour des espions ou pour des émigrés français. Dumouriez avait ordonné que ces deux bataillons fussent transférés dans une forteresse, dépouillés de leurs armes et de leurs uniformes. Marat ne vit dans la conduite de Dumouriez qu'un symptôme de haine secrète contre Paris. Il trembla sur le sort de ces soldats qui vivaient dans l'attente d'une punition inconnue. « Je veux avoir le cœur net de cette affaire, dit-il, et tant que j'aurai la tête sur les épaules, on n'égorgera pas le peuple impunément. » Il demanda donc aux Jacobins qu'on lui adjoignît deux commissaires, afin de se rendre chez Dumouriez, et de s'informer auprès du général des causes qui avaient fait traiter si sévèrement les deux bataillons accusés.

Cette nuit-là, il y avait fête rue Chantereine, dans la petite maison de Talma. Un enfant de Thalie (style du temps) recevait chez lui un enfant de Mars. Une porte cochère, dont le marteau, soulevé à chaque instant par des mains fraîchement gantées, retombait avec un bruit sourd, conduisait, par une étroite allée d'arbres, dans une cour sablée, où la maison, jolie bonbonnière du dernier siècle, s'épanouissait en souriant dans un nuage de parfums et de clarté. Les vitres, éclairées aux bougies, laissaient passer de temps en temps sur les rideaux de mousseline blanche les ombres joyeuses de femmes en grande toilette, les seins et les épaules nus, les cheveux relevés de fleurs, le cou humide d'une rosée de perles ou marqué de grains de corail; des gardes nationaux en tenue de bal, culotte de casimir blanc, bas de soie, souliers à semelles fines, allaient et venaient dans les allées; un bruit de musique, d'éclats de rire, de voix folles et coquettes, descendait jusque dans la cour, et des flots de lumière ruisselaient sur les marches de pierres de la maison que frôlaient, en montant, de longues jupes de soie.

Cette petite maison resplendissante, au milieu de la ville éteinte et morne, avait caché, comme par pudeur, au fond d'une allée, sous des ombres d'arbres, sa joie et ses lumières qui insultaient à la disette publique. On se cachait alors pour se réjouir, comme en d'autres temps pour verser des larmes. La disposition intérieure de la maison, que je visitai en 1837 et qui était alors habitée par un directeur du *Temps*, présente une forme sphérique assez singulière, qui ne manque point de caractère ni d'élégance; elle aurait plu à Mme de Pompadour, et semble une petite habitation secrète, choisie pour les plaisirs d'un comédien ou d'un roi. Bonaparte y demeura à son retour d'Égypte.

Le salon était éclairé intérieurement de lustres qui laissaient tomber du plafond leurs larmes de cristal. On voyait assis sur des fauteuils Kersaint, Lebrun, Roland, Lasource, Chénier et d'autres, engagés dans le parti de la Gironde; des femmes d'esprit, des jeunes filles du monde, des fées de l'Opéra, achevaient de parer la fête. On distinguait dans leurs groupes mademoiselle Contat, madame Vestris, la Dugazon. L'ameublement était d'un goût parfait; le salon tendu de damas bleu et blanc, avec des rideaux de fenêtres en mousseline relevée de draperies en soie, égayait les yeux par l'harmonie des tons; de grands vases de porcelaine d'où sortaient des tiges de fleurs naturelles (grand luxe d'alors) répandaient leur haleine embaumée dans tout l'appartement; ce n'était que mousseline, que soie, que rubans, que dorures, que lumières répétées sur les consoles et les cheminées, dans des glaces éblouissantes. Talma, en habit de comédien, faisait les honneurs de chez lui.

Le général Dumouriez, arrivé depuis quelques jours à Paris, était le héros de la fête. Il sortait du théâtre des Variétés, où sa présence avait excité des applaudissements. Il n'était bruit dans la ville que de ses exploits militaires: chacun, dans le salon de Talma, s'empressait cette nuit-là à toucher la main du général vainqueur. Jamais roi ne recueillit tant d'honneurs ni de flatteries

Boissy-d'Anglas.

de la part de ses courtisans qu'en reçut de ses concitoyens le chef des armées de la République. Des femmes charmantes, les bras demi-nus, les yeux assassins, les cheveux dressés à la dernière mode, sans poudre ni constructions aériennes (la Révolution avait passé son niveau sur les têtes les plus coquettes), agitaient autour de lui leurs mouchoirs parfumés, ou prenaient sur leurs fauteuils des poses agaçantes pour attirer son attention. On eût dit, sur des proportions plus bourgeoises, le maréchal de Villars courtisé par les dames de Versailles. Dumouriez était un militaire de belle humeur et de fière mine, qui répondait galamment à toutes ces avances. Rien de plus aimable qu'un homme heureux. Toute cette société, ivre de gloire, de lumière, de grand feu, de bruit, de parfums de fleurs, se livrait sans remords à l'oubli des sombres événements qui menaçaient alors la France. On entend tout à coup un grand tumulte dans l'antichambre; alors la grosse voix de Santerre, cette voix qui remuait les faubourgs, annonce, en s'élevant au milieu de cette société toute réjouie de doux propos, de tendres œillades, de toilettes folles :

— Marat !

A ce nom, tous les visages se rembrunissent. Un petit homme à mine cynique, négligemment vêtu, en houppelande sale, culotte de peau, bottes crottées, un mouchoir blanc noué sur la tête, apparaît au seuil du salon. Il a forcé l'entrée, malgré la résistance des valets amassés dans l'antichambre. La laideur, la petite taille et le visage terreux de cet homme ressortent singulièrement encadrés dans la bordure éblouissante d'une fête. Il est suivi de deux membres du club des Jacobins, Bentabole et Monteau, deux longs et maigres sans-culottes, deux têtes de l'Apocalypse.

A cette vue, un morne silence, mêlé de surprise, saisit tous les assistants. Marat, en cet état débraillé, représente le pauvre peuple, brusquement survenu, avec les livrées de la misère, au milieu des réjouissances des riches. C'était 93 fait homme, entrant, sans être invité ni attendu, dans un petit souper de la Régence.

Dumouriez demeure interdit; Marat va droit à lui, et mesurant d'un regard intrépide le général vainqueur :

— Monsieur, lui dit-il, c'est à vous que j'ai affaire.

Dumouriez tourne lestement les talons avec un geste d'insolence militaire; mais, le saisissant par la manche, Marat l'entraîne dans un coin du salon.

— Nous sommes envoyés, dit-il, par le club des Jacobins.

— Nous avons besoin de vous parler en particulier, ajoutent Bentabole et Monteau.

Ils entrent tous les quatre dans une chambre voisine. On entend à intervalles, quoique la porte soit close, la voix des interlocuteurs.

Marat. — La manière dont vous les avez traités est révoltante.

Il s'agissait, comme on pense bien, des deux régiments, le Mauconseil et le Républicain.

— Monsieur Marat !...

— Vous en imposez à l'Assemblée pour lui arracher des décrets sanguinaires.

— Vous êtes trop vif, monsieur Marat; je ne puis m'expliquer avec vous.

— Je viens ici au nom de l'humanité.

— Vous approuvez donc l'indiscipline des soldats?

— Non, mais je hais la *trahison* des chefs.

Dumouriez ne pouvait tolérer un pareil langage.

— Brisons là, dit-il.

La porte de la chambre où s'entretenait le général avec Marat, Bentabole et Monteau s'ouvre brusquement. L'Ami du peuple rentre dans le salon, suivi de ses deux commissaires. En traversant la foule, son regard se promène avec une audace et un mépris visibles sur les femmes demi-nues qui ornent cette fête, sur les Girondins suspects, sur les officiers à épaulettes d'or, et s'arrêtant devant Santerre avec un air de reproche :

— Toi ici? dit-il.

Il semble à quelques assistants voir les lumières pâlir. Marat, cette tache noire et sordide, en se posant sur une soirée radieuse, en a terni toute la joie. Les femmes, si rieuses et si brillantes il n'y a qu'un instant, sont tout à coup devenues obscures; l'ombre de cet homme, en marchant, laisse sur les toilettes, sur les seins découverts, sur la gracieuse figure de ces nymphes, une tristesse morne. — C'est la Terreur qui passe.

Plusieurs soldats de Dumouriez l'attendaient dans l'antichambre, le sabre nu sur l'épaule; Marat traverse cet appareil belliqueux et ridicule avec un sourire de dédain.

— Votre maître, ajoute-t-il, redoute plus le bout de ma plume que je ne crains la pointe de vos sabres.

Dumouriez était mal à l'aise; l'audace de ce petit homme qui était arrivé, à la clarté d'une fête, devant tout le monde, pour lui arracher le masque du visage, cette voix sévère du peuple qui était venue le saisir au milieu de tant de voix charmantes et flatteuses, et lui dire en face : « Tu es un traître ! » ce remords visible, cette conscience faite homme qui s'était glissée en haillons sous les rayons et les fleurs de la victoire, le confondaient. Il passa la main sur son front quand l'Ami du peuple se fut tout à fait retiré. En vain, de son côté, Mlle Contat reconduisait-elle à distance les trois commissaires, une cassolette à la main, toute fumante d'encens et d'odeurs, comme si elle eût voulu purifier les traces de Marat; cette gracieuse espièglerie, qu'elle prolongea jusqu'à la porte de la rue, ne rappela sur les lèvres de l'assemblée qu'un sourire froid et contraint. Marat avait d'un souffle éteint toute cette fête.

IV

Ce qu'étaient alors les Girondins. — Leur rôle dans la Convention. — Leurs préjugés contre Paris. — Encore l'affaire du Manconseil et du Républicain. — La population lasse des divisions personnelles. — Danton conciliateur et repoussé par les Girondins. — Son mot sur Mme Roland. — On lui demande des comptes. — Sa défense. — La Commune de Paris. — Accusation contre Robespierre. — Séance du 5 novembre. — Déroute de la Gironde. — Robespierre et son frère chez Duplay. — Une promenade autour de Paris. — Marat dénoncé par Barbaroux. — Réponse de Marat. — Eclaircie. — La bataille de Jemmapes.

Revenons à la Convention, ce grand centre de la vie politique en octobre et novembre 92.

Les factions qui divisaient l'Assemblée s'appuyaient évidemment sur l'état du pays. Quelle était donc la situation? Les anciens nobles, les partisans de la cour étaient à peu près rentrés sous terre, quoique, grâce au vote des provinces, quelques-uns d'entre eux se fussent glissés sur les bancs de la Convention. La bourgeoisie, composée de gens de robe, de légistes, d'avocats, de tabellions, de scribes, de négociants, avait remplacé l'ancienne aristocratie et cherchait à diriger le mouvement. Cette classe moyenne acceptait volontiers la République, mais elle redoutait les emportements de la multitude. Venaient ensuite les petits boutiquiers, les artisans, les contre-maîtres, les commis de bureau, les paysans qui, eux aussi, voulaient se faire une place au soleil de l'égalité.

Les Girondins avaient d'abord planté leur drapeau dans la couche populaire. N'avaient-ils point arboré le bonnet rouge? On a vu qu'ils avaient été les premiers à prononcer en France le mot de République. D'où vient donc qu'ils se soient tout à coup détournés de la démocratie? D'où vient qu'ils siégent aujourd'hui à droite de l'Assemblée et qu'ils jouent, avec quelques variantes, le rôle des constitutionnels de 89? Ont-ils été découragés par le peu de succès qu'ils obtenaient auprès des masses? Tremblent-ils devant la Révolution comme l'alchimiste d'un drame allemand devant l'homme de bronze qu'il a créé? Il est probable que diverses causes influèrent sur le revirement du parti girondin.

Ces hommes remarquables par le talent de la parole se croyaient alors les maîtres de la situation. La majorité de la Convention leur appartenait. Ils tenaient la plupart des ministères, ils distribuaient les places et les faveurs, ils régnaient sur les journaux, ils avaient avec eux Dumouriez, c'est-à-dire la victoire, et malgré tous ces avantages ils étaient impuissants. Que leur manquait-il donc? Un principe.

Ils voulaient la république, sans doute, mais une république de sentiment dont Mme Roland était la Muse. On ne fonde point une forme de gouvernement avec des rêves, ni avec des figures de rhétorique. D'un autre côté, la république n'était alors qu'un idéal; avant de l'atteindre, il fallait repousser l'ennemi, éteindre le foyer de la guerre civile, achever la Révolution, et les Girondins en étaient incapables. Ils se trouvaient donc fatalement entraînés dans une politique d'expédients. De là une alliance avec la classe moyenne, dont ils espéraient se faire un rempart contre les envahissements de la démocratie et contre les attaques de leurs adversaires.

La différence entre les doctrines semait chaque jour parmi les citoyens des germes de désordre.

« Que m'importe, disait-on dans les clubs, qu'un homme s'appelle monsieur le duc ou monsieur le jacobin, si je retrouve en lui le même orgueil, la même intolérance, le même despotisme[1]? » C'étaient en effet les mœurs qu'il fallait changer, si l'on tenait à fonder le règne de la démocratie. Or, sous ce rapport, les Girondins appartenaient beaucoup trop à l'ancien régime.

Le projet de donner à la Convention une force ou, comme on disait alors, une maison militaire attira sur eux la juste défiance des Parisiens. Un plan général ne se cachait-il point derrière cette mesure proposée par Barbaroux? « Qu'y a-t-il, s'écriait Robespierre, de plus naturellement lié aux idées fédéralistes que ce système d'opposer sans cesse Paris aux départements, de donner à chacun de ces départements une représentation armée particulière; enfin de tracer de nouvelles lignes de démarcation entre les diverses sections de la République dans les choses les plus indifférentes et sous les prétextes les plus frivoles? »

Ils avaient beau s'en défendre, tout démontre clairement que les Girondins cherchaient à détruire la domination morale et politique de Paris, dont ils redoutaient de plus en plus l'influence. Si l'on réfléchit maintenant que, sans un centre d'ébranlement, le pouvoir exécutif n'aurait jamais pu résister aux foudres de la coalition étrangère ni aux complots royalistes, on en conclura qu'en frappant la tête de la France les Girondins auraient immolé la Révolution. Ces hommes inventifs ne cessaient cependant d'agiter le fantôme de l'assassinat pour couvrir leurs ténébreux projets. Ils prêtaient à leurs adversaires des intentions sinistres et cherchaient à les noyer dans l'opinion publique sous un déluge de sang. Les Girondins avaient raison de conjurer les périls et les violences de la dictature; mais n'avaient-ils point pris eux-mêmes l'initiative de la Terreur? A l'Assemblée législative, Isnard n'invoquait-il point *la vengeance du peuple sur la tête des traîtres?* Comment ce qui passait chez lui pour *l'énergie d'une âme brûlante* devenait-il sur les lèvres de Marat *le langage de la scélératesse?*

1. Note copiée aux Archives nationales.

Les temps, dit-on étaient changés. Erreur! il n'y avait de changé que la position des Girondins.

Était-ce aussi sans motif que Barbaroux ne cessait de montrer à Paris un faux visage de Marseille [1]? Il y avait certes dans cette tactique une menace et un défi jeté aux citoyens de la capitale. Avec un tel système, on est très-vite entraîné à démembrer un État.

On voyait bien, dans cette lutte, des idées en présence les unes des autres; mais il y avait aussi des hommes. Les dissentiments politiques s'appuyaient sur des griefs personnels, sur de vieilles rancunes, sur des antagonismes d'amour-propre. Les Girondins ne pardonnaient point à Danton sa supériorité, à Robespierre l'intégrité de sa vie, à Marat sa popularité.

L'Ami du peuple avait toujours sur le cœur l'affaire du *Mauconseil* et du *Républicain*, les deux bataillons mis en quarantaine par Dumouriez.

Le 18 octobre, il demande la parole à la Convention nationale, et annonce qu'un grand complot a été tramé... contre lui. Scandale, bruit, éclats de rire forcés. L'Assemblée ne veut point l'entendre. Marat insiste. Des murmures l'interrompent.

Le président, au milieu du désordre. — Marat, vous avez la parole, mais ce n'est que pour un fait.

Marat. — Ce fait, le voici : Je dis que des ministres et des généraux perfides en imposent à la Convention, par des dénonciations fausses, pour la jeter dans des mesures violentes et lui arracher des décrets sanguinaires. (Rumeurs.)

Marat répète son exorde en rehaussant la voix. Les murmures recommencent avec des trépignements.

« Je vous demande, président, du silence. J'ai, comme la faction qui m'interrompt, le droit d'être entendu. »

Le président. — Je ne puis que vous donner la parole; mais il m'est impossible de vous donner du silence.

Marat. — Tandis que le public indigné s'élève contre les mesures atroces qui sont employées envers les soldats de la patrie, seriez-vous les seuls à y applaudir; et faut-il qu'un homme que vous accablez de vos clameurs soit plus jaloux de votre honneur que vous-mêmes? Je réclame contre le décret qui vous a été surpris au sujet des deux bataillons patriotes le *Mauconseil* et le *Républicain*, dénoncés par les généraux comme ayant déshonoré les armées françaises. Je me suis rendu, pour éclaircir le fait, chez le général Dumouriez; il a paru interdit. (Il s'élève des éclats de rire.) Dumouriez ne m'a opposé que des raisons éva-

---

1. C'était lui, on s'en souvient, qui aux approches du 10 août avait annoncé l'arrivée des braves fédérés patriotes; comment se fait-il qu'en septembre à la Convention il réclamât une garde d'honneur composée de jeunes aristocrates? L'esprit de Marseille avait-il changé? Les journées de Septembre avaient-elles produit une réaction? Barbaroux aurait voulu le faire croire; mais la vérité est que dans toutes les grandes villes se trouvent deux éléments distincts. Le 10 août, le jeune député avait fait appel au parti du mouvement; il jugeait maintenant utile à ses intérêts de se servir du parti contraire.

sives. Poussé dans ses derniers retranchements, il a déclaré s'en référer à la Convention nationale et au ministre. Je me suis adressé à votre Comité de surveillance. Il s'est fait remettre la pièce relative à cette affaire. Si vous l'eussiez lue avec nous, vous auriez été tous saisis d'indignation, en voyant que les quatre prétendus déserteurs prussiens étaient quatre émigrés français. C'étaient donc des espions qui venaient sous vos drapeaux pour vous trahir, et qui conspiraient peut-être avec le général. (La salle s'ébranle d'indignation.) Je veux parler du général Chazot. N'oubliez pas qu'il a été cause de la déroute de l'avant-garde de Dumouriez. Je sais qu'il est un certain nombre de membres qui ne me voient qu'avec le dernier déplaisir. (Oui, oui!) J'en suis fâché pour eux. Lorsqu'un homme, qui n'est animé que du bien public, ne reçoit que des vociférations, les sentiments de ses ennemis sont jugés. Je dis qu'il existe dans cette Assemblée une cabale qui cherche à m'exclure de son sein pour écarter un surveillant incommode ; je viens d'être menacé par le citoyen Rouyer ; je ne sais si c'est un spadassin.

Le président. — Le règlement défend toute personnalité, et ce n'est pas ici le lieu de vider une rixe personnelle avec un collègue.

Marat. — Ce n'est pas comme homme que je vous adresse la parole, ce n'est pas comme citoyen, c'est comme représentant du peuple ; j'ai été menacé, dis-je, par le citoyen Rouyer ; je ne sais s'il a espéré me rabaisser à son niveau ou m'éloigner par la terreur ; mais je me dois au salut public, je resterai à mon poste, et je dois déclarer que si l'on entreprend contre moi quelques voies de fait, je repousserai ces outrages en homme de cœur, et j'en prends à témoin ceux qui m'ont vu.

Le président. — A quoi concluez-vous, Marat?

Marat. — Je demande la lecture du procès-verbal qui est déposé au Comité de surveillance. Je vous fais en outre observer qu'il n'a jamais été dans mon intention de disculper les bataillons d'avoir voulu prévenir l'action de la justice ; ils ont manqué à la forme : mais les généraux vous en ont imposé quand ils vous ont représenté les quatre malheureuses victimes de cette affaire comme des déserteurs prussiens. Je m'élève donc contre les mesures générales et violentes qu'on a prises envers ces bataillons, tandis qu'il était évident qu'ils ne renfermaient qu'un petit nombre de coupables ; on les a tous enveloppés d'une flétrissure qui, s'ils eussent été des brigands pris dans les forêts, n'eût pu être plus honteuse. En vous dénonçant ces faits, j'ai rempli le devoir que m'imposait ma conscience. Je me retire.

La preuve que Marat n'avait pas tout à fait tort, c'est que ces deux bataillons furent plus tard réhabilités.

Quel que fût l'homme, il était député de Paris, au même titre que ses collègues, et tout outrage envers sa personne s'adressait à la représentation nationale tout entière. Or, chaque jour, on l'insultait aux portes mêmes de la Convention ; on lui marchait sur les pieds en criant par dérision : « Ah! le petit Marat! » Gorsas, dans son *Courrier des départements*, lui jetait de la boue et du sang au visage. Des placards le désignaient à la haine et à la vengeance des bons citoyens. Des hommes à cheval passaient la nuit devant sa maison avec des torches et demandaient sa tête. Est-il vrai que ses jours fussent alors menacés? Il le crut du moins et, pour se conserver vivant, Marat rentra le soir dans son souterrain.

Ces attaques furieuses, ces ressentiments personnels affligeaient le pays. Les faubourgs en murmuraient. Dans un moment aussi critique, où tout était à réorganiser, où le numéraire s'était évanoui, où la rareté des subsistances amenait des troubles sur les marchés, où l'industrie souffrait, où il s'agissait d'assurer le bonheur de vingt-cinq millions d'hommes, où le succès de nos armes était encore mal affermi, où couvait dans l'Ouest la guerre civile, la Convention n'avait-elle donc rien de mieux à faire que de se livrer à des luttes stériles? Les géants se combattaient, se blessaient les uns les autres dans des débats confus, ainsi que les dieux de l'Iliade dans les nuages. Ces rivalités fâcheuses ne décourageaient-elles point les espérances et les héroïques efforts de la nation? Chacun se demandait : « Nous sacrifions-nous pour des principes ou pour des ambitieux? » Une pétition, adressée à l'Assemblée, disait : « C'est avec douleur que nous voyons des hommes faits pour se chérir et s'estimer, se haïr et se craindre autant et plus qu'ils ne détestent les tyrans... Qu'on impose silence à l'amour-propre, et il ne faudra qu'un moment pour éteindre le flambeau des divisions intestines... Que les citoyens ne soient pas constamment occupés à se surprendre, à se tendre des piéges, à nourrir des défiances... »

Le rapprochement des partis, la réconciliation des chefs, l'extinction des haines personnelles, tel était alors le vœu de tous les esprits sages. Un seul homme avait assez de confiance en lui-même et assez d'énergie pour amener cet heureux dénouement. Oubliant ses griefs particuliers, refoulant ses vieilles rancunes, Danton tendit à la Gironde sa large main; cette main fut repoussée. On dédaigna ses avances. Les grands projets échouent souvent contre un grain de sable. On prétend qu'un mot rompit toutes les chances d'un accord entre Danton et les Girondins. Le 29 septembre, il avait dit en riant à la tribune : « Personne ne rend plus justice que moi à Roland; mais je vous dirai, si vous lui faites l'invitation de rester ministre : Faites-la donc aussi à Mme Roland... » Le trait blessa au vif l'amour-propre des deux époux et du parti tout entier, qui était accusé d'obéir à une femme.

Quoi qu'il en soit, les Girondins se servirent d'un autre prétexte pour rejeter les avances de Danton. Ils mirent en doute sa probité. Beaucoup d'argent avait été dépensé dans la crise terrible que venait de traverser la France. Cambon, ministre des finances, homme sévère et intègre, demandait que ses collègues fussent tenus de rendre des comptes. Roland avait présenté les siens dans le plus minutieux détail. C'était maintenant le tour de Danton. Ses adversaires trouvaient étonnant qu'il eût employé 200 000 livres en dépenses secrètes et près de 200 000 livres en dépenses extraordinaires; mais on doit se souvenir que Danton était à la fois ministre de la justice et adjudant du ministre de la guerre, que la patrie était en péril et qu'il fallait à tout prix la sauver.

« Je n'ai rien fait, disait-il, que par ordre du conseil, pendant mon ministère... Lorsque l'ennemi s'empara de Verdun, lorsque la consternation se répandait même parmi les meilleurs et les plus courageux citoyens, l'Assemblée légis-

Saint-Just.

lative nous dit : N'épargnez rien, prodiguez l'argent, s'il le faut, pour ranimer la confiance et donner l'impulsion à la France entière. Nous avons été forcés à des dépenses extraordinaires, et, pour la plupart de ces dépenses, j'avoue que nous n'avons point de quittances bien légales... Je ferai observer en finissant que si le conseil eût dépensé dix millions de plus, il ne serait pas sorti un seul ennemi de la terre qu'ils avaient envahie... »

Ainsi, de l'aveu même de Danton, sa comptabilité était irrégulière; mais ne fallait-il point se reporter aux circonstances tragiques dans lesquelles les livres avaient été tenus? Qu'il y eût alors quelques désordres dans le maniement des fonds, le moyen de s'en étonner? Danton n'était point un avare, aimant l'argent pour l'argent. Il tenait à bien vivre, à recevoir des amis, à humilier la richesse, dont il eût fait volontiers la servante de ses desseins et de ses plaisirs. De telles mœurs ouvraient carrière à bien des soupçons; mais encore faudrait-il que ces soupçons fussent fondés. Qui croira jamais qu'au milieu de ce tourbillon d'affaires, au plus fort des calamités publiques, un homme de la taille de Danton, un grand citoyen après tout, ait songé à remplir ses poches? Qu'il fût mal entouré, je l'admets; qu'il fût faible dans ses amitiés, passe encore; qu'il ait prodigué l'or pour soutenir certains journaux, pour suivre à la piste la conspiration de la Bretagne et du Midi, pour payer les services secrets de police et de diplomatie, c'est un fait certain; mais qui donc a le droit de dire qu'il se soit approprié les dépouilles de la France?

Les lâches, qui s'étaient cachés au moment du danger, réclamaient de Danton des comptes qu'ils savaient bien ne pouvoir être fournis : c'était un moyen de l'avilir.

Danton ayant été repoussé par la Gironde, tout espoir de conciliation était perdu. Enhardis par l'avantage de leur position (ils étaient maîtres de l'Assemblée), les Girondins auraient dû se montrer oublieux, magnanimes : loin de là, ils ne cessaient de lancer contre leurs adversaires la meute aboyante de leurs journaux, ni de fatiguer la tribune de dénonciations monotones. Les Montagnards, de leur côté, rendaient guerre pour guerre. En temps de révolution, il y a des mots, des épithètes qui ressemblent à des flèches empoisonnées. Quand les partis se sont mutuellement traités de *brigands*, de *scélérats*, de *chiens enragés*, le jour arrive où ils agissent en conséquence et prononcent les uns contre les autres la peine de mort. Qu'on admire du reste la logique des factions : les Girondins se présentaient alors devant le pays comme des modérés; ils disaient avoir horreur du sang, ils protestaient contre les doctrines de Marat, et ils demandaient sa tête!

De nouveaux orages se formaient à l'horizon, et la foudre éclata le 29 octobre.

La Gironde en voulait surtout à la Commune de Paris, qui contrariait ses desseins. Tant que ce pouvoir rival resterait debout, la politique des *Brissotins* (comme on disait alors) serait tenue en échec. La Commune, de son côté, avait eu le tort de provoquer la lutte, en lançant contre l'Assemblée, à propos de la garde départementale, une adresse insolente, un véritable brandon de discorde. La Convention indignée riposta en décrétant que la Commune rendrait ses comptes *dans trois jours*. Frapper les hommes obscurs qui siégeaient à l'Hôtel de Ville n'eût point beaucoup avancé les affaires des Girondins; ce qu'on voulait, c'était atteindre deux ou trois membres de la Convention. Danton, Robespierre, n'étaient point de la Commune, mais on s'efforçait de les rattacher à l'Hôtel de Ville par l'influence vraie ou fausse qu'ils y exerçaient.

Une enquête s'ouvrit sur les arrestations faites par la Commune le 18 août et sur les journées de Septembre. Le 4 octobre, Valazé, membre du Comité de sûreté générale, vint déclarer à la tribune : « Nous avons trouvé des papiers qui prouvent l'innocence de plusieurs personnes massacrées dans les prisons. (Un mouvement d'horreur s'élève de toutes parts.) Oui, il est temps de dire la vérité. Des personnes innocentes ont été massacrées, parce que les membres qui avaient lancé les mandats d'arrêt s'étaient trompés sur les noms; le Comité de surveillance lui-même en est convaincu. »

Marat, on s'en souvient, faisait partie de ce Comité; il demande la parole.

Lasource. — Il faut que Marat soit entendu et que vous le décrétiez d'accusation s'il est coupable.

Marat. — J'applaudis moi-même au zèle du citoyen courageux qui m'a dénoncé à cette tribune.

Beaucoup plus sage et plus habile que ses amis, Buzot comprit très-bien que la Gironde faisait une fausse manœuvre.

« Nous risquons, dit-il, de donner à ces dénonciations une importance qu'elles n'auraient pas sans cela... Il me semble entendre les Prussiens demander eux-mêmes que Marat soit entendu. En effet, n'est-ce pas en faisant dénigrer sans cesse les représentants du peuple que les Prussiens doivent désirer d'avilir la Convention, et lui faire perdre la confiance dont elle a besoin pour faire le bonheur du peuple? »

Marat, cependant, monte à la tribune.

Une voix. — Votez la clôture : Marat ne vaut pas l'argent qu'il coûte à la nation.

Lidon. — Puisque le corps électoral de Paris a prononcé contre nous le supplice d'entendre Marat, je demande le silence.

Cambon. — Comme il est juste d'entendre le crime aussi bien que la vertu, je demande que sans perdre de temps Marat soit entendu.

Au milieu de ces exclamations flatteuses, l'Ami du peuple commence par rappeler l'Assemblée... à la réflexion, signale *une cabale affreuse élevée* contre lui *pour enchaîner sa plume* et déclare hautement que, quant à ses opinions politiques, *elles étaient au-dessus des lois.*

A une vague accusation, il répondait par une bravade. Ce n'était d'ailleurs pas lui cette fois qu'on visait; c'était Danton et Robespierre. Quant à Marat, la Gironde croyait l'avoir anéanti pour le moment sous la conspiration du mépris.

Le 22 octobre, attaque en règle contre la Commune. Roland dans un rapport très-bien fait résumait ainsi la situation de la capitale : « En un mot, corps administratif sans pouvoir; Commune despote; peuple bon, mais trompé; force publique excellente, mais mal conduite, voilà Paris. »

Ce tableau lamentable de l'anarchie se détachait en vigueur sur l'ombre rougeâtre des journées de Septembre.

Le 30, Danton éleva le débat en le plaçant sur le terrain de l'histoire.

« Rappelez-vous, s'écria-t-il, ce que le ministre actuel de la justice vous a dit sur ces malheurs inséparables de la Révolution! Je ne ferai point d'autres réponse au ministre de l'intérieur (Roland). Si chacun de nous, si tout républicain a le droit d'invoquer la justice contre ceux qui auraient excité des troubles révolutionnaires pour assouvir des vengeances particulières, je dis qu'on ne peut pas se dissimuler non plus que jamais trône n'a été fracassé sans que ses éclats blessassent quelques bons citoyens. Jamais révolution complète n'a été opérée sans que cette vaste démolition de l'ordre de choses existant n'ait été funeste à quelqu'un. Il ne faut donc imputer ni à la cité de Paris ni à celles qui auraient pu présenter les mêmes désastres ce qui est peut-être l'effet de quelques vengeances particulières dont je ne nie pas l'existence, mais ce qui est bien plus probablement la suite de cette commotion générale, de cette fièvre nationale qui a produit les miracles dont s'étonnera la postérité. »

L'orateur concluait en demandant que la discussion sur le mémoire de Roland fût fixée au lundi suivant. « Ainsi, ajoutait-il, les bons citoyens qui ne cherchent que la lumière, qui veulent connaître les choses et les hommes, sauront bientôt à qui ils doivent leur haine ou la fraternité; or la fraternité seule peut donner à la Convention cette marche sublime qui marquera sa carrière. »

Danton, dans le cours de son improvisation, avait d'ailleurs lancé sur la Gironde un grand trait : « Je déclare que tous ceux qui parlent de la faction Robespierre sont à mes yeux ou des hommes prévenus ou de mauvais citoyens. » A ces mots, des murmures s'étaient élevés dans l'Assemblée.

Robespierre dans ces derniers temps s'était tenu à l'écart. Le 2 septembre, il se plongea le front voilé dans la retraite. L'avocat d'Arras attendait : il avait placé sa barque sur un roc où la marée, c'est-à-dire la force des événements, devait un jour ou l'autre l'emporter vers le but qu'il voulait atteindre.

C'est à cet homme d'État qu'allait s'attaquer la Gironde. Grande imprudence! Et qui choisit-elle pour porter les premiers coups? Louvet, l'auteur de *Faublas*, un roman libertin. Autant eût valu la piqûre d'une guêpe contre une statue de marbre.

« Robespierre, je t'accuse! »

Ce début promettait. A en croire Louvet, un grand complot existait depuis le 10 août ; le 2 septembre, Robespierre s'était rendu à la Commune, où il avait désigné ses ennemis à la vengeance des meurtriers. Cette accusation était vague, diffuse, entièrement dénuée de preuves. Louvet parla ; ce fut tout. Cependant Maximilien comprit la nécessité d'un suprême effort pour rejeter ce linceul de dictature dans lequel ses ennemis avaient juré de l'ensevelir. Il demanda huit jours pour préparer sa défense. L'Assemblée décida que Robespierre paraîtrait à la tribune de la Convention pour se justifier, le lundi 5 novembre.

Dans l'intervalle, des rassemblements nombreux parcouraient la ville en vociférant les cris de : « Mort à Robespierre ! mort à Danton et à Marat ! »

Les huit jours écoulés, Robespierre, qui s'était caché à tous les yeux, monte les degrés de la tribune. Les femmes écoutent haletantes; l'Assemblée elle-même est comme suspendue aux lèvres de l'orateur. Robespierre repousse avec une ironie hautaine les absurdes reproches de Louvet. La nécessité où la Gironde le mettait, par des accusations violentes, de dérouler sa vie, lui donnait une occasion magnifique d'attirer l'attention sur les services qu'il avait rendus à la patrie. Il rejeta, non sans horreur, toute solidarité avec les journées sanglantes des 2 et 3 septembre. « Ceux qui ont dit, s'écrie-t-il, que j'avais eu la moindre part à ces événements, sont des hommes ou excessivement crédules ou excessivement pervers. Je les rappellerais au remords, si le remords ne supposait une âme. »

Il eut des mouvements d'une véritable éloquence. « On assure qu'un innocent a péri; un seul! c'est beaucoup trop, sans doute. Citoyens, pleurez cette méprise cruelle. Pleurez les malheurs de cette journée; pleurez même les victimes coupables réservées à la vengeance des lois, qui sont tombées sous le glaive de la justice populaire; mais que votre douleur ait un terme comme toutes les choses humaines. Gardons aussi quelques larmes pour des calamités plus touchantes! Pleurez cent mille patriotes immolés par la tyrannie! Pleurez nos citoyens expirants sous leurs toits embrasés! Pleurez les fils des citoyens massacrés au berceau ou dans les bras de leurs mères! Pleurez donc, pleurez l'humanité abattue sous le joug odieux des tyrans et de leurs complices! Mais consolez-vous, si, imposant silence à toutes les viles passions, vous voulez assurer le bonheur de votre pays et préparer celui du monde; consolez-vous, si vous voulez rappeler sur la terre l'égalité et la justice exilées, et tarir, par des lois justes, la source des crimes et des malheurs de vos semblables. »

Se tournant du côté de ses adversaires : « De quel droit voulez-vous faire servir la Convention à venger votre amour-propre? Vous nous reprochez des illégalités! Oui, notre conduite a été illégale, aussi illégale que la chute du trône et que la prise de la Bastille, aussi illégale que la liberté même! Citoyens, vouliez-vous donc une Révolution sans révolution? L'univers, la postérité ne verront dans ces événements que leur cause sacrée et leur sublime résultat; vous devez les voir comme elle. Vous devez les juger, non en juges de paix, mais en hommes d'État et en législateurs du monde. » Le moment de conclure était venu, on s'attendait à de justes représailles; mais Robespierre, écartant d'une main généreuse le tonnerre qui grondait sur la tête de ses ennemis : « Je renonce au facile avantage de répondre aux calomnies de mes adversaires par des dénonciations plus redoutables; j'ai voulu supprimer la partie offensive de ma justification. Je ne demande d'autre vengeance que le retour de la paix et le triomphe de la liberté. »

La Convention était fatiguée de ces attaques personnelles. Les applaudissements éclataient dans les tribunes. Maximilien Robespierre venait d'être marqué par le doigt de ses ennemis; c'était le signe de l'élévation ou du martyre.

Cependant ses accusateurs frémissaient.

Barbaroux. — Je demande à dénoncer Robespierre, et à signer ma dénonciation. Si vous ne m'entendez pas, je serai donc réputé calomniateur! Je descendrai à la barre... Je graverai ma dénonciation sur le marbre. » (Murmures. On demande à grands cris l'ordre du jour.)

Louvet. — Je vais répondre à Robespierre... »

Les interruptions étouffent sa voix. L'Assemblée décide de passer à l'ordre du jour. Louvet reste à la tribune : furieux, il demande à parler contre le président.

Le président. — J'ai peine à concevoir comment, lorsque je n'ai fait que prendre les ordres de l'Assemblée, un membre demande à parler contre moi.

Alors Barbaroux descend à la barre. Un mouvement de surprise agite l'Assemblée ; on rit, on s'impatiente, on s'agite. Barbaroux insiste et réclame la parole comme citoyen. Plusieurs membres demandent qu'il soit censuré comme avilissant le caractère de représentant du peuple.

Barère parait à la tribune. Le silence se rétablit. L'orateur cherche à terminer ces duels politiques, en amoindrissant l'importance des chefs de la Montagne.

On renouvelle la motion de censurer Barbaroux. Lanjuinais parle au milieu d'un tumulte épouvantable.

Quelqu'un. — Je demande qu'il soit ordonné à Barbaroux de quitter la barre et de faire cesser ce scandale.

Lanjuinais. — Je soutiens que Barbaroux a employé le seul moyen pour obtenir la parole et pour vous rendre attentifs.

Le président. — Je vous fais observer que l'Assemblée ayant décidé de passer à l'ordre du jour, la discussion est fermée.

Couthon. — Je le dis avec douleur, mais avec vérité, la petite manœuvre employée par Barbaroux pour nous forcer à lui accorder la parole ne mérite que notre pitié.

Les Montagnards applaudissent ; quelques Girondins trépignent de rage. Barbaroux quitte tristement la barre et reprend sa place de secrétaire.

Le triomphe de Robespierre était encore disputé avec acharnement. Quelques membres, prétextant des doutes sur la première épreuve, demandent que la proposition de passer à l'ordre du jour soit remise aux voix. Le président fait remarquer qu'en effet le tumulte l'a empêché de prononcer le résultat de la délibération. Lanjuinais insiste de nouveau pour être entendu ; des cris : *A bas de la tribune !* s'élèvent avec violence. Il va reprendre sa place au bureau des secrétaires, à côté de Barbaroux. Louvet, Lanthenas lui succèdent et sont bruyamment éconduits par l'impatience générale. On demande de toutes parts l'ordre du jour. Barère relit son projet de décret, où il cherche à couvrir dédaigneusement l'accusé du manteau de l'impuissance et de la médiocrité.

Robespierre. — Je ne veux pas de votre ordre du jour, qui m'est injurieux.

La Convention décide purement et simplement qu'elle passe par-dessus les démêlés personnels. C'est ce que voulait Robespierre.

Le retentissement de cette orageuse séance se fit sentir le soir aux Jacobins, où Robespierre fut vivement acclamé. Ce fut alors qu'un fort de la halle, aux formes athlétiques, au cœur tendre sous une rude écorce, prit une résolution peut-être unique dans l'histoire. — « Voilà, se dit-il en écoutant parler Maximilien, voilà un homme que les aristocrates, bourgeois ou autres, doivent avoir conçu le projet de mettre à mort. On ne défend pas impunément les droits du peuple avec tant de courage et d'éloquence. Il faut que je me décide à lui faire un rempart de ma personne. Les rois ont des satellites pour les accompagner ; il faut que l'ami, le défenseur de la nation ait au moins un bras pour écarter de lui les attentats des conspirateurs et des traîtres. Je serai ce bras. Seul, à l'écart, je veillerai sur la sûreté de ce digne représentant du peuple. » Le projet conçu est aussitôt mis à exécution : chaque soir, cet ami inconnu attend Robespierre à la sortie du club et jusqu'à la rue Saint-Honoré l'accompagne à distance, un énorme bâton dans la main. Robespierre ignora toute sa vie ce dévouement anonyme et l'espèce de culte dont il était l'objet de la part de ce brave homme, qui s'était fait volontairement son garde du corps [1].

Maximilien, à son retour d'Arras en 1792, était descendu chez les Duplay avec sa sœur, Charlotte Robespierre, et son frère Augustin, qui venait d'être nommé député. C'est là qu'il se rendit dans la nuit du 5 novembre, après l'orageuse victoire qu'il venait de remporter sur les Girondins. Maurice Duplay, l'hôte des deux Robespierre, avait chez lui, comme nous l'avons dit, trois filles, Éléonore qui était l'aînée, Victoire qui ne fut jamais mariée, et Élisabeth, la plus jeune, celle qui épousa Lebas. Ces trois filles aimaient Maximilien comme un frère. Elles lui confiaient leurs peines, le faisant juge de leurs petites querelles. Quand un de ces légers nuages, qui passent sur les familles les mieux unies, venait à obscurcir le front d'une des jeunes sœurs, il l'attirait doucement sur ses genoux et lui demandait à voix basse le secret de sa tristesse. Si c'était qu'elle avait été grondée par sa mère, il se faisait aussitôt le conciliateur des parties offensées et plaidait les circonstances atténuantes. On n'est pas avocat pour rien. Toujours il revenait le sourire du pardon sur les lèvres et poussait alors la jolie boudeuse dans les bras de Mme Duplay.

Un sentiment plus tendre que l'amitié l'attirait vers Éléonore, la fille aînée du menuisier. C'était, dit-on, une belle personne aux traits accentués, à l'âme virile. Un jour, Maximilien, en présence de ses hôtes, prit la main d'Éléonore dans la sienne et lui glissa au doigt un anneau d'or ; c'était, conformément aux mœurs de sa province (l'Artois), un signe de fiançailles. Toutefois le mariage fut ajourné à la paix (comme on disait alors), c'est-à-dire à des jours meilleurs et moins troublés, où la France serait débarrassée de ses ennemis.

Robespierre l'aîné avait ainsi deux familles, l'une dans l'Artois, à laquelle il envoyait la plus grande partie de son traitement, l'autre sur laquelle il s'était pour ainsi dire greffé par l'analogie des mœurs et des principes. A l'instigation de sa sœur, il quitta plus tard la maison Duplay, mais pour y revenir; c'était le nid de ses affections, l'Eldorado de ses rêves.

La Gironde avait commis une faute en accusant deux hommes tels que Dan-

---

1. Communiqué à l'auteur par David (d'Angers), qui tenait lui-même le fait de la famille Lebas.

ton et Robespierre, la force et la probité ; elle en commit une seconde, qui fut de remettre Marat sur la sellette.

Nous devons dire à la suite de quel incident.

S'il faut en croire le professeur Tissot, qui avait connu Marat dans l'intimité, l'homme valait beaucoup mieux que ses systèmes et ses écrits. Accablé de travail, sa seule distraction était une promenade, le dimanche, sur les bords de la Seine. Il allait tantôt seul, tantôt accompagné de quelques amis ; car, quoi qu'on en dise, Marat avait des amis. Ses deux compagnons étaient, ce jour-là, Fabre d'Églantine et Camille Desmoulins ; peut-être par leur entremise cherchait-il un rapprochement avec Danton[1]. Ils se dirigeaient en causant du côté de Charenton. Le plus vieux des trois, Marat, n'en était pas moins vif dans ses mouvements ; il marchait le dos courbé et la tête légèrement inclinée vers le côté droit. Dans ce contraste d'une ville en révolution avec le silence, la grave sérénité d'un coucher de soleil, les grands arbres dépouillés de feuilles, mais détachant dans le ciel leurs fines nervures, les trois promeneurs avaient devant les yeux les deux faces solennelles du grand et du beau, l'histoire et la nature.

Fabre d'Églantine et Camille Desmoulins aimaient la nature en poëtes ; Marat l'observait en savant. Ayant beaucoup étudié, beaucoup cherché et un peu découvert, sa conversation était intéressante. Tant qu'on ne contredisait point ses idées, il se montrait bon diable, s'accommodait à tout, faisait ce que voulaient les autres ; mais Camille Desmoulins se donnait parfois le malin plaisir de l'attirer sur le terrain brûlant de la politique. Alors ce petit homme devenait furieux, insociable, volcanique. Le contraste existe souvent en amitié comme en amour : ce qui l'attirait du côté de Camille, c'était l'esprit, la gaieté, la belle humeur du jeune espiègle. Camille répondit d'abord à cette bienveillance avec enthousiasme ; il traita publiquement Marat de prophète, d'ange tutélaire de la France, de génie de la Révolution ; il le nomma dans sa feuille le *divin* Marat. L'admiration étourdie de Desmoulins, à laquelle s'était toujours mêlé un grain de sarcasme, commençait à reculer devant la froide et terrible logique de ce dieu qui demandait des têtes.

Fabre d'Églantine avait de l'estime pour Marat, dont il nous a laissé un portrait à la plume beaucoup trop flatté.

Le voyant ce soir-là plus calme que d'habitude, Camille lui adressa diverses questions, pour voir si l'Ami du peuple était décidément un maniaque ou s'il avait un système. Il lui rappela ses idées modérées, à l'époque de l'ouverture des États généraux, et les mit en opposition avec ses doctrines actuelles. « Si en effet, reprit Marat, les fautes de l'Assemblée constituante ne nous avaient pas créé dans les anciens nobles autant d'ennemis irréconciliables, je persiste à croire que ce grand mouvement aurait pu s'avancer dans le monde par des voies pacifiques : mais, après l'édit absurde qui garde de force ces ennemis-là parmi nous, après les coups maladroits portés à leur orgueil par l'aboli-

---

1. Tous ces détails et les suivants ont été communiqués à l'auteur par la sœur de Marat.

tion des titres, après l'extorsion violente des biens du clergé, je soutiens qu'il n'y a plus moyen de les rallier à notre Révolution. Nous voulons fonder un gouvernement sur les lois sacrées de la nature et de la justice : eh bien ! ces nobles, en possession, depuis des siècles, de nous fouler aux pieds, de nous piller et de nous charger comme des bêtes de somme, travailleront sans cesse à miner les bases

Louis XVI et la famille royale au Temple.

de notre nouvel état social. Nous sommes en guerre avec des ennemis intraitables ; il faut donc ou renoncer à la Révolution ou les détruire. A mesure que les dangers qui menacent notre République naissante s'éloigneront, la peine de mort deviendra inutile et elle s'effacera bientôt de nos codes. »

On peut plaider en faveur de Marat certaines circonstances plus ou moins atténuantes, le ressentiment d'un amour-propre blessé, les dangers qu'il avait courus, les persécutions qu'il avait endurées; mais, dans l'analyse de son caractère, il faut surtout tenir compte d'une singularité : l'Ami du peuple n'avait point de patrie. Né en Suisse, à Boudry, d'un père sarde et d'une mère genevoise, il avait vécu successivement en Angleterre et dans beaucoup d'autres pays; il parlait et écrivait diverses langues; il était citoyen du monde. Malgré les bonnes intentions qu'on peut leur supposer, de tels êtres sont toujours dangereux. N'étant retenus ni par les liens du sang ni par les attaches du sol natal, ils s'absorbent volontiers dans une idée fixe, et sacrifient beaucoup trop aisément les hommes à leurs rêves d'humanité.

La nuit était descendue sur les campagnes. Les trois Conventionnels reprirent lentement le chemin de Paris. — Cette grosse masse sombre, toute piquée de lumières, élevait dans le lointain, au-dessus du courant de la Seine, son front entouré d'une brume rougeâtre. Chemin faisant, la conversation tomba sur Barbaroux. Marat dit :

— Barbaroux a été mon ami : si l'expédition du 10 août eût manqué, nous devions partir ensemble pour Marseille; c'était alors un bon jeune homme, qui aimait à s'instruire près de moi. J'ai des lettres écrites de sa main, où il me nomme son maître et se dit mon disciple : si je l'ai perdu, c'est que la faction brissotine s'est emparée de sa tête, en le flattant.

Camille Desmoulins qui, d'accord avec son ami Danton, n'avait pas encore abandonné tout espoir d'une alliance avec la Gironde, proposa une réconciliation. Il conduisit en effet Marat dans un petit café de la rue du Paon, où était Barbaroux. L'Ami du peuple se montra d'abord froid et réservé; mais Barbaroux ayant fait quelques avances, ils s'embrassèrent.

Était-ce un baiser de Judas?

Le lendemain, grand tumulte dans la Convention nationale; à l'ouverture de la séance, Barbaroux occupait la tribune. « Citoyens, disait-il, l'homme véritablement coupable est l'agitateur pervers qui ne cesse de semer le trouble et la discorde dans Paris, qui égare les sentiments des soldats et des fédérés... Eh bien! ce coupable, je vous le livre : c'est Marat. » Il s'agissait d'une visite que l'Ami du peuple avait été faire dans la matinée à la caserne des Marseillais. Voyant le mauvais état des vivres et du coucher, il avait témoigné une vive indignation. Ce sont ses paroles qui, recueillies dans un procès-verbal par quelques officiers attachés au parti de la Gironde, servaient maintenant d'acte d'accusation entre les mains de Barbaroux. Cette dénonciation contre Marat est reçue de l'Assemblée avec transport. Les tribunes seules murmurent. Avant que l'accusé ait le temps d'ouvrir la bouche, le bruit court que Marat ne cesse de tenir des propos sanguinaires.

UNE VOIX. — Je sais qu'un membre de cette Assemblée a entendu dire à ce monstre que, pour avoir la tranquillité, il fallait encore abattre deux cent soixante-dix mille têtes.

L'Assemblée fait un mouvement d'horreur. Les yeux se portent vers la tribune et y rencontrent la figure de Marat.

L'indignation de l'Assemblée éclate en un soulèvement formidable ; de toutes parts s'élèvent les cris : « A l'ordre ! A l'Abbaye ! A la guillotine ! »

Marat, qui se complait dans son rôle de bouc émissaire, domine cette nouvelle tempête, le front haut, la bouche dilatée jusqu'aux oreilles par un rictus ironique, l'œil menaçant.

« Il est atroce, s'écrie-t-il, que ces gens-là parlent de liberté d'opinion et ne veuillent pas me laisser la mienne... C'est atroce!... Vous parlez de faction ; oui, il en existe une, et cette faction existe contre moi seul ; car personne n'ose prendre ma défense. Tout m'abandonne, excepté la raison et la justice. Eh bien ! seul, je vous tiendrai tête à tous. (On murmure, on rit.) C'est une scélératesse que de convertir en démarche d'État des honnêtetés patriotiques. (Les murmures et les rires recommencent.) Je demande du silence : on ne peut pas tenir un accusé sous le couteau comme vous faites.

« J'étais aux Jacobins, auprès des fédérés : ce sont eux qui m'ont pris la main et m'ont parlé les premiers. Leurs officiers ont été à ma table ; ce sont eux qui m'ont invité à visiter leur caserne. J'ai été révolté de la manière dont ces volontaires ont été reçus ; ils couchent sur le marbre et sans paille ; ils se sont plaints à moi de la Commune de Paris, et ensuite ils m'ont entrepris sur la cause de Barbaroux. Je ne suis entré dans aucun détail à cet égard ; je ne sais si c'est un coup monté pour me perdre, mais je compte assez sur la véracité des fédérés de Marseille ; ils pourront rapporter ce que je leur ai dit. Voilà ma justification.

« Le cardinal Richelieu a dit qu'avec le *Pater* il serait parvenu à faire pendre tous les saints du paradis ; moi, je défie les interprétations malveillantes et je brave tous mes ennemis.

« On me reproche d'avoir dit qu'il fallait couper cent ou deux cent mille têtes. Ce propos a été mal rendu. J'ai dit : « Ne croyez pas que le calme renaisse, tant que la République sera remplie des oppresseurs du peuple. Vous les faites inutilement *décaniller* d'un département dans un autre. Tant que vous ne ferez pas tomber leurs têtes, vous ne serez pas tranquilles. » Voilà ce que j'ai dit : c'est la confession de mon cœur.

« Je suis vraiment honteux pour l'Assemblée nationale d'être obligé d'entrer dans ces détails. Quant à mes vues, à mes sentiments politiques, il ne vous appartient pas de les juger : ma conscience est au-dessus de vos décrets. Non, il ne vous est pas donné d'empêcher l'homme de génie de s'élancer dans l'avenir. (On rit.) Le moment n'est pas venu de me rendre justice. Si combattre les ennemis de la nation, si réclamer pour de braves fédérés les égards et les soins que vous accordez à des soldats équivoques [1] est un crime, égorgez-moi ! »

Au moment où il retournait à sa place, Camille Desmoulins lui dit : « Tu m'as enchanté, ton exorde est sublime. Pauvre Marat ! Tu es de deux siècles au delà du tien ! »

---

1. Marat désigne ainsi les dragons auxquels on l'accusait de vouloir opposer les Marseillais.

N'y avait-il pas une pointe d'ironie sous ces mots : *pauvre Marat ?*

L'Assemblée prononça le renvoi de la dénonciation de Barbaroux aux Comités de surveillance et de législation.

En sortant de la salle, à la fin de la séance, l'Ami du peuple s'arrête devant le jeune député des Bouches-du-Rhône :

« A votre âge, lui dit-il, on n'a pas encore le cœur pourri ; j'aime à croire que vous êtes seulement égaré par quelque passion funeste et tourmenté de la rage de jouer un rôle. C'est toute la vengeance de Marat. »

Cet être étrange avait glacé d'un souffle la fureur de ses adversaires. « Marat, écrivait plus tard Saint-Just, avait quelques idées *heureuses*, et lui seul savait les dire. »

Au milieu de ces luttes énervantes, de ces ténébreux combats de parole, la France vit enfin luire un rayon de soleil : le 6 novembre, notre brave armée gagnait la bataille de Jemmapes au chant de *la Marseillaise*. La Belgique nous était ouverte ; une ère nouvelle commençait pour la Révolution Française, l'ère de la victoire.

V

Louis XVI au Temple. — Préliminaires de son procès. — Quels sont les hommes responsables de son jugement et de sa mort. — Saint-Just se révèle : son discours. — Les Conventionnels assaillis par le parti des femmes. — Marat et Mlle Fleury. — La question religieuse sous la Convention. — La question des subsistances. — Opinion de Saint-Just. — Le procès du roi réclamé par les Montagnards, consenti par les Girondins. — Shakespeare parle du fond de sa tombe. — La forme du procès est résolue.

Le besoin de s'attaquer et de se créer mutuellement des torts jeta la personne de Louis XVI entre les rivalités formidables de la Convention et de la Commune.

L'ex-roi était toujours au Temple. Dans les premiers jours de sa captivité, la famille royale avait trouvé cette vieille tour fort mal préparée pour la recevoir. Abandonnées depuis longtemps, les chambres étaient sales, tristes, pauvres, couvertes de toiles d'araignée. Il est curieux d'apprendre quelle sorte de logement occupait d'abord Madame Élisabeth : c'était une ancienne cuisine au troisième étage ; sa toilette se trouvait placée sur une pierre à laver, et à côté des fourneaux ; sa couchette était un lit de sangle, avec deux petits matelas minces et trop courts ; tout le mobilier consistait en un vieux buffet, garni de vaisselle de terre encore toute grasse. O contraste des grandeurs humaines ! ô abaissement de la fortune ! Les rois et les princes sont si peu dans l'ordre de la nature, qu'une fois renversés de leur élévation imaginaire on ne sait plus même quel nom leur donner : la Commune inventa d'appeler le souverain déchu Louis Capet. L'œil du peuple fixait avec curiosité cette tour qui contenait les ruines vivantes d'une monarchie. Il y avait là des motifs d'attendrissement auxquels les cœurs les plus durs ne résistent guère : un prisonnier d'État, deux femmes, deux enfants.

La famille royale captive faisait des royalistes. Méprisé après sa fuite et son retour de Varennes, abhorré au 10 août, lorsque le trône sombra dans le sang, Louis XVI inspirait depuis sa chute un tout autre sentiment à beaucoup de ses anciens sujets, la pitié. Au château des Tuileries, il n'apparaissait guère qu'à travers ses défauts ; au Temple, on ne vit de lui que ses vertus et ses malheurs. Il était bon père, se levait de bonne heure et donnait une leçon de latin ou de géographie à son fils. La reine elle-même devenait intéressante. On lui reprochait bien encore sa conduite légère, son caractère hautain, ses relations avec l'étranger ; mais, après tout, elle était femme, elle était mère... Il y avait là un danger que la Commune n'avait point prévu.

Manuel, qui avait conduit la famille royale au Temple, rougit du délabrement et de la malpropreté du logis ; il en parla lui-même à la Commune et au bout de quelques jours les prisonniers furent installés d'une manière plus convenable ; mais le moyen de changer la vieille tour elle-même, qui était sombre et humide ?

L'initiative du procès et du jugement ne partit point de la Convention. Un grand nombre de documents authentiques proclament que la mise en accusation du ci-devant roi était alors demandée de tous les points de la France. Quelques-unes de ces adresses lancées sur l'Assemblée nationale prennent même un ton impératif et violent. Les signataires y reprochent aux législateurs d'atermoyer une mesure de sûreté publique. « Le soleil, écrivent à la Convention les sociétés populaires du Midi, le soleil a cent fois parcouru sa course depuis la victoire du peuple sur le tyran... et le tyran existe encore !... La vie du roi provoque et entretient dans l'intérieur du pays une agitation perfide. Législateurs, nous demandons la mort de Louis Capet. » La vérité est que les ennemis de la Révolution profitaient de la captivité du roi pour semer dans certains départements des germes de guerre civile.

Parmi ceux mêmes qui plaignaient Louis XVI, beaucoup le croyaient coupable ; mais ils voulaient une décision rapide. Que le peuple écrase après la victoire le maître qui le trahissait, c'est son droit ; mais du moins qu'il ne le fasse pas souffrir. Ces lenteurs, ces délais, ces alternatives d'espoir et de découragement qui font passer chaque jour le froid de l'acier sur le cou de la victime, quelle barbarie indigne d'une grande nation ! Les bons citoyens blâmaient les dégradations inutiles auxquelles on avait soumis les prisonniers du Temple ; ils blâmaient Manuel allant dire à Louis XVI, après le décret qui abolissait la monarchie : « Vous n'êtes plus roi, voilà une belle occasion de devenir citoyen ; au reste, consolez-vous, la chute des rois est aussi prochaine que celle des feuilles. » La haine et la vengeance à petites doses est toujours atroce. Laisser languir un ennemi royal dans les outrages d'une captivité où tout lui réveille à chaque instant le douloureux souvenir de ses prospérités éteintes; enfoncer lentement le couteau et le retourner dans les plaies de son amour-propre; prolonger l'agonie d'un règne sur la personne du roi vivant, tout cela est mille fois plus cruel que la mort. Les Girondins, hommes irrésolus et indécis, étaient, au contraire, d'avis d'entretenir, au milieu des embarras et des persécutions inévitables, une existence royale que, de leur propre aveu, il faudrait sans doute trancher tôt ou tard. Il n'y avait qu'un parti humain à prendre vis-à-vis de Louis XVI, c'était de le rendre à la liberté : mais les circonstances s'y opposaient énergiquement; et les Girondins eux-mêmes n'y auraient point consenti. Dans cet état de choses, toute leur politique était de faire oublier le roi : inutiles efforts!

Les partis politiques ont bonne mémoire, et le sang du 10 août fumait encore.

Il faut dire que de leur côté les Montagnards se montraient fort perplexes. Robespierre hésitait (il l'avoua plus tard dans un de ses discours), Danton lui-même, c'est-à-dire l'audace, hésitait. On raconte qu'au club des Cordeliers, entouré d'énergumènes qui hurlaient : *Vengeance! Mort au tyran!* il aurait répondu brusquement : « Une nation se sauve, mais elle ne se venge pas. » Il paraît aussi qu'à la même époque Danton fit une dernière tentative de rapprochement avec la Gironde.

Pourquoi hésiter? Que craignait-on? Tous les hommes sensés et prévoyants se disaient qu'ayant haché une tête royale l'échafaud ne s'arrêterait pas là ; qu'il demanderait d'autres victimes, qu'on allait ouvrir une ère de sang et qu'après avoir immolé ses ennemis, pareille au vieux Saturne, la Révolution dévorerait ses enfants. Les rois ne sont pas seulement nuisibles de leur vivant; ils sont encore dangereux après leur mort.

N'est-ce point ici le lieu de rappeler ce que nous avons dit à propos du 21 juin 1791? Ce fut en effet un jour décisif pour la Révolution que celui où, après la fuite nocturne de Louis XVI et de sa famille, la France s'éveilla sans roi. Quel moment plus favorable pour établir la République? Les partis politiques ne s'étaient point encore porté entre eux ces profondes blessures qui les séparent à jamais. Des esprits éminents rayonnaient dans toutes les directions et possédaient encore assez d'autorité sur les masses pour fonder un ordre nouveau sans effusion de sang. Malgré la vivacité des premières luttes contre les anciens priviléges, les cœurs étaient pleins de confiance, d'espoir et d'amour : on l'avait bien vu au Champ-de-Mars, le 14 juillet. L'Assemblée nationale, qui était le souverain de fait, n'avait rien perdu du respect et du prestige que lui assuraient ses récentes conquêtes sur la royauté. Pas un nuage au ciel; on était à mille lieues du terrorisme; on en ignorait même le nom, et aucun point noir n'annonçait qu'il pût sortir du choc violent des factions. Il y avait bien, il est vrai, la coalition étrangère; mais quelle force pouvait lui apporter un roi transfuge? Jamais occasion si belle ne s'était présentée dans notre histoire pour suivre l'exemple des États-Unis d'Amérique. La République, inaugurée le

21 juin 1791, aurait-elle vécu? Il est permis de le croire, car elle avait alors autour d'elle tous les éléments de succès qui lui ont manqué plus tard.

Qui a perdu la situation? Les modérés, les irrésolus, les timides. L'abdication du roi était signée par sa fuite; cette abdication volontaire, les royalistes ne voulurent point l'accepter.

L'histoire impartiale dira qu'en ajournant la déchéance de Louis XVI la majorité de l'Assemblée constituante prononça, sans le vouloir, la peine de mort contre Louis XVI. Elle croyait conserver la monarchie; elle ne conserva que l'échafaud qui devait couper la tête du monarque. En refusant de faire à temps ce qui était écrit dans la logique des choses et dans les inéluctables conséquences de la Révolution, les modérés attirèrent sur eux, sur le roi et sur le pays toutes les calamités qui devaient aboutir au 10 août, au 9 thermidor et au 18 brumaire. Les sages, les prudents, étaient alors les exaltés, ceux qui proposaient d'en finir tout de suite avec la fiction de la royauté héréditaire en face d'un peuple souverain. Si leurs conseils avaient été suivis, que de malheurs auraient été épargnés à la France! Les journées de Septembre, les sanglantes luttes de la Montagne et de la Gironde n'avaient plus alors les mêmes raisons d'être. Qui songeait, dans ce temps-là, à faire de la peine de mort un instrument de nécessité publique? Ni Robespierre, ni Danton, ni tout autre. Les hommes d'État les plus circonspects reculèrent devant une République éclose pacifiquement d'un incident heureux; ils se condamnèrent ainsi d'avance à subir un régime né d'un orage, et qui devait se continuer à travers les éclairs et les tonnerres. C'est eux-mêmes qu'ils eurent à accuser, quand le flot toujours montant et irrité par la résistance les emporta vers l'abîme.

Où étaient en 91 le bon sens, le droit, la sagesse? Du côté de ceux que Lafayette avait fait massacrer au Champ-de-Mars, autour de l'autel de la patrie, parce qu'ils réclamaient dès lors l'abolition de la royauté.

La discussion sur ce qu'on devait faire de Louis XVI s'ouvrit le 13 novembre 1792. Les deux questions qui se posaient devant l'Assemblée nationale étaient celles-ci : Louis XVI sera-t-il jugé? — Si oui, par qui sera-t-il jugé?

La Constitution de 89 le déclarait bien inviolable; mais cette Constitution n'avait-elle point été déchirée au 10 août? Est-il d'ailleurs vrai qu'elle lui conférât le privilége de conspirer sans danger la ruine de la patrie et de la Constitution elle-même? Si les législateurs avaient la volonté de lui donner un tel pouvoir, en avaient-ils le droit? Le droit imprescriptible d'une nation n'est-il point, au contraire, de se défendre et de punir ceux qui attentent à sa liberté?

Un jeune homme, jusque-là silencieux, paraît à la tribune. Les cheveux longs et partagés au milieu de la tête par une raie, le front bas, les yeux bleus, le nez admirablement dessiné, la bouche d'une jolie femme, le teint blanc et la peau délicate, il semble dans sa mélancolie austère frappé du sceau de la fatalité. C'est une croyance très-ancienne que les hommes capables de grandes actions ne doivent pas faire de vieux jours sur la terre. On se rappelle involontairement, en regardant celui-ci, les paroles d'Achille : « O mère, puisque tu m'as enfanté étant destiné à vivre peu de temps, du moins le dieu de l'Olympe devrait-il m'accorder de la gloire! »

Qui était-il, ce jeune homme? D'où venait-il?

On se souvient d'une lettre adressée à Robespierre, sous la Constituante, et signée Saint-Just.

C'était lui.

Une particularité bien faite pour étonner l'Assemblée nationale, c'est que ce sévère jeune homme, né le 25 août 1767 à Decize, petite ville du Nivernais, élevé chez les Oratoriens, était l'auteur d'un poëme léger en vingt chants. *Organt* (c'est le titre de l'ouvrage) avait paru en 1789 et reparut en 92. L'auteur s'était beaucoup trop souvenu de *la Pucelle* et des épisodes graveleux de l'Arioste. Du reste, Saint-Just regardait lui-même cet essai comme indigne de lui : « J'ai vingt ans, écrivait-il dans sa préface; j'ai mal fait, je pourrai faire mieux. »

En effet, il fit beaucoup mieux : tournant le dos à la muse frivole et libertine, il publiait, en 1791, *l'Esprit de la Révolution et de la Constitution en France*, ouvrage sérieux nourri de la lecture de Plutarque et de Montesquieu.

C'est armé de ces fortes études qu'il se présentait à la tribune de la Convention.

« J'entreprends, dit Saint-Just d'une voix grave, de prouver que le roi peut être jugé, que l'opinion de Morisson [1] qui conserve l'inviolabilité, et celle du Comité qui veut qu'on le juge en citoyen, sont également fausses.

« Moi, je dis que le roi doit être jugé en ennemi...

« Un jour on s'étonnera qu'au dix-huitième siècle nous ayons été moins avancés que du temps de César; le tyran fut immolé en plein Sénat, sans autre formalité que vingt-deux coups de poignard, sans autres lois que la liberté de Rome. Et aujourd'hui l'on fait avec respect le procès d'un homme, assassin d'un peuple, pris en flagrant délit, la main dans le sang, la main dans le crime!

« Citoyens, si le peuple romain, après six cents ans de vertu et de haine contre les rois; si la Grande-Bretagne, après Cromwell mort, vit renaître les rois, malgré son énergie, que ne doivent pas craindre parmi nous les bons citoyens, amis de la liberté, en voyant la hache trembler dans nos mains, et un peuple, dès le premier jour de sa liberté, respecter le souvenir de ses fers? Quelle République voulez-vous établir au milieu de nos combats particuliers et de nos faiblesses communes?

« On n'est pour rien dans un contrat où l'on ne s'est point obligé : conséquemment, Louis, qui ne s'était point obligé, ne peut être jugé civilement. Ce contrat était tellement oppressif qu'il obligeait les citoyens et non le roi. Un tel contrat était nécessairement nul; car rien n'est légitime de ce qui manque de sanction dans la morale et dans la nature.

---

[1]. Député de la Vendée. Après avoir longuement parlé « des crimes, des perfidies et des atrocités dont Louis s'était rendu coupable »; après l'avoir appelé un monstre sanguinaire, Morisson concluait en demandant que, *malgré les forfaits du tyran*, la Constitution de 89 fût respectée.

« Louis ne passa-t-il pas, avant le combat, les troupes en revue? Ne prit-il pas la fuite au lieu de les empêcher de tirer? Et l'on vous propose de le juger civilement, tandis que vous reconnaissez qu'il n'était pas citoyen!

« Juger un roi comme un citoyen! ce mot étonnera la postérité. Juger, c'est appliquer la loi. Une loi est un rapport de justice. Quel rapport de justice y a-t-il

Louis XVI donnant une leçon de géographie à son fils.

donc entre l'humanité et les rois? Qu'y a-t-il de commun entre Louis et le peuple français, pour le ménager après sa trahison? Il est telle âme généreuse qui dirait dans un autre temps que *le procès doit être fait à un roi*, non point pour les crimes de son administration, mais *pour celui d'avoir été roi*; car rien au monde ne peut légitimer cette usurpation... On ne peut régner innocemment : la folie en est trop évidente.

« C'est vous qui devez juger Louis ; il n'était pas citoyen avant son crime, il ne pouvait voter, il ne pouvait porter les armes, il l'est encore moins après.

« Je le répète, on ne peut pas juger un roi selon les lois du pays, ou plutôt de la cité. Il n'y avait rien dans les lois de Numa pour juger Tarquin, rien dans les lois de l'Angleterre pour juger Charles Ier. On les jugea selon le droit des gens ; on repoussa un étranger, un ennemi.

« Hâtez-vous de juger le roi ; car il n'est pas de citoyen qui n'ait sur lui le droit qu'avait Brutus sur César. Vous ne pourriez pas plus punir cette action envers cet étranger que vous n'avez puni la mort de Léopold et de Gustave. Louis était un autre Catilina. Le meurtrier, comme le consul de Rome, jurerait qu'il a sauvé la patrie.

« Il doit être jugé promptement, c'est le conseil de la sagesse et de la saine politique. On cherche à remuer la pitié ; on achètera bientôt des larmes, comme aux enterrements de Rome ; on fera tout pour nous intéresser, pour nous corrompre même. Peuple, si le roi est jamais absous, souviens-toi que nous ne serons plus dignes de ta confiance, et tu pourras nous accuser de perfidie ! »

La Convention demeura immobile, pétrifiée. Cette parole concise, acérée comme le tranchant de l'acier, cette hache emmanchée dans des réminiscences classiques, la roideur incroyable du ton et des manières, le contraste entre la beauté féminine de ce jeune homme et la dureté de son cœur, tout avait frappé l'Assemblée d'étonnement. Ni la fureur de Danton, ni la froide et implacable logique de Robespierre, ni le sombre radotage de Marat demandant des têtes, n'étaient comparables à l'effet de terreur produit par ce discours. Tout le monde sentait qu'on avait affaire à quelqu'un et que ce quelqu'un serait sans pitié.

Le lendemain, Brissot écrivait dans son journal le *Patriote* : « Parmi des idées exagérées, qui décèlent la jeunesse de l'orateur, il y a dans ce discours des détails lumineux, un talent qui peut honorer la France. »

Ce qu'on ne sait point assez, c'est à quel point les députés furent alors entourés, sollicités pour obtenir d'eux la grâce du roi. On fit agir toutes les influences secrètes, toutes les séductions, toutes les belles promesses. Ce n'est point seulement aux Girondins que s'adressaient de tels moyens de corruption ; c'est aussi aux Montagnards et même aux plus farouches d'entre eux. Marat reçut plusieurs lettres où l'on demandait qu'il dît seulement un mot en faveur de Louis XVI : « Si tu le fais, écrivait-on, nous sommes prêts à déposer cent mille écus. » L'Ami du peuple leur répondit en allant porter ces lettres au Comité de sûreté générale.

A ces amorces grossières s'ajoutait l'influence délicate des femmes. Marat avait bien écrit dans son *Journal de la République* : « Je ne croirai à la République que lorsque la tête de Louis XVI ne sera plus sur ses épaules ; » mais l'Ami du peuple n'avait-il jamais changé d'avis ? Ne l'avait-on pas vu soutenir la cause de la modération aussi bien que celle de la violence ? Il n'avait aucune haine contre l'ex-roi, qu'il avait déclaré lui-même une excellente *pâte d'homme*; tête faible, caractère naïf, ne pouvait-on en le flattant émouvoir son cœur ?

Marat revenait de la Convention, quand il trouva chez lui Mlle Fleury qui l'attendait. Las des travaux de la séance, il ouvrit cependant quelques lettres déposées sur la table, et, les parcourant avec des yeux irrités :

— Encore ! s'écria-t-il ; je vais dénoncer ces lettres au Comité de surveillance. — Après un silence : — J'ai aimé Louis Capet, reprit Marat comme se parlant à lui-même, mais j'avais tort. Cet homme nous a trompés. Maintenant je le hais ; maintenant je veux appesantir sur sa tête une main que j'avais étendue vers lui pour le soutenir.

— Quels crimes lui reprochez-vous donc ?

— Ses crimes ? Un roi insurgé contre la nation ! un roi faussaire ! c'est lui qui, par ses lenteurs, par sa mauvaise foi, par les conseils perfides de ses courtisans, nous a jetés dans la nécessité d'une politique violente. Nous subirons l'échafaud ; il l'a dressé.

Mademoiselle Fleury, sœur du grand comédien, tomba aux genoux de Marat.

— Que faites-vous ? lui dit celui-ci surpris ; on ne s'agenouille même plus devant Dieu.

— Je demande, répondit-elle en joignant les mains avec une grâce théâtrale et en relevant deux yeux suppliants, je demande la grâce du roi.

— Y pensez-vous ?

— J'y ai pensé depuis un mois... Écoutez-moi, Marat ; je sais que vous êtes bon. Le système de terreur où vous voulez engager la France tient à une idée fixe contre laquelle votre cœur se révolte. Mais réfléchissez encore. Si vous vous trompiez enfin ! si, au bout de cette traînée de sang, les générations futures ne trouvaient pas le bonheur que vous leur promettez, jugez combien votre œuvre serait maudite ! Il ne tient qu'à vous aujourd'hui de rattacher votre nom à un présent moins ensanglanté, à un avenir moins téméraire. Parlez pour le roi demain, à l'Assemblée surprise, atterrée, étourdie ; on n'osera plus voter le jugement, c'est-à-dire la mort, quand Marat aura voté la vie.

— Qu'osez-vous dire là ? reprit Marat dont l'œil étincelait ; parlez moins haut, madame ; qu'on ne sache pas que de tels propos sont tenus dans ma maison.

— Oh ! je ne vous crains pas, Marat ; votre honneur et votre salut me sont plus chers que ma vie : j'ai de l'amitié pour vous ; je souffre de vous voir sur la pente glissante d'un abîme de sang, et je voudrais vous arrêter.

— Tu ne comprends donc pas ma mission, jeune fille ? Je te l'ai déjà dit, je suis la vengeance de Dieu et du peuple ; je suis ce bétail humain jusqu'ici traîné à la charrue ou à la boucherie, mais qui, comme le taureau mal tué, se retourne enfin, la corne haute, contre son maître, et l'éventre.

Marat était effrayant ; sa chevelure s'agitait horrible et menaçante sur son front baigné de sueur. Mlle Fleury recula.

— Louis est coupable, continua Marat ; mais fût-il innocent, nous serions encore en droit de punir dans sa personne les crimes de la royauté. « Le roi est mort, vive le roi ! » disaient les courtisans pour faire entendre qu'il n'y avait qu'un seul roi de France dans la lignée des souverains. Le nouveau venu au trône, en héritant des droits et des honneurs de ses pères, ne saurait en décliner les charges. Ce n'est donc pas à Louis que nous allons faire un procès, c'est à tous les rois de France dans la personne de Louis. Nous allons juger le passé dans le présent, les rois qui sont morts dans celui qui vit.

— Écoutez-moi, Marat : cet homme ne doit pas régner, soit ; mais dans votre propre intérêt il faut qu'il vive. Frapper un monarque à terre, ce serait ressusciter la monarchie.

— Vous êtes généreuse, pauvre fille de théâtre ! Malheureusement, nous sommes obligés aujourd'hui de nous faire, contre cette noble pitié, des entrailles de fer. Croyez-vous que si j'eusse été libre de choisir mon rôle dans le drame de sang qui se joue sous vos yeux, je n'eusse pas mieux aimé être victime que bourreau ? Je souffrirais moins. Mais il y a une volonté d'en haut qui s'accomplit, et à laquelle nous servons de ministres : Saint-Just et moi, nous sommes les deux bras de la justice levée sur le monde.

Mademoiselle Fleury se retira ; mais elle croyait l'Ami du peuple ébranlé et comptait bien revenir à la charge.

La discussion continuait à l'Assemblée nationale : ainsi que Saint-Just, l'abbé Grégoire pensait que la Convention devait juger Louis XVI, mais il voulait qu'elle effaçât de nos lois la peine de mort, reste de barbarie et honte de la civilisation. Il croyait que la Divinité n'avait pas donné à l'homme le pouvoir de détruire l'homme ; fidèle à ses principes d'humanité, même envers les souverains, il voulait que Louis « étant le premier à jouir du bienfait de la loi fût condamné à l'existence, afin que l'horreur de ses forfaits l'assiégeât sans cesse et le poursuivît dans le silence des nuits, si toutefois le repentir était fait pour les rois ».

L'orateur demandait le jugement et foudroyait de ses arguments cette doctrine d'inviolabilité derrière laquelle les partisans de la monarchie voulaient sauver la tête du roi. L'Assemblée entière frémit, lorsque Grégoire s'écria : « Est-il un parent, un ami de nos frères immolés sur les frontières, qui n'ait le droit de traîner son cadavre aux pieds de Louis XVI et de lui dire : Voilà ton ouvrage ! » En levant le bras sur le roi faible et détrôné, ce n'est pas seulement Louis XVI que l'évêque républicain voulait atteindre, c'était la monarchie. « Législateurs, continua-t-il, il importe au bonheur, à la liberté de l'espèce humaine, que Louis soit jugé : jetez un regard sur l'état actuel de l'Europe ; en proie aux brigandages de huit ou dix familles, couverte encore de despotes et d'esclaves, elle retentit des gémissements de ceux-ci, des scandales de ceux-là ! Mais la raison approche de sa maturité ; elle tire le canon d'alarme contre les tyrans ; tous les bons esprits demandent à cette raison et à l'expérience ce que sont les rois, et tous les monuments de l'histoire déposent que la royauté et la liberté sont, comme les principes des Manichéens, dans une lutte perpétuelle. Dans toutes les contrées de l'univers, ils ont imprimé leurs pas sanglants ; des milliers d'hommes, des milliards d'hommes immolés à leurs querelles atroces, semblent, du silence des tombeaux, élever la voix et crier vengeance! L'impulsion est donnée à l'Europe attentive; la lassitude des peuples est à son comble; tous s'élancent vers la liberté; leur main terrible va s'appesantir sur les oppresseurs! Il semble que les temps sont accomplis, que le volcan va faire explosion, et opérer la résurrection politique du globe! Qu'arriverait-il si, au moment où les peuples vont briser leurs fers, vous assuriez l'impunité à Louis XVI? L'Europe douterait si ce n'est pas pusillanimité de votre part; les despotes saisiraient habilement le moyen d'attacher encore quelque importance à l'absurde maxime qu'ils tiennent *leurs couronnes de Dieu et de leurs épées*, d'égarer l'opinion et de river les fers des peuples, au moment où les peuples, prêts à broyer ces monstres qui se disputent les lambeaux des hommes, allaient prouver qu'ils tiennent *leur liberté de Dieu et de leurs sabres.* »

L'évêque de Blois associait fidèlement ses devoirs religieux aux fonctions publiques. Adopté par une honnête famille, qui couvrait sa vie simple et studieuse du voile sacré de l'amitié, cet enfant de l'Église, lion rugissant à la tribune, était doux et bon dans la vie privée. Pourquoi faut-il qu'il se soit rallié plus tard à l'Empire? Mais n'anticipons pas sur les événements et jugeons les hommes tels qu'ils étaient en 1792.

La Convention détourna un instant ses regards du procès de Louis XVI pour les porter sur les agitations du pays. La faim et la question religieuse soulevaient çà et là les villes et les campagnes. Les Girondins, ces républicains formalistes, ne comprenaient rien à la maladie sociale. La Montagne leur révéla la nature du malaise qui travaillait sourdement les consciences. « L'homme maltraité de la fortune, dit Danton, cherche des jouissances idéales. Quand il voit un homme se livrer à tous ses goûts, caresser tous ses désirs, alors il croit, et cette idée le console, il croit que dans une autre vie les jouissances se multiplieront en proportion de ses privations dans ce monde. Quand vous aurez eu pendant quelque temps des officiers de morale, qui auront fait pénétrer la lumière dans les chaumières, alors il sera bon de parler au peuple de morale et de philosophie. Mais jusque-là il est barbare, c'est un crime de lèse-nation, de vouloir enlever au peuple des hommes dans lesquels, il espère encore trouver quelques consolations. Je penserais donc qu'il serait utile que la Convention fît une adresse pour persuader au peuple qu'elle ne veut rien détruire, mais tout perfectionner; et que si elle poursuit le fanatisme, c'est qu'elle veut la liberté des opinions religieuses. » Danton parlait en philosophe et en homme politique; il voulait de la tolérance comme d'un moyen pour dissoudre, avec l'aide du temps, les dogmes et les croyances théologiques; mais en était-il de même en ce qui regardait Robespierre?

« Mon Dieu, écrivait-il à ce propos dans son journal, c'est celui qui créa tous les hommes pour la vérité et le bonheur; c'est celui qui protège les opprimés et qui extermine les tyrans; mon culte, c'est celui de la justice et de l'humanité. Il ne reste plus guère dans les esprits que ces dogmes imposants qui prêtent un appui aux idées morales, et la doctrine sublime et touchante de la vertu et de l'égalité que le fils de Marie enseigna jadis à ses concitoyens. Bientôt sans doute l'Évangile de la raison et de la liberté sera l'Évangile du monde. Si la déclaration des droits de l'humanité était déchirée par la tyrannie, nous la retrouverions encore dans ce code religieux que le despotisme sacerdotal présentait à notre vénération ; et s'il faut qu'aux frais de la société entière les citoyens se rassemblent encore dans les temples communs devant l'imposante idée d'un Être suprême, là du moins le riche et le pauvre, le puissant et le faible sont réellement égaux et confondus devant elle... Faites bien attention : quelle est la portion de la société qui est dégagée de toute idée religieuse ? Ce sont les riches : cette manière de voir dans cette classe d'hommes suppose chez les uns plus d'instruction, chez les autres seulement plus de corruption. Qui sont ceux qui croient à la nécessité du culte ? Ce sont les citoyens les plus faibles et les moins aisés, soit parce qu'ils sont moins raisonneurs et moins éclairés, soit aussi par une des raisons auxquelles on a attribué les progrès rapides du christianisme, savoir que la morale du fils de Marie prononce des anathèmes contre la tyrannie et contre l'impitoyable opulence, et porte des consolations à la misère et au désespoir lui-même [1]. Ce sont donc les citoyens pauvres qui seront obligés de supporter les frais du culte, ou bien ils seront encore à cet égard dans la dépendance des riches ou dans celle des prêtres ; ils seront réduits à mendier la religion comme ils mendient du travail et du pain... »

On voit assez que ni Danton ni Robespierre n'étaient alors pour ce que nous appelons aujourd'hui la séparation de l'Église et de l'État.

En thèse générale, un culte salarié par l'État est une inconséquence et une anomalie. Plus la religion chrétienne tend à la pauvreté, plus elle assure son indépendance morale, en se dégageant des liens du pouvoir temporel, et plus elle se rapproche des intentions de son auteur. Retirer aux prêtres constitutionnels leur traitement, c'était effacer du christianisme les taches que lui avaient imprimées la fainéantise, l'hypocrisie et la cupidité de ses ministres : mais si l'on regarde aux circonstances, on reconnaîtra que Robespierrre avait raison de redouter les suites de cette mesure économique. Il y avait déjà un schisme dans l'Église ; il fallait à tout prix éviter un second clergé réfractaire. La masse des fidèles n'aurait d'ailleurs vu dans cette réforme qu'une nouvelle atteinte portée à ses croyances. Ses ennemis se vengèrent de la supériorité des vues de Robespierre, en lui jetant niaisement à la face l'épithète de *dévot*. C'était un moyen de le perdre.

Dans les doctrines religieuses s'était introduite en 92 une modification dont ne paraît pas s'être douté Robespierre. Les idées de Diderot avaient fait leur chemin. Alors parut une brochure qui, si j'en crois les signes du temps, était l'écho du sentiment général : *Dieu, c'est la nature*.

On se souvient que le roi Louis XVI avait fait construire par un ouvrier, au

---

[1]. Tout cela était vrai en 92.

château des Tuileries, dans l'épaisseur d'un mur, une armoire de fer à laquelle il confiait ses papiers secrets. Cette cachette contenait des pièces attestant les rapports de la cour avec quelques constitutionnels et surtout avec le clergé réfractaire. Un ouvrier, qui avait aidé le roi à construire l'armoire, vint tout révéler au ministre de l'intérieur, Roland. La découverte de ces papiers fournissait des armes terribles contre l'infortuné monarque. On voyait par sa correspondance qu'il avait toujours été l'instrument du parti prêtre, et que ce parti fomentait partout la guerre. Les indignes négociations de Riquetti avec le château se trouvèrent aussi dénoncées. Son ombre sortit pour ainsi dire de l'armoire de fer, la bourse de Judas à la main. La Convention témoigna un sentiment d'horreur ; le buste du grand homme, qui assistait en quelque sorte aux séances de la nouvelle Assemblée, fut couvert d'un voile ; on brisa, le soir, son image aux Jacobins.

Les départements étaient toujours troublés ; la rareté des subsistances entraînait çà et là les populations rurales à des actes monstrueux. Trois députés de la Convention avaient été saisis dans le département du Loiret par des paysans égarés. Ces misérables étaient au nombre de six mille, armés de fusils, de fourches et de massues. Ils accusent les trois Conventionnels d'être des aristocrates, des traîtres qui s'entendent avec les accapareurs. Des cris s'élèvent : *A la hart! Point de grâce!* Et à l'instant les haches, les fourches se tournent contre la poitrine des représentants du peuple. Deux sont déjà dépouillés de leurs vêtements ; on va les précipiter dans la rivière. Tout à coup les furieux se ravisent ; on traîne les commissaires au lieu du marché, et là, le couteau sur la gorge, on les force à signer les taxes des différentes denrées, selon le bon plaisir des assassins. Des prêtres ont été vus dans ces désordres. La représentation nationale, outragée dans trois de ses membres, frémit. La Gironde, avec plus de haine que de raison, rejette la responsabilité de ces violences sur la tête de Marat. Robespierre leur répond en montrant du doigt la tour du Temple : « C'est là, leur dit-il, qu'est la véritable cause de ces soulèvements. »

Oui, il existait vraiment un parti qui espérait encore sauver les jours du roi à la faveur des troubles qu'il remuerait dans le pays et jusque dans la capitale. Les Montagnards étaient, au contraire, intéressés à conserver l'ordre et le calme, surtout à Paris, pour ne point donner aux Girondins le prétexte de nouvelles accusations. Marat, qui avait tous les genres de fanatisme, même celui de la modération, fit entendre quelques sages paroles : « Si les autorités ne sont pas respectées, c'est que le respect se mérite, mais ne se commande point. Ce n'est pas avec des baïonnettes et du canon qu'on arrête, qu'on prévient des insurrections. Je demande qu'on confie le commandement des troupes à des chefs connus par leur civisme... (Plusieurs voix : A Marat!) Si vous voulez que je vous dise à qui, à Santerre. » La Convention nationale, cette assemblée intrépide, qui n'a jamais pâli devant le glaive ni devant l'émeute, décrète qu'elle improuve la conduite de ses commissaires. « Ils auraient dû répondre à ces forcenés, qui les entraînaient à l'oubli de leurs devoirs ou à la mort : *Vous pouvez me tuer ; je ne signerai pas.* » Il y eut encore un mot remarquable : « On leur présentait la hache et la plume, dit Manuel ; ils devaient prendre la hache et se couper la main. »

La faim est mauvaise conseillère ; il fallait donc trouver un remède au malaise des classes ouvrières et agricoles. Dans la séance du 29 novembre, une députation du conseil général de la Commune avait présenté à la Convention une pétition au sujet des subsistances. Encouragé par son premier succès, Saint-Just reparut à la tribune. Où avait-il étudié l'économie politique ? Le fait est qu'il développa quelques idées saines et profondes. « Je ne suis point, dit-il, de l'avis du Comité, je n'aime point les lois violentes sur le commerce... Il est dans la nature des choses que nos affaires économiques se brouillent de plus en plus jusqu'à ce que la République établie embrasse tous les rapports, tous les intérêts, tous les droits, tous les devoirs et donne une allure commune à toutes les parties de l'État. » Puis de la pitié pour les malheureux et les indigents il s'élève en lui une haine inflexible envers les rois : « Voilà ce que j'avais à dire sur l'économie. Vous voyez que le peuple n'est point coupable ; mais la marche du gouvernement n'est point sage. Il résulte de là une infinité de mauvais effets, que tout le monde s'impute ; de là les divisions, qui corrompent la source des lois, en réduisant la sagesse de ceux qui les font ; et cependant on meurt de faim, la liberté périt, et les tendres espérances de la nature s'évanouissent. Citoyens, j'ose vous le dire, tous les abus vivront tant que le roi vivra ; tant que vivra le roi, nous ne serons jamais d'accord ; nous nous ferons la guerre. La République ne se concilie point avec les faiblesses ; faisons tout pour que la haine des rois passe dans le sang du peuple ; tous les yeux se tourneront alors vers la patrie. » La Montagne n'avait alors qu'un cri : « Donc il faut détruire Louis XVI ! *ergo delenda est Carthago.* » Elle était conduite à cette détermination farouche, non par inimitié personnelle, ni par amour du sang ; mais parce que la vie du roi couvrait, selon elle, les desseins et les agitations des partis. Elle voulait en outre donner aux puissances coalisées une grande idée de la vigueur des institutions républicaines.

Le jugement et la mort du roi étaient aux yeux de Danton, de Robespierre, de Marat, de Saint-Just, un coup de génie. Si Louis eût disparu au 10 août dans le feu de la guerre civile, l'humanité aurait moins eu à gémir sans doute que sur un acte réfléchi de sévérité populaire ; mais la Révolution n'aurait point donné au monde cet étonnant spectacle d'une assemblée de citoyens qui juge paisiblement et majestueusement un souverain appelé à sa barre ; la base de tous les trônes n'en eût point tremblé, et les peuples, remués jusqu'aux entrailles, ne se fussent point demandé les uns aux autres : « Est-ce donc ainsi que la France punit son roi ? »

La lutte entre l'opinion publique et la monarchie semblait bien alors terminée, mais celle entre la bourgeoisie et le peuple ne l'était pas. Une bonne partie de la classe moyenne tenait encore à l'ancienne constitution royaliste par le lien des intérêts et des habitudes. Le peuple n'avait pas besoin sans doute de ramasser ses droits ni ses pouvoirs dans le sang d'un roi ; mais la victoire du 10 août demandait à être affermie par un grand acte d'autorité nationale. Une aristocratie nouvelle, aristocratie de fortune et d'influence, menaçait de s'élever sur les ruines de l'ancienne. « Peu d'hommes, écrivait Marat, sont dignes d'être libres, parce qu'ils ne savent pas jouir avec modération de la liberté. Qu'on juge de l'insolence des valets de l'ancienne cour devenus maîtres à leur tour! Comme ils n'ont point d'éducation et qu'ils manquent de principes, ils s'abandonnent à toutes les passions des suppôts de l'ancien régime, et ils ont de moins qu'eux les bienséances. Les mêmes scélérats qui faisaient notre malheur sous la royauté continuent à le faire sous la République. »

Louis XVI fait construire une caisse en fer.

A la tête de cette aristocratie nouvelle se plaçaient les Girondins. Leurs doctrines n'avaient ni l'abnégation ni la pureté des opinions démocratiques. Ils voulaient dans l'État une classe prépondérante. On les accuse même de s'être entendus dans ce temps-là, en dessous main, avec l'abbé Sieyès, pour rétablir un gouvernement constitutionnel. La difficulté était de trouver un roi. La branche aînée des Bourbons leur semblait frappée d'une impopularité irrémissible; ils désespéraient en outre de la plier aux mœurs et aux idées de la bourgeoisie. Une note communiquée à Barère insinue que les Girondins tournaient alors les yeux vers le duc d'York; leur rêve était d'amalgamer la constitution française avec celle de l'Angleterre. Les Montagnards, qui ne voulaient pas plus de ce roi étranger que d'un autre, croyaient déjouer les desseins et les intrigues des hommes de la Gironde en jetant sur leur tête le linceul de Louis XVI.

Le peuple avait déjà exécuté par toute la ville les rois de marbre, de pierre et de bronze; il essayait son bras sur ces images avant de frapper le simulacre vivant de la souveraineté.

Au moment où se préparait une aussi sanglante tragédie, le théâtre, cette grande école des mœurs, adressait au peuple d'austères leçons, par la bouche d'un vieux poète anglais. On jouait alors pour la première fois *Othello*, *tragédie du citoyen Ducis, d'après Shakespeare*. On remarqua ce passage, si mal traduit en vers français, où Othello, sur le point d'étouffer Desdemona, commence par faire autour de lui les ténèbres : « Éteignons la lumière, et alors... (Soufflant sur la lampe :) Si je t'éteins, toi, ministre du feu, je puis ressusciter ta première flamme, dans le cas où je viendrais à me repentir.— Mais que j'éteigne une fois la flamme de ta vie (se tournant vers Desdemona), toi le plus merveilleux ouvrage de la bienfaisante nature, je ne sais plus où retrouver cette céleste étincelle qui pourrait te ranimer. » — Magnifique argument en faveur de l'abolition de la peine de mort! William Shakespeare, comme un vieil ami, conseillait de sa tombe la Révolution française. Il avait vu les orages de son temps et rappelait les hommes de tous les temps au calme, à la prudence et à la modération. La critique dénonça, à propos de cette pièce, les larcins qu'avait faits M. de Voltaire au théâtre anglais. Enfin j'extrais des *Révolutions de Paris* la note suivante, qui est peut-être curieuse, jetée au milieu des sombres préoccupations et des graves événements qui grondaient sur la tour du Temple : « Nous ne finirons pas sans rendre justice à Talma : sa figure délirante, sa marche égarée, ses gestes d'abandon, sont en lui de la plus grande vérité. Ce jeune artiste a vraiment le germe du talent. »

Shakespeare disait : Pitié!

Une autre voix de la tombe, un autre grand poète, Milton, criait : Justice! L'auteur du *Paradis perdu*, l'ancien secrétaire de Cromwell, avait jadis publié une célèbre brochure dans laquelle il démontrait que l'Angleterre avait eu le droit et le devoir de décapiter Charles Ier.

Mais revenons au procès de Louis XVI.

On prétend que les Girondins ne voulaient point la mort du roi, mais qu'ils furent entraînés par l'audace de la Montagne. Le plus vraisemblable est que, s'ils se laissèrent réellement entraîner, ce fut par l'opinion publique. Le courant était très-fort, et les Girondins n'avaient pas d'autre moyen que de se montrer inflexibles envers le *tyran*, s'ils tenaient à ressaisir leur ancienne popularité.

Les Montagnards, d'un autre côté, étaient divisés entre eux. Les uns voulaient qu'on enveloppât le roi dans la royauté, puis qu'on en finît avec tous les deux comme avec le principe du mal, d'un coup de foudre. Ils regardaient très-peu à l'homme et à ses actes; ils ne regardaient qu'à l'intérêt public. La manière la plus prompte de se débarrasser de Louis XVI leur semblait la meilleure et la plus magnanime. Les formes, les lenteurs ordinaires de la justice géneraient, selon eux, l'explosion du sentiment national : la procédure, vis-à-vis d'un roi, était le masque de la faiblesse ou de l'hypocrisie. Ils voulaient l'étouffer, comme Romulus, dans un orage. Marat n'était point de cet avis; Marat demandait que la Convention procédât au jugement de Louis XVI dans les formes et avec une impassible sévérité.

Après de longs débats, la grande question du moment fut enfin résolue :
Louis XVI sera-t-il jugé? — Oui.
Par qui sera-t-il jugé? — Par la Convention nationale.

VI

Louis XVI et sa famille. — Procès-verbal d'Albertier. — Rapport du maire Cambon. — Récit de Barère. — L'ex-roi devant la Convention. — Son attitude et ses réponses. — Retour au Temple. — Nouvelles tentatives de séduction en faveur du roi. — Olympe de Gouges. — Vie privée de Louis XVI dans sa captivité. — La protestation de la vengeance.

Louis XVI fut amené à la barre de la Convention nationale le 11 décembre 1792.

Presque tout Paris était sous les armes. Le roi s'était levé à sept heures du matin... Mais cédons la parole aux pièces officielles, mille fois plus éloquentes que tous les commentaires des historiens.

Voici le résumé du rapport du commissaire Albertier : « La prière du ci-devant roi a été à peu près de trois quarts d'heure. A huit heures, le bruit du tambour l'a fort inquiété : il m'a demandé ce que c'était que ce tambour, et a ajouté qu'il n'était point accoutumé à l'entendre de si bonne heure... Un instant après, l'on a servi le déjeuner. Louis a déjeuné en famille. La plus grande agitation régnait sur tous les visages. Le bruit et le rassemblement qui, à chaque instant, devenaient plus nombreux, ont continué à beaucoup l'alarmer. Après le déjeuner, au lieu de la leçon de géographie [1] qu'il a coutume de donner à son fils, il a fait avec lui une partie au jeu de siam. L'enfant, qui ne pouvait aller plus loin que le point seize, s'est écrié : « *Le nombre seize est bien malheureux! — Ce* « *n'est pas d'aujourd'hui que je le sais,* » a répondu Louis XVI.

« Le bruit cependant augmentait; j'ai cru qu'il était temps de l'instruire; je me suis approché de lui : « Monsieur, je vous préviens que dans l'instant vous « allez recevoir la visite du maire. — Ah! tant mieux! » a répondu Louis. — Mais « je vous préviens, ai-je reparti, qu'il ne vous parlera pas en présence de votre « fils. » Louis, faisant approcher son enfant : « Embrassez-moi, mon fils, et em- « brassez votre maman pour moi. »

---

1. J'ai vu aux Archives les deux globes de carton dont se servait pour cette étude Louis XVI dans la tour du Temple.

« Ordre est donné à Cléry de sortir. Il sort et emmène avec lui le jeune Louis... Louis, après être resté un quart d'heure à se promener, se place dans son fauteuil, en me demandant si je savais ce que le maire avait à lui dire. Je lui ai dit que je l'ignorais, mais que bientôt il le lui apprendrait lui-même. Il se lève et se promène encore pendant quelque temps. Je lisais sur son front l'inquiétude qui l'agitait. Il était tellement rêveur, tellement absorbé dans ses réflexions, que je me suis approché de très-près derrière lui sans qu'il me remarquât. A la fin il s'est retourné et, tout surpris, il m'a dit : « Que voulez-vous, monsieur? — Moi, « monsieur? je ne veux rien; seulement, je vous ai cru incommodé, et je venais « voir si vous aviez besoin de quelque chose. — Non, monsieur. » Louis se plaignit seulement en disant : « Vous m'avez privé une heure trop tôt de mon fils. »

« Il s'est replacé dans son fauteuil, et le citoyen maire est arrivé un instant après. »

Voici maintenant le rapport du maire (Cambon) : «... Je suis monté dans l'appartement de Louis, et, avec la dignité qui convient à un représentant du peuple, je lui ai signifié son mandat d'amener. « Je suis chargé, lui ai-je dit, de vous annoncer que la Convention nationale attend Louis Capet à sa barre et qu'elle m'ordonne de vous y traduire. » Je lui ai demandé ensuite s'il voudrait descendre. Louis XVI parut hésiter un instant, et a dit : « Je ne m'appelle pas « Louis Capet : mes ancêtres ont porté ce nom, mais jamais on ne m'a appelé « ainsi. Au reste, c'est une suite des traitements que j'éprouve depuis quatre « mois par la force. » Le maire, sans répondre, l'a invité de nouveau à descendre: à quoi il s'est décidé.

Au bas de l'escalier, dans le vestibule, quand Louis XVI vit les fantassins armés de fusils, de piques, et les bataillons de cavaliers bleu de ciel, dont il ignorait la formation, son inquiétude parut redoubler. Descendu dans la cour du Temple, il jeta un coup d'œil sur la tour qu'il venait de quitter. Il pleuvait alors. Louis avait une redingote noisette par-dessus son habit. On le fit monter en voiture. Le procureur de la Commune, Chaumette, ayant fait observer que la rue du Temple était étroite et qu'il était à craindre qu'il n'arrivât quelque accident au moment du départ, on prit des mesures pour assurer la sortie du prisonnier. Les glaces du carrosse étaient ouvertes : quelques cris de mort furent portés aux oreilles du roi. Louis était placé à côté du maire ; il contemplait la multitude houleuse qui s'enflait de moment en moment. Quant à lui, il ne donnait aucun signe de tristesse, de crainte, ni de mauvaise humeur. Pendant presque toute la course, il garda le silence ; une ou deux fois seulement, il parut s'occuper d'objets fort étrangers à sa situation : en passant devant les portes Saint-Martin et Saint-Denis, il demanda laquelle des deux on se proposait d'abattre. La voiture était entrée dans la cour des Feuillants; les municipaux confièrent à la force armée la personne de Louis XVI. Santerre lui mit la main sur le bras et le conduisit ainsi jusqu'à la barre de la Convention.

Louis avait la barbe un peu longue ; son extérieur était négligé ; il avait perdu de son embonpoint. On remarqua dans l'Assemblée que l'ex-roi occupait le même fauteuil et la même place où il était quand il jura obéissance à la Constitution ; car, depuis cette époque, les distributions intérieures de la salle avaient été modifiées d'après un nouveau plan qui était tout à fait l'inverse de l'ancien. Louis XVI soutint avec un air d'insouciance flegmatique la vue de ces lieux qui devaient réveiller en lui des souvenirs amers. Son visage, étranger, pour ainsi dire, à la scène dont il était l'acteur principal, contrastait avec les sentiments d'intérêt et de pitié que son infortune remuait dans les cœurs.

Le président de la Convention nationale était alors Barère ; il va nous raraconter lui-même ses impressions durant cette séance mémorable : « Je me rends à l'Assemblée à 10 heures, je cherche à préparer les esprits agités et les âmes indignées à contenir leurs sentiments, et à paraître impassibles et disposés à la justice. On reçoit au bureau des secrétaires des avis multipliés qui annoncent que l'effervescence est très-grande sur les boulevards, depuis le Temple jusqu'à la porte des Feuillants. D'autres avis assurent que la vie du roi est en danger, surtout sur la place Vendôme, où le rassemblement du peuple est plus nombreux et plus exaspéré. Je fais venir vers les onze heures M. Ponchard, commandant de la garde conventionnelle, et M. Santerre, commandant de la garde nationale de Paris. « Vous répondez du roi sur votre tête, leur dis-je, « vous, monsieur le commandant de la garde de Paris, depuis le Temple jusqu'à « la porte de l'Assemblée, et vous, monsieur le commandant de la garde conven- « tionnelle, depuis la porte de l'Assemblée jusqu'au retour du roi à cette porte « et à la remise de sa personne au commandant de la garde nationale. »

« Les ordres furent très-ponctuellement exécutés ; tout fut calme, et, vers midi et demi le roi parut à la barre de la Convention. Les officiers de l'état-major et le commandant Ponchard, ainsi que le commandant Santerre, étaient derrière lui.

« Avant son arrivée, il s'était manifesté des marques bruyantes d'improbation sur quelques motions d'ordre intempestives et imprudentes qui avaient été faites ; quelques côtés des tribunes applaudissaient, d'autres poussaient des vociférations. Vers midi, je crus devoir donner une autre direction aux esprits et une meilleure disposition aux tribunes. Je me levai, et après un moment de silence je demandai aux citoyens nombreux et de toutes les classes, qui remplissaient la salle, d'être calmes et silencieux. « Vous devez le respect au mal- « heur auguste et à un accusé descendu du trône ; vous avez sur vous les re- « gards de la France, l'attention de l'Europe et les jugements de la postérité. « Si, ce que je ne peux penser ni prévoir, des signes d'improbation, des mur- « mures étaient donnés ou entendus dans le cours de cette longue séance, je « serais forcé de faire sur-le-champ évacuer les tribunes : la justice nationale « ne doit recevoir aucune influence étrangère [1]. »

[1]. Ces paroles ne sont pas celles que le *Moniteur* a conservées : « Représentants, dit Barère, vous allez exercer le droit de justice nationale. Que votre attitude soit conforme à vos nouvelles fonctions. (Se tournant vers les tribunes :) Citoyens, souvenez-vous du silence terrible qui accompagna Louis ramené de Varennes, silence précurseur du jugement des rois par les nations. »

« L'effet de mon discours fut aussi subit qu'efficace. La séance dura jusqu'à 7 heures du soir, et dans cet espace de temps pas un murmure, pas un mouvement ne se fit dans toute la salle.

« Louis XVI parut à la barre, calme, simple et noble, comme il m'avait toujours paru à Versailles, quand je le vis en 1788 pour la première fois, et quand je fus envoyé vers lui, au temps des États généraux et de l'Assemblée constituante, comme membre de différentes députations. J'étais assis comme tous les membres de l'Assemblée : le roi seul était debout à la barre. Tout républicain que je suis, je trouvai cependant très-inconvenant et même pénible à supporter de voir Louis XVI, qui avait convoqué les États généraux et doublé le nombre des députés des communes, amené ainsi devant ces mêmes communes, pour y être interrogé comme accusé. Ce sentiment me serra plusieurs fois le cœur, et quoique je susse bien que j'étais observé sévèrement par les députés spartiates du côté gauche, qui ne demandaient pas mieux que de me voir en faute pour me faire l'injure de demander mon remplacement à la présidence, néanmoins j'ordonnai à deux huissiers, qui étaient près de moi, de porter un fauteuil à Louis XVI dans la barre. L'ordre fut exécuté sur-le-champ. Louis XVI y parut sensible, et ses regards dirigés vers moi me remercièrent au centuple d'une action juste et d'un procédé délicat que je mettais au rang de mes devoirs.

« Cependant le roi restait toujours debout avec une noble assurance. Alors je crus, avant que de commencer à l'interroger, devoir lui renvoyer un des huissiers pour l'engager à s'asseoir. En voyant cette communication qui avait existé deux fois entre le président et l'accusé, les députés du côté gauche, soupçonneux comme des révolutionnaires, parurent par quelques légers murmures improuver ces communications par l'intermédiaire de l'huissier qui allait du fauteuil du président à la barre. Un des députés, plus irritable et plus défiant que les autres, Bourdon de l'Oise, que l'on avait vu couvert de sang dans la journée du 10 août, où il combattit avec force, m'attaqua personnellement par une motion d'ordre. Il prétendit que la présidence devait être impassible comme la Convention, et qu'il était extraordinaire et même inconvenant de voir des pourparlers par huissier entre l'accusé et le président. Les esprits étaient prêts à s'échauffer, et je sentis que si je laissais aller cette motion aux débats je ne serais plus maître de l'Assemblée. Je demandai la parole pour expliquer les motifs de ces communications, qui ne tendaient qu'à de simples égards qu'on doit à tout accusé, même dans les tribunaux ordinaires. Je dois le dire à la louange de ce côté gauche, dont je redoutais les imputations hasardées et la censure sévère, aussitôt que j'eus expliqué les faits relatifs au siège envoyé à l'accusé et à l'invitation de s'asseoir, tout reprit le calme et la confiance.

« Deux membres du Comité chargé des pièces et de l'instruction du procès m'apportèrent alors le procès-verbal rédigé au Comité sur *les questions que je devais faire à l'accusé*. Tout était écrit par le Comité, jusqu'aux formules de l'interrogatoire. En les parcourant rapidement, les premiers mots me frappèrent : *Louis Capet, la nation vous accuse*. Je savais, depuis le commencement de la Révolution, que le sobriquet historique donné dans le x⁕ siècle à Hugues, quand il s'empara du trône des Carlovingiens, déplaisait fortement à Louis XVI. Je pris sur moi de supprimer le nom de *Capet* dans la formule de l'interrogatoire, nom qui revenait à chaque chef d'accusation. Personne ne s'avisa de cette suppression dans l'Assemblée. Louis XVI seul le sentit, comme il nous l'a appris lui-même dans la suite [1].

« Louis XVI, toujours assis, répondait très-laconiquement à chaque question, soit en invoquant la Constitution, qui ne rendait responsable que le ministère, soit en rejetant sur chaque ministre la responsabilité des différents actes ou des faits compris dans les chefs d'accusation. Là finit très-heureusement mon pénible mandat. Mon âme fut à l'aise et comme délivrée d'un lourd fardeau quand je lus le dernier article de ce long interrogatoire. En ce moment, les deux membres du Comité formé pour l'instruction du procès apportèrent sur le bureau des secrétaires une quantité de papiers trouvés dans l'armoire de fer aux Tuileries, et dont une grande partie était de l'écriture de Louis XVI. Les autres étaient des pièces de la correspondance entre Louis XVI et ceux de ses conseils, ministres ou courtisans, qui communiquaient avec lui sur les affaires de l'État et sur les événements de la Révolution.

« M. Valazé, l'un des six secrétaires, se chargea de présenter à Louis XVI les diverses pièces une à une, afin de les lui faire reconnaître ou désavouer. M. Valazé, qui était cependant regardé à la Convention comme royaliste [2], s'approcha de la barre, s'assit en dedans de la salle, et, d'un air dédaigneux ou du moins peu convenable, présentait à Louis XVI, en lui tournant le dos, et comme par-dessus son épaule, les pièces de la correspondance et les autres écritures du procès. Je ne pus supporter, je l'avoue, cette manière presque insultante au malheur, et je crus devoir faire cesser ce procédé indélicat en envoyant un huissier à M. Valazé pour l'engager à mettre des formes moins dures et moins offensantes envers un illustre accusé. — Aussitôt M. Valazé se leva, se tourna vers Louis XVI, et, d'une manière plus digne de la Convention et du roi, lui présenta les pièces avec des égards qui furent très-bien sentis et appréciés par Louis XVI, qui par ses regards et par un léger mouvement de tête sembla me remercier.

« Oh! combien de fois, depuis son jugement, j'ai pensé avec un intérêt touchant à cette séance de la Convention, où je l'interrogeai, moi citoyen obscur

---

1. Cambacérès, arrivant quelques jours après dans la chambre de Louis XVI, pour lui porter la nouvelle que la Convention lui donnait le choix de trois défenseurs, lui dit : « Louis Capet, je viens de la part de la Convention... » Louis XVI l'interrompant : « Je ne m'appelle point Capet, mais Louis. » Cambacérès reprend d'un ton officiel : « Louis Capet, je viens vous notifier le décret qui vous donne le choix de trois défenseurs. — Je répète, dit Louis XVI, que mon nom n'est point Capet ; le président Barère, à la Convention, ne m'a jamais nommé que Louis, et c'est ainsi que je me nomme. » — « Cette particularité, ajoute Barère, connue de la bouche même de Cambacérès, me prouva que Louis XVI avait très-bien senti toutes les nuances de mes justes procédés à son égard. »

2. Valazé tenait aux Girondins ; la grossièreté de ses manières et de ses procédés envers le roi fut blâmée hautement par tous les journaux de la Montagne.

des Pyrénées, moi qui l'avais vu sur son trône en 1788, lorsqu'il reçut si majestueusement les envoyés d'un prince qui a été aussi malheureux que lui, de Tippoo-Saëb, sultan du royaume de Vissaour, dans l'Inde... Enfin, vers les sept heures du soir, cette pénible et extraordinaire séance fut terminée. Louis XVI fut confié à la force armée de la Convention et de Paris, qui en répondait et qui justifia la confiance de l'Assemblée. »

Ce long récit a été rédigé par Barère dans l'intention de se faire valoir lui-même. On y sent beaucoup trop la joie et la vanité d'un acteur qui se flatte d'avoir bien joué son rôle. Cette page d'histoire contient néanmoins quelques détails curieux qu'on s'en voudrait de passer sous silence. En homme du monde, Barère tenait à exécuter les rois galamment.

Un autre que Louis XVI aurait abordé la Convention avec fierté. « Nous autres rois, aurait-il dit, nous n'avons jamais été élevés dans l'idée que nous fussions justiciables envers nos sujets. Mon droit est le droit divin, antérieur et supérieur à toutes les sociétés humaines. Voilà ma tradition. Je récuse votre compétence. La raison d'État m'autorisait à faire ce que j'ai fait. Vous pouvez me tuer; vous ne pouvez pas me juger. »

C'est ainsi qu'avait agi Charles Ier.

Une telle conduite eût peut-être relevé la dignité royale; mais combien plus touchante fut l'entrée de Louis XVI! Grossièrement vêtu de drap brun, la démarche lourde, l'air modeste et résigné, il toucha tous les cœurs. Et quand on songeait que ce bonhomme avait été le roi, les femmes, les citoyens eux-mêmes qui étaient dans les tribunes se sentaient émus, attendris.

Il ne récusa point ses juges; il répondit à toutes les questions qui lui furent adressées.

L'une des principales charges qui s'élevaient contre Louis XVI était d'avoir passé les troupes en revue au 10 août, d'avoir pris la fuite sans faire cesser le feu et d'avoir même donné aux Suisses l'ordre de tenir bon jusqu'à son retour. A ce chef d'accusation, il répondit d'une manière équivoque :

— J'étais maître de faire marcher les troupes; il n'existait pas de loi qui me le défendît; mais je n'ai point voulu répandre le sang.

Alors que voulait-il donc? Que le tambour battît sans faire de bruit, que le vent soufflât sans agiter les feuilles, que le fleuve se soulevât sans noyer ses rives!

Il se retrancha derrière ses ministres, derrière la Constitution elle-même. Quand on lui demanda :

— Avez-vous fait construire une armoire à porte de fer dans un mur du château des Tuileries?

Il répondit :

— Je n'en ai aucune connaissance.

L'ex-roi refusa également de reconnaître toutes les pièces trouvées dans cette armoire et d'autres qui lui furent successivement présentées. Il alla jusqu'à nier sa propre signature. Les dénégations de Louis ne pouvaient détruire l'évidence des faits et elles portaient atteinte à sa loyauté. Couvrons au reste d'un silence respectueux les fautes et les dissimulations de cet infortuné monarque. *Res est sacra miser.* Le malheureux est une chose sacrée.

On lui reprocha de s'être servi de l'or comme d'un moyen de corruption.

— Je n'avais pas de plus grand plaisir, répondit-il, que de donner à ceux qui en avaient besoin.

Cambon ordonne à Louis XVI de se rendre à la barre de la Convention.

Louis n'était pas au fond un malhonnête homme; comment se fait-il qu'il eût recours à des moyens de défense évasifs, mensongers? Il faut sans doute accuser de cette fourberie son éducation, son entourage, les prêtres surtout qui dirigeaient sa conscience.

Au sortir de la salle de la Convention, on fit passer Louis XVI dans la salle des conférences : le commandant, le procureur de la Commune et le maire l'accompagnaient. Cambon lui demanda s'il voulait prendre quelque chose,

Louis répondit non. Mais un instant après, voyant un grenadier tirer un pain de sa poche et en donner la moitié à Chaumette, le roi s'approcha du procureur de la Commune, pour lui en demander un morceau. Chaumette, en se reculant, lui répondit :

— Demandez tout haut ce que vous voulez, monsieur.

Louis XVI reprit :

— Je vous demande un morceau de votre pain.

— Volontiers, lui dit Chaumette, tenez, rompez : c'est un déjeuner de Spartiate. Si j'avais une racine, je vous en donnerais la moitié.

Il était cinq heures, et le malheureux roi n'avait encore rien mangé de la journée.—Rompre le pain était autrefois un signe de fraternité : pourquoi faut-il qu'entre le roi et son peuple le pain ne se rompe qu'au pied de l'échafaud !

Louis remonta dans la voiture du maire. La foule était immense et agitée. Des cris de mort se mêlèrent à ceux de *vive la Nation, vive la République*. Des forts de la halle et des charbonniers sous les armes, rangés en bataille dans la meilleure tenue, se mirent à chanter énergiquement le refrain de l'hymne des Marseillais : *Qu'un sang impur inonde nos sillons*. Cet à-propos brutal fut cruellement saisi par Louis XVI. Il remonta en voiture et mangea seulement la croûte de son pain. Ne sachant trop comment se débarrasser de la mie, il en parla au substitut, qui jeta le morceau par la portière.

— Ah ! reprit Louis, c'est mal de jeter ainsi le pain, surtout dans un moment où il est rare.

— Et comment savez-vous qu'il est rare? demanda Chaumette.

— Parce que celui que je mange sent un peu la terre.

— Ma grand'mère me disait toujours : Petit garçon, on ne doit pas perdre une mie de pain ; vous ne pourriez pas en faire venir autant.

— Monsieur Chaumette, votre grand'mère était, à ce qu'il me paraît, une femme de grand sens.

Louis parla peu au retour. Doué d'une grande mémoire, il articula seulement le nom de quelques rues qu'il parcourait.

— Ah ! voici, dit-il, la rue du Houssaye.

Le procureur de la Commune reprit :

— Dites la rue de l'Égalité.

— Oui, oui, à cause de...

Il n'acheva pas ; sa tête tomba mélancoliquement sur sa poitrine. Les farouches républicains qui reconduisaient l'ex-roi étaient mal à l'aise ; ils ne pouvaient, quoi qu'ils fissent, comprimer leur attendrissement. Le citoyen Chaumette lui-même, pour lequel la matinée avait été très-pénible, se trouva un peu mal au retour. « Je me sens le cœur embarrassé, » dit-il. Il y a des infortunes qui touchent jusqu'aux plus implacables ennemis de la royauté.

Cependant que se passait-il au Temple? Le commissaire Albertier était monté dans l'appartement des femmes, après le départ du roi. « Nous leur avons appris, raconte-t-il, que Louis venait de recevoir la visite du maire. Le jeune

Louis le leur avait déjà annoncé. « Je sais cela, m'a dit Marie-Antoinette; mais « où est-il maintenant? » Je lui ai répondu qu'il allait à la barre de la Convention, mais qu'elle ne devait point être inquiète, qu'une force imposante protégerait sa marche. « Nous ne sommes point inquiètes, mais affligées, » m'a répondu madame Élisabeth.

Louis fut ramené dans sa chambre à six heures et demie. Alors le maire et tous ceux qui l'accompagnaient se retirèrent. Il demeura seul avec le commissaire Albertier.

— Monsieur, lui dit-il, croyez-vous qu'on puisse me refuser un conseil?

— Monsieur, je ne puis rien préjuger.

— Je vais chercher la Constitution.

Le roi sort, revient et après avoir parcouru l'acte constitutionnel :

— Oui, la loi me l'accorde.

Après un silence :

— Mais, monsieur, croyez-vous que je puisse communiquer avec ma famille?

— Monsieur, je l'ignore encore, mais je vais consulter le conseil.

— Faites-moi aussi, je vous prie, apporter à dîner, car j'ai faim; je suis presque à jeun depuis ce matin.

— Je vais d'abord satisfaire aux vœux de votre cœur, en consultant le conseil, puis je vous ferai apporter à dîner.

Le commissaire rentre :

— Monsieur, je vous annonce que vous ne communiquerez pas avec votre famille.

— C'est cependant bien dur; mais avec mon fils, mon fils qui n'a que sept ans?

— Le conseil a arrêté que vous ne communiqueriez point avec votre famille : or votre fils est compté pour quelque chose dans votre famille.

Le roi se le tint pour dit. On servit ensuite le souper. Louis mangea six côtelettes, un morceau de volaille assez volumineux, des œufs; il but deux verres de vin blanc et un d'Alicante. Puis il se leva de table et alla se coucher.

« Nous sommes ensuite, raconte Albertier, remontés chez les dames. Leur première question a été de savoir si Louis communiquerait avec sa famille. Nous leur avons fait la même réponse qu'à Louis. Marie-Antoinette : « Au moins, « laissez-lui son fils. » L'un de mes collègues lui a répondu : « Madame, dans la « position où vous vous trouvez, je crois que c'est à celui qui est supposé avoir « le plus de courage à supporter la privation ; d'ailleurs l'enfant, à son âge, a plus « besoin des soins de sa mère que de ceux de son père. » Ces séparations violentes étaient hautement blâmées par les journaux de la Montagne : « On se « conduit avec les prisonniers du Temple, écrivait Prudhomme, de manière qu'ils « finiront par exciter la pitié. » Les partisans de Robespierre et de Saint-Just, qui voulaient une justice rapide, demandaient si c'était par humanité qu'on laissait l'ex-roi se consumer dans le chagrin et dans la terreur.

Les royalistes se remuaient sourdement pendant le procès de Louis XVI. Les plus ardents Montagnards furent circonvenus par des démarches secrètes et des considérations délicates de famille. Le père de Camille Desmoulins le conjurait, dans une lettre, de ne pas le réduire au chagrin de voir son nom sur la liste de ceux qui voteraient la mort du roi. Camille, dominé par l'enivrement révolutionnaire, ne tint aucun compte de cette prière; il proposa à l'Assemblée le projet de décret suivant : « Louis Capet a mérité la mort. Il sera dressé un échafaud sur la place du Carrousel, où Louis sera conduit ayant un écriteau avec ces mots devant : *Parjure et traître à la nation*, et derrière : *Roi*, afin de montrer à tout le peuple que l'avilissement des nations ne saurait prescrire contre elles le crime de la royauté par un laps de temps, même de mille cinq cents ans. En outre, le caveau des rois à Saint-Denis sera désormais la sépulture des brigands, des assassins et des traîtres. »

Un autre Conventionnel, Barère, avait une jeune femme très-aimable, très-riche, mais entichée de royalisme et de dévotion; elle lui écrivit lettre sur lettre; la mère de cette jeune femme mêla des fureurs aux larmes de sa fille; tout fut inutile : Barère vota la mort. Je rapporte ces faits, pour montrer quelle nécessité inéluctable poussait alors la main de la France sur son roi, puisque les cœurs résistèrent non-seulement à la pitié, mais encore à de plus douces influences, telles que les liens du sang ou les attaches du cœur. Il ne faut pourtant pas croire que le sentiment de l'humanité n'ait point fait trembler çà et là, dans l'esprit de ces terribles législateurs, la sentence de mort. Ils ont eu à vaincre la nature. Celui de tous qu'on croirait le moins accessible à la compassion, Marat, fut ému.

Mlle Fleury n'avait point abandonné son projet. La veille même du jour où Louis comparut devant la Convention, elle se rendit chez l'Ami du peuple.

— Eh bien! lui demanda-t-elle, avez-vous réfléchi à ce que nous disions l'autre jour?

— Oui, il faut qu'il meure; tant que cet homme vivra, les factions s'agiteront autour de lui. Nous-mêmes, car qui peut répondre de l'avenir? nous pouvons, d'un instant à l'autre, être pris de faiblesse et retourner en arrière. Le roi mort, il n'y a plus moyen de reculer. Je ne me dissimule pas que Louis nous a servi à faire la Révolution; mais, abordés d'hier dans une île nouvelle, il faut brûler maintenant le vaisseau qui nous y a conduits, afin que n'ayant plus ni salut à attendre des mesures tempérées, ni merci à espérer des rois, nous combattions comme des furieux pour maintenir la République.

— Voyons, Marat, ton projet de la République est sublime, mais ne peut-il pas être prématuré? Que de larmes d'ailleurs, que de sang répandu avant d'arriver par les moyens que tu indiques à la paix, à l'union et à l'amour! Il te faudra peut-être encore abattre deux mille têtes.

— On les abattra.

Il y eut un moment de silence, durant lequel Mlle Fleury crut voir toute la chambre peinte en rouge.

Marat reprit d'une voix lente et basse, comme se parlant à lui-même :

— Le propre des hommes forts est d'attendre.

— Attendre les pieds dans le sang !

— La France a trop souffert sous ses rois, elle n'en veut plus.

— Louis XVI, d'après la Constitution, n'était pas un vrai roi ; ce n'était après tout que le premier serviteur du peuple.

— Nous sommes assez grands maintenant pour nous servir nous-mêmes.

— C'est bien ; mais le peuple n'est grand que quand il est fort et magnanime. Or, laquelle crois-tu la plus élevée de la nation qui, ayant un roi sous la main, un roi sans défense, sans armée, le tue ; ou de celle qui l'appelle à sa barre pour lui dire : Louis tu nous as trahis, et nous te pardonnons ?

Marat était mal à l'aise ; il s'enferma très-tard dans sa chambre, se promena de long en large et ne prit qu'une heure de sommeil. Le lendemain, il était assis sur son banc à la Convention quand Louis XVI parut à la barre. Il écrivit le soir même cette note qui parut dans son journal : « On doit à la vérité de dire qu'il s'est présenté et comporté à la barre avec décence ; qu'il s'est entendu appeler Louis sans montrer la moindre humeur, lui qui n'avait jamais entendu résonner à son oreille que le nom de Majesté ; qu'il n'a pas témoigné la moindre impatience tout le temps qu'on l'a tenu debout, lui devant qui aucun homme n'avait le privilége de s'asseoir. Innocent, qu'il aurait été grand à mes yeux dans cette humiliation ! »

Toutes les imaginations exaltées se passionnaient pour ou contre l'ex-roi. La Convention ayant accordé un conseil à Louis, Olympe de Gouges écrivit à cette Assemblée la lettre suivante : « Franche et loyale républicaine, sans tache et sans reproche, je crois Louis fautif comme roi ; je désire être admise à seconder un vieillard de quatre-vingts ans (Malesherbes) dans une fonction qui demande toute la force d'un âge vert. » Cette Olympe de Gouges, fille d'une revendeuse à la toilette, mariée à quinze ans, veuve à seize, avait commencé par des aventures galantes, et devait finir le roman de sa vie par la passion des lettres. Elle ne savait, à en croire Dulaure, ni lire ni écrire ; mais son esprit naturel lui tenait lieu d'éducation. Elle dictait ses pensées à des secrétaires. La proposition qu'elle lançait de défendre Louis XVI fit sourire la Convention et les tribunes. La Révolution rappelait les femmes à leurs devoirs, au foyer domestique, à la famille ; était-il dans les mœurs du temps que l'une d'elles intervînt par un coup de théâtre dans le procès du roi ? Était-ce d'ailleurs un sentiment généreux ou la vanité qui la poussait à se mettre en évidence ?

Toutefois ne parlons de cette femme qu'avec respect ; elle fut sacrée plus tard par l'échafaud.

« Que font les prisonniers du Temple ? A quoi passent-ils leur temps ? » Telles sont les questions qu'on s'adressait de groupe en groupe.

Les rois occupent l'attention publique même après leur déchéance. Il fallait, selon les Montagnards, en finir avec cette légende du Temple, et le seul moyen était de hâter le dénouement du procès.

On interrogeait avec curiosité Dorat-Cubière, qui était de service à la Tour, et voici ce qu'il répondait :

« A neuf heures, on a apporté le déjeuner. « Je ne déjeune pas aujourd'hui,
« a dit Louis, ce sont les Quatre-Temps... » Le valet de chambre Cléry, qui
est malin et patriote, a dit alors : « L'Église ordonne le jeûne à vingt ans ;
« j'ai passé cet âge et je n'y suis plus obligé ; puisque Louis ne déjeune pas, je
« vais déjeuner pour lui. » En effet, il a déjeuné sous le nez de Capet, qui s'est
retiré chez lui pendant dix minutes.

« Louis. — Je vous prie d'aller vous informer des nouvelles de ma famille : je
m'intéresse à ma famille : aujourd'hui ma fille a quatorze ans accomplis. Ah !
ma fille !....

« J'ai cru voir couler quelques larmes de ses yeux. Je suis monté à l'appartement de sa famille : nous lui en avons apporté des nouvelles satisfaisantes.

« Louis. — Avez-vous des ciseaux ou un rasoir, pour me faire la barbe ?

« Cubière. — On vous la fera.

« Louis. — Je ne veux pas que personne me rase. »

Cubière rapporte ensuite quelques traits d'une conversation avec le conseil de Louis XVI.

« Cubière. — Vous êtes un honnête homme ; mais si vous ne l'étiez pas, vous pourriez lui porter des armes, du poison, lui conseiller...

« Ici Malesherbes, embarrassé, m'a répondu : « Si le roi était de la religion
« des philosophes, s'il était un Caton, il pourrait se détruire ; mais le roi est
« pieux ; il est catholique ; il sait que la religion lui défend d'attenter à sa vie, il
« ne se tuera pas..... »

« Là j'ai vu, ajoute Cubière, moi qui n'aime pas la religion, que, dans quelques circonstances, elle pouvait être bonne à quelque chose. »

D'un autre côté, le lion populaire ne s'endormait pas. La barre de la Convention était obstruée de femmes et d'enfants, qui tenaient et agitaient dans leurs mains des vêtements déchirés, des lambeaux de chemise et des draps couverts de sang. Cette sorte de représentation dramatique jette l'épouvante dans l'Assemblée. Un orateur se présente à la tête de ces femmes, de ces enfants, qui se tiennent dans l'attitude de la douleur, de la misère et du désespoir. Ils invoquent les mânes des victimes du 10 août ; ils se disent les enfants et les veuves de ces défenseurs courageux de la patrie. Ils ne se bornent pas à demander des consolations et des secours, ils réclament la punition prompte de l'auteur du 10 août ; ils demandent, au nom de tant de malheureuses victimes, la mort de Louis XVI. L'orateur secoue lui-même ces linges ensanglantés, comme pour agiter la vengeance. Rendues cruelles par sensibilité, les tribunes appuient, d'un mouvement tumultueux, le vœu des pétitionnaires.

Les modérés et les indécis eux-mêmes en conclurent que pour apaiser le peuple il fallait lui abandonner la vie du roi. Ces hommes se trompaient : le moyen de développer les semences de la haine, c'est de les arroser avec du sang.

VII

I. **Instruction primaire devant la Convention. — Gratuite et laïque. — Apparition de l'athéisme. — Sentiment de Robespierre sur la propriété. — Procès de Louis XVI. — Seconde comparution à la barre de l'Assemblée nationale. — Retour au Temple. — Conversation entre le roi, Cambon et Chaumette. — Agitation dans l'Assemblée. — Discours de Robespierre. — Discours de Saint-Just. — Appel nominal sur la question de culpabilité. — Discours de Danton. — Second appel nominal sur la ratification du jugement par le peuple. — Troisième appel nominal sur la peine à infliger. — Lettre de l'ambassadeur d'Espagne. — Sortie de Danton. — Le sursis. — Assassinat de Lepelletier de Saint-Fargeau.**

Le vrai caractère de la Convention, cette Assemblée de géants, fut d'associer aux plus sombres drames la constante préoccupation des intérêts de l'humanité.

Et quel intérêt plus grand que celui de l'instruction publique ?

Un projet d'organisation des écoles, dans lequel on reconnaissait les vues de Condorcet, fut soumis aux délibérations de l'Assemblée. L'école primaire gratuite pour tous, les autres degrés de l'instruction ouverts aux enfants qui avaient des aptitudes supérieures, les instituteurs élus au suffrage universel par les pères de famille, l'enseignement laïque ; tels étaient les principaux traits de ce système. « Ce qui concernait les cultes ne devait pas être enseigné dans l'école, mais seulement dans les temples. »

Une première question divisa tout d'abord les législateurs. Ne fallait-il organiser que les écoles primaires, ou fallait-il leur superposer le couronnement de la science ? Les partisans absolus de l'égalité, ceux qui la confondent avec l'uniformité (chose bien différente), étaient d'avis que les écoles primaires suffisaient. Les autres, les esprits éclairés, les philosophes, réclamaient pour la jeunesse studieuse une hiérarchie de connaissances. Était-ce avec les rudiments de l'instruction que le xviii° siècle aurait pu enfanter les Montesquieu, les Voltaire, les Buffon, les Diderot, les d'Alembert, les Condorcet et tant d'autres précurseurs de la Révolution française ?

Les hommes politiques ont beau faire, ils sont toujours forcés de compter avec les doctrines qui, à un moment donné, divisent l'esprit humain. Dans le cours de la discussion, un député de la droite, Robert Dupont, s'écria : « Quoi ! les trônes sont renversés, les rois expirent, et les autels sont debout !... Croyez-vous donc fonder la République avec d'autres autels que celui de la patrie ! » Grand scandale : Grégoire, Fauchet, murmurent et donnent des signes d'impatience : « La nature et la raison, reprend l'orateur, voilà les dieux de l'homme. Je l'avouerai de bonne foi à la Convention, je suis athée. » L'abbé Audiren sort, Saint-Just pâlit, Robespierre s'irrite. Une sombre rumeur court dans la salle. Plusieurs restent consternés sur leur banc. C'est de ce jour, en effet, que l'athéisme osa lever son voile.

La rareté des subsistances appelait toujours l'attention des hommes d'État. Robespierre publia un mémoire où il se fit courageusement l'avocat du pauvre, *cet orphelin de la société*. « Les aliments nécessaires à l'homme, écrivait-il, sont aussi sacrés que la vie elle-même. Tout ce qui est indispensable pour la conserver est une propriété commune à la société entière. Il n'y a que l'excédant qui soit une propriété individuelle, et qui soit abandonné à l'industrie des commerçants. Toute spéculation que je fais aux dépens de la vie de mon semblable n'est point un trafic, c'est un brigandage et un fratricide. » D'où il concluait : « La première loi sociale est celle qui garantit à tous les membres de la société les moyens d'exister. »

Robespierre était pourtant un ardent défenseur de la propriété ; mais il voulait qu'elle s'étendît, avec l'aide du temps et du travail, à tous les citoyens.

C'est du reste en vain qu'on cherchait à détourner les esprits de la tour du Temple : là était toujours le roi ; il fallait qu'il fût jugé !

Louis XVI comparut pour la seconde fois, le 26 décembre, lendemain de la fête de Noël, à la barre de la Convention nationale. Même déploiement de force armée, même solennité triste. Louis, en descendant de voiture, fut conduit, par le cloître et le passage des Feuillants, dans la salle des Conférences. Son visage était blême ; ses jambes paraissaient faibles et prêtes à fléchir sous le poids de son émotion. On le fit attendre avant de l'introduire ; c'était maintenant le tour des rois de faire antichambre à la cour du peuple. Louis trouva ses conseils avec lesquels il se retira dans un coin de la salle. Il fut bientôt averti de se rendre à la barre.

L'avocat Desèze tira tout le parti qu'on pouvait tirer d'une mauvaise cause. « Je cherche des juges, dit-il, et je ne vois que des accusateurs. » Ce long plaidoyer fut écouté dans un religieux silence. Prenant la parole après Desèze, le roi protesta de nouveau que *sa conscience n'avait rien à lui reprocher*. En quittant la barre, Louis marcha d'un pas plus ferme qu'à son arrivée aux Feuillants, la tête haute. Rentré dans la salle des Conférences, il serra la main de M. Desèze.

Le retour de Louis au Temple fut silencieux et lent : on alla au pas. Les boulevards étaient garnis d'une double haie de piques et de baïonnettes. Il n'y avait presque point de spectateurs. Le roi remarqua lui-même que toutes les fenêtres des maisons devant lesquelles il passa étaient fermées : il en témoigna ses remerciements aux citoyens Cambon et Chaumette. Louis demanda au maire à voir le portrait qui était sur sa tabatière.

— C'est celui de ma femme, dit Cambon.

— Je vous fais compliment : elle est très-jolie.

Il s'enquit ensuite au citoyen Cambon de quel pays il était.

— De la Haute-Marne.

Et tout de suite le roi, qui était très-fort en géographie, de citer les rivières, les montagnes et autres accidents de ce département.

— Et vous, monsieur Chaumette, d'où êtes-vous?
— Du département de la Nièvre, sur les bords de la Loire.
— C'est un pays enchanté.
— Est-ce que vous y avez été?
— Non, répondit Louis; mais je me proposais de faire mon tour de France en deux années, et de connaître toutes les beautés de mon royaume. Je n'ai vu que le pays de Caux.

Gensonné.

La conversation tomba sur Tacite, Tite-Live, Salluste, Puffendorf, que le roi paraissait avoir lus. On passa ensuite à la médecine. Quelqu'un parla du mesmérisme.

— J'aurais bien voulu en voir quelques expériences, dit Louis.

Le maire lui répondit :

— Depuis qu'on a voulu me payer pour écrire en faveur de Mesmer, j'ai reconnu qu'il y avait du charlatanisme.

— Vous n'étiez pas ici, monsieur Chaumette, dit le roi en se retournant du côté du procureur de la Commune, vous n'étiez pas ici du temps de Mesmer, car vous m'avez dit que vous vous étiez embarqué avec La Motte-Piquet?

Louis, sentant de l'air froid, pria le citoyen Colombeau de lever la glace de la portière. Le secrétaire-greffier avançait la main pour le faire.

— Non, non, dit vivement le procureur de la Commune, cela pourrait produire un mauvais effet.

— Ah! oui, dit le roi.

Louis XVI rentra au Temple : il ne devait plus en sortir que pour l'échafaud.

A peine le roi avait-il disparu de la barre que toutes les animosités des partis se déchaînèrent. La Montagne ne marchait sur le corps de Louis XVI que pour s'élancer contre la Gironde. Des vociférations, des apostrophes sanglantes, des murmures tempêtueux, dégradèrent, plus d'une fois, dans cette séance et dans celles qui suivirent, la majesté de la représentation nationale. Les royalistes reprochent à la Convention ces excès de fureur; sans doute le calme et le silence conviennent à une assemblée populaire : mais prenons-y garde; il y a le calme des ténèbres et le silence de la mort. Si dans ce temps-là les opinions, se dressant les unes contre les autres, changeaient le temple de la loi en une arène de gladiateurs politiques, c'est que du moins la corruption n'avait pas éteint les consciences. C'est qu'alors du moins on avait la passion de la vérité. La lumière et l'ombre, le bien et le mal, n'étaient pas mêlés, ainsi qu'il arrive dans les époques de décadence.

Les Montagnards invoquaient contre Louis XVI le droit absolu du peuple contre les rois. Robespierre rassembla encore une fois ses arguments, au milieu des colères et des menaces du parti girondin : « Il n'y a point ici, s'écria-t-il, de procès à faire! Louis n'est point un accusé, vous n'êtes point des juges. Vous n'avez point une sentence à rendre pour ou contre un individu; vous avez un acte de providence sociale à exercer. Les peuples ne rendent point de sentence, ils ne condamnent point les rois, ils les replongent dans le néant. Nous invoquons des formes parce que nous n'avons pas de principes; nous nous piquons de délicatesse parce que nous manquons d'énergie; nous affectons une fausse humanité parce que le sentiment de la véritable humanité nous est étranger; nous révérons l'ombre d'un roi, nous ne savons pas respecter le peuple. Nous sommes tendres pour les oppresseurs parce que nous sommes sans entrailles pour les opprimés. »

Marat rendit compte dans sa feuille des débats et des particularités de cette séance. « Malesherbes, dit-il, a montré du caractère en s'offrant pour défendre ce roi détrôné : il est moins méprisable à mes yeux que le pusillanime Target, qui abandonne lâchement son maître après s'être enrichi de ses profusions. On dit que d'Orléans doit voter la mort. Je déclare que j'ai toujours regardé cet être-là comme un indigne favori de la fortune, sans vertu, sans âme, sans entrailles, n'ayant pour tout mérite que le jargon des ruelles. »

La discussion fut reprise le lendemain 27 décembre. Les Girondins avaient déplacé la question en demandant que le roi ne fût *pas jugé*, *mais qu'on pro-*

nonçât sur son sort par mesure de sûreté générale. Saint-Just la ramena sur le véritable terrain : « Vous avez laissé outrager, dit-il, la majesté du peuple, la majesté du souverain... La question est changée. Louis est l'accusateur, *vous êtes les accusés maintenant...* On voudrait récuser ceux qui ont déjà parlé contre le roi. Nous récuserons, au nom de la patrie, ceux qui n'ont rien dit pour elle. Ayez le courage de dire la vérité ; elle brûle dans tous les cœurs, comme une lampe dans un tombeau. »

La *sûreté générale* était une mauvaise excuse qui trahissait le sentiment de la peur ; une seule considération devait dominer ces débats : la justice.

Nous nous attendrissons à distance sur les infortunes du Temple, et certes ce sentiment est bien légitime. Mais aujourd'hui dans Louis XVI nous voyons l'homme : alors on ne voyait que le roi. Si nu et si inoffensif qu'on eût fait Louis XVI, le passé de ce monarque s'élevait sans cesse comme une menace contre la République naissante. Il avait beau mettre sa tête sous le bonnet rouge, on voyait toujours percer la couronne. Sa mort fut une mesure de défense et de précaution nationale. Si la Constitution eût été faite, si les plaies de l'État avaient été fermées, si le nouveau gouvernement s'était trouvé assis sur des bases solides, si la guerre s'était éloignée de nos frontières, la France eût bien pu alors ne se souvenir de la royauté que comme d'un rêve douloureux : mais cette royauté faisait encore obstacle de toutes parts à la victoire du peuple. Louis, vivant, servait d'enseigne et de point de ralliement aux ennemis de la Révolution. Un événement imprévu pouvait d'un jour à l'autre le remettre sur le trône. Les coups des Montagnards visaient d'ailleurs plus loin que la personne de Louis XVI. La Révolution avait besoin d'un roi dans lequel elle pût dégrader et anéantir toutes les royautés de la terre : ce roi, elle se trouva l'avoir sous sa main.

— Tant pis pour lui ! s'écria-t-elle ; il faut qu'il meure ! Il faut que le bourreau exécute la royauté sur le cou de Louis XVI.

Logique brutale à coup sûr ; mais il faut se reporter à l'état de la France en 92.

Depuis cinq mois, la question de statuer sur le sort de Louis tenait en suspens les affaires de la République. Guerre, constitution, réorganisation des services publics, cet homme était un nœud qui arrêtait tout. Les Conventionnels agirent envers ce nœud gordien à la manière d'Alexandre, ils le tranchèrent. Il fallait, selon eux, que le roi mourût ou que l'on renonçât à la République. Quoi ! ils auraient sacrifié le bonheur du monde au moment où ils croyaient le tenir, et où ils n'étaient plus séparés de leur idéal que par un reste de roi jeté en travers du chemin ! Leur détermination fut prise sans aucune hésitation.

— Marchons sur lui ! s'écrièrent-ils.

La voûte du ciel se fût écroulée sur leurs têtes qu'ils n'auraient point reculé.

Où allaient-ils donc ? Ils allaient à la réforme complète du vieil homme et de la vieille société. La Révolution était le passage du désert. Des esprits légers, des citoyens égoïstes se plaignaient déjà des lassitudes du voyage, de la misère, du manque de vivres et de vêtements ; ils regrettaient, si j'ose ainsi dire, les oignons de la monarchie. Plus durs et plus croyants, les Montagnards supportaient ces nécessités d'un état de transition avec un courage stoïque. Derrière tous ces maux provisoires, ils entrevoyaient le règne de la raison et de la justice. Leur tort (si c'en est un) fut de vouloir imposer de vive force le bonheur à vingt-cinq millions de Français. De là cette résistance passagère à tous les sentiments de la nature. Ils voilaient leur cœur à la pitié. Quand même le roi eût été innocent, quand même sa mort eût été un crime aux yeux de leur conscience, ils n'auraient point hésité à élever ce crime comme une barrière entre le despotisme et la liberté.

Ce jugement devait d'ailleurs avoir des proportions et des conséquences qui ne s'étendraient pas seulement à notre pays. C'était le procès fait à tous les rois de l'Europe, un coup de hache frappé sur toutes les têtes couronnées. Ce coup, disait-on, ne les atteignait pas : matériellement, non ; mais en principe, oui.

Après de longs et orageux débats, dans lesquels la Gironde répandit toute son éloquence et la Montagne déploya toute son audace, toute sa puissance de volonté, toute sa redoutable logique, le moment solennel était venu : on allait procéder au vote.

Trois questions étaient soumises à l'Assemblée :

Louis est-il coupable ?

Le jugement serait-il soumis à la ratification du peuple ?

Quelle peine l'ex-roi a-t-il méritée ?

A la première question il fut répondu oui. Chacun se plaçait successivement à la tribune par ordre nominal et prononçait son vote à haute voix. Le 14 janvier, Louis fut déclaré coupable à l'*unanimité*, moins trente-sept membres qui se récusèrent.

Le 15, sur la seconde question, trois cents voix environ se prononcèrent *pour* et quatre cents voix *contre*.

Dans cette majorité figuraient, à côté des Montagnards, des hommes de la droite, Condorcet, Ducos, Fonfrède et plusieurs autres. Ainsi le *jugement ne serait pas soumis à la ratification du pays.*

Restait la dernière question : — Quelle peine ?

On doit s'étonner de n'avoir point entendu retentir dans le cours de ces débats la grande voix de Danton. Lorsque s'ouvrit le procès de Louis XVI, il était en Belgique, où la Convention l'avait envoyé avec Lacroix. Il y remplissait les fonctions de commissaire près des armées de la République. Ainsi que beaucoup d'autres, Danton n'aurait sans doute point été fâché d'échapper par l'absence à l'arrêt prononcé contre l'ex-roi. Par quoi fut-il donc rappelé sur son siège ? A la demande de Rouyer et de Jean-Bon-Saint-André, la Convention avait décidé que les listes désigneraient les absents par commission, et que les absents sans cause seraient censurés, leurs noms envoyés aux départements. Danton partit et revint à Paris le 14 janvier 93. Rapportait-il avec lui le sentiment de l'armée et inclinait-il à son retour vers la clémence ? Fit-il alors, comme on l'a dit, un dernier pas vers la Gironde en vue de sauver les jours du roi ? Tout cela peut être vrai, mais il n'y paraît guère, quand, se rendant le 16 à la Convention, le lion de la Montagne se mit à rugir.

Il s'agissait de décider à quelle majorité se prononcerait le verdict. Le Hardy avait demandé les deux tiers des voix.

Danton :

« La première question qui se présente est de savoir si le décret que vous devez porter sur Louis sera comme les autres rendu à la majorité. On a prétendu que telle était l'importance de cette question qu'il ne suffisait pas qu'on la vidât dans la forme ordinaire. C'est par une simple majorité qu'on a prononcé sur le sort de la nation entière, lorsqu'il s'est agi d'abolir la royauté ; je demande pourquoi on veut prononcer sur le sort d'un individu, d'un conspirateur, avec des formes plus sévères et plus solennelles. Nous prononçons comme représentant par provision la souveraineté. Je demande si, quand une loi pénale est portée contre un individu quelconque, vous renvoyez au peuple, ou si vous avez quelque scrupule à lui donner son exécution immédiate ? Je demande si vous n'avez pas voté à la majorité absolue seulement la République, la guerre ; et je demande si le sang qui coule au milieu des combats ne coule pas définitivement ? Les complices de Louis n'ont-ils pas subi immédiatement la peine sans aucun recours au peuple ? Et en vertu de l'arrêt d'un tribunal extraordinaire, celui qui a été l'âme de ces complots mérite-t-il une exception ? Vous êtes envoyés par le peuple pour juger le tyran, non pas comme juges proprement dits, mais comme représentants ; vous ne pouvez dénaturer votre caractère ; je demande qu'on passe à l'ordre du jour. »

La Convention fut d'avis que la simple majorité, c'est-à-dire la moitié des voix et une de plus, suffirait à décider du sort de Louis.

La séance se prolongeait sans interruption. Les Conventionnels, ces hommes de fer, supportèrent la fatigue, les émotions, la pesanteur des jours succédant aux nuits, des nuits succédant aux jours, avec un inébranlable courage. Le recueillement et la sombre méditation de la plupart des députés contrastaient avec l'attitude des spectateurs. Le fond de la salle avait été transformé en loges, où les femmes du monde, dans le plus charmant négligé, mangeaient des oranges ou dégustaient des glaces. On allait les saluer et l'on revenait. « Les huissiers, du côté de la Montagne, raconte Mercier (un témoin oculaire) faisant le métier d'ouvreuses de loges d'opéra, conduisaient galamment les dames... » Ce frivole dix-huitième siècle assistait gai et pimpant à la tragédie dont il avait préparé lui-même le dénouement. Les hautes tribunes étaient occupées par des gens de tout état qui, tout en buvant du vin et de l'eau-de-vie, semblaient dire aux juges de Louis XVI : « Prenez garde, vous allez voter sous l'œil du peuple ! »

On a du reste beaucoup exagéré la pression extérieure qui aurait été exercée sur la Convention. Les députés ne prirent vraiment conseil que d'eux-mêmes et de leur conscience. Ils couraient sans doute de grands dangers, soit de la part de la coalition étrangère, soit de la part de la population irritée, selon la nature du vote qu'ils allaient émettre ; mais, plus fiers en cela que les Romains eux-mêmes, les Conventionnels n'ont jamais élevé d'autels à la Peur.

Plusieurs entre les Montagnards avaient dû résister à de tendres obsessions, aux influences de sirènes royalistes. Marat, un instant adouci, flottant, était redevenu Marat, c'est-à-dire impitoyable. Beaucoup parmi les modérés, qui avaient d'abord voulu sauver le roi, se sentaient fatalement entraînés en sens contraire par l'inéluctable courant des choses humaines et le travail de la réflexion.

Il est huit heures du soir. Commence alors le troisième appel nominal sur cette question : *Quelle peine sera infligée* à Louis Capet? Le vote a lieu par ordre alphabétique de départements. Chaque député paraît l'un après l'autre à la tribune. Des visages sombres, rendus plus sombres encore par les pâles clartés de la salle, se succèdent de moment en moment; d'une voix lente et sépulcrale, ils laissent tomber ces deux mots : *La mort.*

D'autres éprouvent le besoin de motiver leur sentence. Robespierre dit : « Le sentiment qui m'a porté à demander, mais en vain, à l'Assemblée constituante l'abolition de la peine de mort, est le même qui me force aujourd'hui à demander qu'elle soit appliquée au tyran de ma patrie et à la royauté elle-même dans sa personne. Je vote pour la mort. »

Danton dit : « Je ne suis point de cette foule d'*hommes d'État* qui ignorent qu'on ne compose point avec les tyrans, qui ignorent qu'on ne frappe les rois qu'à la tête, qui ignorent qu'on ne doit rien attendre des souverains de l'Europe que par la force des armes. Je vote pour la mort du tyran. »

Marat dit : « Dans l'intime conviction où je suis que Louis est le principal auteur des forfaits qui ont fait couler tant de sang le 10 août, et de tous les massacres qui ont souillé la France depuis la Révolution, je vote pour la mort du tyran dans les vingt-quatre heures. »

Camille Desmoulins dit : « Manuel, dans son opinion du mois de novembre, a dit : *Un roi mort, ce n'est pas un homme de moins.* Je vote pour la mort, trop tard peut-être pour l'honneur de la Convention nationale. » (Murmures.)

Couthon dit : « Citoyens, Louis a été déclaré, par la Convention nationale, coupable d'attentat contre la liberté publique et de conspiration contre la sûreté générale de l'État; il est convaincu, dans ma conscience, de ces crimes. Comme un de ses juges, j'ouvre le livre de la loi, j'y trouve écrite la peine de mort; mon devoir est d'appliquer cette peine : je le remplis, je vote pour la mort. »

Saint-Just dit : « Puisque Louis XVI fut l'ennemi du peuple, de sa liberté et de son bonheur, je conclus à la mort. »

Carnot dit : « Dans mon opinion, la justice veut que Louis meure, et la politique le veut également. Jamais, je l'avoue, devoir ne pesa davantage sur mon cœur que celui qui m'est imposé; mais je pense que pour prouver votre attachement aux lois de l'égalité, pour prouver que les ambitieux ne vous effraient pas, vous devez frapper de mort le tyran. Je vote pour la mort. »

Un homme dont le nom est cher à la science, Lakanal dit : « Un vrai républicain parle peu. Les motifs de ma décision sont là (dirigeant sa main vers son cœur); je vote pour la mort. »

Le taciturne Sieyès prononce seulement ces deux monosyllabes: « La mort. »

La mesure de la justice était pleine : le sablier de la mort avait agité, en tournant, tout le gravier dont se composent les jours d'un roi. Un seul vote excita les huées et les murmures ; c'est celui de Philippe-Égalité.

Il dit, non, il lut : « Uniquement occupé de mon devoir, convaincu que tous ceux qui ont attenté ou attenteront par la suite à la souveraineté du peuple méritent la mort, je vote pour la mort. »

Dans les galeries des femmes figuraient des cartes avec des épingles, pour pointer et comparer les votes. Dans la salle, quelques députés tombaient de sommeil sur un banc ; on les réveillait en leur montrant la tribune et en leur disant : « C'est votre tour. » On vit tout à coup venir un moribond, une espèce de fantôme, pâle, livide, affublé d'un bonnet de nuit et d'un robe de chambre ; c'était un homme de la droite qui croyait sans doute émouvoir la pitié par son dévouement envers le roi ; il fit rire.

Enfin, le 17 janvier, Vergniaud, président de la Convention, proclama le résultat du scrutin en ces termes : « L'Assemblée est composée de sept cent quarante-neuf membres ; quinze se sont trouvés absents par commission, sept par maladie, un sans cause, cinq non votants, en tout vingt-huit. Le nombre restant est de sept cent vingt et un, la majorité absolue est de trois cent soixante et un. Deux ont voté pour les fers ; deux cent vingt-six pour la détention et le bannissement à la paix, ou pour le bannissement immédiat, ou pour la réclusion, et quelques-uns y ont ajouté la peine de mort conditionnelle, si le territoire était envahi ; quarante-six pour la mort, avec sursis, soit après l'expulsion des Bourbons, soit à la paix, soit à la ratification de la Constitution ; trois cent soixante et un ont voté pour la mort ; vingt-six pour la mort, en demandant une discussion sur le point de savoir s'il conviendrait à l'intérêt public qu'elle fût ou non différée, et en déclarant leur vœu indépendant de cette demande. Ainsi, pour la mort sans condition, trois cent quatre-vingt-sept ; pour la détention ou la mort conditionnelle, trois cent trente-quatre. » Après un silence, et avec l'accent de la douleur : « Législateurs, je déclare au nom de la Convention que la peine qu'elle prononce contre Louis Capet est la mort. »

Cependant toutes les cours de l'Europe avaient l'œil fixé sur la Convention et attendaient, haletantes, l'issue du procès. Le président annonce avoir reçu une lettre du ministre d'Espagne. Salles déclare que l'ambassadeur demande dans cette lettre l'admission à la barre *au nom du roi son maître*. (Murmures dans l'Assemblée.) C'est Danton qui se charge de répondre aux souverains, et avec un geste de mépris formidable :

« Quant à l'Espagne, je l'avouerai, je suis étonné de l'audace d'une puissance qui ne craint pas de prétendre à exercer son influence sur votre délibération. Si tout le monde était de mon avis, on voterait à l'instant pour cela seul la guerre à l'Espagne. Quoi ! on ne reconnaît pas notre République et l'on veut lui dicter des lois ? On ne la reconnaît pas, et l'on veut lui imposer des conditions, participer au jugement que ses représentants vont rendre ? Cependant qu'on entende, si on le veut, cet ambassadeur ; mais que le président lui fasse une réponse digne du peuple dont il sera l'organe, et qu'il lui dise que les vainqueurs de Jemmapes ne démentiront pas la gloire qu'ils ont acquise, et qu'ils retrouveront, pour exterminer tous les rois de l'Europe conjurés contre nous, les forces qu déjà les ont fait vaincre. Défiez-vous, citoyens, des machinations qu'on ne va cesser d'employer pour vous faire changer de détermination; on ne négligera aucun moyen; tantôt, pour obtenir des délais, on prétextera un motif politique, tantôt une négociation importante ou à entreprendre ou à terminer. Rejetez, rejetez, citoyens, toute proposition honteuse; point de transaction avec la tyrannie; soyez dignes du peuple qui vous a donné sa confiance et qui jugerait ses représentants, si ses représentants l'avaient trahi. »

Enveloppée dans sa dignité stoïque, l'Assemblée décida que, sans même ouvrir la lettre de l'ambassadeur, elle passait à l'ordre du jour.

Danton avait grandi de cent coudées. A Louvet, qui l'instant d'auparavant lui avait crié :

— Tu n'es pas encore roi, Danton!

Il avait répondu, en se dressant de toute sa hauteur :

— Je demande que l'insolent qui dit que je ne ne suis pas encore roi soit rappelé à l'ordre avec censure.

Toute tentative d'intervention étrangère en faveur de Louis XVI ayant été repoussée avec un sombre dédain, il ne restait plus à l'infortuné qu'une planche de salut, le sursis, l'appel au peuple.

Les défenseurs de Louis XVI, Desèze et Tronchet, furent introduits dans l'Assemblée, qui consentit à les entendre. Ils lurent une lettre de Louis XVI qui protestait encore une fois de son innocence et en appelait à la nation.

Après soixante-douze heures, la séance fut levée.

L'appel à la nation avait été déjà repoussé par des arguments invincibles. Danton, Robespierre, tous les Montagnards avaient répondu : « La nation, c'est nous. L'Assemblée est sa représentation vivante, légale, incontestée. » Dans les graves circonstances où l'on se trouvait, l'appel au peuple n'était-il point d'ailleurs l'appel à la guerre civile? Il fut écarté le lendemain 18 janvier.

Restait la question du sursis. Gagner du temps, c'était peut-être un moyen d'éluder la sentence de mort.

— Point de sursis! dit Tallien, l'humanité l'exige; il faut abréger ses angoisses... Il est barbare de le laisser dans l'attente de son sort...

— Point de sursis! dit Couthon; au nom de l'humanité, le jugement doit s'exécuter, comme tout autre, dans les vingt-quatre heures.

— Point de sursis! dit Robespierre; et il invoqua comme les autres un motif d'humanité.

— Point de sursis! dit Barère; mais, en avocat adroit et subtil, il entretint l'Assemblée des réformes douces, bienfaisantes, qu'elle pourrait accomplir, dès que, le câble de la royauté étant rompu, elle serait vraiment libre, débarrassée de tout obstacle.

Il n'y eut que trois cents voix environ pour le sursis, et contre, près de quatre cents. Le roi était irrémissiblement condamné.

Quelle que soit l'opinion de la postérité sur le jugement de Louis XVI, il est difficile de ne point admirer le sang-froid et l'intrépidité des Conventionnels. Les complots, les poignards des royalistes, les déclarations de guerre, les yeux menaçants des souverains étrangers fixés sur leurs délibérations ne les effraient pas : sous le canon de l'Europe, en face de la ligue des rois, ils découvrent leur conscience et leur poitrine. Seuls contre tous, ils osent prendre l'offensive et se réduire à la nécessité de vaincre. « Nous voilà lancés, écrivait familièrement à

L'abbé Grégoire.

son père le citoyen Lebas ; les chemins sont rompus derrière nous. » L'idée des hommes de 93 était effectivement que cet acte d'audace, ce défi, devait contribuer au succès de nos armes. La France envoya devant ses légions l'épouvante. Aux hostilités sourdes du continent, elle répondit par une tête de roi jetée entre la République française et tous les trônes de la terre.

Ces menaces de mort, ces poignards, était-ce une vaine figure de rhétorique ?

Le vote de la Convention nationale porta dans le cœur des royalistes la consternation et la terreur. A Paris même, il y eut quelques mouvements qui indiquaient un complot en faveur de Louis XVI. Pendant le procès, tandis que des bouches froides et sévères s'ouvraient pour voter la mort de l'accusé, des bras s'armaient dans l'ombre pour le sauver. Le 18 au soir, douze jeunes ex-gardes du corps se réunirent dans un caveau du Palais-Royal et tinrent conseil entre eux sur les moyens de jeter l'alarme dans l'opinion publique. Les conjurés promenèrent les yeux sur les juges de Louis XVI, et se désignèrent mutuellement douze victimes. Chacun choisit la sienne. On promit sur l'honneur de frapper et l'on se sépara. Un seul conjuré tint son serment.

Il y avait alors, au Palais-Égalité, une salle de traiteur, dont le maître se nommait Février; c'était un caveau à voûtes basses, où l'on descendait par quelques marches. Des tables étaient dressées le long des murs. De rares lumières, fixées aux piliers de la salle, brillaient çà et là. Il était sept heures et demie du soir. Un jeune homme, Deparis[1], ancien garde du roi, barbe couleur de l'aile du corbeau et cheveux très-noirs, teint basané, dents très-blanches, houppelande grise, chapeau rond, était assis à une petite table avec un ami : en proie à une agitation extrême, il s'entretenait de l'événement de la journée. Fils d'une mère royaliste, il avait vu la Révolution avec horreur : la condamnation à mort de Louis XVI le jetait dans un transport frénétique. On causait assez librement autour de lui : une voix nomma Lepelletier de Saint-Fargeau. Deparis n'avait jamais vu le député de Sens. Lepelletier, assis devant une autre table, soupait tranquillement. Deparis va droit à lui : « Vous êtes le citoyen Lepelletier de Saint-Fargeau ? — C'est mon nom. — Avez-vous voté la vie ou la mort du roi ? — Selon ma conscience, j'ai voté la mort. » A ces mots, Deparis : « Tiens, misérable ! tu ne voteras plus. » Le député tombe. Il avait dans le flanc une lame de coutelas. Février accourt : Deparis se débarrasse des mains qui veulent le saisir et s'enfuit. Lepelletier est transporté mourant sur un lit : « J'ai versé mon sang pour la patrie, dit-il ; que ce sang consolide la liberté. J'ai bien froid... Les ténèbres me gagnent... Mes amis, prenez garde à vous ! » Il meurt.

Cette nouvelle jeta la stupeur dans la ville. Le Palais-Égalité surtout, qui avait été le théâtre du crime, s'émut éperdument. Au café du Caveau, un jeune homme monte sur une table et dit : « Le citoyen Lepelletier de Saint-Fargeau vient d'être assassiné ! (Saisissement.) — Par qui ? s'écrient des voix furieuses. — Par un royaliste. » Le jeune homme descend de la table et se perd dans la foule. Un instant après, un curieux, qui se pressait dans les groupes pour savoir la nouvelle, sent une main sur sa main et une voix à son oreille : « C'est moi qui l'ai tué, lui dit-on ; en voici un de moins ; à l'*autre*, maintenant ! » Cet ami se retourne et reconnaît devant lui Deparis.

L'*autre*, c'était le duc d'Orléans. Voilà le coupable et la victime que s'était choisis Deparis. Il n'avait frappé Lepelletier de Saint-Fargeau que par hasard,

---

[1]. Ces détails et les suivants ont été communiqués à l'auteur par le frère de Deparis, et non de Paris, ainsi qu'écrivent tous les historiens.

comme un ennemi qu'on rencontre sur son chemin. Le meurtrier n'abandonnait pas pour cela son serment. Le 24 janvier eut lieu le convoi de Saint-Fargeau. Il y avait grand bruit et grande foule sur son chemin. La blessure ouverte, le sabre entouré d'un crêpe, les habits percés et ensanglantés, tout retraçait aux yeux un drame lugubre. Le ciel était sombre et froid comme la cérémonie. Des torches, des cyprès, des chœurs de musique, des tambours suivaient le char funèbre ; on se rendait au Panthéon. Le convoi traversa la place Vendôme. Deparis s'y promenait, depuis le matin, de long en large ; il avait sous sa redingote une lame et un pistolet. Résolu à finir publiquement ses jours sur la place, il devait atteindre au cœur son ennemi et se tuer ensuite. Le cortége défila en grande pompe ; la députation conventionnelle suivait le char à pas graves et lents. Deparis avait la main sur son sabre ; d'Orléans ne passa pas. Soit qu'il eût été averti, comme on le croit, par une lettre, du danger qui le menaçait, soit qu'il eût conçu de lui-même des inquiétudes, le duc avait refusé de suivre le cortége.

Deparis sortit alors de la capitale, et y rentra comme attiré par la fascination de son projet téméraire. Sa tête était mise à prix ; il ne pouvait manquer d'être reconnu. Un ami lui persuada de se retirer. Un passe-port lui avait été délivré sous un faux nom. Ce furieux ne se résolut néanmoins qu'avec tristesse à gagner la frontière sans avoir accompli sa vengeance. Il arriva vers le soir à Forges-les-Eaux, dans une auberge, dite du *Grand-Cerf*. Mouillé par une pluie froide, il s'approche de l'âtre et se mêle à la conversation de quelques colporteurs qui se réchauffaient dans la salle commune. « Que pense-t-on ici de la mort du roi ? leur demanda-t-il d'une voix mal assurée, qui cherchait à masquer son émotion sous une fausse indifférence. — On pense, dit l'un d'eux que l'on a bien fait de le frapper : je voudrais, pour moi, que tous les tyrans du monde n'eussent qu'une seule tête, pour qu'on pût l'abattre d'un seul coup ! » Deparis se lève, prend un flambeau, ouvre la porte qui doit le conduire à sa chambre de lit, et dit assez haut pour être entendu : « Je ne rencontrerai donc partout que des assassins de mon roi ! » Il monte le roide escalier de bois, demande à souper seul, fait usage, pour diviser ses morceaux, d'un couteau ayant forme de poignard, se promène à grands pas d'un air égaré. Quelqu'un qui le guettait le voit ensuite se mettre à genoux, baiser à plusieurs reprises sa main droite. Il demande de l'encre, écrit quelques lignes sur un papier et se couche. Tout cela donne des soupçons. A quatre heures du matin, il y avait trois gendarmes dans la chambre.

Deparis dormait; on le secoue par les épaules pour le réveiller. — « Citoyen, au nom de la loi, tu vas nous suivre à l'hôtel de ville. — Ah ! messieurs, répondit-il froidement, je vous attendais ; un instant, et je suis à vous. » A ces mots, il glisse sa main sous l'oreiller, fait un faux mouvement sur le côté droit et se décharge dans la tête un pistolet à deux coups. On trouva sur lui son extrait de naissance et son congé de garde-du-corps. Au dos de ce brevet, il avait écrit de sa main : « Qu'on n'inquiète personne ! personne n'a été mon complice dans la mort heureuse du scélérat Saint-Fargeau. Si je ne l'eusse pas rencontré sous ma main, je faisais une plus belle action : je purgeais la France du régicide et du parricide d'Orléans. Tous les Français sont des lâches auxquels je dis :

« Peuple, dont les forfaits jettent partout l'effroi,
Avec calme et plaisir j'abandonne la vie.
Ce n'est que par la mort qu'on peut fuir l'infamie
Qu'imprima sur nos fronts le sang de notre roi [1]. »

La mort de Lepelletier ne fut point le crime d'un fanatisme isolé : il y avait, comme nous l'avons dit, un complot sous l'attentat de Deparis. Qu'espéraient les conjurés? Intimider les juges du roi? Évidemment la Révolution n'aurait point reculé devant douze poignards, et la tête de Louis XVI, malgré les victimes choisies dans le sein de la Convention nationale, n'en fût pas moins tombée sur l'échafaud. Ce Deparis était un fanatique et un assassin ; mais ce n'était point un lâche. Combien ceux qui se cachaient et complotaient dans l'ombre étaient-ils mille fois plus dangereux !

L'assassinat de Saint-Fargeau ne fit que démontrer la nécesssité d'une surveillance étroite pour comprimer les machinations du royalisme. Les départements s'associèrent par des adresses au vote de la Convention. Quatre membres de l'Assemblée qui étaient alors en mission envoyèrent à leurs collègues la lettre suivante :

« Nous apprenons par les papiers publics que la Convention doit prononcer demain sur Louis Capet. Privés de prendre part à vos délibérations, mais instruits par la lecture réfléchie des pièces imprimées, et par la connaissance que chacun de nous avait acquise des trahisons non interrompues de ce roi parjure, nous croyons que c'est un devoir pour tous les députés d'annoncer leur opinion publiquement, et que ce serait une lâcheté de profiter de notre éloignement pour nous soustraire à cette obligation.

« Nous déclarons que notre vœu est pour la condamnation de Louis Capet par la Convention nationale, sans appel au peuple. Nous proférons ce vœu dans la plus intime conviction, à cette distance des agitations où la vérité se montre sans mélange, et dans le voisinage du tyran piémontais. »

« *Signé* : HÉRAUT, JAGOT, SIMON, GRÉGOIRE. »

La première rédaction portait : « Notre vœu est pour la condamnation *d mort* de Louis. » Grégoire, fidèle à ses principes, fit rayer ces deux mots. « Je ne blâme point,

---

[1]. Ces vers avaient été écrits la veille dans l'auberge; les recueils du temps contiennent de lui quelques poésies légères. Deparis avait trente ans. On observa que le soir, en se couchant, il n'ôta point la clef de la serrure de sa porte. Le pistolet avec lequel il se donna la mort était chargé d'un double lingot mâché. Son frère cadet, parfait honnête homme d'ailleurs, fut placé sous la Restauration dans les bureaux de la préfecture de police, et son principal titre de recommandation était son nom de famille. Les Bourbons de la branche aînée approuvaient-ils donc l'assassinat?

ajouta-t-il, ceux de mes collègues qui, dans leur conscience, voteront pour la mort; Louis est un grand coupable : mais ma religion me défend de verser le sang des hommes. Il suffit à la société que le coupable ne puisse plus nuire. » L'abbé Grégoire, quoique ayant refusé, le 19 janvier 1793, de salir sa robe de prêtre, n'en a pas moins été chassé, en 1819, de la Chambre des députés, comme *indigne* et comme régicide. Je livre à l'indignation des cœurs honnêtes les assassins de sa mémoire.

La Convention nationale venait de se montrer grande. Jamais le bras de la justice ne s'était révélé dans une assemblée humaine avec des signes plus évidents et un appareil plus redoutable. La nation croyait enfin à la République. Ce résultat, il est vrai, fut acheté par un acte terrible, dont se plaint l'indulgence, dont gémit la pitié. Si l'inexorable volonté du bien dirigeait la conscience de la grande majorité des représentants, la faiblesse, la peur, ou des passions cruelles, n'ont-elles pu aussi arracher à quelques-uns une sentence de mort? La tête de Louis, en tombant, ne jeta-t-elle pas dans le pays une cause d'effervescence et de bouillonnement? La terreur entre les citoyens ne fut-elle pas plus tard une suite de l'épouvante qu'on avait voulu diriger contre les rois? Tout cela est possible, mais tout cela était forcé. Le peuple, comme l'Océan, ne se soulève point sans remuer la vase de son lit. Quel remède? Aucun. Les orages sont nécessaires à la nature et les révolutions à l'humanité.

Un dernier mot sur le procès de Louis XVI. Parmi ceux qui votèrent la mort, presque tous périrent sur l'échafaud ; quelques-uns seulement ont survécu. Dans l'exil ou à Cayenne, où ils avaient été transportés, pas un d'eux n'a jamais témoigné le moindre repentir. Nul remords. Ils emportèrent dans la tombe la conviction d'avoir fait leur devoir.

Le fait suivant fut raconté en Belgique à l'auteur de cette histoire. Un ancien Conventionnel avait pour ami un habitant de Namur qui venait de temps en temps lui rendre visite. Un jour, ce dernier trouva le régicide, comme on disait alors, entouré de papiers et relisant avec une attention profonde le *Moniteur* de 1793.

— Que faites-vous là ? lui dit-il.

— Je refais le procès du roi.

— Eh bien...?

— Eh bien! je voterais aujourd'hui comme j'ai voté le 17 janvier; je voterais la mort !

VIII

Lutte entre la Convention et la Commune à propos de la liberté des théâtres. — Danton incline vers la Commune. — Exécution de Louis XVI. — Dernière entrevue avec la reine. — Son confesseur. — La maison Duplay durant le passage du lugubre cortège. — L'échafaud. — Dernières paroles de Louis. — Le soir du 21 janvier. — Embarras que la royauté léguait à la Révolution.

Quiconque tient à bien comprendre l'histoire de la Révolution française ne doit jamais perdre de vue ces deux puissances rivales, la Convention et la Commune de Paris.

La Convention était certes le siège de la représentation nationale; mais Paris n'était-il point la tête de la France?

Pour ne point interrompre l'unité du récit, nous avons gardé le silence sur un incident qui se produisit durant le procès du roi. Le Conseil exécutif de la Commune avait jugé à propos de suspendre les représentations d'un drame de Loya, *l'Ami des lois*, qui se jouait au Théâtre-Français. Cette pièce médiocre, écrite dans un esprit réactionnaire, pouvait occasionner des troubles au milieu des circonstances graves qu'on traversait. Pétion, dans l'intérêt de la liberté, s'était opposé à cette mesure. De là conflit.

Ce conflit fut porté devant l'Assemblée nationale. Danton, comprenant sans doute le danger d'une lutte ouverte entre la Convention et la Commune, chercha tout de suite à détourner l'attention de l'incident pour la fixer tout entière sur le procès de Louis XVI.

« Je l'avouerai, s'écria-t-il, je croyais qu'il était d'autres objets que la comédie qui doivent nous occuper. (Quelques voix : Il s'agit de la liberté!) Oui, il s'agit de la liberté. Il s'agit de la tragédie que vous devez donner aux nations, il s'agit de faire tomber sous la hache des lois la tête d'un tyran (murmures) et non de misérables comédies. Mais puisque vous cassez un arrêt du Conseil exécutif, qui défendait de jouer des pièces dangereuses à la tranquillité publique, je soutiens que la conséquence nécessaire de votre décret est que la responsabilité ne puisse peser sur la municipalité. »

L'affaire en resta là. Ce fut un triomphe pour la liberté du théâtre; mais les haines s'envenimèrent. La Commune dévora l'affront, tout en se promettant bien de se venger de sa défaite.

Le théâtre n'avait jamais été plus suivi que dans ces jours de deuil et de misère. Une charmante actrice, Mme Julie Condeille, jouait une pièce qu'elle avait composée elle-même ; *la Belle Fermière*. Le contraste entre les sombres événements qui grondaient dans la ville et les mœurs douces, pastorales, en quelque sorte florianesques de cette idylle dramatique, produisit un effet de diversion extraordinaire. On se sentait transporté dans l'âge d'or. Le succès fut immense.

Mais la force des choses nous ramène à ce que Danton appelait la vraie *tragédie* du moment.

Le 18 et le 19, la Convention avait délibéré sur le sursis et l'avait rejeté. Le 20 était un dimanche : on n'exécute point ce jour-là.

C'est le lendemain (21 janvier) que la France allait *punir* son roi.

Le Conseil de la Commune avait arrêté les dispositions suivantes : « Le lieu de l'exécution sera *la place de la Révolution*, ci-devant Louis XV, entre le piédestal et les Champs-Élysées. Louis Capet partira du Temple à huit heures du matin, de manière que l'exécution puisse être faite à midi. Le commandant général fera placer lundi matin, 21, à sept heures, à toutes les barrières, une force suffisante pour empêcher qu'aucun rassemblement, de quelque nature qu'il soit, armé ou non armé, entre dans Paris ni n'en sorte. »

Louis XVI avait les défauts des rois qui appartiennent à des dynasties caduques ; les races vieillissent comme les arbres, et les rejetons qui poussent sur ces troncs épuisés se ressentent de l'affaiblissement de la sève. Cet homme d'un caractère faible, que sa nature brutale portait à des exercices manuels et à la chasse, dont les appétits physiques étaient énormes, qui avait des caprices, mais pas de volonté, des connaissances, mais pas de talents ; cet homme, dis-je, sut une seule chose dans sa vie, il sut bien mourir.

Louis avait soupé la veille, le 20 au soir, avec sa famille avant la séparation éternelle. Un municipal monta chez les femmes et dit à la reine :

— Madame, un décret vous autorise à voir *monsieur votre mari*, qui désire vous embrasser ainsi que ses enfants.

A neuf heures du soir, toute la famille royale entra dans la chambre de Louis XVI. Il y eut des larmes, des sanglots entrecoupés, des déchirements de cœur. On se sépara à dix heures et demie.

Louis avait demandé pour confesseur M. Edgeworth de Firmont, un prêtre non assermenté qui logeait rue du Bac, n° 483. Le prêtre s'était tenu caché dans une tourelle pendant l'entrevue du roi avec sa famille. Il se remontra. Le conseil de la Commune permit à l'abbé Edgeworth de célébrer, pour le condamné, les cérémonies du culte. On se procura dans une église voisine le calice, l'hostie, la chasuble, les livres sacrés et deux cierges. Le roi éveillé à cinq heures du matin, après un sommeil tranquille, entendit la messe à genoux et communia.

Robespierre était rentré la veille, sans mot dire, dans la maison de Duplay : son silence et sa pâleur avaient été tout de suite compris par le menuisier et sa femme, mais non par les jeunes filles. Elles s'éveillèrent comme d'habitude au lever du soleil : une seule chose les inquiéta, c'est que depuis le matin la porte cochère de la maison demeurait fermée. Il y avait là-dessus des ordres positifs qui venaient du père de famille. Éléonore en demanda timidement la raison à Maximilien devant ses autres sœurs ; Robespierre rougit.

— Votre père a raison, reprit-il d'un air grave et concentré : il passera aujourd'hui devant cette maison une chose que vous ne devez pas voir.

Puis il s'enfonça dans sa chambre tristement. — Vers neuf heures et demie du matin, on entendit jusque dans la cour un bruit de chevaux, le passage des troupes, et le roulement d'une voiture sur le pavé de la rue : c'était *la chose* qui passait.

Paris était tout entier sous les armes. La circulation des voitures se trouvait interrompue dans les quartiers qui avoisinaient le passage du cortége. Les fenêtres des maisons étaient fermées. Un calme imposant et triste régnait dans toute la ville. A dix heures et un quart, le roi arriva sur la place de la Révolution. Il était dans un carrosse vert. Arrivé au pied de l'échafaud, il resta quatre ou cinq minutes dans la voiture, parlant à son confesseur. M. Edgeworth était simplement en habit noir. La figure du roi ne paraissait pas altérée. Il était vêtu d'un habit couleur puce, veste blanche, culotte grise, bas blancs. Il descendit de voiture. Un silence inouï s'étendait de tous côtés ; pas un souffle, pas un geste : les cœurs semblaient pétrifiés comme le ciel, un ciel gris et bas ; les arbres étaient sans mouvement et sans feuilles ; cette morne stérilité avait quelque chose de terrible. Il semblait que tout fût pétrifié dans les cœurs et dans la nature.

Louis ôta son habit lui-même, et resta couvert d'un simple gilet de molleton blanc. Un débat eut lieu au pied de l'échafaud ; Louis ne voulait pas qu'on lui liât les mains, il fit un mouvement de résistance terrible ; mais alors son confesseur :

— C'est un trait de ressemblance de plus entre vous et Jésus-Christ qui va être votre récompense.

Louis se laissa faire. Il monta sur l'échafaud, s'avança du côté gauche, le visage très-rouge :

— Peuple, s'écria-t-il, je meurs innocent ! je pardonne à mes ennemis ; je désire que mon sang soit utile aux Français et qu'il apaise la colère de Dieu.

A dix heures vingt-cinq minutes, il avait vécu. Au moment où la tête tomba, le profond silence qui couvrait la place se déchira violemment ; il sortit de la multitude un cri immense, unique, infini, qui retentit dans toute la ville : « Vive la République ! Vive la Nation ! » Tous les chapeaux agités en l'air semblaient dire : Le sacrifice est consommé ! Des bataillons, en défilant devant la guillotine, trempèrent leurs baïonnettes, le fer de leurs piques ou la lame de leurs sabres dans le sang du roi. Ici un trait digne du crayon de Tacite : au moment où le bourreau venait de quitter le théâtre de l'exécution, un homme d'un aspect effrayant monte sur la guillotine ; on le regarde, on s'approche en silence ; il plonge tout entier son bras nu dans le sang de Louis XVI qui s'était amassé en abondance, et en asperge par trois fois la foule des assistants, qui se pressent autour de l'échafaud pour en recevoir chacun une goutte sur le front.

— Frères, dit-il alors en continuant son horrible aspersion, frères, on nous a menacés que le sang de Capet retomberait sur nos têtes ; eh bien ! qu'il y retombe !

Cet homme faisait une chose horrible, mais logique : le sang du roi était bien le baptême de la Révolution.

On avait parlé de tirer le canon du Pont-Neuf au moment de l'exécution; il n'en fut rien : la Commune décida que la tête d'un roi, en tombant, ne devait pas faire plus de bruit que celle d'un autre homme. Les travaux, suspendus durant la matinée, furent repris dans l'après-midi ; les boutiques s'ouvrirent; il y eut beaucoup de monde le soir aux spectacles, surtout des femmes en grande toilette.

Funérailles de Lepelletier de Saint-Fargeau.

La reine, ayant appris la mort de son mari, demanda pour elle, pour sa sœur et pour ses enfants, des habits de deuil. Les restes de Louis, enfermés dans une corbeille d'osier, avaient été conduits dans une charrette au cimetière de la Madeleine, et placés dans une fosse entre deux lits de chaux vive, pour y être consumés au plus vite, de telle sorte qu'il ne restât bientôt plus rien du *tyran*. On établit une garde, pendant deux jours, autour de la fosse.

Au Palais-Royal, la mort de Louis inspira des orateurs en plein vent. « Vous voyez, disaient-ils au peuple, vous voyez que l'espèce de talisman qui couvrait jusqu'ici une personne soi-disant inviolable vient de se rompre au pied de l'échafaud de Louis XVI. Nous venons de signer avec le sang d'un monarque la guerre à toutes les monarchies. Soyez fiers et tenez-vous debout devant l'Europe étonnée de votre audace ! »

On compara le supplice de Louis XVI à celui de Charles Ier ; mais le roi d'Angleterre avait rencontré dans la mort ces égards, cet appareil et ces pompes qui sentent encore la souveraineté ; tandis qu'on avait appliqué au roi de France l'égalité du supplice avec le dernier de ses sujets. On fit d'autres rapprochements curieux, sous le titre d'*Époques remarquables de la vie de Louis XVI* : « Le 21 avril 1780, mariage à Vienne, envoi de l'anneau. — Le 21 juin de la même année, fête pour son mariage. — Le 21 janvier 1782, fête à l'Hôtel de Ville de Paris pour la naissance du dauphin. — Le 21 juillet 1791, fuite à Varennes. — Le 21 janvier 1793, mort sur un échafaud. — On assure que, soit par un sentiment superstitieux, soit par tout autre motif, Louis XVI ne permettait jamais qu'on jouât chez lui au vingt et un. Enfin les rapports qui ont constaté devant les juges les crimes du roi émanaient de la commission des vingt et un. » L'éternelle mélancolie de la nature humaine aime à trouver dans de tels calculs un mystère de plus aux vicissitudes du sort.

La mort du roi fut surtout envisagée comme une nécessité sociale. La Révolution avait ramené la nation française aux mœurs dures et austères de la race celtique. La liberté ressemblait, le 21 janvier 1793, à cette divinité des anciens druides, qu'on ne pouvait se rendre favorable qu'en lui offrant en sacrifice une grande victime.

La mort du roi porta dans le cœur des royalistes la consternation et la terreur. A Paris même, il y eut quelques mouvements qui indiquaient leur désespoir. Les révolutionnaires, d'un autre côté, croyaient toucher au port.

Combien leur illusion devait être déçue par la suite des événements !

« Il n'y a que les morts qui ne reviennent point, » disait Barère. Il se trompait : ce sont les morts qui reviennent. En montant sur l'échafaud, Louis XVI laissait derrière lui son *testament*, qui allait être lu dans toutes les petites églises, ses reliques, distribuées aux fidèles par son domestique Cléry, et la légende d'un roi martyr.

Mais les hommes de 93 se moquaient bien de tout cela ; ils marchaient le front haut et le cœur plein d'espérance vers l'avenir.

IX

Mort de la première femme de Danton. — Sa mission en Belgique. — La réunion des deux pays. — Retour victorieux de l'ennemi. — La Belgique évacuée par nos troupes. — Avis de Danton sur l'état des choses. — Proclamation de la Commune de Paris. — Le drapeau noir flotte sur les tours de Notre-Dame. — Sublime discours de Danton. — Accusations contre sa probité. — Etablissement du tribunal révolutionnaire. — Elargissement des détenus pour dettes. — Envoi de commissaires aux départements. — Déclaration de guerre à l'Angleterre.

Les jours de l'affliction étaient venus pour les rois et les reines ; mais croit-on que les révolutionnaires n'eussent point aussi leurs poignantes douleurs ?

Le 31 janvier, sur un ordre de la Convention nationale, Danton avait dû repartir pour la Belgique, laissant à Paris sa femme malade.

Il avait épousé le 9 juin 1787 une charmante jeune fille, Antoinette-Gabrielle Charpentier, dont le père était contrôleur des fermes. Mariée à ce bouillant tribun, elle avait toujours honoré le toit conjugal par ses vertus. Les commotions politiques avaient fort ébranlé sa santé délicate. Elle fut surtout bouleversée par la lecture de feuilles girondines qui représentaient Danton comme l'auteur des 2 et 3 septembre.

« Il était là, il avait désigné les victimes qu'on devait égorger. » Ces infâmes journaux portèrent à la malheureuse femme, dans l'état de grossesse où elle était, le coup de la mort.

Danton n'était point un saint ; il avait ses faiblesses ; mais c'était un grand cœur. A cette femme si digne, il prodiguait une tendresse sincère. Elle avait conservé ses croyances religieuses. Danton la plaisantait sur sa dévotion, puis, bon et tolérant, il la conduisait bras dessus, bras dessous, à la porte de l'église, où il se gardait bien d'entrer lui-même. Leur séparation fut déchirante. Ils sentaient, hélas ! l'un et l'autre qu'ils ne se reverraient plus. Partir, s'arracher à une femme aimée, dans un pareil moment, pour obéir à un ordre de la Convention, pour voler au secours de la patrie, voilà ce dont étaient capables ces grands citoyens de 93.

Elle mourut le 11 février 1793 d'une fièvre puerpérale, huit jours après la naissance de son second fils. Danton apprit la fatale nouvelle en Belgique. Il était de ceux qui pleurent et rugissent en dedans sur leurs calamités personnelles.

Dès le 24 janvier, jour des funérailles de Lepelletier, Danton de son regard d'aigle avait envisagé les vraies conséquences de la mort de Louis XVI.

« Maintenant que le tyran n'est plus, s'était-il écrié, tournons toute notre énergie, toutes nos agitations vers la guerre. Faisons la guerre à l'Europe. Il faut, pour épargner les sueurs et le sang de nos concitoyens, développer la prodigalité nationale. Vos armées ont fait des prodiges dans un moment déplorable; que ne feront-elles pas quand elles seront bien secondées? Chacun de nos soldats croit qu'il vaut cent esclaves. Si on leur disait d'aller à Vienne, ils iraient à Vienne ou à la mort... »

Terrasser la coalition des despotes, faire la guerre universelle, la guerre de délivrance, tel devait être le premier grand acte de la Convention. Sur ce terrain, tous les partis étaient d'accord entre eux. Il fallait déchaîner l'expansion de l'idée française. Le génie de la Révolution, embouchant la trompette guerrière, allait-il traverser nos discordes intestines, monté sur les chevaux ailés de la victoire? Un instant on put l'espérer, tant, le lendemain de la mort du roi, la Gironde et la Montagne semblaient unies dans le même sentiment patriotique.

Dumouriez avait conduit l'armée française à Liége. Là il reçut un décret de la Convention daté du 15 décembre :

« Dans tous les pays qui sont et seront occupés par les armées de la République, les généraux proclameront sur-le-champ l'abolition des impôts ou contributions existantes, la dîme, les droits féodaux, la servitude réelle ou personnelle, les droits de chasse exclusifs, la noblesse et généralement tous les priviléges existants.

« Ils proclameront la souveraineté du peuple.

« Tous les agents et officiers de l'ancien gouvernement, tous les réputés nobles, sont inadmissibles aux emplois de l'administration... »

C'était donc bien la liberté que la généreuse Convention offrait aux peuples sur lesquels se répandaient nos armées.

Heureuse défaite, qui remettait les provinces conquises en possession de leurs droits!

Dumouriez se refusa positivement à faire exécuter ce décret. Il vint à Paris, comme nous l'avons vu, pour savourer la fumée de l'encens qu'on brûlait en son honneur. Le 12 janvier 93, Lacroix, un ancien militaire, et Danton partirent pour Liége.

Quel était l'objet de leur mission? Une lutte opiniâtre s'était engagée entre le ministre des finances et le général Dumouriez. Cambon voulait que les frais de la guerre de délivrance entreprise hors du territoire français pour les peuples contre les rois fussent en partie couverts ou du moins garantis par les biens meubles et immeubles des gouvernements expulsés. Un décret de la Convention, rendu dans ce sens, déclarait propriété nationale tout ce qui avait appartenu aux rois, princes, nobles et prêtres, ainsi qu'aux émigrés français réfugiés dans les pays sur lesquels s'étendait la protection de nos armes.

Dumouriez résistait à ce système. Cambon indigné refusa les traites que le général tirait sur le Trésor. Les commissaires, Lacroix et Danton, étaient chargés de juger sur place le différend qui s'était élevé entre l'autorité militaire et l'autorité civile. Ils devaient en outre s'enquérir de l'état des vivres, des indemnités qu'il convenait d'accorder aux citoyens qui avaient été pillés, de la disposition des esprits, de l'assimilation de la Belgique à la France, des moyens les plus sûrs et les plus prompts d'appliquer à ces nouveaux Français les institutions républicaines, en un mot d'organiser une nation récemment affranchie d'après le type de gouvernement qu'avait inauguré, chez nous, la Révolution.

Danton, comme nous l'avons dit, était revenu de Liége à Paris pour voter la mort du roi.

Le 31 janvier, il s'exprimait ainsi devant la Convention :

« Ce n'est pas en mon nom seulement, c'est au nom des patriotes belges, du peuple belge, que je viens demander la réunion de la Belgique. Je ne demande rien à votre enthousiasme, mais tout à votre raison, tout aux intérêts de la République française... Vous avez dit aux amis de la liberté : Organisez-vous comme nous. C'était dire : Nous accepterons votre réunion, si vous la proposez. Eh bien! ils la proposent aujourd'hui [1]. Les limites de la France sont marquées par la nature. Nous les atteindrons dans leurs quatre points : à l'Océan, au Rhin, aux Alpes, aux Pyrénées. On nous menace des rois ! Vous leur avez jeté le gant, ce gant est la tête d'un roi, c'est le signal de leur mort prochaine. On vous menace de l'Angleterre! Les tyrans de l'Angleterre sont morts... Quant à la Belgique, l'homme du peuple, le cultivateur veulent la réunion... »

L'annexion de la Belgique à la France républicaine n'était point le seul terrain sur lequel différassent d'avis Danton et Dumouriez. L'un était la Révolution faite homme, l'autre était la diplomatie, le vieil esprit militaire. Le chancre du cléricalisme rongeait la Belgique, cette Espagne du Nord. Danton avait compris tout de suite qu'il fallait « purger des aristocrates, prêtres et nobles, cette nouvelle terre de liberté ».

D'un autre côté, prévoyant une volte-face de la part de l'Autriche, Lacroix et Danton ne cessaient de réclamer des forces : « Rappelez, disaient-ils, à tous les citoyens en état de porter les armes, les serments qu'ils ont prêtés et sommez-les, au nom de la liberté et de l'égalité, de voler au secours de leurs frères dans la Belgique. »

Les prévisions des deux commissaires n'étaient que trop fondées. Le 1ᵉʳ mars 1793, pendant que Dumouriez, enivré de ses premiers succès, s'avançait tranquillement en Hollande, l'héroïque ville de Liége, toute française de cœur, sur laquelle Danton avait soufflé le feu sacré de la Révolution, allait être reprise par les Autrichiens. Les patriotes liégeois, hommes, femmes, enfants, vieillards, se virent obligés de fuir ; il gelait, la terre était couverte de neige. Plus d'espoir ; la Meuse était forcée, l'armée française battait en retraite.

Ces sinistres nouvelles arrivèrent à Paris vers le 5 ou le 6. La population tout entière frémit ; la honte le disputait au courroux. Les Girondins prétendirent qu'on avait exagéré nos revers, grossi le danger de la situation. On perdit ainsi quelques jours.

---

[1]. Sur 9 700 votants à Liége, 9 660 avaient demandé la réunion à la République Française.

Le 7 au soir, arrivée de Lacroix et de Danton. Le 8, ils se rendent à la Convention. Lacroix parle le premier, accuse le ministre de cacher nos désastres. C'est à présent le tour de Danton.

« Nous avons plusieurs fois, s'écrie-t-il, fait l'expérience que tel est le caractère français, qu'il lui faut des dangers pour trouver toute son énergie. Eh bien ! ce moment est arrivé. Oui, il faut le dire à la France entière : si vous ne volez pas au secours de vos frères de la Belgique, si Dumouriez est enveloppé en Hollande, si son armée était obligée de mettre bas les armes, qui peut calculer les malheurs d'un pareil événement ? La fortune publique anéantie, la mort de 600 000 Français pourraient en être la suite.

« Citoyens, vous n'avez pas une minute à perdre... nous ne devons pas attendre notre salut uniquement de la loi sur le recrutement ; son exécution sera nécessairement lente, et des résultats tardifs ne sont pas ceux qui conviennent à l'imminence du danger qui nous menace. Il faut que Paris, cette cité célèbre et tant calomniée, il faut que cette cité dont nos ennemis redoutent le brûlant civisme, qu'ils auraient renversée, contribue par son exemple à sauver la patrie... S'il est bon de faire des lois avec maturité, on ne fait la guerre qu'avec enthousiasme. Toutes les mesures dilatoires, tout moyen tardif de recruter détruit cet enthousiasme, et reste souvent sans succès. Vous voyez déjà quelles en sont les misérables conséquences. »

Dans le même discours, Danton défend les généraux que pourtant il n'aimait guère. Il n'hésite même point à couvrir Dumouriez, dont il devine la situation critique.

« Nous leur avions promis qu'au 1ᵉʳ février l'armée de la Belgique recevrait un renfort de 30 000 hommes. Rien ne leur est arrivé. Il y a trois mois qu'à notre premier voyage dans la Belgique ils nous dirent que leur position militaire était détestable et que s'ils étaient attaqués au printemps ils seraient peut-être forcés d'évacuer la Belgique entière. Hâtons-nous de réparer nos fautes... »

L'orateur concluait en demandant que la Convention nommât à l'instant des commissaires : le soir même, ils se rendraient dans toutes les sections de Paris, convoqueraient les citoyens, leur feraient prendre les armes et les engageraient, au nom de la liberté et de leurs serments, à voler au secours de la Belgique.

Toutes les mesures que réclamaient Lacroix et Danton furent votées par l'Assemblée nationale.

Qu'on se figure, au milieu de pareils événements, les transes de la population parisienne ! Les murailles elles-mêmes parlèrent, et voici ce qu'elles dirent au nom de la Commune :

« Aux armes, citoyens, aux armes !

« Si vous tardez, tout est perdu.

« Une grande partie de la Belgique est envahie ; Aix-la-Chapelle, Liége, Bruxelles doivent être maintenant au pouvoir de l'ennemi. La grosse artillerie, les bagages, le trésor de l'armée, se replient avec précipitation sur Valenciennes, seule ville qui puisse arrêter un instant l'ennemi. Ce qui pourra suivre sera jeté dans la Meuse...

« Parisiens, c'est contre vous surtout que cette guerre est dirigée... Il faut que cette campagne décide du sort du monde ; il faut épouvanter, exterminer les rois. Hommes du 14 juillet, du 5 octobre, du 10 août, réveillez-vous !

« Vos frères, vos enfants, poursuivis par l'ennemi, enveloppés peut-être, vous appellent... Levez-vous : il faut les venger !

« Que toutes les armes soient portées dans les sections ; que tous les citoyens s'y rendent ; que l'on y jure de sauver la patrie ; qu'on la sauve ; malheur à celui qui hésiterait !

« Que dès demain des milliers d'hommes sortent de Paris ; c'est aujourd'hui le combat à mort entre les hommes et les rois, entre l'esclavage et la liberté. »

La Commune de Paris décida en outre que le même étendard arboré après le 10 août, et déployant ces mots : « La patrie est en danger, » flotterait de nouveau sur l'Hôtel de Ville et le drapeau noir sur les tours de Notre-Dame.

Ne perdons pas de vue que les Girondins dirigeaient alors les affaires du pays. En vain cherchèrent-ils à dissimuler, à nier le danger. Contre eux, l'explosion du sentiment public fut terrible. Les presses de quelques-uns de leurs journaux furent brisées. Beurnonville, ministre de la guerre, donna sa démission. Des bruits sinistres se répandirent dans Paris. Touchait-on à un second massacre ? La hache était-elle suspendue sur la tête de la Convention ? Il y eut, un instant, tout lieu de le craindre.

L'analogie entre la situation de la Convention au 10 mars et celle de Paris au 2 septembre était évidente. Qui sauva la Convention ? Ce fut Marat : « Je couvrirais, dit-il, de mon corps les représentants du peuple. »

De jour en jour se déchirait le voile que les Girondins avaient essayé de jeter sur l'étendue de nos désastres. Ni la Commune de Paris, ni Lacroix, ni Danton ne s'étaient trompés. Notre armée rétrogradait. On avait dû lever le siége de Maëstricht. Nous étions en pleine déroute.

C'est au milieu de l'indignation générale, du grondement de l'émeute, que la Convention nationale tint la séance du 13 mars. Divers orateurs cherchèrent la cause des événements désastreux qui frappaient la France. Le front chargé d'orages, le cœur gonflé de tristesse, Danton apparaît à la tribune :

« Il s'agit moins, dit-il, de rechercher la cause de nos malheurs que d'y appliquer promptement le remède. Quand l'édifice est en feu, je ne m'attache point aux fripons qui enlèvent les meubles ; j'éteins l'incendie. Je dis que vous devez être convaincus plus que jamais, par la lecture des dépêches de Dumouriez, que vous n'avez pas un instant à perdre pour sauver la République...

« Faites donc partir vos commissaires ; soutenez-les par votre énergie ; qu'ils partent ce soir, cette nuit même ; qu'ils disent à la classe opulente : « Il « faut que l'aristocratie de l'Europe, succombant sous nos efforts, paye notre « dette, ou que vous la payiez ; le peuple n'a que du sang, il le prodigue. Allons, « misérables, prodiguez vos richesses ! » (De vifs applaudissements éclatent.)

« Voyez, citoyens, les belles destinées qui vous attendent. Quoi ! vous avez une nation entière pour levier, la raison pour point d'appui, et vous n'avez pas encore bouleversé le monde ! (Les applaudissements redoublent.)

« Il faut pour cela des caractères, et la vérité est qu'on en a manqué. Je mets de côté toutes les passions, elles me sont parfaitement étrangères, excepté celle du bien public. Dans des circonstances plus difficiles, quand l'ennemi était aux portes de Paris, j'ai dit à ceux qui gouvernaient alors : « Vos discussions « sont misérables, je ne connais que l'ennemi. » (Nouveaux applaudissements.)

« Vous qui me fatiguez de vos contestations particulières, au lieu de vous occuper du salut de la République, je vous répudie tous comme traîtres à la patrie ! Je vous mets tous sur la même ligne. Je leur disais : « Eh ! que m'im-« porte ma réputation ! Que la France soit libre et que mon nom soit flétri ! Que « m'importe d'être appelé buveur de sang ! Eh bien ! buvons le sang des enne-« mis de l'humanité, s'il le faut ; combattons, conquérons la liberté ! »

« On paraît craindre que le départ des commissaires affaiblisse l'un ou l'autre parti de la Convention. Vaines terreurs ! Portons notre énergie partout... Conquérons la Hollande ; ranimons en Angleterre le parti républicain ; faisons marcher la France, et nous irons glorieux à la postérité. Remplissons ces grandes destinées ; point de débats, point de querelles, et la patrie est sauvée. »

Ces belles, ces grandes paroles sont aujourd'hui pour nous lettre morte. Des discours de Danton il ne reste que le squelette. D'abord la sténographie était alors dans l'enfance et le *Moniteur* ne nous donne trop souvent qu'un résumé plus ou moins exact. Et puis l'action est au moins la moitié de l'orateur. Pour avoir une idée de Danton à la tribune, tous nos pères le disent, il eût fallu voir cette face de lion, ce geste terrible, ce soulèvement d'épaules menaçant ; il eût fallu entendre cette voix, tantôt grave et calme, tantôt sévère et tonnante.

Et pourtant voilà l'homme contre lequel s'élevaient déjà d'odieux soupçons. *Il avait plongé les mains dans la caisse de la Belgique*, murmuraient les journaux ; *il a dilapidé les fonds publics*. Nous examinerons en temps et lieu de telles accusations, lancées d'abord par la Gironde, recueillies plus tard par une partie de la Montagne ; mais exprimons tout d'abord le sentiment que nous inspirent ces indignes calomnies.

Exposez donc votre vie et votre honneur, organisez une armée en pays étranger, forgez dans un atelier de cyclopes les foudres de la Révolution, assurez au soldat ses moyens de subsistance, sa solde, son habillement, son équipement, surveillez les hôpitaux, fondez la police et l'instruction militaires, contenez dans le devoir les officiers et les généraux encore si hésitants à cette époque, veillez à la défense des places fortes et à la garde des frontières, pour qu'après avoir accompli cette tâche de géant, vous receviez en pleine poitrine cette épithète flatteuse : *Voleur !*

A supposer que Danton eût des vices, ces vices n'étaient point de ceux qui déshonorent un homme. On ne s'élève d'ailleurs point vers la région des idées et des grandes préoccupations nationales sans s'y régénérer. Danton s'était épuré au feu du patriotisme. Le moyen d'admettre qu'une âme de cette trempe, entraînée par le tourbillon des affaires publiques, ait cédé à de basses et viles convoitises?

Les nuages s'amassaient de moment en moment sur la France. L'Angleterre venait d'entrer dans la coalition. Aux dangers extérieurs se joignaient les déchirements intérieurs. Un mouvement contre-révolutionnaire avait éclaté à Lyon. La Bretagne presque tout entière était soulevée. La conquête de la Belgique nous échappait.

Pillage de l'imprimerie Gorsas.

Pour réagir contre de pareils désastres, il fallait des mesures énergiques, ou la France était perdue.

Le 11 mars 1793, la Convention décréta l'établissement d'un tribunal révolutionnaire, spécialement destiné à juger les conspirateurs. Les Girondins eux-mêmes, Isnard en tête, avaient demandé qu'il en fût ainsi, mais ils n'avaient conclu à rien. Cette mesure était cependant réclamée par les sections, et par les volontaires qui partaient pour l'armée. La proposition, nettement formulée par Levasseur, appuyée par Jean Bon-Saint-André, fut adoptée presque sans débats par la Convention. Combien parmi ceux qui la votèrent devaient comparaître un jour devant le terrible tribunal établi pour juger et contenir les traîtres, les mauvais citoyens! « Quiconque aiguise la hache, dit un proverbe arabe, court grand risque de s'y couper les doigts. »

Le principe était admis; mais il restait à organiser cette cour de justice ou plutôt ce tribunal de guerre. Ici les avis se partageaient. Les Girondins voulaient que les juges fussent élus par le peuple; les Montagnards tenaient à ce qu'ils fussent nommés par la Convention. L'Assemblée aurait ainsi sous la main une arme formidable; elle serait à la fois le glaive et la loi. La confusion du pouvoir législatif et du pouvoir judiciaire est très-certainement contraire aux vrais principes; mais avait-on le temps d'y regarder de si près quand le sol même de la patrie tremblait sous le poids de nos désastres? Il fut décidé qu'un jury serait nommé par la Convention, qu'on le tirerait de tous les départements, et que les *jurés opineraient à haute voix*.

C'était la terreur; mais cette terreur qui donc l'imposait à la France? L'étranger, les émigrés, les royalistes.

Une autre mesure (celle-ci clémente, politique) fut l'abolition de la contrainte par corps, l'élargissement des prisonniers pour dettes. Ce fut Danton qui la proposa, l'appuya de motifs très-graves.

« Je viens vous demander, dit-il, l'abolition d'une erreur funeste, la destruction de la tyrannie de la richesse sur la misère...

« Que demandez-vous? Vous voulez que tous les Français s'arment pour la défense commune. Eh bien! il est une classe d'hommes qu'aucun crime n'a souillée, qui a des bras, mais qui n'a pas de liberté, c'est celle des malheureux détenus pour dettes; c'est une honte pour l'humanité, pour la philosophie, qu'un homme, en recevant de l'argent, puisse hypothéquer et sa personne et sa sûreté...

« Les principes sont éternels, et tout Français ne peut être privé de sa liberté que pour avoir forfait à la société.

« Que les propriétaires ne s'alarment pas. Sans doute quelques individus se seront portés à des excès; mais la nation, toujours juste, respectera les propriétés. Respectez la misère, et la misère respectera l'opulence. » (Vifs applaudissements.)

Cette famille des détenus pour dettes était alors nombreuse et intéressante. Beaucoup de petits négociants dont les affaires avaient sombré dans les commotions politiques, des artisans que la guerre privait de travail, des clercs d'avoué ou de notaire, étaient tenus à la gorge par la main de leurs créanciers.

L'usure vit et s'engraisse de la misère sociale.

Troisième mesure : quatre-vingts membres de la Convention devaient se répandre dans les départements pour y ranimer l'élan du patriotisme.

D'autres partirent pour l'armée : « Nous n'enverrons pas seulement les autres à la frontière, disaient-ils; nous irons nous-mêmes. »

L'installation du tribunal révolutionnaire était décrétée. Les principaux traits de son organisation étaient ébauchés; mais depuis quelques jours la discussion traînait. La Gironde opposait des réserves, élevait des obstacles. On allait se séparer, lorsque le 12 au soir Danton se lève, s'élance à la tribune, et d'un geste cloue chacun des représentants à sa place :

« Je somme, s'écrie-t-il, tous les bons citoyens de ne point quitter leur poste ! »

Tous les membres de la Convention rejoignent leurs bancs; un calme profond règne dans l'Assemblée.

« Quoi ! citoyens, reprit-il, au moment où notre position est telle que si Miranda était battu, et cela n'est pas impossible, Dumouriez enveloppé serait obligé de mettre bas les armes, vous pourriez vous séparer sans prendre les grandes mesures qu'exige le salut de la chose publique ! Je sens à quel point il est important de prendre des mesures judiciaires qui punissent les contre-révolutionnaires : car c'est pour eux que ce tribunal est nécessaire ; c'est pour eux que ce tribunal doit suppléer au tribunal suprême de la vengeance du peuple. Les ennemis de la liberté lèvent un front audacieux; partout confondus, ils sont partout provocateurs. En voyant le citoyen honnête occupé dans ses foyers, l'artisan occupé dans ses ateliers, ils ont la stupidité de se croire en majorité : eh bien ! arrachez-les vous-mêmes à la vengeance populaire, l'humanité vous l'ordonne...

« Faisons ce que n'a pas fait l'Assemblée législative : soyons terribles pour dispenser le peuple de l'être; organisons un tribunal, non pas bien, cela est impossible, mais le moins mal qu'il se pourra, afin que le glaive de la loi pèse sur la tête de tous ses ennemis.

« Ce grand œuvre terminé, je vous rappelle aux armes, aux commissaires que vous devez faire partir, au ministère que vous devez organiser... Soyons prodigues d'hommes et d'argent, déployons tous les moyens de la puissance nationale... Si, dès le moment où je l'ai demandé, vous eussiez fait le développement des forces nécessaires, aujourd'hui l'ennemi serait repoussé loin de nos frontières.

« Je demande donc que le tribunal révolutionnaire soit organisé séance tenante...

« Je demande que la Convention juge mes raisonnements et méprise les qualifications injurieuses et flétrissantes qu'on ose me donner. Je demande qu'aussitôt que les mesures de sûreté générale seront prises, vos commissaires partent à l'instant, qu'on ne reproduise plus l'objection qu'ils siégent dans tel ou tel côté de cette salle...

« Je me résume donc : ce soir, organisation du tribunal, organisation du pouvoir exécutif ; demain mouvement militaire; que vos commissaires soient partis, que la France entière se lève, coure aux armes, marche à l'ennemi ; que la Hollande soit envahie ; que la Belgique soit libre ; que le commerce de l'Angleterre soit ruiné ; que les amis de la liberté triomphent de cette contrée ; que nos armes apportent partout aux peuples la délivrance et le bonheur ; que le monde soit vengé ! »

Belles et nobles paroles ! ces héros de 93 prenaient leurs vœux pour des réalités : comment la Fortune eût-elle pu se refuser au triomphe de la Justice?

S'il fallait en croire quelques historiens, une poignée de scélérats s'était alors emparée des destinées de la France; eux seuls conduisaient tout; l'immense majorité demeura étrangère au mouvement qui abolissait la royauté et aux mesures sévères de défense nationale. Si les choses se passèrent ainsi, où donc étaient alors les *honnêtes gens?* Ils étaient, dit-on, découragés, frappés de stupeur, ils s'étaient retirés des élections, et abdiquèrent volontairement leur part d'influence dans les affaires publiques, renonçant par crainte à toute résistance au mal. Alors qui les plaindra? Misérables et lâches, ils méritaient bien d'être châtiés par la verge de fer. Mais non, il n'en fut point ainsi : la France entière se leva comme un seul homme : nulle contrainte n'aurait alors réussi à mettre sur pied ces bandes de volontaires qui, se dégageant des bras de leurs femmes et de leurs enfants, volaient à la défense du territoire. Il semblait que ces jeunes soldats eussent deux cœurs, l'un pour la famille et l'autre pour la patrie. Danton bouillonne; sa voix enfante des bataillons; les ossements de tous les Français qui, même sous la monarchie, avaient versé leur sang pour la gloire de nos drapeaux, ces ossements tressaillent et crient : Aux armes! Enfin la nation n'a pas seulement pour attaquer l'ennemi ses huit cent mille volontaires et la résolution désespérée de vaincre, elle a un chant de guerre qui vaut, à lui seul, une armée, la *Marseillaise* [1].

La France républicaine, dans sa lutte avec tous les royaumes de l'Europe, a aussi pour elle la Convention; mais à cette assemblée de Titans manque l'unité des vues, l'harmonie de principes qui est une des garanties de la victoire.

L'Europe tout entière s'ébranle contre nous; quatorze armées étreignent ou menacent nos frontières. Quelle sera l'issue de ce duel entre le vieux despotisme et la Révolution?

A tous ces dangers du dehors s'ajoutaient les troubles intérieurs. Un nid de conspirateurs et de vipères mordait dans l'ombre la République naissante au talon.

Chacun n'avait-il point lieu de trembler pour sa tête, sa famille, son foyer? Trembler! allons donc! nos pères ont eu cela de grand qu'ils n'ont pas un instant désespéré du succès de nos armes.

La coalition formée contre nous embrassait tous les États de l'Europe, moins

---

[1]. Vers 1830, le statuaire David, qui recueillait pieusement tous les débris de notre grande épopée militaire et politique, se rend chez l'auteur de la *Marseillaise*, Rouget de Lisle. C'était alors un vieillard maussade et cacochyme. Il composait encore des airs. Ses amis lui faisaient passer quelque argent qu'ils lui disaient provenir de la vente de sa musique : leur délicatesse voilait ainsi l'aumône sous un hommage rendu au talent nécessiteux. David voulut faire le médaillon du Tyrtée révolutionnaire; mais il ne rencontra d'abord qu'une figure effacée sous les rides et sous la maladie. Rouget de Lisle était au lit, tout enveloppé de couvertures. David lui parle de la France de 91 et de la grande campagne qu'elle soutint contre les rois coalisés; il lui récite, avec l'accent de l'enthousiasme, une ou deux strophes de la *Marseillaise*; aussitôt une imperceptible rougeur colore le front du vieillard; le feu reparaît sous la cendre, et une dernière étincelle jaillit de ce visage éteint; c'est cette étincelle que l'artiste a fixée dans le marbre.

la Suède et le Danemark. La France prit bravement l'offensive : elle déclara la guerre à l'Angleterre, la guerre au stathouder de Hollande, la guerre à l'Espagne ; le front haut, elle reçut sans broncher la déclaration de guerre de l'empire d'Allemagne. La Convention décréta une levée de 300 000 hommes et de nouvelles émissions d'assignats hypothéqués sur les biens du clergé. Puis elle sembla dire en défiant toutes les armées de la monarchie : « Attaquez-nous maintenant ; nous vous répondrons ! »

X

Marat rit. — Pillage des boutiques. — Dénonciation de Barère et de Salles. — Décret d'arrestation contre Marat. — Il échappe. — Sa lettre à la Convention. — Il est décrété d'accusation à la suite d'un appel nominal. — Défection de Dumouriez. — Opinion de Thibaudeau sur les intrigues orléanistes. — La Vendée. — Marat devant le tribunal révolutionnaire. — Son acquittement. — Son triomphe. — Sa rentrée à la Convention. — Marat chez Simonne Evrard.

Voici longtemps qu'on n'a entendu parler de l'Ami du peuple. Il ne faut pourtant pas croire qu'il fût resté inactif. Quelques jours après la mort du roi, il fit allusion aux projets de dictature qu'on lui supposait. « Je charge par ces présentes, écrivait Sa Majesté Marat Ier, je charge mes lieutenants généraux d'ouvrir un emprunt de 45 livres pour payer une maison politique, diplomatique, civile et militaire... Je me propose d'employer ladite somme à me donner une paire de bottes, car aussi bien les miennes commencent à être à jour. » Marat riant, et surtout riant de lui-même, c'était grave.

Qu'allait-il donc arriver ?

Occupée tout entière de la défense nationale et des moyens de ressaisir la victoire, la Convention avait beaucoup trop négligé la question des subsistances. Cependant depuis quelques jours la ville de Paris trahissait la plus profonde inquiétude ; on faisait courir le bruit que la farine allait manquer. Les vivres de première nécessité avaient augmenté de prix ; qui accuser de cette hausse ? Les accapareurs. Plus en rapport que les autres députés avec les classes pauvres et laborieuses, recevant le contre-coup de toutes leurs douleurs, Marat poussait depuis quelques jours le cri d'alarme. On l'accusa d'avoir provoqué au pillage des boutiques. La vérité est que des scènes déplorables eurent lieu dans Paris. Le 25 février, plusieurs femmes, ayant des pistolets à la ceinture, se portèrent aux magasins de vivres. On taxa toutes les denrées, le sucre, le savon, la chandelle, au-dessous du prix de *revient*. Un épicier de l'île Saint-Louis distribua sa marchandise sans vouloir être payé, à la condition de n'en céder qu'une livre à chaque personne. Croirait-on qu'il fut accusé de ne pas donner le poids ? La boutique de quelques épiciers jacobins fut respectée. Plusieurs femmes fort bien ajustées, en chapeaux à fleurs et à rubans, se mêlaient aux groupes des indigents, et profitaient de la bagarre pour faire leurs provisions. Un épicier de la rue Saint-Jacques, seul dans son comptoir, s'arma d'un couteau pour défendre sa propriété ; il allait succomber dans une lutte inégale, si sa femme, tenant ses deux enfants par la main, ne fût accourue : cette intervention touchante désarma les pillards.

Il y avait de fortes raisons pour croire que les meneurs étaient des royalistes déguisés. Telle fut d'ailleurs l'opinion du maire de Paris. On arrêta quarante personnes environ, parmi lesquelles se trouvaient des hommes titrés, des abbés, des domestiques de nobles, une ci-devant comtesse, qui distribuait des assignats. Vers minuit, l'émeute était apaisée.

Le lendemain 26 février, des pétitionnaires se présentaient à la barre de la Convention pour protester contre les voies de fait qui avaient épouvanté le commerce de Paris.

Barère, qui cherchait sans cesse d'où venait le vent pour déployer sa voile en conséquence, vit tout de suite de quel côté il fallait manœuvrer. Il rejette la responsabilité des désordres qui ont éclaté la veille sur des instigateurs « qui veulent légitimer le vol comme à Sparte... qui excitent une partie du peuple contre les représentants... et si je voulais salir ma bouche des paroles d'un journaliste atroce ou insensé, trop connu parmi nous pour que je veuille le nommer, vous verriez que sans être sorcier ni prophète on pouvait présager ce qui vient d'arriver. »

Tous les regards se tournent vers Marat.

Salles, plus hardi, le dénonce par son nom comme l'instigateur du pillage. Bancal veut qu'on l'expulse de l'Assemblée. Brissot propose un décret qui déclare Marat en démence. Fonfrède demande qu'on le condamne par ordre à être saigné à blanc. Lesage incline pour que la parole soit ôtée à Marat comme à un monstre qui n'a plus même le droit d'élever la voix. Il veut qu'on n'entende que ses défenseurs.

Alors toute la droite de l'assemblée : « Eh ! qui oserait défendre Marat ? » Celui-ci, de son banc : « Je ne veux pas de défenseurs. »

Malgré la violence des attaques, malgré l'inégalité de cette lutte dans laquelle Marat est contraint de se colleter plutôt que de se mesurer avec ses ennemis, où les injures grossières pleuvent de tous côtés, l'avantage lui reste encore une fois ; son sourire glacial, la terreur qu'il inspire aux uns, l'étonnement qu'il excite parmi les autres, et surtout le concours des tribunes, le soutiennent contre cette fureur des modérés.

Toutefois les Girondins avaient juré de se débarrasser de lui ; ils guettent une nouvelle occasion de le prendre en défaut, et, avec Marat, ces occasions-là ne se font pas longtemps attendre. Le 12 avril, Guadet lit à la tribune un manifeste [1] sur lequel il appelle toutes les réprobations de l'Assemblée. « Le mo-

---

1. Ce manifeste était bien signé de Marat, mais n'avait pas été écrit par lui : il émanait de la *Société des amis de la liberté*, et était adressé à leurs frères des départements. Marat l'avait signé comme président du club des Jacobins.

ment de la vengeance est venu, disait ce libelle; nos représentants nous trahissent. Allons, républicains, armons-nous et marchons! » — Ici, Marat ne peut plus se contenir; ses passions révolutionnaires, remuées par ce cri d'alarme, l'enlèvent de son banc; il éclate, il bondit, il s'écrie à haute voix : « Oui, c'est vrai, marchons! »

A ces élans séditieux, l'Assemblée répond par un affreux tumulte; les Girondins se tournent en masse du côté de Marat et poussent le cri formidable : « A l'Abbaye! à l'Abbaye! »

Ce petit homme à l'œil perçant, cet orateur qui parle par saccades, essaie cette fois encore de contenir l'Assemblée; mais un vacarme horrible couvre sa voix; la cravate dénouée, les cheveux en désordre, les gestes furibonds, les lèvres écumantes, il ne peut venir à bout de dominer le tumulte; malgré ses menaces foudroyantes, l'Assemblée lance sur sa tête un décret d'arrestation.

« Puisque nos ennemis ont perdu toute pudeur, s'écrie alors Marat d'une voix terrible, le décret est fait pour exciter un mouvement; faites-moi donc conduire aux Jacobins pour que j'y prêche la paix! »

Cette boutade est accueillie par des rires dédaigneux.

Danton se lève et dit : « Marat n'est-il pas représentant du peuple et ne vous souvenez-vous plus de ce grand principe que vous ne devez entamer la Convention qu'autant qu'une foule de preuves irréfragables en démontreraient la nécessité?... »

En brisant dans la personne de Marat l'inviolabilité du mandat législatif, les Girondins se condamnaient d'avance à subir eux-mêmes le sort qu'ils infligeaient au plus haineux de leurs adversaires. La proscription est entre les mains des Assemblées une mauvaise arme de guerre : tôt ou tard elle se retourne contre le parti qui l'a forgée.

Malgré le sage conseil de Danton, malgré la violente opposition de la Montagne, le décret d'arrestation contre Marat est maintenu.

Alors les tribunes s'agitent avec des trépignements horribles; les hommes montrent le poing à l'Assemblée; les femmes poussent des cris d'alarme qui ne tardent pas à retentir au dehors. On s'amasse, on se presse à la porte de la Convention.

Les députés de la droite qui ont voté le décret, sont accueillis au passage par des huées, des injures et le terrible cri : « A la lanterne! à la lanterne! »

Marat sortait, quand un huissier de garde l'arrête à la porte de l'Assemblée. Les Girondins étaient partis : un groupe d'une cinquantaine de Montagnards offrent de le conduire et de lui faire cortége jusqu'à la prison.

— Mais je ne veux pas du tout y aller! s'écrie Marat.

Cependant les *Maratistes* étaient descendus des tribunes; ils entourent leur idole, le défenseur du peuple; ils l'emmènent... La sentinelle qui était à la porte de la Convention, et qui avait sa consigne, s'oppose à cette fuite triomphante. Qu'on appelle l'officier du poste! Celui-ci présente l'ordre d'arrestation; mais cet ordre est frappé de nullité : le président de la Convention et le ministre de la justice ont oublié de le signer. L'Ami du peuple passe à travers les gardes. La foule l'acclame, l'étouffe de ses empressements. Des forts de la halle lui prêtent la vigueur de leur bras : les femmes lui offrent leurs maisons comme un asile pour le soustraire aux cachots de l'Abbaye. On se le dispute, on se l'arrache de main en main jusqu'à ce qu'un gros de peuple, débouchant du pont de la Révolution, l'enveloppe et l'entraîne; Marat disparaît dans ce tourbillon.

L'Ami du peuple avait retrouvé l'anneau de Gygès, qui avait le don de rendre invisible. L'homme des ténèbres était-il rentré dans sa cave? Quoi qu'il en soit, la Convention reçut de lui une lettre dans laquelle il répétait à peu près les termes de sa défense. « Si les ennemis du bien public, écrivait-il, réussissaient à consommer leurs projets criminels à mon égard, bientôt ils viendraient à Robespierre et à Danton, à tous les députés qui ont fait preuve d'énergie... Je n'entends pas me soustraire à l'examen de mes juges, mais je ne m'exposerai pas sottement aux fureurs de mes ennemis... Je ne me constituerai pas prisonnier. Avant d'appartenir à la Convention, j'appartiens à la patrie... »

Il est donné lecture de la lettre, puis de l'adresse des Jacobins qui a motivé les poursuites contre Marat.

Dubois-Crancé. — Si cette adresse est coupable, décrétez-moi aussi, car je l'approuve énergiquement.

Un assez grand nombre de Montagnards se levant : « Nous l'approuvons tous ! »

David. — Qu'on la dépose sur le bureau ; nous la signerons.

Quatre-vingt-seize membres apposent aussitôt leur signature.

Robespierre. — Je demande qu'à la suite du rapport envoyé aux départements soit joint un acte qui constate qu'on a refusé d'entendre un accusé qui n'a jamais été mon ami, dont je n'ai point partagé les erreurs qu'on travestit ici en crimes, mais que je regarde comme un bon citoyen, zélé défenseur de la cause du peuple, et tout à fait étranger au crime qu'on lui impute.

Marat baissait depuis quelque temps : ses ennemis se chargèrent de le relever en lui appliquant les formes du procès de Louis XVI. Ils réclamèrent l'appel nominal à la tribune. Chacun des représentants passait et disait son mot :

Camille Desmoulins. — Comme J.-J. Rousseau dit quelque part que M. le lieutenant de police aurait fait pendre le bon Dieu pour le Sermon de la montagne, je ne veux pas me déshonorer en votant le décret d'accusation contre un écrivain trop souvent prophète, à qui la postérité élèvera des statues.

Lavicomterie. — J'ai toujours regardé Marat comme un homme nécessaire en temps de Révolution.

Lanthénas. — Je pense qu'il y a lieu à commettre des médecins pour examiner si Marat n'est pas réellement atteint de folie, de frénésie. Mais sur le décret dont il s'agit il n'y a pas lieu à délibérer : je dis non.

Robespierre jeune. — Convaincu que les fauteurs de la tyrannie ont peint Marat non pas tel qu'il est, mais tel qu'ils le veulent, afin de déshonorer les patriotes en les couvrant de ce masque hideux ; convaincu que cette accusation n'est qu'un prétexte pour perdre un patriote ardent, l'homme qui tant qu'il vivra fera trembler les fripons de toute couleur, je dis non. »

Cet appel nominal dura seize heures. Sur 360 députés présents, 220 votèrent pour le décret d'accusation, 92 votèrent contre, 41 s'abstinrent et 7 demandèrent l'ajournement.

Ce décret était impolitique. De deux choses l'une : si l'Ami du peuple était

Marat devant le tribunal révolutionnaire.

frappé, il devenait une victime intéressante pour tous les patriotes; s'il était acquitté, il sortirait de cette épreuve avec une importance et une autorité nouvelles. Les Girondins calculaient autrement : ou cet homme, se disaient-ils, sera condamné, et alors nous serons vengés de notre accusateur, ou le tribunal révolutionnaire l'absoudra, et, dans un pareil cas, nous dénoncerons aux départements ce même tribunal comme complice des crimes de Marat et de la faction d'Orléans.

Toutefois le moment était mal choisi pour lancer un décret d'accusaton contre Marat.

Le 18 mars 1793, Dumouriez, battu à Nerwinde par les Autrichiens, recula jusqu'à nos frontières du nord; c'est alors qu'il crut le moment venu de renverser le gouvernement républicain. La Convention fut instruite des projets du général, et lui envoya des commissaires pour le mander à sa barre. Il les livra aux Autrichiens, avec lesquels il avait conclu une suspension d'armes, et voulut marcher sur Paris; mais il ne put entraîner ses soldats et fut obligé de se réfugier dans le camp de l'ennemi.

La défection de Dumouriez donnait raison au prophète, au voyant. « Marat ne l'avait-il pas prédit? » se disaient les citoyens atterrés en apprenant la triste nouvelle.

Il est à propos de recueillir sur la conduite de Dumouriez l'opinion d'un homme qui a été à même de le connaître et qu'on n'accusera pas de prévention: c'est Thibaudeau.

« De retour à l'armée, dit-il, Dumouriez avait gagné la bataille de Jemmapes et conquis la Belgique. Il s'y conduisit de manière à se faire accuser de vouloir être duc de Brabant et rétablir la monarchie en France en faveur du duc de Chartres (actuellement Louis-Philippe), qui servait alors dans nos armées. Alors Dumouriez montra beaucoup d'humeur, lutta ouvertement contre ses agents, dénonça avec aigreur le ministre de la guerre et les commissaires de la trésorerie, se permit des propos outrageants contre la représentation nationale et accrédita ainsi les soupçons qui s'étaient élevés contre lui. Il vint à Paris, sous prétexte de pourvoir aux besoins de son armée, mais réellement afin de juger par lui-même des appuis qui pouvaient y servir ses vues. Il y trouva presque tout le monde mal disposé, repartit bientôt, rouvrit la campagne, s'empara de la Hollande, et fut battu à Nerwinde le 18 mars. Lorsque Dumouriez repartit pour l'armée, il voulait livrer une bataille, la gagner et marcher sur Paris avec une armée exaltée par la victoire, renverser la Convention et rétablir la monarchie constitutionnelle en faveur du duc d'Orléans; mais il fut battu à Nerwinde, et cette défaite, que l'on doit peut-être attribuer à la trahison de Miranda, qui commandait une division de son armée, anéantit tous ses plans. De là son irrésolution, son découragement, ses inconséquences et la fin déplorable de sa conduite politique. Dumouriez avait une de ces ambitions vulgaires qui ne se soutiennent que par des succès. »

La trahison de Dumouriez, depuis si longtemps transparente pour l'œil inquisiteur de Marat, tomba entre les partis comme la foudre. Chacun s'empressa de nier toute participation aux audacieuses manœuvres de cet homme. Les Girondins surtout essayèrent, mais en vain, de secouer l'ignominie de son contact.

« Si moi, écrivait alors Camille Desmoulins, qui n'avais jamais vu Dumouriez, je n'ai pas laissé, d'après les données qui étaient connues sur son compte, de deviner toute sa politique, quels violents soupçons s'élèvent contre ceux qui le voyaient tous les jours, qui étaient de toutes ses parties de plaisir, et qui se sont appliqués constamment à étouffer la vérité et la méfiance sortant de toutes parts contre lui ! N'est-ce pas un fait que Dumouriez a proclamé les Girondins ses mentors et ses guides? Et quand il n'eût pas déclaré cette complicité, toute la nation n'est-elle pas témoin que les manifestes et proclamations si criminelles de Dumouriez ne sont que de faibles extraits des placards, discours et journaux brissotins, et une redite de ce que les Roland, les Buzot, les Guadet, les Louvet avaient répété jusqu'au dégoût? » Danton lui-même, qui avait été vu à l'Opéra dans une loge voisine de celle où était Dumouriez, n'eut d'autre souci que de blanchir ses relations avec le traître. On le vit alors exagérer, dans cette intention, les mesures énergiques, et enfler le sentiment révolutionnaire de toute la puissance de sa voix.

La défection de Dumouriez découvrit les intrigues du parti d'Orléans. Quoique Philippe-Égalité siégeât alors sur la Montagne, il avait très-certainement des intelligences dans la Gironde. « Il ne peut plus être douteux pour personne, disait encore Camille Desmoulins, de quel côté il faut chercher la faction d'Orléans dans la Convention. Les complices de d'Orléans ne pouvaient pas être ceux qui, comme Marat dans vingt de ses numéros, parlaient de Philippe d'Orléans avec le plus grand mépris; ceux qui, comme Robespierre et Marat, diffamaient sans cesse Sillery; ceux qui, comme Merlin et Robespierre, s'opposaient de toutes leurs forces à la nomination de Philippe dans le corps électoral; ceux qui, comme les Jacobins, rayaient Laclos, Sillery et Philippe de la liste des membres de la Société; ceux qui, comme toute la Montagne, demandaient à grands cris la République une et indivisible et la peine de mort contre quiconque proposerait un roi. »

On a sans doute prêté aux Girondins des projets imaginaires. On leur a supposé, je le veux bien, des intentions qu'ils n'avaient point, mais qui empruntaient aux événements un certain caractère de vraisemblance. En effet, ils ne pouvaient alors se couvrir, contre la puissance toujours croissante de la Montagne, qu'en relevant le trône constitutionnel, et ils ne pouvaient guère y asseoir que d'Orléans ou son fils. Voici ce qu'ajoute Thibaudeau : « Au moment où l'on croyait que Dumouriez travaillait pour le duc de Chartres, dans une séance de la Convention (27 mars) où l'on discutait sur les dangers de la patrie, Robespierre, après une discussion de près d'une heure, reproduisit la proposition de Louvet qu'il avait d'abord combattue, et demanda avec chaleur qu'elle fût mise aux voix [1]. Mais la Montagne s'y opposa encore, et l'ordre du jour fut adopté à une très-grande majorité. Lorsque Robespierre fut revenu de la tribune à sa place, Massieu lui demanda comment il se faisait qu'après avoir combattu dans le temps la motion de Louvet, il vînt la reproduire aujourd'hui. Robespierre répondit : « Je ne puis pas expliquer mes motifs à des hommes prévenus et « qui sont engoués d'un individu; mais j'ai de bonnes raisons pour en agir ainsi, « et j'y vois plus clair que beaucoup d'autres. » La conversation continuant sur

---

[1]. Louvet, dans le jugement de Louis XVI, avait fait la motion d'expulser du territoire français tous les membres de la famille des Bourbons.

ce sujet, Robespierre ajouta : « Comment peut-on croire qu'Égalité (le duc d'Or-
« léans) aime la République? Son existence est incompatible avec la liberté ; tant
« qu'il sera en France, elle sera toujours en péril. Je vois, parmi nos généraux,
« son fils aîné; Biron, son ami; Valence, gendre de Sillery. Il feint d'être brouillé
« avec Égalité; mais, ils sont tous les deux intimement liés avec Brissot et ses amis.
« Ils n'ont fait la motion d'expulser les Bourbons que parce qu'ils savaient bien
« qu'elle ne serait pas adoptée. Ils n'ont supposé à la Montagne le projet d'élever
« Égalité sur le trône que pour cacher leur dessein de l'y porter ensuite.—Mais
« où sont les preuves?—Des preuves! des preuves! veut-on que j'en fournisse de
« légales? J'ai là-dessus une conviction morale. Au surplus, les événements prou-
« veront si j'ai raison. Vous y viendrez. Prenez garde que ce ne soit pas trop tard! »

La guerre de la Vendée, qui s'annonçait depuis quelques mois par des
secousses et des soulèvements, éclata sur toute la ligne. Jamais coalition plus formidable que celle des royalistes et des prêtres ne s'éleva contre la liberté,
dans un pays où la lutte des opinions et des croyances s'appuyait sur des intérêts locaux, sur des mœurs simples et sur une ignorance traditionnelle. La nouvelle de cette conflagration menaçante ne fit que redoubler l'énergie de la Montagne, et lui inspira des mesures impitoyables. Sans doute la main tremble,
quand on remue cette page saignante de notre histoire : mais alors la France
croyait devoir s'arracher le cœur et les entrailles pour sauver l'unité du territoire, conquérir la paix à l'intérieur et tourner toutes ses armes au dehors
contre l'ennemi. Thibaudeau, envoyé sur les lieux, fut intimidé par la puissance
formidable du soulèvement ; il se demanda si, en ménageant les chefs de l'insurrection, en formant un cordon de troupes sur les limites de la Vendée, pour
empêcher la guerre civile de s'étendre, et en prenant d'autres mesures modé-
ratrices, on n'arriverait point à comprimer les efforts coalisés du royalisme et
de la superstition, sans verser des flots de sang. « A mon retour à Paris, dit-il,
je cherchai un homme de quelque influence, auquel je pusse m'ouvrir sans
danger sur cet objet. Je m'adressai à Danton. Il me paraissait avoir, hors de
l'Assemblée, de l'âme, de la franchise et de la loyauté. Je pris pour prétexte la
mission que je venais de remplir, et la conversation nous eut bientôt conduits
au point où je voulais en venir. « Es-tu fou? me dit-il. Si tu as envie d'être
« guillotiné, tu n'as qu'à en faire la proposition à l'Assemblée. Il n'y a point de
« paix possible avec la Vendée; l'épée est tirée, il faut que nous dévorions le
« chancre ou qu'il nous dévore. La République est assez forte pour faire face à
« tous ses ennemis. Tu ne sais pas ce que c'est qu'une révolution. Nous sommes
« trop heureux que les aristocrates aient pris les armes. Ils nous font beau jeu ;
« ils nous donnent le moyen de les vaincre dans une bataille qui sera peut-être
« la dernière. »

A dater de ce moment, la Convention ne donna plus qu'un ordre aux commissaires et aux armées qu'elle envoyait contre les Vendéens : « Exterminez. »

D'un autre côté, Paris depuis le 10 mars était agité par de sourdes rumeurs.
Les défiances, les terreurs touchaient presque à un état d'hallucination. Le bruit

courut que la Commune avait formé le projet d'égorger sur leurs bancs un grand nombre de députés à la Convention nationale. Les Girondins, qui cherchaient toujours à déshonorer leurs ennemis sous l'accusation d'assassinat, accueillirent cette nouvelle avec empressement. Ils evitèrent de se rendre à la séance du soir, et donnèrent ainsi, par leur absence, une couleur de vérité à un complot plus ou moins chimérique. Tout se réduisit à une expédition contre un des leurs, Gorsas. Une bande d'hommes armés de pistolets, de sabres et de marteaux se présente à neuf heures du soir dans sa maison, rue Tiquetonne, enfonce les portes, brise les casiers et les presses de son imprimerie. Gorsas se fait jour au travers du rassemblement, gagne un mur, l'escalade, et passe dans une maison voisine. De tels désordres sont sans doute très-coupables ; mais il faut dire que ce Gorsas, un des enfants perdus de la Gironde, ne cessait de verser le fiel sur les députés de la Convention nationale que le peuple aimait : de là cette vengeance personnelle.

La moralité de l'homme n'était d'ailleurs pas de nature à le protéger contre la haine qu'il soulevait de toutes parts; on en jugera par la lettre suivante, adressée à Marat :

« Ami du peuple, je ne conçois pas comment le nommé Gorsas, infâme libelliste de la faction des hommes d'État, vendu à Pétion, Gensonné, Vergniaud et Guadet, qui se sont si longtemps déchaînés contre les massacres du 2 septembre, a l'impudence de déclamer avec ces tartufes, lui qui était un des massacreurs de ces journées terribles, l'un des juges populaires à la Conciergerie.— Le dimanche 2 septembre, à onze heures du matin, il était au Palais-Royal avec des valets d'ex-nobles à prêcher le massacre au milieu des groupes ; et dans la nuit du même jour, sur les deux heures du matin, il était à l'œuvre, prêchant et égorgeant les victimes. Je défie ce scélérat d'oser nier ces faits : je peux lui en donner des preuves juridiques.

« *Signé* : LEGROS, *de la section du Roule.* »

Le tribunal révolutionnaire était entré en fonctions et jetait autour de lui l'épouvante. Cette institution était une arme à deux tranchants; elle eût pu aussi bien servir les desseins de la Gironde que ceux de la Montagne. Un des premiers, en effet, qui vint présenter sa tête à ce glaive nu fut Marat. Ceci explique le peu de résistance que l'établissement d'un tribunal institué pour connaître des crimes politiques rencontra dans les rangs des Girondins. Vergniaud s'éleva seul avec chaleur contre ce projet. Il avait le pressentiment du coup qui devait le frapper. Peu de députés montrèrent alors cette prévoyance : leur empressement funeste à faire décréter cette mesure de salut public montre bien que dès lors les deux partis, tout en y apportant quelques réserves, songeaient moins à écarter les violences qu'à se disputer la hache.

Deux griefs s'élevaient contre Marat : son numéro du 5 janvier dans lequel il demandait la dissolution de l'Assemblée nationale, et son numéro du 25 février où il provoquait, disait-on, au pillage des boutiques.

N'y avait-il pas toutefois quelque chose d'étrange à voir un tribunal institué pour punir les contre-révolutionnaires appeler à sa barre qui?... Marat.

Le 24 avril 1793, une foule immense se presse aux abords de l'antre dans lequel siége cette justice beaucoup trop semblable à la Némésis antique.

La salle était occupée depuis le matin par des gardes et par du peuple. Une vive anxiété agitait tous les visages; il était facile de deviner que celui qui devait paraître ce jour-là à la barre du tribunal n'était point un accusé ordinaire. A dix heures, un petit homme mal vêtu s'avance d'un pas ferme et intrépide dans cette enceinte redoutable. Son arrivée produit sur l'assistance ce mouvement particulier aux grandes foules, mouvement mêlé de surprise et d'intérêt à la vue d'un personnage qui fait tourner toutes les têtes, lever tous les yeux, suspendre tous les entretiens à demi-voix.

C'était Marat.

Depuis le jour où il avait été frappé par le décret de la Convention, Marat avait tout à fait disparu. Son absence faisait croire à une défaite; son silence réjouissait la Gironde. Après ce fatal décret qui le constituait en état d'arrestation, il n'avait écrit à l'Assemblée qu'une seule lettre, dont on se souvient, pour expliquer les motifs de sa conduite : « Si j'ai refusé, disait-il, d'entrer dans les prisons de l'Abbaye, c'est par sagesse ; depuis deux mois, attaqué d'une maladie inflammatoire qui exige des soins et qui me dispose à la violence, je ne veux pas m'exposer dans ce séjour ténébreux, au milieu de la crasse et de la vermine, à des mouvements d'indignation qui pourraient entraîner à des malheurs. »

Ses ennemis n'avaient pas manqué de profiter de ce refus pour le déclarer rebelle à la loi.

Ce 24 avril allait donc être une journée décisive pour Marat. Il se tient debout sur la dernière marche du parquet, et, les yeux levés avec assurance vers le visage des juges : « Citoyens, s'écrie-t-il, ce n'est pas un coupable qui paraît devant vous; c'est l'Ami du peuple, l'apôtre et le martyr de la liberté. »

Des murmures favorables et des applaudissements étouffés accueillent, sur les bancs de l'auditoire, ces paroles de l'Ami du peuple.

Mais lui se tournant vers ses séides : « Citoyens, ma cause est la vôtre, je défends ma patrie ; je vous invite à garder le plus profond silence, afin d'ôter aux ennemis de la chose publique les moyens de dire qu'on a influencé les juges. »

On lit l'acte d'accusation, on interroge quelques témoins, puis le président demande :

— Accusé, avez-vous des observations à faire?

Alors Marat :

— Citoyens membres du tribunal révolutionnaire, si je parais devant mes juges, c'est pour faire triompher la vérité et confondre l'injustice ; c'est pour dessiller les yeux de cette partie de la nation qui est encore égarée sur mon compte ; c'est pour sortir vainqueur de cette lutte, fixer l'opinion publique, mieux servir la patrie et cimenter la liberté...

« Je ne veux point d'indulgence, je réclame une justice sévère.

« Le décret d'accusation lancé contre moi l'a été sans aucune discussion, au mépris d'une loi formelle et contre tous les principes de l'ordre, de la liberté, de la justice. Car il est de droit rigoureux qu'aucun citoyen ne soit blâmé sans avoir été entendu...

« Prouvons maintenant que l'acte d'accusation est illégal. Il porte tout entier sur quelques-unes de mes opinions politiques. Ces opinions avaient presque toutes été produites à la tribune de la Convention avant d'être publiées dans mes écrits; car mes écrits, toujours destinés à dévoiler les complots, à démasquer les traîtres, à proposer des vues utiles, sont un supplément à ce que je ne puis toujours exposer dans le sein de l'Assemblée. Or l'article 7 de la 5ᵉ section de l'acte constitutionnel porte en termes exprès : « Les représentants de la nation sont inviolables; ils ne peuvent être recherchés, accusés, ni jugés en aucun temps, pour ce qu'ils auront dit, écrit ou fait dans l'exercice de leurs fonctions de députés.

« Sans ce droit inaliénable, la liberté pourrait-elle se maintenir un instant contre les entreprises de ses ennemis conjurés? Sans lui, comment, au milieu d'un sénat corrompu, le petit nombre de députés qui restent invinciblement attachés à la patrie démasqueraient-ils les traîtres qui veulent l'opprimer et la mettre aux fers?...

« Enfin cet acte est un tissu de mensonges et d'impostures. Il m'accuse d'avoir provoqué le meurtre et le pillage, le rétablissement d'un chef d'État, l'avilissement et la dissolution de la Convention, etc., etc. Le contraire est prouvé par la simple lecture de mes écrits. Je demande une lecture suivie des numéros dénoncés, car ce n'est pas en isolant et en tronquant les passages qu'on rend les idées d'un auteur; c'est en lisant ce qui les précède, ce qui les suit, qu'on peut juger de ses intentions.

« Si après la lecture il restait quelques doutes, je suis ici pour les lever. »

Cette défense était habile. Marat glissait sur les charges de l'accusation et se retranchait fermement derrière un des meilleurs articles de la Constitution de 89. Il dut pourtant ajouter quelques mots pour émouvoir ses juges :

— On m'accuse de prêcher la terreur. Citoyens, j'ai essayé mille fois d'en revenir aux mesures modérées; mille fois, dans ma feuille, j'ai annoncé que je sacrifiais mes vues au désir de la paix; mais j'ai toujours reconnu ensuite l'inutilité de ces transactions. Si, dans les époques ordinaires, il faut laisser faire le temps et suivre le mouvement naturel de l'humanité, dans les moments de crise comme celui où nous sommes, il faut hâter, par des moyens violents et convulsifs, la marche des événements. Plus vite nous serons hors de la Révolution, et plus vite nous jouirons de la paix, du calme, de la modération et de la justice. Hâtons-nous donc d'en sortir par de grands coups; au lieu de nous amuser à réformer peu à peu le sort de l'humanité, au milieu des chances, des mouvements et des hasards qui peuvent déranger notre œuvre, changeons une bonne fois et par une secousse terrible, mais nécessaire, les destinées du monde. Cette œuvre sanglante une fois achevée, nos fils nous béniront. Craignez qu'ils ne disent, au contraire, que leurs pères ont commencé une Révolution généreuse et qu'ils n'ont pas eu le courage de la soutenir. La terreur n'est à mes yeux et ne peut être dans nos mœurs un état durable; c'est un coup de tonnerre tombé des mains de notre grande Révolution sur la tête de tous les méchants.

« Sans doute le présent est sombre : la ville manque de pain, nos soldats soutiennent, affamés et presque nus, le feu de l'ennemi; mais il faut nous armer de courage et de confiance en l'avenir. Sans doute les descentes à main armée dans les maisons, les alarmes nocturnes, les prises de corps sont des attentats aux franchises des citoyens; mais il faut savoir que les libertés générales, en s'établissant, écrasent d'abord autour d'elles bien des libertés particulières.

« Nous sommes contraints maintenant de combattre la servitude par l'arbitraire, d'opposer, pour fonder la République, les chaînes aux chaînes, le glaive au glaive.

« Qu'est-ce après tout que quelques boutiques pillées, quelques misérables accrochés à la lanterne, quelques magistrats éclaboussés dans la rue, comparé aux grands bienfaits que notre Révolution doit amener dans le monde? Ces petits *désagréments* s'effaceront un jour devant les principes éclatants et lumineux que cette Révolution a proclamés à la face de l'univers : la fraternité humaine, l'unité et la liberté. »

Le président pose alors au jury du tribunal révolutionnaire les questions d'usage : « Est-il constant que dans les écrits intitulés, l'*Ami du peuple*, par Marat, et le *Publiciste*, l'auteur ait provoqué au pillage et au meurtre, à l'établissement d'un pouvoir attentatoire à la souveraineté du peuple, à l'avilissement et la dissolution de l'Assemblée? — Jean-Paul Marat est-il l'auteur de ces écrits? — A-t-il eu dans lesdits écrits des intentions criminelles et contre-révolutionnaires? »

Le jury se retire pour délibérer.

Nous avons vu que les Girondins avaient les premiers émis l'idée d'un tribunal révolutionnaire; mais soit incurie, soit dégoût, soit inconséquence, ils n'avaient point su se l'approprier. Le choix des jurés appartenait à l'Assemblée nationale, où les Girondins avaient encore la majorité; ils commirent la faute de s'abstenir... Aussi le personnel du tribunal avait-il été nommé par la Montagne et sous l'influence de Robespierre.

Une curiosité inquiète se manifestait dans l'auditoire.

Après quarante minutes de délibération, les jurés rentrent à l'audience, et l'un d'eux, le citoyen Dumont, déclare que le jury à l'unanimité a trouvé que les faits reprochés à Marat n'étaient point prouvés.

En conséquence, l'accusateur public, Fouquier-Tinville, propose que Jean-Paul Marat étant acquitté de l'accusation portée contre lui soit mis sur-le-champ en liberté.

Le tribunal décide dans le même sens.

Marat alors se tournant vers le tribunal :

— Citoyens jurés et juges qui composez le tribunal révolutionnaire, le sort des criminels de l'ex-nation est dans vos mains; protégez l'innocent et punissez le coupable, et la patrie sera sauvée.

A ces mots, la salle retentit d'applaudissements qui sont répétés dans les

Triomphe de Marat.

salles voisines, dans les vestibules et dans la cour du palais. On se précipite sur Marat. Deux fanatiques veulent l'emporter sur leurs épaules. Il résiste; il se retire au fond de la salle; où il cède enfin aux instances d'une multitude empressée à l'embrasser. Des femmes déposent plusieurs couronnes de feuilles sur sa tête.

Des officiers municipaux, des gardes de la nation, des canonniers, des gendarmes, des hussards l'entourent et forment une haie, craignant qu'il ne soit étouffé par cette foule dans le tumulte de la joie.

Arrivés au haut du grand escalier, ils font halte et élèvent Marat sur leurs bras pour le montrer au peuple. Au dehors des cours, une multitude immense salue l'acquitté par des battements de mains et par des cris sans cesse répétés de :

— Vive la République! vive Marat!

Du Palais à la Convention, il fallut fendre une mer agitée et bruyante. Marat, élevé sur les bras de quatre sapeurs, le front ceint d'une large couronne, traverse en triomphe les quais et les ponts. C'était sur son passage un cri forcené et sans relâche de : « Vive l'Ami du peuple! » Les royalistes, mêlés par hasard à cette cohue, sont obligés de suivre l'entraînement et d'applaudir. Des spectateurs, aux fenêtres, répètent les acclamations; les jeunes filles lui jettent des fleurs. Sur les marches des églises, le peuple forme des amphithéâtres où hommes, femmes et enfants sont étagés pêle-mêle, et d'où s'élancent des applaudissements sans fin qui montent, de degré en degré, jusqu'aux architraves chargées de monde. Une procession d'hommes à mine bourrue s'avance à travers toute cette foule vers la Convention. Ce sont des ouvriers du faubourg Saint-Antoine, des portefaix des halles, des sans-culottes, des septembriseurs, des clubistes, des fédérés, multitude sombre et sauvage. Ils marchent en désordre et tumultueusement. On les nommait, à cause de leur fanatisme pour l'Ami du peuple, les Maratistes. Cette pompe, tout à la fois grotesque et majestueuse, avait je ne sais quoi d'étrange dont devaient bien s'étonner les murs de la grande ville, trop longtemps habituée à voir défiler les cortéges de la monarchie. Or ceci se passait à la face du soleil, sur les quais et dans les rues de Paris, quelques années après l'entrée d'un roi et d'une reine reçus aux acclamations de ce même peuple.

On eût dit, au premier coup d'œil, une de ces processions du pape des fous, en usage au moyen âge; mais ici la chose était prise au sérieux : cet homme mal vêtu et difforme, dans lequel le peuple s'adorait lui-même, comme dans un simulacre vivant de ses infirmités, de ses misères, de ses souffrances, était véritablement le pape de la classe déshéritée. Ce petit être maladif, porté comme un enfant sur les bras des forts de la halle, représentait la victoire de l'intelligence sur la matière, de la Révolution sur l'aristocratie de naissance ou de fortune.

Aux approches de la Convention, le cortége détache un gros de citoyens, et à leur tête le sapeur Rocher, pour annoncer dans la salle des séances l'arrivée de Marat. Rocher était un terrible révolutionnaire, à barbe épaisse, à l'air menaçant et aux bras formidablement robustes. L'Assemblée tenait séance. A la nouvelle de l'acquittement de Marat et de son entrée en triomphe dans le sein même de la Convention, plusieurs Girondins quittent précipitamment leurs places pour se soustraire, disent-ils, aux scandales de cette scène. Le sapeur s'avance fièrement dans l'enceinte de l'Assemblée jusqu'au fauteuil du président:

— Citoyen président, dit-il avec une voix de tonnerre, je demande la parole pour vous annoncer que nous amenons ici le brave Marat. Marat a toujours été l'ami du peuple et le peuple sera toujours l'ami de Marat. On a voulu faire tomber ma tête à Lyon pour avoir pris sa défense : eh bien ! s'il faut qu'une tête tombe, celle du sapeur Rocher tombera avant celle de Marat, nom de Dieu !

A ces mots, Rocher agite formidablement sa hache.

— Nous demandons, président, la permission de défiler devant l'Assemblée ; nous espérons bien que vous ne refuserez pas cette récompense à ceux qui ramènent ici l'Ami du peuple.

Aussitôt le cortège se répand sur les gradins. La salle s'ébranle, le plancher craque, et toute cette foule pousse le cri mille fois répété de :

— Vive la République ! vive Marat !

Quelques députés gardent devant cette explosion d'enthousiasme et de joie un silence consterné ; d'autres cherchent, s'il en est temps encore, à s'enfuir de la salle ; mais des applaudissements et des cris de plus en plus forcenés annoncent en personne l'arrivée de Marat. Il entre dans l'Assemblée, porté en triomphe et une couronne de feuilles de chêne sur le front : son regard rayonne, son pied semble fouler la tête de ses ennemis, sa poitrine se soulève gonflée d'orgueil et de joie. Cet homme est, dans ce moment-là, d'une laideur sublime. Toutes les passions bonnes ou mauvaises, remuées par cette marche glorieuse et sauvage, agitent extraordinairement sa physionomie. Le peuple le dépose au milieu de la Montagne, où quelques députés amis l'accueillent avec des embrassements ; on se le passe de main en main, on le porte à la tribune. Marat fait signe qu'il réclame le silence : « Législateurs du peuple français, dit-il, je vous présente en ce moment un citoyen qui vient d'être complètement justifié. Il vous offre un cœur pur. Malgré les trames odieuses de ses ennemis, il continuera à défendre la patrie avec toute l'énergie que le ciel lui a donnée. O France ! tu seras heureuse, ou je ne serai plus ! » Un cri unanime tombe avec des applaudissements sur les dernières paroles de Marat ; on bat des mains avec furie, les soldats agitent leur piques, les Montagnards serrent l'Ami du peuple dans leurs bras.

Le soir, d'autres honneurs l'attendent encore aux Jacobins. Les femmes avaient tressé, pendant la journée, des guirlandes, des couronnes de feuilles ; à l'entrée de Marat dans la salle des séances, le président lui présente, au nom de toute l'Assemblée, une de ces couronnes, et un enfant de quatre ans, monté sur le bureau, lui en pose une autre sur la tête. Marat écarte ces honneurs d'une main sévère. « Citoyens, dit-il, ne vous occupez pas de décerner des triomphes, défendez-vous l'enthousiasme. Je dépose sur le bureau les deux couronnes que l'on vient de m'offrir. J'engage mes citoyens à attendre la fin de ma carrière pour me juger. »

Cette conduite redouble l'enthousiasme des assistants ; on ne voit plus que lui dans la salle ; l'Assemblée ne s'aperçoit même pas, ce soir-là, de Robespierre, qui se retire en silence d'une enceinte occupée tout entière par le grand succès de Marat. Ce dut être un événement bien fait pour attendrir le cœur d'un tribun, que cette journée mémorable après une vie d'humiliation, de souffrance et de terreur au fond des caves. Marat n'était pourtant pas satisfait. L'ambition farouche de cet homme visait à d'autres honneurs qu'une marche triomphale et une couronne de feuille : elle aspirait toujours à la dictature avec une chaîne de fer au pied et le couteau de la guillotine suspendu au-dessus de la tête.

Cette même nuit, l'Ami du peuple rentra fort tard dans la maison où il demeurait, rue des Cordeliers, n° 30 (aujourd'hui rue de l'École-de-Médecine, n° 22). Il habitait sous le même toit que Simonne Évrard, qui avait loué l'appartement du premier étage en son nom. Cette Simonne Évrard, que Marat « avait épousée par un beau jour, à la face du ciel, dans le temple de la Nature », passait pour sa sœur et était en réalité sa femme.

C'est ici le lieu et le moment de repousser une calomnie des Girondins. La pauvreté de Marat était proverbiale. « Quelle édifiante pauvreté! s'écrie M⁰ᵉ Roland dans ses *Mémoires*. Voyons donc son logement : c'est une dame qui va le décrire. Née à Toulouse, elle a toute la vivacité du climat sous lequel elle a vu le jour, et, tendrement attachée à un cousin d'aimable figure, elle fut désolée de son arrestation... Elle s'était donné beaucoup de peines inutiles, et ne savait plus à qui s'adresser, lorsqu'elle imagina d'aller trouver Marat. Elle se fait annoncer chez lui; on dit qu'il n'y est pas; mais il entend la voix d'une femme, et se présente lui-même. Il avait aux jambes des bottes sans bas, portait une vieille culotte de peau, une veste de taffetas blanc. Sa chemise crasseuse et ouverte laissait voir une poitrine jaunissante; des ongles longs et sales se dessinaient au bout de ses doigts, et son affreuse figure accompagnait parfaitement ce costume bizarre. Il prend la main de la dame, la conduit dans un salon très-frais, meublé en damas bleu et blanc, décoré de rideaux de soie élégamment relevés en draperies; il y avait un lustre brillant et de superbes vases de porcelaine remplis de fleurs naturelles, alors rares et de haut prix. Il s'assied à côté d'elle sur une ottomane voluptueuse, écoute le récit qu'elle veut lui faire, s'intéresse à elle, lui baise la main, serre un peu ses genoux et lui promet la liberté de son cousin. Je l'aurais tout laissé faire, dit plaisamment la petite femme avec son accent toulousain, quitte à me baigner après, pourvu qu'il me rendît mon cousin. Le soir même, Marat se rendit au Comité, et le lendemain le cousin sortit de l'Abbaye. »

Cette anecdote est invraisemblable et ne mérite même point qu'on s'y arrête; mais il est bon de savoir à quoi s'en tenir sur l'intérieur de Marat. L'appartement se composait de cinq pièces. Dans l'une, éclairée par une fenêtre s'ouvrant sur la cour et tout encombrée de feuilles imprimées, se tenaient trois femmes employées comme plieuses. La seconde était une chambre à coucher ayant vue sur la rue par deux croisées en verre de Bohême. Entre ces deux pièces, un cabinet servait de salle de bain. Enfin la cinquième n'était pas du tout l'Eldorado rêvé par l'imagination romanesque de Mᵐᵉ Roland, mais c'était un salon élégant dans lequel on devinait le goût et la main d'une femme. Le mobilier appartenait à Simonne. Nous avons dit ailleurs que Marat n'avait pas de patrie; on pourrait ajouter qu'il n'avait point de chez lui.

Quant à la malpropreté, à la crasse dont parle Mᵐᵉ Roland (et beaucoup d'historiens l'ont crue sur parole), il est facile de répondre par un fait à cette autre calomnie : Marat, pour des raisons de santé, prenait un bain tous les jours.

Ce grand coupeur de têtes, cet homme dont l'ombre était rouge, n'entrait en fureur que quand il était assis devant son écritoire ; dans la vie privée, il était naïf et presque bonhomme. A côté de sa table de travail étaient deux serins en cage qui becquetaient des grains de mil. Comme il souffrait souvent d'une inflammation du sang, Simonne Évrard le soignait avec le zèle d'une vraie garde-malade, avec la dévotion d'une sœur de charité. C'était une nature hystérique et sibylline, une femme aux yeux et aux cheveux noirs, qui dans l'Ami du peuple adorait la Révolution en chair et en os. Il reconnaissait ses bons services, son attachement, par une tendresse sans bornes. Jamais un mot offensant ne s'échappait de ses lèvres sans qu'il en demandât aussitôt pardon à sa compagne. Le pardon n'était pas difficile à obtenir ; car elle l'aimait. « Marat, dira plus tard Saint-Just, était doux dans son ménage : il n'épouvantait que les traîtres. »

XI

Parallèle entre la Gironde et la Montagne. — Ce qui manquait aux Girondins. — Eloquence des orateurs. — Camille Desmoulins réprimandé par Prudhomme. — Causes de la décadence des Girondins. — Ils n'étaient point de leur temps.

A la veille des grandes luttes qui vont s'engager entre la Gironde et la Montagne, il importe de bien caractériser l'esprit, les tendances et la conduite des deux partis.

Certes la Gironde comptait parmi ses membres beaucoup d'hommes remarquables ; quelques-uns même étaient des orateurs ou des écrivains éminents : Vergniaud, Condorcet, Brissot, Rabaut-Saint-Étienne, l'abbé Fauchet.

Que leur a-t-il donc manqué pour diriger la Révolution ? Ils ne savaient point gouverner. Avant et après le 10 août, ils étaient au pouvoir : qu'en ont-ils fait ? Ils avaient déclaré la guerre, et, faute d'avoir établi tout d'abord l'harmonie entre les officiers et les soldats, ils paralysèrent le succès de nos armes ; ils avaient horreur du sang, et ils laissèrent faire les journées de Septembre ; ils voulaient sauver le roi, et ils votèrent sa mort ; ils avaient proposé l'établissement d'un tribunal révolutionnaire, et cette arme redoutable, ils l'abandonnèrent aux mains de leurs ennemis. Ils disposaient des fonctions publiques, et ils négligèrent d'y placer leurs créatures.

N'a pas qui veut le sens politique. C'est un don de nature. On naît homme d'État comme on naît orateur, poëte ou artiste. Malgré le nom qu'on leur avait donné par ironie, les Girondins n'étaient pas de vrais hommes d'État. Pour mériter ce titre, il faut savoir exactement ce que l'on veut, où l'on va. Ils voulaient, dit-on, réduire l'importance de Paris au profit des départements, décentraliser la France; mais cette vague intention, ils la désavouaient eux-mêmes, tant ils sentaient qu'elle s'adaptait mal aux nécessités de la guerre.

A part Roland, les quelques-uns d'entre eux qui exercèrent des fonctions publiques n'arrivèrent aux affaires que pour y donner la mesure de leur insuffisance. Pétion, qui n'était pas précisément un des leurs, quoiqu'ils se servissent de lui en pleine confiance, pouvait être un très-honnête citoyen, mais il ne possédait ni l'étendue d'esprit ni l'énergie qui conviennent en temps de Révolution. Cet homme manquait de tout : il n'avait pas même d'ennemis.

Les Girondins, c'est une justice à leur rendre, désiraient fonder la République; mais tenaient-ils bien à l'asseoir sur la large base de la démocratie? Il est permis d'en douter quand on considère attentivement leurs actes, leurs propres déclarations et leur manière de vivre. Sans doute ils avaient raison de ne proscrire ni les beaux-arts, ni les plaisirs, ni les conquêtes de la civilisation; on applaudit de tout cœur à ces paroles de Vergniaud : « Rousseau, Montesquieu et tous les hommes qui ont écrit sur les gouvernements nous disent que l'égalité de la démocratie s'évanouit là où le luxe s'introduit, que les Républiques ne peuvent se soutenir que par la vertu et que la vertu se corrompt par les richesses. Pensez-vous que ces maximes... doivent être appliquées rigoureusement et sans modification à la République française? Voulez-vous lui créer un gouvernement austère, pauvre et guerrier comme celui de Sparte? Dans ce cas, soyez conséquents comme Lycurgue; comme lui, partagez les terres entre tous les citoyens; proscrivez à jamais les métaux, brûlez même les assignats; étouffez l'industrie; ne mettez entre leurs mains que la scie et la hache; flétrissez par l'infamie l'exercice de tous les métiers utiles; déshonorez les arts et surtout l'agriculture... ayez des étrangers pour cultiver vos terres, et faites dépendre votre subsistance de vos esclaves. »

Tout cela est juste et bien pensé; mais la question est toujours de savoir dans quelle proportion la masse des citoyens participera aux jouissances du luxe. Les Girondins avaient la noble passion de la liberté; avaient-ils au même degré le sentiment de la justice? se préoccupaient-ils de la réciprocité des intérêts, des droits sacrés du travail, des moyens de réduire la misère et d'accroître le bien-être des classes tout récemment affranchies? Ils ne voulaient point de la République de Sparte, et certes ils avaient bien raison; mais celle d'Athènes valait-elle beaucoup mieux? ne s'appuyait-elle point aussi sur le travail des esclaves pour la production des richesses? Mᵐᵉ Roland, *la nymphe Égérie de la Gironde*, était née, comme elle le disait elle-même, pour la volupté. Je n'attaque point ses mœurs. Il est néanmoins vrai de dire que son imagination s'égarait beaucoup trop dans les gracieuses et molles utopies. On ne fonde point un état de choses nouveau avec des réminiscences ni des fictions. Le tort de Mᵐᵉ Roland et du parti dont elle était le chef fut de faire le roman de la politique.

Les orateurs de la Gironde avaient pour eux l'éclat du talent; mais il faut bien reconnaître qu'en temps de révolution, quand une nation marche sur le bord des précipices, lorsque son territoire est menacé par l'ennemi, on ne la sauve point avec des paroles. Il y faut des actes virils. Ce qui fait, en pareil cas, la force des hommes d'État est encore moins l'éloquence que l'entêtement calme et la foi inébranlable dans une idée. Le succès en politique n'appartient pas toujours à ceux qui s'agitent le plus (les Girondins se donnaient beaucoup de mouvement); il n'appartient pas même à ceux qui ont le plus de génie; il finit par se ranger du côté des hommes tout d'une pièce, marchant vers un but fixe et déterminé avec la roideur inflexible du somnambule qui abaisse devant lui tous les obstacles.

On a beaucoup vanté, et avec raison, l'éloquence des Girondins; mais pourquoi rabaisser injustement celle des Montagnards? La parole de Maximilien Robespierre est toujours l'écho fidèle de sa pensée. Dans plusieurs de ses discours se détachent, d'un fond un peu grisâtre, quelques traits hardis, des apostrophes véhémentes, des mouvements pathétiques, des images fortes et graves. Quand Robespierre dit : « La voix de la vérité qui tonne dans les cœurs corrompus ressemble aux sons qui retentissent dans les tombeaux et qui ne réveillent pas les cadavres... » il parle la langue de son maître J.-J. Rousseau. Charles Nodier, qui s'y connaissait, était un admirateur du talent oratoire de Maximilien. Il aimait à citer cette phrase : « Oui, citoyens, les rois étrangers sont à craindre, — je ne parle pas de leurs armées, — je parle de leurs intrigues, de leurs complots, etc., etc. » Ce *je ne parle pas de leurs armées*, ajoutait Nodier, est sublime.

Quoique trop Romain, trop drapé dans la toge de Brutus, Saint-Just avait l'étoffe du génie. Au moment où les Girondins attaquaient Paris avec autant de légèreté que d'injustice, il prenait la défense de cette ville héroïque; mais avec quelle fierté de style! « Paris, s'écriait-il, doit être maintenu; il doit l'être par votre sagesse. Paris n'a point soufflé la guerre dans la Vendée; c'est lui qui court l'éteindre avec les départements. N'accusons donc point Paris, et, au lieu de le rendre suspect à la République, rendons à cette ville en amitié les maux qu'elle a soufferts pour nous. Le sang de ses martyrs est mêlé parmi le sang de tous les Français; ses enfants et ceux de la France sont enfermés dans le même tombeau. Chaque département veut-il reprendre ses cadavres et se séparer? » Cette dernière image est digne du Dante.

Quel orateur que Danton! Sa parole imite au besoin le mugissement de la foule, les éclats du tonnerre, tandis qu'elle s'élève d'autres fois, grave et majestueuse, vers les sommets de la raison humaine.

S'agit-il de communiquer aux masses l'élan patriotique, sa bouche torse, sa voix de taureau, son œil enflammé, tout ressemble en lui au dieu de la guerre. Faut-il, au contraire, discuter les grands intérêts de la République, les questions de droit et de salut public, il se montre constamment à la hauteur de son rôle. Ses ennemis eux-mêmes l'avaient surnommé le Pluton de l'éloquence. Et ce n'est pas seulement comme orateur qu'il est grand, c'est aussi comme homme d'État.

Aux départements, il montre la face de Paris irrité. La France entière remue sous sa main. Obligé de se créer à la hâte un personnel, il fait, comme on dit, flèche de tout bois. Lui reproche-t-on, durant son passage aux affaires, d'envoyer dans les départements des hommes farouches pour exciter l'opinion publique : « Et qui donc enverrai-je? répond-il avec un sourire terrible; des demoiselles? » Les Girondins n'avaient plus alors qu'un moyen de salut, c'était de s'attacher Danton. Ce fougueux tribun, qu'on représente comme le démon de l'anarchie, était au contraire un homme de gouvernement. Les chefs de la Montagne voulaient tous constituer un pouvoir redoutable; le sang qui coula dans ces jours de ténèbres ne fut point répandu par les mains de la liberté, mais au nom du droit et dans l'intérêt de l'ordre. Pour réprimer les excès d'un affranchissement convulsif, pour désarmer les factions toujours défaites, jamais vaincues, pour maintenir l'autorité de la représentation nationale sur le terrain chancelant de l'émeute, pour écraser l'hydre du royalisme, il fallait entourer fortement la loi du canon et de la hache. Danton aurait apporté aux Girondins l'énergie qui leur manquait; il leur eût donné le sentiment de l'unité, seule force d'un gouvernement républicain ; nos *hommes d'État* le négligèrent. Ainsi tout fut perdu pour eux.

Danton les avait pourtant avertis : « Ah! tu m'accuses, moi! avait-il dit à Guadet; tu ne connais pas ma force : je prouverai tes crimes! »

La Montagne n'avait pas seulement de grands orateurs; elle avait aussi des écrivains de talent : Fréron, Fabre d'Églantine, Camille Desmoulins. Ce pauvre Camille, si pétulant, si éminemment sympathique, n'en était pas moins dans ce moment-là en butte à de graves accusations. Il faut se reporter aux circonstances : Dumouriez venait de passer à l'ennemi.

Au milieu de cette fermentation des esprits, dans un moment où la trahison d'un chef pouvait livrer la France à l'étranger et éteindre la Révolution dans le sang de ses enfants, on conçoit que la presse se montrât inquiète, ombrageuse. La conduite des généraux et celle des représentants de la nation était surveillée. Les actes les plus innocents dans un temps de tranquillité prenaient à la lumière des circonstances où se trouvait alors le pays une couleur sinistre. Toute relation avec un général suspect était considérée comme une désertion des principes. Le luxe même de la table était dénoncé comme contraire à la morale républicaine. L'homme le moins fait pour observer cette réserve était alors Camille Desmoulins; il avait le cœur démocrate; mais, par une mollesse de caractère qui lui devint funeste, Camille ne se refusait ni au plaisir ni à la bonne chère.

« Qu'eût dit le brave Santerre, écrivait alors Prudhomme, s'il eût assisté au repas splendide du mardi 5, donné par le général Dillon ? Il y avait trente de nos législateurs républicains, dont plusieurs de la Montagne, Bazire, Chabot, Fabre d'Églantine, Merlin, Camille Desmoulins avec sa charmante femme, Carra, etc., etc. Ce n'était point un banquet de Spartiates; on n'y mangea pas que des pommes de terre et du riz à l'eau. Le luxe de ce repas fut porté jusqu'à l'indécence. »

Camille Desmoulins répondit à Prudhomme, avec son esprit ordinaire : « En vérité, austère Prudhomme, voilà bien du bruit que vous faites dans votre dernier numéro pour une dinde aux truffes mangée dans le carnaval chez un général qui a sauvé la France à la côte de Brienne. Vous dites que jamais Choiseul ne donna un pareil dîner. Je ne sais comment Choiseul donnait à dîner; mais je

Logement de Marat rue des Cordeliers.

me souviens d'avoir fait chez vous-même, citoyen auteur, un dîner aussi somptueux, je vous jure, que celui du citoyen général, et ce que j'en dis n'est pas pour vous le reprocher. J'adresse la même réponse à Marat, qui est venu faire également charivari à ma porte sur mon estomac aristocrate. Que n'ai-je encore mon journal! je ferais un beau chapitre sur certains curieux, qui apprennent au public qu'ils *étaient vierges à vingt et un ans*, et qui montrent avec ostentation leurs pommes de terre, comme Brissot montrait au Comité de surveillance de la Commune la paillasse sur laquelle il était couché. Plût au ciel que le *jésuite piémontais* dormît sur le duvet et sur des feuilles de rose, et qu'il ne fût pas le premier levé et le dernier couché de la République. Pitt dormirait bien moins, si Brissot dormait davantage. J'aime bien mieux les fourberies de Xénophon, qui, dans son roman de *Cyrus*, met ces paroles dans la bouche du grand-père Astyage : *Eh ! quoi, mon fils, n'y a-t-il point de mardi-gras chez les Perses ?* — Jamais, répondit Cyrus. — *Par Jupiter et par Vesta, eh ! comment vivent-ils donc ?...* Comme il était permis aux docteurs de Sorbonne de lire les livres à l'*index*, il peut bien être permis à Chabot et à moi de dîner avec les généraux à l'*index*. Vous étiez au corps électoral, et il doit vous souvenir que, lorsque je fus discuté avant mon ballottage avec Kersaint, un membre m'avait reproché mes dîners avec Suleau et Peltier; il lui fut répondu par Danton, en une seule phrase qui me fit nommer à la presque unanimité. »

Prudhomme répliqua : « Prenez garde, mon cher Camille; ou votre mémoire vous trompe, ou bien je croirai que, pour justifier le dîner du général, vous ne vous faites pas scrupule de calomnier celui que vous et votre aimable moitié acceptâtes rue des Marais. Nous n'étions que quatre à ce dîner, nos deux femmes et nous deux. Je vous traitai en patriote ; ce n'était pas le moment de se réjouir. A cette époque, vous vous dérobiez aux poursuites qu'on faisait pour l'affaire du Champ-de-Mars. »

Prudhomme avait cité en outre un proverbe latin : *Omne animal capitur esca ;* tout animal se prend par l'appât de la nourriture.

Camille, comme son ami Danton, mordit avec insouciance aux voluptés plus ou moins innocentes, sans se douter que, sous cette perfide amorce, il y avait alors un hameçon de fer.

L'austérité de Marat, la sévérité avec laquelle il blâmait les *franches lippées* de son jeune ami, s'expliquent assez bien par la rigueur des temps. Les vivres étaient rares; le numéraire se cachait; une bonne partie de la fortune publique s'était enfuie à l'étranger avec les émigrés; les frais de la guerre épuisaient le Trésor; le manque de sécurité amenait la dépréciation des assignats. Comment, au milieu de ce malaise général, la grande classe des travailleurs n'eût-elle point aimé la pauvreté chez ses défenseurs? D'un autre côté, on sortait des petits soupers de la Régence, des orgies de Louis XV, des bacchanales de ce frivole xviii° siècle. La plupart des Montagnards croyaient fermement que, pour fonder la République, il était nécessaire de régénérer les mœurs; et d'où partirait l'exemple, sinon des chefs auxquels la nation avait confié ses destinées? Tout homme doit porter la livrée de l'idée qu'il représente ; aux démocrates de 93, il fallait le cilice du désintéressement et la sobriété du puritain.

Bien plus que Camille Desmoulins, dont on regrette les écarts, les Girondins étaient les païens de la Révolution Française. Leurs goûts, leur manière de vivre, qui, dans d'autres circonstances, n'auraient rien eu de très-blâmable, contrastaient beaucoup trop avec les sacrifices que s'imposait alors la nation tout entière. Les dures époques exigent des vertus rigides.

Danton lui-même qui par goût, par tempérament, n'était nullement ennemi des plaisirs ni des beaux-arts, sentait très-bien qu'il fallait avant tout sauver le territoire national et achever la Révolution. « Quand le temple de la liberté sera assis, disait-il, le peuple saura bien le décorer. Périsse plutôt le sol de la France que de retourner sous un dur esclavage! mais qu'on ne croie point que nous devenions barbares; après avoir fondé la paix, nous l'embellirons : les despotes nous porteront envie... »

Dans un temps calme, les Girondins auraient été l'ornement d'une Chambre républicaine. Ils y auraient apporté des lumières, des vues justes et quelquefois profondes, de la distinction, de la finesse et, sans contredit, du courage. Mais ne perdons jamais de vue que la République ne pouvait alors se fonder que sur le triomphe définitif de la Révolution et de la démocratie. Or, c'est vis-à-vis du mouvement révolutionnaire que les Girondins furent atteints et convaincus d'impuissance. Il fallait d'autres poignets que les leurs pour manier la crinière du lion. Les mesures qu'ils proposaient à tour de rôle avaient l'apparence de l'audace; mais ils forgeaient des armes dont s'emparaient immédiatement leurs adversaires.

Loin de nous toute prévention : les partis peuvent bien s'insulter de près avec violence et se mépriser les uns les autres; mais, à distance, ils prennent tous une valeur dans l'ensemble des faits accomplis. Chaque idée a sa place dans l'histoire, et la marche des choses est logique. Vues d'un peu haut, toutes les factions révolutionnaires étaient bonnes dans ce sens qu'elles concouraient toutes à une œuvre; il faut tenir compte maintenant aux royalistes constitutionnels de leur amour de l'ordre et de la liberté; aux Girondins, de leur modération et de leur horreur du sang, quoique chez quelques-uns cette modération fût un masque et cette humanité une hypocrisie; aux Montagnards, de leur surveillance, de leur fermeté, de leurs vertus civiques, de leur audace, de leur désintéressement. Nous n'apporterons devant la mémoire de ces partis ni injustice, ni colère. Défendons-nous pourtant d'un éclectisme historique sans conscience et sans portée. Entre les Montagnards et les Girondins, il y a la distance d'une vérité à une erreur relative; il faut donc opter nécessairement. Les uns auraient perdu la Révolution; les autres l'ont sauvée. Or, comme à nos yeux il fallait que la Révolution s'accomplit, nous abandonnons à l'inéluctable courant des faits ce qui devait malheureusement périr.

Le grand chef d'accusation qui s'élèvera toujours contre les Girondins est leur haine de Paris.

Attaquer Paris, c'était attaquer l'unité de la Révolution. Eh bien! l'animadversion *des hommes d'État* envers cette ville était telle, qu'on ne pouvait plus à la Convention nommer Paris la capitale sans leur arracher des murmures. « Si les Girondins n'étaient pas fédéralistes par principe, dit Thibaudeau, ils l'étaient par ambition, par amour-propre et par nécessité, car ils sentaient que Paris était leur tombeau. D'un autre côté, les grandes villes, telles que Lyon, Bordeaux, Marseille, Rouen, Rennes, Caen, étaient humiliées du joug insupportable de la capitale; elles embrassaient avec un orgueil légitime l'espoir de s'y soustraire et de devenir chacune un centre dans la République. Des esprits spéculatifs et des ambitieux souriaient à l'idée des républiques *de la Gironde, du Rhône, des Bouches-du-Rhône, du Calvados*... C'était un rêve séduisant, mais ce n'était qu'un rêve, et le réveil fut terrible et sanglant. » C'est donc en vain qu'on chercherait à nier les tendances fédéralistes des Girondins; ils étaient appelés par leur talent à jouer un tout autre rôle. Plus fermes, ils eussent saisi et gardé l'arme de la terreur; plus égoïstes ou plus avides, ils auraient posé des bornes au mouvement révolutionnaire, qu'ils auraient exploité au profit de la classe moyenne; plus généreux, ils eussent incliné, avec la Montagne, du côté du peuple. Se croyant forts, ils voulurent opprimer leurs ennemis; l'attaque provoqua l'attaque; le fer rencontra le fer, et les conspirateurs furent anéantis sous une conspiration.

Quoi qu'il en soit, par les diverses causes que nous venons d'indiquer, la Gironde déclinait, tandis que la Montagne s'élevait de jour en jour, comme autrefois la chaîne des Alpes, grâce au mouvement naturel des forces volcaniques. L'esprit de la Révolution se retirait sur les hauteurs.

XII

Installation du Comité de salut public. — Son caractère. — Appel à la conciliation et à la fraternité. — Les frais de la guerre payés par les riches. — Le maximum. — Lyon et Marseille soulevés contre la Convention. — La Constitution de 93. — Opinion de Vergniaud sur l'inspiration divine. — Opinion de Danton sur la liberté des cultes. — La Convention siége aux Tuileries. — Isnard président. — Histoire des Brissotins. — Commission des douze. — Arrestation d'Hébert. — Invective d'Isnard. — Agitation de Paris.

Le 5 avril 1793, la Convention créa le fameux *Comité de salut public*.

Jusqu'à cette date, les opérations militaires et les grandes mesures de sûreté nationale étaient dirigées par un *Comité de défense*. La trahison de Dumouriez, qui eût pu entraîner la chute du gouvernement républicain, dévoila la profondeur du mal et fit naître l'idée d'y porter un remède. Ce fut le même Girondin qui avait déjà proposé d'instituer un tribunal révolutionnaire, ce fut Isnard qui fit décréter la création du Comité de salut public.

Il se composait de neuf membres dont les premiers nommés furent Barère, Cambon, Guyton-Morveau, Treilhard, Danton, Delmas, Lindet.

Ce conseil des neuf délibérait en secret et formait un véritable pouvoir exécutif qui s'élevait même au-dessus de l'autorité des ministres. On se demande si cette dictature anonyme, agissant sous un voile, frappant des coups dans l'ombre, n'était pas plus terrible que le dictateur rêvé par Marat. Ce dernier était du moins responsable ; le Comité de salut public ne l'était pas, car le moyen d'admettre une responsabilité divisée entre neuf membres qui s'entourent de ténèbres.

Et pourtant c'est cette institution formidable qui a sauvé la France de l'invasion étrangère et de l'anarchie.

L'état déplorable des armées du Nord, depuis la bataille de Nerwinde, laissait la frontière presque découverte. Le nouveau Comité n'eut d'abord que des désastres et de sinistres événements à annoncer devant la Convention. La prise de Thouars, emportée d'assaut par les Vendéens, la mort du général Dampierre, héros foudroyé sur le champ de bataille par une batterie autrichienne, la démission offerte par Custine, le général en chef de l'armée de l'Est. L'intérieur était déchiré, à l'ouest et au midi, par la guerre civile. C'était le moment de déployer les grandes mesures. Plus nous avançons, plus la force mécanique de la justice révolutionnaire s'organise. La peine de mort devient dans les départements insurgés un moyen de sûreté publique, une arme dont les partis se servent pour régner tour à tour. La sombre fantasmagorie des mots donne alors aux instruments aveugles du supplice une puissance et une animation nouvelles. La guillotine se transforme en un être : cela vit, cela fonctionne, cela mange. — On lui confie la garde des principes et le salut de la République.

La Convention n'inventa point cette nécessité horrible, elle la trouva toute tracée d'avance par la marche inflexible des événements. Courbé sous le poids de ses fautes, l'ancien régime courait comme de lui-même au-devant de l'immolation. La Révolution punit surtout ces pasteurs des peuples, les rois, les prêtres, les écrivains, les magistrats, les philosophes, qui, ayant charge d'âmes, avaient laissé, par négligence ou par calcul, dévier le troupeau humain.

Notons d'ailleurs un fait très-important : les Girondins ne résistèrent pas plus que les Montagnards aux mesures de terreur. Ils les jugeaient eux-mêmes nécessaires, inévitables. D'un autre côté, il faut dire à l'honneur de la Convention qu'avant de frapper les grands coups sur les départements révoltés elle avait eu recours à tous les moyens de conciliation et de clémence.

Que disait Danton le 9 mai ?

« La France entière va s'ébranler. Douze mille hommes de troupes de ligne, tirés de vos armées, où ils seront aussitôt remplacés par des recrues, vont s'acheminer vers la Vendée. A cette force va se joindre la force parisienne. Eh bien ! combinons avec ces moyens de puissance les moyens politiques. Quels sont-ils ? Faire connaître à ceux que des traîtres ont égarés que la nation ne veut pas verser leur sang, mais qu'elle veut les éclairer et les rendre à la patrie. » (On applaudit.)

Le 12, il remonte à la tribune.

« Il y a parmi les révoltés, s'écrie-t-il, des hommes qui ne sont qu'égarés et contraints. Il ne faut pas les réduire au désespoir. Je demande qu'on décrète que les peines rigoureuses prononcées par la Convention nationale ne porteront que sur ceux qui seront convaincus d'avoir commencé ou propagé la révolte. »

La proposition de Danton est aussitôt décrétée.

Cette double guerre, l'une à l'intérieur contre la Vendée, l'autre à l'extérieur contre toute l'Europe, exigeait évidemment de grands sacrifices d'hommes et d'argent. Mais, cet argent, où le trouver ?

« Que le riche paye, répondait Danton, puisqu'il n'est pas digne, le plus souvent, de combattre pour la liberté ; qu'il paye largement et que l'homme du peuple marche dans la Vendée. »

Ainsi que les autres membres de la Montagne, Danton était un ardent défenseur de la propriété ; c'est dans l'intérêt des opulents eux-mêmes qu'il voulait frapper l'opulence de fortes contributions. Un département du Midi, l'Hérault, avait donné l'exemple en décrétant sur les riches un emprunt forcé. Danton s'arme de ce précédent :

« On ne parle plus, dit-il, de lois agraires ; le peuple est plus sage que ses calomniateurs ne le prétendent, et le peuple en masse a plus de génie que beaucoup qui se croient des grands hommes. Dans un peuple, on ne compte pas plus les grands hommes que les grands arbres dans une vaste forêt.

« On a cru que le peuple voulait la loi agraire ; cette idée pourrait faire naître des soupçons sur les mesures adoptées par le département de l'Hérault ; sans doute on empoisonnera ses intentions et ses arrêts ; il a, dit-on, imposé les riches ; mais, citoyens, imposer les riches, c'est les servir ; c'est un véritable avantage pour eux qu'un sacrifice considérable ; plus le sacrifice sera grand sur l'usufruit, plus le fonds de la propriété est garanti contre l'envahissement des ennemis. C'est un appel à tout homme qui a les moyens de sauver la République. Cet appel est juste. Ce qu'a fait le département de l'Hérault, Paris et toute la France veulent le faire.

« Voyez la ressource que la France se procure. Paris a un luxe et des richesses considérables : eh bien ! par votre décret, cette éponge va être pressée...

« Paris, en faisant un appel aux capitalistes, fournira son contingent, il nous donnera les moyens d'étouffer les troubles de la Vendée ; et, à quelque prix que ce soit, il faut que nous étouffions ces troubles. A cela seul tient votre tranquillité extérieure.

« Il faut donc diriger Paris sur la Vendée. Cette mesure prise, les rebelles se dissiperont. Si le foyer des discordes civiles est éteint, l'étranger vous demandera la paix, et nous la ferons honorablement.

« Je demande que la Convention nationale décrète que, sur les forces additionnelles au recrutement voté par les départements, 20 000 hommes seront portés par le ministre de la guerre sur les départements de la Vendée, de la Mayenne et de la Loire. »

La Convention approuve et vote à l'unanimité.

La Vendée était certes le danger de la situation ; mais il y en avait un autre, la guerre civile au cœur même de l'Assemblée nationale.

La Montagne, nous l'avons dit, gagnait chaque jour du terrain sur la Gironde. Roland avait quitté le ministère; Pache avait remplacé Cambon à la mairie. Les Girondins, voyant le flot de l'impopularité monter autour d'eux de moment en moment, cherchèrent à réparer leurs défaites en poussant des cris de détresse. A les en croire, le glaive de l'assassinat était levé sur leurs têtes et sur la Convention tout entière. Ils se servaient de la menace d'un danger public pour attirer à eux les modérés de la Plaine, les *crapauds du Marais*. Qu'y avait-il de vrai dans ces alarmes? Il serait téméraire de soutenir que les appréhensions de la Gironde fussent absolument chimériques; mais elles étaient à coup sûr exagérées.

De quoi en effet s'agissait-il? De deux pétitions, l'une insignifiante et vague dans laquelle on dénonçait Brissot, Guadet et la plupart des Girondins comme complices de Dumouriez, l'autre présentée par le quartier de la Halle-au-Blé, menaçante et furieuse, mais désavouée, condamnée par la Montagne elle même.

Les appels de la Gironde au sentiment de la peur étaient d'ailleurs imprudents et maladroits. Crier sans cesse : Au loup! au loup! c'est le moyen d'éveiller la bête au fond des bois. Dénoncer l'insurrection comme un péril imminent, c'est la provoquer. La crainte de la multitude, la crainte de Paris, quel signe de décadence pour un grand parti politique!

Les difficultés assiégeaient de toutes parts la Convention. La dépréciation des assignats amenait chaque jour l'enchérissement des vivres. Le gage du papier-monnaie était les biens des émigrés, mais ces biens ne se vendaient pas ou se vendaient mal. On payait l'État avec son propre signe fiduciaire, c'est-à-dire avec la monnaie du diable, des feuilles sèches. D'un autre côté, les marchands, les boutiquiers, profitaient de l'abondance des assignats et de la rareté du numéraire pour vendre leurs denrées à des prix exorbitants. Que faire? quel remède apporter au mal?

C'est alors qu'on eut l'idée du *maximum*, en vertu duquel l'État devait fixer lui-même le prix des marchandises.

Au point de vue de l'économie politique, cette mesure était détestable; beaucoup parmi les Montagnards eux-mêmes le reconnurent; mais en temps de révolution il n'y a rien d'absolu. Il fallait à tout prix sortir de l'abîme où la monarchie avait plongé la France, nourrir les armées, payer les frais de la guerre, assurer à la classe la plus nombreuse les moyens de vivre; et comment y arriver quand la multiplication des assignats amenait de jour en jour cette conséquence inévitable, l'enchérissement des moyens de subsistance? Le maximum n'était-il point le seul frein que l'on pût alors imposer au débordement du papier-monnaie? Un mal ne guérirait-il point l'autre? Mais, d'un autre côté, ce remède violent n'était-il point la ruine du commerce et de l'agriculture? Ainsi de toutes parts ténèbres, incertitude, menaces de mort pour la République naissante.

Le *maximum* fut repoussé par la Gironde qui fort injustement accusa la Montagne d'en vouloir à la propriété.

Si encore la Convention avait disposé des forces et des ressources de toute la France ! mais les deux grandes villes, Lyon et Marseille, lui échappaient.

Boisset et Moïse Bayle, représentants du peuple, avaient été envoyés en qualité de commissaires près les départements de la Drôme et des Bouches-du-Rhône. Que trouvèrent-ils à Marseille ? Dans cette héroïque cité, dont la guerre avait arraché les meilleurs enfants partis le sac au dos, il ne restait que le haut commerce et la tourbe, hélas ! trop nombreuse, des indifférents. Toutes les réactions ont un flair admirable pour découvrir à propos les hommes qui peuvent seconder leurs projets. Qu'elle le voulût ou non, la Gironde était condamnée à servir d'avant-garde aux royalistes. L'épithète de modérée que lui donnèrent à tort les Montagnards lui gagna dans les villes du Midi la classe moyenne, le parti des riches. Les tièdes, les timides, les monarchistes honteux se cachèrent derrière les Girondins, de même qu'ils s'étaient réfugiés d'abord derrière les Constitutionnels.

En ce qui regarde la vieille cité phocéenne, ils mirent tout en usage pour dominer dans les sections, qui étaient composées de négociants, pour avilir les autorités constituées et prendre des mesures contraires à l'esprit d'égalité. C'est ainsi qu'ils instituèrent un *Tribunal populaire* et un *Comité central*, véritable gouvernement marseillais qui résistait aux ordres et aux décrets de la Convention.

Les deux commissaires, usant des pouvoirs qui leur étaient délégués, cherchèrent à dissoudre ce gouvernement local. Ils lancèrent un arrêté en vertu duquel le Tribunal populaire et le Comité central « étaient et demeuraient cassés ». Les contre-révolutionnaires n'en tinrent aucun compte et, pour toute réponse, signifièrent aux deux représentants du peuple qu'ils eussent à sortir du département dans les vingt-quatre heures. Paralysée par l'influence des Girondins et déçue par Barbaroux qui présenta les faits sous un faux jour, la Convention, le 12 mai 1793, eût la faiblesse de ne point soutenir ses commissaires et suspendit leurs arrêtés. Ainsi se développa sous la cendre cet incendie qu'il eût été facile d'éteindre à l'origine et qui dévora plus tard le Midi de la France.

A Lyon, la situation était à peu près la même, avec cette différence que le parti démocratique résistait intrépidement. Un vrai tribunal révolutionnaire avait été établi ; des suspects avaient été arrêtés. Grand tumulte à la Convention, quand on y apprit ces actes arbitraires. La Gironde s'indigna, tempêta ; l'un de ses membres, Chasset, proposa un décret ainsi conçu : « Ceux que l'on voudrait arrêter ont le droit de repousser la force par la force. » Ce décret fut voté.

Certes, le respect de la légalité mérite tous nos égards ; mais faut-il qu'il aille jusqu'à encourager la guerre civile ? Le parti des modérés, que défendait la Gironde, se composait d'hommes, nous le verrons bientôt, qui, à Lyon et à Marseille, aimaient *modérément* la République, la patrie et la liberté.

Au milieu de ces déchirements, de ces embarras, de ces sinistres présages, la Convention avait commencé à poser les bases de la Constitution. Calme dans l'orage, elle délibérait sur les plus grandes questions qui intéressent l'humanité.

Admettrait-elle en faveur de son œuvre une sorte d'inspiration surnaturelle dont elle serait l'interprète?

Tel ne fut pas l'avis de Vergniaud, l'esprit le plus élevé, l'orateur le plus éloquent et le plus honnête de la Gironde : « Les anciens législateurs, dit-il,

Fouquier-Tinville, accusateur public.

faisaient intervenir quelque dieu entre eux et le peuple. Nous qui n'avons ni le pigeon de Mahomet, ni la nymphe de Numa, ni même le démon familier de Socrate, nous ne pouvons interposer entre le peuple et nous que la raison. »

A ceux qui voulaient que la Constitution de 93 consacrât ou proscrivît la liberté des cultes, Danton répondait avec beaucoup de sagesse : « Quoi ! nous leur dirons : Français, vous avez la liberté d'adorer la divinité qui vous paraît digne de vos hommages ! mais la liberté du culte que vos lois ont pour objet ne peut être que la réunion des individus assemblés pour rendre, à leur manière, hommage à cette divinité. Une telle liberté ne peut être atteinte que par des lois de police ; or, sans doute, vous ne voudrez pas insérer dans une déclaration des droits une loi réglementaire. La raison humaine ne peut rétrograder ; nous sommes trop avancés pour que le peuple puisse croire n'avoir point la liberté de son culte, parce qu'il ne verra pas le principe de cette liberté inscrit sur les tables de la Constitution.

« Si la superstition semble encore avoir quelque part aux mouvements qui agitent la République, c'est que la politique de nos ennemis l'a toujours employée ; mais regardez que partout le peuple, dégagé des impulsions de la malveillance, reconnaît que quiconque veut s'interposer entre lui et la divinité est un imposteur. Partout on a demandé la déportation des prêtres fanatiques et rebelles. Gardez-vous de mal présumer de la raison nationale ; gardez-vous d'insérer un article qui contiendrait cette présomption injuste ! »

De ces hauteurs sereines où s'épurent les intelligences, où se dissipent les haines personnelles, où Montagnards et Girondins se trouvaient presque d'accord, la Convention était malheureusement ramenée vers les sombres nécessités du présent, vers l'antagonisme des partis.

Le 10 mai 1793, la Convention quitta la salle des Feuillants pour une autre salle enfermée dans le palais des Tuileries. En principe, c'était logique : les représentants de la souveraineté du peuple devaient siéger dans l'ancienne résidence des souverains.

Au point de vue parlementaire, cette salle avait néanmoins tous les défauts : elle était trop petite et on y arrivait par les escaliers étroits du pavillon de l'Horloge et du pavillon Marsan. Accès difficile, nuls dégagements, aucun moyen de fuir ou d'appeler à soi la force armée.

Le 16, l'Assemblée choisit pour président Isnard, le plus violent, le plus colérique des Girondins.

En face de cette menace (il est difficile de donner un autre nom à un pareil choix) se dressait dans l'ombre le comité de l'Évêché, plus robespierriste que Robespierre, plus maratiste que Marat, plus hébertiste qu'Hébert lui-même. Il se composait d'hommes atrabilaires et vindicatifs, de citoyens aigris par l'indigence, qui parlaient ouvertement d'*en finir* avec les *vingt-deux*. C'est ainsi qu'on désignait les membres de la Gironde.

De ce côté néanmoins le danger n'était pas très-sérieux. Bien autrement terrible fut le brûlot lancé contre la Gironde par Camille Desmoulins. Son *Histoire des Brissotins* est un libelle implacable, une satire à la fois sérieuse et bouffonne, une dénonciation rehaussée par tous les artifices du style et du plus incontestable talent. Après un tel réquisitoire et un tel jugement, il ne manquait plus que le bourreau.

Pourquoi cette haine des Girondins ? Comme eux, Camille était du parti des indulgents. Comme eux, il ne dédaignait point de s'asseoir à la table des riches et des généraux. Pourquoi? Un mot suffira pour tout expliquer. Malgré quelques faiblesses dont il riait et s'accusait lui-même, entre la Gironde et Camille Desmoulins il y avait un abîme. Camille avait le cœur plébéien : par raison, par sympathie, par toutes les inclinations de sa bonne et riche nature, il appartenait à la classe souffrante. Et puis il aimait Paris : attaquer sa chère ville, c'était attaquer la Révolution.

Profitant d'une émeute de femmes qui avait fait quelque tapage aux portes et dans les tribunes de la Convention, le 18 mai, Guadet fit trois propositions audacieuses : « 1° Les autorités de Paris sont cassées ; 2° les membres suppléants de la Convention se réuniront à Bourges, pour y délibérer d'après un décret précis qui les y autorisera, ou sur la nouvelle certaine de la dissolution de la Convention ; 3° ce décret sera envoyé aux départements par des courriers extraordinaires. »

La Gironde comptait sur l'absence de quatre-vingts membres de la Montagne, partis en mission auprès des armées, pour faire passer ce coup d'État. La Convention, quoique maniée, travaillée par toutes sortes d'influences personnelles, n'osa point voter une mesure qui déchirait si ouvertement l'unité de la République et outrepassait tous les droits de l'Assemblée. Barère, l'homme des atermoiements et des demi-résolutions, l'orateur à deux faces et à deux discours dont l'un disait oui et l'autre non, conseilla de prendre un parti moyen : l'Assemblée décréta sous son influence qu'il serait formé une commission de douze membres pour examiner la conduite de la municipalité, rechercher les auteurs des complots ourdis contre la représentation nationale et s'emparer, au besoin, de leurs personnes. Les douze furent choisis exclusivement parmi les Girondins.

Bien loin de se conduire avec sagesse, cette commission, établie pour rechercher la cause des troubles et les apaiser, ne fit qu'irriter les esprits. Elle inventa, poursuivit des attentats imaginaires. Son intention était évidemment de jeter l'alarme dans le pays et d'attirer ainsi les faibles, les peureux à la Gironde, comme au seul rempart de l'ordre et de la sécurité publique. Pauvre stratagème! Beaucoup ne virent dans ses violences et ses attaques que le tourment d'un parti démasqué.

Le 25 mai, la Commission des douze soumet à l'Assemblée un projet de décret ainsi conçu : « La Convention nationale met sous la sauvegarde spéciale des bons citoyens la fortune publique, la représentation nationale et la ville de Paris. »

Alors Danton : « Je dis que décréter ce qu'on vous propose, c'est décréter la peur.

N... — Eh bien ! j'ai peur, moi!

Il est heureux pour cet inconnu que le *Moniteur* n'ait pas conservé son nom.

Les Girondins, réunis en comité secret chez Valazé, dirigeaient la conduite des douze, qui ne tardèrent point à frapper des mesures rigoureuses.

Hébert (le Père Duchêne) avait écrit dans son journal que les Girondins, *à plusieurs reprises, enlevaient le pain des boulangers pour occasionner la disette.*

Dénoncé à la Commission des douze, il est illégalement arrêté le 24 mai. Peu nous importe l'homme : Hébert était substitut du procureur de la Commune ; il avait été élu aussi bien que les représentants du peuple ; avait-on le droit de l'arracher à la mairie ?

Le lendemain, une députation de la Commune se présente devant l'Assemblée nationale et demande la liberté ou le prompt jugement du magistrat enlevé à ses fonctions.

Isnard s'emporte. De son siége de président, où depuis quelques jours il ne cessait de braver et d'injurier les tribunes, il lance cette imprudente menace :

« Vous aurez prompte justice. Mais écoutez les vérités que je vais vous dire. La France a mis dans Paris le dépôt de la représentation nationale. Il faut que Paris le respecte. Si jamais la Convention était avilie, je vous le déclare au nom de la France entière (bruit), Paris serait anéanti... »

Des murmures, des interruptions, un tumulte affreux couvrent la voix du président.

MARAT. — Lâche, trembleur, descendez du fauteuil !

ISNARD, d'une voix sépulcrale. — On chercherait sur les rives de la Seine si Paris a existé.

Ce sont là de ces mots qui en temps de révolution tuent un parti. Une telle insulte, un tel blasphème, avait le tort de trahir, en l'accentuant, le vœu secret des Girondins, l'anéantissement de la capitale.

Quel contraste, d'ailleurs, entre le ton violent d'Isnard et le langage modéré de l'orateur qui réclamait l'élargissement d'Hébert !

« Les magistrats du peuple, dit-il, qui viennent vous dénoncer l'arbitraire, ont juré de défendre la sûreté des personnes et des propriétés. Ils sont dignes de l'estime du peuple français. »

Des acclamations enthousiastes saluent ces paroles et retombent comme une pluie de feu sur la tête des Girondins.

Il ne manquait plus à cette tempête que la voix de Danton.

« Je me connais aussi, moi, en figures oratoires. Il entre dans la réponse du président un sentiment d'amertume. Pourquoi supposer qu'un jour on cherchera vainement sur les rives de la Seine si Paris a existé ? Loin d'un président de pareils sentiments ! il ne lui appartient que de présenter des idées consolantes. »

Avec un art prodigieux, l'orateur attaque les Girondins sans les nommer, ces hommes d'un *modérantisme perfide*. Il venge Paris des calomnies sous lesquelles on veut l'accabler.

« La nation saura apprécier la proposition qui lui a été faite de transporter le siége de la Convention dans une autre ville. Paris, je le répète, sera toujours digne d'être le dépositaire de la représentation nationale. Mon esprit sent que partout où vous iriez, vous y trouveriez des passions parce que vous y porteriez les vôtres. Paris sera bien connu ; le petit nombre de conspirateurs qu'il renferme sera puni. Le peuple français, quelles que soient vos opinions, se sauvera lui-même, s'il le faut, puisque tous les jours il remporte des victoires sur les ennemis, malgré nos dissensions. Le masque arraché à ceux qui jouent le patriotisme (on applaudit successivement dans toutes les parties de la salle) et qui *servent de rempart aux aristocrates*, la France le lèvera et terrassera ses ennemis. »

Les paroles d'Isnard avaient eu dans tout Paris un retentissement d'horreur : celles de Danton sont accueillies avec des transports d'enthousiasme.

« Jupiter, dit un ancien, aveugle ceux qu'il veut perdre. » Plus les Girondins sentaient le terrain de la popularité fuir sous leurs pieds, plus ils se plongeaient dans l'arbitraire. Franchissant toutes les bornes, la Commission des douze, outre Hébert, Varlet, Marino, venait de faire enlever nuitamment Dobsent, le président de la section de la Cité. Grande rumeur. Une nouvelle députation accourt aux portes de l'Assemblée nationale. Le président Isnard défend la commission. Robespierre demande la parole, elle lui est refusée.

Alors Danton, de son banc :

« Je vous le déclare, tant d'impudence commence à nous peser; nous vous résisterons. »

Tous les membres de l'extrême gauche. — Oui, nous résisterons. On (applaudit dans les tribunes.)

Danton. — Je demande la parole.

Il monte à la tribune.

« Je déclare à la Convention et à tout le peuple français que si l'on persiste à retenir dans les fers des citoyens qui ne sont que présumés coupables; si l'on refuse constamment la parole à ceux qui veulent les défendre, je déclare, dis-je, que s'il y a ici cent bons citoyens, nous résisterons. (Oui ! oui ! s'écrie-t-on à l'extrême gauche.) Je déclare en mon propre nom, et je signerai cette déclaration, que le refus de la parole à Robespierre est une lâche tyrannie. »

Les mêmes voix. — Oui, oui, un despotisme affreux.

Et comme des murmures s'élevaient du côté droit :

Danton. — Voilà ces amis de l'ordre qui ne veulent pas entendre la vérité; que l'on juge par là quels sont ceux qui veulent l'anarchie. J'interpelle le ministre[1] de dire si je n'ai pas été plusieurs fois chez lui pour l'engager à calmer les troubles, à unir les départements, à faire cesser les préventions qu'on leur avait inspirées contre Paris; j'interpelle le ministre de dire si, depuis la Révolution, je ne l'ai pas invité à apaiser toutes les haines, si je ne lui ai pas dit : Je ne veux pas que vous flattiez tel parti plutôt que l'autre, mais que vous prêchiez l'union. Il est des hommes qui ne peuvent se dépouiller d'un ressentiment. Pour moi, la nature m'a fait impétueux, mais exempt de haine. Je l'interpelle de dire s'il n'a pas reconnu que les prétendus amis de l'ordre étaient la cause de toutes les divisions, s'il n'a pas reconnu que les citoyens les plus exagérés sont les plus amis de l'ordre et de la paix.

Qu'on compare ces belles paroles aux invectives de la Gironde et que l'on

---

1. C'était Garat.

dise de quel côté se trouvaient la modération, la sagesse, de quel côté, au contraire, éclatait la violence.

Cependant Paris bouillonnait; l'état d'agitation était extrême. Des groupes se formaient aux abords de la Convention. Le maire entre lui-même dans la salle des séances, précédé du ministre de l'intérieur. Garat parle le premier et jure que la Convention n'a rien à craindre. Pache répète les mêmes déclarations rassurantes. Il explique comment les arrestations ordonnées par la Commission des douze ont donné lieu aux rassemblements et révélé un fait nouveau, c'est que cette même commission avait envoyé aux sections de la Butte-des-Moulins, de Quatre-Vingt-Douze et du Mail, connues pour leur esprit contre-révolutionnaire, l'ordre de tenir trois cents hommes prêts à marcher.

Il était tard. Hérault de Séchelles prit le fauteuil. Deux députations vinrent demander encore une fois la liberté d'Hébert, de Marino, de Dobsent. Devant elles s'avançait au bout d'une pique un bonnet rouge recouvert d'un crêpe.

L'Assemblée réduite à un très-petit nombre de membres décréta que les prisonniers étaient élargis, que les douze étaient cassés et que le Comité de sûreté publique aurait à examiner leur conduite.

Était-ce une surprise? Les Girondins avaient quelque droit de l'affirmer. Le lendemain, ils demandèrent avec rage que le décret fût rapporté. On alla aux voix. La Montagne fut battue, mais par une faible majorité, 238 voix contre 279. Décidément, elle avait beaucoup accru ses forces; à l'origine, elle ne comptait pas cent membres; on l'appelait dédaigneusement l'extrême gauche. Les minorités qui ont pour elles l'opinion publique et qui répondent aux besoins de leur temps ne doivent jamais désespérer du succès.

La Commission des douze fut rétablie, mais la Montagne obtint l'élargissement provisoire d'Hébert et des autres détenus.

Comme c'était surtout à la Commission qu'en voulait le peuple de Paris, le maintien des douze ne fit qu'exaspérer les haines, envenimer les soupçons. On parlait vaguement de forces armées qui allaient fondre sur Paris. D'où viendraient-elles? Des départements où les Girondins avaient conservé toute leur influence.

La Montagne pourtant hésitait encore à se servir de l'insurrection pour se débarrasser de ses ennemis. Danton menaça plus d'une fois, comme on l'a vu, la conduite aveugle et violente de la Commission des douze. Toutefois il ne désirait pas perdre les Girondins, mais les effrayer. Il voulait les dérober aux coups de leurs ennemis, en les couvrant des éclats de sa voix. Les Girondins eurent l'imprudence de dédaigner cette fureur tutélaire qui les eût sauvés en les meurtrissant. Mal vus du peuple, ils essayèrent pourtant d'en appeler à la multitude. Ils firent la terreur; mais ils la firent en hommes étrangers aux instincts et aux passions des masses. On assure même que, pour se protéger, ils eurent l'idée d'en appeler à l'émeute. Les agitateurs de la Gironde n'avaient ni la figure ni le vêtement de leur rôle; ils enrégimentaient des domestiques, des hommes de confiance, des désœuvrés; cette pâle contrefaçon des mouvements populaires ne fit que hâter le réveil du lion. Les Girondins ne cessaient, en même temps, d'exagérer aux yeux du pays les dangers de leur situation personnelle : *Nous sommes sous le couteau*, écrivaient-ils, dans un moment où leur Commission des douze tenait encore Paris sous le fer des baïonnettes. A force d'agiter l'ombre d'un complot, les Girondins donnèrent à leurs ennemis l'idée d'entreprendre sur l'inviolabilité des membres de la Convention.

Leur grand tort fut d'avoir provoqué la lutte, d'avoir jeté le défi à la population parisienne. Si les Montagnards les avaient épargnés, les Girondins n'eussent point épargné les Montagnards. Guerre pour guerre, dent pour dent, tête pour tête.

Le glaive tremblait dans le fourreau : qui osera s'en servir ? — Moi, dit Marat, dont la conscience ne recule devant aucun scrupule. Ce qu'il hait, ce qu'il poursuit dans les Brissotins, c'est la tyrannie des *importants* et des *parvenus*. Entre lui et ces hommes, c'est une lutte à mort... Oui, à mort; car le fer, après avoir frappé les victimes, se retournera contre le sacrificateur.

XIII

Insurrection pacifique du 31 mai. — Danton et le canon d'alarme. — L'Évêché. — La Convention cavalie. — La Commission des douze est cassée. — Promenade aux flambeaux. — L'insurrection recommence le 2 juin. — Mauvaises nouvelles de la Vendée et du théâtre de la guerre. — Le tocsin de Notre-Dame et la générale. — Ce qui se passe à la Convention. — Henriot et ses canonniers. — Mise en accusation des vingt-deux. — Fin de Théroigne de Méricourt.

— Hé bien, père François, il y aura du grabuge aujourd'hui ; on dit le peuple terriblement en colère.

— Contre qui ?

— Contre les Girondins.

— Pour qui tenez-vous : les Girondins ou les Montagnards ?

— Moi ? je ne sais pas... Je suis pour la bonne cause.

Tel est le dialogue qui, le matin du 31 mai, se tenait entre deux bourgeois du faubourg Saint-Marceau.

La vérité est que depuis quelque temps une moitié de la population se désintéressait des affaires publiques. Il était si difficile pour la masse des citoyens de voir clair dans les questions qui divisaient les hommes d'État et les animaient les uns contre les autres.

La Convention nationale offrait alors aux esprits les moins prévenus un triste et perpétuel déchaînement d'animosités impuissantes. La Révolution allait avorter dans ces crises et ces conflits d'homme à homme, de parti à parti, si l'insurrection ne fût intervenue. Il y avait sans doute à franchir une barrière sacrée — la loi. Le peuple de Paris n'hésiterait-il point à porter la main sur sa propre souveraineté en mutilant la représentation nationale? Il hésita en effet. Depuis une quinzaine de jours que se préparait le mouvement, les sections reculaient devant une prise d'armes, une attaque directe contre la Convention. La Commune était divisée. Les comités révolutionnaires eux-mêmes ne pouvaient se mettre d'accord entre eux. Les clubs parlaient très-haut et n'agissaient pas. Les Jacobins (lisez Robespierre) étaient pour une insurrection morale, c'est-à-dire sans doute pour une imposante manifestation de l'esprit public qui eût forcé les Girondins à donner leur démission. Seul l'Évêché tenait pour un coup de main; mais ce petit groupe de fanatiques ne pouvait rien faire par lui-même. D'un autre côté, entre la Gironde et la Montagne, les vrais patriotes s'étaient depuis longtemps décidés pour celui des deux partis qui représentait le mieux la force et l'idée de la Révolution; néanmoins, soit lassitude, soit respect du droit, ils refusaient de marcher.

Qui donc ébranlera la masse?... Ce fut une poignée d'agitateurs.

Le vendredi 31 mai, à trois heures du matin, le tocsin sonna dans les tours de Notre-Dame, et se propagea de clocher en clocher. A ce signal, le rappel fut battu dans tous les quartiers de Paris. A huit heures, il y avait cent mille hommes sous les armes. La Convention s'était rassemblée dès le point du jour. Le commandant du poste du Pont-Neuf est à la barre, il dit qu'on était venu lui proposer de tirer le canon d'alarme. Il s'y était refusé; mais pendant qu'il acceptait les honneurs de la séance, le canon d'alarme part. Il est neuf heures du matin. A ce bruit, Danton s'écrie : « Quelques personnes paraissent craindre le canon d'alarme. Celui que la nature a créé capable de naviguer sur l'océan orageux n'est point effrayé lorsque la foudre atteint son vaisseau. Sans contredit, vous devez faire en sorte que les mauvais citoyens ne mettent pas à profit cette grande secousse; mais si elle n'a été imprimée que parce que Paris vous porte ses justes réclamations, si, par cette convocation peut-être trop solennelle, il ne vous demande qu'une justice éclatante contre ses calomniateurs, il aura encore bien mérité de la patrie. Dans un temps de révolution, le peuple doit se produire avec toute l'énergie qui annonce la force nationale. »

Cette voix plus imposante et plus terrible que le canon d'alarme fait courir dans toute la salle des séances un frisson d'enthousiasme.

A la fois impétueux et profondément habile, l'orateur ajoute :

« Vous avez créé une commission impolitique... »

Plusieurs voix. — Nous ne savons pas cela.

Danton. — Vous ne le savez pas, il faut donc vous le rappeler. Cette Commission des douze a jeté dans les fers les magistrats du peuple, par cela seul qu'ils avaient combattu dans des feuilles cet esprit de modérantisme que la France veut tuer pour sauver la République. Pourquoi avez-vous donc ordonné l'élargissement de certains fonctionnaires publics? Vous y avez été engagés sur le rapport d'un homme que vous ne suspectez pas, un homme que la nature a créé doux, sans passion, le ministre de l'intérieur (Garat). En ordonnant de relâcher un des magistrats du peuple (Hébert), vous avez été convaincus que la commission avait mal agi sous le rapport politique. C'est sous ce rapport que

Carrier.

j'en demande, non pas la cassation, car il faut un rapport, mais la suppression. »
Jusqu'ici, par conséquent, il ne s'agissait que de la Commission des Douze. Qu'elle soit dissoute et tout rentrera dans l'ordre. « C'est le seul moyen de sauver le peuple de ses ennemis, de le sauver de sa propre colère. » Si au con-

traire les Girondins se montrent sourds aux conseils de la prudence, « le peuple fera pour sa liberté une *insurrection entière* ».

D'un autre côté, l'amour-propre de la Gironde, sa dignité, si l'on veut, l'engageait à ne pas céder devant les premiers signes de l'émeute.

« Il faut, dit Vergniaud, que la Convention prouve qu'elle est libre; il ne faut pas qu'elle casse aujourd'hui la commission... Il faut qu'elle sache qui a donné l'ordre de tirer le canon d'alarme... S'il y a un combat, il sera, quelqu'en soit le succès, la perte de la République... Jurons tous de mourir à notre poste. »

S'il y a un combat... Ces mots prouvent bien que la Gironde s'attendait à une lutte dans laquelle elle espérait encore ressaisir l'avantage sur ses adversaires.

« Vous nous accusez, s'écriait à son tour Rabaut-Étienne. Pourquoi? parce que vous savez que nous allons vous accuser. »

La Convention, il y a tout lieu de le croire, ignorait le travail qui s'était fait pendant la nuit, travail de taupe qui avait creusé une mine profonde.

La veille au soir, il y avait eu réunion à l'Évêché. Quelques rares quinquets éclairaient d'une lumière brumeuse la salle où se tenaient les séances. On distinguait çà et là dans cette pénombre d'étranges têtes révolutionnaires; Dobsent, l'un de ceux qui avaient été arrêtés par ordre de la commission des Douze, prit la parole. Son discours est une répétition exacte de ce que pensait et disait Marat dans sa feuille, et pourtant Dobsent n'était point maratiste, il travaillait pour lui-même.

« Citoyens, s'écria-t-il, depuis longtemps la division est au sein de la Convention nationale. Comment voulez-vous que l'ordre s'établisse dans la nation, si le désordre et l'anarchie règnent dans l'Assemblée de ses représentants? La faction qui trouble dans ce moment-ci l'union et l'harmonie de vos mandataires, citoyens, vous la connaissez tous, c'est la Gironde. Les Girondins sont des hommes qui voudraient arrêter la Révolution à leurs idées, afin de s'en emparer et de la régir. Or, quelles sont les idées de ces hommes? Ils veulent faire succéder à l'ancienne aristocratie qui pesait sur vos têtes une aristocratie nouvelle mille fois plus accablante. Vous n'aurez quitté le joug des anciens nobles que pour tomber sous celui des parvenus insolents et mal élevés. Qu'on juge du vertige de ces valets de l'ancien régime, devenus maîtres à leur tour! Ils ont toutes les passions des anciens suppôts de la tyrannie, et ils ont moins qu'eux les bienséances. Vous êtes plus éloignés de la liberté que jamais, car vous êtes asservis au nom de la liberté même. Avec des dehors brillants ou des formes séduisantes, ces hommes amollis par la bonne chère, par les femmes, par l'oisiveté, demeurent faibles et indécis devant les grandes mesures : or, en révolution, il faut agir révolutionnairement.

« Les Girondins résistent à l'unité de notre gouvernement, entravent notre marche, troublent la paix et le bon accord de l'Assemblée. Si vous les laissez faire, citoyens, de nos dissentions intestines naîtront plusieurs républiques fédérées : les hommes les plus audacieux ou les plus adroits usurperont l'empire, soumettront la multitude à un nouveau joug, et le gouvernement aura changé de forme sans avoir rétabli la liberté. Croyez-moi, dans tout État où quelques classes s'opposent avec acharnement à la tranquillité et à la félicité publiques, c'est folie de vouloir s'entêter à les convertir ; il faut les retrancher. Dans des temps de révolution comme celui où nous sommes, détruire les factions est un devoir ; derrière les Girondins se cachent les royalistes, les fédérés, les mécontents, en un mot, tous ces hommes avec lesquels votre gouvernement n'est pas possible. Je vous engage donc à prendre d'assaut la Gironde, comme une forteresse qui couvre de sa protection les projets sinistres et les menées sourdes de nos ennemis. Aux armes ! citoyens, levons-nous, et montrons que si nous savons exterminer les rois, nous n'ignorons pas non plus la manière de détruire la tyrannie des factions. Demain, présentez-vous armés aux portes de la Convention nationale, et exigez qu'on vous livre les vingt-deux (les Girondins). »

Se tournant du côté d'Henriot : « Henriot, tu es un brave citoyen et un homme de cœur ; je te confie le commandement de l'insurrection. A demain ! »

L'Évêché avait un pied dans la Commune. Il forma un *Comité révolutionnaire* ou *Conseil général* qui siégea le 31 dès le matin à l'Hôtel-de-Ville ; mais la direction du mouvement lui était disputée par les Jacobins qui, de leur côté, avaient institué chez eux une *assemblée des commissions de sections*, ou de *Salut public*. Entre ces deux centres d'action l'émeute flottait indécise.

Vers cinq heures du soir néanmoins le faubourg Saint-Antoine s'ébranle. Une sombre multitude entoure le palais des Tuileries ; le souffle enflammé de cent à deux cent mille hommes se répand dans les airs. Des flots après des flots battent les épaisses murailles derrière lesquelles siége la Convention.

La salle est d'abord envahie par une députation de Jacobins, à la tête de laquelle s'avance Lhuillier, un ancien cordonnier, alors procureur de la Commune et homme de loi. Il rappelle l'anathème d'Isnard lancé contre Paris ; il demande qu'on mette en accusation des représentants derrière lesquels les royalistes du Midi et de la Vendée abritaient leurs espérances, leurs criminelles manœuvres.

Des hommes armés de piques, de bâtons se répandent jusque sur les bancs des députés. Pouvait-on délibérer sous la pression des envahisseurs ? Le temple de la souveraineté nationale n'était-il point violé ?

Vergniaud propose de lever la séance. Le centre demeure immobile. Vergniaud sort, nul ne l'accompagne. Il rentre et voit la figure de Robespierre à la tribune.

L'orateur (j'allais écrire l'accusateur public) fut amer, pénétrant, mais diffus.

Vergniaud, de son banc. — Concluez.

Robespierre. — Je conclus et contre vous : contre vous qui, après la révolution du 10 août, vouliez mener à l'échafaud ceux qui l'avaient faite ; contre vous qui provoquez la destruction de Paris.

Nouveau débordement de la multitude. C'est l'Évêché qui arrive. La salle est de plus en plus envahie. Jusqu'ici pourtant nulle violence. Pas un coup de fusil ne fut tiré dans cette journée. Les ouvriers du faubourg Saint-Antoine apportent même à la Convention des paroles de paix.

« Législateurs, s'écrie l'un d'eux, la réunion vient de s'opérer, la réunion du faubourg, de la Butte des Moulins et des sections voisines. On voulait que les citoyens s'égorgeassent, ils viennent de s'embrasser. »

Tout cela était vrai. Ces sections soupçonnées de royalisme et réunies au Palais-Royal venaient, en effet, de parlementer, de s'entendre et de se confondre dans le même cri : « Vive la République ! »

Il fallait pourtant conclure, ainsi que l'avait dit Vergniaud. La commission des Douze fut cassée ; on décréta que ses papiers seraient réunis au comité de Salut public. Ce comité fut chargé d'en rendre compte « sous trois jours. »

Barère qui avait rédigé le décret ajouta qu'on « poursuivrait les complots. »

O Janus ! ô Tartufe ! que dites-vous de ce tour de force ? Des complots, mais lesquels ? Des coupables, mais était-ce les hommes de l'Évêché ou les Girondins ? Barère se gardait bien de le dire.

Tout était-il fini ? Oui, pour ce jour-là. Vergniaud lui-même, voulant dissimuler la défaite de son parti, avait déclaré, au commencement de la séance, que le peuple de Paris avait bien mérité de la patrie. Jamais il ne fut plus beau, plus grand comme orateur. C'était le chant du cygne.

La Convention sortit, descendit sur la terrasse des Feuillants et parcourut aux flambeaux les Tuileries, le Carrousel. Les députés Girondins, dont on avait réclamé la proscription et dont la chute était si prochaine, assistaient eux-mêmes à cette fête.

Le lendemain arrivèrent des nouvelles sinistres de la Vendée, de Lyon, de Valenciennes, de Mayence, de la frontière d'Espagne : partout la Convention était trahie, attaquée, menacée par l'ennemi du dedans et du dehors. Dira-t-on que ces désastres n'étaient point connus de la population, que le comité de Salut public les dévorait en silence ? L'étincelle électrique n'est point une vaine figure de langage. Paris en savait assez pour tressaillir de fureur et d'indignation.

Sur qui devait tomber la responsabilité de ces malheurs ? Avant le 10 août, on accusait la Cour, les constitutionnels. La Cour ayant disparu, les constitutionnels étant rentrés sous terre, on s'en prenait désormais à ceux qui se rapprochaient le plus de leurs principes, c'est-à-dire aux Girondins.

Cette accusation était-elle injuste ? En ce qui regardait l'étranger, peut-être ; mais en ce qui concernait Lyon, Marseille, non pas. C'est sous le masque du girondisme, du modérantisme que ces deux grandes villes, en pleine révolte, avaient bravé, défié la Convention.

Les Girondins n'avaient alors qu'un parti à prendre : donner leur démission, hésitaient-ils par un sentiment d'honneur ? Espéraient-ils ressaisir la majorité de la Convention ? Comptaient-ils encore sur la plaine ?

Si telle était leur illusion, ils connaissaient bien peu les grandes assemblées politiques. Dans chacune d'elles, il y a les éléments d'une majorité stagnante à la surface, mais qui se déplace par des courants sous-marins selon que le vent du succès souffle à droite ou à gauche. Le centre appartenait à la Gironde, tant que la Gironde était la plus forte; il se portait à présent vers la Montagne.

Le chef de la Gironde, madame Roland venait d'être arrêtée par ordre de la commune.

Dans la nuit du 1ᵉʳ au 2 juin, les comités révolutionnaires ne négligèrent aucun moyen pour soulever la population. Cependant la nuit s'avançait et rien ne bougeait encore. Marat était à l'Hôtel de Ville : impatient, fougueux, inquiet, il promenait ses regards sur les quais endormis. A la vue de ce calme, le sang bouillonnait dans ses veines; il frappait du pied. Il y a ceci de remarquable que lui, si déclamateur, si verbeux d'ordinaire, parla très-peu durant ce sombre drame, dont il fut pourtant le principal acteur par son journal, ses menées sourdes et l'influence qu'il exerçait sur la commune.

Vers deux heures du matin un petit homme qui ressemblait à l'Ami du peuple était suspendu avec trois ou quatre acolytes à la corde d'une des cloches dans les tours Notre-Dame. La cloche était lourde; ils tirent, ils s'acharnent, ils s'enragent. On dirait ces gnomes que le moyen âge se figurait suspendus la nuit aux flèches des vieilles cathédrales. Enfin la cloche s'ébranle; le marteau soulevé à grand peine retombe sur les parois d'airain; le tocsin sonne. C'est le glas de la mort pour le parti de la Gironde.

Les coups de ce tocsin nocturne tombent sur les faubourgs indécis. On bat la générale dans toutes les rues, les autres cloches de la ville s'éveillent, les cris d'alarme se répondent dans les ténèbres. Au milieu de tout ce mouvement, de ce cliquetis d'armes, de ce bruit de tambours, on entend l'impassible marteau des monuments publics qui frappe les heures de distance en distance. Il n'est personne qui n'ait remarqué dans une nuit d'émeute ou de révolution, l'indifférence solennelle de l'horloge. Cette voix d'airain qui marque sur le même ton l'heure de la révolte ou de la tranquillité publique, étrangère aux passions, aux souffrances, aux agitations de l'homme, calme ainsi que tout ce qui sort de l'éternité pour y rentrer aussitôt, elle paraît dire : « Tuez-vous, égorgez-vous, si bon vous semble, vous n'aurez point l'honneur de troubler dans les espaces célestes la marche des astres à laquelle j'obéis. »

La veille, le 1ᵉʳ juin, les Girondins avaient soupé ensemble pour la dernière fois. Louvet leur proposa de fuir dans leurs départements, et de revenir à la tête d'une armée de Fédérés pour *délivrer* la Convention. *Délivrer*, c'est le mot dont tous les partis politiques couvrent leurs attentats contre le droit et la liberté. On assure qu'ils rejetèrent avec horreur cet appel à la guerre civile : soit; mais pourquoi faut-il pour leur honneur, pour leur mémoire, pour leur justification devant la postérité qu'ils n'aient point toujours repoussé un moyen aussi criminel de rétablir dans le pays leur autorité méconnue? Le soir ils se réfugièrent rue des Moulins chez leur confrère Meillan, dans les vastes appartements duquel ils purent entendre les sombres rumeurs de la rue, le rappel des tambours, les proclamations lues à la clarté des torches, le bruit des armes, les allées et venues des patrouilles dans les ténèbres.

Se rendraient-ils le lendemain à la Convention? Cette question fut agitée, leurs amis les détournèrent de cet acte d'héroïsme, leur conseillèrent l'absence, les gardèrent en quelque sorte de force. Barbaroux, Lanjuinais et deux ou trois autres échappèrent seuls à ces obsessions d'une tendresse aveugle.

Au point du jour on tira le canon d'alarme. Des colonnes de citoyens armés de piques et de fusils se portent vers le palais de l'Assemblée nationale; Henriot marche à leur tête avec de l'artillerie. Toute cette multitude serre d'une triple haie, hérissée de lances et de baïonnettes, l'enceinte où la Convention tient ses séances. Henriot fait tourner la bouche des canons vers le château des Tuileries. Marat, aux premières blancheurs du jour, parcourt le jardin, haranguant les ouvriers, ramenant doucement par la manche de la blouse les hommes du peuple qui semblent vouloir s'écarter de ses conseils et de son mot d'ordre, communiquant à tous ce même esprit de défiance qui était si bien dans sa nature.

La séance s'ouvre, Malarmé préside. Les bancs de la droite sont presque déserts. Où était Vergniaud? Où se trouvaient alors Condorcet, Brissot, Louvet? chez Meillan, sans doute. Malheur aux partis qui en temps de révolution désertent le terrain de la lutte! Dira-t-on que leur présence eût été inutile, que la Convention n'obéissait plus qu'à la force? Ce serait injuste; l'Assemblée garda jusqu'au dernier moment un certain souci de sa dignité. Si elle finit par céder aux sommations du dehors, c'est qu'elle ne considérait plus elle-même les Girondins comme étant à la hauteur du mouvement révolutionnaire. Leur absence n'en fournissait-elle point la preuve?

La séance débute mal pour les Girondins. Lecture est donnée d'une lettre adressée à la Convention par les administrateurs de la Vendée. Cette lettre désespérée annonce que tout est perdu, que tout tombe au pouvoir des rebelles. « Voilà, conclut-elle, où nous ont mené vos divisions et vos querelles dont vous vous êtes plus occupés que des secours dont nous avions besoin. »

De tous les côtés affluent de sinistres nouvelles. On écrit de Wissembourg : « Jamais les aristocrates ne levèrent plus audacieusement le masque. Nous périrons en combattant; mais vous, législateurs, ces puissants motifs ne devraient-ils pas vous faire abjurer toute haine particulière pour ne vous occuper que du salut de la patrie. »

Les mêmes cris d'alarme partaient à la fois de la Lozère, de la Haute-Loire, de Lyon, où huit cents patriotes venaient d'être massacrés par des réactionnaires qui arboraient le drapeau de la Gironde.

Cette lecture faite au nom du Comité de salut public par Jean-Bon-Saint-André était encore plus terrible pour les Girondins que le glas de l'agonie qui sonnait dans toute la ville.

Une députation de la Commune se présente à la barre :

« Mandataires, dit l'orateur, en s'adressant aux membres de la Convention, le peuple de Paris n'a pas quitté les armes. Les colonnes de l'égalité sont ébranlées; les contre-révolutionnaires lèvent la tête, la foudre gronde, elle est prête à les pulvériser. Les crimes des factieux de la Convention sont connus.; nous venons pour la dernière fois vous les dénoncer. Décrétez à l'instant même qu'ils sont indignes de la confiance publique, qu'ils soient mis en état d'accusation. »

La lutte s'engage terrible, implacable. De part et d'autre on s'accable de paroles brutales, de récriminations violentes. Le bruit du tambour qu'on bat dans toute la ville pénètre, retentit jusque dans la salle des séances. Lanjuinais monte à la tribune :

« C'est contre la générale que je veux parler. »

Profitant d'un moment de silence, il s'élève avec force contre la tyrannie de l'émeute, contre les usurpations de la commune, contre la nouvelle pétition « traînée dans la boue des rues de Paris. »

Plusieurs voix : « Il insulte le peuple ! »

Legendre : « Descends de la tribune, ou je t'assomme.

Lanjuinais : « Commence par faire décréter que je suis un bœuf.

Tout le monde sait que Legendre était boucher.

Le tumulte redouble. Les galeries avaient été envahies de bonne heure par les Jacobins qui ébranlent la salle de cris et de trépignements.

Il ne restait plus aux Girondins qu'une chance de salut, c'était de s'immoler eux-mêmes sur l'autel de la Concorde, de donner leur démission. Isnard, Fauchet, le vieux Dussaulx, Lanthenas, offrent successivement de se poser en victimes expiatoires. Hélas ! il était trop tard. Cette résolution qui, deux jours auparavant, aurait pu sauver la Gironde, ne servit qu'à l'amoindrir. « C'est un piège, » murmura Robespierre. Marat qui ne voulait à aucun prix que sa proie lui échappât, s'écrie. « C'est l'impunité pour les traîtres. » Il s'élance à la tribune et déclare qu'il donne sa démission, si l'on consent au sacrifice de quelques membres se dévouant eux-mêmes en holocauste.

De leur côté Lanjuinais et Barbaroux protestent avec héroïsme contre cette concession faite à l'émeute.

Cependant la salle est cernée, gardée à vue, entourée d'énergumènes qui empêchent les députés de sortir. La Convention reconnaît avec horreur qu'elle est prisonnière. Le sentiment de sa propre dignité se révolte devant cet outrage. Retrancher les Girondins, passe encore ; mais les livrer, mais subir, séance tenante, la pression de l'émeute, mais se déshonorer elle-même aux yeux de la France et de la postérité, oh ! non, mille fois non !

Barère s'élance à la tribune : « Prouvons, dit-il, que nous sommes libres. Allons délibérer au milieu de la force armée ; elle protégera sans doute la Convention. »

Plusieurs voix : « Oui, oui ; on veut nous opprimer : sortons d'ici et faisons baisser devant nous les baïonnettes.

Le président (Hérault de Séchelles qui venait de remplacer Malarmé), descend du fauteuil ; presque tous les membres de la Convention le suivent. Une trentaine de Montagnards restent seuls immobiles sur leurs bancs.

Les députés du centre et de la droite, sans compter beaucoup, du côté gauche, se précipitent vers la porte de bronze ; la garde leur livre passage. Le président conduit l'Assemblée en procession dans les cours et dans le jardin des Tuileries. Elle se présente à toutes les issues qu'elle trouve fermées ; elle ordonne qu'on lui ouvre une des grilles : refus. A l'entrée de la place du Carrousel, elle rencontre l'artillerie qui barre le passage, soutenue qu'elle était d'un triple rang de piques et de baïonnettes. Hérault de Séchelles, avec une noble attitude, signifie aux chefs de l'insurrection qu'ils doivent se retirer et laisser à la Convention son libre vote : « Nous voulons bien, ajoute-t-il, juger les vingt-deux ; nous ne voulons pas qu'on nous les arrache par la force. Henriot, répond par un mot :

« Canonniers, à vos pièces ! »

Le canon cette dernière raison des rois, était maintenant celle de l'émeute.

La Convention, cette assemblée si grande, si fière, qui jugeait et punissait les rois, qui défiait toutes les cours de l'Europe, baisse la tête devant la tyrannie de la force et recule frémissante de colère. C'était assez d'humiliations ainsi. Dans l'intérieur de l'Assemblée les tribunes murmuraient. Marat qui était d'abord resté à son poste, mais qui se leva de son banc et sortit, quand il craignit que la masse des députés ne se fût échappée, rencontra la Convention dans un piteux état de désarroi au Pont-Tournant.

— Je somme l'Assemblée, dit-il, de rester dans la salle des séances.

Honteuse, vaincue, consternée, la Convention reprend le chemin du Palais des Tuileries.

A partir de ce moment, Marat est l'âme de l'Assemblée. Décrété naguère d'accusation, hué, honni, persiflé quelques jours auparavant, il dispose maintenant à son gré du sort de ses ennemis ; il recommande d'élaguer trois Girondins de la liste des vingt-deux : Dussaulx « vieillard radoteur, trop incapable pour être chef de parti ; Lanthénas, pauvre d'esprit, qui ne méritait pas l'honneur que l'on songeât à lui ; Ducos, à qui l'on ne pouvait reprocher que quelques opinions erronées », et l'on efface ces noms, il conseille d'en inscrire d'autres à leur place, et on les inscrit.

Le décret d'arrestation passa à une grande majorité, il est vrai que beaucoup de députés s'abstinrent.

Dès que cette nouvelle est connue, l'insurrection débarrasse les abords du Palais national, toute cette multitude armée se retire au chant de Ça ira. Femmes, enfants, vieillards, s'en vont en mêlant leurs voix au terrible refrain. L'émeute rentre dans les faubourgs comme la lionne dans son antre. Ivres de vin et de patriotisme, ces farouches sans-culottes se quittent en jurant de mourir pour la liberté ; les mains serrent les mains, tous les cœurs battent dans un seul cœur : On croyait enfin que la Convention délivrée de ses luttes intestines marcherait d'un pas ferme vers les grandes mesures qui devaient assurer le bonheur public à l'intérieur et la victoire de nos armées sur les champs de bataille.

Il y avait alors près d'Avignon un jeune officier d'artillerie, qui s'appelait quelque chose comme Buonaparte ou Bonaparte. Il écrivit ces mots quelques mois après la chute des Girondins : « Pour voir lequel des Fédérés ou de la Montagne tient pour la République, une seule raison me suffit, la Montagne a été un moment la plus faible, la commotion paraissait générale. A-t-elle cependant jamais parlé d'appeler les ennemis? Ne savez-vous pas que c'est un combat à mort que celui des patriotes et des despotes de l'Europe?... Je ne cherche pas si vraiment ces hommes, qui avaient bien mérité du peuple dans tant d'occasions, ont conspiré contre lui : ce qu'il me suffit de savoir, c'est que la Montagne, par esprit public ou par esprit de parti, s'étant portée aux dernières extrémités contre eux, les ayant décrétés, emprisonnés, je veux même vous le passer, les ayant calomniés, les Brissotins étaient perdus sans une guerre civile qui les mît dans le cas de faire la loi à leurs ennemis. S'ils avaient mérité leur réputation première, ils auraient jeté leurs armes à l'aspect de la Constitution; ils auraient sacrifié

Comité de salut public.

leurs intérêts au bien public; mais, il est plus facile de citer Décius que de l'imiter. Ils se sont aujourd'hui rendus coupables du plus grand de tous les crimes : ils ont, par leur conduite, justifié leur décret..... Le sang qu'ils ont fait répandre a effacé les vrais services qu'ils avaient rendus. » Ces reproches s'adressaient à la conduite que les Girondins tinrent après le 2 juin, à l'esprit de désordre que ces proscrits semèrent bientôt dans toute la France.

Méfions-nous pourtant des appréciations du césarisme. De quel côté qu'il vînt, l'événement qui supprima les Girondins était un coup d'État, et tous les coups d'État sont mauvais; celui du 2 juin 93 contenait en germe le 18 brumaire et le 2 décembre. Était-ce d'ailleurs impunément que la Convention venait de se déchirer elle-même. Tout acte porte avec lui ses conséquences... La barrière de la loi était franchie ; l'ère de la proscription était ouverte ; le droit venait de succomber devant la force. Les vainqueurs avaient, ce jour-là même, signé leur arrêt de mort. Ils y passèrent tous, Dantonistes, Hébertistes, Robespierristes. Le 2 juin devait fatalement aboutir au 9 thermidor.

Les Girondins mis en état d'arrestation chez eux furent : Gensonné, Vergniaud, Brissot, Guadet, Gorsas, Pétion, Salles, Chambon, Barbaroux, Buzot, Biroteau, Rabaut, Lasource, Lanjuinais, Grangeneuve, Lesage, Louvet, Valazé, Doulcet, Lidon, Lehardy, les ministres Clavière et Lebrun, les membres de la Commission des douze, Fonfrède et Saint-Martin exceptés.

La chute des Girondins entraîna la perte de quelques victimes qui tenaient fort indirectement à leur parti. Théroigne, au plus fort de la lutte, voulut s'élancer entre les deux camps, comme autrefois les femmes sabines se jetèrent entre les combattants armés qui allaient déchirer le berceau de Rome. « Citoyens, s'écriait-elle, écoutez-moi : où en sommes-nous ? Toutes les passions qu'on a eu l'art de mettre aux prises nous entraînent et nous conduisent au bord du précipice... A mon retour d'Allemagne, il y a à peu près dix-huit mois, je vous ai dit que l'empereur avait ici une quantité prodigieuse d'agents pour nous diviser, afin de préparer de loin la guerre et de la faire éclater au moment où ses satellites feraient en même temps irruption sur notre territoire. Déjouons ces intrigues ; ne justifions pas par nos querelles intestines cette calomnie des rois et de leurs esclaves, qu'il n'est pas possible à un peuple de tenir lui-même les rênes de la souveraineté ; ne les autorisons pas à venir nous mettre d'accord. »

Cette charmante voix qui, cette fois, était celle de la sagesse, se perdit dans le cri de guerre des partis déchaînés. Vers l'époque du 31 mai, Théroigne se trouvait au jardin des Tuileries, sur le passage de Brissot. Un groupe de femmes entoure le chef de la Gironde avec des huées et des trépignements de colère. La jolie Liégeoise, écoutant plutôt son cœur que sa raison, se jette sur ces furies pour défendre le député qu'on insulte. Ce généreux mouvement, plus prompt que l'éclair, attire sur elle toute la tempête. — Ah ! tu es brissotine, s'écrient-elles en la saisissant ; ah ! tu es l'amie des fédéralistes et des traîtres ! Attends ! attends ! attends ! Aussitôt les forcenées de relever sa robe et... — Je m'arrête : sous cet indigne traitement, sa figure se couvrit d'un nuage pourpre, et sa raison d'un voile de ténèbres. A dater de ce jour, on ne la revit plus. On apprit plus tard qu'elle avait été renfermée dans une maison de santé au faubourg Saint-Marceau.

La veille du 9 thermidor, elle écrivit à Saint-Just la lettre suivante :

« Citoyen Saint-Just, je suis toujours en arrestation ; j'ai perdu un temps précieux. Envoyez-moi deux cents francs, et venez me voir ; je vous ai écrit que j'avais des amis jusque dans le palais de l'empereur. J'ai été injuste à l'égard du citoyen Bosgue. Pourrai-je me faire accompagner chez vous ? J'ai mille choses à vous dire. Il faut établir l'union. Il faut que je puisse développer tous mes projets, continuer d'écrire ce que j'écrivais : j'ai de grandes choses à dire ; j'ai fait de grands progrès. Je n'ai ni papier, ni lumière, ni rien ; mais, quand même, il faut que je sois libre pour pouvoir écrire. Il m'est impossible de rien faire ici.

Mon séjour m'y a instruite; mais, si j'y restais plus longtemps sans rien faire et sans rien publier, j'avilirais les patriotes et la couronne civique. Vous savez qu'il est également question de vous et de moi, et que les signes d'union demandent des effets. Il faut beaucoup de bons écrits, qui donnent une bonne impulsion. Vous connaissez mes principes; j'espère que les patriotes ne me laisseront pas victime de l'intrigue. Je puis encore tout réparer, si vous me secondez; mais il faut que je sois partout où je suis respectée. Je vous ai déjà parlé de mon projet; je demande qu'on me remette chez moi. Salut et fraternité. »

Elle était folle.

Théroigne paya cruellement ses excentricités. L'expiation la visita sous la forme de la maladie, et quelle maladie, grand Dieu! Elle vécut longtemps, reléguée à la Salpêtrière dans le quartier des incurables. — Réduite à ne pouvoir supporter sur ses membres aucun vêtement, pas même de chemise, ombre d'elle-même, la malheureuse se cherchait dans les brouillards épais de ses rêves. Couchée au fond d'une cellule petite, sombre, humide, sans meubles, elle répondait à ceux qui l'interrogeaient : « Je ne sais pas; j'ai oublié. » Insistait-on, elle s'impatientait, parlait seule à voix basse, et l'on entendait sur ses lèvres les mots entrecoupés de *fortune, liberté, comité, révolution, coquin, décret*. Toute sa vie de courtisane et d'héroïne se reflétait dans son délire. — Elle conserva jusqu'à la fin des restes de beauté : on remarquait, surtout, la perfection de ses pieds et de ses mains. Elle mourut le 9 mai 1817, à l'âge de cinquante-huit ans. Pauvre Théroigne!

Revenons aux Girondins. Plus que tout autre, nous plaignons, nous admirons ces hommes remarquables par leur éloquence, intéressants par leur jeunesse et leur ardent caractère. Qui pourrait néanmoins se dissimuler qu'ils ne fussent devenus un obstacle à la marche de la Révolution? Ils voulaient lui résister; elle les entraîna, les broya sous les roues de son char.

Les Girondins avaient le tempérament, les idées et les tendances de la bourgeoisie éclairée. Avec eux tomba le dernier rempart de la classe moyenne. La Montagne en se soulevant sur leurs débris inaugura le règne de l'élément populaire. L'unité de la représentation nationale était rompue; l'Assemblée avait été humiliée par l'émeute; un précédent fatal menaçait la liberté de la tribune : malgré tout, le drapeau de la Révolution sortit encore une fois de la lutte, indigné, déchiré, mais triomphant.

La responsabilité du coup d'État qui frappa les Girondins se partage entre la Commune, l'Évêché, le Club des Jacobins et quelques membres de la Montagne; Robespierre certes n'y fut point étranger; mais, d'après le témoignage de tous les contemporains que j'ai pu consulter, le 2 juin fut surtout la journée de l'Ami du peuple. — Prends garde, Marat, la ligue vaincue aboutit à Ravaillac; les partis décimés se vengent par un coup de couteau.

Causant un jour avec Lakanal, je lui demandais : « Et que pensez-vous des Girondins?

— C'étaient des intrigants, répondit le grave vieillard.

Cette épithète dont on abusait en 93 n'avait pas tout à fait le sens qu'elle a maintenant ; elle voulait dire des hommes d'expédients et non des hommes de principes, des parlementaires cherchant plutôt le succès que le bien public et la vérité, des esprits à combinaisons subtiles et déliés qui transigeaient trop aisément avec les partis monarchiques quand ils avaient besoin d'y trouver un point d'appui.

XIV

Incapacité des Girondins en fait de gouvernement. — Physionomie de la Convention après le 2 juin. — Lettre de Marat. — Déclin de l'Ami du peuple. — Système de bascule adopté par Robespierre. — Activité de la Convention après la chute des Girondins. — Fondation du Muséum d'histoire naturelle. — La Constitution de 93. — Alliance de la Gironde avec les royalistes. — Ce qui se passait dans le Calvados.

La Gironde laissait, en s'évanouissant, la preuve de son impuissance. Après avoir longtemps dirigé les affaires, elle n'avait su ni vendre les biens des émigrés et du clergé, ni soutenir la valeur des assignats, ni créer pour le trésor des ressources nouvelles, ni relever le moral de l'armée, ni ressusciter le travail et l'industrie, ni rassurer le commerce, ni encourager l'agriculture, ni apaiser les mouvements populaires, ni éteindre les foyers de la guerre civile, ni vaincre la contre-révolution, rien, elle n'avait rien fait : huit grands mois s'étaient perdus en querelles fratricides.

Et pourtant à droite de la Convention il y avait un creux. Les regards se portaient involontairement sur ces sièges vides, hier si bien remplis et d'où s'élevaient tant de voix éloquentes. A présent, quel silence ! quelques-uns des ardents Montagnards regrettaient du fond du cœur la chute de leurs adversaires. Garat raconte que Danton lui disait un jour : « Vingt fois, je leur ai offert la paix ; ils ne l'ont pas voulue ; ils refusaient de me croire, pour conserver le droit de me perdre ; ce sont eux qui nous ont forcé de nous jeter dans le sans-culotisme qui les a dévorés, qui nous dévorera tous, qui se dévorera lui-même. » (*Mémoires de Garat.*)

Le lendemain du jour où la Convention avait livré les vingt-deux, elle reçut de Marat une lettre dont il fut fait lecture. « Citoyens, mes collègues, disait-il, quelques-uns me regardent comme une pomme de discorde, et étant prêt, de mon côté, à tout sacrifier au retour de la paix, je renonce à l'exercice de mes fonctions de député, jusqu'après le jugement des représentants accusés. Puissent les scènes scandaleuses qui ont si souvent affligé le public ne plus se renouveler au sein de la Convention ! Puissent tous ses membres immoler leurs passions à l'amour de leurs devoirs, et marcher à grands pas vers le but glorieux de leur mission ! Puissent mes chers confrères de la Montagne faire voir à la nation que, s'ils n'ont pas encore rempli son attente, c'est que les méchants entraînaient leurs efforts et retardaient leur marche! Puissent-ils prendre enfin de grandes mesures pour écraser les ennemis du dehors, terrasser les ennemis du dedans, faire cesser les malheurs qui désolent la patrie, y ramener la joie et l'abondance, affermir la paix par de sages lois, établir le règne de la justice, faire fleurir l'État et cimenter le bonheur des Français! C'est tout le vœu de mon cœur. » L'Assemblée ne voulut point accepter la démission de Marat; elle donna ses motifs par la bouche de Chasles : « Le parti de la Gironde, dit-il, ayant réussi à faire passer Marat dans les départements pour un monstre, pour un homme de sang et de pillage, afin de le séparer d'une ville qui adoptait ses principes, ce serait donner gain de cause aux ennemis de la Révolution que de consentir à sa retraite. » Il resta; mais, comme il arrive trop souvent aux hommes d'opposition et de lutte, Marat avait laissé sa force dans le succès.

A dater du 2 juin, l'astre de Robespierre continue à croître dans le ciel de la Révolution, et celui de l'Ami du peuple s'amoindrit de jour en jour. Le moment était venu pour la Révolution de se calmer. Marat, cette fièvre ardente, qui communiquait ses pulsations à la multitude; cette seconde vue, qui dévoilait la trahison des chefs militaires et les complots des hommes d'État; ce porte-voix de toutes les fureurs démocratiques, Marat désormais n'était plus du tout l'homme qu'il fallait à la situation.

Le bronze en fusion devait passer par la tête de Robespierre pour s'y figer et y recevoir l'empreinte de la froide raison d'État. La Révolution allait entrer dans une voie nouvelle : en détruisant l'ancien régime, elle avait pris l'engagement de tout réorganiser.

Robespierre était, qu'on nous passe le mot, un homme de juste milieu. Expliquons tout de suite dans quel sens. Est-ce à dire, comme le prétendait Proudhon, que l'avocat d'Arras eût fait un assez bon ministre de Louis Philippe en 1830? Ne confondons point les temps et les époques; ne badinons pas avec l'histoire. Ce que nous affirmons, c'est qu'en 93 Maximilien s'empara d'une position haute, inexpugnable, entre les *modérés* d'une part et de l'autre ce qu'on appelait alors les *enragés*. De cette ligne de conduite il ne se départit jamais. Lorsque plus tard les circonstances lui donnèrent un pouvoir, d'autant plus fort que ce pouvoir n'était point défini, aux plus mauvais jours de la terreur, il sut maintenir la hâche en équilibre frappant à droite et à gauche sur les retardataires et les exagérés. « Nous avons, disait-il dès le 14 juin aux Jacobins, deux écueils à redouter : le découragement et la présomption, l'excessive défiance et le modérantisme, plus dangereux encore. C'est entre ces deux écueils que les patriotes doivent marcher vers le bonheur général. »

Tout était à créer : le code civil, l'uniformité des poids et mesures, le système décimal, un plan d'instruction publique, le partage des biens communaux, la régénération des mœurs, l'organisation des armées et des services militaires, l'administration du télégraphe, mille autres organes du nouvel ordre social. La Convention n'avait guère été jusqu'ici qu'une arène de gladiateurs; à peine les Girondins ont-ils disparu qu'elle se met courageusement à l'œuvre. Débarrassée des luttes personnelles qui retardaient et entravaient son élan, cette grande Assemblée s'avance désormais avec une rapidité foudroyante vers la réalisation des principes démocratiques. Le 10 juin 1793, huit jours après s'être arrachée vingt-d'eux de ses membres, elle fonde, sur la proposition de Lakanal, le *Muséum d'histoire naturelle*, véritable monument élevé à la philosophie et à la science, vaste encyclopédie de la création se racontant elle-même par des spécimens du règne organique ou inorganique, empruntés à tous les climats, à tous les continents, à tous les âges du globe terrestre.

Les orateurs venaient de se précipiter dans le gouffre qu'ils avaient eux-mêmes creusé; mais ils étaient remplacés par des hommes d'exécution, des esprits pratiques, des citoyens à la fois énergiques et calmes, portant devant eux, la loi et la lumière. L'artifice des historiens réactionnaires consiste à insister sur le côté tragique de la Révolution française, et à passer sous silence les éminents services qu'elle a rendus aux arts, aux sciences, aux belles-lettres, à l'agriculture, à l'industrie. Et c'est sur un sol ébranlé par la guerre civile, convoité par l'ennemi, cerné d'un cercle de feu que se posaient les fondements de la société moderne. Le Rhin, les Pyrénées, les Alpes, toutes les frontières naturelles de la vieille Gaule sont forcées; qu'oppose la Convention à ce débordement de forces royalistes? Le fer et l'idée française.

A l'intérieur les événements se précipitent. Le fédéralisme gagne chaque jour du terrain. Le midi de la France s'ébranle; la Bretagne tout entière se soulève; le Calvados s'agite; le Jura menace; l'Isère gronde; Toulouse bouillonne; Bordeaux résiste; les deux grandes villes, Lyon et Marseille, nagent dans le sang. Paris est désigné au feu du ciel par les départements révoltés; au milieu de cette conflagration générale, la Montagne ne s'émeut point : contre les ennemis du dedans et du dehors elle élève un rempart moral, la Constitution.

Dans la séance du 30 mai, la Convention avait adjoint au Comité de Salut public Hérault de Séchelles, Couthon, Saint-Just, Ramel et Mathieu, en les chargeant de poser les bases de l'acte constitutionnel. Le 9 juin, dans la soirée, ils soumirent à leurs collègues du Comité le projet qu'ils avaient rédigé. Le lendemain, Hérault de Séchelles en donna lecture à l'Assemblée nationale. Le 11, la discussion s'ouvrit; elle fut grave, solennelle, profonde. « Nous sommes entourés d'orages, s'écria Danton, la foudre gronde; eh bien, c'est du milieu de ses éclats que sortira l'ouvrage qui immortalisera la nation française. »

Quelques chapitres de la Constitution donnèrent lieu à des incidents pathétiques. « Le peuple français, dit l'article IV, ne fait point la paix avec un ennemi qui occupe son territoire. » A ces mots, le Girondin Mercier demanda si l'on se flattait d'avoir fait un pacte avec la victoire. « Du moins, nous en avons fait un avec la mort, » s'écrie tout d'une voix la Montagne.

Œuvre de sentiment plutôt qu'œuvre de science, la Constitution de 93 a donné lieu de nos jours à beaucoup de critiques parmi lesquelles il s'en trouve sans doute de fondées. Le mieux est de n'envisager que les grandes lignes et les proportions générales du monument élevé à l'exercice universel et constant de la *souveraineté populaire*. Pour la première fois, les droits du faible, du pauvre, de l'opprimé furent inscrits dans nos institutions politiques. Elle proclamait, cette Constitution, le triomphe du dévouement sur l'égoïsme, de l'intérêt général sur l'intérêt particulier, le moyen pour tous les citoyens de se faire rendre justice, la mobilité des fonctions et des magistratures électives. Elle consacrait le droit inaliénable pour chaque citoyen de jouir et de disposer à son gré de ses biens, de ses revenus, mais elle définissait la propriété *le fruit du travail et de l'industrie*. Non contente de prêcher vaguement la charité, la fraternité, elle déclarait que *la société doit la subsistance aux citoyens malheureux*, soit en leur procurant du travail, soit en assurant les moyens de vivre à ceux qui sont hors d'état de travailler. En même temps que le pain matériel, elle assurait aux classes souffrantes le pain de l'esprit, l'instruction commune. Çà et là, se détachaient des traits touchants : un étranger pouvait acquérir le droit de citoyen français « en adoptant un enfant, en nourrissant un vieillard. » La plupart des principes sur lesquels reposait l'édifice de la Constitution étaient visiblement empruntés à la philosophie du xviii° siècle. Rédigée, votée au milieu des éclats de la foudre, elle était très-certainement l'œuvre la plus démocratique et la plus humaine qui fût jamais sortie des décisions d'une assemblée.

On l'attendait avec une impatience fiévreuse. Tout le monde croyait alors qu'elle serait le palladium de la liberté, qu'elle rétablirait la paix à l'intérieur en détruisant parmi les Français les viles passions qui les divisent; on se disait qu'à la lecture de cette feuille de papier, les armes tomberaient de la main des ennemis et que les satellites des tyrans nous tendraient des bras fraternels. Illusion, sans doute; mais qui aurait le courage de blâmer cette foi naïve dans la vertu des principes, dans la toute-puissance des idées? C'est au contraire par là que nos pères furent grands et qu'ils ont résisté, seuls contre tous, à l'anéantissement de la France.

Robespierre qui n'était certes ni un esprit ingénu, ni même un caractère enthousiaste, partagea lui-même cette confiance. « La seule lecture du projet de Constitution, s'écriait-il dès le premier jour, va ranimer les amis de la patrie et épouvanter tous nos ennemis. L'Europe entière sera forcée d'admirer ce beau monument élevé à la raison humaine et à la souveraineté d'un grand peuple. »

On a dit que la Constitution de 93 était inapplicable; il serait plus juste de dire qu'elle ne fut point appliquée, et de s'en tenir là. Les sections de Paris, les assemblées primaires, l'immense majorité des citoyens l'avaient reçue et consentie par acclamation. D'où vient donc qu'elle fut suspendue et ajournée à des temps meilleurs? Parce qu'on était alors en guerre, et que la guerre réclame des mesures exceptionnelles, arbitraires, rigoureuses; parce qu'on était en révolution et que l'acte constitutionnel avait été rédigé en vue d'une République assise sur des bases régulières et stables. Telle est la raison pour laquelle, après avoir découvert au peuple cette auguste statue, les législateurs de 93 reconnurent le besoin de la voiler jusqu'à la paix.

Hélas! la paix ne devait point luire pour les hommes de cet âge de pierre, tous voués au sacrifice, à l'échafaud, et l'idéal qu'ils avaient un instant dérobé aux sommets de la raison humaine remonta vers les temples sereins de la philosophie, du droit et de la justice.

Au milieu de ce mouvement des esprits qu'était devenue la Gironde ?

Il serait injuste de croire qu'au 2 juin, la Convention voulut la mort des vingt-deux. Leurs ennemis les plus acharnés tenaient seulement à les écarter de la lutte politique. On s'était contenté de les consigner chez eux sous la surveillance d'un gendarme. Quelques députés Girondins, Vergniaud, Valazé, Gensonné, restèrent à Paris; mais, prisonniers volontaires, ils ne cessèrent d'adresser à la Convention des lettres violentes, de récriminer contre l'arrêt qui les avait frappés. Beaucoup d'autres se sauvèrent, c'était leur droit. La facilité avec laquelle ils s'échappèrent prouve d'ailleurs qu'ils étaient très-mal gardés. Fuir pour se soustraire à la main du tribunal révolutionnaire, passe encore ; mais fuir pour attiser dans les départements le feu de la guerre civile, là était le crime.

Buzot, Gorsas, Barbaroux, Guadet, Meilhan, Duchâtel s'élancèrent sur l'Eure, le Calvados, la Bretagne. Dans cette partie de la France le terrain de l'insurrection était tout préparé pour les recevoir. Peu de jours après le 2 juin, deux Montagnards, deux représentants du peuple, envoyés par la Convention à l'armée des côtes, Romme et Prieur, avaient été arrêtés par des Girondins du Calvados.

L'outrage était sanglant et méritait un châtiment exemplaire.

Par un sentiment d'abnégation personnelle, digne des héros de l'antiquité, les deux captifs avaient adressé le message suivant à leurs collègues : « Confirmez notre arrestation et constituez-nous otages pour la sûreté des députés détenus à Paris, ».

Elle était venue à la tête de plusieurs, cette noble idée : pour désarmer l'indignation des départements, pour calmer leurs alarmes, en leur fournissant des garanties, plusieurs citoyens de Paris, des membres de la Convention nationale, Danton, Couthon et quelques autres s'étaient, dès les premiers jours, offerts comme otages.

L'attitude de la plupart des Montagnards n'avait alors rien de très-hostile pour les Girondins. On les plaignait, on leur eût volontiers accordé tous les moyens de sécurité personnelle. Qui changea ces dispositions favorables? La conduite des Girondins eux-mêmes.

Quand on sut que Chasset et Biroteau couraient à Lyon où la guillotine royaliste était dressée contre les patriotes; quand on apprit que Rabaut-Saint-Étienne volait à Nîmes et Brissot à Moulins; quand on annonça que des comités réactionnaires, ayant de vastes ramifications, s'organisaient à Caen, à Évreux, à Rennes, à Bordeaux, à Marseille ; quand on eut tout lieu de soupçonner que la Gironde tendait la main à la Vendée; quand arriva la nouvelle de la prise de Saumur par les Vendéens, coïncidant avec le soulèvement du Calvados, la fureur, l'exaspération ne connurent plus de bornes. Danton éclata, Robespierre refusa tout compromis avec les rebelles. Legendre proposa de détenir comme otages, jusqu'à l'extinction de la guerre civile, les membres du côté droit.

Louvet, Lanjuinais, Kervélégan, Pétion, qui étaient d'abord restés à Paris, allèrent fortifier leurs amis dans le Calvados et s'appuyer à l'armée du Nord, qui était commandée par le général de Wimpfen, un royaliste.

Un grand parti politique ne répond pas que de lui-même ; il répond aussi de ses alliés. Or, quand on voit les royalistes de toutes les nuances se cacher

Assassinat de Marat.

sous le masque du girondisme, le drapeau de la modération servir d'étendard à la guerre civile et aux représailles sanglantes, les vaincus du 2 juin accepter eux-mêmes toutes ces transactions de conscience, le moyen de croire à la sincérité de leur profession de foi républicaine ?

Que faisaient à Caen les Girondins ? Ils prêchaient l'insurrection, la révolte contre la représentation nationale, la désobéissance aux lois. La peinture qu'ils faisaient des événements du 2 juin et de la situation de Paris était chargée des plus sombres couleurs. A les en croire, la Convention était une caverne de brigands et de scélérats, un antre de bêtes fauves. Ils désignaient surtout à la vengeance des *honnêtes gens* le *farouche* Robespierre, Danton, le *vil* Marat. Heureusement le règne de ces buveurs de sang allait finir. Les terroristes étaient eux-mêmes frappés de terreur. Paris écrasé, asservi par une poignée de tyrans, n'opposerait aux armées provinciales aucune résistance ; Paris ne demandait qu'à être délivré. « Montrez-vous, s'écriaient-ils, sous les murs de cette orgueilleuse capitale, et les citoyens, les soldats, les canonniers eux-mêmes viendront sans armes à votre rencontre ; ils vous tendront les bras, ils vous accueilleront comme des sauveurs ! »

Certes, la provocation à l'assassinat politique était à cent lieues de la pensée des Girondins ; mais cette parole ardente, enflammée, exaltait surtout l'imagination des femmes. Beaucoup d'entre elles se figuraient que l'existence de trois ou quatre monstres était le seul obstacle au bonheur de la France et, dans leur illusion, elles appelaient sur ces têtes maudites l'épée de l'ange exterminateur.

Comment donc s'étonner que de Caen partît une nouvelle Judith ?

XV

Marat alité. — Le docteur Charles. — Députation du club des Jacobins. — Mort de l'Ami du peuple. — Émotion des patriotes. — Les funérailles. — Le tableau de David. — Les honneurs posthumes rendus à Marat. — Son entrée triomphale au Panthéon.

Depuis quelques jours, Marat était malade et sa maladie faisait événement dans les clubs.

Dès le 17 avril 93, il écrivait à la Convention : « Accablé d'affaires, chargé de la défense d'une foule d'opprimés, et détenu chez moi par une indisposition très-grave, je ne puis quitter mon lit pour me rendre à l'Assemblée. »

Après le 2 juin, le mal fit des progrès. La fièvre du patriotisme, l'excès de travail, les inquiétudes morales le dévoraient ; la rage du bien public était la robe de Déjanire collée sur sa chair : elle le consumait à petit feu.

Marat n'était d'ailleurs plus Marat. Depuis le 2 juin, comme nous l'avons dit, l'époque des grandes agitations révolutionnaires s'était fermée. Son rôle dès lors se trouvait amoindri, son influence s'évanouissait de jour en jour. Il avait même été obligé de combattre Jacques Roux, chef des enragés. Camille Desmoulins disait : « Au delà de Marat, dans l'océan de la Révolution, on n'aperçoit plus que l'infini, l'inconnu, *terra incognita*. » Cet infini était dépassé. Marat descendu au second rang des exaltés, Marat conservateur, Marat borné, Marat défendant la société contre les utopistes, n'avait plus de raison d'être : c'est surtout de cela qu'il se mourait.

Sans quitter le lit, il continuait d'écrire son journal, le *Publiciste de la République*, d'adresser lettre sur lettre à la Convention, de lui tracer une ligne de conduite, de correspondre avec les clubs, de suivre la marche des événements, et de recevoir la visite de quelques amis.

L'un d'eux lui ayant apporté une dénonciation en règle contre un savant nommé Charles, le visage du malade s'enflamma. Ce M. Charles, professeur de physique, avec lequel Marat s'était battu en duel dans sa jeunesse, n'avait cessé toute sa vie de se montrer l'ennemi acharné de l'auteur des *Recherches sur la lumière et sur l'électricité;* il le persifflait autrefois dans ses cours publics, le tournait en ridicule dans ses écrits, lui faisait fermer la porte des journaux et des académies, le piquait en un mot de mille coups d'épingle à cet endroit de l'amour-propre que les savants, comme les écrivains, ont tous si sensible et si irritable. Le moment était venu de lui faire payer cher ces vexations. Marat avait sa vengeance sous la main. — « Pour qui me prenez-vous donc? dit-il en éclatant. Me croyez-vous l'âme assez basse pour me laisser conduire dans une accusation capitale par le ressentiment d'une injure faite à ma personne. Vous comprenez bien mal l'épreuve d'*épuration* que conseille l'Ami du peuple. Ce Charles est un misérable qui m'a lâchement maltraité dans ma jeunesse. Je méprise les méchants, mais je les plains encore plus que je ne les méprise; tant qu'ils restent hommes privés, tant que leurs menées n'entraînent pas la ruine des autres, je gémis tout bas sur leur corruption; mais je serais au désespoir de faire tomber un cheveu de leur tête. Je vais écrire au ministre pour qu'on mette cet homme en liberté, s'il est détenu; pour qu'on évite de le poursuivre, s'il est libre. »

Le 23 juin, le bruit courut que les volontaires des départements marchaient sur Paris. « Qu'ils viennent! écrivit-il dans son journal; ils verront Danton, Robespierre, Panis, etc., etc., si souvent calomniés; ils trouveront en eux d'intrépides défenseurs du peuple. Peut-être viendront-ils voir le dictateur Marat; ils trouveront dans son lit un pauvre diable qui donnerait toutes les dignités de la terre pour quelques jours de santé, mais toujours cent fois plus occupé du malheur du peuple que de sa maladie. »

La femme de grand cœur qui remplissait auprès de l'Ami du peuple les devoirs d'épouse et de garde-malade lui ayant apporté du lait dans une modeste tasse de faïence, il se tourna vers quelques visiteurs et leur dit en souriant:

— Vous voyez si ceux qui me représentent comme un ambitieux se trompent! J'ai, au contraire, des goûts simples et sévères qui s'allient mal avec les grandeurs; en bonne santé, je sais être heureux avec un potage au riz, quelques tasses de café, ma plume et des instruments de physique. D'autres m'ont prêté des vues d'intérêt; mais ceux qui me connaissent savent que je ne pourrais voir souffrir un malheureux sans partager avec lui le nécessaire. J'aime, d'ailleurs, la pauvreté par goût et parce qu'elle conseille les vertus plébéiennes. J'arrivai à la Révolution avec des idées faites. Les mœurs que notre gouvernement s'efforce d'établir étaient depuis longtemps dans mon caractère, et je ne voudrais par pour tout au monde les changer.

Cependant la maladie de Marat répandait l'inquiétude parmi les sociétés populaires.

Le 12 juillet, après midi, la Société des Jacobins, dont il était président honoraire, décida que deux délégués, Maure et David, iraient recueillir des nouvelles certaines de sa santé. Marat, quoique très-dangereusement malade, était entouré dans ce moment-là de papiers et de journaux. Sa main *échappée* tenait une plume, écrivait ses dernières pensées :

— Vous voyez, mes amis, leur dit-il, je travaille au salut public.

Il demeurait presque toute la journée et toute la nuit dans le bain ; la fraîcheur de l'eau calmait un peu les douleurs cuisantes qui s'étendaient sur tous ses membres. L'activité indomptable de Marat, son énergie de caractère défiaient vaillamment la souffrance. Ce petit homme, hâve et amaigri jusqu'aux os, semblait le spectre du peuple travaillant jusque dans la mort.

— L'homme, dit-il aux deux députés qui étaient ses amis, n'est pas fait pour le calme. La nature nous montre, tout au contraire, qu'elle l'a formé pour le travail et le mouvement, puisque, au terme de cette vie bien courte, elle lui a préparé un lit où il doit si longtemps reposer ; le cercueil nous avertit de nous hâter et de nous agiter le plus possible vers le bien public, avant que le sommeil ne vienne nous surprendre.

Les deux députés se retirèrent sous le coup de l'admiration et de la douleur.

— Nous venons de voir notre frère Marat, dit Maure en rentrant à la séance ; la maladie qui le mine ne prendra jamais les membres du côté droit : c'est beaucoup de patriotisme pressé, resserré dans un petit corps. Voilà ce qui le tue.

Le lendemain 13 juillet, Marat se réveilla de belle humeur : il se trouvait mieux et le dit à Simonne Évrard. Dans la matinée, vers onze heures, il reçut d'une main inconnue le billet suivant : « Citoyen, j'arrive de Caen. Votre amour pour la patrie me fait présumer que vous connaîtrez avec plaisir les malheureux événements de cette partie de la République. Je me présenterai chez vous vers une heure. Ayez la bonté de me recevoir et de m'accorder un moment d'entretien ; je vous mettrai à même de rendre un grand service à la France. » Pas de réponse ; on insiste : « Je vous ai écrit ce matin, Marat ; avez-vous reçu ma lettre ? Je ne puis le croire, puisqu'on m'a refusé votre porte. J'espère que ce soir vous m'accorderez une entrevue. Je vous le répète, j'arrive de Caen ; j'ai à vous révéler les secrets les plus importants pour le salut de la République. D'ailleurs je suis persécutée pour la cause de la liberté ; je suis malheureuse ; il suffit que je le sois pour avoir droit à votre protection. »

Il était sept heures du soir. Un grand cri sortit tout à coup du cabinet où était Marat : « A moi, ma chère amie, à moi ! » Simonne Évrard, Albertine, la sœur de Marat, et quelques femmes de la maison, se précipitent vers la baignoire. Marat était dans un bain, perdant le sang à gros bouillons. Les yeux ouverts, il remuait la langue et ne pouvait tirer aucune parole. Il tourna la tête de côté et expira. Un couteau était sur le plancher. Le commissionnaire Laurent Basse, qui était occupé dans la maison à plier les numéros du journal de Marat, accourt aux cris que poussent les femmes. Il aperçoit alors dans l'ombre une jeune et belle fille qui tournait le dos à la baignoire. Pour l'empêcher de sortir, il lui barre le passage avec des chaises et lui en porte même un coup à la tête. Elle chancelle et fait un pas vers la fenêtre : les femmes se précipitent sur elle et lui tiennent les mains. Un chirurgien-dentiste qui logeait un étage au-dessus dans la maison, le citoyen Lafondée, était descendu en toute hâte. Il s'approcha de la baignoire teinte de sang. Marat avait la tête enveloppée dans un mouchoir blanc, un drap vert le couvrait jusqu'à mi-corps. L'Ami du peuple avait les yeux fixes et une large blessure s'ouvrait entre le sein gauche et la naissance du cou. Le bras droit traînait à terre. Le chirurgien chercha quelque signe de vie et n'en trouva aucun. Plus de pouls, plus de mouvement. On tira Marat hors de la baignoire; les gouttes qui tombaient une à une de son corps mouillé marquèrent du cabinet à la chambre à coucher une longue traînée d'eau mêlée de sang, On posa le cadavre sur un lit.

Un autre chirurgien, Jean Pelletan, était attendu; il vint et déclara que le couteau avait pénétré sous la clavicule du côté droit; le tronc des carotides avait été ouvert. Nul espoir, tout secours était inutile.

Le commissaire de la section du Théâtre-Français, ayant été instruit par la clameur publique qu'un assassinat avait été commis rue des Cordeliers, 33, arriva sur-le-champ. Il trouva au premier étage, dans l'antichambre, plusieurs hommes armés et une femme dont on étreignait fortement les poignets. Il entra ensuite dans un cabinet où était une baignoire dont l'eau, rougie et agitée au moment où l'on avait levé le corps, commençait à se calmer. Il vit une mare de sang sur le carreau; un homme venait d'être tué là.

Et cet homme était un représentant du peuple.

Le commandant du poste voisin était monté avec ses hommes de garde; sur l'ordre du commissaire, il fit passer la prévenue dans le salon pour procéder à l'interrogatoire. Elle déclara se nommer Marie-Anne-Charlotte de Corday, native de la paroisse Saint-Saturnin-des-Ligneries, diocèse de Séez, âgée de vingt-cinq ans moins quinze jours et demeurant à Caen.

Cependant Maure, Legendre, Drouet, Chabot et quelques autres députés de la Convention étaient accourus au bruit de la mort de Marat. Le moment était venu de faire subir à l'accusée la confrontation avec le cadavre. Elle passa accompagnée des hommes de justice dans la chambre à coucher. Chabot éclaira, un chandelier à la main, le lit où était étendu Marat. Cette chose nue et morte se détachait dans l'ombre, sous une lumière blafarde qui la rendait encore plus horrible. A cette vue, la femme se troubla. La plaie ouverte à la gorge du mort avait cessé de jeter du sang; elle était là béante et morne, sous les yeux de Charlotte Corday, comme une bouche qui l'accusait. « Eh bien ! oui, dit-elle, avec une voix émue et pressée d'en finir, c'est moi qui l'ai tué ! » A ces mots, elle tourna le dos au cadavre et traversa le salon d'un pas résolu.

Dans la rue des Cordeliers, un rassemblement formidable grossissait de moment en moment. Des cris menaçants retentissaient sous les fenêtres de l'Ami du peuple, et demandaient la tête de l'assassin. Les visages se montraient, à la clarté des réverbères, sombres, bouleversés par la colère et l'indignation. Il était minuit, l'interrogatoire était terminé. On avait envoyé prévenir le Comité de salut public et le conseil de la Commune. Enfin la prévenue devait être transférée de la maison de Marat à la prison de l'Abbaye ; mais ne serait-elle point massacrée en route?

Voici le récit de Drouet :

« J'ai conduit l'assassin à l'Abbaye. Lorsque nous sommes sortis, on la fit monter dans une voiture où nous entrâmes avec elle, et tout le peuple se mit à faire éclater les sentiments de sa colère et de sa douleur. On nous suivit. Craignant que l'indignation dont on était animé ne portât le peuple à quelques excès, nous prîmes la parole et nous lui ordonnâmes de se retirer ; à l'instant, on nous laissa passer. Ce beau mouvement opéra un effet singulier sur cette femme ; elle tomba d'abord en faiblesse, puis, étant revenue à elle, elle témoigna son étonnement de ce qu'elle était encore en vie. »

Quoique l'heure fut très-avancée dans la nuit, tous les citoyens zélés du quartier Saint-André-des-Arts commençaient à s'émouvoir ; la nouvelle de l'assassinat parvint bientôt aux Cordeliers. Une pièce de vers, où Marat était égalé aux demi-dieux et à tous les grands bienfaiteurs de l'humanité, fut affichée à la porte et couverte pendant la nuit de cent vingt signatures.

Le lendemain, au point du jour, on voyait ces mots placardés sur tous les murs : « Peuple, Marat est mort, tu n'as plus d'ami. » Ces paroles se répétaient sur un ton lugubre de la ville aux faubourgs : « Marat est mort! » Les hommes du peuple avaient une figure désolée ; les enfants versèrent des pleurs ; les femmes de la halle poussèrent des cris de désespoir ; les sans-culottes frémirent ; ce fut une tristesse amère et terrible, la tristesse d'une armée qui a perdu son chef. Marat était aimé. Il lui ne manquait plus qu'une chose pour accomplir jusqu'au bout sa mission de sauveur du peuple, c'était d'être tué. Qu'on s'étonne de la grande popularité de cet homme, soit ; mais le pauvre aime qui le défend, qui a souffert pour lui, qui lui ressemble par sa manière de vivre. La superstition fit un dieu de Marat, une sorte de culte s'établit autour de sa mémoire. On attachait son buste et son portrait jusque sur le devant des maisons ; des images, représentant un cœur percé, coururent entre les mains des patriotes avec cette inscription : « Cœur de Jésus, cœur de Marat, ayez pitié de nous ! »

La valeur du divin Marat était rehaussée aux yeux de la multitude par le don de seconde vue et de prophétie qu'on lui attribuait. Qui serait à présent l'œil du peuple?

Le lendemain 14 juillet, la Convention s'était réunie dès le matin. Le président, Jean-Bon-Saint-André, dit d'une voix basse et fortement émue : « Citoyens, un grand crime a été commis sur la personne d'un représentant du peuple : Marat a été assassiné chez lui. »

Ces douloureuses paroles tombèrent une à une dans le silence lugubre de la salle des séances. Tous les membres de la Montagne étaient consternés.

A cet instant, plusieurs délégués des sections de Paris vinrent témoigner à l'Assemblée leur poignante douleur. Celle du Panthéon réclamait pour Marat les honneurs dus aux grands hommes. L'orateur parlant au nom de la section du Contrat-Social s'écria : « Où es-tu, David? Tu a transmis à la postérité l'image de Lepelletier mourant; il te reste un tableau à faire. »

DAVID, de sa place. — Aussi le ferai-je!

Le 15, sur la proposition de Chabot, la Convention décide qu'elle assistera tout entière aux funérailles de Marat.

Le peintre David fut chargé de tracer le plan de la cérémonie funèbre. « Sa sépulture, dit-il à la Convention, aura la simplicité convenable à un républicain incorruptible, mort dans une honorable indigence. C'est du fond d'un souterrain qu'il désignait au peuple ses amis et ses ennemis; que mort il y retourne et que sa vie nous serve d'exemple. Caton, Aristide, Socrate, Timoléon, Fabricius et Phocion, dont j'admire la respectable vie, je n'ai pas vécu avec vous, mais j'ai connu Marat, je l'ai admiré comme vous; la postérité lui rendra justice. »

On n'a point assez remarqué la sagesse des hommes de 93 en appelant les arts aux secours des grandes scènes de deuil ou de réjouissance publique. Un peuple accoutumé à croire par les yeux ne renonce point en un jour à ses habitudes traditionnelles. Si l'on veut rompre avec les anciens cultes, il faut du moins les remplacer par des fêtes nationales. L'élément dramatique est dans la nature humaine; il touche et passionne les masses. Prétendre qu'une nation franchisse tout à coup l'intervalle qui sépare les anciennes croyances, de la philosophie nue et insensible est une pure chimère. Les idées ont besoin de s'incarner dans certaines formes matérielles pour parler à l'imagination et au cœur des multitudes. On ne saurait surtout environner la mort de trop de pompes et de solennité.

La Société des Cordeliers, dont Marat avait été l'oracle, réclama énergiquement l'honneur de posséder ses restes, en attendant qu'il fût admis au Panthéon. Le 16, après cinq heures du soir, commença la cérémonie funèbre. Au moment où l'on descendit le cercueil dans la cour de la maison pour le conduire à l'église des Cordeliers, la sœur de Marat, dans le délire de la douleur, apparut à l'une des fenêtres, tendant ses deux bras vers le ciel. De jeunes filles vêtues de blanc et de jeunes garçons, portant des branches de cyprès, environnaient la bière portée par douze hommes. La Convention suivait dans un silence religieux, puis venaient les autorités municipales, puis les sections, puis les sociétés populaires, puis la foule. Le cortége chantait des airs patriotiques : de cinq minutes en cinq minutes, la sombre voix du canon grondait et se mêlait à la douleur publique. La marche funèbre dura depuis six heures du soir jusqu'à minuit.

Le corps embaumé de Marat fut exposé dans l'église. On voyait aussi la baignoire où l'Ami du peuple avait reçu le coup mortel, et à côté de la baignoire le drap et la chemise tout rouges de sang. Quelques femmes fondaient en larmes. De rares flambeaux éclairaient l'église. Marat, étendu dans sa bière comme sur un lit de repos, avait gardé dans les traits altérés de sa figure ce cri de douleur dans lequel il avait laissé sa vie. La Convention vint en masse jeter des fleurs sur le cadavre. On entendit un grand nombre de discours. « Hommes faibles et égarés, s'écria Drouet, vous qui n'osiez élever vos regards jusqu'à lui, approchez et contemplez les restes sanglants d'un citoyen que vous n'avez cessé d'outrager pendant sa vie ! »

Il était une heure du matin ; une belle lune d'été éclairait la voûte obscure du ciel quand le moment vint de procéder à l'inhumation. Il fut enterré dans le jardin des Cordeliers. Sur la pierre du caveau, on lisait cette épitaphe : *Ici repose Marat, l'Ami du peuple, assassiné par les ennemis du peuple, le 13 juin 1793.*

Le lendemain, son cœur, enfermé dans l'un des plus beaux vases d'or du garde-meuble, fut transporté solennellement aux Cordeliers et suspendu à la voûte de l'église [1].

Marat était mort comme il avait vécu, pauvre et martyr de ses convictions. On trouva chez lui vingt-cinq sous en assignats. « Je suis prêt, avait souvent

---

[1]. Il existe sur les dépenses faites pour les funérailles de Marat un document curieux qui n'a jamais vu le jour ; je l'extrais des Archives :

DÉPENSES PUBLIQUES.

Mémoires relatifs aux frais qu'ont occasionnés les funérailles de Marat, vendémiaire an II.

Lettre du maire de Paris au ministre de l'intérieur Paré. Paris, le 30 août 1793, l'an II° de la République.

Noms des entrepreneurs et fournisseurs.	Liv	s.	d.
MARTIN, sculpteur. Pour la construction du tombeau.	2.400		
BUN, plombier. Pour la fourniture du cercueil.	313		
MOGINOT, maçon. Pour la fouille de la fosse et la construction des murs du pourtour.	168	12	
LEGRAND, treillageur. Pour le treillage en quatre sens.	226		
HABLT, maçon. Pour transport de matériaux et autres objets.	28	18	
GOSSE, menuisier. Pour objets relatifs à l'illumination.	109		
DEISSY, tapissier. Pour tenture.	168		
D'HERBELOT, architecte. Pour menues dépenses faites par lui.	63	15	
PITRON. Pour fourniture de vinaigre.	30	16	
BERGER. Pour journées.	12		
DUBOCQ. Pour fourniture de vin.	11	9	
SHIESSETIN. Pour fourniture de son.	12		
MELLIER, épicier.	6	10	
ROBERT, marchand de vin.	7	10	
MAILLE. Pour fourniture de vinaigre.	4	15	
— Pour journées et nuits. 42			
Pour item. 42			
Pour houppe et pommade. 2	101	10	
Pour journées et boissons. 13 10			
Pour fourniture de satin turc. 35			
LOUIER, épicier. Pour fourniture de flambeaux, lampions et rats de cave, modéré, d'après les informations prises chez plusieurs épiciers, à la somme de.	1.964	16	
DANAUX. Pour différentes dépenses acquittées par lui, la somme de.	16	12	
Total dû aux entrepreneurs et fournisseurs	5.518	28	

A laquelle somme il convient d'ajouter pour honoraires du citoyen Jonquot, qui a fait la vérification

répété Marat, à signer de ma mort ce que j'avance. » On trouva en effet, tachées de son sang, quelques pages écrites qu'il destinait à son journal.

Cependant David avait pris l'engagement de peindre Marat tué dans son bain. Nuit et jour, il était à l'ouvrage. Cette toile, qui est son chef-d'œuvre, sortit enfin de l'atelier; il écrivit au bas d'une main ferme : DAVID A SON AMI MARAT. Le tableau fut exposé durant

Provocation d'Isnard, président de la Convention.

quelques jours sur un autel dans la cour du Louvre; on lisait au-dessus cette

de tous les mémoires, pris les renseignements nécessaires des commissaires de la section, la somme de 60 liv.

Total général à payer, en attendant le mémoire réglé de l'embaumement du corps de Marat, *cinq mille six cent huit livres deux sous huit deniers.*

GIRAUX,
Architecte du département de Paris.

Le citoyen Deschamps demande 6 000 livres pour l'embaumement du corps de Marat.

Rapport au Directoire sur les funérailles de Marat.

Le mémoire de l'embaumement n'étant pas de ma compétence et étant néanmoins susceptible d'une réduction assez forte, autant que j'ai pu le conjecturer, j'ai cru devoir m'adresser à un homme de l'art (le citoyen Desault, chirurgien-chef de l'Hôtel-Dieu, connu par ses talents distingués) pour éclairer la religion du Directoire à cet égard; dès qu'il m'aura fait passer son avis, j'en ferai le renvoi.

inscription : *Ne pouvant le corrompre, ils l'ont assassiné.* Un crêpe et une couronne d'immortelles surmontaient la peinture. « Voilà! dit David quand on eut découvert aux yeux de la foule curieuse et empressée l'image de Marat : je l'ai peint du cœur. »

Arrière le style académique! Sous la main révolutionnaire de l'artiste, le pinceau avait cette fois, libre de toute réminiscence classique, « reproduit les traits chéris du vertueux Ami du peuple ». Le peintre a eu soin d'écarter de son sujet *le personnage* et le mélodrame. Au moment où se présente cette lugubre scène, le coup est porté. Marat a cessé de vivre; la femme a disparu, le couteau tombé à terre en dit assez. C'est dans les ressources de son art que David a cherché l'effet et le mouvement. Jamais le pinceau n'a poursuivi si avant la mort dans la vie, et cela sans effort, sans secousse, sans perte d'haleine; une lumière drue et fluide éclaire d'un seul jet les bras nus du cadavre; la poitrine pleine d'ombre s'obscurcit puissamment; la blessure fixée à la gorge s'ouvre comme une bouche saignante; la tête semble endormie dans un éternel et profond sommeil; l'art de ce temps-là était plus réaliste qu'on ne le croit généralement; la Révolution, quoique sortie avant tout d'un mouvement d'idées, fut jusqu'au bout pleine de logique et de vérité.

De tous les ouvrages sortis de la main de David, celui-ci est le plus naturel, le mieux conçu dans le sentiment moderne; c'est l'art comme nous le voulons, nous, fils du mouvement et de la forme, comme nous le sentons avec nos entrailles, émues et déchirées par les inquiétudes de l'avenir. A côté de la baignoire est le gros billot de bois où Marat exécutait les ennemis de la Révolution avec une plume trempée dans un encrier de plomb.

Quand David eut terminé son tableau, quand il eut peint l'homme tué, quand il eut tiré de cette chair palpitante le dernier cri de l'agonie, quand il eut éclairé tout cela d'une lumière tragique, alors il écrivit au bas de la toile ces mots simples et touchants qu'on a eu tort d'effacer :

David à son ami Marat.

Charlotte Corday, en tuant Marat, lui rendit le plus grand service qu'on pût alors lui rendre. Il commençait à s'éteindre : son absence de la Convention où il ne joua jamais qu'un rôle secondaire, son idée fixe de dictature, la maladie qui le minait, tout contribuait à détourner de sa personne l'attention publique. Sa mort violente le ressuscita dans le cœur des multitudes.

Marat, remercie cette fille!

Une loi défendait d'accorder l'apothéose avant un certain nombre d'années à partir du jour du décès. A la séance du 14 novembre 1793, David avait demandé une exception en faveur de Marat. La Convention approuva, et décida que les restes de l'Ami du peuple seraient transportés au Panthéon; mais elle ne fixa point l'époque de cette cérémonie funèbre.

Vivant, Marat avait été désavoué par tous ses collègues; mort, c'était à qui ferait son éloge.

A plusieurs reprises et à divers points de vue, nous avons analysé ce caractère fertile en contrastes, mêlé de bien et de mal, terrible par excès de sensibilité nerveuse, cruel par une fausse vue de l'humanité. Il serait superflu d'y revenir; mais il faut pour la vérité de l'histoire dissiper une erreur beaucoup trop répandue. Un assez grand nombre de beaux esprits se représentent Marat comme le grand pourvoyeur de l'échafaud. On oublie qu'il n'exerçait aucune fonction publique, que son influence sur la Convention était très-restreinte et qu'à la Commune même il n'occupait qu'une tribune. Au moment où il disparut de la scène politique, le nombre des victimes était relativement peu considérable. Du 17 août 1792 au 17 juillet 1793 (onze mois), le tribunal révolutionnaire n'avait condamné à mort que soixante-quatre personnes : c'était trop sans doute; mais combien cette proportion s'accrut dans la suite! Or la liste des soixante-quatre suppliciés ne contient pas la moindre trace d'une dénonciation faite   l'*Ami du peuple*.

Dira-t-on que s'il n'a pas eu le pouvoir entre les mains, ses écrits sanguinaires, ses provocations au meurtre, son délire de paroles violentes, ont puissamment contribué à l'établissement du régime de la Terreur? C'est une autre question ; mais encore est-il bon de faire observer qu'en temps de révolution les feuilles volantes n'exercent point une action très-durable. Autant en emporte le vent. D'un autre côté, dans les derniers mois de sa vie, l'Ami du peuple, obligé de lutter contre les enragés, les Varlet, les Jacques Leroux, les Leclerc, etc., etc., avait beaucoup modifié son langage et ses opinions excentriques; qui sait jusqu'où il serait allé dans cette voie de modération et d'humanité?

Terminons tout de suite l'histoire de cette destinée bizarre :

On plaça le portrait de Marat, peint par David, dans la salle des séances de la Convention. Son ombre revenait, en quelque sorte, s'asseoir au milieu de la Montagne. Chaque jour on prononçait son nom. « Il y a quelque chose de terrible, s'écriait Saint-Just, dans l'amour sacré de la patrie. Il est tellement exclusif, qu'il immole tout sans pitié, sans frayeur, sans respect humain, à l'intérêt public; il précipite Manlius, il entraîne Régulus à Carthage, pousse un Romain dans un abîme, et jette Marat au Panthéon, victime de son dévouement! »

L'Ami du peuple reposait toujours dans le jardin des Cordeliers, près de ces arbres qu'il avait connus, dans ce coin de terre qu'il avait aimé et où, plus d'une fois, il était venu chercher un refuge contre les poursuites des alguazils. Que ne l'a-t-on laissé dormir en paix sous ses chers ombrages? Mais non, tout devait être extraordinaire dans la vie comme dans la mort de cet homme qui *s'était fait holocauste pour l'amour du peuple*. Chose étrange! ce fut après le 9 thermidor, le 18 septembre 1794, que Léonard Bourdon annonça, pour le 21, le jour de la translation des restes de Marat au temple des grands hommes.

La veille, le corps de l'Ami du peuple avait été déposé dans le vestibule de la Convention, au pied de la statue de la Liberté.

Le lendemain, 21 septembre 1794, fut un jour de fête. Deux autels s'élevaient sur la place du Carrousel; il y avait aussi une sorte d'obélisque en bois, au pied duquel se creusait un caveau : là figuraient le buste de Marat, sa lampe, sa baignoire et son écritoire de plomb. La lampe était celle qui avait éclairé les veilles laborieuses de cet écrivain; elle s'était éteinte avant le jour, comme son maître, après avoir longtemps brûlé, comme lui, pour la Révolution. La Convention se rendit en silence au lieu où était le cercueil. La chemise sanglante de la victime, le corps couché tout de son long sur son lit funèbre et recouvert d'un drap noir; le couteau teint encore de son sang, la sœur du trépassé, morne et chancelante au pied de sa tombe; tout cela formait une scène imposante et triste. Après un instant de réflexion muette, le président monta près du mort et posa sur son cercueil une couronne de feuilles de chêne. C'était la seconde que l'on décernait à Marat. En sortant du tribunal révolutionnaire, n'avait-il point été ramené avec les mêmes honneurs sur les bancs de la Convention? mais, cette fois, le triomphateur manquait au triomphe.

Le cortége se mit en marche. Un détachement de cavalerie, précédé de sapeurs et de canonniers, ouvrit les voies; il était suivi de tambours voilés qui prolongeaient leurs roulements sourds de moment en moment; un grand nombre d'élèves de l'École de Mars marchaient derrière eux, pêle-mêle. Le char s'élevait pompeusement, ombragé de quatorze drapeaux, et s'avançait, au pas des chevaux, entre quatorze soldats blessés sur le champ de bataille. Des groupes de mères éplorées conduisant des enfants par la main, des veuves, des pauvres, des vieillards, suivaient lentement le cortége.

La foule était immense; de jeunes filles voilées se présentaient de distance en distance, devant le cercueil, pour y semer des fleurs; une femme qui avait de longs cheveux dénoués les coupa devant tout le monde et les jeta, comme un trophée, sur le drap noir! le cœur se remplissait, pendant cette marche lente et glorieuse, d'émotions diverses; la nouvelle d'une victoire remportée par les Français devant les murs de Maëstricht acheva de couronner la fête; il fallait le bruit du canon de l'ennemi à l'ovation de ce vainqueur pacifique, qui avait détrôné les rois par l'artillerie de la raison et de la justice. Il y eut plusieurs stations : on entendit un grand nombre de discours; quelques-uns retracèrent avec plus ou moins de bonheur les principaux traits de la vie de Marat; mais de tous ces orateurs, le plus éloquent dans son silence, c'était le mort.

Ce savant inquiet, parti d'en bas pour détrôner Newton, et qui était arrivé à renverser Louis XVI; ce juge d'un roi condamné à mort, qu'une femme à son tour avait jugé; cet enfant du peuple traîné avec des honneurs souverains par les mains de ses frères vers le Panthéon, au moment où l'on dispersait la cendre des majestés de Saint-Denis; tout cela remplissait la cérémonie funèbre de grandes et mélancoliques pensées.

Chemin faisant, un orateur harangua le mort pour lui demander s'il était satisfait des honneurs qu'on lui rendait. A ces mots, le cercueil fit semblant de s'ouvrir, un homme se dressa tout droit et à demi nu dans son linceul; c'était l'ombre de Marat qui venait remercier les Français et les encourager à mourir comme lui pour la Révolution. Ce coup de théâtre était ridicule, mais le cortége ne tarda pas à se remettre en route. Dans les intervalles de silence que marquait le bruit des caisses militaires, recouvertes d'un drap noir, on récitait à demi-voix et sur un ton de psalmodie lugubre : « Marat, l'ami du peuple, Marat, le consolateur des affligés, Marat, le père des malheureux. » Enfin on vit blanchir de loin la façade du Panthéon; le cortége arriva sur la place à trois heures et demie. Au moment où l'on descendait du char le cercueil de l'*Ami du peuple*, on rejetait du temple, par une porte latérale « les restes impurs du royaliste Mirabeau ».

Marat avait toujours été l'ennemi acharné de Mirabeau; ces deux hommes se rencontraient maintenant face à face dans la mort, l'un poussant l'autre, 93 chassant devant lui 89 : les hommes et les époques vont se détrônant, de nos jours, jusque dans la postérité. Mirabeau, les mains liées dans le linceul, céda sa place au nouveau venu, à ce folliculaire à peine remarqué de son temps, mais que le flux des événements avait amené peu à peu jusqu'aux marches du temple. S'il est permis de prêter un reste de vie sourde et latente aux cadavres, Mirabeau, qui connaissait les vicissitudes de la gloire et de la popularité, a dû recevoir son successeur avec un amer ricanement; car les tombeaux ont aussi leurs destinées : *habent sua fata sepulcra*. Marat, en effet, devait être à son tour chassé du Panthéon et sa dépouille mortelle jetée dans un égout.

Arrivé devant le Panthéon, le convoi s'arrêta. Un huissier de la Convention lut à haute voix le décret qui accordait à Jean-Paul Marat les honneurs du Panthéon. Le corps fut descendu du char et porté sur une estrade qui s'élevait sous le dôme du temple. Le président de la Convention fit un discours dans lequel il résumait les titres de l'Ami du peuple à l'immortalité. La cérémonie se termina par un hymne de Marie-Joseph Chénier, mis en musique par Chérubini.

Marat panthéonisé n'en était que plus redoutable aux ennemis de la République. Cette terreur tenait vraiment du merveilleux. L'Ami du peuple, l'implacable fléau des aristocrates, les poursuivait, disait-on, du fond de son sépulcre. On fit courir le bruit que son ombre revenait la nuit dans cette sorte de crypte où étaient gardés sa lampe, son buste, sa baignoire, et où l'on plaçait tous les soirs une sentinelle. La vérité est qu'un matin le poste du Louvre étant venu relever de faction un jeune gentilhomme nommé d'Estigny, qui avait passé la nuit dans le caveau, on le trouva mort.

A dater de ce jour, on cessa de garder la baignoire et les objets qui retraçaient aux yeux le souvenir de Marat.

XVI

Second mariage de Danton. — Il propose à la Convention un gouvernement révolutionnaire. — Motifs sur lesquels il appuie cette vigoureuse mesure. — Opposition de Robespierre. — Soulèvement des enragés contre Danton. — Réorganisation du Comité de salut public. — Les souvenirs de Barère.

Le 17 juin 1793, Danton s'était remarié. Il y avait quatre mois, jour pour jour, qu'il avait perdu sa première femme. On sait s'il l'adorait. Sept jours après l'enterrement, il avait fait exhumer le cadavre et mouler la figure de cet être cher pour l'embrasser une dernière fois. C'était elle qui, en mourant, lui avait conseillé de s'unir à sa meilleure amie, voulant assurer par ce second mariage une mère à ses enfants.

La jeune fille qu'il devait épouser, mademoiselle Louise Gély, n'avait encore que seize ans et était sans fortune. Elle appartenait à une famille bourgeoise et royaliste. On comprend que le père, ancien huissier-audiencier, attaché aux préjugés de l'ancien régime, homme d'ordre, y regardât à deux fois avant de donner sa fille au fougueux révolutionnaire. La mère était dévote, elle refusa son consentement, si la cérémonie n'était point célébrée selon toutes les règles de l'orthodoxie.

Danton fit à l'amour le sacrifice de ses principes; il se maria selon le rit catholique devant un prêtre réfractaire.

La seconde femme de Danton était frêle et jolie. Il l'aima jusqu'à la passion; mais était-ce bien la compagne de son âme? Le spectre d'Antoinette-Gabrielle Charpentier ne hantait-il point avec tristesse ce lit de roses dans lequel le grand tribun s'amollissait au milieu des délices de la volupté?

Revenons aux événements politiques.

La Convention répugnait à se donner un maître, et elle avait bien raison; mais en fuyant Charybde elle s'était jetée dans Scylla. La crainte et l'horreur de la dictature conduisaient le pays tout droit à l'anarchie.

Nous allions périr sous le poids de nos revers. Toute la frontière du Nord était perdue, Cambrai bloqué, le Rhin forcé, Mayence rendu, Landau assiégé, l'ennemi aux portes de l'Alsace. Pour la seconde fois, les Vendéens avaient repoussé, dissipé l'armée de la Loire. La guerre civile disputait à la Convention les deux tiers du territoire. La disette faisait des ravages dans les campagnes. Les armées manquaient de tout. Nulle organisation, aucune discipline : l'incapacité s'était emparée de tous les services publics.

Ne fallait-il point à tout prix sortir de ce chaos? Oui, mais le moyen?

Ce fut Danton qui apporta le *fiat lux*. « Que la lumière soit! »

Dans un mâle discours, il proposa la création d'un gouvernement révolutionnaire.

« Le moment, dit-il, est arrivé d'être politique… nous n'aurons de succès que lorsque la Convention, se rappelant que l'établissement du Comité de salut public est une des conquêtes de la liberté, donnera à cette institution l'énergie et le développement dont elle peut être susceptible. Il a en effet rendu assez de services pour qu'on perfectionne ce genre de gouvernement.

« Eh bien! soyons terribles, faisons la guerre en lions. Pourquoi n'établissons-nous pas un gouvernement provisoire qui seconde, par de puissantes mesures, l'énergie nationale?

« Il faut que les ministres, ne soient que les premiers commis de ce gouvernement.

« Je sais qu'on m'objectera que les membres de la Convention ne doivent pas être responsables. J'ai déjà dit que vous êtes responsables de la liberté, et que, si vous la sauvez, alors seulement vous obtiendrez les bénédictions du peuple.

« Qu'il soit mis cinquante millions à la disposition de ce gouvernement, qui en rendra compte à la fin de la session, mais qui aura la faculté de les employer tous en un jour, s'il le juge utile.

« Une immense prodigalité pour la cause de la liberté est un placement à usure. Soyons donc grands politiques partout.

« Si vous ne teniez pas d'une main ferme les rênes du gouvernement, vous affaibliriez plusieurs générations par l'épuisement de la population ; enfin vous la condamneriez à l'épuisement et à la misère; je demande donc au nom de la postérité que vous adoptiez sans délai ma proposition. »

Certes, Danton était bien l'homme qu'il fallait pour proposer cette grave mesure de salut public. Tout le monde savait que, soit indépendance de caractère, soit fierté d'âme, soit paresse, il dédaignait le pouvoir. Marat, qui se connaissait en hommes, avait écrit de lui : « Il réunit et les talents et l'énergie d'un chef de parti; mais ses inclinations naturelles l'emportent si loin de toute idée de domination qu'il préfère une chaise percée à un trône. » L'image n'est point heureuse; toutefois à *la chaise percée* substituez *la tribune* et l'idée sera juste.

L'orateur avait d'ailleurs pris soin de prévenir la Convention qu'il n'entrerait dans aucun comité responsable, qu'il conserverait sa liberté tout entière, qu'il se réservait la faculté de stimuler sans cesse les membres du gouvernement.

« Étant peu propre à ce genre de travaux, disait-il, je ferai mieux en dehors du comité; j'en serai l'éperon au lieu d'en être l'agent. »

Après tout, Danton ne proposait rien de nouveau : ce Comité de salut public existait; nous avons dit quels en étaient les statuts. De quoi donc s'agissait-il? d'étendre ses attributions, de lui soumettre les ministres et tous les autres agents du pouvoir exécutif, de lui confier des fonds, en un mot, d'en faire une machine de gouvernement.

Il y a deux mois, ce projet eût sans doute été rejeté avec horreur; mais dans les circonstances critiques où l'on se débattait, lorsque tout s'en allait à la dérive, lorsque la révolte des Girondins et la guerre étrangère menaçaient d'emporter la France dans un déluge de sang, à quelle autre branche se raccrocher? Couthon, Saint-André, Lacroix, Cambon, Barère appuyèrent la motion : un seul la combattit, Robespierre.

Depuis le 26 juillet, Maximilien faisait partie du Comité avec Barère, Thuriot, Couthon, Saint-Just, Prieur (de la Marne), Robert Lindet, Hérault de Séchelles; avait-il peu de goût pour l'exercice direct du pouvoir? craignait-il de compromettre sa popularité en se chargeant des conséquences de cette dictature à neuf têtes?

« Vous redoutez la responsabilité, s'écria fièrement Danton. Souvenez-vous que, quand je fus membre du conseil, je pris sur moi toutes les mesures révolutionnaires. Je dis : Que la liberté vive, et périsse mon nom! » Il n'en est pas moins vrai que sa proposition fut très-mal accueillie en dehors de l'Assemblée par les Vincent, les Varlet, les Leclerc, les Roux, et autres amis d'Hébert. Toute la meute des enragés aboya contre Danton.

Ce Roux était un prêtre défroqué qui dès le premier jour avait décrié la Constitution et qui avait donné le conseil d'assassiner les marchands, les boutiquiers, parce qu'ils vendaient trop cher leurs denrées. Dénoncé par Marat vivant comme un saltimbanque, il avait trouvé le moyen de le voler dans sa tombe. Sous le titre de *Publiciste de la République française, par l'ombre de Marat, l'Ami du peuple*, il continuait le journal du défunt. Même format, même épigraphe; nulle ressemblance dans les doctrines. Marat eût rougi de son ombre.

Leclerc était un intrigant venu de Lyon pour chercher fortune dans la boue sanglante des ruisseaux.

Vincent, secrétaire général de la guerre, brouillon et avide, âgé de vingt-cinq ans, se croyait homme et n'était qu'une bête féroce.

Hébert, ancien vendeur de contre-marques à la porte des théâtres, éditeur du *Père Duchesne* qu'il avait trouvé moyen de faire subventionner par le ministre de la guerre, orateur à la parole facile, membre de la Commune, exerçait une influence malsaine qui, à juste raison, inquiétait déjà Robespierre.

Tous ces hommes étaient trop intéressés à perpétuer l'anarchie, dont ils se servaient comme d'un moyen d'intimidation et de tyrannie personnelle; ils tenaient trop, ainsi qu'on dit, à pêcher en eau trouble pour ne point exécrer toute idée de gouvernement. La proposition de Danton fut donc dénoncée par eux comme un attentat à la souveraineté du peuple. Le vieux lutteur des Cordeliers n'était plus à leurs yeux qu'un traître, un vendu marchant sur les traces de Mirabeau.

Quoique cette mesure de haute politique fût alors repoussée, ou tout au moins ajournée, l'avenir prouva que Danton avait frappé juste. C'est en concentrant, plus tard, ses pouvoirs dans un comité souverain que la Convention put abattre l'insurrection, discipliner les armées et déconcerter les manœuvres des royalistes.

Peu à peu les membres du Comité de salut public se partagèrent les rôles. Hérault de Séchelles et Barère surveillèrent les affaires étrangères. Billaud et

Collot-d'Herbois s'attribuèrent la correspondance des départements et des représentants en mission dans l'intérieur. Lindet et Prieur de la Marne furent chargés des approvisionnements et des subsistances ; Jean-Bon-Saint-André prit pour lui la marine. Saint-Just s'occupa des institutions et des lois constitutionnelles. Couthon, étant infirme, venait peu au Comité ; il se réserva la

Défilé du cortége sur les boulevards.

police. Le Comité de salut public, ainsi réorganisé, prit l'initiative de toutes les mesures qui devaient affermir le gouvernement républicain.

Le 28 mars 1832, Barère affligé d'un asthme, était couché sur un sopha ; il appelait cela *mener la vie horizontale*. L'ancien conventionnel logeait alors dans une petite chambre près des halles. Beau parleur et se sentant en verve ce jour-là, il causait volontiers avec un ami de la grande épopée révolutionnaire. Un jeune visiteur l'écoutait religieusement, et recueillait les paroles de Barère sur des morceaux de papier, écrits au crayon, dans le fond de son chapeau ; voici une de ces notes :

« Il y a de grandes choses qui ne se reproduiront jamais, au moins sous les mêmes formes. — Je voudrais voir un tableau représentant la petite salle où se réunissait le comité de Salut public ; là neuf membres travaillaient jour et nuit sans président, autour d'une table couverte d'un tapis vert ; la salle était tendue avec un papier de même couleur. Chacun avait sa spécialité. Souvent, après un sommeil de quelques instants, je trouvais à ma place un monceau énorme de papiers, composé de bulletins des opérations militaires de nos armées. Leur lecture me servait à faire le rapport que je lisais à la tribune de la Convention. — Quand un soldat avait fait un trait remarquable, on lui donnait un morceau de papier sur lequel était transcrit le décret de la Convention qui lui déclarait qu'il avait bien mérité de la patrie. — Nos soldats battaient les ennemis de la France avec des épaulettes de laine.

« Autour de notre petite salle de réunion, nous avions formé nos bureaux dans la salle de Diane : c'étaient là nos bras. — Nous voulions donner à la France des idées d'économie : sans cela elle n'aurait jamais pu faire toutes les grandes choses qui étonneront l'univers. — C'est moi, qui ai fait placer les figures des consuls romains sous les portiques de la galerie des Tuileries, qui donne sur le jardin, ainsi que les bustes qui sont dans les niches de la façade.

« Il y a de grandes choses, je le répète, qui ne reparaîtront jamais ; la France n'aura jamais toute l'Europe à combattre ; le régime de la terreur ne reviendra pas plus que le despotisme exclusif.

« Visconti me disait : « Ce que les hommes de votre époque ont fait ne peut pas être comparé avec les grands événements de l'antiquité ; Démosthène à la tribune luttait contre ses compatriotes pour les engager à repousser les séductions de Philippe ; Caton contre Catilina ; vous, vous avez lutté contre l'intérieur et contre toute l'Europe. »

Barère avait fait preuve d'un caractère ondoyant et pusillanime ; acteur consommé, il avait joué tous les rôles ; mais ce beau vieillard, cet éloquent orateur, n'en était pas moins un témoin curieux et imposant de la grande époque à laquelle il survivait.

XVII

La fête du 10 août 1793. — L'éducation publique par les beaux-arts. — Retour à la nature. — La fontaine de la Régénération. — David et Hérault de Séchelles. — Défilé du cortége sur les boulevards. — Egalité des rangs et des conditions humaines. — Honneurs rendus aux Aveugles, aux Enfants-trouvés, aux Vieillards. — Deuxième station : L'arc de triomphe élevé en l'honneur des citoyennes. — Troisième station : La statue de la Liberté. — Quatrième station : Les Invalides. — Cinquième station : Le Temple funèbre.

Le peuple aime les fêtes. La Convention le savait bien et ne négligeait aucune occasion de fonder le culte de la Patrie.

Les armées coalisées marchent sur Paris : célébrons avec pompe l'anniversaire du 10 août.

Le trésor public est aux abois : dépensons un million deux cent mille francs dans une grande cérémonie publique.

J'entends d'ici les économistes, les hommes d'affaires, les vieux bureaucrates crier à la prodigalité, au gaspillage. Cet argent n'eût-il point été beaucoup mieux employé à équiper les troupes, à leur fournir des vivres, à les solder ? Nos pères ne raisonnaient point ainsi et ne regardaient point l'éducation du peuple par les beaux-arts, par les signes extérieurs comme une défense inutile ; sans négliger le matériel de guerre et la paye du soldat, ils croyaient que le meilleur moyen de rappeler la victoire sous nos drapeaux était de relever le moral de la nation.

David était l'ordonnateur de la fête. De ses puissantes mains il avait pétri dans le plâtre trois statues colossales, trois symboles qui devaient expliquer aux yeux l'esprit de la Révolution française.

A l'apparition des premiers rayons du soleil, la Convention nationale, les envoyés des assemblées primaires accourus de tous les départements, les autorités constituées de Paris, les sociétés populaires et la foule des citoyens étaient réunis sur la place de la Bastille. Un monceau de ruines marquait l'endroit où se dressait cette ancienne prison d'état. Sur ces débris, ces blocs détachés étaient gravées des inscriptions qui rappelaient par un mot l'histoire des victimes de la monarchie. L'une de ces pierres disait : *Il y a quarante ans que je meurs ;* d'autres criaient : *Le corrupteur de ma femme m'a plongé dans ces cachots — mes enfants, ô mes enfants !*

Sur l'emplacement de la Bastille, au milieu de ces décombres, s'élevait la *fontaine de la Régénération*, dominée par une colossale statue de la Nature. A la base de cette figure allégorique étaient inscrits ces mots : *Nous sommes tous ses enfants.* De ses riches mamelles qu'elle pressait avec ses mains, s'épanchaient dans un vaste bassin deux sources d'eau pure, toute frémissante des premières clartés du jour.

Cette onde abondante était une image de l'inépuisable fécondité de la mère suprême, *alma parens*.

Le bruit des canons s'était fait entendre; puis, une musique douce, des champs harmonieux sortirent du milieu de ce tonnerre. Alors le président de la Convention nationale, Hérault-de-Séchelles, placé devant la statue de la nature et la montrant au peuple.

« Souveraine du sauvage et des nations éclairées, ô nature! ce peuple immense rassemblé aux premiers rayons du soleil devant ton image, est digne de toi. Il est libre, c'est dans ton sein, c'est dans tes sources sacrées qu'il a recouvré ses droits, qu'il s'est régénéré. Après avoir traversé tant de siècles d'erreurs et de servitude il fallait rentrer dans la simplicité de tes voies pour retrouver la vérité. O Nature, reçois l'expression de l'attachement éternel des Français pour tes lois. Que ces eaux fécondes qui jaillissent de tes mamelles, que cette boisson pure qui abreuva les premiers humains, consacrent dans cette coupe de la fraternité et de l'égalité les serments que te fait la France en ce jour, le plus beau qu'ait éclairé le soleil, depuis qu'il a été suspendu dans l'immensité de l'espace. »

Ce n'était point un discours; c'était un hymne.

Le président remplit alors une coupe de l'eau qui tombait du sein de la Nature, il en fait des libations autour de la statue, il boit dans cette coupe de forme antique et la présente aux quatre-vingt-sept vieillards, dont chacun par le privilège de l'âge, avait obtenu de porter la bannière sur laquelle était écrit le nom de son département. Tous montent successivement les degrés qui conduisaient autour du bassin et s'approchent l'un après l'autre de la coupe sainte de l'égalité et de la fraternité. En la recevant des mains du président, qui vient de lui donner le baiser de paix, un vieillard s'écrie : « Je touche aux bords de mon tombeau; mais en pressant cette coupe de mes lèvres, je crois renaître avec le genre humain qui se régénère. » Un autre dont le vent fait flotter les cheveux blanchis : « Que de jours ont passé sur ma tête! O Nature, je te remercie de n'avoir point terminé ma vie avant celui-ci! »

Ce spectacle était vraiment solennel. A chaque fois que la coupe passait d'une main dans une autre main, les yeux se remplissaient des larmes de l'attendrissement et de la joie.

Et le canon grondait.

La cérémonie était terminée à la fontaine de la Régénération. Alors la foule tout entière se mit en mouvement. Le cortége défila et s'allongea sur les boulevards. Les sociétés populaires ouvraient la marche. Leur bannière présentait un œil ouvert sur les nuages qu'il pénétrait et dissipait. La Convention venait ensuite précédée de la déclaration des Droits de l'homme et de l'acte constitutionnel. Elle était placée au milieu des envoyés des assemblées primaires, noués les uns aux autres par un léger ruban tricolore, image du lien qui les unissait à la République une et indivisible. Chacun des représentants portait à la main un bouquet d'épis de blé et de fruits, en mémoire de Cérès législatrice des sociétés. Les envoyés des assemblées primaires tenaient d'une main une pique, arme de la liberté contre les tyrans, et de l'autre une branche d'olivier, symbole de la paix et de l'union fraternelle entre tous les citoyens.

Après les envoyés des assemblées primaires, il n'y avait plus aucune distinction de personnes ni de fonctionnaires. L'écharpe du maire ou du procureur de la Commune, les plumets noirs des juges se confondaient avec les attributs des corps d'états, le marteau du forgeron ou le métier du tisserand. L'africain à la figure noircie par le soleil donnait la main à l'homme blanc comme à son frère. Tous marchaient égaux.

Cependant le *Chant du Départ* éclate comme une fanfare et répond au son des tambours. C'est bien une marche triomphale ; mais où donc sont les triomphateurs? Les voici : regardez ! Traînés sur un plateau roulant, les élèves de l'institution des Aveugles font retentir l'air de leurs chants. Portés dans de blanches barcelonnettes, les nourrissons de la maison des Enfants trouvés annoncent que la République est leur mère, que la nation entière est leur famille. Sur une charrue transformée en char de triomphe, un père à cheveux blancs et sa vieille épouse s'avancent traînés par leurs enfants. L'esprit et le cœur de la Révolution française étaient dans ce touchant hommage rendu au malheur, à la vieillesse et à toutes les infirmités humaines.

Au milieu des honneurs rendus aux vivants, on n'a point oublié les morts. Huit chevaux blancs, ornés de panaches rouges traînent dans un char qui n'a rien de funèbre, deux urnes cinéraires. Sur l'une sont inscrits ces mots : *Aux mânes des citoyens morts au Champ-de-Mars* ; et sur l'autre : *Aux mânes des citoyens morts le 10 août*. La Commune avait eu soin d'écarter ces pompes lugubres dont le catholicisme attriste le dernier acte de la vie humaine. Le sombre cyprès ne penchait point autour de l'urne ses branches mélancoliques ; aucun insigne de deuil, pas de larmes d'argent semées sur un voile noir, une douleur même pieuse aurait en quelque sorte profané cette apothéose. Des guirlandes et des couronnes, les parfums d'un encens brûlé dans les cassolettes, un cortége de parents, le front orné de fleurs, une musique dans laquelle dominaient les sons guerriers de la trompette, tout dans cette cérémonie dérobait à la mort ce qu'elle a de sinistre. Elles participaient en quelque sorte à l'allégresse générale, ces mânes sacrées des citoyens qui étaient tombés, dans les combats pour se relever immortels.

A une certaine distance du char, au milieu d'une force armée, roulait avec un fracas sec et importun, un tombereau semblable à ceux qui conduisent les criminels au lieu du supplice. Il était chargé des attributs de la royauté et de l'aristocratie. Une inscription gravée sur ce tombereau portait : *Voilà ce qui a toujours fait le malheur de la société humaine*.

Mais quelle est cette arche de feuillage ?

Vers le milieu des boulevards, toute cette pompe s'arrête devant un arc de triomphe érigé en mémoire des journées du 4 et 5 octobre, alors que les femmes de Paris marchèrent sur Versailles. L'architecture, la peinture et la sculpture s'étaient réunies pour donner à ce fragile monument un caractère antique. De belles figurantes assises sur des affûts de canon représentaient tant bien que mal l'attitude des vraies héroïnes qui avaient traîné ces machines de guerre jusqu'à la cité de Louis XIV.

Cet arc de triomphe, élevé par David en l'honneur des femmes inspira les paroles suivantes à Hérault de Séchelles : « O femmes, la liberté attaquée par tous les tyrans, pour être défendue a besoin d'un peuple de héros. C'est à vous à l'enfanter. Que toutes les vertus guerrières et généreuses coulent avec le lait maternel dans le cœur des nourrissons de la France. Les représentants du peuple souverain, au lieu de fleurs qui parent la beauté, vous offre le laurier, emblème du courage et de la victoire. Vous le transmettrez à vos enfants. »

Après avoir prononcé ces derniers mots, le président donne aux femmes l'accolade fraternelle, pose sur la tête de chacune d'elles une couronne de laurier, puis le cortége continue sa marche le long des boulevards au milieu des acclamations universelles.

La place de la Révolution était marquée pour la troisième halte. Là s'élevait la statue de la Liberté sur le même piédestal qui avait exhaussé la statue de Louis XV. Fille de la Nature, la liberté paraissait à travers le feuillage de jeunes peupliers dont elle était environnée comme d'un rideau de verdure, les rameaux de ces arbres ployaient sous le poids des tributs présentés par les artistes, les écrivains, les patriotes. Toutefois il ne suffisait pas de ces offrandes, il fallait un sacrifice à la déesse.

Presque à ses pieds se dressait un immense bûcher ; mais où donc est la victime ? On n'a pas oublié ce tombereau qui faisait partie du cortége et roulait pesamment et tristement sur le pavé des boulevards. Il s'est arrêté devant la statue avec la foule qui s'arrêtait.

Alors Hérault de Séchelles :

« Hommes libres, peuple d'égaux, d'amis et de frères, ne composez plus les images de votre grandeur que des attributs de vos travaux, de vos talents et de vos vertus ; que la pique et le bonnet de la liberté, que la charrue et la gerbe de blé, que les emblèmes de tous les arts par lesquels la société est enrichie, embellie, forment désormais toutes les décorations de la République ! Terre sainte, couvre-toi de ces biens réels qui se partagent entre tous les hommes et deviennent stériles pour tout ce qui ne peut servir qu'aux dépenses exclusives de l'orgueil. »

Le tombereau des condamnés à mort verse sous les yeux de la déesse tous les hochets de la monarchie. Le président saisit une torche enflammée, l'applique contre le bûcher couvert de matières combustibles et soudain, trône, couronne, sceptre, fleurs de lis, manteau ducal, écussons armoriés, drapeaux souillés des signes de la féodalité, tout disparaît, tout s'évanouit en fumée, au bruit des acclamations de huit cent mille citoyens. Emblèmes des anciens âges historiques, vous avez troublé l'humanité. Que le feu vous dévore !

Au même instant, comme si tous les êtres vivants devaient participer à l'affranchissement de notre race, trois mille oiseaux de toutes espèces portant autour du cou de minces banderolles tricolores, colombes, passereaux, hirondelles, s'élancent dans les vastes et radieux espaces de l'air : « Allez, leur dit la déesse, je vous délivre ! plus de captifs, plus d'esclaves. Le soleil et le mouvement pour tous. L'homme affranchi, l'oiseau libre. »

Et le canon gronde.

La quatrième station était fixée devant l'hôtel des Invalides. Sur la cime d'un rocher se détachait une statue gigantesque représentant le peuple français. Tandis que d'une main forte cet Hercule moderne renouait le faisceau des départements, un monstre dont les extrémités inférieures se terminaient en dragon de mer, s'efforçait d'atteindre au faisceau pour le rompre. Le colosse, écrasant sous ses pieds la poitrine du monstre, balançant sa massue, allait le frapper d'un coup mortel.

Hérault de Séchelles se chargea d'expliquer l'allégorie :

« Ce géant, dit-il, dont la puissante main réunit et rattache en un seul faisceau les départements qui sont sa grandeur et sa force, peuple, c'est toi ! Ce monstre dont la main criminelle veut briser le faisceau et séparer ce que la nature a uni, c'est le fédéralisme. »

L'entrée seule du Champ-de-Mars offrait aux yeux et à l'imagination plus d'un enseignement utile. On avait placé sur un tertre une presse, une charrue et une pique pour rappeler à tous les Français l'union qui doit exister entre l'artisan, le laboureur et le défenseur de la patrie.

Mais c'est surtout au cortége que s'adressaient les grandes leçons. Il s'avançait toujours, le président en tête. A deux poteaux placés vis-à-vis l'un de l'autre comme les deux colonnes de l'ouverture d'un portique était suspendu un ruban tricolore, et au ruban un niveau qui représentait bien l'égalité sociale. Après avoir tous courbé la tête sous ce niveau, les représentants de la nation, les quatre-vingt-sept commissaires des départements, les envoyés des assemblées primaires gravissent les degrés de l'Autel de la Patrie. Une foule immense couvrait la vaste étendue du Champ-de-Mars. Ayant à ses côtés le vieillard le plus chargé d'années parmi les commissaires des départements, Hérault de Séchelles parvient au point culminant de la Montagne. De cette hauteur, comme du véritable Sinaï des temps modernes, il proclame la Constitution.

Alors le président de la Convention nationale dépose dans l'arche placée sur l'Autel de la Patrie l'acte constitutionnel et le recensement des votes du peuple français. Les parfums brûlent, l'encens fume, la terre tremble, ébranlée par les salves d'artillerie et par le mugissement d'un million d'hommes criant : « Vive la Constitution ! vive la République ! »

Les quatre-vingt-sept vieillards, nous l'avons dit, durant toute la marche du cortége portaient chacun une pique. Chacun d'eux vint la remettre successivement entre les mains du président qui les réunit toutes en un seul faisceau noué d'un ruban tricolore. Liées entre elles, ces piques représentaient le faisceau des quatre-vingt-sept départements armés pour la défense du territoire national.

Il restait une dette à acquitter. Descendue de l'Autel de la Patrie, la Convention traverse une portion du Champ-de-Mars et se rend, vers l'extrémité, au Temple funèbre, couvert de décorations antiques, dans lequel attendait la cendre des défenseurs de la République. La grande urne dépositaire de ces restes vénérés avait été transportée sur le vestibule du Temple, élevée à tous les regards. La Convention nationale se répand sous les portiques; tous les spectateurs placés dans le Champ-de-Mars se découvrent. L'émotion est extrême quand, d'une voix triste, solennelle, attendrie, Hérault s'écrie : « Cendres chères, urne sacrée, je vous embrasse au nom du peuple. »

Et le canon gronde.

La fête était terminée. Le peuple se disperse aux premières ombres du soir. Des groupes assis sur l'herbe jaunissante ou sous des tentes partagent fraternellement avec d'autres groupes la nourriture qu'ils avaient apportée. Repas frugal et digne des beaux jours de Sparte !

Ces fêtes patriotiques élevaient l'âme, réveillaient les saintes ardeurs du dévouement, inspiraient à tous le sentiment du devoir. La fédération du 14 juillet 1791 avait célébré l'alliance de tous les Français dans la liberté ; plus complète, celle du 10 août 1793, consacra l'alliance de tous les citoyens dans la liberté et dans l'égalité.

Le peuple se retira sous une émotion grave et profonde. Les mille devises flottant sur les banderoles et dont chacune contenait une leçon ; la voix du canon répondant comme un défi au canon lointain de l'ennemi, la Révolution se racontant elle-même à tous les citoyens dans une trilogie digne d'Eschyle, la Nature, la Liberté, le Peuple, n'en était-ce point assez pour électriser un grand peuple ?

Un monde nouveau apparaissait, consolait des maux et des tristesses du présent, un monde nouveau appuyé sur l'esprit de la Révolution, et dont le génie des beaux-arts venait d'entr'ouvrir les portes d'or.

Fontaine de la Régénération.

XVIII

Siége de Lyon. — Décret de la Convention nationale. — Clémence de Couthon. — Atroce conduite de Collot-d'Herbois et Fouché. — Le Girondin Rebecqui à Marseille. — Les royalistes s'emparent du mouvement. — Terreur blanche. — Siége et prise de la ville par l'armée républicaine. — Origine de la révolte à Toulon. — Les royalistes, cachés derrière les Girondins, se rendent maîtres des sections et fondent un Comité général. — Leur tribunal soi-disant populaire. — Le couronnement de la Vierge. — Paméla. — Toulon est vendu aux Anglais par les chefs de la réaction. — La guillotine et le gibet. — Arrivée de l'armée de Cartaux. — Attaque et victoire des Montagnards. — Panique des royalistes. — Incendie de nos arsenaux. — Noble conduite des forçats.

Oh! c'était un beau rêve; mais qu'il était loin de la réalité!

A l'Est, à l'Ouest, au Nord, au Midi, le fédéralisme triomphait. Le vainqueur n'était point Hercule, c'était le Dragon. Gardienne de la République une et indivisible, la Convention avait besoin de toute son énergie pour soutenir la lutte et terrasser le monstre. Ce qu'il y avait de plus affreux, c'est que tous les départements révoltés appelaient l'étranger à leur secours. « A nous les Anglais! à nous les Espagnols! à nous les Prussiens! à nous les Italiens! vous voulez notre sol, nous vous le livrons. Venez, délivrez-nous de la République! Vive Louis XVII! »

Trois villes du Midi ralliaient le faisceau de la révolte, Lyon, Marseille, Toulon.

A Lyon, les maîtres de fabriques, les gros négociants, plus ou moins Girondins, d'accord avec quelques nobles déguisés qui cachaient soigneusement *l'épée de leurs pères* sous la blouse ou sous un pantalon de gros drap, avaient trompé, séduit une partie des ouvriers et les avaient entraînés dans un soulèvement formidable. Le sang des patriotes et des Jacobins avait coulé à flots sur l'échafaud royaliste. Celui de Chalier, immolé par la faction girondine, fumait encore et criait vengeance. La Convention en fut réduite à faire le siège de la ville. On a lieu d'être étonné de la longanimité qu'elle déploya : cette Assemblée qui passe pour avoir été dure et implacable, usa d'abord d'une extrême tolérance envers les rebelles. Robespierre, Couthon, Saint-Just, Carnot et Barère avaient par une lettre spéciale recommandé la clémence aux représentants Dubois, Crancé et Gauthier, chargés de surveiller les opérations du siège. On espérait que Lyon se rendrait et dans cette prévision le Comité de Salut public rappelait aux Commissaires un vers latin : *Parcere subjectis et debellare superbos :* « Épargnez ceux qui se soumettent; punissez les orgueilleux qui résistent. » Telles étaient leurs instructions, qui n'avaient rien de bien terrible.

Cependant Lyon tenait toujours; quand ce siége finirait-il? Les citoyens de la ville restés fidèles à la loi, à la représentation nationale, étaient dénoncés, injuriés, jetés dans les cachots. A la nouvelle de ces retards et de ces outrages, une sourde fureur s'empara de la Convention.

Dans la nuit du 8 au 9 octobre, Lyon est emporté de vive force, et le 9 au matin, les troupes de la Montagne, noires de poudre, tambour battant, enseignes déployées, entrent dans la cité rebelle. Vont-elles mettre tout à feu et à sang?

Ni représailles, ni pillage. Un ordre du jour signé des représentants en mission, Couthon, Laporte et Maigret, avait recommandé aux vainqueurs le respect des personnes et des propriétés.

L'intention des commissaires était très-certainement de frapper les superbes et les grands coupables, les chefs de l'insurrection, et d'épargner les humbles qui s'étaient laissés entraîner par faiblesse ou par erreur. Deux systèmes de tribunaux bien distincts devaient juger à part ces deux catégories d'insurgés.

A Paris, combien fut différente l'impression produite par la prise de Lyon, après une longue et sanglante résistance! « Qui osera réclamer votre indulgence pour cette ville rebelle? » s'écria Barère, parlant le 12 octobre au nom du comité de Salut public. « Elle doit être ensevelie sous ses ruines. Que devez-vous respecter dans votre vengeance? la maison de l'indigent, l'asile de l'humanité, l'édifice consacré à l'instruction publique; la charrue doit passer sur tout le reste. Le nom de Lyon ne doit plus exister. »

Et la Convention, voulant donner un terrible exemple aux villes révoltées, décréta qu'une commission extraordinaire ferait punir militairement et sans délai les contre-révolutionnaires, que la ville serait détruite; qu'on ne laisserait debout que les maisons des pauvres, les habitations des patriotes égorgés ou proscrits, les édifices consacrés à l'industrie, les hôpitaux, les écoles; que la réunion des maisons conservées prendrait désormais le nom de *Commune Affranchie;* enfin que sur les ruines de la ville rebelle s'élèverait une colonne portant l'inscription suivante : « Lyon fit la guerre à la liberté, Lyon n'est plus. »

Ce décret ne fut jamais appliqué à la lettre. Couthon, l'homme de Robespierre, se contenta d'un simulacre de démolition légale. Infirme, il se fit transporter dans un fauteuil sur la place de Bellecour; là, armé d'un petit marteau d'argent, il donna deux ou trois coups à l'une des maisons de la place, en disant *la loi te frappe!* La maison resta debout, et ne s'en porta pas plus mal pour avoir été démolie moralement.

La ville de Lyon perdit son nom, il est vrai; mais « Qu'y a-t-il dans un nom? » dit le grand poëte Shakspeare.

Il faut ajouter que beaucoup de Conventionnels, parmi ceux-mêmes qui avaient voté le décret, encourageaient Couthon à persévérer dans cette voie d'indulgence et de sagesse. « Sauvez Lyon à la République, lui écrivait Hérault de Séchelles; arrachez ce malheureux peuple à son égarement; punissez, écrasez les monstres qui l'asservissent, vous aurez bien mérité de la patrie. Ce nouveau service sera un grand titre de plus dans votre carrière politique. »

Non content d'épargner la population ouvrière de Lyon, Couthon cherchait à l'éclairer. « Je vis, écrivait-il à Saint-Just, dans un pays qui avait besoin d'être entièrement régénéré; le peuple y avait été tenu si étroitement enchaîné par les riches, qu'il ne se doutait pour ainsi dire pas de la Révolution. Il a fallu remonter avec lui jusqu'à l'alphabet, et quand il a su que la déclaration des droits existait, et qu'elle n'était pas une chimère, il est devenu tout autre. »

Cette modération déconcerta les enragés, les hébertistes, les vengeurs de Chalier; ils s'indignèrent et crièrent au scandale. Couthon n'en persévéra pas moins dans sa politique de clémence. Sauveur de Lyon, il revint à Paris.

A peine s'était-il éloigné, que l'incendie mal éteint, se ranima. Le Comité de salut public eut alors la malheureuse idée d'envoyer à Lyon Collot d'Herbois et Fouché, le futur duc d'Otrante. Qui oserait défendre les atrocités commises par ces deux hommes, leur règne odieux, leurs fureurs de tigres? Collot essaya pourtant de se justifier après le 9 thermidor. « Lorsqu'il arriva à Lyon, dit-il, la première chose qu'il apprit, c'est qu'à Montbrison on pendait les patriotes à leurs fenêtres. On brûlait les soldats dans les hôpitaux. Eux aussi, les aristocrates, poussaient le cri sauvage : *A la lanterne.* Précy, le général de la contre-révolution, faisait fusiller des femmes pendant qu'il était à table. On tuait à coup de pistolets les républicains dans les rues, on citait les noms d'officiers municipaux qu'on avait enfermés dans les caves et laissé mourir de faim. La populace réactionnaire avait écrasé, sous une meule de moulin, des soldats de l'Ardèche, et dansé tout autour une carmagnole royaliste. »

Debout sur un pareil volcan, il avait été pris de vertige, la tête lui avait tourné ; il était devenu fou furieux.

En était-il arrivé à rougir de ses actes, ou redoutait-il, au lendemain du 9 thermidor, la hache des modérés? Toujours est-il qu'il ne renonçait point à sa défense : il niait avoir fait attacher des hommes et des femmes à la bouche des canons. Il avouait bien avoir employé 15 000 travailleurs, individus sans ouvrage, à détruire les forts de Saint-Jean et de Pierre-Cise ; mais détruire les nids crénelés de l'insurrection n'était point saccager la ville.

Avait-il donc oublié la lettre écrite par lui en 93 à la Convention? « Les démolitions sont trop lentes ; il faut des moyens plus rapides à l'impatience républicaine. L'explosion de la mine, l'activité dévorante de la flamme, peuvent seules exprimer la toute-puissance du peuple. »

Admettons que la légende ait exagéré les crimes dont se souillèrent à Lyon Collot-d'Herbois et Fouché ; le vertige de peur et de vengeance dont ils furent saisis : il n'en reste pas moins certain que ces deux fléaux avaient épouvanté les citoyens tranquilles, détruit l'industrie et le commerce, paralysé le travail, tari dans cette cité florissante une des sources vives de la prospérité nationale.

« Ah! si le vertueux Couthon fut resté à Commune-Affranchie, écrivait Cadillot, de Lyon, que d'injustices de moins! Six mille individus n'auraient pas tous péri. Le coupable seul eût été puni... Mais Collot... ce n'est pas sans raison qu'il a couru à Paris soutenir son ami Ronsin [1]. Il a fallu des phrases bien empoulées pour couvrir de si grands crimes. »

Et ce sont ces mêmes hommes, ces proconsuls, tous dégoûtants de sang et enivrés des excès de la tyrannie, ces Collot-d'Herbois, ces Fouché qui osèrent plus tard accuser Couthon et Robespierre de viser à la dictature.

Lyon était soumis, terrassé ; mais que se passait-il à Marseille, à Toulon?

La vieille cité phocéenne portait en quelque sorte la peine de son dévouement et de son patriotisme. Le sang de ses meilleurs enfants s'était dispersé. Les volontaires avaient couru au champ d'honneur, au péril, à la mort. Il ne restait plus dans ses murs que des négociants, des courtiers, des armateurs, des calfats, des étrangers. Le commerce était républicain ; mais il voulait une République modérée. Les monarchistes, ne se sentant point assez forts pour découvrir tout à coup leurs projets, se cachèrent derrière le parti qui s'éloignait le moins de leurs idées. Ils flattèrent les modérés, les excitèrent à prendre l'avant-garde. Le Girondin Rebecqui prêcha d'abord la révolte, mais quand il vit les royalistes s'emparer du mouvement pour le diriger contre la République, le désespoir s'empara de sa personne et il se précipita dans la mer.

Une fois maîtres du terrain, les partisans de l'ancien régime n'hésitèrent plus

---

[1]. Ce Ronsin, homme d'esprit, grand, beau hâbleur, était la plus terrible machine de répression qu'on pût imaginer. Il ne rêvait que faire sauter par la mine des rues entières. Se croyant l'exécuteur des vengeances populaires il eût voulu inventer la foudre. Ce fou dangereux appartenait aux hébertistes, dont il était l'épée.

à jeter le masque. Profitant de l'indifférence des uns, de l'ignorance des autres, ils arborèrent d'une main résolue l'étendard de la terreur blanche. Les Jacobins, enfermés au fort Saint-Jean, en sortaient tous les jours par douzaine pour marcher à la guillotine.

La Convention envoya contre Marseille l'armée de Cartaux. Aix et Avignon l'attendaient pour l'anéantir ; six mille fédérés lui barraient le passage ; elle dissipa, chemin faisant, ces bandes mercenaires comme une nuée de sauterelles. Marseille est cernée, les pièces de siège tonnent, les bombes éclatent contre les remparts des royalistes. Il faut que la ville se rende ou qu'elle meure.

Le 31 août, un aide de camp du général Cartaux paraît à la barre de la Convention. Il annonce qu'on peut regarder Marseille comme tout près de tomber aux mains de l'armée républicaine. Porteur de trois drapeaux enlevés aux rebelles, il présente en outre à l'Assemblée deux boulets de plomb tirés sur les représentants du peuple, Albète et Nioche, puis il réclame un renfort pour en finir avec la révolte du Midi.

C'est Robespierre qui lui répond : « Renvoyez à vos ennemis les boulets lancés par des mains coupables ; achevez la défaite de l'aristocratie hypocrite que vous avez vaincue. Que les traîtres expirent ! que les mânes des patriotes assassinés soient apaisées, Marseille purifiée, la liberté vengée et affermie !... Dites à vos frères d'armes que les représentants du peuple sont contents de leur courage républicain ; dites-leur que nous acquitterons envers eux la dette de la patrie ; dites-leur que nous déploierons ici contre les ennemis de la République, l'énergie qu'ils montrent dans les combats. »

Au moment où l'aide de camp de Cartaux déclarait la victoire sûre et prochaine, la ville de Marseille était, sans qu'il le sût, au pouvoir des assiégeants.

Tout cédait, tout ployait sous la main de fer du Comité de salut public, tout, excepté Toulon.

Là était le quartier général de la résistance. Pendant quelque temps les Jacobins avaient été maîtres de la ville, grâce aux ouvriers de l'arsenal ; mais de jour en jour déclinait leur puissance. Des menées sourdes et ténébreuses minaient à petit bruit l'autorité de la Convention nationale. La réaction s'enhardit jusqu'à faire arrêter les représentants du peuple Beauvais et Pierre Bayle, qui furent conduits au fort Lamalgue et lâchement outragés. Un gouvernement organisé par les Girondins s'empara des affaires de la ville. Jusqu'ici c'était la République modérée qui triomphait ; mais aussi bien à Toulon qu'à Marseille, sous ce simulacre, se cachait, comme sous un voile, la tête hideuse du royalisme. Dans la ville se trouvait alors un homme de haute taille, simple bridier de son état actif, intelligent, véritable sphinx, cachant on ne savait quelle énigme sous un front d'airain, son nom était Roux.

Il rassemblait aux Minimes quelques fidèles, les haranguait et, tout en se couvrant encore des couleurs nationales, n'était au fond qu'un royaliste déguisé.

Le 18 juin 93, parut un manifeste contre-révolutionnaire tiré à plusieurs milliers d'exemplaires.

« Les anarchistes écument de rage. Mais, citoyens, votre victoire n'est point encore complète, et ne nous flattons point d'en assurer les effets tant que l'homme abusé par la scélératesse et l'impiété affichera les principes de l'athéisme, et osera porter des mains sacriléges sur les ouvrages de la divinité.

« Il est temps de rendre à l'humanité souffrante ses droits, sa religion, ses ministres… Ah ! il n'est que trop vrai que les principes philosophiques ont été la cause de l'irréligion et de nos malheurs !… »

Ce manifeste avait été rédigé par Roux. Tartufe l'eût signé.

Enhardi par le succès qu'obtenaient les manœuvres de Roux l'orateur des Minimes, le Comité général usurpait peu à peu le pouvoir des sections, composé de membres plus ou moins royalistes, bientôt il jeta le masque du girondisme. Jouant sur les mots, il institua d'abord un *tribunal populaire* dont il fit l'instrument de ses projets et de ses vengeances. Le moyen de rassurer les timides, les indécis, est de leur offrir la protection d'une épée ; aussi les proclamations du général royaliste Wimpffen furent-elles répandues à profusion dans la ville. Ne fallait-il point d'un autre côté réveiller le zèle des dévots ? Ne sont-ils point du bois dont on fait les autels et les trônes ? Les sections étaient vaincues, démoralisées ; elles votaient ce que voulait le Comité général. On leur fit décréter le *couronnement de la Vierge*, cérémonie entourée d'une pompe extraordinaire et que suivit un *Te Deum* chanté au bruit du canon. Une grande procession termina la fête. Pour quiconque connaît les populations du Midi, il est facile de deviner l'effet produit sur ces têtes de feu par une telle représentation théâtrale. La Vierge couronnée demandait un roi.

Seuls les marins et les patriotes regardaient d'un œil sombre une manifestation dont ils prévoyaient les conséquences.

Cependant la ville commençait à souffrir de la faim. Les communications du côté d'Aix et de Marseille étaient coupées par l'armée de Cartaux, et du *côté de la mer, par les flottes combinées des Espagnols et des Anglais croisant* devant la rade. Notez d'ailleurs que tous les nobles du midi, tous les chevaliers errants de l'ancien régime s'étaient réfugiés, entassés au pied de ces chaînes de montagnes qui dominent Toulon. Là, du moins, ils se croyaient en sûreté ; là ils pouvaient braver les foudres de la Convention nationale.

D'un autre côté, le peuple grondait et guettait l'occasion d'agir.

La situation du comité général ne laissait donc point que d'être très-perplexe. Obligé de lutter au dehors contre la Montagne et au dedans contre les tentatives renouvelées des patriotes toulonnais, il reconnut bientôt son impuissance. C'est alors que les membres de ce comité, Chaussegros, commandant des armes, Puissant, ordonnateur en chef de la marine, l'amiral Trogoff et Dournet mirent à exécution l'infâme projet qu'ils avaient conçus depuis longtemps. Après avoir proclamé Louis XVII roi de France, ils traitèrent, le 27 août, avec l'amiral anglais, Hood, et s'engagèrent à lui livrer les forts et la rade.

Voilà donc où devaient aboutir les prédications hypocrites de Roux : le couronnement de la Vierge, les processions, les hymnes et les bénédictions du clergé !

Quand cet exécrable marché fut connu, tout ce qui avait un cœur français à Toulon frémit d'indignation et de rage. Fidèles à la patrie, les marins brûlaient de s'élancer contre la flotte anglaise; mais partout, la réaction avait paralysé chez les officiers l'énergie et le sentiment du devoir. Dans l'arsenal, sur les vaisseaux, on chercha un homme capable de se mettre à la tête du mouvement; on ne le trouva point. S'il se fût rencontré, il est probable que la flotte anglaise n'aurait jamais tourné le cap Cépet.

Où donc étaient alors les Girondins? accablés sous le poids de leurs fautes, évincés, ils laissaient faire les royalistes.

Au milieu de la nuit du 28 août, nuit lugubre, nuit maudite, lord Elphinstone débarquait sans bruit au port des Ilettes, à la tête de quinze cents Anglais portant des lauriers à leurs shakos, les lauriers de la trahison!

Guidé par un détachement royaliste de garde nationale, il s'avance vers le fort Lamalgue dont un membre du perfide comité lui remet les clefs. Le lendemain les équipages de vingt-huit navires portant le pavillon tricolore voient le drapeau anglais flotter sur le parapet supérieur du fort et l'amiral Hood entrer avec ses vaisseaux dans cette magnifique rade de Toulon. A ce moment un cri terrible, immense, sort de tous les entreponts: « Trahis!... Les scélérats! »

Les marins français demandent le combat avec fureur. Ils bondissent dans les vaisseaux comme des lions dans leur cage. Les officiers les retiennent, les supplient, se jettent à leurs genoux. La plupart d'entre eux avaient servi sous l'ancien régime. La Révolution leur faisait peur. Ils déshonorèrent ce jour-là leur uniforme. Cependant un navire de guerre, *le Commerce de Marseille*, embossé en tête de la rade montrait fièrement ses canons aux Anglais, c'est vers lui que se tournent les regards et le dernier espoir des marins fidèles à la patrie. Sept mille d'entre eux, le cœur palpitant d'émotion attendaient pour courir à l'ennemi la bordée du vaisseau resté immobile à son poste. Le feu ne partit pas. Que dis-je? On aperçut bientôt une chaloupe faisant force de voiles et dans laquelle brillaient des uniformes. C'était le capitaine du *Commerce de Marseille* Saint-Jullien, un noble, qui passant avec ses officiers devant le vaisseau le *Patriote*, cria au brave capitaine Bouvet : « Tout est perdu. »

Le lâche! et il fuyait sans combattre.

Le lendemain sept mille matelots indignés partaient pour aller rejoindre l'armée de Cartaux, tandis que des canots pavoisés aux couleurs étrangères débarquaient devant l'hôtel de ville, l'amiral espagnol Langara, les généraux Goodal, Gravina, Malgrave, Moreno, et Hood qui, reçu avec de grands honneurs par le comité général des sections, prit possession de Toulon au nom de Sa Majesté Britannique.

La nouvelle de ces sinistres événements arriva vers le 1ᵉʳ ou le 2 septembre à Paris. Les aristocrates, les royalistes se réjouirent et, qui plus est, ils eurent l'imprudence d'afficher publiquement leur joie. L'invasion, la ruine de la France, le drapeau de l'étranger flottant sur notre première ville de guerre maritime, c'était leur victoire à eux.

Or, à ce moment même, les comédiens du Théâtre-Français jouaient une mauvaise pièce intitulée *Paméla*, dans laquelle l'auteur, François de Neufchâteau, faisait un pompeux éloge du gouvernement britannique. L'opinion publique s'émut; le Comité de salut public donna l'ordre à la municipalité de suspendre les représentations, et se fit immédiatement remettre le manuscrit.

Le lendemain l'auteur de *Paméla* se présenta lui-même au comité. Il fit valoir en sa faveur une circonstance atténuante : cet ouvrage datait de 1788; enfin il proposa des changements qui étaient de nature à modifier le caractère de sa comédie. Le comité rapporta son arrêté de la veille, et la pièce fut reprise le 1er septembre.

Grande attente. Salle pleine. Tout ce que Paris comptait alors de beau monde se rendit au Théâtre-Français. Les moindres allusions qui n'entraient pas même dans la pensée de l'auteur furent saisies avec des transports d'enthousiasme. Des Français croyaient la France perdue, et ils applaudissaient. Un officier d'état-major de l'armée des Alpes, qui avait figuré au siége de Lyon et se trouvait alors en mission à Paris, se leva. Les mots de calomnie, de scandale s'échappèrent de ses lèvres. A l'instant même interrompu par des clameurs, abreuvé d'outrages, il fut obligé de quitter la salle. Il court aux Jacobins, raconte ce qui venait de se passer, Robespierre présidait : il engage l'officier à s'adresser au comité de Salut public et à dénoncer les faits dont il avait été témoin.

Le lendemain 2 septembre, le comité de Salut public ordonne la fermeture du théâtre, l'arrestation des acteurs et de l'auteur de Paméla. Cette sévérité à laquelle s'associa la Convention tout entière, dans sa séance du 3, après la lecture d'un rapport de Barère, s'explique assez par les sentiments hostiles des ci-devant *comédiens ordinaires du roi*. Ils en voulaient à la Révolution de les avoir dépouillés de certains priviléges et des faveurs de la cour. Les actrices surtout ne pardonnaient point au 10 août de leur avoir enlevé leurs plus riches protecteurs, les vieux marquis de la Régence et du règne de Louis XVI.

Ce théâtre était, selon la parole de Robespierre, « le repaire de l'aristocratie ».

Ce qu'il y a de piquant est que l'auteur de Paméla, François de Neufchâteau, membre de l'Assemblée législative, avait conquis par ses votes l'estime et l'amitié de Maximilien. Est-ce à cette circonstance qu'il dut d'être mis en d'état d'arrestation chez lui?

Toutefois les renseignements sur le désastre de Toulon étaient encore vagues, incertains, lorsque le 2 septembre Soulès, un ami de Chalier, le martyr de la démocratie lyonnaise, se présente à la barre de la Convention, raconte tout, dévoile la noire trahison des Royalistes et des Girondins. Les représentants demeurèrent foudroyés sur leur banc. Barère craignant sans doute pour le ministère et pour le Comité de Salut public, dont il était membre, soutient hardiment, qu'il n'en peut être ainsi, quelques députés demandent même l'arrestation de Soulès comme porteur de fausses nouvelles. C'est égal, le trait avait porté, tout Paris s'émut.

La Convention ne tarda point à connaître toute la vérité. Frémissante d'une juste et noble colère, elle adressa aux départements du Midi la proclamation suivante :

« Français, une des principales villes, le port le plus important et la plus

Merlin de Douai donne lecture de son rapport.

considérable escadre de la République ont été lâchement livrés aux Anglais par les habitants de Toulon.

« Des Français se sont donnés aux Anglais ! cette trahison infâme, dont la pensée seule aurait pénétré d'indignation et d'horreur des Français esclaves d'un roi, a été conçue, méditée, exécutée par des Français qui se disaient républicains. — Les scélérats ! Et c'était nous qu'ils accusaient d'être les ennemis de la République et de vouloir être les restaurateurs de la royauté ! Et ces paroles qu'ils osent nous adresser aujourd'hui, ils les datent de l'an Ier du règne de Louis XVII !

« Vengeance, citoyens ! Qu'ils périssent, tous ceux qui ont voulu que la République périt ! Et vous, départements du Midi, vous serez tous complices de ce déchirement de la France, si vous ne vous empressez d'en punir les auteurs. »

Cette proclamation, ainsi que le décret qui mettait hors la loi l'amiral Trogoff, l'ordonnateur Puissant et le capitaine des armes, fut adressée au Comité général de Toulon. Le président en donna lecture à quelques convives, car il était à dîner avec les généraux anglais, puis il envoya les deux pièces au bourreau pour être brûlées sur la place publique.

Sous le canon de leurs amis les ennemis, les ci-devant, les Girondins et les royalistes étaient désormais les maîtres de la ville. En moins de huit jours, les escadres coalisées avaient vomi sur le sol provençal 2500 Anglais, 14500 Espagnols ou Napolitains et 3000 Piémontais.

Les royalistes avaient déjà versé beaucoup de sang; mais, enhardis par la présence des forces étrangères, ils redoublèrent de cruauté.

Les deux représentants du peuple Bayle et Beauvois moururent dans les cachots; l'un succomba aux mauvais traitements, l'autre, voulant abréger, se poignarda!

Le 13 septembre 93, on lisait sur les murs de la ville :

« An Ier du règne de Louis XVII. Vu l'arrêté pris par le *tribunal populaire*, le Comité général ordonne que le gibet sera placé, les jours d'exécution, au milieu de la place d'armes, et qu'il sera enlevé tout de suite après l'exécution; qu'à cet effet la municipalité sera invitée à faire travailler sans délai à un gibet qui puisse être placé et déplacé au fur et à mesure des exécutions. »

Le gibet et non l'échafaud! Pourquoi? L'échafaud eût été un instrument de supplice trop noble pour cette canaille de Jacobins. Le gibet était assez bon pour eux, et puis ne rappelait-il pas beaucoup mieux l'ancien régime?

On s'était pourtant servi dans les commencements de ce qu'on avait trouvé sous la main. Dès les premiers jours d'août, la Commission martiale avait fait jeter pêle-mêle sous le couteau de la guillotine l'ancien maire démocrate de Toulon, le président du tribunal criminel, celui des Jacobins, le commandant de la garde nationale patriote et autres victimes. Calme et fier, le jacobin Silvestre, avant d'être attaché sur la planche fatale, se tourna vers le peuple et s'écria d'une voix solennelle :

« Les paroles d'un mourant sont prophétiques : infâmes royalistes, la République nous vengera. »

Pendant ce temps-là, un jeune homme, Gueit, du fond de son cachot, adressait à sa mère la lettre suivante :

« C'est au moment où je vais mourir que je vous écris; je n'ai qu'à vous inviter à vous consoler : je vous embrasse un million de fois, mes frères et sœurs, tous mes parents ainsi que mes amis, s'il m'en reste. Je vous avoue à tous que le seul crime qu'on puisse m'imputer est celui d'avoir vécu et de mourir patriote; le ciel seul me vengera. Adieu, adieu, adieu pour toujours! »

Il disait vrai : la seule charge qu'un tribunal de sang eût pu découvrir contre lui était d'être entré le 10 août, à main armée, dans le château des Tuileries.

Quel crime abominable! La réaction appelait cela *violer le palais des rois*. Il fut guillotiné.

Vu l'arrêté du 13 septembre, l'échafaud se repose; mais le gibet fonctionne : à chacun son tour.

Le 14 septembre, au milieu de la place d'armes, on pend l'officier municipal Blache, *prévenu d'avoir profané les lieux saints* [1]; le directeur de la poste aux lettres Pavin, *pour avoir participé aux émeutes*, et une femme nommée Marie Coste, accusée d'espionnage, parce qu'elle avait reçu des nouvelles de l'armée de Carteaux.

Trouvant bientôt que les exécutions n'allaient point assez vite, le tribunal martial appela simultanément à son secours le gibet et la guillotine. Il jugeait et condamnait avec une activité à rendre jaloux Fouquier-Tinville. Les patriotes avaient été entassés dans les flancs d'un navire républicain, le *Thémistocle*. Toutes les nuits, des barques allaient chercher sur cette prison flottante une fournée de prévenus qui passaient immédiatement du tribunal à l'échafaud. Le nombre des victimes devint si considérable que les Anglais eux-mêmes s'en émurent. L'amiral Hood arrêta ces massacres, accomplis sous le masque de la loi, et enjoignit aux royalistes de laisser reposer le bourreau.

La vengeance venait d'un pied lent, mais elle venait. L'armée de la Convention s'avançait à travers de grands obstacles. Il lui fallait franchir des chaînes d'arides montagnes se succédant les unes aux autres, et dont les lignes ondoyantes figurent assez bien une mer de lave pétrifiée. Carteaux était déjà maître des gorges d'Ollioules, lorsque le 2 septembre il fut chassé de cette formidable position par une avant-garde d'Anglais et d'Espagnols. Deux jours après, les braves patriotes s'engagent en colonnes serrées dans ces Thermopyles que barrent de chaque côté d'effrayantes murailles de pierre brute; ils enlèvent Ollioules à la baïonnette, s'emparent d'Evenos et de Sainte-Barbe, les deux clefs occidentales de Toulon. D'un autre côté, le général républicain Lapoype occupe avec trois mille hommes le littoral de l'Est.

Il faut avoir vu Toulon pour se faire une idée exacte de ses moyens de défense. Enfoncée dans un amphithéâtre d'énormes montagnes blanchâtres et nues qui la cachent de trois côtés, cette ville s'ouvre du côté du midi, et fait face à la mer qu'elle touche par les bassins de la marine marchande et de la marine militaire, liés entre eux au moyen d'un chenal. Sur le plateau méridional s'élève le fort Lamalgue, où flottait alors le pavillon anglais. A l'opposite, la redoute de Faron couronne les hauteurs du nord. Protégés par d'autres remparts naturels et par d'autres travaux militaires, les royalistes croyaient la ville imprenable.

Cependant rien n'était imprenable pour ces fils des géants, qui, dans leur marche forcée, se mesuraient chaque jour avec les rochers. Instruits du manque de numéraire et de la division qui commençait à fermenter entre les traîtres, les

---

[1]. Cette profanation consistait à tenir entassée dans une vieille chapelle des sacs de grains qui servaient à nourrir la population affamée.

républicains pressaient les opérations du siége avec une extrême vigueur. Un jeune officier corse avait élevé vis-à-vis de Malbousquet une formidable batterie, dite de la Convention, dont les boulets, lancés avec une précision mathématique, menaçaient de raser les forts. Les alliés firent une sortie avant le jour pour éteindre le feu ; ils réussirent d'abord à s'emparer des pièces et se disposaient à les enclouer lorsque, repoussés par le général Dugommier, qui fut blessé au bras et à l'épaule, ils s'enfuirent laissant le terrain couvert de cadavres.

Le 18 décembre commença l'attaque décisive. Trente pièces de 24 tonnèrent toute la journée, huit mille bombes éclatèrent contre les fortifications royalistes, et à quatre heures du soir les colonnes d'attaque se mirent en marche par le village de la Seyne. Le temps était affreux ; la pluie tombait par rafales. On montre encore le chemin par lequel déboucha l'armée républicaine.

Le 18 au matin, quand les royalistes aperçurent le drapeau tricolore flottant sur les hauteurs de la ville, ils furent glacés de terreur. Toulon était, nous l'avons dit, l'égout dans lequel toute la contre-révolution du Midi avait déversé ses flots boueux. Les familles compromises, les nobles, les prêtres réfractaires, ne songèrent plus qu'à la fuite. Le port, sur lequel s'élève l'hôtel de ville, soutenu par les magnifiques cariatides du Puget, était encombré de meubles, de ballots, de valises, d'objets précieux. Vingt mille individus serrés, bousculés, haletants, se disputaient une chaloupe, un canot, un mât de navire, une planche pour rejoindre la flotte anglaise. Quelques-uns se jetèrent à la nage. Beaucoup périrent dans les flots.

Les alliés, voyant que tout était perdu pour eux, ne songèrent plus qu'à détruire notre matériel de guerre et de navigation. Les Anglais brûlèrent les grands magasins qui renfermaient la poix, le goudron, le suif et l'huile, les vastes dépôts de chanvre, l'atelier des mâtures. L'incendie se propagea ; plusieurs milliers de tonneaux de poudre sautèrent. Nos vaisseaux brûlés, nos armements détruits : ce fut une perte immense pour la France. Une réverbération rougeâtre s'étendait à perte de vue sur la mer. Et le feu montait toujours.

Qui donc éteignit l'incendie ? Les forçats.

Il y avait alors dans le bagne de Toulon six cents galériens. Horrifiés, courroucés, ils jetaient à l'ennemi des regards farouches. Sydney Smith jugea sage de pointer sur eux le canon des chaloupes anglaises. Vaine menace ! on n'entendit bientôt dans le bagne que le bruit des coups de marteaux avec lesquels ces malheureux brisaient leurs fers. Libres, ils s'élancèrent comme des lions, apaisèrent le feu et sauvèrent plusieurs navires. Les forçats, d'après le témoignage du représentant Salicetti, étaient alors *les seuls honnêtes gens de la ville.*

Les commissaires de la Convention se montrèrent sans pitié pour les Toulonnais. Fréron, homme cruel et vindicatif, voulait détruire la ville. On se contenta de démolir quatre maisons ayant appartenu à des membres du Comité des sections, quatre grands coupables. Le Champ-de-Mars fut abreuvé de sang. Ce que rien ne justifie, c'est l'horrible conduite de Barras et de Fréron sur un autre théâtre. Pourquoi confondre dans le châtiment Marseille avec Toulon qui s'était livré aux Anglais? Toulon traité en ville conquise fut appelé *le port de la Montagne*, c'était la juste punition de son crime ; mais la vieille cité phocéenne, qui avait rendu tant de services à la cause de la République, méritait-elle l'affront qu'on lui infligea, celui de *ville sans nom?*

Avertie trop tard, la Convention adoucit la rigueur des mesures prises par ses commissaires ; toutefois la mitraillade avait abattu de nombreuses victimes, et la clémence tardive ne ressuscite point les morts.

Ainsi de tous les côtés tombaient les remparts de l'insurrection girondine. Bordeaux était rentré dans le devoir. Lyon, Marseille, Toulon avaient été enlevés de vive force. Le Midi royaliste, tout mutilé par le fer, se repliait en rugissant sur lui-même, ou s'enfuyait tremblant au delà des mers. La Montagne restait maîtresse du champ de bataille ; mais la dure nécessité de vaincre lui avait imposé une série de conditions d'où allait surgir la Terreur.

XIX

Le règne de la Terreur. — Quels sont ceux qui l'ont provoqué. — Comment il s'est formé par une sorte d'incubation lente. — Séance du 5 septembre. — Merlin, Chaumette, Danton, Varennes, Barère. — Aggravation du Tribunal révolutionnaire. — Institution d'une armée spéciale chargée de contenir Paris. — Considérations générales sur les mesures prises par la Convention. — Ce qui serait arrivé si les Montagnards eussent faibli. — Ne pas confondre le système avec ses excès. — La Terreur comparée à l'Empire. — Dernier mot des Conventionnels.

La Terreur! à ce mot qui réveille tant de pénibles souvenirs, la mémoire s'assombrit, le cœur se serre et la pitié se voile la tête.

Il faut pourtant bien reconnaître que ce sombre régime fut amené par les fautes mêmes de ceux qui avaient tout intérêt à le conjurer. Charlotte Corday, après avoir assassiné Marat, datait sa lettre à Barbaroux du *second jour de la préparation de la paix*, et par son coup de couteau elle venait de faire déclarer aux Girondins une guerre à mort. Ceux-ci de leur côté, en soulevant les villes et les campagnes, appelèrent volontairement sur leur tête les inexorables rigueurs de la loi. Après le 10 août, les royalistes n'avaient qu'un moyen pour conquérir l'oubli de leur passé, c'était de se serrer autour du drapeau national, et ces misérables venaient de tendre lâchement la main à l'étranger. Y avait-il des châtiments trop sévères contre un pareil crime?

Rompre l'enchaînement des faits, isoler la Terreur des causes qui l'ont préparée, c'est en faire un monstre. L'historien impartial doit rétablir le lien des événements, montrer la progression des mesures révolutionnaires, les motifs qui les ont produites : si, entrevu à cette lumière nouvelle, le monstre reste effrayant, il acquiert du moins une raison d'être.

Dès le 30 juillet 93, la Convention, sur la proposition de Prieur (de la Marne), réorganisait le Tribunal révolutionnaire afin d'accélérer la marche de la justice et frappait d'accusation le président du même tribunal, Montané. Cette machine à condamnations ne fonctionnait déjà plus assez vite ni avec assez de vigueur en face de la gravité toujours croissante des dangers et des complots qui menaçaient la République. Le surlendemain, à la suite d'un rapport de Barère, l'Assemblée décrétait l'incendie des bois, des taillis et des genêts dans lesquels s'abritaient les Vendéens, la destruction des forêts qui leur servaient de repaire, le transport des femmes et des enfants dans l'intérieur du pays. Elle votait, en outre, le renvoi de Marie-Antoinette devant le Tribunal révolutionnaire et son transfèrement de la tour du Temple à la Conciergerie. Que les tombeaux et mausolées des anciens rois s'élevant dans l'Abbaye de Saint-Denis soient détruits; ainsi le voulait le jugement dernier du peuple. Tout Français qui placerait des fonds sur les banques des pays en guerre avec la République était déclaré traître à la patrie. La Convention entrait dans une ère nouvelle dont elle avait banni la pitié.

Danton qui, plus d'une fois, avait invoqué la clémence en faveur des rebelles, sentit lui-même qu'en face des scènes tragiques dont la ville de Toulon était le théâtre il fallait se montrer implacable. « Il n'est plus temps, s'écria-t-il le 31 juillet, d'écouter la voix de l'humanité qui nous criait d'épargner ceux qu'on égare. Nous ne devons plus composer avec les ennemis de la Révolution; ne voyons en eux que des traîtres; le fer doit venir à l'appui de la raison. »

Le surlendemain de la fête du 10 août, Danton revient à la charge. Son œil étincelle, sa crinière s'agite; il y a du tonnerre dans sa voix. « Point d'amnistie, rugit-il, point d'amnistie à aucun traître : la terreur! l'homme juste ne fait point de grâce au méchant. Signalons la vengeance populaire par le glaive de la loi promené sur les conspirateurs de l'intérieur! »

Mais ce fut surtout dans la séance du 5 septembre que le système de la Terreur apparut avec tout son caractère. Dès le début, un grave jurisconsulte, Merlin, de Douai, présente à l'Assemblée un rapport sur la nécessité de diviser le Tribunal révolutionnaire en quatre sections. Surchargé d'affaires, le tribunal, dit le rapporteur, ne peut suffire à tout. « Cependant, ajoute-t-il, il importe que les traîtres, les conspirateurs reçoivent le plus tôt possible le châtiment dû à leurs crimes; l'impunité, ou le délai de la punition de ceux qui sont sous la main de la justice, enhardit ceux qui tramont des complots; il faut que prompte justice soit faite au peuple. » Merlin, de Douai, parlait au nom du Comité de constitution. Et, sans discussion, l'Assemblée vote le redoutable décret.

A partir de ce moment, ce ne fut qu'une série de propositions violentes, furieuses. Pache, maire de Paris, et Chaumette, procureur général de la Commune, se sont introduits dans l'Assemblée à la tête d'une députation. Ils viennent au nom de Paris affamé par les agioteurs. « Plus de quartier, s'écrie Chaumette, plus de miséricorde aux traîtres!... Si nous ne les devançons pas, ils nous devanceront : jetons entre eux et nous la barrière de l'éternité. » Le sang monte à la tête de la Convention, elle applaudit avec délire.

A la tribune apparaît la face menaçante de Danton. Toute la salle retentit d'applaudissements; car c'est de lui qu'on attend le coup de foudre sur la tête des conspirateurs royalistes. L'orateur appuie toutes les mesures les plus énergiques faites par ses collègues. « Il reste à punir, s'écrie-t-il, et l'ennemi intérieur que vous tenez, et ceux que vous aurez à saisir. Il faut que le tribunal révolutionnaire soit divisé en un assez grand nombre de sections pour que tous les jours un aristocrate, un scélérat, paye de sa tête ses forfaits. » Et l'Assemblée redouble d'enthousiasme.

Billaud-Varenne demande l'arrestation immédiate de tous les ennemis de la Révolution, la peine de mort contre tout administrateur coupable de négligence dans l'exécution d'une loi quelconque, le rapport d'un décret qui interdisait les visites domiciliaires pendant la nuit, le renvoi devant le Tribunal révolutionnaire des anciens ministres, Lebrun et Clavières.

Raffron, du Trouillet, insiste pour qu'il soit enjoint au ministre de l'intérieur d'organiser, dans la journée même, une armée révolutionnaire, chargée de comprimer les mauvais citoyens, d'exécuter partout où besoin serait les lois et les mesures de salut public prises par la Convention nationale, et de protéger les subsistances. Cette proposition appuyée par Billaud-Varennes, par Danton et par plusieurs autres membres, est aussitôt convertie en décret.

Merlin de Douai veut que toute personne convaincue d'avoir tenu des discours étant de nature à discréditer les assignats, de les avoir refusés en paiement, et donnés ou reçus à personne, soit punie de mort.

Au milieu de ce déchaînement de propositions violentes s'élève une belle parole de Thuriot : « Loin de nous l'idée que la France soit altérée de sang ; elle n'est altérée que de justice. » Et cette même assemblée, qui tout à l'heure applaudissait les mesures les plus sévères, s'associe par un élan d'enthousiasme au noble sentiment de l'orateur.

Il fallait conclure ; Barère s'en charge, et résume avec son rare talent les conséquences de la journée. « Les royalistes, s'écrie-t-il, ont voulu organiser un mouvement. Eh bien ! ils l'auront. (Applaudissements.) Ils l'auront organisé par l'armée révolutionnaire, qui *mettra la terreur à l'ordre du jour*... Ils veulent du sang... eh bien ! ils auront celui des leurs, de Brissot et d'Antoinette. »

Cette séance du 5 septembre fut décisive ; mais il serait vraiment puéril de n'y voir qu'un coup de théâtre monté par la Commune. Il nous faut chercher plus haut la cause des sombres péripéties qui vont obscurcir le ciel naguère si pur de la Révolution. A-t-on donc oublié qu'à l'Assemblée législative les Girondins eux-mêmes avaient forgé cette arme de la terreur dont ils comptaient bien se servir contre les nobles et les prêtres réfractaires ? Depuis leur chute, la nécessité de la répression à outrance n'avait-elle point grandi avec l'audace des conspirateurs ? Le fédéralisme qui n'était d'abord qu'un nuage, un rêve, une utopie, n'aurait-il point démembré la République sans l'indomptable énergie de la Convention ? Les royalistes, que les Girondins couvrirent un instant de leur popularité, n'avaient-ils point versé à flots le sang des patriotes ? n'avaient-ils point vendu aux Anglais la terre sacrée de la patrie ?

Rêvée, invoquée, pratiquée par les partis, la Terreur ne devait-elle point tomber comme un glaive entre des adversaires implacables ?

— Que ce glaive s'éloigne ! s'écriaient au fond du cœur les hommes miséricordieux et sensibles.

— Je ne passerai pas, disait le glaive, que je n'aie exterminé les ennemis du peuple, les traîtres à la patrie.

A coup sûr, le système inauguré dans la séance du 5 septembre était détestable. L'Inquisition, en jetant dans les flammes du bûcher des millions de victimes, s'appuyait du moins sur une fiction, le droit divin. Elle punissait en vertu d'une autorité antérieure et supérieure à toutes les sociétés humaines. Fille du droit et de la réalité, la Révolution française, au contraire, n'avait à invoquer d'autres excuses que la raison d'État, la nécessité des temps, la loi suprême du salut public ; mais qui ne voit que tous les gouvernements peuvent se couvrir des mêmes armes contre leurs adversaires ? C'était, en outre, une erreur de croire que la hache fût à même de vaincre toutes les résistances, de rompre certaines associations de faits et d'idées, d'en finir avec la religion des regrets et des souvenirs. Il est plus facile de supprimer les hommes que de détruire les partis et surtout d'anéantir les causes qui en déterminent l'existence. On s'étonne vraiment de la confiance de Robespierre, disant le 5 septembre : « Aujourd'hui l'arrêt de mort des aristocrates est prononcé, et demain l'aristocratie cessera d'être. » Elle fut le lendemain ce qu'elle était la veille.

Ce système, je le répète, était mauvais ; mais la difficulté consistait à en présenter un autre. La Révolution s'était tout d'abord montrée douce et débonnaire ; elle s'était appuyée sur l'amour, non sur la force et l'intimidation ; elle avait convié tous les Français à se réunir autour de l'autel sacré de la patrie. Comment ses adversaires lui avaient-ils tenu compte d'une telle magnanimité ? Ils avaient soulevé contre elle le monstre sanglant de la Vendée. A ses déclarations pacifiques et fraternelles, ils avaient répondu par des défis audacieux, par des menées sourdes, par la guerre civile, par l'alliance avec l'étranger, par la trahison et par les insultes contre la souveraineté du peuple. La coupe était pleine : il fallait qu'elle débordât.

Saint-Just se fit l'interprète du sentiment national, le jour où il dit devant la Convention : « Si les conjurations n'avaient point troublé cet empire ; si la patrie n'avait pas été mille fois victime des lois indulgentes, il serait doux de gouverner par des maximes de paix et de justice naturelle ; mais entre le peuple et ses ennemis il n'y a plus de commun que le glaive. Il faut régir par le fer ceux qui ne veulent pas être régis par la justice ; il faut opprimer les tyrans. »

Les royalistes avaient repoussé la clémence ; la Convention en fut donc réduite à contenir l'intérieur par l'échafaud et à faire garder nos frontières par la Mort.

Quoi qu'il en soit, la Terreur n'est point sortie tout armée du cerveau d'un seul homme, comme la sombre Pallas de la tête de Jupiter ; elle est sortie d'un enchaînement de faits.

Les grandes mesures révolutionnaires demandent à être jugées à distance et avec tout le sang-froid de la réflexion. Les contemporains qui, ruinés dans leur fortune, frappés dans leur famille, ont traversé, les pieds dans le sang, cette époque terrible, sont excusables sans doute de l'envisager à travers un voile d'horreur. On s'explique ainsi l'amertume des Mémoires écrits après le 9 thermidor et la fureur des vieux historiens royalistes. Mais il nous faut, fils d'un autre siècle, étouffer cet égoïsme de la sensibilité et nous placer dès maintenant dans l'avenir. En histoire, le mal est souvent un bien dont nous ne saisissons pas les rapports. A mesure que les faits se succèdent, ces rapports s'établissent, et l'anathème s'efface alors peu à peu des événements et des hommes auxquels nous l'avions appliqué. Tout en donnant des regrets bien légitimes aux victimes de ces temps orageux, nous devons nous soumettre à la loi du progrès,

Rassemblements devant l'Hôtel de Ville.

si dure qu'elle soit, et reconnaître que ces plaintes, ces réprobations tardives, ces invectives des royalistes tombent devant un mot tranchant et inflexible comme la hache : ils l'ont voulu. Donc, finissons-en, une fois pour toutes, avec ces élégies à froid et ces panégyriques inutiles des victimes, de peur de ressembler aux anciens peuples de l'Égypte qui passaient toute leur vie à embaumer les morts.

Combien d'ailleurs ils se tromperaient, ceux qui voudraient rendre la République responsable de ces violences! En France, de même que dans les États du Nouveau-Monde, le gouvernement républicain aurait pu s'introduire par des voies pacifiques. Nous avons indiqué le moment où cette substitution de la République à la monarchie se serait accomplie sans verser une goutte de sang.

Si, après le 10 août, elle fut contrainte de lutter pour son existence et de se couvrir de la Terreur comme d'une armure de géant, à qui la faute? A vous, chouans et Vendéens, à vous, éternels suppôts de la tyrannie, à vous, modérés et Girondins. Ce n'était d'ailleurs pas la République, c'était la Révolution qui avait besoin de faire peur. A la force elle résista par la force, au glaive par le glaive, à l'insurrection par l'échafaud. Et puis la Révolution n'était pas seulement un pouvoir, c'était une idée. Comme gouvernement, elle avait le droit de se défendre; comme idée, elle se devait à elle-même de sauver la France. Les hommes de mauvaise foi qui, à distance des événements, ont le facile courage d'attaquer les actes de la Convention nationale ne tiennent aucun compte du but vers lequel la France s'avançait toute palpitante d'enthousiasme. C'est une erreur de croire que, dans la pensée des hommes de 93, elle pût être un moyen durable de gouvernement. Poussés à bout par les circonstances les plus tragiques, ils avaient été forcés de jeter sur la justice et la liberté un voile sanglant; mais derrière ce voile se cachait une philosophie douce et amie de l'humanité.

Soyons justes envers le gouvernement révolutionnaire : tenons-lui compte enfin du peu de ressources qu'il avait sous la main pour comprimer les rebelles et pour assurer son existence. Ici la conservation était sainte, car elle sauvait une propriété morale, la propriété du genre humain tout entier. Occupée à la frontière par les armées ennemies, à l'intérieur par la Vendée et par toutes les insurrections partielles, la Convention n'avait pas quatre cent mille baïonnettes appuyées, comme dans les gouvernements *réguliers*, sur la poitrine frémissante de l'émeute; pour se maintenir sans soldats à l'intérieur, sans police organisée, sans argent, au milieu de tant de haines déchaînées, de tant de résistances écumantes, de tant d'ennemis avoués ou latents, la République n'avait que l'échafaud. Si l'on réfléchit à la situation désarmée où elle se trouvait vis-à-vis des partis décidés à tout entreprendre, on sera moins étonné, je crois, de l'usage violent et immodéré qu'elle fit de la peine de mort. Le nombre des victimes effrayait, consternait les hommes d'État eux-mêmes qui étaient à la tête du mouvement : mais l'énergie et la fermeté de leurs convictions masquaient le remords dans ces cœurs stoïques.

Est-il, oui ou non, reconnu que la France avait besoin d'une révolution profonde, complète, pour sortir de l'état d'avilissement et de malaise dans lequel elle languissait depuis des siècles? Si l'on nie cette vérité, qu'on ait le courage de blâmer la convocation des États généraux, le consentement donné par Louis XVI à la réunion des trois ordres et à la Constitution de 89. Si au contraire la nécessité d'une grande réforme sociale ne trouve plus guère de contradicteurs, où voulait-on que cette réforme s'arrêtât? Il y aurait de l'inconséquence à croire qu'une telle secousse pût être imprimée à la nation sans froisser bien des intérêts, sans susciter des résistances à main armée? Dans l'ordre des temps, Mirabeau était le glaive dont Robespierre fut la pointe.

Ceux qui acceptent avec amour les idées de 89 et qui reculent ensuite devant les conséquences pratiques de la fameuse déclaration des Droits nous semblent des esprits honnêtes, mais faibles. Si vous admettez la Révolution, il faut l'admettre pleine, entière, logique, entourée de toutes les conditions nécessaires qui devaient l'établir et la perpétuer, malgré les attaques de ses ennemis. Il n'y a rien de plus mortel aux nations que les demi-mouvements vers une rédemption sociale, qui agitent tout sans rien détruire ni rien fonder. S'est-on bien demandé ce qui serait advenu si par la force et l'épouvante la Convention n'eût point arraché aux rebelles l'espérance même de la victoire? Le sol de la France eût été livré à l'ennemi. La guillotine et le gibet eussent fonctionné du nord au midi, de l'Est à l'Ouest, comme ils sévissaient à Lyon, à Marseille, à Toulon contre les révolutionnaires. La bande des émigrés fût rentrée dans les vieux châteaux, altérée de vengeance. Les acquéreurs des biens nationaux eussent été dépossédés, flétris, exterminés, la Constitution de 89 eût été déchirée, brûlée par la main du bourreau. Toutes les conquêtes de l'esprit moderne eussent disparu sous un ukase daté du palais de Versailles. Paris, la ville du 10 août, n'eût plus été qu'un monceau de cendres. Le peuple des campagnes, réduit de nouveau à la taille, à la corvée et à la dîme, retombé plus bas qu'il n'était sous l'ancien régime, eût à jamais maudit les Duport, les Sieyès, les Barnave et autres constitutionnels qui l'avaient encouragé à défendre ses droits.

Tel est le mur de fer dans lequel les royalistes avaient enfermé la Révolution, qu'elle devait choisir entre ces deux alternatives : détruire ou être détruite.

Qu'on ne confonde pas toutefois le système de la Terreur avec ses excès. Le système sortit tout formé de la coalition étrangère et de la guerre civile; les excès furent particuliers à quelques hommes. Le gouvernement révolutionnaire avait-il le droit de se défendre? Oui, puisqu'il était sans cesse attaqué. Mû par un besoin de conservation, il remit entre les mains de ses agents des armes terribles, dont plusieurs abusèrent. Les commissaires de la Convention, étant investi d'une sorte de dictature locale, exagéraient trop souvent les mesures de sévérité : à la plaie vive, ils opposaient le fer rouge. Carrier à Nantes, Tallien à Bordeaux, Collot-d'Herbois et Fouché à Lyon, Fréron et Barras à Marseille, Joseph Lebon à Arras, dépassèrent toutes les bornes. La Terreur, qui n'aurait dû être qu'un moyen pour faire rentrer la contre-révolution dans le néant, devint sous le règne de ces hommes sanguinaires une épée à deux tranchants qui frappait les innocents et les coupables. Il y aurait d'ailleurs de la mauvaise foi à prétendre que ces rigueurs fussent approuvées par le gouvernement de la République. La plupart des Montagnards les détestaient, et les auteurs de ces actes injustifiables furent rappelés par la Convention. — Trop tard, dira-t-on; oui, trop tard pour l'humanité; mais le moyen d'arrêter ces commissaires dans l'exécution de leur œuvre de sang, quand le sol tremblait sous leurs pieds et quand leur révocation, en flattant l'audace des royalistes, eût rallumé l'incendie mal éteint?

Ce qui étonne est l'indulgence, souvent même le délire d'enthousiasme avec lequel les historiens de l'Empire parlent des victoires du grand Napoléon. En quoi ce despotisme militant différait-il beaucoup du système de la Terreur? Pour intimider des adversaires redoutables, la Convention leur montrait le couteau de la guillotine; et l'empereur, pour effrayer les pays voisins, pour gagner des batailles, envoyait ses masses de soldats à la gueule du canon de l'ennemi. Les hommes, je le sais, préfèrent de beaucoup cette dernière manière d'être tués; mais en définitive les campagnes de l'Empire ont immolé cent mille fois plus de victimes que l'échafaud de 93. Cette arme frappait d'ailleurs des individus jugés, des coupables aux yeux de la loi, et non de dignes enfants de la patrie sans peur et sans reproche. Et puis, que découvre l'œil du penseur derrière ces grandes tueries césariennes? Rien, absolument rien, sinon le despotisme byzantin appuyé sur une monstrueuse féodalité militaire, tandis que derrière les luttes et les rigueurs de la Convention se dévoile l'avénement prochain de la démocratie. Ajoutons que l'Empire, après nous avoir étreints tout saignants entre ses serres et nous avoir enlevés dans son vol ambitieux jusqu'aux extrémités de l'Europe, nous a laissés retomber blessés, meurtris, bien en deçà de nos anciennes limites. La Convention avait sauvé le territoire, et par deux fois ce sombre génie du mal a déchaîné sur nous le fléau de l'invasion étrangère.

J'ai connu quelques-uns des anciens Conventionnels; voici ce qu'ils m'ont dit :

« Des petits hommes d'État, assis tranquillement dans leur fauteuil et adoucis par nos rigueurs, parlent bien à leur aise d'humanité; mais s'ils avaient eu comme nous sur les bras à la fois la guerre étrangère, l'insurrection, la disette, la banqueroute, des provinces révoltées à soumettre, des factions intérieures à contenir, des armées étrangères à frapper de stupeur, un roi à juger, ils auraient peut-être voté des mesures encore plus sévères que celles de la Convention. Notre nom sera exécré ou béni selon que les principes pour lesquels nous avons combattu seront effacés de la mémoire des hommes ou inscrits dans le code de toutes les nations civilisées. Mais l'avenir dira que si nous avons fait violence à l'humanité, c'était pour la remettre en possession de ses droits et assurer le bonheur de vingt-quatre millions de Français. Assassins du mal, nous avons levé le fer sur les ennemis du peuple et vengé le ciel outragé dans la personne des esclaves. La royauté faisait obstacle à nos desseins; elle était la clef de voûte du vieux monde; nous l'avons détruite. L'aristocratie, cette hydre des temps modernes, cherchait à ramasser ses tronçons; nous lui avons écrasé la tête. Pour nous juger, il faudrait se reporter à ces jours lugubres où le bruit courait par les rues épouvantées que les armées vendéennes marchaient sur Paris, où la lueur sanglante des torches incendiant nos arsenaux éclairait une multitude pâle de colère, où la Bretagne faisait signe aux navires anglais d'accourir sur nos côtes. Nous avons été calomniés, insultés, outragés : grâce à l'indomptable énergie de la Convention nationale, un affront nous a du moins été épargné par le destin. Nous avions tous juré de mourir avant de voir le sol sacré de la patrie souillé par la présence des armées satellites du despotisme, et ce serment, nous l'aurions tenu. »

XX

Procès et mort de Custine. — Procès et mort de Marie-Antoinette. — Procès des Girondins. — Robespierre arrache à la mort soixante-treize députés. — Condamnation à mort des Vingt-et-un. — Suicide de Valazé. — Exécution de Brissot et de ses complices. — Sort des autres Girondins. — Mort de Mme Roland. — Supplice de Bailly et de Barnave. — Châtiment de la Dubarry. — Un mot sur le Tribunal révolutionnaire. — Souberbielle. — Duplay. — Prostration. — La victoire ranime tous les courages.

On était en automne : les feuilles et les têtes tombaient. Les jugements succédaient aux jugements, les exécutions aux exécutions.

Dès le 27 août, le jour même où Toulon s'était vendu aux Anglais, Custine, général de l'armée du Rhin, payait de son sang le crime de n'avoir point assez battu l'ennemi. « Jamais la Convention n'admit que des troupes françaises républicaines pussent succomber sans que ce fût là faute de leur chef. » Sur sa tête, il répondait de la victoire.

Après un siége de quatre mois « sous une voûte de feu » (le mot est de Kléber), la garnison de Mayence avait héroïquement résisté au roi de Prusse qui l'attaquait en personne; mais elle était à bout de force, décimée par les bombes et par les balles dont elle rentrait criblée après des sorties fougueuses. Custine, jugeant qu'il était hors d'état de la secourir, fit passer le 26 avril un billet dans lequel il engageait le commandant de la place à capituler. Ce conseil fut reçu avec horreur : « Faites arrêter Custine, c'est un traître, » écrivent de concert au Comité de salut public les représentants du peuple Soubrani et Montaut, ainsi que le général Houchart. Le 28 juillet, il est décrété d'accusation par la Convention nationale.

Les plus jolies femmes de Paris, s'il faut en croire Hébert, s'intéressaient au général et sollicitaient en sa faveur. Le Tribunal révolutionnaire lui-même hésitait à frapper cette grande victime. Le 25 août, Robespierre se rend au club des Jacobins : « Un général, dit-il, qui paralyse ses troupes, les morcelle, les divise, ne présente nulle part à l'ennemi une force imposante, est coupable de tous les désavantages qu'il éprouve : il assassine tous les hommes qu'il aurait pu sauver. »

Le surlendemain, Custine était condamné à mort. Après un tel acte de sévérité, les généraux de la République savaient ce qu'ils avaient à attendre s'ils capitulaient devant l'ennemi. Ne pas vaincre, c'était trahir.

A-t-on oublié Marie-Antoinette?

Nous avons vu que l'ex-reine avait été transférée du Temple à la Conciergerie. Des tentatives de séduction avaient motivé cette mesure. Même à la Conciergerie, elle possédait une sorte de talisman pour faire passer de ses cheveux, des billets écrits de sa main, des gants à travers les murs de son cachot, elle recevait des déclarations d'amour et des promesses de délivrance. L'un de ces chiffons de papier était soigneusement caché dans un œillet.

Dès le 13 août 1793, Lecointre réclamait impérieusement à la Convention le jugement *sous huitaine* de la veuve de Louis Capet.

Il n'eut lieu, ce triste procès, que le 14 octobre et dura deux jours. La reine était plus coupable encore que Louis XVI, car elle avait abusé de la faiblesse du roi pour attirer les armées étrangères sur la France. Des documents authentiques, des témoignages accablants, les lettres mêmes de Marie-Antoinette ne laissent plus aucun doute sur ses démarches et son insistance pour obtenir le secours de l'Autriche. Ces faits n'étaient point alors connus; l'accusation manquait de preuves; mais le sentiment public est doué d'un tact très-sûr pour découvrir les crimes de lèse-nation.

Comme reine, elle était coupable; mais comme femme et surtout comme mère n'était-elle point sacrée? Tarir par le fer dans les entrailles d'une créature, qu'elle soit reine ou bergère, la source vive de l'amour et de la fécondité, n'est-ce point violer les lois de la nature? Cette tête coupée était d'ailleurs inutile à la Révolution; la mort de la reine n'ajoutait rien à la mort du roi. Or tout ce qui sans raison majeure blesse l'humanité est préjudiciable à la cause du bien public et à la grandeur des États.

Amenée devant le tribunal révolutionnaire, elle s'assit sur un fauteuil, et le président Hermann lui adressa les questions d'usage.

— Votre nom?
— Je m'appelle Marie-Antoinette de Lorraine d'Autriche.
— Votre état?
— Je suis veuve de Louis Capet, ci-devant roi de France.
— Votre âge?
— Trente-huit ans.

Deux avocats, Chauveau et Tronson-Ducoudray, furent nommés d'office par le tribunal pour défendre Marie-Antoinette.

On lut un long acte d'accusation qui ne relevait guère contre la reine que des faits connus : sa présence au banquet des gardes-du-corps dans l'orangerie de Versailles, les conciliabules tenus entre elle et les femmes de l'aristocratie, ses relations secrètes avec les cours étrangères, sa conduite au 10 août; puis on entendit les témoins.

L'un d'eux était Hébert. Plus cruelle mille fois que la peine de mort fut la calomnie portée par cet homme contre Marie-Antoinette. Le dauphin, âgé de huit ans, dépérissait de jour en jour. Simon, son gardien, un cordonnier, l'aurait surpris se livrant à un acte honteux et l'enfant aurait avoué qu'il devait cette funeste habitude à sa mère et à sa tante. Cette déclaration avait été renouvelée par lui en présence du maire de Paris et du procureur de la Commune. Ici de cyniques détails que la plume se refuse à transcrire. Marie-Antoinette garda d'abord le silence; mais comme le président insistait pour avoir une réponse : « La nature, dit-elle très-émue, se révolte devant une telle supposition. J'en appelle à toutes les mères qui sont ici. » Ce cri parti du fond des entrailles la releva très-haut en face de la guillotine.

Robespierre se montra indigné de l'odieuse accusation d'Hébert. « Le misérable! s'écria-t-il; non content de la présenter comme une Messaline, il veut en faire une autre Agrippine. »

Vis-à-vis des autres témoins, l'ex-reine se renferma dans un système de dénégations : « Je ne sais rien; je n'ai jamais entendu parler de pareilles choses; je ne me souviens pas... » Elle se donna devant le tribunal pour une épouse soumise, qui laissait à son mari le soin des affaires politiques.

Au président qui lui disait : « Vous faisiez faire au ci-devant tout ce que vous vouliez. »

Elle répondit : « Je ne lui ai jamais connu ce caractère. »

Son dernier mot fut : « Je finis en disant que j'étais la femme de Louis XVI et qu'il fallait que je me conformasse à ses volontés. »

C'est donc sur lui qu'elle rejetait toute la faute.

Les témoignages révélèrent un fait insignifiant au point de vue de la culpabilité, mais qui intéresse l'historien. Étant à la tour du Temple, Marie-Antoinette s'était fait peindre en pastel par Goëstier, un artiste polonais. Était-ce par caprice de femme? Ou, sous prétexte de poser pour ce portrait, voulait-elle se ménager quelques heures de conversation avec un étranger qui lui apportât les nouvelles du dehors?

Pendant son long interrogatoire, Marie-Antoinette conserva beaucoup de calme et d'assurance. On la vit promener ses doigts sur la barre du fauteuil comme si elle eût joué du forte-piano. Ce mouvement nerveux, que les journalistes d'alors prirent pour un signe de distraction ou d'indifférence, était au contraire l'indice d'une grande émotion intérieure.

Elle entendit prononcer le jugement sans que son visage trahît la moindre trace de faiblesse. Aucune parole ne s'échappa de ses lèvres. Elle se leva et sortit de la salle d'audience. Il était quatre heures et demie du matin. On la reconduisit à la prison de la Conciergerie, dans le cabinet des condamnés à mort.

A cinq heures, le rappel bat dans toutes les sections; à sept heures, la force armée est sur pied; des canons sont braqués aux extrémités des ponts, depuis le palais des Tuileries jusqu'à la place de la Révolution; à neuf heures, de nombreuses patrouilles circulent dans les rues. A onze heures, Marie-Antoinette, en déshabillé de piqué blanc, sort de la Conciergerie, conduite dans une charrette, accompagnée par un prêtre constitutionnel et escortée de nombreux détachements à pied et à cheval.

Antoinette parut indifférente au déploiement de forces qu'on avait, dans toutes les rues, alignées sur son passage.

On ne lisait, sur son visage, ni abattement ni fierté. Elle parlait peu à son confesseur. Arrivée sur la place de la Révolution, ses regards se tournèrent vers le jardin des Tuileries, dont les masses de feuillage rouillées par l'autombe, se dispersaient sous les coups de vent. A cette vue, son émotion fut extrême, et une larme, dans laquelle se résumait toute sa vie, coula secrètement sur ses joues pâles. Elle monta légèrement les degrés de l'échafaud.

A midi et un quart, sa tête tomba.

Sa mort fit peu de bruit. Les événements étaient tellement graves, la guerre tonnait si haut sur nos frontières, la tribune retentissait avec tant d'autorité, les souvenirs de la monarchie s'enfonçaient déjà si loin dans le passé, qu'on entendit à peine le coup sourd, tranchant sur la place de la Révolution une existence royale.

Oh! que les morts vont vite!

C'est à présent le tour des Girondins. Parmi les députés internés chez eux, après le 2 juin, une douzaine environ était tombée aux mains de la justice. La question était de savoir si l'on s'en tiendrait à ce nombre ou si l'on élargirait au contraire le cercle des accusés. Le *Père Duchesne* et d'autres journaux de la rue réclamaient hautement un grand acte de sévérité nationale.

Le 3 octobre, Amar lut à la Convention un rapport foudroyant dans lequel il demandait que quarante-six inculpés fussent traduits devant le Tribunal révolutionnaire. Était-ce tout? non : il proposait en outre d'envelopper dans le même ostracisme beaucoup d'autres membres de la Convention, coupables d'avoir signé contre les événements du 31 mai et du 2 juin une protestation restée secrète. C'était en tout une hécatombe de soixante-treize modérés qu'on demandait à la Convention nationale; pâles, interdits, muets, ils siégeaient cloués sur leurs bancs. Pour comble d'horreur, dès le commencement de la séance, Amar avait fait décréter par l'Assemblée qu'aucun de ses membres ne pourrait se retirer avant la fin du rapport et avant qu'une décision eût été prise. Et les portes de la salle s'étaient fermées. En sorte que ces soixante-treize condamnés à mort (on pouvait d'avance les considérer comme tels) se trouvaient déjà murés dans leur sépulcre.

Telle était pourtant la fureur soulevée par l'indigne conduite des Girondins et de leurs amis que la Convention accueille d'abord cette monstrueuse proposition avec un morne enthousiasme. Figure austère, cœur d'acier, Billaud-Varennes s'écrie : « Il faut que chacun se prononce et s'arme du poignard qui doit frapper les traîtres. » Osselin regarde comme de vrais coupables ceux qui avaient signé des protestations contre l'Assemblée quand la République était en feu. « Qu'ils soient tous renvoyés devant le Tribunal révolutionnaire! » Les malheureux étaient perdus; dans un instant, leurs noms allaient être appelés pour qu'ils descendissent à la barre, lorsqu'un député se lève et s'avance vers la tribune.

Cet homme était Robespierre.

Il commence par flétrir cette « faction exécrable » qu'il avait combattue pendant trois ans et dont plusieurs fois il avait failli être la victime. Une telle précaution oratoire était nécessaire pour préparer l'Assemblée aux conseils de la sagesse. « La Convention, dit-il enfin, ne doit pas chercher à multiplier les coupables. C'est aux chefs de la faction qu'elle doit s'attacher; la punition des chefs épouvantera les traîtres. Je dis que parmi ces hommes mis en état d'arrestation il s'en trouve beaucoup de bonne foi, mais qui ont été égarés par la faction la plus hypocrite dont l'histoire ait jamais fourni l'exemple; je dis que parmi les nombreux signataires de la protestation il s'en trouve plusieurs, et j'en connais, dont les signatures ont été surprises. »

Valazé.

La Convention sentit elle-même qu'elle faisait fausse route et abandonna les poursuites. Robespierre venait d'arracher soixante-treize victimes à la main du bourreau. On a dit que c'était de sa part un appel à la clémence, une restauration du droit de grâce ; non, c'était un acte de justice.

Vingt et un accusés comparurent le 24 octobre devant le Tribunal révolutionnaire. Si quelque chose intéressait en leur faveur, c'était leur jeunesse. Fonfrède n'avait que vingt-sept ans, Ducos vingt-huit, Vergniaud et Gensonné trente-cinq, Brissot trente-neuf. L'acte d'accusation relevait contre eux des faits authentiques et d'autres absolument erronés. Il était faux qu'ils eussent été les amis de Lafayette, du duc d'Orléans et de Dumouriez, qu'ils eussent voulu étouffer le mouvement du 10 août, qu'ils eussent alors rêvé le rétablissement de la monarchie. La vérité est qu'ils avaient provoqué à la guerre civile.

La pente est glissante du modérantisme au royalisme, et plus tard, lancés sur cette pente, entraînés par des alliances funestes, quelques Girondins avaient roulé jusqu'à l'appel aux armes, jusqu'à la trahison, jusqu'à la révolte contre la souveraineté du peuple.

Le président du Tribunal était l'homme à l'œil louche, Hermann, celui qui avait conduit le procès de la reine.

Il y avait sept jours que duraient les débats judiciaires. Dans la séance du 29 octobre, l'accusateur public, Fouquier-Tinville, requit la lecture d'une loi émanée de la Convention nationale sur l'accélération des procès criminels.

Alors le président : « Citoyens jurés, en vertu de la loi dont vous venez d'entendre la lecture, je vous demande si votre conscience est suffisamment éclairée. »

Les jurés se retirent pour en délibérer.

A leur retour dans la salle des audiences, Antonnelle déclare en leur nom « que leur religion n'est pas suffisamment éclairée ».

Cependant une députation du club des Jacobins court à la Convention nationale et obtient d'elle un décret qui fermait les débats après le troisième jour. Les jurés pressés d'en finir déclarent que cette fois leur conviction est faite.

Le président ordonne aux gendarmes de faire sortir les accusés et adresse aux jurés les deux questions suivantes :

« Est-il constant qu'il a existé une conspiration contre l'unité et l'indivisibilité de la République, contre la sûreté et la liberté du peuple français?

« Brissot et ses coaccusés sont-ils convaincus d'en être les auteurs ou les complices? »

Après trois heures de délibération, les jurés reviennent. Leur réponse est affirmative. En conséquence, le tribunal condamne à la peine de mort Jean-Pierre Brissot et les vingt autres impliqués dans ce procès.

Les accusés sont ramenés à l'audience. Le président leur donne lecture de la déclaration des jurés et du jugement du tribunal. Ils n'y pouvaient pas croire ; un grand mouvement se fait à la barre ; Gensonné demande la parole sur l'application de la loi. Le tumulte redouble parmi les condamnés. Plusieurs invectivent leurs juges ; d'autres crient : « Vive la République ! » Le président ordonne aux gendarmes de faire sortir les turbulents ; mais la scène était si terrible que les gendarmes eux-mêmes demeurent comme paralysés. Quelques sourds frémissements font croire à un lâche parmi les condamnés : ce qu'on avait pris pour des plaintes était le dernier râle de l'agonie. Valazé, qui venait de se percer le cœur d'un coup de canif, tombe sur le plancher du tribunal. On le relève ; on l'emmène ; il était mort.

Il était près de minuit. Les Girondins s'engloutirent dans le sombre escalier voûté qui conduit du Tribunal à la Conciergerie. On entendit alors des voix d'hommes qui chantaient avec énergie en descendant de marche en marche :

> Allons, enfants de la patrie,
> Le jour de gloire est arrivé !
> Contre nous de la tyrannie
> Le couteau sanglant est levé.

De moment en moment, ce sombre refrain décroissait dans l'éloignement. On n'entendit bientôt que l'écho de leurs voix, puis plus rien.

Rentrés dans la prison, ils soupèrent tous ensemble. Qui dira jamais ce que fut ce dernier banquet des Girondins, éclairé par les rayons de l'éloquence, la grave cordialité des convives, l'admirable talent de Vergniaud, la science de Brissot, la haute raison de Gensonné, l'esprit et la jeunesse de Fonfrède, mais surtout les lueurs sublimes de la mort?

Deux d'entre eux se confessèrent dans la nuit : ce furent Claude Fauchet, évêque du Calvados, et le marquis de Sillery, Girondin douteux.

Le matin, cinq charrettes sortirent de la sombre arcade de la Conciergerie. Dans l'une d'elles était un cadavre. Le président du Tribunal révolutionnaire l'avait ordonné ainsi : « Dans le cas, avait-il dit, où le condamné se serait par la mort soustrait à l'exécution de son jugement, son cadavre sera porté sur une charrette et exposé au lieu du supplice. » La vue de cette chose pâle et inerte, de ce pauvre corps étendu sur un banc, la tête pendante, était bien faite pour glacer d'horreur.

Les Girondins allèrent à l'échafaud avec fierté, chantant *la Marseillaise*. Ils moururent le cœur haut, l'auréole au front, comme tout le monde mourait alors, qui avait un idéal et une foi politique. En face d'une pareille immolation, on oublie leurs erreurs, on oublie leurs fautes, on oublie tout pour ne se souvenir que des services qu'ils avaient rendus à la patrie [1].

Ceux des Girondins qui, le 30 octobre, manquaient au supplice de leurs frères ont rencontré presque tous une fin tragique. Guadet, Salles et Barbaroux, découverts dans les grottes de Saint-Émilion, périrent de la main du bourreau. Buzot et Pétion, après avoir erré quelque temps, de ville en ville, de tanière en tanière, proscrits, vaincus, désillusionnés, se frappèrent eux-mêmes ; on les trouva morts dans un champ et à moitié dévorés par les loups. Roland, ayant appris que sa femme venait d'être guillotinée à Paris, se donna la mort.

---

1. Danton s'était retiré pour quelques semaines à Arcis-sur-Aube lorsque eut lieu le procès des Girondins. Il se promenait dans son jardin avec M. Doulek qui, sous l'Empire, fut longtemps maire de la ville. Arrive une troisième personne tenant un journal à la main. « Bonne nouvelle ! bonne nouvelle ! — Quoi ? dit Danton. — Les Girondins sont condamnés et exécutés. — Et tu appelles cela une bonne nouvelle, malheureux ! s'écrie Danton dont les yeux se remplirent aussitôt de larmes. — Sans doute ; n'étaient-ils pas des factieux ? — Des factieux ! Est-ce que nous ne sommes pas tous des factieux ? nous méritons tous la mort autant que les Girondins ; nous subirons tous, les uns après les autres, le même sort qu'eux. » (*Raconté par les fils mêmes de Danton.*)

Mme Roland, on s'en souvient, avait été arrêtée par ordre de la Commune, à la suite du 31 mai. Un instant les portes de la prison s'étaient ouvertes pour elle; mais, saisie de nouveau et plongée dans les cachots de Sainte-Pélagie, elle attendait son sort. Du fond de sa solitude, elle eut l'idée d'écrire une lettre à Robespierre; c'était plutôt une lettre adressée à la postérité, car elle ne lui demandait rien, lui donnait des conseils, lui adressait des leçons. Cette lettre écrite, elle renonça elle-même au projet de l'envoyer. Condamnée à mort par le Tribunal révolutionnaire, le 8 novembre, elle arriva vers cinq heures et demie du soir au pied de l'échafaud, dont elle monta fermement les degrés. Se tournant alors vers une colossale statue de la Liberté assise sur la place :

— O Liberté, lui dit-elle, que de crimes on commet en ton nom !

Sa mort fut en effet un des actes les plus odieux de la Révolution. Mme Roland avait 39 ans; elle était encore belle. Quand une pareille victime tombe sous l'acier, l'échafaud n'est plus l'échafaud; c'est une tribune et un autel.

Telle fut la fin de ce parti qui entraîna dans sa chute les plus hautes espérances et les plus belles figures de la Révolution.

La hache ne se reposait pas : après les Girondins, ce fut le tour des royalistes constitutionnels. Bailly monta sur l'échafaud le 9 novembre. « Pauvre Bailly ! me disait Lakanal; nous aurions tous voulu le sauver; mais il nous aurait fallu pour cela d'autres lois que celles qui étaient alors en vigueur; or il eût été impossible de les faire, ces lois nouvelles, sans affaiblir le nerf du gouvernement révolutionnaire, dont nous avions besoin pour vaincre les ennemis intérieurs et extérieurs. Détendre l'arc, c'eût été tout perdre. Nous gémissions en secret, nous faisions violence à notre cœur, et cette violence même n'était pas un des moindres sacrifices offerts par nous à la Révolution. »

Il y avait contre Bailly un fait qui criait vengeance, le massacre du Champ-de-Mars; toutefois, guillotiner cet homme, n'était-ce point décapiter le serment du Jeu-de-Paume?

Barnave le suivit de près dans la mort. Pourquoi toucher à ces grandes têtes de la Révolution qui avaient promulgué la Déclaration des droits?

A supposer que la Terreur eût besoin de victimes, n'eût-elle pas alors mieux fait de les choisir parmi les odieuses célébrités de l'ancien régime? Il était une femme dont le nom rappelait les orgies, les profusions et les scandales de l'avant-dernier règne; cette femme, la Commune l'avait fait jeter sous les verrous et certes le Tribunal révolutionnaire n'était point disposé à lui faire grâce.

— Femme Dubarry, à la charrette!

Tel est le cri qui par une sombre matinée de décembre retentit sous les voûtes sonores de la Conciergerie. Une masse de curieux se formaient sur le quai, le visage collé au guichet, pour voir sortir cette ancienne maîtresse de Louis XV, cette buveuse d'or qui ruinait l'État, cette courtisane qui personnifiait tous les vices de la cour, cette gardienne du Parc-aux-Cerfs, l'antre de la débauche, cette proxénète qui achetait des filles sur le pavé de Paris pour réveiller les sens blasés de son royal amant. On la vit partir avec des huées;

mais en route arriva une chose que ni la Commune ni le Tribunal révolutionnaire n'avaient prévue. Vieille, usée, fardée, la vie de cette femme n'était plus qu'une guenille; mais cette guenille lui était chère; elle y tenait éperdument. Aussi, arrivée sur la place de l'exécution, fut-elle saisie d'horreur à la vue de la fatale machine, qui la regardait fixement comme un monstre doué d'une puissance automotrice. Cette nature charnelle se roidissait contre la destruction; son désespoir, ses cris, ses défaillances, ses traits bouleversés par les affres de la mort, ses supplications au bourreau, tout changea les dispositions de la foule, qui était venue pour maudire et qui s'attendrissait malgré elle. « A quoi bon tuer cette femme? Valait-elle les honneurs du supplice? que ne l'avait-on laissée s'éteindre dans son oubli et son abjection? » Ainsi raisonnait la multitude, quand le couteau tomba.

Triste nature humaine! La lâcheté de cette femme attira de la part du vulgaire une sorte de compassion que n'avaient obtenue ni Mme Roland ni Charlotte Corday, ces deux grandes âmes.

La Dubarry avait avili l'échafaud; Rabaud Saint-Étienne le réhabilita. Descendant d'une des familles bannies par la révocation de l'édit de Nantes, ministre protestant, il avait du fond du cœur salué une Révolution qui consacrait la liberté de conscience. Son rôle, aux États généraux où il fut envoyé comme député, avait été irréprochable. Il écrivit sur l'Assemblée constituante une très-bonne histoire. Plus tard son tort fut de s'allier aux Girondins. Après le 2 juin, il avait couru à Nîmes pour soulever ses concitoyens contre la Convention nationale. C'est la tache qu'il devait laver de son sang.

Et le couteau frappait toujours. Sur la liste des condamnés à mort, on ne rencontre point que des noms d'ex-nobles, de prêtres réfractaires et d'autres individus fort compromis; on y lit avec surprise et horreur les noms d'hommes et de femmes du peuple, des manouvriers, des domestiques, des porteurs d'eau, de vieilles couturières. En vain dira-t-on que les classes pauvres et ignorantes comptaient alors dans leurs rangs les plus violents suppôts de l'ancien régime, ceux qui criaient le plus fort, surtout après boire. Tout cela doit être vrai; mais punir de mort ces pauvres diables n'en était pas moins un acte contraire à tous les principes de la Révolution, et qui eût fait bondir de courroux Marat lui-même.

Il semblait que l'échafaud eût besoin de dévorer des victimes quelconques pour ne point mâcher à vide, et que la première venue lui était bonne.

La division, si l'on veut même l'anarchie des pouvoirs, augmentait beaucoup le nombre des supplices. Le Comité de salut public, la Commune de Paris et d'autres autorités constituées tenaient la clef des prisons, pouvaient ouvrir ou fermer la tombe.

Il n'entre point dans notre pensée de justifier les actes du Tribunal révolutionnaire. Tout ce qu'on peut dire est que plusieurs parmi les membres du jury étaient d'honnêtes gens qui croyaient fermement juger d'après leur conscience. Qu'ils se soient trompés, l'avenir en décidera; mais les circonstances étaient assez troublées pour obscurcir la vue des esprits les plus droits. Le chef du jury au

Tribunal révolutionnaire, celui qui apporta la réponse de mort contre la reine, se nommait Souberbielle. Il existait encore vers 1840 ; je l'ai connu et j'ai rarement trouvé un cœur plus sensible aux souffrances de l'humanité. Médecin, il avait pour spécialité d'opérer les individus atteints d'une affection cruelle, la pierre. Ses bons services s'adressaient de préférence aux malheureux. « Je ne demande point d'argent à mes pauvres malades, disait-il ; mais je paierais volontiers pour les guérir. »

Un autre membre du jury, le citoyen Duplay, revenait un soir du Tribunal révolutionnaire, où il avait siégé dans une affaire importante. Robespierre, son hôte et son ami, l'interrogea, pendant le souper, sur le vote qu'il avait émis dans la délibération à huis clos.

— Maximilien, lui répondit gravement le menuisier, je ne vous demande jamais ce que vous avez fait au Comité de salut public ; respectez de même le silence que je garde sur l'exercice de mes fonctions.

— C'est juste, dit Robespierre.

Et il changea de conversation.

Ce qui contribuait beaucoup à exaspérer les jurés, c'étaient les détails qu'on recevait, de jour en jour, sur les cruautés commises par les royalistes, dans les villes et les départements où ils avaient un moment saisi, tenu le pouvoir. A Marseille les détenus patriotes avaient été assassinés dans les cachots du fort Saint-Jean. Une vénérable femme, une mère, partie de Toulon à la nouvelle de ce massacre, arrive à pied, exténuée de fatigue, folle de douleur, au guichet de la prison. Elle frappe, on ouvre, et le visage pâle, s'adressant aux geôliers ou aux exécuteurs : « Où est mon fils ? » s'écrie-t-elle. Ceux-ci la conduisent dans une salle basse et, lui désignant du doigt dans l'ombre un tas de cadavres étendus pêle-mêle sur la dalle : « Cherchez ! » répondent-ils froidement.

Ainsi, de part et d'autre, même soif de sang. La Terreur blanche excitait, aiguillonnait la Terreur rouge.

Disparaissez, jours de haine et de vengeance ! fuyez, spectres livides ! dissipez-vous, ombres de la nuit, et laissez-nous entrevoir enfin un rayon de gloire ! Carnot était entré au Comité de salut public le 14 août. Le 5 septembre, Danton réclamait au milieu d'applaudissements frénétiques l'armement de tous les citoyens.

« Il est bon, s'écriait-il, que nous annoncions à tous nos ennemis que nous voulons être continuellement et complétement en mesure contre eux. Vous avez décrété 30 millions à la disposition du ministre de la guerre pour des fabrications d'armes ; décrétons que ces fabrications extraordinaires ne cesseront que quand la nation aura donné à chaque citoyen un fusil. Annonçons la ferme résolution d'avoir autant de fusils et presque autant de canons que de sans-culottes. Que ce soit la République qui mette le fusil dans la main du citoyen, du vrai patriote ; qu'elle lui dise · La patrie te confie cette arme pour sa défense ; tu la représenteras tous les mois et quand tu en seras requis par l'autorité nationale. Qu'un fusil soit la chose la plus sacrée parmi nous ; qu'on perde plutôt la vie que son fusil. Je demande donc que vous décrétiez au moins cent millions pour faire des armes de toute nature; car si nous avions eu des armes nous aurions tous marché. C'est le besoin d'armes qui nous enchaîne. Jamais la patrie en danger ne manquera de citoyens. »

Paris devint, en effet, une vaste fabrique d'armes, un atelier de cyclopes. Les entrailles des caves furent fouillées et vomirent du salpêtre. Le plomb des cercueils s'arrondit en balles. Le fer battu sur l'enclume devint sabre ou fusil. Et vous, cloches des églises, que ferez-vous? « Nous sommes lasses de faire un vain bruit dans l'air, disaient-elles; nous voulons marcher contre l'ennemi, un tonnerre dans le ventre. » C'était parmi les métaux, ces enfants du sol, à qui lancerait la foudre, à qui rendrait la mort pour la mort, à qui sauverait entre les mains des vrais patriotes l'honneur national.

Quand il crut qu'il y avait assez de fusils pour armer tous les citoyens et assez de pain pour les nourrir, Danton se fit le grand levier de la levée en masse. Dès le 21 août 93, il s'expliquait ainsi sur les devoirs de chacun envers l'État : « N'altérons pas le principe que tout citoyen doit mourir, s'il le faut, pour la liberté, et qu'il doit être toujours prêt à marcher contre les ennemis extérieurs et intérieurs de sa patrie. »

Ce principe avait déjà été posé; la levée en masse avait, elle-même, été plusieurs fois proclamée, mais elle n'avait presque rien produit. Le succès de cette mesure dépendrait exclusivement des moyens d'exécution. Danton le savait; aussi, quand Robespierre lui-même tremblait, quand le Comité de salut public hésitait, différait, il ne balança point à demander que le droit de réquisition fût remis aux mains du peuple. Pour assurer le succès de cette grande opération, il fallait de l'argent, et où le trouver, sinon dans les caisses des riches? Voulant les sauver d'eux-mêmes, il crut qu'il était bon de les effrayer :

« Si les tyrans mettaient notre liberté en danger, nous les surpasserions en audace, nous dévasterions le sol français avant qu'ils pussent le parcourir, et les riches, ces vils égoïstes, seraient les premiers la proie de la fureur populaire. (*Vifs applaudissements* : Oui, Oui, *s'écrie-t-on dans toutes les parties de la salle et dans les tribunes.*) Vous qui m'entendez, répétez ce langage à ces mêmes riches de vos communes; dites-leur : Qu'espérez-vous, malheureux? Voyez ce que serait la France si l'ennemi l'envahissait. Prenez le système le plus favorable : une régence conduite par un imbécile, le gouvernement d'un mineur, l'ambition des puissances étrangères, le morcellement du territoire, dévoreraient vos biens; vous perdriez plus par l'esclavage que par tous les sacrifices que vous pourriez faire pour soutenir la liberté.

« Il faut au nom de la Convention nationale qui a la foudre dans ses mains (*applaudissements*), il faut que les envoyés des assemblées primaires, là où l'enthousiasme ne produira pas ce qu'on a droit d'en attendre, fassent des réquisitions à la première classe. En réunissant la chaleur de l'apostolat de la liberté à la rigueur de la loi, nous obtiendrons pour résultat une grande masse de forces.

« C'est une belle idée que celle que Barère vient de vous donner quand il vous a dit que les commissaires des assemblées primaires devraient être des espèces de représentants du peuple, chargés d'exciter l'énergie des citoyens pour la défense de la Constitution. Si chacun d'eux pousse à l'ennemi vingt hommes armés, et ils doivent être à peu près huit mille commissaires, la patrie est sauvée. Je demande qu'on les investisse de la qualité nécessaire pour faire cet appel au peuple; que, de concert avec les autorités constituées et les bons citoyens, ils soient chargés de faire l'inventaire des grains, des armes, la réquisition des hommes, et que le Comité de salut public dirige ce sublime mouvement. C'est à coups de canon qu'il faut signifier la Constitution à nos ennemis. J'ai bien remarqué l'énergie des hommes que les sections nationales nous ont envoyés; j'ai la conviction qu'ils vont tous jurer de donner, en retournant dans leurs foyers, cette impulsion à leurs concitoyens. (*On applaudit. — Tous les commissaires présents à la séance se lèvent en criant :* Oui, oui, nous le jurons!) C'est l'instant de faire ce grand et dernier serment, que nous nous vouons tous à la mort et que nous anéantirons les tyrans. »

De nouvelles acclamations se font entendre. Tous les citoyens se lèvent et agitent en l'air leur chapeau. « Oui, nous le jurons! » Ce cri est plusieurs fois répété sur tous les bancs de la salle et dans les tribunes.

L'orateur concluait au milieu de l'enthousiasme général en disant : « Je demande que la Convention donne des pouvoirs plus positifs et plus étendus aux commissaires des assemblées primaires et qu'ils puissent faire marcher la première classe en réquisition. (Applaudissements.) Je demande qu'il soit nommé des commissaires pris dans le sein de la Convention pour se concerter avec les délégués des assemblées primaires, afin d'armer cette force nationale, de pourvoir à sa subsistance et de la diriger vers un même but. Les tyrans, en apprenant ce mouvement sublime, seront saisis d'effroi, et la terreur que répandra la marche de cette grande masse nous en fera justice. Je demande que mes propositions soient mises aux voix et adoptées. »

Elles le furent.

Les fédérés, les délégués des assemblées primaires, dont on avait vu dans la fête du 10 août les figures rustiques et vénérables, étaient donc investis du droit de lever les hommes, sous l'autorité des représentants. Les citoyens de 18 à 25 ans devaient marcher les premiers. Les autres étaient chargés de diverses fonctions. « Les hommes mariés, disait le décret, forgeront des armes et transporteront des subsistances; les femmes feront des tentes, des habits et serviront les hôpitaux; les enfants feront la charpie; les vieillards sur les places animeront les guerriers, enseignant la haine des rois et l'unité de la République. »

De tels sacrifices méritaient certes une récompense. L'armée française ayant attaqué les Anglais le 7 septembre, devant Dunkerque, força le duc d'York, après un combat de vingt-quatre heures, à battre en retraite et à se retirer par les dunes.

Ce n'était point encore un succès éclatant pour nos armes, puisqu'il n'y avait point eu de déroute dans les rangs de l'ennemi; mais du moins la glace était rompue. La fortune nous revenait. Cinquante canons abandonnés, la levée du siége, la retraite des Anglais, tout releva le moral de la population abattue.

LA CONVENTION

Le 16 octobre, Jourdan gagnait sur Cobourg la bataille de Wattignies.

Ce nouveau fait d'armes fut accueilli avec transport. La disette, les privations journalières, l'échafaud, tout fut oublié, tout s'évanouit dans le rayonnement de la victoire. On ne poussa qu'un cri d'un bout de la France à l'autre : « Vive la République ! »

L'ennemi repoussé de notre territoire, c'était la Révolution sauvée, c'était l'idée française maîtresse du monde.

Le général Custine est conduit devant le Tribunal révolutionnaire.

XXI

La ligue des philosophes de la Convention pour propager les lumières. — Lakanal. — Les services qu'il rendit aux savants. — Bernardin de Saint-Pierre et Daubenton. — Calendrier républicain. — Chappe inventeur du télégraphe. — Deux ans de fers contre quiconque dégradera les monuments publics. — Progrès du Muséum d'histoire naturelle. — Les écoles normales. — Vengeance de Lakanal. — L'abbé Sicard ami de Couthon. — Le docteur Pinel. — État des fous jusqu'en 1793. — Visite de Couthon à Bicêtre. — Libération des fous. — Le Conservatoire de musique. — Ce qu'a fait la Convention pour les arts et pour l'humanité.

93 avait à lutter contre deux fléaux, l'ignorance et le vandalisme. Heureusement, au sein de la Convention, cette assemblée unique dans l'histoire, qui fait peur et qui rayonne, il se rencontra un groupe de citoyens dévoués aux beaux-arts, aux sciences, aux lettres, qui se donnèrent pour mission de sauver l'héritage de l'esprit humain.

L'un d'entre eux était Lakanal.

Depuis 1789, les nobles, follement attachés à l'ancien régime, avaient déserté le sol de la patrie : une autre émigration plus regrettable et bien plus dangereuse eût été celle des savants et des écrivains, car elle eût appauvri la France des lumières qui sont la véritable richesse d'un grand peuple. Lakanal fit tout pour la conjurer. Attaché du fond de l'âme à la Révolution, il lui cherchait un point d'appui dans le concours des intelligences d'élite. Persuadé que l'éducation était nécessaire au peuple pour exercer dignement la souveraineté qui lui était rendue, il croyait ne devoir négliger aucun moyen de répandre les connaissances sur toute la France. Il était de ces républicains qui voulaient, ce sont ses termes, soumettre la démocratie à la raison. Grand partisan des idées nouvelles, ce n'est pas au *minimum* qu'il entendait placer l'égalité, mais au *maximum*; il cherchait non à rabaisser les classes éclairées, mais à élever le niveau moral et intellectuel de la nation tout entière. C'est avec ces idées faites que Joseph Lakanal arriva sur les bancs de la Convention.

Nous avons eu entre les mains un volumineux recueil de ses lettres inédites, que nous avait confié, vers 1845, M. Isidore Geoffroy Saint-Hilaire. Elles étaient accompagnées des réponses de ses amis, et quels amis! les noms les plus illustres de la fin du dernier siècle dans les sciences, dans les arts et dans les lettres: Lavoisier, Vicq-d'Azyr, Laplace, Daubenton, Desfontaines, Lacépède, Volney, Grétry, Bernardin de Saint-Pierre. Le sujet de ces lettres diffère peu : Lakanal était de ces hommes que tout le monde remercie, parce qu'ils obligent sans cesse à la reconnaissance. Lalande lui écrit : « Vous m'avez fait donner 3 000 francs; je vous réitère le serment de les employer pour l'astronomie, ainsi que tout ce que j'ai. » Bossut, Sigaud de Lafond, Mercier, Pougens, lui en marquent autant : « Je venais de perdre 24 000 livres de rentes, ajoute ce dernier, et *j'étais sans pain.* »

Quand le trésor public était à sec, quand les incessantes requêtes de Lakanal en faveur des savants et des hommes de lettres étaient repoussées, il s'en prenait à ses propres deniers. L'auteur de *Paul et Virginie* se trouvait pressé d'un besoin d'argent, Lakanal lui prête 20 000 livres en assignats. Voici le billet qui accuse réception de la somme : « Citoyen et ami, je n'oublierai jamais le dernier service que vous m'avez rendu. Ma femme, à qui j'en ai fait part, me charge de vous témoigner le plaisir qu'elle aura de vous recevoir dans son ermitage. Profitez donc de la première arrivée du rouge-gorge pour visiter notre solitude. »

Le patriarche de l'histoire naturelle, le berger Daubenton, ainsi qu'on le désignait dans les clubs, avait employé une partie de sa fortune et plusieurs années de sa vie à faire croître sur le sol de la France des laines aussi fines que celles de l'Espagne. Sa bergerie de Montbard est demeurée célèbre. Ce savant, appauvri par le bien même qu'il avait fait, était hors d'état de continuer ses expériences : Lakanal obtient de la Convention qu'un ouvrage de Daubenton, déjà connu et ayant pour titre le *Traité des moutons*, soit réimprimé au nombre de quatre mille exemplaires, qui seront vendus au profit de l'auteur. Après de tels actes, on comprend le mot de Ginguené : « Je veux faire passer en proverbe : *Servir ses amis comme Lakanal.* » Ses amis étaient ceux de la chose publique. L'ambition de ce citoyen éclairé était d'orner sa patrie et la Révolution de l'éclat que les grands hommes répandent autour d'eux.

Pour conserver le génie et pour le former, il sentait la nécessité de lui prêter l'assistance de l'État. « Je n'ignore pas, disait-il, que les gens de lettres sont en général d'illustres nécessiteux : il faut les soutenir. » Fort de cette idée, il soumit à la Convention un décret qui plaçait les œuvres des orateurs et des artistes à l'abri de la contrefaçon : ce décret fut voté.

Le Comité des finances, accablé de demandes, s'intéressant peu du reste à tout ce qui regardait les sciences et les arts, ne goûtait pas du tout cette théorie qu'il fallût arroser les germes du talent par des secours pécuniaires. Aussi nos pédagogues étaient-ils souvent renvoyés sans façon aux calendes grecques. Lakanal venait alors à la rescousse et ne se tenait pas aisément pour battu ; il ne cessait de rappeler à la Convention que les savants étaient nécessaires pour établir l'uniformité des poids et mesures, suivant le système décimal, pour refaire le calendrier, pour créer une École polytechnique.

La nation française, non contente de renouveler les institutions sociales, était sur le point de changer dans le ciel la marche de l'année. Il lui fallait donc atteindre à une mesure exacte du temps. Une telle entreprise demandait une base arithmétique et astronomique. Lalande, auquel on eut recours, fut de nouveau encouragé. Un autre protecteur que Lakanal s'intéressait vivement au succès de ce calendrier républicain. Romme y travaillait avec une passion austère. Fabre d'Églantine couronna le tout : il fit le poëme de l'année. L'ordre, le nom des mois sortirent pour ainsi dire des gracieuses analogies de la nature. Jamais plus aimable symphonie ne lia le faisceau des saisons ; les désinences en *al* désignèrent les semailles, les fleurs, les prairies ; celles en *dor* les fruits, les moissons, la chaleur ; celles en *maire* les vendanges, les brumes, les premiers frimas ; celles en *ôse* la neige, les vents, la pluie. L'année fut divisée en douze mois, les mois en trente jours. La décade, nouveau dimanche, coupait les mois en trois parties.

Ce fut le 20 septembre 1793 que le citoyen Romme, au nom d'un comité nommé par la Convention, lut son magnifique rapport sur le calendrier républicain. L'article 1er, qui instituait cette nouvelle mesure du temps, était ainsi conçu : « L'ère des Français compte de la fondation de la République, qui a eu lieu le 22 septembre 1792 de l'ère vulgaire, jour où le soleil est arrivé à l'équinoxe vrai d'automne, en entrant dans le signe de la Balance, à neuf heures dix-huit minutes trente secondes du matin pour l'Observatoire de Paris. »

Le rapport de Romme ajoutait que l'égalité des jours aux nuits était le prototype de l'égalité civile et morale, proclamée par les représentants du peuple français.

Puis il dit cette grande parole : « Le temps enfin ouvre un livre à l'histoire. »

Eh bien ! ce calendrier a été abandonné, oublié par les générations nouvelles, qui en sont revenues par la force de l'habitude au plus barbare et au moins logique des systèmes. La vieille année reparut avec la vieille France.

Un savant modeste travaillait à une découverte qui devait l'immortaliser et servir son pays. Cet homme était Chappe, l'inventeur du télégraphe : ses premiers essais avaient été accueillis, comme toujours, avec indifférence : « Si vous n'étiez pas là, écrivait-il à Lakanal, je désespérerais du succès. » Mais Lakanal trouva devant le comité un très-bon argument *ad rempublicam*. « L'établissement du télégraphe, dit-il, est la meilleure réponse à ceux qui pensent que la France est trop étendue pour former une république. Le télégraphe abrége les distances et réunit en quelque sorte une immense population sur un seul point. » Ce raisonnement, appuyé des démarches les plus pressantes et les plus énergiques, finit par abaisser tous les obstacles. La Convention, sur les instances de Lakanal, se décida à revêtir d'un caractère public l'invention de Chappe. A peine le télégraphe est-il installé que la première nouvelle qui arrive est celle-ci : « Condé est restitué à la République; la reddition a eu lieu ce matin à six heures. » Cet instrument inconnu des anciens venait de réaliser le rêve des poëtes : il avait donné une voix et des ailes à la Victoire.

Lakanal voulait détruire l'ignorance, c'était son *delenda est Carthago*; contre elle, il eût volontiers décrété la terreur. C'est en effet sur l'ignorance et sur le vandalisme, frère de l'ignorance, qu'il appelait les foudres de l'Assemblée. On était aux jours caniculaires de la Révolution; des statues, des ornements de sculpture tombaient sous la main des démolisseurs; le marteau des dévastateurs attaquait des marbres précieux jusque dans le jardin des Tuileries. A la vue de ces actes de barbarie, Lakanal fait aussitôt entendre un cri de détresse : « Citoyens, les figures qui embellissaient un grand nombre de bâtiments nationaux reçoivent tous les jours les outrages du vandalisme. Des chefs-d'œuvre sans prix sont brisés ou mutilés. Les arts pleurent ces pertes irréparables. Il est temps que la Convention arrête ces funestes excès par une mesure de rigueur. » Et la Convention, cette assemblée sévère, qu'on se figure toujours la main armée de la foudre, indignée elle-même devant de telles mutilations, décrète la peine de deux ans de fers contre quiconque dégradera les monuments des arts dépendant des propriétés nationales. On voit qu'au lieu de détruire, cette Assemblée-là, dans certains cas, conservait à outrance.

On a vu quel intérêt prenait Lakanal au Jardin des Plantes, et quel mouvement il s'était donné pour transformer, en l'agrandissant, le caractère primitif de l'institution. Désormais ce ne sera plus un simple jardin destiné à la culture des végétaux, indigènes ou exotiques; les pages du livre de la nature vont en quelque sorte s'ouvrir dans les divers départements du nouveau Muséum. Que parle-t-on ensuite de 93 comme d'une ère de barbarie? Tout au contraire, la Convention féconda dans toutes les branches les germes spéciaux et les branches utiles de la science.

La Montagne, dans un moment de crise, avait improvisé un gouvernement et une armée; elle décréta des professeurs. Douze chaires furent créées pour répandre les lumières de la nature : on y appela des hommes inconnus pour la plupart et dont la gloire était à faire : les de Jussieu, les Geoffroy Saint-Hilaire, les Lamarck, les Lacépède, les Latreille et d'autres. Geoffroy Saint-Hilaire ne s'était encore occupé que de chimie; mais la Convention lui dit : « Tu seras professeur de zoologie, » et quand la Convention avait parlé, il fallait devenir ce qu'elle avait dit.

Ces douze savants formèrent une petite république qui subsiste encore au moment où nous écrivons. Chaque professeur est chargé de l'administration de détail qui se rapporte directement à sa spécialité. Tout ce qui s'élève au-dessus des mesures ordinaires est décidé par le corps des professeurs réuni en conseil, sous la présidence d'un membre qui peut être élu une première et seconde année, mais jamais plus. Daubenton fut nommé président à l'origine. Le traitement de chaque professeur-administrateur est de cinq mille francs. Leur habitation paisible, située au sein même de l'établissement qu'ils dirigent, autour de l'ombre séculaire du cèdre du Liban, entretient autour d'eux ce calme et ce demi-jour favorables à la science. C'est dans le commerce doux et retiré de cette nature dont il était l'interprète que Daubenton atteignit les limites de la plus homérique vieillesse. Sa femme mourut centenaire au milieu des mêmes feuillages.

La grande Assemblée nationale avait du premier coup appliqué au règlement du Muséum d'histoire naturelle les idées philosophiques et les principes mêmes de la Révolution française : « Tous les officiers du Jardin des Plantes porteront le titre de professeurs et *jouiront des mêmes droits.* » Ce règlement, voté en une seule séance, quelques jours après le 31 mai, a été jugé si excellent par les hommes d'État et par les professeurs eux-mêmes, que tous les gouvernements qui se sont succédé en France depuis 93 l'ont respecté. Les savants attachés au Muséum, voulant témoigner leur reconnaissance à Lakanal, lui firent présent d'une clef des serres. Ce privilége unique, décerné au fondateur du nouvel établissement du Jardin des Plantes, fut le seul que le républicain Lakanal voulut accepter dans toute sa vie.

Père du *Muséum d'histoire naturelle*, Lakanal n'abandonna point son enfant au berceau. L'intérêt qu'il lui portait était si vif qu'il choisit une petite maison située à côté du Jardin des Plantes. Ses confrères ne partageaient pas ses bonnes intentions pour le vrai temple de la science. L'ancienne organisation monarchique de l'établissement, son vieux nom de Jardin *royal* des Plantes, mal effacé par son nouveau titre de Muséum d'histoire naturelle, tout contribuait à entretenir contre lui des préjugés aveugles, qu'il fallait sans cesse combattre par de bonnes raisons. La pomme de terre, qui venait d'être naturalisée en France et qui promettait de rendre de si grands services, fournissait à Lakanal l'occasion d'appeler l'intérêt de l'Assemblée nationale sur d'autres végétaux qui pouvaient également varier et accroître l'alimentation publique : l'histoire naturelle n'avait-elle point aussi conservé le nom et le souvenir d'arbres à fruit qui, transportés dans nos régions, ont beaucoup ajouté aux plaisirs de la table du pauvre? Se tournant alors vers les ennemis de la nouvelle institution scientifique : « L'arbre de la Liberté, s'écriait Lakanal, serait-il le seul qui ne pût s'acclimater au Jardin de Plantes? »

Ainsi fut fondé, malgré l'agitation des temps, ce Muséum qui, comme on a dit du cerveau de Buffon : *Naturam amplectitur omnem*, « embrasse toute la nature. »

Depuis l'ouverture des États généraux, la grande question à l'ordre du jour était un nouveau plan d'instruction publique. Tous les grands esprits de la Constituante, de la Législative et de la Convention avaient touché à ce grave problème; mais nul ne l'avait encore résolu. Il ne restait dans les cartons que de vagues ébauches, effacées et en quelque sorte flétries par les retards des commissions qui s'en étaient saisies et n'avaient rien mis en pratique.

L'état des études était déplorable. D'inutiles professeurs rassemblaient sur les ruines des anciens colléges quelques élèves nonchalants; l'ignorance menaçait les générations nouvelles. Tout était à refaire : la Convention refit tout.

Engagé autrefois dans la Congrégation de la Doctrine chrétienne, ayant successivement occupé diverses fonctions dans plusieurs branches d'enseignement, Lakanal occupait pour la quatrième année une chaire de philosophie à Moulins, quand se leva l'aurore de la Révolution.

Envoyé par le département de l'Ariége à la Convention nationale, il votait le plus souvent avec la Montagne, quoiqu'il n'appartînt du fond des entrailles qu'à la Révolution et à la science. Avec d'autres membres de cette Assemblée grandiose qui versait le sang et répandait la lumière, il se dit qu'il fallait prendre par en haut la régénération des études. Avant de faire de bons élèves, ne fallait-il point avoir de bons professeurs? Certes, le zèle ne manquait point; mais les méthodes et les hommes, où les trouver? « Existe-t-il en France, s'écriait Lakanal, existe-t-il en Europe, existe-t-il dans le monde deux ou trois cents hommes (et il nous en faudrait davantage) en état d'instruire? » Ces hommes, il fallait les inventer. Tel fut le but qu'on se proposa d'atteindre en fondant une École normale où les jeunes maîtres venaient apprendre à enseigner.

Malheureusement cette institution, préparée depuis des mois, ne s'ouvrit qu'après le 9 thermidor.

Les littérateurs les plus distingués, les philosophes les plus indépendants jetèrent sur cette œuvre naissante un éclat qui se continue encore de nos jours.

A la fondation de l'École normale succéda plus tard l'établissement des écoles centrales et des écoles primaires. Aujourd'hui que ces temps d'orage se sont éloignés et que notre système d'éducation est encore si imparfait, comment retenir notre admiration pour ce qu'ont créé nos pères de 93 entre le canon et l'échafaud? « Pour la première fois sur la terre, s'écriait Lakanal, auteur du rapport sur la création de l'École normale, la nature, la justice, la vérité, la raison et la philosophie vont donc avoir un séminaire ! »

Tout en s'étant fait, comme membre du Comité d'instruction publique, une spécialité de la diffusion des lumières, dans ses missions comme représentant du peuple sur la rive gauche du Rhin, Lakanal montra la même élévation de caractère. On ne connaît guère la lettre écrite par lui à un misérable qui l'avait bassement dénoncé :

« Au citoyen L... père.

« J'avais reçu la mission expresse de te faire arrêter, parce que tu avais signé une pétition calomnieuse contre moi. Mais lorsque Lakanal est juge dans sa propre cause, ses ennemis sont assurés de leur triomphe. Je t'obligerai lorsque je le pourrai. C'est ainsi que les républicains repoussent les outrages. Tu as cinq enfants devant l'ennemi : c'est une belle offrande faite à la liberté. Je te décharge de la taxe révolutionnaire.

« LAKANAL [1]. »

Les voilà donc, ces coupeurs de têtes, ces régicides, ces buveurs de sang ! Quelle fierté de langage ! quelle grandeur d'âme ! Jamais Rome vit-elle de plus grands caractères ?

Nous ne voudrions pas anticiper sur les événements, mais comme nous n'aurons plus l'occasion d'y revenir, signalons un dernier trait de générosité qui rachète un peu la conduite de Lakanal au 9 thermidor.

L'abbé Sicard, le célèbre instituteur des sourds-muets, quoique attaché par goût à l'ancien régime, avait cru utile à sa considération personnelle et aux intérêts de son école de flatter les maîtres du pouvoir, quels qu'ils fussent. Il était de ces hommes mobiles qui suivent toujours la fortune, même dans ses écarts. Son étoile voulut qu'en évitant un danger il fût tombé dans un pire. Le 9 thermidor, cette triste et fatale journée, avait changé la face des choses. Or on avait trouvé chez Couthon des éloges, des dédicaces de livres, des lettres très-compromettantes pour l'abbé Sicard. La chute de Couthon rendait ses amis suspects aux yeux des thermidoriens. Lakanal, instruit du danger qui menaçait un homme aussi distingué par ses talents, court chez le Conventionnel qui avait entre les mains les papiers saisis chez Couthon. Ce confrère est absent ; Lakanal l'attend tranquillement assis dans un fauteuil et lui dit à son retour : « Vous n'avez plus rien contre Sicard ; s'il y a un coupable, c'est moi qui le suis maintenant, vous pouvez accuser. » Le collègue, voyant que la pièce incriminée a été soustraite, entre d'abord en grande colère ; mais, saisi bientôt de l'estime qu'on doit à une noble action, il se radoucit et dit à Lakanal : « Vous n'en faites pas d'autres ! »

L'abbé Sicard témoigna sa reconnaissance à Lakanal dans une lettre que j'ai eue entre les mains, et communiquée par M. Isidore Geoffroy Saint-Hilaire. Cet écrit fait plus d'honneur à la finesse de l'abbé qu'à la sincérité de ses convictions. Il tâche par mille moyens de s'excuser. « Aussi, qui aurait pu

1. L'autographe de cette lettre est conservé à la bibliothèque de Périgueux.

croire, s'écrie-t-il sur un ton piteux et comique à la fois, qui aurait pu croire, il y a deux mois, que ce Couthon fût un aussi grand scélérat? »

Les rapports de Couthon avec l'abbé Sicard, le directeur de l'École des sourds-muets, s'expliquent aisément. Couthon était philanthrope. Il avait protégé Haüy, l'auteur de la méthode pour instruire les aveugles-nés. Il s'était intéressé à Pinel, médecin en chef de Bicêtre.

En 1789, l'Hôtel-Dieu était le seul hôpital qui admît dans la ville de Paris des aliénés en traitement : relégués vers la partie la plus reculée, la plus triste, la plus malsaine de cet établissement, transformé pour eux en une nouvelle prison, les dernières lueurs de leur raison achevaient de s'éteindre dans la solitude et dans l'ennui. Pas de cours égayées d'un peu de verdure, pour servir de promenoir, ni pour reposer un cerveau malade; mais, dans l'intérieur, deux salles, l'une de dix lits *à quatre personnes*, l'autre de six grands lits et huit petits; au dehors, des murs affligeants de vieillesse, des toits sombres, et le voisinage éternel de cette grande infirmerie, où les maladies du corps étaient confondues avec les maladies de l'esprit. Les pauvres aliénés traînaient dans ces lieux leur mélancolie et leur langueur, jusqu'à ce que, déclarés incurables, ils fussent conduits à Bicêtre, à la Salpêtrière ou à Charenton.

Là commençait pour eux une nouvelle vie de réclusion et de délaissement; la société les oubliait; la science avait jeté sur eux sa sentence, et l'administration ouvrait alors devant ces damnés vivants les portes de la cité des larmes.

Cette ville de malédiction et de souffrance, à la porte de laquelle on laissait l'espérance en entrant, se composait, à Bicêtre, de deux rues, formées par des rangs de loges, et dont l'une était appelée la rue d'Enfer et l'autre *la rue des Furieux*. Dans le langage vulgaire, qui a bien sa poésie et sa couleur, on se servait, au xviiie siècle, de l'épithète de *bicêtreux* pour caractériser un visage malsain, terreux et morne. C'était bien l'hospice tout entier qui inspirait cette image, mais surtout le quartier des fous. Les loges, au nombre de cent onze, étaient destinées à recevoir les fous les plus agités, ceux qui, murés sans être morts, jetaient des cris du fond de leur sépulcre. L'indifférence la plus stupide rôdait autour de ces malheureux dans la personne d'un surveillant connu sous le nom de *gouverneur des fous*. L'homme regardait et passait. Il faut avoir vu la dernière de ces cages, dont les ruines existaient en 1840, et existent peut-être encore aujourd'hui, pour se faire une idée de ce qu'étaient ces loges à peine faites pour abriter des animaux immondes. Au niveau, quelquefois même au-dessous du sol, s'ouvrait un guichet par lequel entrait un pâle rayon de jour et qui servait à passer quelques aliments. Une eau glaciale, surtout pendant l'hiver, ruisselait presque continuellement le long des murailles, où elle déposait un limon verdâtre, que l'on grattait de temps en temps et qui se remontrait toujours. Ni feu ni lumière. Au fond de ce cachot, de cet *in-pace*, se remuait, hurlait, écumait quelque chose de lamentable, qui était le fou.

Les mauvais traitements auxquels les employés de la maison se livraient envers les aliénés étaient absous par l'habitude. Que vouliez-vous qu'on en fît?

C'étaient des possédés du diable. Non content d'outrager la folie, on l'exploitait. Il y a des gens qui s'amusent de tout, même de la folie. Les garçons de service qui accompagnaient les visiteurs se faisaient un jeu cruel d'exciter les aliénés à commettre des actes extravagants, afin d'attirer dans leur bourse quelques pièces de monnaie, quitte à punir ensuite ces mêmes insensés, jouets de leur cupidité, avec une brutalité révoltante. Chaque loge avait une chaîne fixée dans

Les Hébertistes à la Conciergerie.

le mur; à l'extrémité de cette chaîne était attaché un collier en fer pour maintenir les malades agités, et le nombre en était considérable. Quand le carcan ne suffisait pas à la cruauté des surveillants, on avait recours à de fortes cordes, et souvent à d'autres chaînes qui laissaient d'affreuses traces sur les membres meurtris de ces pauvres diables. Déclarés incurables, ils étaient abandonnés de la science. Jamais de chirurgien ou de *gagnant maîtrise* (c'est ainsi qu'on désignait le médecin en chef) ne faisait de visite dans le quartier des fous. Il n'y avait que quand ces malheureux étaient à la veille de mourir, qu'on les conduisait à l'infirmerie, où ils recevaient quelques soins tardifs et inutiles.

Tel était l'état de Bicêtre et des autres hospices de fous, lorsqu'un grand homme dans sa spécialité, le fondateur de la médecine aliéniste, Pinel, commença la réforme de ces établissements. L'école du docteur Quesnoy avait avancé, sur le traitement des fous, quelques idées humaines et généreuses; Tençon avait dénoncé les abus dont souffraient de son temps les aliénés dans les hospices; La Rochefoucauld avait réclamé pour eux devant l'Assemblée constituante : vains efforts ! la voix du bon sens et de l'humanité n'avait pu vaincre la force inerte des préjugés : il fallait pour cela une autre Assemblée que la Constituante et que la Législative, il fallait la Convention.

A Dieu ne plaise que nous enlevions rien à la gloire de Pinel! mais tel était le mouvement des esprits vers la justice et la bienveillance que si Pinel eût laissé échapper cette réforme, un autre que lui l'eût entreprise. Était-ce en vain que la philosophie du xviii° siècle avait relevé la dignité de notre nature? La Déclaration des droits de l'homme et du citoyen n'impliquait-elle point le respect de l'aliéné, cet homme déchu? Ce n'était point le simple médecin Pinel qui apparut comme un libérateur dans le bagne de Bicêtre, c'était la Révolution.

Mais que pouvait un homme seul? Il fallait le concours de l'État; et le moyen de l'obtenir, quand les comités étaient surchargés d'affaires, quand il s'agissait chaque jour de la perte ou du salut de la patrie? Nommé depuis quelque temps médecin en chef de Bicêtre, Pinel avait plusieurs fois, mais inutilement, demandé à la Commune de Paris l'autorisation de supprimer l'usage des fers dont on chargeait les aliénés furieux. Le bruit courait, à tort ou à raison, que des royalistes avaient trouvé le moyen de se glisser dans le compartiment des fous et de tromper la surveillance du gouvernement de la République en mettant leur liberté sous les chaînes. On comprend que de pareils soupçons eussent mal préparé les esprits ombrageux de la Convention et de la Commune en faveur de Bicêtre.

Fort de sa conscience, Pinel brave ces vaines rumeurs et se présente devant un des membres du Comité de salut public. Répétant ses plaintes avec une chaleur nouvelle, il réclame au nom de l'humanité la réforme du vieux traitement qui pèse sur les aliénés. « Citoyen, lui dit un membre qu'il ne connaissait pas, j'irai demain à Bicêtre te faire une visite; mais malheur à toi si tu nous trompes et si tu recèles les ennemis du peuple parmi tes furieux ! » Celui qui parlait ainsi était Couthon. Le lendemain, il arrive à Bicêtre ; Couthon veut voir et interroger lui-même les fous; on le conduit dans leur quartier; il ne recueille que de sanglantes injures, et n'entend, au milieu de cris confus et de hurlements forcenés, que le bruit glacial des chaînes sur les dalles humides et dégoûtantes. Quoique habitué par les événements à de sombres visages, Couthon, qui avait entendu plus d'une fois rugir l'émeute, se sentit troublé par ces voix et ces figures du délire. Fatigué bientôt de l'affreuse monotonie de ce spectacle et de l'inutilité de ses recherches, le représentant du peuple se retourne vers Pinel :

— Je vois qu'on nous a trompés, lui dit-il ; ces murs ne renferment que des insensés, et de l'espèce la plus dangereuse. Que demandes-tu maintenant?

— Je demande à faire tomber leurs fers, à les traiter en hommes.

— Ah çà! citoyen, es-tu fou toi-même de vouloir lâcher de pareils lions prêts à tout dévorer ?

— On en a fait des bêtes furieuses en les traitant comme tels ; j'ose espérer beaucoup de moyens tout différents.

— Eh bien! fais-en ce que tu voudras, l'humanité ne peut qu'applaudir à tes intentions généreuses...

Reconnaissant bien que ces hommes n'étaient pas des royalistes, mais des fous, Couthon examina cette fois leurs loges avec une compassion douloureuse. La plupart d'entre eux étaient couchés dans des auges, les pieds et la tête serrés contre des murs humides ; la paille sur laquelle ils dormaient était à moitié pourrie. Plus de quarante furieux avaient déchiré leurs vêtements et demeuraient presque nus. La nourriture était insuffisante et mauvaise ; une seule distribution se faisait toutes les vingt-quatre heures, de telle sorte que les malheureux dévoraient leur maigre pitance d'un seul coup et demeuraient ensuite tout le reste du jour dans un état de délire famélique. A la vue de toutes ces horreurs, Couthon frémit :

— Quoi, s'écria-t-il, la Révolution est venue, et il existe encore de pareilles traces de la barbarie du moyen âge!

« Tombez, fers, menottes, carcans! L'heure de la liberté doit sonner même pour les esclaves du délire. Citoyen Pinel, si tu ne peux leur rendre la raison, rends-leur du moins une liberté relative, et, je te le dis au nom de la Convention, tu auras bien mérité de la patrie! »

Le lendemain, Chaumette vint lui-même visiter les divers hospices d'aliénés, et, le 17 brumaire, on inscrivait dans les registres du conseil général de la Commune : « A Bicêtre et autres hôpitaux, on séparera désormais des malades les fous et les épileptiques (17 brumaire). A la Salpêtrière, on détruira les cabanons horribles où l'on enfermait les folles (21 brumaire). On améliorera le logement des fous de Bicêtre (26 brumaire). Les deux rues connues à Bicêtre sous le nom de rue d'Enfer et de rue des Furieux seront démolies. »

Ainsi que Couthon, à la vue de ces deux cités maudites, de ces cages dans lesquelles avaient croupi depuis les deux derniers règnes les victimes du délire, Chaumette avait été touché au cœur. Prenant les mains de Pinel entre les siennes :

— Tu es un bon citoyen, lui dit-il ; la République aime les savants qui ont du respect pour le malheur.

Libre désormais de ses actions, encouragé même par les pouvoirs révolutionnaires, Pinel fit selon sa volonté, selon la justice. On n'avait jamais rien osé de semblable. Peu rassuré lui-même, il se décida à ne déchaîner que douze fous le premier jour ; cette mesure ayant réussi, il fit tomber, les jours suivants, les fers de cinquante-trois autres aliénés furieux qui, satisfaits de recouvrer la liberté de leurs mouvements, se calmèrent aussitôt. Ces malheureux, qui chaque semaine brisaient des centaines d'écuelles en bois, renoncèrent à leurs habitudes de destruction et d'emportement; d'autres, qui déchiraient leurs vêtements et se complaisaient dans la plus sale nudité, parurent renaître à la décence. En peu de temps, l'hospice de Bicêtre changea de face.

Chaumette était accusé de vandalisme. On lui reprochait avec raison d'avoir proposé à la Convention, dans la fameuse séance du 5 septembre, de défricher et de cultiver les jardins de tous les domaines nationaux renfermés dans Paris. Plus de fleurs; des légumes, des pommes de terre! Cette idée de convertir le jardin des Tuileries en un potager souriait très-peu aux membres du Comité de salut public. Il y avait parmi eux des hommes de goût qui avaient au contraire commandé des statues, des arbustes rares et d'autres embellissements pour orner les abords de la représentation nationale.

Mais en agissant ainsi Chaumette était-il bien lui-même? Ne sacrifiait-il pas à la popularité? Dans l'état de disette où était Paris, il crut faire acte politique en conseillant une des mesures les plus propres à calmer et à flatter la multitude. Le vieux Dussoulx, qui n'était pourtant point un barbare, opina pour que non-seulement les Tuileries, mais encore les Champs-Élysées, fussent transformés en culture alimentaire. Pour l'honneur de la Révolution et la gloire du peuple de Paris, une telle proposition ne fut pas même discutée.

Il faut pourtant reconnaître que Chaumette, en sa qualité de procureur de la Commune, rendit de véritables services aux arts.

La Convention avait décrété l'ouverture de deux musées : l'un, le Musée du Louvre, qui embrasse les chefs-d'œuvres de toutes les nations; l'autre, le Musée des monuments français. Chaumette prêta volontiers son concours à ces deux moyens d'instruction populaire : l'histoire universelle écrite par les peintures, l'histoire nationale écrite par les statues tirées des palais, des abbayes, des églises. A la porte du Musée du Louvre, il plaça une garde de dix hommes pour la nuit. Il arrive trop souvent que des toiles de grand prix, confiées aux mains d'un maladroit, soient gâtées sous prétexte d'être restaurées. La Commune demandait à la Convention qu'un concours fût institué pour désigner les hommes capables et sauver de la destruction les grandes pages de l'art. Combien cette mesure eût sauvée de chefs-d'œuvre, si elle eût été appliquée!

Chaumette s'intéressait surtout à la musique dont il avait besoin pour les fêtes populaires. Il obtint de l'Assemblée nationale la création de cette grande école, le Conservatoire. Un digne vieillard, Gossec, dirigea l'institution naissante.

Somme toute, la parole mise au bout des doigts du sourd-muet, et la vue au bout des doigts de l'aveugle; l'aliéné rendu à la dignité d'homme; le respect pour les femmes en couche; les enfants adoptés par la nation; les secours aux infirmes, aux malheureux, voilà les trésors d'humanité que, dans son vol effrayant, la Terreur portait sur ses ailes.

L'invention du télégraphe, l'ouverture de deux musées consacrés aux arts, un temple dédié aux sciences et à la nature, la création du Conservatoire, cette grande école de musique, une loi sévère contre les dévastations des monuments publics et des statues, l'introduction d'un calendrier raisonnable, les travaux du Comité d'instruction publique pour fonder une école normale et des écoles primaires, voilà ce que la Convention, accusée par les royalistes d'avoir voulu ramener le monde à la barbarie, versait de lumières sur les esprits.

Est-ce à dire que la main de fer elle-même de la Convention ait toujours été assez forte pour arrêter les fureurs du vandalisme? Non vraiment : à ces rois de pierre dont on connaissait l'histoire, à ces saints de bronze qui, dans les vieilles abbayes, avaient reçu les prémices de la dîme, s'attachait une haine vivace. On punissait dans le signe les abus que le signe avait consacrés. Chacun sentait d'ailleurs que ce vieux monde avait fait son temps, que l'ancien régime tombait de lui-même en ruines. Qu'on regrettât la perte de certaines œuvres d'art, certes, c'était bien naturel. Il y avait dans ces chefs-d'œuvre du passé de quoi émouvoir tous ceux qui ont le sentiment du beau; mais le dieu Temps n'est pas pour nous comme l'ancien porte-faux des Grecs. Ses ailes n'indiquent point la fuite, mais le progrès. Les débris et les dépouilles dont il couvre la terre cachent des germes de développement. En même temps qu'il fauche, il sème.

Là est la grandeur de la Révolution française. Ce qu'elle détruit devait périr; ce qu'elle fonde est aussi éternel que le droit.

XXII

La Révolution est partout maîtresse. — Indignes successeurs de Marat. — Athéisme d'Hébert et de Chaumette. — L'évêque Gobel, à l'instigation d'Anacharsis Cloots, dépose l'exercice de son culte entre les mains de la Nation. — Résistance de l'abbé Grégoire. — Fête de la déesse Raison. — Palinodie d'Hébert. — Ronsin, Carrier, Fouché (de Nantes).

Quand, grosse de bruit et de sourds tonnerres, se souleva la Montagne, les beaux-esprits royalistes déclarèrent qu'elle accoucherait d'une souris.

En Quatre-vingt-treize, elle était accouchée d'un échafaud et de la victoire. Au nord et à l'est, l'étranger était repoussé du territoire, les rebelles de l'intérieur pliaient, battaient en retraite. C'est alors que les divisions qu'on croyait éteintes se ranimèrent avec plus de fureur.

La Montagne s'était servie d'agents pour comprimer ses ennemis : mais, en plusieurs endroits, ces agents avaient dépassé leur mission; elle avait déchaîné la fureur des passions extrêmes pour intimider le royalisme, et cette fureur menaçait de tout bouleverser et d'entraîner la Révolution même dans une mare de sang.

Marat en mourant avait emporté avec lui toute la moralité de son parti, et ses indignes successeurs prirent ses colères et ses défiances sans imiter son désintéressement ni sa droiture.

A la tête de ces anarchistes était un homme qui faisait parade de son matérialisme. Animé d'une haine fanatique contre les croyances religieuses, Hébert avait juré d'anéantir tous les cultes et de réaliser l'athéisme. Il se servit de l'influence que lui donnait son journal, le *Père Duchesne*, et de sa position à la Commune pour exciter le peuple contre ses anciennes croyances religieuses. Cet homme était possédé d'une haine farouche, la haine de Dieu. Il voulait violer la foi dans l'âme de ses concitoyens. Des bandes d'iconoclastes, envoyées par Hébert et par Chaumette, brisèrent les autels, ouvrirent les tabernacles et vidèrent les ciboires.

La Commune de Paris encourageait ces profanations et ces actes de vandalisme. Un jour (et ce jour n'est pas le seul), au milieu d'une séance conventionnelle, on vit entrer des groupes de soldats revêtus d'habits pontificaux ; ils étaient suivis d'une foule d'hommes du peuple, rangés sur deux lignes, couverts de chapes, de chasubles, de dalmatiques ; paraissaient ensuite, portés sur des brancards, l'or, l'argenterie et tous les ornements des églises. La pompe défila en dansant au son des airs patriotiques ; et les acteurs de cette scène grotesque finirent par abjurer publiquement tout culte, hormis celui de la liberté. La Convention eut la faiblesse de décréter l'impression des parodies de cette journée et l'envoi à tous les départements. L'impiété, non contente de fouler aux pieds les dépouilles du culte, voulait encore terrasser Dieu dans la conscience de ses ministres.

L'orateur du genre humain, Anacharsis Clootz, Prussien, qui datait depuis cinq ans ses lettres de *Paris, chef-lieu du globe*, après souper, dans un accès de *zèle pour la maison du Seigneur genre humain*, court à onze heures du soir chez l'évêque Gobel, l'engage, au nom de la Commune, moitié par crainte, moitié par de fausses promesses, à déposer l'exercice public de son culte entre les mains de la nation ; on lui fit entendre que cette démarche impliquait l'abandon de sa charge et non une apostasie de ses croyances. Le faible vieillard tomba dans le piége.

Son exemple entraîna toutes les consciences pusillanimes. C'était à qui viendrait se déprêtiser à la barre de la Convention. Coupé, de l'Oise, et Julien, de Toulouse, l'un évêque catholique, l'autre ministre protestant, s'embrassèrent à la tribune, en riant, comme deux augures. Alors tout culte tomba avec toute magistrature religieuse, et les croyants eux-mêmes se couvrirent de l'hypocrisie de l'athéisme.

Un seul osa résister : l'abbé Grégoire, qui avait courageusement maintenu sa foi à côté d'Hébert et de Chaumette. Chrétien plus tolérant que les athées qui l'entouraient, il demandait pour ses croyances la liberté du passage. Fidèle aux devoirs et à l'exercice de son ministère, il avait constamment refusé de dépouiller sa robe d'évêque. Appelé aux honneurs du fauteuil, il avait présidé l'Assemblée en habits violets. Au camp de Brau, au-dessus de Sposello, il avait, sous le canon, parcouru à cheval et en soutane les rangs des divers bataillons qu'il haranguait. A l'époque des abjurations, l'évêque de Blois fut circonvenu par les obsessions d'Hébert et de ses agents. Une personne qui lui donnait alors l'hospitalité entendit toute la nuit des voix moitié insidieuses, moitié menaçantes, se heurter contre l'inflexible résolution du saint prêtre. Assis dans un grand fauteuil, il frappait du talon la terre. Voyant qu'ils ne pouvaient vaincre sa ténacité, les émissaires de la Commune l'engagèrent à réfléchir jusqu'au lendemain et se retirèrent.

Quand Grégoire arriva à la Convention, la séance était commencée.

— Il faut que tu montes à la tribune, s'écrient, au moment où il arrive dans la salle, ces forcenés.

— Et pourquoi?

— Pour renoncer à ton charlatanisme religieux.

— Misérables blasphémateurs! Je ne suis pas, je ne fus jamais un charlatan; attaché à ma religion, j'en ai prêché les vérités, j'y serai fidèle.

Enfin il monte à la tribune :

— J'entre ici, n'ayant que des notions très-vagues de ce qui s'est passé avant mon arrivée ; on me parle de sacrifices à la patrie, j'y suis habitué ; s'agit-il d'attachement à la cause de la liberté ? j'ai fait mes preuves ; s'agit-il du revenu attaché à la qualité d'évêque ? je vous l'abandonne sans regret ; s'agit-il de la religion ? cet article est hors de votre domaine, et vous n'avez pas le droit de l'attaquer. J'entends parler de fanatisme, de superstition... je les ai toujours combattus ; mais qu'on définisse les mots, et l'on verra que la superstition et le fanatisme sont diamétralement opposés à la religion. Quant à moi, catholique par conviction, prêtre par choix, j'ai été désigné par le peuple pour être évêque. J'ai tâché de faire du bien dans mon diocèse, agissant d'après les principes sacrés qui me sont chers, et que je vous défie de me ravir. Je reste évêque pour en faire encore ; j'invoque la liberté des cultes.

Robespierre et Danton approuvèrent la résistance de l'évêque de Blois en flétrissant le scandale des abjurations. A la honte des prêtres, Maximilien osa défendre le Dieu qu'ils abandonnaient lâchement. « Quand on a trompé si longtemps les hommes, écrivait de son côté Camille Desmoulins, on abjure, fort bien, mais on cache sa honte ; on ne vient pas s'en parer et en demander pardon à Dieu et à la nation. »

Au moment où ses confrères d'église se couvraient ainsi de mépris et de scandale, seul l'abbé Grégoire continua de siéger dans la Convention, parmi les Montagnards, en costume ecclésiastique.

Les yeux de Robespierre étaient depuis quelque temps fixés sur le parti des Hébertistes. Cette stoïque impiété lui faisait horreur. Cette guerre entreprise contre Dieu lui paraissait ébranler les bases mêmes de toute société. Hébert était personnellement un misérable, qui flattait les penchants bas et sanguinaires de la populace dans une langue grossière, immonde. Le peuple n'aime pas ces saturnales de l'esprit ; le peuple qui a pris la Bastille aime qu'on lui parle dignement et poliment ; toute injure au goût lui semble une injure à la raison et à la majesté nationale. Aussi les feuilles du *Père Duchesne* n'étaient-elles lues que par les âmes ordurières.

Dans ce groupe d'hommes sinistres, qui poussaient la multitude à toutes les violences, on distinguait un prêtre renégat, sans pudeur comme sans entrailles, Jacques Roux. Cette bande de brigands avait l'espèce d'audace que donne la peur : ils chassaient devant eux à la guillotine le pâle troupeau des citoyens pour se ménager du moins la consolation de tomber les derniers.

Leur doctrine politique était le bouleversement des lois divines et humaines, leur foi la négation de tout, leur espérance le néant.

Hypocrites, ils couvraient d'un faux amour du peuple leurs projets de ruine et de domination.

Robespierre jura de leur arracher du visage ce masque sanglant.

Cependant la Commune poursuivait le cours de ses ignobles succès.

La faction déicide qui régnait à l'Hôtel de Ville voulut remplacer tous les cultes par celui de la Raison. La fête de cette divinité nouvelle fut célébrée dans l'église Notre-Dame. On y avait élevé un temple d'une architecture classique sur la façade duquel on lisait ces mots : *A la philosophie*. Ce temple était élevé sur la cime d'une montagne. Vers le milieu, sur un rocher, on voyait briller le flambeau de la vérité. Une musique profane, placée au pied de la montagne, exécutait un hymne en langue vulgaire. Pendant que jouait l'orchestre, on voyait deux rangées de jeunes filles, vêtues de blanc et couronnées de chêne, descendre et traverser la montagne, un flambeau à la main, puis remonter dans la même direction sur le sommet. La Liberté, représentée par une belle femme, sortait alors du temple de la philosophie, et venait sur un siége de verdure recevoir les hommages des républicains, qui chantaient un hymne en son honneur, en lui tendant les bras.

Cette froide jonglerie était bien faite pour inspirer au peuple le regret des mystères chrétiens.

A l'exemple de la capitale, on éleva des autels à la Raison dans toute la France : ses temples furent déserts.

Ces déviations misérables du principe révolutionnaire attristaient tous les cœurs droits.

L'inconséquence était ici flagrante : la raison est faite pour détruire les cultes et n'en a jamais créé. La tentative des Hébertistes était en cela ridicule et vaine.

Il est vrai que le nouveau culte était une profanation.

Telle était du reste la lâcheté de ces incrédules qu'il suffit de la contenance rigide de Robespierre pour les anéantir. Le spiritualisme du disciple de Jean-Jacques Rousseau se révolta contre les outrages qu'une horde de bandits vomissaient sur la Divinité. Il réclama sévèrement la liberté des cultes. « Celui qui veut empêcher de dire la messe, dit-il, est plus fanatique que celui qui la dit. » Hébert, touché par la foudre, balbutia quelques excuses, et descendit à une rétractation tardive. « Je le dirai toujours, écrivait-il dans un de ses numéros, que l'on imite le sans-culotte Jésus ; que l'on suive à la lettre son Évangile, et tous les hommes vivront en paix. » Dans une telle bouche, l'éloge même était dérisoire ;

une si ridicule palinodie montra d'ailleurs toute la faiblesse de ces colosses d'iniquité.

Non contents de déchirer les traditions de la France, les Hébertistes voulaient passer la hache sur toutes les têtes. Ces furieux sentaient que leurs doctrines absurdes avaient besoin, pour croître, d'une rosée de sang. Leurs yeux ne

Dernière entrevue de Danton et de Robespierre.

voyaient partout que des suspects à enfermer : leur âme était en proie à de continuelles frayeurs : *Terrebant pavebantque*.

Cette défiance des Hébertistes était celle des consciences criminelles, qui tressaillent de nuit au moindre bruit des feuilles, au moindre mouvement de leur ombre.

Ronsin, Carrier, Fouché de Nantes étaient leurs bras, et avec les bras ils frappaient de mort les populations. La guillotine était souillée du sang qu'ils faisaient verser par l'influence de la Commune. Ces hommes détestaient tous les membres de la Montagne. Ils auraient voulu ensevelir la Convention et le Comité de salut public dans un massacre. N'osant attaquer Robespierre, dont ils redoutaient la puissance, ils se jetèrent sur Danton.

XXIII

Retraite de Danton, son mépris pour les Hébertistes. — Camille Desmoulins. — Son Journal, ses attaques contre Hébert et le Comité de salut public. — Sa modération, ses idées de clémence et ses rapports avec Robespierre. — Accusation portée contre Danton. — Son insouciance. — Inquiétudes de Lucile. — Séance des Jacobins. — Mort des Hébertistes.

Le rôle de Danton avait été actif et glorieux.

Danton, après avoir remué la France comme on agite un vase d'eau, après avoir accompli la destruction de la monarchie, la levée en masse et la défense du territoire, se tenait à l'écart des événements, depuis que le sol de la Révolution s'était un peu calmé.

N'ayant plus la main dans le gouvernement, il blâmait presque tous les actes du Comité de salut public. Il croyait se rendre nécessaire par son absence, et attendait, comme Achille dans sa tente, que les dangers de la République ramenassent sur lui l'attention de ses concitoyens.

Ainsi que toutes les natures fortes, Danton alors s'aigrissait dans sa puissance oisive et se fatiguait dans le repos.

La faction des Hébertistes l'inquiétait peu, il méprisait leurs attaques. « Voilà ce que je ferai de ces misérables, » disait-il en frappant du pied la terre comme pour y écraser un insecte.

Ce qu'il craignait, c'était l'amollissement de sa fibre révolutionnaire. Inquiet, il s'interrogeait lui-même sur le déclin de sa puissance; on le voyait alors secouer sa tête haute, en lui donnant un air de sauvage énergie : « Ne suis-je plus Danton? s'écriait-il. Ai-je donc perdu ces traits qui caractérisaient la figure d'un homme libre? On verra qui de Robespierre ou de moi doit sauver la France. »

Camille Desmoulins avait alors l'idée d'attaquer par le fer rouge du journaliste la faction toute-puissante qui couvrait la France d'un voile de deuil et d'infamie. Les premiers coups de son arme portèrent en effet sur les Hébertistes.

Comme son ami Danton, depuis les journées du 31 mai et du 2 juin, Camille se tenait à l'écart des comités. La paix de son intérieur, la beauté de sa femme, un bonheur domestique sans nuages le disposaient à l'attendrissement. Les sanglots de la ville, la morne exhibition des supplices troublaient ses nuits. Le goût de la retraite et de la nature s'accrut en lui de toute l'horreur des tableaux qu'il avait sous les yeux : « Oh! écrivait-il à son père, que ne puis-je être aussi obscur que je suis connu! *O ubi campi, Guisiaque!* Où est l'asile, le souterrain qui me cacherait à tous les regards avec mon enfant et mes livres?... La vie est si mêlée de maux et de biens, et depuis quelques années le mal déborde tellement autour de moi sans m'atteindre, qu'il me semble toujours que mon tour va arriver d'en être submergé... Je ne saurais m'empêcher de songer sans cesse que ces hommes qu'on tue par milliers ont des enfants, ont aussi leur père. Au moins je n'ai aucun de ces meurtres à me reprocher, ni aucune de ces guerres contre lesquelles j'ai toujours opiné, ni cette multitude de maux, fruits de l'ignorance et de l'ambition aveugle assises ensemble au gouvernail... Il y a des moments où je suis tenté de m'écrier comme lord Falkland [1], et d'aller me faire tuer en Vendée ou aux frontières, pour me délivrer du spectacle de tant de maux. » Ces rêves de fuite, ces mirages d'arbres et de fontaines revenaient sans cesse à l'imagination de Camille. « En janvier dernier, écrivait-il dans son journal, j'ai encore vu M. Nicolas dîner avec une pomme cuite, et ceci n'est pas un reproche. Plût à Dieu que dans une cabane, et ignoré au fond de quelque département, je fisse avec ma femme de semblables repas! » Lucile était toujours l'ange de ce foyer sur lequel planait le vent de la mort. « Je ne dirai qu'un mot de ma femme, ajoutait Desmoulins. J'avais toujours cru à l'immortalité de l'âme. Après tant de sacrifices d'intérêts personnels que j'avais faits à la liberté et au bonheur du peuple, je me disais au fond de ma persécution : Il faut que les récompenses attendent la vertu ailleurs. Mon mariage est si heureux, mon bonheur domestique si grand, que j'ai craint d'avoir reçu ma récompense sur la terre, et j'avais perdu ma démonstration de l'immortalité. (Se tournant par la pensée du côté d'Hébert qui l'avait bassement injurié) : Maintenant tes persécutions, ton déchaînement contre moi et tes lâches calomnies me rendent toute mon espérance. » Hébert avait dénoncé Camille aux Jacobins pour *avoir épousé une femme riche*. « Quant à la fortune de ma femme, elle m'a apporté quatre mille livres de rentes, ce qui est tout ce que je possède. Est-ce toi qui oses me parler de ma fortune, toi que tout Paris a vu, il y a deux ans, receveur de contre-marques à la porte des Variétés, dont tu as été *rayé* pour cause dont tu ne peux pas avoir perdu le souvenir? Est-ce toi qui oses me parler de mes quatres mille livres de rentes, toi qui, sans culotte et sous une méchante perruque de crin dans ta feuille hypocrite, dans ta maison, logé *aussi luxurieusement qu'un homme suspect,* reçois *cent vingt mille* livres de traitement du ministre Bouchotte pour soutenir les motions des Clootz, des Proly, de ton journal officiellement contre-révolutionnaire, comme je le prouverai. »

Les animosités éclatèrent; les Hébertistes attaquèrent solennellement Danton et Camille Desmoulins. Robespierre les défendit contre la défiance systématique

---

[1]. Secrétaire d'État sous Charles I*er*, tué à la bataille de Newburg. Le jour où il périt, il s'écria : « Je prévois que beaucoup de maux menacent ma patrie; mais j'espère en être quitte avant cette nuit. »

de leurs adversaires; il couvrit l'un, excusa l'autre. L'arme tomba des mains des Hébertistes et se releva contre eux pour les punir.

Camille Desmoulins n'attaquait pas seulement la faction des athées et des anarchistes; ses attaques remontaient de temps en temps jusqu'au Comité de salut public. Or ce comité, dont Robespierre était membre depuis le 27 juillet, avait sauvé la Révolution. Il avait déployé une grande énergie, mais cette énergie, alimentée par Danton lui-même, était nécessaire pour triompher des obstacles qu'élevaient sans cesse les ennemis de la Montagne. Entraîné par son cœur, peut-être aussi par l'enivrement du succès, Camille osa parler de clémence.

Adoucir graduellement l'exercice du pouvoir exécutif; lever, dès que les circonstances le permettraient, le voile de terreur et de sang qu'on avait jeté sur la Constitution; déterrer la statue de la Liberté ensevelie sous les ruines fumantes de la guerre civile, n'étaient pas des idées qui appartinssent aux Dantonistes. Saint-Just avait tenu tout récemment le même langage que le *Vieux Cordelier* : « Il est temps, s'écriait-il, que le peuple espère enfin d'heureux jours, et que la liberté soit autre chose que la fureur de parti : vous n'êtes point venus pour troubler la terre, mais pour la consoler des longs malheurs de l'esclavage. » Ce même Saint-Just avait sauvé à Strasbourg des milliers de victimes, en jetant sous le fer de la guillotine le président du tribunal révolutionnaire, qui avait blasé le crime par l'usage immodéré de la terreur.

Robespierre jeune, l'ombre de son frère, envoyé en mission à Vesoul et à Besançon, avait montré partout aux habitants consternés le visage de la clémence. Maximilien, dans le Comité de salut public, cherchait lui-même à modérer les rigueurs du gouvernement révolutionnaire : mais le glaive avait, si j'ose ainsi dire, pris vie dans l'ardeur du combat; il emportait la main. Ralentir tout à coup l'exercice de la force exécutive, c'était d'ailleurs ranimer les feux mal éteints de la rébellion. Il fallait donc agir avec prudence et même avec une espèce de dissimulation saine. Au lieu de découvrir son cœur pour faire voir les battements de la pitié, le législateur devait alors masquer ses projets d'adoucissement et ses tentatives d'humanité sous un visage toujours sévère; il fallait comprimer la terreur par la terreur : c'était là le système voilé de Robespierre. Quand Camille toucha légèrement dans sa feuille à la clémence, Maximilien éprouva le mécontentement d'un auteur qui voit son idée prise par un autre et gâtée. Desmoulins comprenait effectivement la cause si honorable de la modération en la poussant tout d'abord aux extrêmes : « Voulez-vous, s'écria-t-il, que je reconnaisse votre sublime Constitution, que je tombe à ses pieds, que je verse tout mon sang pour elle? Ouvrez les prisons à deux cent mille citoyens que vous appelez suspects. » Une telle indulgence aurait eu pour résultat de désarmer le gouvernement de la République, dans un moment où il avait encore besoin de toutes ses ressources afin de déconcerter ses ennemis. Robespierre connaissait en outre le matérialisme de Danton et la faiblesse de Camille Desmoulins; il redoutait de leur part une compassion toute sensuelle pour les victimes, bien différente de la clémence austère du sang. La rigueur l'effrayait moins que l'impunité. Il craignait que l'amollissement des mœurs ne succédât dans la République à une violence interrompue. Il fallait, selon lui, que la justice humaine exagérât encore quelque temps la limite du bien et du mal, pour fonder la République sur des principes solides. Enfin, si la terreur lui pesait, son regard soucieux découvrait derrière les théories des indulgents et des immoraux un monstre plus vil et plus dangereux encore pour un État, la Corruption.

Robespierre aimait Camille Desmoulins, son ancien camarade de classes; mais il condamnait dans son ami l'immoralité de l'espièglerie. Un jour Camille entre familièrement dans la maison de Duplay; Robespierre était absent. La conversation s'engage avec la plus jeune des filles du menuisier; au moment de se retirer, Camille lui remet un livre qu'il avait sous le bras.

— Élisabeth, lui dit-il, rendez-moi le service de serrer cet ouvrage, je vous le redemanderai.

A peine Desmoulins était-il parti que la jeune fille entr'ouvre curieusement le livre confié à sa garde : quelle est sa confusion, en voyant passer sous ses doigts des tableaux d'une obscénité révoltante. Elle rougit : le livre tombe. Tout le reste du jour, Élisabeth fut silencieuse et troublée; Maximilien s'en aperçut; l'attirant à l'écart :

— Qu'as-tu donc, lui demanda-t-il, que tu me sembles toute soucieuse?

La jeune fille baissa la tête, et pour toute réponse alla chercher le livre à gravures odieuses qui avaient offensé sa vue. Maximilien ouvrit le volume et pâlit :

— Qui t'a remis cela?

La jeune fille raconta franchement ce qui s'était passé.

— C'est bien, reprit Robespierre; ne parle de ce que tu viens de me dire à personne : j'en fais mon affaire. Ne sois plus triste. J'avertirai Camille. Ce n'est point ce qui entre involontairement par les yeux qui souille la chasteté : ce sont les mauvaises pensées qu'on a dans le cœur.

Il admonesta sévèrement son ami, et depuis ce jour les visites de Camille Desmoulins devinrent très-rares.

L'austérité de Robespierre était fort incommode à Danton.

Ces deux hommes se repoussaient par les angles de leur caractère. L'un était la probité farouche, l'autre le tempérament déchaîné.

La voix publique accusait Danton d'avoir dépouillé la Belgique et d'avoir commis dans son passage au gouvernement des actes scandaleux. Par une complication fatale, Chabot, Julien de Toulouse et Delaunay d'Angers, tous amis de Danton, avaient falsifié tout récemment un décret pour soustraire des sommes importantes. Les partis ne sont pas absolument solidaires, il est vrai, des fautes individuelles : mais, en général, de pareilles sortes de délits n'entachent que les partis corrompus. De tels griefs, je le sais, ne justifieraient point à eux seuls la fin tragique des Dantonistes. Aussi Robespierre envisagea-t-il moins le problème en moraliste qu'en législateur. C'est le point de vue politique qui détermina sa conduite dans cette affaire et qui guida sa main. Robespierre engagea ce dialogue avec lui-même : « Danton peut-il servir mes projets de république comme je la conçois? — Non. — Peut-il les contrarier? — Oui. — Il faut donc que j'abandonne Danton. » Ceci dit, il s'abstint de défendre son rival; or, la neutralité de Robespierre, dans cette circonstance, c'était la mort. Danton comptait effectivement des ennemis dans les comités. La verve imprudente et sarcastique du *Vieux Cordelier* avait blessé au vif des hommes implacables, Collot-d'Herbois, Barère; Saint-Just méprisait Camille Desmoulins comme un aventurier de gloire. « Ce vif et spirituel jeune homme, se disait-il, s'est jeté étourdiment dans la Révolution; mais le voilà déjà pris d'abattement et d'effroi. Sa tête, pleines d'idées trop fortes pour lui, regrette amèrement *l'oreiller des anciennes croyances*. Il nous faut des hommes de plus d'haleine, pour nous suivre dans les voies âpres où nous voulons conduire la nation et planter le drapeau de la démocratie! »

Danton, de son côté, Danton, ce rude marcheur, ce tribun aux larges poumons, avait été pris lui-même de lassitude et d'engourdissement, il s'arrêta; or, dans des temps comme ceux-là, s'arrêter, c'est mourir. Il comptait follement sur la popularité de son nom, sur sa parole, sur l'attachement de ses amis, pour confondre les instigateurs de sa ruine. Un jour, Thibaudeau l'aborde :

— Ton insouciance m'étonne, je ne conçois rien à ton apathie. Tu ne vois donc pas que Robespierre conspire ta perte? ne feras-tu rien pour le prévenir?

— Si je croyais, répliqua-t-il avec ce mouvement des lèvres qui chez lui exprimait à la fois le dédain et la colère, si je croyais qu'il en eût seulement la pensée, je lui mangerais les entrailles.

Cela dit, il retomba dans son indolence superbe. Il n'était plus aussi assidu aux séances et y parlait beaucoup moins qu'autrefois. La Convention, dont il espérait se couvrir contre ses ennemis, n'était plus elle-même qu'une représentation nationale, qu'un instrument passif de la terreur. Elle était sous la foudre, mais elle ne la dirigeait pas.

Camille Desmoulins, quoique aveuglé par le succès de sa feuille, avait de tristes pressentiments. Un jour, son ancien maître de conférences le rencontre rue Saint-Honoré et lui demande ce qu'il porte.

— Des numéros de mon *Vieux Cordelier*. En voulez-vous?

— Non! non! Ça brûle.

— Peureux! répond Camille. Avez-vous oublié le passage de l'Écriture : *Buvons et mangeons, car nous mourrons demain ?*

Ainsi l'insouciance et le matérialisme des amis de Danton ne se démentaient pas, même en face de l'échafaud.

La pauvre Lucile partageait les inquiétudes de son mari; elle les doublait même de toute son imagination craintive et de son amour. A qui recourir? sur quelle main s'appuyer? Fréron, leur ami, était absent; elle lui écrivit : « Revenez, Fréron, revenez bien vite! vous n'avez point de temps à perdre. Ramenez avec vous tous les vieux cordeliers que vous pourrez rencontrer; nous en avons le plus grand besoin. Plût au ciel qu'ils ne fussent jamais séparés! Vous ne pouvez avoir une idée de ce qui se passe ici; vous ignorez tout; vous n'apercevez qu'une faible lueur dans le lointain, qui ne vous donne qu'une idée bien légère de notre situation. Aussi je ne m'étonne pas que vous reprochiez à Camille son Comité de clémence. Ce n'est pas de Toulon qu'il faut le juger. Vous êtes bien heureux là où vous êtes; tout a été au gré de vos désirs : mais nous, calomniés, persécutés par des intrigants, et même des patriotes! Robespierre, votre boussole, a dénoncé Camille ; il a fait lire ses numéros 3 et 4, a demandé qu'ils fussent brûlés, lui qui les avait lus manuscrits! Y concevez-vous quelque chose? Pendant deux séances consécutives, il a tonné contre Camille... Marius (Danton) n'est plus écouté, il perd courage, il devient faible ; d'Églantine est arrêté, mis au Luxembourg; on l'accuse de faits graves... Ces monstres-là ont osé reprocher à Camille d'avoir épousé une femme riche... Ah! qu'ils ne parlent jamais de moi, qu'ils ignorent que j'existe, qu'ils me laissent aller vivre au fond d'un désert! Je ne leur demande rien, je leur abandonne tout ce que je possède, pourvu que je ne respire pas le même air qu'eux. Puissé-je les oublier, eux et tous les maux qu'ils nous causent! La vie me devient un pesant fardeau : je ne sais plus penser... Bonheur si doux et si pur! hélas! j'en suis privée. Mes yeux se remplissent de larmes; je renferme au fond de mon cœur cette douleur affreuse; je montre à Camille un front serein; j'affecte du courage pour qu'il continue d'en avoir. » Fréron, le Montagnard sensuel et distrait, répondit à ce signal de détresse sur un ton de folâtrerie qui étonne : « Lucile, vous pensez donc à ce pauvre lapin, qui, exilé loin de vos bruyères, de vos choux et du paternel logis, est consumé du chagrin de voir perdus les plus constants efforts pour la gloire et l'affranchissement de la République?... Je me rappelle ces phrases intelligibles; je me rappelle ce piano, ces airs de tête, ce ton mélancolique interrompu par de grands éclats de rire. Être indéfinissable, adieu!» Lucile avait cherché un appui, et elle ne trouvait qu'un roseau pointu qui lui perçait la main.

Robespierre avait défendu Camille : mais le flot des dénonciations l'emportait. Il ne fallait plus seulement le protéger, il fallait l'avertir, le sauver de lui-même; car les étourderies, quelquefois sublimes, de cet écrivain, compromettaient la marche de la Révolution; sa parole était d'autant plus dangereuse qu'elle allait chercher l'émotion aux sources les plus nobles du cœur humain. Plaindre les victimes est un sentiment généreux : mais n'y avait-il pas ici de l'égoïsme dans la pitié? Sous le manteau de la clémence, les *indulgents* ne voulaient-ils pas couvrir la frayeur que leur causait l'œil de la justice? — Robespierre annonce que, s'il a précédemment pris la défense de Camille, l'amitié l'égarait. « Camille, ajoute-t-il, avait promis d'abjurer les hérésies politiques qui couvrent toutes les pages du *Vieux Cordelier*. Enflé par le succès prodigieux de ses numéros, par les éloges perfides que les aristocrates lui prodiguaient, Camille n'a pas abandonné le sentier que l'erreur lui a tracé; ses écrits sont dangereux; ils alimentent l'espoir de nos ennemis et favorisent la malignité publique : je demande que ses numéros soient brûlés au sein de la Société. — Brûler n'est pas répondre! » s'écrie Camille. Robespierre, embarrassé, reste muet quelques secondes;

puis, s'animant tout à coup : « Eh bien ! qu'on ne brûle pas, mais qu'on réponde ; qu'on lise sur-le-champ les numéros de Camille. Puisqu'il le veut, qu'il soit couvert d'ignominie ; que la Société ne retienne pas son indignation, puisqu'il s'obstine à soutenir ses principes dangereux et ses diatribes. L'homme qui tient aussi fortement à des écrits perfides est peut-être plus qu'égaré ; s'il eût été de bonne foi, s'il eût écrit dans la simplicité de son cœur, il n'aurait pas osé soutenir plus longtemps des ouvrages proscrits par les patriotes et recherchés par les contre-révolutionnaires. Son courage n'est qu'emprunté ; il décèle les hommes cachés sous la dictée desquels il écrit son journal ; il décèle que Desmoulins est l'organe d'une faction scélérate, qui a emprunté sa plume pour distiller le poison avec plus d'audace et de sûreté. — Tu me condamnes ici, reprit Camille ; mais n'ai-je pas été chez toi ? ne t'ai-je pas lu mes numéros, en te conjurant, au nom de l'amitié, de vouloir bien m'aider de tes conseils ? — Tu ne m'as pas montré tous tes numéros ; je n'en ai vu qu'un ou deux ! s'écria Robespierre. Comme je n'épouse aucune querelle, je n'ai pas voulu attendre les autres ; on aurait dit que je les avais dictés... Au surplus, que les Jacobins chassent ou non Camille, peu m'importe ; ce n'est qu'un individu. Mais ce qui m'importe, c'est que la liberté triomphe et que la vérité soit connue. »

Robespierre avait son genre de pitié, mais c'était la pitié de l'avenir. Le législateur avait tué l'homme.

Cependant le Comité de salut public sembla faire une concession aux Dantonistes en leur sacrifiant la bande d'Hébert, qu'ils avaient si furieusement attaquée par la voix de Camille Desmoulins. Il est vrai que cette concession était dérisoire, et que dans la traînée de sang qui conduisit ces misérables à l'échafaud les modérés purent voir la trace de leur propre mort. Les Hébertistes finirent comme ils avaient vécu. Ces hommes qui agitaient sans cesse la terreur s'enferrèrent à leur propre glaive. Profitant de la disette et des souffrances du peuple, ils essayèrent de le soulever contre la Convention, qu'ils accusaient d'indulgence et de lenteur. Leur projet était d'improviser un second 31 mai. Ils échouèrent et sept têtes tombèrent sur l'échafaud.

XXIV

La perte des Indulgents est décidée. — Arrestation de Camille Desmoulins et de Danton. — Lettre de Camille. — Paroles de Danton. — Dernière lettre de Camille. — Procès et défense des Dantonistes. — Ils sont conduits à l'échafaud. — Mort de Lucile Desmoulins.

La hache venait d'*épurer* le parti des Montagnards.

Robespierre se lève ; l'épouvante siége sur son front. Il montre cette hache encore fumante et déclare que la Convention est déterminée à sauver le peuple en écrasant à la fois toutes les factions qui menaçaient le bien public. Les hommes *patriotiquement contre-révolutionnaires, qui veulent faire de la liberté une bacchante*, étant abattus, il se retourne contre les *modérés, qui veulent en faire une prostituée.* Robespierre caractérisait ainsi l'indulgence molle et corrompue.

En effet, l'horreur du sang est moins, dans certaines natures égoïstes, une vertu de cœur qu'une révolte de la sensibilité physique. La menace de Robespierre retentit aux oreilles des Dantonistes comme le glas de la mort. L'heure

Les Dantonistes devant le tribunal révolutionnaire.

fatale a sonné. Les Comités de salut public, de sûreté générale et de législation se réunissent. La perte des *indulgents* est décidée. Impassible comme une idée, Robespierre ne retient ni ne pousse les accusés sur le bord de l'abime. Il n'arrache pas ces têtes, il les laisse tomber.

Dans la nuit du 30 au 31 mai, Camille, au moment où il allait se mettre au lit, entend dans la cour de sa maison le bruit de la crosse d'un fusil qui tombe sur le pavé. « On vient m'arrêter! » s'écrie-t-il; et il se jette dans les bras de sa femme, qui le presse de toutes ses forces contre son sein. Il court, donne un baiser à son petit Horace, qui dormait dans son berceau, et va lui-même ouvrir aux soldats, qui l'arrêtent et le conduisent à la prison du Luxembourg.

Danton, ce lion terrible, qui, cinq jours auparavant, voulait *manger les entrailles* à Robespierre, se laissa arrêter comme un enfant et égorger comme un mouton.

Avec eux, Hérault de Séchelles, Lacroix, Philippeaux, Westermann se trouvèrent réunis sous les mêmes verrous.

Hérault était un philosophe matérialiste; c'est lui qui a dit, après Buffon : « J'ai toujours nommé le Créateur, mais il n'y a qu'à ôter ce mot et mettre à la place la puissance de la nature. » Sa conduite dans la journée du 2 juin n'avait pas été exempte de faiblesse. Président de la Convention, il avait reculé devant les canons d'Henriot. A sa place, écrivait l'abbé Grégoire qui pourtant n'était pas Girondin, emporté par le sentiment d'un juste courroux, j'aurais peut-être fait saisir Henriot, ou j'aurais été massacré plutôt que de laisser ainsi outrager la représentation nationale. » Né dans une classe maintenant proscrite, Hérault avait pourtant fait de grands sacrifices à la Révolution. Sa belle figure, sa jeunesse, ses manières nobles et gracieuses attiraient sur lui l'attention des autres détenus.

Camille n'avait qu'une idée, sa Lucile. Il lui écrivit une première lettre déchirante. « Je suis au secret, mais jamais je n'ai été par la pensée, par l'imagination, plus près de toi, de ta mère, de mon petit Horace. O ma bonne Lolotte, parlons d'autre chose. Je me jette à genoux, j'étends les bras pour t'embrasser, je ne trouve plus mon pauvre Loulou... *(Ici on remarque la trace d'une larme.)* Envoie-moi le verre où il y a un C et un D, nos deux noms, et le livre sur l'immortalité de l'âme. J'ai besoin de me persuader qu'il y a un Dieu plus juste que les hommes et que je ne puis manquer de te revoir. Ne t'affecte pas trop de mes idées, ma chère amie, je ne désespère pas encore des hommes et de mon élargissement. Oui, ma bien-aimée, nous pourrons nous revoir encore dans le jardin du Luxembourg. Adieu, Lucile! adieu, Daronne *(sa belle-mère)*! Adieu, Horace! Je ne puis pas vous embrasser, mais aux larmes que je verse il me semble que je vous tiens encore sur mon sein. » *(Une seconde larme mouille le papier.)* Lucile lut cette lettre en sanglotant, et dit à l'ami de Camille qui la lui apportait, et qui tâchait de la consoler : « C'est inutile, je pleure comme une femme, parce que Camille souffre... parce qu'ils le laissent manquer de tout; mais j'aurai le courage d'un homme, je le sauverai... Pourquoi m'ont-ils laissée libre, moi? Croient-ils que parce que je ne suis qu'une femme je n'oserai élever la voix? Ont-ils compté sur mon silence? J'irai aux Jacobins, j'irai chez Robespierre. » On assure qu'elle rôdait à toute heure autour de la prison de son mari; mais les murs d'une prison d'État sont comme le cœur d'un geôlier : ils ne laissent rien pénétrer, ni le regard, ni l'émotion. Pauvre Lucile! le silence seul entendait ses soupirs, la nuit voyait ses larmes.

Camille avait apporté dans sa prison des livres sombres et mélancoliques, tels que les *Nuits d'Young* et les *Méditations d'Harvey*.

— Est-ce que tu veux mourir d'avance? lui dit le sceptique Réal. Tiens, voilà mon livre, à moi; c'est la *Pucelle d'Orléans.*

Quand Lacroix parut, Hérault de Séchelles, qui jouait à abattre un bouchon de liége avec des gros sous, quitta sa partie de *galoche* pour l'embrasser. Camille et Philippeaux n'ouvrirent point la bouche. Danton seul engagea une conversation théâtrale avec tout ce qui l'entourait. Il semblait charger les murs et les échos de la prison de redire chacune de ses paroles à la postérité.

En voici quelques-unes : « Dans les révolutions, l'autorité reste aux plus scélérats. »

« Ce sont tous des frères Caïn. »

« Brissot m'aurait fait guillotiner comme Robespierre! »

« Il vaut mieux être un pauvre pêcheur que de gouverner les hommes. »

Il parlait sans cesse des arbres, de la campagne, de la nature.

Les débats du procès s'ouvrirent.

Quand ils partirent pour le tribunal, Danton et Lacroix affectèrent une gaieté extraordinaire; Philippeaux descendit avec un visage calme et serein, Camille Desmoulins avec un air rêveur et affligé.

La foule était immense : entassée dans la salle du tribunal et dans le Palais de Justice, elle débordait par les rues et les ponts jusque de l'autre côté de la Seine.

On assure que la femme de Camille Desmoulins, resplendissante de jeunesse et de beauté, cherchait à remuer le peuple.

Les accusés parurent. Ils se défendirent avec rage, non comme des prévenus sous la loi, mais comme des victimes sous le couteau.

Danton surtout, Danton, ce Titan foudroyé, secouait, avec des mouvements terribles, les tonnerres que l'accusation lançait sur sa tête. Sa voix s'enflait sur le bord de l'éternité comme un fleuve au moment de se précipiter dans la mer. Les fenêtres du tribunal étaient ouvertes; Danton, qui savait quel concours de citoyens assistait à son procès, parlait de manière à être entendu de tout un peuple. Cette retentissante voix remuait les pierres du Palais de Justice, couvrait la sonnette du président et poussait, par instants, de tels éclats, qu'elle parvenait au delà même de la Seine, jusqu'aux curieux qui encombraient le quai de la Ferraille. Danton comptait sur son éloquence et sur une conspiration tramée, dit-on, dans la prison du Luxembourg, pour soulever la multitude.

Sa défense respirait le désordre et l'indignation : « Les lâches qui me calomnient oseraient-ils m'attaquer en face? Qu'ils se montrent, et bientôt je les couvrirai eux-mêmes de l'ignominie, de l'opprobre qui les caractérisent. Je l'ai dit et je le répète : Mon domicile est bientôt dans le néant, et mon nom au Panthéon!... Ma tête est là; elle répond de tout!... La vie m'est à charge, il me tarde d'en être délivré.

LE PRÉSIDENT, à l'accusé. — Danton, l'audace est le propre du crime, et le calme est celui de l'innocence.

— Est-ce d'un révolutionnaire comme moi, aussi fortement prononcé, qu'il faut attendre une défense froide? Les hommes de ma trempe sont impayables ; c'est sur leur front qu'est imprimé, en caractères ineffaçables, le sceau de la liberté, le génie républicain : et c'est moi que l'on accuse d'avoir rampé aux pieds des vils despotes, d'avoir toujours été contraire au parti de la liberté, d'avoir conspiré avec Mirabeau et Dumouriez! et c'est moi que l'on somme de répondre à la justice inévitable, inflexible!... Et toi, Saint-Just, tu répondras à la postérité de la diffamation lancée contre le meilleur ami du peuple, contre son plus ancien défenseur!... En parcourant cette liste d'horreurs, je sens toute mon existence frémir!... »

Danton promenait à chaque instant sur la multitude des regards où palpitait l'insurrection. « A moi! semblait-il dire. Sauvez le génie de la liberté! » Sa parole agitait tour à tour le tocsin de la révolte ou le glas de la mort sur toutes les têtes. Rien ne remuait. Alors les forces l'abandonnèrent ; sa voix qu'animait la fureur s'altéra ; il se tut.

De retour à sa prison, Camille perd tout espoir. Il écrit à sa femme une dernière lettre : « A mon réveil, en ouvrant mes fenêtres, la pensée de ma solitude, mes affreux barreaux, les verrous qui me séparent de toi ont vaincu toute ma fermeté d'âme. J'ai fondu en larmes, ou plutôt j'ai sangloté, en criant dans mon tombeau : Lucile! Lucile, ma chère Lucile! où es-tu? Hier au soir, j'ai eu un pareil moment, et mon cœur s'est également fendu, quand j'ai aperçu ta mère dans le jardin. Un mouvement machinal m'a jeté à genoux contre les barreaux ; j'ai joint les mains comme implorant sa pitié, à elle qui gémit, j'en suis bien sûr, dans ton sein. J'ai vu hier sa douleur à son mouchoir et à son voile qu'elle a baissé ne pouvant tenir à ce spectacle. Quand vous viendrez, qu'elle s'asseye un peu plus près avec toi, afin que je vous voie mieux...... Je t'en conjure, Lolotte, par nos éternelles amours, envoie-moi ton portrait. En attendant, envoie-moi de tes cheveux que je les mette contre mon cœur! Ma chère Lucile, me voilà revenu au temps de mes premières amours où quelqu'un m'intéressait par cela seul qu'il sortait de chez toi. Hier, quand le citoyen qui t'a porté ma lettre fut revenu : « Hé bien! vous l'avez vue? » lui dis-je, comme je le disais autrefois à cet abbé Landreville ; et je me surprenais à le regarder, comme s'il fût resté sur ses habits, sur toute sa personne quelque chose de toi... O ma chère Lucile, j'étais né pour faire des vers, pour défendre les malheureux, pour te rendre heureuse, pour composer, avec ta mère et mon père et quelques personnes selon notre cœur, un Otaïti. Tu diras à Horace, ce qu'il ne peut pas entendre, que je l'aurais bien aimé! Malgré mon supplice, je crois qu'il y a un Dieu. Je te reverrai un jour, ô Lucile! Mes mains liées t'embrassent, et ma tête séparée repose encore sur toi ses yeux mourants! »

La violence déployée par Danton, loin de sauver ses amis, leur avait nui dans l'esprit des masses. La dignité du président, qui ne cessait de rappeler les accusés à la modération, acheva de les accabler.

« S'indigner n'est pas répondre, disaient les groupes ; si Danton est innocent, qu'il le prouve! » Comme l'éclat de la défense croissait par l'audace de Danton et de Lacroix, à la troisième séance les accusés furent mis hors des débats et le jury se déclara suffisamment éclairé.

Camille furieux déchire son acte d'accusation et en jette les lambeaux à la tête de Fouquier-Tinville.

On prononça la peine des accusés : la mort.

C'était le 5 avril 1794; le jour se leva le dernier pour Danton et ses amis. Lorsqu'on vint les garrotter pour les conduire au supplice, Camille Desmoulins criait, en écumant de rage :

— Quoi! assassiné par Robespierre!

Danton conserva son sang-froid et son dédain stoïque [1].

Dans le trajet, Camille, réveillé comme en sursaut d'un affreux cauchemar par les rudes cahots de la charrette, demandait avec stupeur à ceux qui l'entouraient : « Est-ce bien moi que l'on conduit à l'échafaud, moi qui ai donné le signal de courir aux armes le 14 juillet! »

Une foule silencieuse encombrait le chemin de la prison à la guillotine. Desmoulins promenait sur toutes ces têtes un regard suppliant et courroucé : « Peuple, pauvre peuple, s'écriait-il sans cesse, on te trompe, on immole tes soutiens, tes meilleurs défenseurs! » La violence de son action avait mis ses habits en pièces; il arriva presque nu à l'échafaud.

Danton semblait rougir pour son ami de ces transports : « Reste donc tranquille, lui disait-il, et laisse là cette canaille. » Il roulait en même temps sur la multitude un œil tranquille et superbe. Alors Camille rencontrant sur une maison le buste de l'Ami du peuple : « Oh! si Marat existait encore, nous ne serions pas ici! » Il garda quelque temps le silence.

La belle et mélancolique tête d'Hérault de Séchelles semblait défier les outrages ou l'indifférence de la foule.

Le lugubre cortège passa rue Saint-Honoré, devant la maison de Robespierre. La porte cochère, les fenêtres, les volets, tout était fermé : cette maison ressemblait à un tombeau. Quelques assistants — était-ce l'idée? — crurent entendre sortir dans ce moment-là des plaintes et un gémissement. Camille, à la vue de ces murs si connus de lui, fit retentir l'air d'imprécations terribles : « Tu nous suivras! ta maison sera rasée; on y sèmera du sel. Les monstres qui m'assassinent ne me survivront pas longtemps! »

On était arrivé au pied de la fatale machine.

La place était éclairée, la foule morne.

La charrette s'arrêta. Ils descendirent un à un.

Arrivé au pied de l'échafaud, Camille ou Hérault de Séchelles voulut approcher son visage de celui de Danton pour l'embrasser; le bourreau les sépara :

---

[1]. Sénart rapporte qu'au moment de partir pour l'exécution il fit entendre les paroles suivantes, dignes d'un véritable épicurien : « Qu'importe si je meurs? j'ai bien joui dans la Révolution, j'ai bien dépensé, bien *ribotté*, bien caressé les filles; allons dormir! »

Ce propos est complètement improbable et aura été inventé par un ennemi.

« Tu es donc plus cruel que la mort! s'écrie alors Danton; car la mort n'empêchera pas nos têtes de se baiser tout à l'heure dans le fond du panier. »

Hérault passa le premier sous la fatale collerette de chêne; sa tête tomba. Les victimes se succédèrent.

En face du moment suprême, Camille avait retrouvé son calme. Il jeta les yeux sur le couteau tout fumant du sang qui venait de couler : « Voilà donc, dit-il, la récompense destinée au premier apôtre de la liberté! » Son tour était venu : il s'avance au-devant de la mort avec beaucoup de courage et la reçoit en tenant une boucle de cheveux de Lucile dans sa main.

Danton restait seul : « O ma bien-aimée, s'écria-t-il, ô ma femme, je ne te reverrai donc plus!... » puis s'interrompant : « Danton, pas de faiblesse! » Il tomba le dernier, après avoir recommandé à l'exécuteur de montrer sa tête au peuple; ce qui fut fait.

Ces hommes morts, un frisson de stupeur courut par toute la République. Les vrais patriotes, ceux qui avaient été le génie de la guerre, pleurèrent, se rappelant que Danton avait été le génie qui avait sauvé la patrie.

Les hommes qui périssent sur un échafaud pour une cause politique laissent derrière eux des amis, des enfants, des femmes, autres victimes, qui maudissent le système régnant, et dont la tête est bientôt jugée nécessaire au maintien de la tranquillité publique.

Ainsi la mort naît de la mort et le supplice s'accroît du supplice.

Un complot avait été ourdi, durant le procès des Dantonistes, pour soulever les prisons : Lucile Desmoulins s'y était associée de toute sa douleur et de toute sa tendresse de femme. Elle fut conduite au tribunal et condamnée à mort. Elle fit ses adieux à sa mère : « Bonsoir, ma chère maman, lui écrivit-elle du fond de sa prison; une larme s'échappe de mes yeux, elle est pour toi. Je vais m'endormir dans le calme de l'innocence. » Elle alla au supplice avec plus de sang-froid et de fermeté que son mari. Un mouchoir de gaze blanche, noué sous le menton, encadrait ses cheveux noirs et son visage souriant. Elle monta toute seule sur l'échafaud, et reçut, sans avoir l'air d'y faire attention, le coup fatal.

Cette tranquillité ne venait point du sentiment religieux. — « Être des êtres, disait à Dieu cette charmante Lucile, toi que la terre adore, toi mon seul espoir, *si tu es*, reçois l'offrande d'un cœur qui t'aime! »

XXV

La Révolution veut transformer le théâtre et les arts. — Projet de David. — Héroïsme et mort du jeune Barra. — Sa statue par David (d'Angers). — Gaîté et commerce dans Paris. — Décrets et institutions de la Convention. — Idéal de Robespierre différent de celui de la Révolution. — Fête du 20 prairial. — Paroles de Robespierre et considérations sur ses projets. — Loi du 22 prairial. — Retraite de Robespierre.

On ne transforme les idées d'un peuple qu'en transformant ses habitudes. Aussi la Révolution voulut porter sa main sur tous nos usages.

Les théâtres, les arts n'échappèrent point à cet enveloppement révolutionnaire.

Les spectacles jouaient *Épicharis et Néron*, tragédie politique du citoyen Legouvé; *Manlius Torquatus*, de Lavallée; *le Modéré*, comédie en un acte, par le citoyen Dugazon, et d'autres pièces de circonstance.

Le peintre David exerçait à la Convention la dictature des arts. Il avait de temps en temps des idées sublimes : « Citoyens, je propose de placer un monument composé des débris amoncelés des statues royales sur la place du Pont-Neuf, et d'asseoir au-dessus *l'image du peuple géant, du peuple français;* que cette image, imposante par son attitude de force et de simplicité, porte écrit en gros caractères sur son front, *lumière;* sur sa poitrine, *nature, vérité;* sur ses bras, *force;* sur ses mains, *travail.* Que sur l'une de ses mains les figures de la Liberté et de l'Égalité, serrées l'une contre l'autre et prêtes à parcourir le monde, montrent à tous qu'elles ne reposent que sur le génie et la vertu du peuple. Que cette image du peuple *debout* tienne dans son autre main cette massue terrible et réelle, dont celle de l'Hercule ancien ne fut que le symbole. » L'exécution de cette statue colossale fut décrétée.

La guerre civile, en plongeant le fer dans le cœur des citoyens armés les uns contre les autres, dévoilait chaque jour des actes d'héroïsme antique. L'enthousiasme révolutionnaire élevait les femmes, les enfants au-dessus de la faiblesse de l'âge ou du sexe.

A treize ans, le jeune républicain Barra nourrissait sa mère à laquelle il abandonnait sa paie de tambour, partageant ainsi ses soins entre l'amour filial et l'amour de la patrie. Enveloppé par une troupe de Vendéens, accablé sous le nombre, il tombe vivant entre leurs mains. Ces furieux lui présentent d'un côté la mort, et le somment de l'autre de crier : *Vive le Roi!* Saisi d'indignation, il frémit et ne leur répond que par le cri de : *Vive la République!* A l'instant, percé de coups, il tombe... il tombe en pressant sur son cœur la cocarde tricolore.

Cet héroïque enfant, mort pour avoir refusé sa bouche au blasphème et pour avoir confessé sa foi devant l'ennemi, méritait de revivre dans l'histoire.

Robespierre demande pour lui les honneurs du panthéon.

La Convention nationale décide en outre, sur la proposition de Barère, qu'une gravure représentant l'action généreuse de Joseph Barra sera faite aux frais de la République, d'après un tableau de David. Un exemplaire de cette gravure, envoyé par la Convention nationale, devait être placé dans chaque école primaire. David avait accepté cette noble tâche; mais bientôt les événements se succèdent, la République s'efface et avec elle la mémoire reconnaissante de la nation pour le courage malheureux.

Un jour, M. David (d'Angers) lit le décret de la Convention qui décerne ces honneurs posthumes au jeune Barra; il est frappé : « Et moi aussi, s'écrie-t-il, j'admire cet enfant sublime qui est mort pour une idée. Ce que David le peintre n'a pas fait, David le statuaire le fera. Console-toi, Barra, tu auras ton monument! » Et il fit la statue que vous savez, un chef-d'œuvre [1] !

La mort redoublait ses coups.

Le Comité de salut public avait voulu frapper dans la bande d'Hébert les excès de la démocratie, dans le parti de Danton la faiblesse et le matérialisme républicain. Robespierre essaya, mais en vain, de sauver madame Élisabeth, sœur de Louis XVI. La haine contre cette famille était inexorable.

Homère désignait les rois, de son temps, sous le titre de *mangeurs de peuples*. Par un retour soudain, le peuple se faisait mangeur de rois et de reines.

L'époque de la Terreur fut un passage violent et douloureux.

Mes cheveux se dressent quand je regarde dans cet abîme de sang.

Paris n'avait pourtant point alors la figure désolée que lui donnent les historiens. Voici ce qu'écrivait un témoin oculaire. « On bâtit dans toutes les rues. L'officier municipal suffit à peine à la quantité des mariages. Les femmes n'ont jamais mis plus de goût ni plus de fraîcheur dans leur parure. Toutes les salles de théâtre sont pleines. » Il n'est pas vrai que le commerce fût éteint. Jamais on ne vit autant de trafic et de négoce. Tous les rez-de-chaussée de Paris étaient convertis en magasins et en boutiques. Enfin cette Terreur, qu'on croit sans entrailles, se laissait guider ou arrêter dans le choix de ses victimes par des considérations d'utilité générale.

Cette fameuse Montagne, qu'on se représente comme toujours terrible, jetait des flots de lumière et de charité sur des flots de sang. Elle ne cessait de déposer dans ses décrets immortels le germe de toutes les institutions utiles; elle tarissait les sources de la misère publique, réprimait les excès de la propriété individuelle sans la détruire, tempérait la concurrence sans tuer l'émulation, cette racine de l'activité humaine, propageait les moyens d'instruction et les disséminait dans toute la République, comme les réverbères dans une cité; fondait l'École de Mars, créait des secours publics pour le malheur, pour la faiblesse ou pour le repentir, abolissait l'esclavage des nègres, s'occupait de faire

---

1. J'ai vu il y a quelques années, chez M. Charles Lemerle, une esquisse à l'huile du peintre David représentant le jeune Barra attaqué par des Vendéens au moment où il conduit des chevaux de l'armée à l'abreuvoir; ainsi le décret du 8 nivose an II avait reçu de la main de l'artiste conventionnel un commencement d'exécution.

refleurir l'agriculture, d'extirper les patois locaux, pour établir l'unité de langage national, jetait en silence les bases du Conservatoire des arts et métiers, forçait en un mot le respect même de ses ennemis et la reconnaissance de l'avenir. Grâce à elle, la Révolution ne fut point tout à fait stérile pour le pauvre, ni pour le peuple des campagnes. En même temps qu'elle montrait aux riches,

Les Dantonistes au Luxembourg.

aux puissants de la terre et aux superbes la face du Dieu tonnant, elle versait la paix et la consolation sous les toits de chaume.

La nation française était depuis cinq ans à la recherche de la justice,

Ce que l'homme, en effet, poursuit derrière toutes les agitations de la force ou de la pensée, c'est la justice, toujours la justice.

Ce que les révolutions cherchent éternellement, c'est la vérité.

La Convention avait créé une armée, une Constitution, un gouvernement, une administration, un peuple. Que lui manquait-il donc? Une morale, une croyance philosophique.

La République avait demandé un culte à la Raison, un sommeil éternel à la matière.

L'idéal de Robespierre était tout autre, et seul il se chargea de la conduire vers un dénouement. Suivons sa marche.

Des armées étrangères bordaient nos frontières consternées. Il fallait vaincre : on a vaincu. Des villes s'opposaient dans l'intérieur au gouvernement de la République : on y entre le fer au poing. De nouvelles conspirations s'agitent : on les abat. L'athéisme, déchaîné par les mouvements et les désordres inséparables d'une grande secousse, levait partout la tête : on l'écrase. Une tourbe insensée menaçait de corrompre par ses doctrines la partie saine du peuple : on en purge la France. La faiblesse donnait la main à la corruption pour désorganiser le pouvoir moral : on coupe cette main. Alors Robespierre amène cette farouche Révolution, qui avait détrôné tous les dieux de la terre, en robe de fête, parée de fleurs et de rubans, et la fait plier le genou devant son geste inspiré. « Il est un Dieu ! » lui dit-il en lui montrant la nature.

La fête du 20 prairial est le point culminant de la Révolution française. Le soleil se leva dans toute sa pompe, le ciel était bleu, les cœurs étaient pénétrés d'un sentiment auguste. Des bataillons d'adolescents, des groupes de jeunes filles, des mères et leurs enfants, des vieillards, tous ornés de rubans aux trois couleurs, tous portant des branches de chêne avec des bouquets, la force armée, les autorités, une musique imposante, un vaste amphithéâtre construit au-devant du balcon du château des Tuileries ; le colosse de l'athéisme placé au milieu du bassin rond, colosse de toile et d'osier auquel le président mit le feu *avec le flambeau de la vérité ;* la statue de la Sagesse apparaissant du milieu de ce monument incendié ; de nombreux discours prononcés avant et après ce changement de décoration ; un long cortége où la Convention marchait entourée d'un ruban tricolore porté par des enfants ornés de violettes, des adolescents ornés de myrtes, des hommes ornés de chêne, des vieillards ornés de pampre ; les députés tenant chacun à la main un bouquet composé d'épis de blé, de fleurs et de fruits ; un trophée d'instruments d'arts et de métiers, monté sur un char traîné par huit taureaux, couvert de festons et de guirlandes, tout cela distribué avec art dans le Champ-de-Mars (nommé Champ-de-la-Réunion) ; la Convention sur une montagne ; les groupes de vieillards, de mères, d'enfants et d'aveugles chantant des *hymnes patriotiques,* tantôt séparément, tantôt en dialogue, tantôt en chœur, et les refrains répétés par trois cent mille spectateurs, au bruit éclatant des trompettes ; le roulement de cent tambours, le tonnerre de terribles salves d'artillerie... on n'avait jamais vu cérémonie si extraordinaire ni si touchante.

Dès le matin, les filles du menuisier chez lequel logeait Robespierre s'habillèrent de blanc et réunirent des fleurs dans leurs mains, pour assister à la fête. Éléonore composa elle-même le bouquet du président de la Convention [1].

Le soleil s'était levé sans nuage, tout riait dans la nature, et les quatre jeunes

---

[1]. Robespierre avait été nommé, par exception, président de l'Assemblée, comme étant la pensée de cet acte religieux.

sœurs étaient attendries d'avance par le caractère solennel de la cérémonie qui se préparait : le printemps de l'année se mariait pour elles au printemps de l'âge et de l'innocence. Elles avaient plus d'une fois entendu Maximilien parler de l'existence de Dieu. Il leur avait lu, dans les soirées d'hiver, de belles pages de Jean-Jacques Rousseau, son maître, sur l'Auteur de la nature et sur l'immortalité de l'âme.

L'heure étant venue de se rendre au jardin des Tuileries, le chef de la maison, Duplay, ravi de voir ses filles si pieuses et si charmantes, marqua un baiser sur le front de chacune d'elles pour leur porter bonheur. On sortit avec la joie dans l'âme.

La famille de l'artisan ne rentra dans la maison paternelle qu'à la chute du jour.

Comme les visages étaient changés ! Ce n'était plus cette allégresse du matin, cet enthousiasme de jeunes filles qui, fraîches et naïves, s'avançaient, comme les vierges de la Judée, au-devant de l'Éternel : on avait entendu dans la foule des murmures, des avertissements sinistres. Un nuage était sur tous les fronts.

Robespierre semblait triste et résigné : « Je sais bien, dit-il en regardant ses hôtes, le sort qui m'est réservé ; vous ne me verrez plus longtemps ; je n'aurai point la consolation d'assister au règne de mes idées ; je vous laisse ma mémoire à défendre ; la mort que je vais bientôt subir n'est point un mal : la mort est le commencement de l'immortalité. »

Il se tut. Un morne pressentiment glaçait les cœurs. On se sépara pour la nuit.

Revenons sur les événements du 8 juin : deux journées semblables ne se lèvent point dans la vie d'un homme.

Robespierre était revêtu du costume des représentants du peuple, habit bleu, panache au chapeau et la ceinture tricolore au côté. Il avait dépouillé, dès le matin, cette morosité qui lui était habituelle. Maximilien quitta de bonne heure la maison de ses hôtes pour se rendre aux Tuileries. « En passant dans la salle de la Liberté, raconte Villate, je rencontrai Robespierre, tenant à la main un bouquet mélangé d'épis et de fleurs ; la joie brillait pour la première fois sur sa figure. Il n'avait pas déjeuné. Le cœur plein du sentiment qu'inspirait cette superbe journée, je l'engage de monter à mon logement ; il accepte sans hésiter. Il fut étonné du concours immense qui couvrait le jardin des Tuileries : l'espérance et la gaieté rayonnaient sur tous les visages. Les femmes ajoutaient à l'embellissement par les parures les plus élégantes. On sentait qu'on célébrait la fête de l'Auteur de la nature. Robespierre mangeait peu. Ses regards se portaient souvent sur ce magnifique spectacle. On le voyait plongé dans l'ivresse de l'enthousiasme. « *Voilà la plus intéressante portion de l'humanité. L'univers est ici rassemblé. O Nature, que ta puissance est sublime et délicieuse! Comme les tyrans doivent pâlir à l'idée de cette fête!* »

« Ce fut là toute sa conversation.

« Maximilien resta jusqu'à midi et demi. Un quart d'heure après sa sortie paraît le tribunal révolutionnaire, conduit chez moi par le désir de voir la fête.

« Un instant ensuite vient une jeune mère folle de gaieté, brillante d'attraits, tenant par la main un petit enfant. Elle n'eut pas peur de se trouver au milieu de cette redoutable société. La compagnie commençant à défiler, elle s'empara du bouquet de Robespierre qu'il avait oublié sur un fauteuil. »

Robespierre monta lentement les marches d'une tribune qui lui était réservée : cette tribune était une chaire, l'orateur était un prophète. Il parla de Dieu en termes simples et dignes. Sa pâle figure, ses traits heurtés, se détachaient fermement sur le ciel bleu.

Un vieux cordonnier, spectateur muet et perdu dans la foule, me racontait ainsi ses impressions : « Je ne suis ni plus sensible ni plus religieux qu'un autre ; mais quand je vis cet homme lever la main, d'un air inspiré, vers le ciel, je sentis quelque chose remuer là (il me montrait son cœur), et des pleurs d'attendrissement coulèrent sur mes joues. Allons, voilà que j'en suis encore tout ému. » Et il essuya quelques larmes que lui arrachait le souvenir de cette journée mémorable.

Le peuple entier partageait ces sentiments.

Quelques débris vivants de la faction d'Hébert couvraient seuls d'un morne silence la nuit de leur âme. Il fallait plus que du courage à Robespierre pour affronter les ténèbres, les colères et les poignards de l'athéisme. Tous les témoignages des contemporains me démontrent que Robespierre expira victime de sa foi. Son crime, aux yeux de ses ennemis, fut un acte de religion nationale ; sa mort fut un martyre.

Bourdon (de l'Oise), Vadier, Fouché, Collot-d'Herbois et Billaud-Varennes ne lui pardonnèrent point d'avoir osé croire en Dieu.

Les membres de la Convention affectèrent d'établir une distance entre eux et leur président, comme pour se séparer d'avance de Robespierre et pour faire croire à ses projets de dictature. Sa noble fierté, dans ce jour solennel, fut signalée comme de l'orgueil, sa joie comme de l'enivrement, son enthousiasme comme de l'ambition.

Les femmes, c'est-à-dire le sentiment, étaient pour lui ; les enfants, c'est-à-dire l'innocence et la vérité, lui tendaient leurs petits bras en criant : « Vive Robespierre ! » Ses collègues seuls murmuraient. « Ne veut-il pas faire le Dieu ? » disait l'un. « Nous l'avons paré de fleurs, répondait l'autre : mais c'est pour l'immoler. » On tournait tout en dérision ou en crime, le panache flottant qui l'ombrageait, la manière dont il portait sa tête, les regards de satisfaction qu'il promenait sur la multitude.

Entendant bourdonner autour de lui toutes ces haines, il dit à demi-voix : « On croirait voir les Pygmées renouveler la conspiration des Titans. » Ce mot le perdit.

Une circonstance fit encore naître des pressentiments fâcheux. Au moment où Robespierre brûla le voile sous lequel on devait voir paraître la statue de la Sagesse, la flamme noircit entièrement cette statue. La chose fut regardée comme un présage. On crut voir la sagesse même de Robespierre s'obscurcir.

Le décret qui proclamait l'existence de l'Être suprême fut reçu dans les chaumières avec des larmes d'attendrissement et de joie. Après cinq mois d'athéisme et d'abolition des cultes, la France venait de retrouver Dieu. Ce fut un tressaillement dans toutes les consciences. On se demande depuis un demi-siècle ce qui manquait à Robespierre pour avoir raison de ses ennemis et pour fonder dans le monde le règne de la démocratie : il lui manqua un symbole religieux moins incomplet que le déisme. Son idée de vouloir tout ramener à la nature comme à l'état de perfection était chimérique et rétrograde.

Quelques amis de Robespierre prétendent que cette fête de l'Être suprême n'était qu'un premier pas dans une voie de réaction religieuse, et qu'après avoir renoué avec Dieu Maximilien aurait ramené la France vers le catholicisme.

La mort interrompit ses desseins.

Les politiques de fait attachent peu d'importance à de telles considérations ; mais pour nous, qui ne séparons jamais la société d'un principe de justice, nous croyons que toute la destinée de Robespierre, comme celle de la France, était suspendue à l'établissement des rapports de l'homme avec ses semblables, c'est-à-dire de la morale. C'est faute d'avoir résolu le problème d'une croyance sociale qu'il se montra dans la suite inférieur aux événements.

Et les têtes tombaient.

Robespierre, dont le cœur saignait à la vue de ces exécutions sans terme, conçut le projet d'ensevelir la terreur et la mort dans un dernier supplice.

Jusqu'ici la justice n'avait guère atteint que les faibles ou les vaincus ; il voulut que la foudre remontât pour frapper les chefs de la République, ces hommes souillés de rapines et de sang, qui avaient déshonoré leur mission. Ce fut dans ce but que Couthon, le confident et l'ami de Robespierre, présenta, deux jours après la fête de l'Être suprême, la loi sur le tribunal révolutionnaire, dite du 22 prairial.

Le rempart derrière lequel quelques membres impurs de la Convention abritaient leur infamie sous l'inviolabilité se trouvait renversé par cette loi. Les misérables virent la pointe du glaive qui les menaçait. Tallien, qui avait bu l'or et le sang de Bordeaux ; Bourdon (de l'Oise), qui s'était couvert de crimes dans la Vendée ; Dubois-Crancé, dont les manières hautaines et dures, les exigences outrées avaient soulevé la ville de Lyon ; Léonard Bourdon, intrigant dont le cynisme égalait la lâcheté ; Merlin, qui n'était pas sorti les mains pures de la capitulation de Mayence ; Collot-d'Herbois, Fouché, Carrier, qui avaient des taches partout, se réunirent dans l'ombre pour préparer le 9 thermidor. La loi passa ; mais les scélérats que Robespierre avait en vue échappèrent au bras qui voulait les frapper. L'arme qui devait tuer la Terreur en tuant les terroristes retomba plus lourde et plus tranchante sur le cou des victimes. Robespierre alors sortit du Comité de salut public, et cessa de participer aux actes du gouvernement. Cette neutralité couvrait des projets de clémence et d'amnistie ; mais le moment n'était pas encore venu de les découvrir. Robespierre, soit faiblesse, soit connaissance approfondie de la situation, suivait le système dilatoire qui lui avait si bien réussi dans l'affaire des Hébertistes : il avait laissé l'athéisme s'user par ses propres excès ; il lui semblait de même que l'échafaud devait se noyer d'un jour à l'autre dans le sang des victimes et dans celui des pourvoyeurs. Il attendait.

XXVI

Confidence de Barère. — Robespierre veut arrêter la Terreur. — Les petits Savoyards. — Pureté de mœurs de Robespierre. — Sa dernière promenade. — Le 9 thermidor; séance de la Convention. — Dévouement de Robespierre jeune et de Lebas. — Lâcheté de David. — Robespierre refuse d'agir contre la Convention. — Il est mis hors la loi et blessé à l'Hôtel de Ville. — Il est conduit au supplice. — Silence du peuple. — Joie de la classe moyenne. — Intrépidité de Saint-Just. — Henriot, Robespierre jeune, Couthon. — Mort de Robespierre et de Saint-Just. — Ce que dira la postérité.

Cependant les comités ne cessaient de surveiller la retraite de Robespierre. Voici une précieuse confidence de Barère à son lit de mort : « Robespierre était un homme désintéressé, républicain dans l'âme ; son malheur vient d'avoir cherché à se faire nommer dictateur ; il croyait que c'était le seul moyen de comprimer le débordement des passions, qui, en dépassant les mesures énergiques, ne furent utiles qu'à une époque de la Révolution. Il nous en parlait souvent à nous, qui étions occupés à diriger les armées dans notre Comité de salut public. Nous ne nous dissimulions pas que Saint-Just, taillé sur un plus grand patron pour faire un dictateur, aurait fini par le renverser et se mettre à sa place ; nous savions aussi que nous, qui étions contraires à ses idées dictatoriales, il nous aurait fait guillotiner. Nous le renversâmes. Voilà ce qui arriva alors. Depuis, j'ai réfléchi sur cet homme et j'ai vu que son idée dominante était la réussite du gouvernement républicain ; qu'il s'apercevait que les hommes, par leur opposition à ce gouvernement, entravaient les rouages de la machine ; il les désignait : il avait raison.

« Nous étions alors sur des champs de bataille ; nous n'avons pas compris cet homme. » Saint-Just, qui avait effectivement l'étoffe d'un dictateur, était doux comme un enfant, timide et rougissant comme une jeune fille, terrible comme un lion ; sa parole était un glaive. Il n'épargnait ni son sang ni le sang des autres ; il s'exposait lui-même au feu de l'ennemi ; il se montrait froid dans le danger et stoïquement intrépide. Après l'action, il évitait de faire parler de lui. Son éloquence avait le nerf et quelquefois l'obscurité de Tacite. Il y avait de l'enthousiasme austère et comme un désordre lyrique dans le mouvement de ses idées.

Couthon, qui fermait le triumvirat, était un esprit droit et judicieux. Durant les séances de la Convention, il tenait sur ses jambes paralysées un petit chien aux poils longs et soyeux, qu'il caressait doucement avec la main.

Robespierre voulait arrêter la Terreur ; mais, semblable aux créations fantastiques de l'alchimie, elle défiait la main qui lui avait donné l'existence. Ce n'était qu'une procession sans fin sur la route de l'échafaud. Attendre les pieds dans ce sang, attendre le retour incertain de la modération et de l'humanité était un supplice horrible. Robespierre souffrait mille morts, son âme était ulcérée des maux qu'il voyait s'accumuler sur ses rêves de félicité prochaine. Il passa quelques jours à l'Ermitage, dans la vallée de Montmorency. Maximilien aimait à respirer l'âme de son maître dans ces lieux encore tout pleins de la présence de Jean-Jacques Rousseau. Que se passait-il alors dans les méditations du législateur? Nul n'a pénétré les desseins profonds qu'enfantèrent, dit-on, ces jours de silence et de recueillement. L'avenir lui a manqué. Assurer l'existence de la République, faire cesser cet état d'incertitude qui livrait la fortune publique aux intrigants et les têtes au couteau, renouer une alliance sérieuse entre l'homme et Dieu, une sorte de concordat dont l'Évangile devait être le lien, telle était sans doute la pensée intime de Robespierre. Cette pensée, la mort la scella sur ses lèvres.

Depuis quelques mois, la porte cochère de la maison qu'habitait la famille Duplay était constamment fermée : la *chose* dont on voulait dérober la vue aux quatre filles du menuisier passait régulièrement tous les jours. Du reste, ce rideau une fois tiré sur la ville, rien ne troublait plus la paix intérieure. Maximilien avait ramené, d'un voyage dans l'Artois, un grand chien nommé Brount, qu'il aimait. Ce chien faisait la joie des jeunes sœurs. C'était un allié de plus dans la maison. L'animal, grave et penseur avec son maître, était folâtre avec Victoire et Éléonore. Quand Maximilien travaillait dans sa chambre, Brount, sage et sérieux, le regardait en silence ; de temps en temps, le chien avançait sa tête caressante sur les genoux de son maître ; c'était entre eux une sympathie sans bornes. Peut-être ce chien représentait-il au tribun soucieux et défiant l'image de la fidélité, si rare toujours, mais surtout dans les temps de révolution.

Pendant la belle saison, Maximilien allait se promener tous les soirs aux Champs-Élysées, du côté des jardins Marbeuf, avec ses hôtes. De petits Savoyards qui le connaissaient pour le rencontrer tous les soirs dans les avenues accouraient au-devant de lui en jouant de la vielle et en chantant quelque air des montagnes. Il leur donnait des petits sous et leur parlait avec bonté de leur pays, de leur cabane, de leur vieille mère. Les enfants l'appelaient entre eux le bon monsieur. L'un d'eux l'aborda un jour en pleurant. Maximilien lui demanda le motif d'une si grosse tristesse ; alors l'enfant, pour toute réponse, entr'ouvrit sa boîte qui était vide. « Je vois, répondit le bon monsieur ; tu as perdu ta marmotte ; voici pour en acheter une autre. » Et il lui glissa dans la main une pièce de monnaie.

A la fin d'un siècle qui avait profané l'amour, Robespierre se distinguait par la pureté de ses mœurs et la délicatesse de ses procédés envers un sexe que la littérature du temps regardait comme né presque uniquement pour le plaisir. Il respectait surtout le lit conjugal. Attiré par l'habitude, il entrait tous les jours chez une marchande de tabacs, madame Carvin, qui était fort jolie. Il aimait à causer avec elle, mais sans jamais s'écarter des formes les plus respectueuses. Sa figure exprimait la tristesse, quand il parlait des affaires du jour : « Nous n'en sortirons jamais ; je suis bourrelé ; j'en ai la tête perdue. »

On était aux premiers jours de thermidor ; Maximilien continuait avec sa famille adoptive les excursions du soir aux Champs-Élysées. Le soleil tombé à l'extrémité du ciel ensevelissait son globe derrière les massifs d'arbres ou nageait mollement çà et là dans un fluide d'or sombre. Les bruits de la ville venaient mourir parmi les branches agitées ; tout était repos, silence et méditation ; plus de tribune, plus de peuple, rien que l'enseignement paisible et solennel de la nature. Maximilien marchait avec la fille aînée du menuisier appuyée à son bras ; Brount les suivait. Que se disaient-ils ? La brise seule a tout entendu et tout oublié.

Éléonore avait le front mélancolique et les yeux baissés ; sa main flattait négligemment la tête de Brount, qui semblait tout fier de si belles caresses ; Maximilien montrait à sa fiancée comme le coucher du soleil était rouge. « C'est du beau temps pour demain, » dit-elle. Maximilien baissa la tête comme frappé d'une image et d'un pressentiment terrible.

Cette promenade fut la dernière.

Le lendemain, Maximilien avait disparu dans un orage ; le lendemain était le 9 thermidor.

On n'a que trop écrit sur cette journée fameuse, qu'il faudrait, au contraire, couvrir de deuil et de silence.

Les comités se soulevèrent contre l'homme qui menaçait leur scélératesse et entraînèrent la Convention dans un piége.

Robespierre fut étouffé. En vain Saint-Just, calme et intrépide, agite la vérité sur la tête des méchants comme un flambeau ou comme un glaive ; Tallien l'interrompt. Le sombre et atrabilaire Billaud-Varennes s'écrie : « La première fois que je dénonçai Danton au Comité, Robespierre se leva comme un furieux, en disant qu'il voyait mes intentions, que je voulais perdre les meilleurs patriotes. Tout cela m'a fait voir l'abîme creusé sous nos pas. » Ainsi la justification de Robespierre éclatait dans la bouche même de ses accusateurs. Il s'élance à la tribune ; des cris formidables s'élèvent : « A bas, à bas le tyran ! » Tallien fait briller la lame d'un poignard dont il s'est armé, dit-il, pour percer le sein du nouveau Cromwell, si la Convention nationale n'avait pas le courage de le décréter d'accusation.

Les incertitudes tombent devant cette menace.

L'Assemblée se soulève tout entière comme frappée d'une commotion électrique.

Robespierre, le chapeau à la main, pâle, mais non défait, n'avait point quitté la tribune; il insiste de nouveau pour obtenir la parole. Un cri unanime : « A bas le tyran! » se fait entendre et couvre sa voix.

Barère fait signe qu'il réclame le silence; alors toute la salle : « La parole à Barère! » Ce député avait, dit-on, deux discours dans sa poche, l'un pour, l'autre contre Robespierre; jugeant la victime abattue, il tira le glaive. « Tandis que je parlais, raconte-t-il lui-même dans ses *Mémoires*, mon frère, qui était dans la tribune au-dessus du fauteuil du président, observait tous les mouvements de Robespierre. Celui-ci, toujours à la tribune, s'agitait continuellement. Mon

Arrestation de Robespierre et de ses co-accusés.

frère m'a dit que lui et ses voisins craignaient qu'il n'en vînt à l'extrémité d'attenter à ma vie, tant on le voyait en proie à une violente crise de colère et de convulsion.

« Une appréhension semblable était bien d'un frère, mais elle ne devait pas s'élever contre Robespierre : cet homme était barbare avec le glaive des lois ou le fer des révolutions, mais non d'individu à individu. »

Robespierre ne quittait toujours pas la tribune.

Le vieux sceptique Vadier provoque le rire homérique de la Convention en faisant de son ennemi le chef d'une bande de dévots et d'illuminés.

TALLIEN. — Je demande la parole pour ramener la discussion à son vrai point.

ROBESPIERRE. — Je saurai bien l'y ramener.

Sa voix est refoulée par les mouvements et les cris de l'Assemblée qui ne veut pas l'entendre. Tallien calomnie impudemment l'homme sur la bouche duquel tout le monde appuie le bâillon. « Certes, s'écrie-t-il, si je voulais retracer les actes d'oppression particulière qui ont eu lieu, je remarquerais que c'est pendant le temps où Robespierre a été chargé de la police générale qu'ils ont été commis. » Robespierre indigné : « C'est faux ! je... » Murmures, cris, trépignements de rage. Des mains meurtrières se lèvent et s'agitent de tous le coins de la salle. Robespierre porte de tous côtés ses yeux ; il ne rencontre que la défection et la haine. A chaque fois qu'il ouvre la bouche, une agitation tumultueuse le suffoque. Se tournant alors du côté de Thuriot, auquel Collot-d'Herbois vient de céder le fauteuil : « Pour la dernière fois, président d'assassins, je te demande la parole ! »

Thuriot avait la taille et la voix d'un athlète ; c'est l'homme qu'il fallait aux Thermidoriens pour en finir avec leur ennemi.

Alors Robespierre jeune : « Je suis aussi coupable que mon frère : je partage ses vertus ; je veux partager son sort. Je demande aussi le décret d'accusation contre moi. » L'Assemblée a le lâche courage d'accepter cette victime volontaire.

On vote l'arrestation du *tyran*.

Des cris de : *Vive la liberté ! vive la République !* éclatent. Robespierre, avec une tristesse amère : « La République ? Elle est perdue, puisque les intrigants triomphent. »

Alors Lebas : « Je ne veux pas partager l'opprobre de ce décret ! Je demande aussi l'arrestation. »

Tout le monde respectait le caractère sage et réservé de Lebas : les pans de son habit étaient entièrement arrachés par des mains officieuses qui, durant cette orageuse séance, avaient cherché à retenir son ardeur et son dévouement [1].

Les députés qui venaient d'être décrétés d'arrestation descendirent à la barre. Des témoins rapportent que le visage de Robespierre exprimait un mépris mêlé d'indignation ; calme et impassible, Saint-Just était resté maître de sa figure ; Robespierre jeune, Lebas et Couthon semblaient plus touchés de l'injustice de la Convention envers Maximilien que de leur propre sort.

Barère disait : « J'ai sauvé la tête de David au 9 thermidor ; je lui dis : Ne « viens pas à cette séance ; tu n'es pas homme politique ; tu te compromettras. » En effet, je suis sûr qu'il aurait voulu monter à la tribune pour défendre Robespierre. Souvent à Bruxelles, quand je me trouvais chez lui, il disait aux personnes présentes : « Je dois la vie à Barère [2]. »

Ce grand peintre tenait donc bien à la vie, qu'il s'applaudissait de lui avoir sacrifié l'honneur !

Les prisons refusaient de recevoir Robespierre et ses amis.

---

1. Communiqué par la famille Lebas.
2. Extrait des notes de M. David (d'Angers).

Vaincu dans la Convention, il ne l'était pas dans l'opinion publique.

S'il se fût alors emparé du lieu des séances, s'il eût fait tomber dans la nuit une douzaine de têtes, s'il eût encouragé le peuple qui venait en foule pour le délivrer et pour le soutenir, il se fût relevé plus terrible et plus puissant que jamais.

Il ne le voulut point.

A ceux qui le pressaient d'agir contre la Convention nationale, Robespierre n'opposa qu'un mot : « Et au nom de qui? »

Il mourut, comme on voit, martyr du dogme de la démocratie.

Pendant que le fantôme du devoir s'élevait dans la conscience de Robespierre pour arrêter sa main, ses ennemis remuaient de tous côtés. La Convention soulevait le peuple. Un décret qui mettait sa tête et celle de ses amis *hors la loi* était proclamé aux flambeaux, vers minuit, depuis les Tuileries jusqu'au quai de l'École.

Robespierre était à l'Hôtel de Ville avec les quatre députés mis hors la loi; deux colonnes s'avancent, sous les ordres de Barras, droit à la Commune, aux cris de : *Vive la République! Vive la représentation nationale!* Les citoyens qui tenaient pour Robespierre hésitent; les bataillons de garde nationale qui se trouvaient sur la place se débandent; les canons se retournent; les commissaires de la Convention pénètrent avec une force armée dans les salles. Robespierre reçoit dans la bouche un coup de feu, qui lui fait perdre beaucoup de sang et qui le livre sans défense aux gendarmes, entrés les premiers dans la maison commune pour le saisir.

Lebas s'était tué.

Robespierre jeune venait de se fracasser la jambe en se lançant d'une fenêtre.

Saint-Just était demeuré calme et immobile sur son siége.

On les conduisit tous au supplice.

La rue Saint-Honoré regorgeait de citoyens prévenus ou égarés, qui se réjouissaient de voir punir ces hommes qu'ils croyaient être le système de la Terreur. Toutes les croisées étaient garnies de femmes parées comme dans les jours de fête.

Robespierre, extraordinairement pâle, et couvert du même habit qu'il portait le jour où il avait proclamé l'existence de l'Être suprême, semblait prendre les injures de la foule en pitié. Sa figure était enveloppée d'un linge.

Des applaudissements partirent de plus d'une fenêtre richement tendue. Tout le long de la route s'élevait une clameur immense.

— C'est lui! Il s'est blessé d'un coup de pistolet à la mâchoire!

— Non, c'est le sang de Danton qui lui sort par la bouche.

— C'est celui de Camille Desmoulins.

— C'est celui de la France.

Les injures pleuvaient; les femmes lui montraient le poing; les gendarmes eux-mêmes agitaient leur sabre en signe de réjouissance ou pour le montrer à la multitude; un assistant s'avança vers la charrette, regarda en face Robespierre, et lui cria sous le nez : « Oui, misérable, il est un Dieu! »

Robespierre ne donna aucun signe.

Un membre de la Convention se distinguait entre tous par la fureur avec laquelle il poussait le cri de : *Mort au tyran!*

Ce Conventionnel, c'était... Carrier.

On était arrivé devant la maison où logeait Maximilien; les énergumènes qui suivaient le cortége obligèrent les exécuteurs d'arrêter. Un groupe de furies exécuta une danse autour de la charrette où était Robespierre. En ce moment, une larme se forma lentement au bord de son œil sec. Le souvenir de la vie douce et presque pastorale qu'il avait menée dans cette maison, l'idée de ses hôtes qu'il entraînait dans sa perte venait de lui ouvrir le cœur. On allait se remettre en marche : alors une femme, *vêtue avec une certaine recherche*, fend la foule, saisit avec vivacité d'une main les barreaux de la charrette et de l'autre, menaçant Robespierre, lui crie : « Monstre! ton supplice m'enivre de joie; je n'ai qu'un regret, c'est que tu n'aies pas mille vies, pour jouir du plaisir de te les voir toutes arracher l'une après l'autre. Va, scélérat, descends au tombeau avec les malédictions de toutes les épouses et de toutes les mères de famille. » Robespierre tourna languissamment les yeux sur elle et leva les épaules.

La classe moyenne affichait publiquement son triomphe par les insultes et les transports de joie qu'elle faisait éclater tout le long de la route. Le peuple, qui était personnifié dans Robespierre, était au contraire peu nombreux et morne. Il se disait que, cet homme mourant, la République allait mourir. Aussi gardait-il, sur le passage du fatal cortége, un silence consterné.

Les proscrits, au nombre de vingt-deux, étaient tous mutilés. En cherchant eux-mêmes la mort, ils n'avaient rencontré que la souffrance et des contusions horribles qui les défiguraient.

Seul l'intrépide Saint-Just était debout, promenant sur la foule un œil tranquille.

Au moment où les charrettes débouchèrent sur la place de la Révolution, la multitude sembla retenir son haleine pour voir le dénouement de cette procession tragique. Les charrettes s'arrêtèrent au pied de l'échafaud.

Henriot, cet ivrogne barbouillé de lie et de sang, dont la conduite insensée avait perdu la cause du peuple, était le seul qui ne méritât point, dans cette journée, les honneurs du sacrifice. Un de ses yeux était sorti de son orbite et ne tenait plus que par des filaments. Avant qu'il montât sur la guillotine, un des valets du bourreau lui arracha brutalement cet œil; ce qui le fit frémir de douleur.

Ils tombèrent tous, l'un après l'autre, sans faiblesse et en silence.

Robespierre jeune, toujours impassible et serein, même envers la mort, présenta fièrement sa tête au couteau et sa pensée à l'avenir.

Couthon, qui n'avait plus que la tête et le cœur de vivants, mourut tout entier sans pâlir.

Maximilien voyait d'un côté les feuillages des Champs-Élysées où murmurait pour lui un souffle d'amour, et de l'autre le jardin des Tuileries où il avait harangué le peuple le jour de la fête de l'Être suprême. Il avait montré tout le long de la route et conserva devant l'instrument du supplice un courage inflexible. Le bourreau, avant de l'étendre sur la planche où il allait recevoir la mort, lui arracha brusquement l'appareil qui couvrait sa blessure. Alors Robespierre jeta un cri. On entendit un coup sourd : sa tête venait de tomber. La joie féroce des spectateurs éclata.

Saint-Just alors parut, les pieds dans le sang, la tête dans le ciel, grave sur l'échafaud comme à la tribune ou sur les champs de bataille. On n'avait jamais vu tant de beauté ni de génie luire sous le reflet de la hache. Il avait vingt-six ans. Il croyait à la vertu, à la probité, au dévouement; il mourut égorgé par l'intrigue et par un vil égoïsme.

Tous ces hommes n'avaient commis qu'un crime, celui de tirer le glaive contre les ennemis du peuple; ils périrent aussi par le glaive. Peut-être devaient-ils cette dernière satisfaction à la justice sociale, pour que, les trouvant acquittés de la dette qu'ils avaient contractée envers la mort, le monde pût se prosterner un jour devant la mémoire de ces martyrs qui ont défendu la cause du genre humain souffrant, sauvé le territoire de l'invasion étrangère et préparé à leurs descendants des destinées meilleures.

La postérité, qui déjà danse sur les cadavres des vaincus et des victimes, dira : Il y eut un peuple qui, en moins de deux années, jugea son roi, refit son gouvernement, changea ses mœurs, écrasa dans son sein toutes les factions, soutint le poids d'un continent tout entier devenu son ennemi, dispersa ses anciens maîtres, détruisit les nouveaux ambitieux ou les anarchistes, pour remonter par ses propres forces à la justice, à la morale, et ressaisir sa souveraineté. Ce peuple avait à sa tête des hommes intègres, désintéressés, inflexibles, qui s'écroulèrent avec leur rêve.

Paix à ces ombres terribles !

XXVII

La seconde Terreur. — Désintéressement des Montagnards. — Jugement de Barère sur Robespierre. — Billaud-Varennes à Cayenne. — Ses paroles. — Les lettres de sa femme. — Sa mort. — Considérations générales sur les Montagnards.

La Terreur allait finir; les cœurs s'ouvraient à la pitié; les pavés teints en rouge se soulevaient dans nos faubourgs contre le mouvement de la charrette qui servait aux exécutions, quand le 9 thermidor vint ramasser dans le sang de Robespierre et de Saint-Just le glaive émoussé qu'ils voulaient détruire.

La hache se retourna furieuse.

Les débris de la faction des modérés se vengèrent cruellement.

La justice du peuple avait été inflexible, celle de ses ennemis fut atroce.

Il y eut une seconde Terreur, mille fois plus sanguinaire et plus implacable que l'autre. Des calculs exacts portent à huit ou dix mille le nombre des ennemis de l'égalité qui tombèrent sur l'échafaud avant le 9 thermidor; selon des rapports faits par les contre-révolutionnaires eux-mêmes, trente-cinq mille Robespierristes furent égorgés, après le 9 thermidor, dans quatre départements. On voit déjà de quel côté fut la violence. Il ne faut pas s'en étonner : les premiers terroristes frappaient avec le fer d'une conviction et au nom d'un principe social, tandis que les seconds assassinèrent avec l'arme de l'égoïsme et de la peur.

Les Montagnards eurent, presque tous, une vertu civile qui rachète bien des fautes, le désintéressement. Ceux-ci n'étaient du moins ni des sangsues du peuple ni des voleurs.

Robespierre ne laissa pas un sou après sa mort.

Saint-Just, noble et riche, avait abandonné tout son bien à la commune de Blérancourt.

Envoyé en mission, l'abbé Grégoire réduisait ses dépenses, pour ménager les deniers de l'État : « Devinez, écrivait-il à madame Dubois, combien mon souper de chaque jour coûte à la Nation : juste deux sous; car je soupe avec deux oranges. » Il rapporta au Trésor public le fruit de ses économies, une petite somme épargnée sur ses frais de voyage et nouée dans un coin de son mouchoir.

Cahors, père d'une famille nombreuse et membre de la Convention à l'époque la plus florissante de cette assemblée, mourut, sans rien dire, de misère... oui, de misère.

Les députés de la Montagne qui survécurent à la Terreur thermidorienne parvinrent presque tous à l'extrême vieillesse. Aucun d'eux ne se reprocha le sang de Louis XVI; mais ils auraient voulu laver leurs mains et leur conscience du sang de Robespierre.

M. David (d'Angers) aborde un jour Barère sur son lit de douleur et lui témoigne l'intention de couler en bronze le portrait des hommes les plus célèbres de la Révolution française; il lui nomme d'abord Danton... Barère se lève brusquement sur son séant; et, le visage inspiré par la fièvre, il lui dit en faisant un geste d'autorité : « Vous n'oublierez pas Robespierre, n'est-ce pas? Car c'était un homme pur, intègre, un vrai et sincère républicain; ce qui l'a perdu, c'était son irascible susceptibilité et son injuste défiance envers ses collègues... Ce fut un grand malheur! » Après avoir dit, sa tête retomba sur sa poitrine et il resta longtemps enseveli dans ses réflexions.

Billaud-Varennes, déporté à Cayenne, pauvre, vieux et *devenu doux comme une jeune fille*[1], se reprochait le 9 thermidor, qu'il appelait sa déplorable faute.

---

[1]. Expression des femmes noires qui lui ont fermé les yeux.

« Je le répète, disait-il, la révolution puritaine a été perdue ce jour-là ; depuis, combien de fois j'ai déploré d'y avoir agi de colère ! Pourquoi ne laisse-t-on pas ces intempestives passions et toutes les vulgaires inquiétudes aux portes du pouvoir ? »

Il disait encore : « Nous avions besoin de la dictature du Comité de salut public pour sauver la France. Aucun de nous n'a vu alors les faits, les accidents, très affligeants sans doute, que l'on nous reproche ! Nous avions les regards portés trop haut pour voir que nous marchions sur un sol couvert de sang. Parmi ceux que nos lois condamnèrent, vous ne comptez donc que des innocents ? Attaquaient-ils, oui ou non, la Révolution, la République ? Oui ! Hé bien ! nous les avons écrasés comme des égoïstes, comme des infâmes. Nous avons été *hommes d'État*, en mettant au-dessus de toutes les considérations le sort de la cause qui nous était confiée... Nous, du moins, nous n'avons pas laissé la France humiliée et nous avons été grands au milieu d'une noble pauvreté. N'avez-vous pas retrouvé au Trésor public toutes nos confiscations ? »

Un profond chagrin pesait néanmoins sur le cœur de Billaud. Après sa condamnation, sa jeune femme, qu'il avait adorée et qu'il aimait peut-être encore, profitant de la loi du divorce, s'était remariée en France. Elle avait alors vingt ans, un nom terrible à porter et la misère pour toute ressource. Un homme vieux et riche, touché de cette situation déplorable, s'offrit à l'épouser en secondes noces : elle consentit. Il mourut. Héritière d'une grande fortune et touchée sans doute de remords, cette femme, qui était encore très-belle, se souvint de Billaud qui vivait à Cayenne. Elle voulut consacrer sa richesse et ses soins à l'adoucissement d'un exil si amer. Un sentiment qui ne s'était jamais effacé de son cœur la ramenait, disait-elle, auprès de son premier mari. Elle lui écrivit lettre sur lettre, mais sans obtenir de réponse. S'étant rendue elle-même sur les lieux, elle demanda, par la bouche d'un intermédiaire, la grâce de soulager la noble infortune de M. Billaud-Varennes. Le vieux et fier républicain écouta l'envoyé de sa femme avec une attention soutenue, laissa même échapper quelques larmes, et ce fut tout. Il repoussa les services que venaient lui offrir ces mains tendres, mais profanées. « Il est, dit-il, des fautes irréparables. J'ai déchiré toutes ses lettres sans les lire. »

Une négresse, nommée Virginie, prit soin de sa vieillesse et de son malheur.

Billaud rendit le dernier soupir en confessant, avec l'exaltation de la fièvre, que, loin de se repentir, il mourait fier de l'utilité et du désintéressement de sa vie. Ses lèvres bleues et livides se fermèrent en murmurant ces paroles terribles du dialogue d'Euchrate et de Sylla : *Mes ossements du moins reposeront sur une terre qui veut la liberté ; mais j'entends la voix de la postérité qui me reproche d'avoir trop ménagé le sang des tyrans de l'Europe.*

Acceptons tout de ces hommes, moins le sang ! La France rayonne encore dans le monde de l'éclat de leur dictature et de leurs batailles. La démocratie renaîtra tôt ou tard de leur cendre par la réforme des mœurs et par la diffusion des lumières. Leur mémoire est la colonne de feu qui guide les générations errantes et indécises à la recherche d'une nouvelle terre promise. Le 9 thermidor ensevelit la République dans un orage. La montagne se changea en volcan. Ce volcan a jeté les membres palpitants de la Convention dans toutes les parties de la terre et jusque dans les contrées les plus sauvages. J'interroge alors l'univers qui a été témoin des dernières années de leur vie, et l'univers me répond : « Le monde n'en a jamais vu, ni n'en reverra jamais de semblables; ils sont tous morts convaincus et résignés. On aurait dit des êtres supérieurs à l'espèce humaine. »

Soyez donc tranquilles et fiers dans vos tombeaux, ossements épars ; l'heure de la résurrection politique du globe avance. Vous serez enfin jugés! Mais aujourd'hui que l'arme de la terreur est tombée de leurs mains et que le regard peut les considérer sans effroi, ces hommes nous apparaissent déjà comme des géants. L'ébauche de démocratie qu'ils nous ont laissée ressemble, toute noircie qu'elle est par la foudre, à une de ces pierres druidiques qu'on rencontre dans les champs de la vieille Bretagne. Jeunes gens, oublions les pertes et les blessures de nos familles, pour ne plus voir que le résultat acquis à la cause du peuple ; n'imitons pas leurs excès, car les excès font reculer la liberté. Vous-mêmes, ombres des victimes de la Révolution, maintenant que, dégagées des liens du corps et des intérêts de la vie, vous jugez plus sainement les questions humaines, reconnaissez que votre mort a été utile au progrès des générations futures, et réjouissez-vous par delà le tombeau!

TABLE DES MATIÈRES

INTRODUCTION

I. Mes Témoins 1
II. Les Girondins 7

CHAPITRE PREMIER.

Préludes de la Révolution française.

I

Du sentiment religieux. — Principaux événements de notre histoire. — Comment les faits s'enchaînaient les uns aux autres pour amener un changement dans l'ordre politique et social. — Affranchissement des communes. — Luther et Calvin. — La Saint-Barthélemy. — Richelieu. — Louis XIV. — Louis XV 11

II

La Révolution en germe dans la cabale. — La franc-maçonnerie. — Les mystiques. — Les inventeurs. 18

III

Les prisons d'État. — Le Prévôt de Beaumont. — Décadence de l'ancien régime. 23

IV

La Révolution pouvait-elle être évitée? — Louis XVI et Marie-Antoinette. — Affaire du collier. — Personne ne voit de salut que dans la convocation des États généraux. 27

V

Le clergé, la noblesse et le tiers état. — La mission de la France, et pourquoi elle devait tomber aux mains des Montagnards. 35

CHAPITRE DEUXIÈME.

L'Assemblée constituante.

I

Les élections. — Convocation des États généraux. — Serment du Jeu-de-Paume. 39

II

La séance royale. — Paroles de Mirabeau. — Necker. — Troubles à Paris. — Conduite des députés. — Prise de la Bastille. 45

III

État des esprits. — Première émigration. — La disette. — Mort de Foulon et de Berthier. — Conduite du clergé français dans les premiers temps de la Révolution. 60

IV

Troubles et soulèvements dans les campagnes. — Henri de Belzunce. — Un épisode de la Révolution à Caen. 66

V

Suite de l'émotion populaire. — La détente. — Nuit du 4 août. — Quelle est sa portée. — Abolition des dîmes. — Conduite du roi et de la cour. 71

VI

Adoucissement des mœurs. — Le journalisme. — Marat et Camille Desmoulins. — Déclarations des droits de l'homme et du citoyen. — La prérogative royale et le veto. — Système des deux Chambres. — Obstacles que rencontrait le travail de la Constitution. — Brissot et Danton. 75

VII

Orgies des gardes-du-corps. — La contre-révolution secondée par les déesses de la cour. — Le peuple meurt de faim. — Il va chercher le roi à Versailles. — Les femmes de Paris. — Le sang coule. — Le roi et la reine au balcon. — Lafayette. — Réconciliation. — Retour à Paris 82

VIII

L'Assemblée nationale à Paris. — Ses travaux. — Régénération des mœurs. — Un assassinat. — Le marc d'argent. — Le docteur Guillotin. — Opinion de Marat sur la peine de mort. — Robespierre grandit. 91

IX

Apparition des Clubs. — Les Jacobins. — Les Cordeliers. — Poursuites exercées contre les journaux démocratiques. — Marat raconté par lui-même. — Favras. — Les biens de l'Église. — Projets des émigrés. — L'Ami du peuple. — Abolition des titres de noblesse. — Opinion de Marat à cet égard. — Division de la France en 83 départements. — Les juifs, les protestants et les comédiens. . 100

X

Constitution civile du clergé. — Fêtes de la Fédération. 120

XI

Le parti des indifférents. — Marat éclate. — Camille Desmoulins dénoncé par Malouet. — Apparition de Saint-Just. — Désorganisation de l'armée. — Mort de Loustalot. — Une séance du club des Jacobins. — Mariage de Camille Desmoulins. — Mort de Mirabeau. 130

XII

Les fédérations. — La bulle du pape. — Le clergé réfractaire. — Marat et Robespierre royalistes. — Doctrines sociales de la Révolution. — Les chevaliers du poignard. — Ce qui se passait au château des Tuileries. — Théroigne de Méricourt. 146

XIII

Alarmes et soupçons. — Marat prophète. — Fuite du roi. — Lafayette risque d'être massacré sur la place de Grève. — Les armes et les insignes de la royauté sont arrachés et détruits. — Le peuple entre au château des Tuileries. — Robespierre aux Jacobins. 156

TABLE DES MATIÈRES

XIV

Arrestation du roi et de la famille royale. — Conduite de Drouet. — Fermeté de Sausse. — Retour à Paris. — La voie douloureuse. — Arrivée au château des Tuileries. — Translation des cendres de Voltaire au Panthéon. — Discussion, à l'Assemblée nationale, sur le sort de la royauté. — Les clubs. — Robespierre et Danton. — Devait-on restaurer Louis XVI sur le trône? . . . 164

XV

Discussion sur la forme de gouvernement. — Réunion des citoyens au Champ-de-Mars. — Pétition signée sur l'autel de la patrie. — Déploiement de forces militaires. — La loi martiale et le drapeau rouge. — Lafayette et Bailly. — Massacres. — Conséquences de cette journée désastreuse. . 176

XVI

Triomphe de la réaction. — Robespierre introduit dans la famille Duplay. — Sa manière de vivre. — Marat sous terre. — L'abolition de la peine de mort proposée par Robespierre, repoussée par la majorité conservatrice de l'Assemblée. — Fin de la Constituante. 183

CHAPITRE TROISIÈME.

Assemblée législative.

I

En quoi l'Assemblée législative différait de l'Assemblée constituante. — Le parti des Girondins. — Quels étaient alors les républicains. — Troubles excités dans tout le royaume par les prêtres réfractaires. — Menaces des émigrés. — Conduite ambiguë de Louis XVI. 191

II

Deux décrets : l'un contre les émigrés, l'autre contre les prêtres réfractaires. — D'où est parti le système de la Terreur. — Le roi tient pour le clergé non assermenté et pour la noblesse révoltée contre la nation. — Les désastres de Saint-Domingue. — Camille Desmoulins sans journal. — Les lettres et les arts en 91. — Danton est nommé procureur-adjoint de la Commune de Paris. — Son caractère et sa profession de foi. 198

III

La guerre. — Résistance de Robespierre à l'élan général. — L'avis de Danton. — Brissot se déclare ouvertement pour l'attaque. — Lutte entre lui et Robespierre. — Le sentiment martial l'emporte. — Les Marseillais marchent sur Arles. — Le bonnet rouge. — Les piques. — Ministère girondin. 207

IV

Influence des femmes sur la Révolution française. — Mme Roland et Théroigne. — La question religieuse aux Jacobins. — Massacres dans le midi de la France. — Entrevue de Robespierre et de Marat. — Déclaration de guerre. 217

V

La guerre débute mal. — Quelles étaient les causes de notre infériorité passagère. — Lettres de la commune de Marseille aux citoyens de Valence. — L'ennemi est à l'intérieur. — Décret contre les prêtres réfractaires. — Déclin des croyances religieuses. — Le veto royal. — Lettre de Roland. — Chute du ministère girondin. — Changements que la nécessité de vaincre amènent dans l'esprit public. 228

VI

Préludes de la journée du 20 juin. — Proposition de Danton au sujet de la reine. — Lettre de Lafayette à l'Assemblée. — Menaces d'un coup d'État. — Manifestation du peuple de Paris. — Il pénètre dans l'Assemblée. — Envahissement des Tuileries. — Conduite de Louis XVI. — A qui la victoire? — Fête du Champ-de-Mars 232

VII

Lenteur calculée des opérations militaires. — Lafayette à la barre de l'Assemblée. — Manifeste de Brunswick. — Enrôlements volontaires. — Arrivée des fédérés marseillais. — Rôle de Danton. — Angoisses et découragement des chefs populaires. — Le 10 août. — Une page du journal de Lucile. — Péripéties de la lutte. — Le roi se réfugie dans l'Assemblée législative. — Défaite et massacre des Suisses. — Théroigne et Sulcan. — Résolutions votées par les représentants de la nation . 239

VIII

Direction nouvelle imprimée à la guerre. — La Commune de Paris. — Sa lutte avec l'Assemblée législative. — Marat à l'Hôtel de Ville. — Qui l'emportera de la vengeance ou de la justice ? — Création du tribunal révolutionnaire. — Conduite de Danton. — Prise de Longwy. — Acquittement de Montmorin. — Formation d'un camp au Champ-de-Mars. — Provocations au massacre des royalistes. 252

IX

Massacres de septembre. — Le Comité de surveillance. — La prison de l'Abbaye. — Le président Maillard. — Les jugements. — Journiac de Saint-Méard. — Ce qui se passait dans l'intérieur de la prison et devant le tribunal. — Royalistes acquittés. — Mlle Cazotte et Mlle de Sombreuil. — L'abbé Sicard. — La princesse de Lamballe. — A qui revient la responsabilité des massacres ? — Rôle de Danton. — Marat seul ose justifier les journées de septembre. 263

X

Effet moral produit par les massacres. — Lutte de Danton et de Marat. — Affaire Duport. — Échec de la Commune. — Les élections. — Fin de l'Assemblée législative. 276

CHAPITRE QUATRIÈME.

La Convention.

I

Physionomie de la Convention nationale. — Nomination du bureau. — Abolition de la royauté. — La situation politique jugée par Danton. — La propriété est déclarée inviolable. — Réforme judiciaire. — Les juges seront choisis indistinctement parmi tous les citoyens. — Vice original de la Convention. — Les Girondins ennemis de Paris. — Le parti qu'ils tirent des journées de septembre. — Présages d'une lutte à mort entre la Gironde et la Montagne. 281

II

Une proposition malheureuse. — Séance du 25 septembre. — Dénonciation de Lasource. — Discours de Danton. — Attaque contre Robespierre. — Sa défense. — Démenti donné à Barbaroux par Paris. Accusation contre Marat. — L'Ami du peuple à la tribune. — Conclusion de cette journée. — Défaite des Girondins. — Paris vengé. — La République une et indivisible. 288

III

Élan de la défense nationale. — La panique. — Détente. — La patrie n'est plus en danger. — Arrivée de Dumouriez à Paris. — Sa présence au club des Jacobins. — Habileté de Danton. — Une soirée chez Talma. — Rabat-Joie. 301

IV

Ce qu'étaient alors les Girondins. — Leur rôle dans la Convention. — Leurs préjugés contre Paris. — Encore l'affaire du *Mauconseil* et du *Républicain*. — La population lasse des divisions personnelles. — Danton conciliateur et repoussé par les Girondins. — Son mot sur Mme Roland. — On lui demande des comptes. — Sa défense. — La Commune de Paris. — Accusation contre Robespierre. — Séance du 5 novembre. — Déroute de la Gironde. — Robespierre et son frère chez Duplay. — Une promenade autour de Paris. — Marat dénoncé par Barbaroux. — Réponse de Marat. — Éclaircie. — La bataille de Jemmapes 308

V

Louis XVI au Temple. — Préliminaires de son procès. — Quels sont les hommes responsables de son jugement et de sa mort. — Saint-Just se révèle : son discours. — Les Conventionnels assaillis par le parti des femmes. — Marat et Mlle Fleury. — La question religieuse sous la Convention. — La question des subsistances. — Opinion de Saint-Just. — Le procès du roi réclamé par les Montagnards, consenti par les Girondins. — Shakespeare parle du fond de sa tombe. — La forme du procès est résolue 324

VI

Louis XVI et sa famille. — Procès-verbal d'Albertier. — Rapport du maire Cambon. — Récit de Barère. — L'ex-roi devant la Convention. — Son attitude et ses réponses. — Retour au Temple. — Nouvelles tentatives de séduction en faveur du roi. — Olympe de Gouges. — Vie privée de Louis XVI dans sa captivité. — La protestation de la vengeance. 339

VII

L'instruction primaire devant la Convention. — Gratuité et [...]. — Apparition de l'athéisme. — Sentiment de Robespierre sur la propriété. — Procès de L[...] XVI. — Seconde comparution à la barre de l'Assemblée nationale. — Retour au Temple. — [co]nversation entre le roi, Cambon et Chaumette. — Agitation dans l'Assemblée. — Discours de Robespierre. — Discours de Saint-Just. — Appel nominal sur la question de culpabilité. — Discours de Danton. — Second appel nominal sur la ratification du jugement par le peuple. — Troisième appel nominal sur la peine à infliger. — Lettre de l'ambassadeur d'Espagne. — Sortie de Danton. — Le sursis. — Assassinat de Lepelletier de Saint-Fargeau. 351

VIII

Lutte entre la Convention et la Commune à propos de la liberté des théâtres. — Danton incline vers la Commune. — Exécution de Louis XVI. — Dernière entrevue avec la reine. — Son confesseur. — La maison Duplay durant le passage du lugubre cortège. — L'échafaud. — Dernières paroles de Louis. — Le soir du 21 janvier. — Embarras que la royauté léguait à la Révolution. 366

IX

Mort de la première femme de Danton. — Sa mission en Belgique. — La réunion des deux pays. — Retour victorieux de l'ennemi. — La Belgique évacuée par nos troupes. — Avis de Danton sur l'état des choses. — Proclamation de la Commune de Paris. — Le drapeau noir flotte sur les tours de Notre-Dame. — Sublime discours de Danton. — Accusations contre sa probité. — Établissement du tribunal révolutionnaire. — Élargissement des détenus pour dettes. — Envoi de commissaires aux départements. — Déclaration de guerre à l'Angleterre. 371

X

Marat rit. — Pillage des boutiques. — Dénonciation de Barère et de Salles. — Décret d'arrestation contre Marat. — Il échappe. — Sa lettre à la Convention. — Il est décrété d'accusation à la suite d'un appel nominal. — Défection de Dumouriez. — Opinion de Thibaudeau sur les intrigues orléanistes. — La Vendée. — Marat devant le tribunal révolutionnaire. — Son acquittement. — Son triomphe. — Sa rentrée à la Convention. — Marat chez Simonne Évrard. 381

XI

Parallèle entre la Gironde et la Montagne. — Ce qui manquait aux Girondins. — Éloquence des orateurs. — Camille Desmoulins réprimandé par Prudhomme. — Causes de la décadence des Girondins. — Ils n'étaient point de leur temps. 397

XII

Installation du Comité de salut public. — Son caractère. — Appel à la conciliation et à la fraternité. — Les frais de la guerre payés par les riches. — Le maximum. — Lyon et Marseille soulevés contre la Convention. — La Constitution de 93. — Opinion de Vergniaud sur l'inspiration divine. — Opinion de Danton sur la liberté des cultes. — La Convention siège aux Tuileries. — Isnard président. —

Histoire des Brissotins. — Commission des douze. — Arrestation d'Hébert. — Invective d'Isnard. — Agitation de Paris. 404

XIII

Insurrection pacifique du 31 mai. — Danton et le canon d'alarme. — l'Évêché. — La Convention envahie. — La Commission des douze est cassée. — Promenade aux flambeaux. — L'insurrection recommence le 2 juin. — Mauvaises nouvelles de la Vendée et du théâtre de la guerre. — Le tocsin de Notre-Dame et la générale. — Ce qui se passe à la Convention. — Henriot et ses canonniers. — Mise en accusation des vingt-deux. — Fin de Théroigne de Méricourt. 415

XIV

Incapacité des Girondins en fait de gouvernement. — Physionomie de la Convention après le 2 juin. — Lettre de Marat. — Déclin de l'Ami du peuple. — Système de bascule adopté par Robespierre. — Activité de la Convention après la chute des Girondins. — Fondation du Muséum d'histoire naturelle — La Constitution de 93. — Alliance de la Gironde avec les royalistes. — Ce qui se passait dans le Calvados. 428

XV

Marat alité. — Le docteur Charles. — Députation du club des Jacobins. — Mort de l'Ami du peuple. — Émotion des patriotes. — Les funérailles. — Le tableau de David. — Les honneurs posthumes rendus à Marat. — Son entrée triomphale au Panthéon. 434

XVI

Second mariage de Danton. — Il propose à la Convention un gouvernement révolutionnaire. — Motifs sur lesquels il appuie cette vigoureuse mesure. — Opposition de Robespierre. — Soulèvement des enragés contre Danton. — Réorganisation du Comité de salut public. — Les souvenirs de Barère. 446

XVII

La fête du 10 août 1793. — L'éducation publique par les beaux-arts. — Retour à la nature. — La fontaine de la Régénération. — David et Hérault de Séchelles. — Défilé du cortège sur les boulevards. — Égalité des rangs et des conditions humaines. — Honneurs rendus aux Aveugles, aux Enfants-Trouvés, aux Vieillards. — Deuxième station : l'arc de triomphe élevé en l'honneur des citoyennes. — Troisième station : la statue de la Liberté. — Quatrième station : les Invalides. — Cinquième station : le Temple funèbre. 451

XVIII

Siége de Lyon. — Décret de la Convention nationale. — Clémence de Couthon. — Atroce conduite de Collot-d'Herbois et Fouché. — Le Girondin Rebecqui à Marseille. — Les royalistes s'emparent du mouvement. — Terreur blanche. — Siége et prise de la ville par l'armée républicaine. — Origine de la révolte à Toulon. — Les royalistes, cachés derrière les Girondins, se rendent maîtres des sections et fondent un Comité général. — Leur tribunal soi-disant populaire. — Le couronnement de la Vierge. — Paméla. — Toulon est vendu aux Anglais par les chefs de la réaction. — La guillotine et le gibet. — Arrivée de l'armée de Cartaux. — Attaque et victoire des Montagnards. — Panique des royalistes. — Incendie de nos arsenaux. — Noble conduite des forçats. 457

XIX

Le règne de la Terreur. — Quels sont ceux qui l'ont provoqué. — Comment il s'est formé par une sorte d'incubation lente. — Séance du 5 septembre. — Merlin, Chaumette, Danton, Varennes, Barère. — Aggravation du Tribunal révolutionnaire. — Institution d'une armée spéciale chargée de contenir Paris. — Considérations générales sur les mesures prises par la Convention. — Ce qui serait arrivé si les Montagnards eussent faibli. — Ne pas confondre le système avec ses excès. — La Terreur comparée à l'Empire. — Dernier mot des Conventionnels 469

XX

Procès et mort de Custine. — Procès et mort de Marie-Antoinette. — Procès des Girondins. — Robespierre arrache à la mort soixante-treize députés. — Condamnation à mort des Vingt-et-un. —

Suicide de Valazé. — Exécution de Brissot et de ses complices. — Sort des autres Girondins. — Mort de Mme Roland. — Supplice de Bailly et de Barnave. — Châtiment de la Dubarry. — Un mot sur le Tribunal révolutionnaire. — Souberbielle. — Duplay. — Prostration. — La victoire ranime tous les courages. 477

XXI

La ligue des philosophes de la Convention pour propager les lumières. — Lakanal. — Les services qu'il rendit aux savants. — Bernardin de Saint-Pierre et Daubenton. — Calendrier républicain. — Chappe inventeur du télégraphe. — Deux ans de fer contre quiconque dégraderà les monuments publics. — Progrès du Muséum d'histoire naturelle — Les écoles normales. — Vengeance de Lakanal. — L'abbé Sicard ami de Couthon. — Le docteur Pinel. — État des fous jusqu'en 1793. — Visite de Couthon à Bicêtre. — Libération des fous. — Le Conservatoire de musique. — Ce qu'a fait la Convention pour les arts et pour l'humanité 489

XXII

La Révolution est partout maîtresse. — Indignes successeurs de Marat. — Athéisme d'Hébert et de Chaumette. — L'évêque Gobel, à l'instigation d'Anacharsis Clootz, dépose l'exercice de son culte entre les mains de la Nation. — Résistance de l'abbé Grégoire. — Fête de la déesse Raison. Palinodie d'Hébert. — Ronsin, Carier, Fouché de Nantes. 501

XXIII

Retraite de Danton, son mépris pour les Hébertistes. — Camille Desmoulins. — Son journal, ses attaques contre Hébert et le Comité de salut public. — Sa modération, ses idées de clémence et se rapports avec Robespierre. — Accusation portée contre Danton. — Son insouciance. — Inquiétudes de Lucile. — Séance des Jacobins. — Mort des Hébertistes. 506

XXIV

La perte des indulgents est décidée. — Arrestation de Camille Desmoulins et de Danton. — Lettre de Camille. — Paroles de Danton. — Dernière lettre de Camille. — Procès et défense des Dantonistes. — Ils sont conduits à l'échafaud. — Mort de Lucile Desmoulins. 512

XXV

La Révolution veut transformer le théâtre et les arts. — Projet de David. — Héroïsme et mort du jeune Barra. — Sa statue par David (d'Angers). — Gaieté et commerce dans Paris. — Décrets et institutions de la Convention. — Idéal de Robespierre différent de celui de la Révolution. — Fête du 20 prairial. — Paroles de Robespierre et considérations sur ses projets. — Loi du 22 prairial. — Retraite de Robespierre. 519

XXVI

Confidence de Barère. — Robespierre veut arrêter la Terreur. — Les petits Savoyards. — Sûreté de mœurs de Robespierre. — Sa dernière promenade. — Le 9 thermidor, séance de la Convention. — Dévouement de Robespierre jeune et de Lebas. — Lâcheté de David. — Robespierre refuse d'agir contre la Convention. — Il est mis hors la loi et blessé à l'Hôtel de Ville. — Il est conduit au supplice. — Silence du peuple. — Joie de la classe moyenne. — Intrépidité de Saint-Just. — Henriot, Robespierre jeune, Couthon. — Mort de Robespierre et de Saint-Just. — Ce que dira la postérité. 526

XXVII

La seconde Terreur. — Désintéressement des Montagnards. — Jugement de Barère sur Robespierre. — Billaud-Varennes à Cayenne. — Ses paroles. — Les lettres de sa femme. — Sa mort. — Considérations générales sur les Montagnards. 533

TABLE DES GRAVURES

Frontispice. — Portrait de l'auteur.	
Rouget de l'Isle	1
Louis XIV	9
Louis XVI	17
Necker	25
Serment du Jeu-de-Paume	33
Camille Desmoulins	41
Camille Desmoulins au Palais-Royal	49
Robespierre	57
Prise de la Bastille	65
Danton	73
Barère	81
Un homme est tué par les gardes-du-corps	89
Le club des Cordeliers	97
Marat	105
Les Cordeliers avaient posé deux sentinelles à la porte de Marat	113
Fête de la Fédération au Champ-de-Mars	121
Fabre-d'Églantine	129
Une séance du club des Jacobins	137
Brissot	145
Collot-d'Herbois	153
Santerre	161
Pétion	169
La députation des pétitionnaires du Champ-de-Mars quitte l'Hôtel de Ville, terrifiée d'avoir vu arborer le drapeau rouge	177
Massacres du Champ-de-Mars	185
Couthon	193
Vergniaud	201
Dumouriez	209
Madame Roland	217
Chaumette	225
Les pétitionnaires du 20 juin	233
Hébert	241
L'abbé Sicard, instituteur des sourds-muets	249
Intérieur de l'Abbaye aux journées de septembre	257
Massacres dans les prisons	265
Massacre des Carmes	273
Barras	281
Marat à la tribune de la Convention. Séance orageuse	289
Séance du 25 septembre	297
Boissy-d'Anglas	305
Saint-Just	313
Louis XVI et la famille royale au Temple	321
Louis XVI donnant une leçon de géographie à son fils	329
Louis XVI fait construire une caisse en fer	337
Cambon ordonne à Louis XVI de se rendre à la barre de la Convention	345
Gensonné	353
L'abbé Grégoire	361
Logement de Marat rue des Cordeliers	401
Fouquier-Tinville, accusateur public	409
Carrier	417
Comité de salut public	425
Assassinat de Marat	433
Provocation d'Isnard, président de la Convention	441
Défilé du cortège sur les boulevards	449
Fontaine de la Régénération	457
Merlin de Douai donne lecture de son rapport	465
Rassemblements devant l'Hôtel de Ville	473
Valazé	481
Le général Custine est conduit devant le tribunal révolutionnaire	489
Les Hébertistes à la Conciergerie	497
Dernière entrevue de Danton et de Robespierre	505
Les Dantonistes devant le tribunal révolutionnaire	513
Les Dantonistes au Luxembourg	521
Arrestation de Robespierre et de ses co-accusés	529

www.ingramcontent.com/pod-product-compliance
Lightning Source LLC
Chambersburg PA
CBHW070838230426
43667CB00011B/1842